Peter Czada
Michael Tolksdorf
Alparslan Yenal

Wirtschaftspolitik

Aktuelle Problemfelder

Zweite erweiterte und aktualisierte Auflage

Leske + Budrich, Opladen 1992

ISBN: 3-8100-0893-1

Lizenzausgabe mit Genehmigung der Landeszentrale
für politische Bildungsarbeit Berlin

Redaktion: Dr. Udo Wetzlaugk
Mitarbeit: Christian Koziol
Druck: Felgentreff & Goebel GmbH, Berlin

Printed in Germany

Vorbemerkung zur 1. Auflage 1987

„Das ist ... eh – wie soll ich das erklären...", so beginnt Kurt Tucholsky seinen „Volkswirtschaftlichen Moment", um dann am Beispiel eines Hosenträgerkaufs die Vielfalt der konsumbestimmenden Faktoren zu erläutern. Ähnlich wie er haben wir Autoren dieses Buches in vielen Fortbildungsveranstaltungen vor der Frage gestanden, wie die ach so komplexen Zusammenhänge wirtschaftspolitischer Themen ohne unzulässige Vereinfachungen verständlich zu machen sind. Ob uns dies gelungen ist, können nur die Teilnehmer dieser Veranstaltungen beantworten. Da sie uns jedoch immer wieder mit ganz bestimmten Fragen und wiederkehrenden Themen konfrontierten, zogen wir daraus den Schluß, daß diese Probleme von so allgemeinem Interesse sind, daß ihre Behandlung in einer Aufsatzsammlung erfolgen sollte, die wir hier vorlegen. Sie ist natürlich nicht in dem Sinne erschöpfend, daß alle Bereiche der Wirtschaftspolitik erörtert werden, um so der Fülle der Lehrbücher ein weiteres hinzuzufügen. Vielmehr bestimmten aktuelle Problemfelder und „Dauerthemen" die Auswahl der Kapitel.

Kurz, lesbar und verständlich sollten sie sein und doch so konzipiert, daß falsche Simplifizierungen vermieden würden; ein „magisches Mehreck" der Ziele, das Kompromisse erforderte. Wir hoffen, daß die „Konsumenten" unseres Buches Antwort auf ihre Fragen finden und Anregungen zur weiteren Beschäftigung mit den Themen erhalten, die auch für uns nicht endgültig geklärt sind. Sind es doch gerade die Kontroversen um den „richtigen" Weg aus den aktuellen Wachstums-, Umwelt-, Struktur- und Währungskrisen, die zunächst einmal nachvollzogen werden müssen, um das eigene Urteil zu ermöglichen.

Diesem zu dienen, hoffen die Autoren
und die
Landeszentrale für politische Bildungsarbeit Berlin

Vorbemerkung zur 2. Auflage 1992

In einer noch vor wenigen Jahren unvorstellbaren Dynamik und Geschwindigkeit haben sich die politischen, ökonomischen und sozialen Bedingungen verändert, die bisher den Rahmen der Wirtschaftspolitik in der Bundesrepublik bildeten. Der Zusammenbruch des „real existierenden Sozialismus", die Vereinigung Deutschlands und der Wandel in den internationalen Beziehungen haben dazu geführt, daß die Chancen und die Risiken der Wirtschaftspolitik gleichermaßen gewachsen sind. Die Neuauflage dieser Publikation versucht, die jetzt erst recht „aktuellen Problemfelder" der Wirtschaftspolitik unter den neuen Bedingungen zu analysieren und einem breiteren Leserkreis nahezubringen.

Die Autoren

Peter Czada, Dr. rer. pol., Dipl.-Volkswirt
Geb. 1936 in Berlin. 1956–1961 Studium der Volkswirtschaftslehre an der FU Berlin. 1962–1972 Wiss. Mitarbeiter der Historischen Kommission zu Berlin, Assistent und Assistenzprofessor am Institut für Wirtschafts- und Sozialgeschichte der FU Berlin. Seit 1973 Professor an der Berliner Fachhochschule für Verwaltung und Rechtspflege. Veröffentlichungen zur Wirtschaftsgeschichte und Wirtschaftspolitik.

Michael Tolksdorf, Dr. rer. pol., Dipl.-Volkswirt
Geb. 1942 in Berlin. Wirtschaftswissenschaftliches Studium an der FU Berlin, in London und Princeton, USA. 1967–1971 Mitarbeiter des Bundeskartellamts. Seit 1971 Professor an der Fachhochschule für Wirtschaft, Berlin. Veröffentlichungen zu verschiedenen wirtschaftspolitischen Themen aus den Bereichen Wettbewerb und Außenwirtschaft.

Alparslan Yenal, Dr. rer. pol., Dipl.-Pol.
Geb. 1935 in Izmir/Türkei. Studium der Politologie und der Wirtschaftswissenschaft in Frankfurt und Berlin. Promotion und Habilitation an der FU Berlin. Planungsdirektor und Generalsekretär in der Textil- und Bekleidungsindustrie in Istanbul. Assistent, Assistenz-Professor, Privatdozent am FB Politische Wissenschaft der FU Berlin und Lehrbeauftragter am Fachbereich Sozialwissenschaften der Universität Potsdam. Veröffentlichungen zur Wirtschaftspolitik und Weltwirtschaft.

Inhalt

Seite

1. Wirtschaftsordnung

1.1. Wie sozial ist die Marktwirtschaft? 7
1.2. Wirtschaftliche Konsequenzen der deutschen Einheit 23
1.3. Weinseen und Butterberge – Das Dilemma der europäischen Agrarmarktordnung 65
1.4. Private Wirtschaftsmacht oder freier Wettbewerb? – Probleme der deutschen Wettbewerbspolitik 94
1.5. Machtlos vor den multinationalen Konzernen? 117
1.6. Subventionen – und kein Ende? 145
1.7. Umwelt – eine Sache zum Verschwenden? – Grundzüge einer marktwirtschaftlichen Umweltpolitik 169

2. Wirtschaftsentwicklung und Wirtschaftsstruktur

2.1. Wirtschaftswachstum und Strukturwandel 197
2.2. „Small is beautiful" – Aspekte alternativer Ökonomie 229
2.3. Sterben die Deutschen aus? – Zur Bevölkerungsentwicklung im vereinten Deutschland 245
2.4. Wie sicher sind unsere Renten? – Die Zukunft des Generationenvertrags 267
2.5. Arm und Reich in Deutschland – Grundfragen der Verteilungspolitik 295

3. Wirtschaftskrise und Arbeitslosigkeit

3.1. Die „Arbeits"-Gesellschaft ohne Arbeit – Massenarbeitslosigkeit als Dauerschicksal? 321
3.2. Schattenwirtschaft – Wachstum im Verborgenen 346
3.3. Senkung der Löhne und Kürzung der Arbeitszeiten – Rezepte für andauernde Vollbeschäftigung? 363
3.4. „Ausländer raus!" – Mehr Arbeit für Deutsche? 395
3.5. Steigende Preise, sinkender Geldwert – droht Inflation? 417
3.6. Staatsverschuldung – und kein Ende? 439

4. Außenhandel, Währung und Entwicklung

4.1. Dollarstärke – Dollarschwäche. Grundzüge der internationalen Währungspolitik 466
4.2. Eine Währung für Europa – Wird die D-Mark „geopfert“? 489
4.3. Binnenmarkt Europa – Chancen und Risiken regionalwirtschaftlicher Integration 521
4.4. Deutschland in der Weltwirtschaft – Abhängig vom Welthandel? 545
4.5. Neue Weltwirtschaftsordnung – Was kann sie ändern? 567
4.6. Internationale Verschuldungskrise – Entwicklungsländer in der Schuldenfalle? 599
4.7. Hilfe durch Entwicklungshilfe? 633

Schlagwortregister 666

1. Wirtschaftsordnung

1.1. Wie sozial ist die Marktwirtschaft?

Wissen alle, wofür sie in der politischen Diskussion eine Lanze brechen, wenn sie sich zur „Marktwirtschaft", „Freien Marktwirtschaft", „Sozialen Marktwirtschaft" bekennen? Sehr wahrscheinlich nicht; aber das kann nicht überraschen. Denn die Begriffe sind unscharf, es ist auch schwer auszumachen, ob damit ein Marktwirtschafts**modell** oder das existierende Wirtschaftssystem der Bundesrepublik Deutschland gemeint ist. Was bedeutet „sozial" in der Marktwirtschaft? A. Müller-Armack (Staatssekretär im Bundeswirtschaftsministerium zur Zeit L. Erhards, 1958–63) forderte, „das Prinzip der Freiheit auf dem Markt mit dem des sozialen Ausgleichs zu verbinden". Sind denn sonst die Ergebnisse der Marktwirtschaft nicht „sozial"? Wie sozial soll sie sein? Wer ist für die soziale Seite verantwortlich? „Selbstverständlich der Staat", sagt man. So selbstverständlich finden die anderen dies aber nicht: „Zuviel Sozialstaat verdirbt die Marktwirtschaft", heißt es! Für wen wird der Sozialstaat zuviel? Gibt es nicht so etwas wie „die neue soziale Frage", die die Lage der Arbeitslosen, Sozialhilfeempfänger und vieler alter Menschen beschreibt?

Ein ganzes Bündel von Fragen, die den großen Rahmen des Themas deutlich machen. In einer Einführung ist es nicht möglich, die ganze Breite der Diskussion abzudecken. Wir wollen lediglich **folgende Fragen** aufgreifen:

- Was sind die Wesensmerkmale und Voraussetzungen einer Marktwirtschaft?
- Was kann eine Marktwirtschaft nicht allein leisten? Worin besteht also ein Marktversagen? Welche wirtschafts- und sozialpolitischen Aufgaben muß der Staat übernehmen?
- Was sind die besonderen Kennzeichen der „Sozialen Marktwirtschaft"?
- Ist die „Soziale Marktwirtschaft" nach dem Grundgesetz die einzig mögliche Wirtschaftsordnung?
- Welche Grenzen sind der wirtschaftspolitischen Tätigkeit des Staates gesetzt?

Wenn von Marktwirtschaft die Rede ist, denkt man an Angebot und Nachfrage, die auf verschiedenen **Märkten** aufeinandertreffen, woraus sich der Güterpreis je nach dem Knappheitsgrad der nachgefragten Güter und Dienstleistungen (z.B. Transport- und Versicherungsleistungen) ergibt. Das ist zwar nicht falsch, aber eine sehr verkürzte Beschreibung. Wir müssen daher die Merkmale der Marktwirtschaft genauer definieren.

Eine Volkswirtschaft, die marktwirtschaftlich organisiert ist, zeichnet sich durch die **folgenden Merkmale und Funktionen** aus:

Merkmale der Marktwirtschaft

- Die Entscheidungen über die Nachfrage nach Gütern (Entscheidungen der Privathaushalte) und die Entscheidungen darüber, welche Güter und wie zu produzieren sind (Entscheidungen der Unternehmensleitungen über die Güterproduktion), werden individuell in eigener Verantwortung getroffen. **Die Entscheidungsstruktur ist also dezentral.** Eine solche dezentrale Entscheidungsstruktur der Nachfrage- und Produktionsplanung setzt Wirtschaftsfreiheiten, wie Konsumenten- und Unternehmensfreiheit, voraus. Die Konsumenten müssen über ihr Einkommen nach ihren Wertvorstellungen frei verfügen können. Die Unternehmensleitungen müssen ihre Produktionspläne im Rahmen der Gewerbe-, Vertrags-, Investitions- und Preissetzungsfreiheit nach ihren Gewinnerwartungen durchführen können.

Funktionen der Märkte

- **Die Märkte** (Güter-, Dienstleistungs-, Geld- und Kapitalmärkte) **erfüllen** für die Konsumenten und Unternehmensleitungen **drei wesentliche Funktionen:**

  - Sie übermitteln Informationen über die kaufkräftige Nachfrage (über den Bedarf) und über die Güter und Dienstleistungen, die zu einem bestimmten Preis angeboten werden. Die Märkte sind also **Informationsvermittler.**

  - Sie stellen über die Güterpreise (d.h. Marktpreisbildung) die Verbindung zwischen der Nachfrage und der Produktion her. Die Märkte erfüllen dadurch die **Koordinationsfunktion** zwischen den vielfältigen, dezentralen Nachfrage- und Produktionsplänen der Wirtschaftseinheiten. Sie ermöglichen Abstimmung und Anpassung der Pläne der Marktteilnehmer.

  - Sie haben die **Funktion der finanziellen Sanktionen.** Dies geschieht durch die finanziellen Vor- und Nachteile (Gewinne oder Verluste als Marktergebnisse), die sich bei Fehlentscheidungen einstellen. Eine Fehlinvestition bedeutet z.B., an der Nachfrage vorbei zu produzieren, und führt die Unternehmen folgerichtig an den Marktrand. Die Leistungskontrolle erfolgt hier durch die Märkte. Die Märkte können diese Funktionen aber nur erfüllen, wenn *erstens* die Marktteilnehmer Handlungsfreiheiten haben, *zweitens* ein wirksamer Wettbewerb auf den Märkten herrscht, d.h. durch die ökonomische Macht z.B. eines Monopolunternehmens die Marktpreisbildung nicht ausgesetzt werden kann und wenn schließlich *drittens* die Inflation die Knappheitssignale der Märkte nicht verfälscht. Von diesen Voraussetzungen hängt es ab, wie die Marktwirtschaft funktioniert.

Steuerung

Die genannten drei Funktionen der Märkte werden unter dem Begriff der gesamtwirtschaftlichen Steuerungsfunktion der Marktwirtschaft zusammengefaßt. Die gesamtwirtschaftliche Steuerung in der Marktwirtschaft geschieht auf der Grundlage staatlicher Freiheitsverbürgungen (z.B. Gewerbe- und Vertragsfreiheit) und innerhalb der staatlich gesetzten Rahmenbedingungen wie dem Monopolverbot. **Der Staat hat also die Aufgabe, die Funktionen der Märkte zu gewährleisten.** Eine Marktwirtschaft ohne staatliche Mitverantwortung gibt es nicht. Die Frage ist nur, worauf sich das staatliche Handeln beschränken soll. Die relative wirtschaftspolitische Zurückhaltung des Staates gehört zu den Wesensmerkmalen der Marktwirtschaft.

Die Bezeichnung „Marktmechanismus" erweckt einen falschen Eindruck von der Funktionsweise der Märkte. **Die Märkte bestehen aus vielfältigen sozialen Beziehungen.** Sie sind soziale Kommunikationsfelder, aber keine Automaten mit mechanisch erzeugten Ergebnissen. Die Entscheidungen und das Verhalten der Marktteilnehmer, die Abläufe auf den Märkten, unterliegen den gesellschaftlichen Konventionen, Sitten, Gewohnheiten und Unwägbarkeiten, natürlich auch den politisch gesetzten Regeln. Nur in diesem gesellschaftlichen und politischen Rahmen erfüllen die Märkte ihre Informations- und Koordinationsfunktionen (s. oben).

Immer Privateigentum?

Wie steht es mit dem **Eigentum an Produktionsmitteln,** Boden und Bodenschätzen in einer Marktwirtschaft? Die vorschnelle Antwort lautet, diese stünden in einem marktwirtschaftlichen System „selbstverständlich" im Privateigentum. Ja, es gibt solche Marktwirtschaften, die mit vorherrschendem Privateigentum an Produktionsmitteln kombiniert sind. Diese heißen dann „privatwirtschaftliche Marktwirtschaft". Man kann auch anders, und zwar genauer, von dem „privatkapitalistisch-marktwirtschaftlich gesteuerten Wirtschaftssystem" oder kurz von „privatkapitalistischer Marktwirtschaft" sprechen.

Eine Marktwirtschaft kann auch mit vorherrschendem Staatseigentum oder anderen Formen des gesellschaftlichen Eigentums kombiniert werden. Diese Marktwirtschaften werden „Sozialistische Marktwirtschaft" genannt.

Die gewählte Eigentumsform ist

- für die Lösung der vielfältigen Probleme im Betrieb und Unternehmen,
- für den Ablauf auf den Märkten und
- für die Ergebnisse des Wirtschaftsprozesses

entscheidend. Diese Gesichtspunkte müssen diskutiert werden, wenn man systemvergleichend analysieren und urteilen möchte. Aber die als selbstverständlich unterstellte Koppelung der Marktwirtschaft mit dem Privateigentum an Produktionsmitteln ist nicht zwingend. Sie blendet wichtige Diskussionspunkte aus.

Die Kombination der Marktwirtschaft mit dem Privateigentum an Produktionsmitteln schafft einerseits einen besonderen Anreiz für die Privatunternehmen, höhere Gewinne durch Produktivitätserhöhung und Wirtschaftswachstum zu erzielen. Andererseits entsteht im Betrieb und in der Unternehmensführung ein Herrschaftsverhältnis, das die Arbeit zur Ware degradiert. Daraus ergeben sich soziale und politische Aufgaben, deren konkrete Lösung das reale Wirtschaftssystem kennzeichnet.

Worin besteht das Marktversagen? Was kann die privatkapitalistische Marktwirtschaft nicht leisten? Was muß der Staat wirtschafts- und sozialpolitisch tun? Das Marktversagen[1)] kennzeichnet die Fälle, in denen die Märkte entweder bestimmte Vorgänge oder Probleme gar nicht registrieren, daher auch nicht lösen können oder wirtschaftliche und soziale Ergebnisse zeitigen, die wirtschafts- und gesellschaftspolitisch nicht akzeptiert werden. In solchen Fällen ist der Staat gefordert, wirtschafts- und sozialpolitische Gestaltungs- und Korrekturaufgaben zu verwirklichen.

Der Markt versagt in folgenden Fällen:

Fälle des Marktversagens

- **Der Markt registriert nur die Bedürfnisse, die mit Kaufkraft versehen sind.** Auf den Märkten wird nur nach Kaufkraft abgestimmt, nicht nach anderen Maßstäben wie Dringlichkeit, Bedürftigkeit. Was ist aber mit den Grundbedürfnissen, wie z.B. Ernährung, Wohnung, Gesundheitsversorgung, die nicht ausnahmslos kaufkräftig nachgefragt werden können, wie z.B. im Falle der unfreiwilligen Dauerarbeitslosigkeit oder der körperlichen Behinderung? Solche Bedürfnisfälle gehen in den Marktprozeß als Nachfrage nicht ein; sie bleiben auf der Strecke. Das heißt: Der Markt versagt in diesem Fall als Informations- und Koordinationsinstrument.

  Was so durch das Marktversagen auf der Strecke bleibt, wird dann zur sozialpolitischen Aufgabe des Staates, z.B. der Arbeitslosen- und Krankenversicherung und Sozialhilfe.

- **Der Markt funktioniert auf der Grundlage der jeweils gegebenen Einkommens- und Vermögensverteilung.** Es gibt keine Vorkehrung in der Funktionsweise des Marktes zur Angleichung der Einkommen; vielmehr öffnet sich die Schere der Einkommensverteilung zuungunsten der abhängig Erwerbstätigen. Wenn dieses Ergebnis politisch unerwünscht ist, muß der Staat, d.h. die wirtschafts- und sozialpolitischen Entscheidungsträger, handeln. Hierzu gehören dann die rechtliche Gestaltung des Arbeitsmarktes (Tarifautonomie, Tarifvertrags- und Streikrecht u.a.) **und** die nachträgliche sozialpolitische Korrekturmaßnahme zur Einkommens- und Vermögensverteilung (z.B. Transferzahlungen des Staates wie Wohngeld, Kindergeld, Sparförderung, Subventionen u.a.).

- **Der Markt reagiert nur auf die aktuellen Knappheitsverhältnisse.** Wenn eine hohe Nachfrage nach einer Ware oder Dienstleistung auf ein geringeres Angebot stößt, steigt der Preis. Das ist der angenommene

1) Siehe hierzu Bruno Molitor, Wirtschaftspolitik, München 1988, S. 76 ff.; auch Helga Luckenbach, Markt- und Staatsversagen, in: Wirtschaftsstudium, H. 5, 1991, S. 225 f.

Normalfall. Der steigende Preis signalisiert dem Anbieter das bestehende Knappheitsverhältnis. Soweit ist der Markt unter den Wettbewerbsbedingungen funktionstüchtig. Was ist aber mit dem Fall der zukünftigen Knappheit von nicht reproduzierbaren Gütern, z.B. Erdöl, mineralischen Rohstoffen? Der steigende Ölpreis zeigt das Knappheitsverhältnis am bestimmten Tag, z.B. auf dem Ölmarkt in Rotterdam an. Aber jeder weiß, daß es diesen Rohstoff nicht ewig gibt, also eine zukünftige Knappheit vorauszusehen ist. Eine solche zukünftige Knappheit der nur in begrenzter Menge verfügbaren Rohstoffe geht in die Marktpreisbildung nicht ein. In diesem Fall versagt also der „Marktmechanismus". Die Lösung dieses Problems erfordert eine politische Preissetzung, z.B. im Rahmen der internationalen Rohstoffversorgungspolitik. Die Marktpreisbildung braucht hier also einen Ersatz.

- Im Verlauf der Produktion entstehen bei den vorherrschenden Produktionsbedingungen unvermeidliche Nachteile für die soziale und natürliche Umwelt. Diese Auswirkungen der Produktion auf die Umwelt werden **„negative externe Effekte"** genannt. Beispielsweise ist die bedrohliche Verunreinigung des Rheins durch die Industrieschadstoffe ein negativer externer Effekt der Chemieindustrie u.a.
  Die Kosten der Naturschäden gehen nicht automatisch in die Marktpreisbildung ein. Die negativen Folgen für die Natur werden also durch den Markt nicht registriert und nicht in den Preisen ausgedrückt. In einem derartigen Fall liegt ebenfalls ein Marktversagen vor. Was ist dann zu tun? Das Erkennen von Handlungsbedarf hat sich mittlerweile weltweit durchgesetzt, und heute arbeiten alle Industrieländer an staatlichen Umweltschutzmaßnahmen. Entweder werden die Umweltschäden als soziale Kosten vom Staat getragen oder auf der Grundlage des Verursacherprinzips bekämpft. Wenn das Verursacherprinzip durchgesetzt werden kann, bedeutet dies eine staatlich verordnete Korrektur der Marktpreisbildung. Denn nunmehr gehen die Kosten der Vermeidung oder Beseitigung der Umweltschäden in die Kostenrechnung des Produzenten ein und werden in den Marktpreisen weitergegeben (s. Beitrag 1.6.).

- **Es gibt Güter und Dienstleistungen, die in einer privatkapitalistischen Marktwirtschaft von den Privatunternehmen nicht angeboten werden,** weil sie sich privatwirtschaftlich nicht rentieren. Diese Güter sind dadurch gekennzeichnet, daß sie

Produktion von öffentlichen Gütern ist eine Staatsaufgabe

  – nur sehr kapitalintensiv produziert werden können (z.B. Flußregulierung, Talsperrenbau), und/oder

  – eine lange Produktions- und Kapitalumschlagzeit haben (z.B. Verkehrsanlagen) oder

  – auf die einzelnen Benutzer (oder Nutznießer) nicht aufgeteilt werden können, d.h. deren Nutzen niemandem verwehrt werden kann (z.B. innere und äußere Sicherheit, Naturparks).

Da diese Art Güter privatwirtschaftlich gar nicht oder nicht marktmäßig angeboten werden können, müssen sie als öffentliche Güter vom Staat produziert und zur Verfügung gestellt werden. Sie werden durch Steuern finanziert und zu Herstellungspreisen oder frei angeboten. Was die privatkapitalistische Marktwirtschaft nicht leistet, was aber als wirtschaftliche Grundausstattung („materielle Infrastruktur") oder als gesellschaftspolitische Voraussetzung erforderlich ist, muß der Staat als öffentliche Leistung erbringen. Diese öffentlichen Leistungen (Infrastrukturinvestitionen) machen überhaupt erst die private Wirtschaftstätigkeit (z.B. Privatinvestitionen) möglich. Beispielsweise kann kein Privatunternehmen investieren, wenn die öffentlichen Vorleistungen in den Infrastrukturbereichen Energieversorgung, Industriegebiet- und Verkehrserschließung nicht erbracht worden sind.

- Die privatkapitalistische Marktwirtschaft wäre zwar durchaus fähig, eine Reihe von Gütern und Dienstleistungen mit Gewinn anzubieten, aber nur wenige mit hohem Einkommen wären in der Lage, diese zu kaufen. Dies wären z.B. die Leistungen der Bildungs-, Gesundheits- und Postverkehrseinrichtungen. **Weil es politisch nicht vertretbar** und gesellschaftspolitisch unerwünscht ist, daß diese Leistungen nur den kaufkräftigen „Oberen Zehntausend" zugute kommen, **werden sie als „öffentliche Güter" vom Staat angeboten.** So kann von der Nutzung dieser öffentlichen Leistungen niemand ausgeschlossen werden. Hier liegt eine besondere Art des Marktversagens vor: Die Ergebnisse der marktmäßigen Produktion sind nicht sozial und daher auch politisch nicht vertretbar.

Problem der wirtschaftlichen Macht

- **Die Märkte haben keine Selbstkontrolle gegen die ökonomische Machtkonzentration.** Die wirtschaftliche Macht der Anbieter kann marktbeherrschende bis monopolistische Formen annehmen. In diesen Fällen wird der Marktpreis allein von der Marktmacht bestimmt. Dadurch werden die Funktionen und Wirkungsweisen der Märkte aufgehoben (s. Beitrag 1.4.). Daher ist die Herstellung und Erhaltung der Wettbewerbsbedingungen eine wichtige wirtschaftspolitische Aufgabe des Staates. Die Leistungsfähigkeit der Marktwirtschaft ist von dem Realisierungsgrad des Wettbewerbs abhängig.

Privatwirtschaftliche Rentabilität und volkswirtschaftliche Rationalität

- **Der Motor der privatkapitalistischen Marktwirtschaft,** der Anreiz für die Unternehmertätigkeit, **ist die Realisierung einer hohen Rentabilität,** d.h. einer Gewinnsumme, die bezogen auf das eingesetzte Kapital hoch ist. Wenn die realisierbare Rentabilität nicht befriedigend hoch und nicht mindestens so hoch wie die der Konkurrenz ist, tut sich auf der Produzentenseite nichts, d.h., es wird nicht investiert. Es sei denn, der Konkurrenzdruck zwingt zu investieren. Die Theorie des alten Wirtschaftsliberalismus unterstellt, daß die einzelwirtschaftliche Rentabilität unter bestimmten Wettbewerbsbedingungen zum volkswirtschaftlich rationalen (gesamtwirtschaftlich vernünftigen) Ergebnis führt, also auch das Gemeinwohl erfüllt. Das kann als ein glücklicher Zufall eintreten.

Aber die Annahme, daß die einzelwirtschaftliche Rentabilität zugleich volkswirtschaftlich rational ist, kann nur „als Dichtkunst in der Volkswirtschaftslehre" gelten. Der Rauschgifthandel, die Rüstungsgüterproduktion, pharmazeutische Erzeugnisse, die (nicht) schaden, aber auch (nicht) nutzen, die Auswüchse der Unterhaltungsindustrie („Spielsalon mit Peep-Show") sind Beispiele dafür, daß sie für die privatwirtschaftlichen Produzenten und Vertreiber sehr hohe Renditen sichern. Worin besteht aber ihr volkswirtschaftlicher Nutzen? Ist vielleicht der tiefere Sinn das Wirtschaftswachstum? Das so erwirtschaftete Wirtschaftswachstum ist unseres Erachtens mehr als fragwürdig.

Weil das privatwirtschaftliche Handeln mit dem Rentabilitätsziel allein das volkswirtschaftlich erwünschte Ergebnis nicht erzeugen kann, muß der Staat wirtschaftspolitische Maßnahmen ergreifen, um das Rentabilitätsziel in den Dienst der gesamtwirtschaftlichen Ziele wie qualitatives Wirtschaftswachstum, Bekämpfung der Arbeitslosigkeit, zu stellen. Hier setzt der Staat den gesetzlichen Rahmen und übernimmt eine **Steuerungsaufgabe.**

- Eine weitere Steuerungsaufgabe erwächst dem Staat aus dem Auf und Ab des Wirtschaftsablaufs. Die privatkapitalistische Marktwirtschaft hat die Eigenschaft, daß die Wirtschaftsentwicklung instabil verläuft, d.h. **Konjunkturzyklen** aufweist. Weil die Folgeprobleme der Wirtschaftsinstabilität, insbesondere Arbeitslosigkeit, Einkommensverlust und deren soziale Folgeprobleme in einer parlamentarischen Demokratie politisch problematisch sind, muß die Regierung handeln. Die Konjunkturpolitik ist daher eine wichtige Staatsaufgabe. Der Staat hat Maßnahmen zu ergreifen, um den Wirtschaftsablauf zu stabilisieren. Die Notwendigkeit des konjunkturpolitischen Handelns ist allgemein anerkannt. Mit welchen wirtschaftspolitischen Mitteln die Regierung Konjunkturpolitik betreiben soll, ist dagegen die umstrittene Frage.

Schlußfolgerungen

Aus den bisher ausgeführten Problemfällen der Marktwirtschaft sind folgende Schlüsse zu ziehen:

Eine arbeitsteilige Volkswirtschaft kann nach den marktwirtschaftlichen Grundsätzen allein nicht gestaltet werden. Die historische Erfahrung ist die, daß die Ergebnisse der marktwirtschaftlichen Prozesse durch politische Entscheidungen ergänzt und korrigiert werden müssen. Denn die Marktwirtschaft produziert **Ergebnisse,** die unter gesellschaftlichen Gesichtspunkten **nicht ausnahmslos und nicht immer als sozial und gerecht oder zukunftssichernd** beurteilt werden können. Die Marktwirtschaft ist ein Instrument, kein Selbstzweck. Sie muß aus unserer Sicht sozialpolitischen Zielen dienstbar gemacht werden.

Die Marktwirtschaft kann einige wichtige Probleme überhaupt nicht oder nicht befriedigend lösen. Daher ist die Frage, ob „mehr Markt und weniger Staat" keine wirtschaftspolitische Grundsatz-, sondern nur eine Zweckmäßigkeitsfrage, nämlich welches Problem auf welche Weise wirksamer gelöst werden kann.

Was zeichnet die Soziale Marktwirtschaft aus?

Konzeption der Sozialen Marktwirtschaft

Das Leitbild der Wirtschaftsordnung der Bundesrepublik Deutschland ist die Soziale Marktwirtschaft. Sie ist – nach Ansicht ihrer Schöpfer – der Versuch, einen „Dritten Weg" zwischen der unkontrollierten kapitalistischen Marktwirtschaft und der Zentralverwaltungswirtschaft zu finden. Die Soziale Marktwirtschaft soll eine Synthese der wirtschaftlichen Freiheit mit der Sozialstaatsidee, nämlich der sozialen Sicherheit und Gerechtigkeit, ermöglichen. Müller-Armack prägte die politisch sehr eingängige Bezeichnung „Soziale Marktwirtschaft". Er forderte die gesellschaftspolitische Ergänzung der Marktwirtschaft, weil diese allein soziale Werte nicht verwirklichen könne. Die Konzeption der Sozialen Marktwirtschaft nimmt also die neoliberalen Gedanken über die Wirtschaftsgestaltung auf, geht aber über diese hinaus. Die Fälle des Marktversagens sind weitgehend als Staatsaufgaben in der Sozialen Marktwirtschaft anerkannt. „Soziale Marktwirtschaft ist eine bewußt gestaltete marktwirtschaftliche Gesamtordnung" (A. Müller-Armack, 1961). Die Unterschiede in der Konzeption der Sozialen Marktwirtschaft gegenüber dem Freiheitlichen Sozialismus und dem Ordoliberalismus sind im Textauszug (s. Kasten S. 15 f) wiedergegeben. Der Ordoliberalismus ist die deutsche Variante des Neoliberalismus, der von der Freiburger Schule, darunter von W. Eucken, F. Böhm, L. Miksch, vertreten wurde. Der Ordoliberalismus ist der geistige Hintergrund der Sozialen Marktwirtschaft.

Wir befassen uns hier mit der **Konzeption der Sozialen Marktwirtschaft,** nicht aber mit der Frage, ob und wieweit diese Konzeption verwirklicht wurde. Mit den konkreten Realisierungsproblemen, auch in den neuen Bundesländern, beschäftigen sich einzelne Beiträge dieses Sammelbandes.

Zwei Grundgedanken bilden den Kern der Konzeption:

Die Bezeichnung „sozial" verdient dieses Wirtschaftssystem nach Ansicht seiner Schöpfer wie A. Müller-Armack und L. Erhard deshalb, weil es *erstens* ein Wirtschaftswachstum durch die wirtschaftliche Leistungsfähigkeit der wettbewerblich organisierten Marktwirtschaft realisiert, das einen „Wohlstand für alle" ermöglicht, und weil es *zweitens* Wirtschaftsfreiheiten für alle zur Geltung kommen läßt. A. Müller-Armack schreibt hierzu: *„Orientierung am Verbrauch bedeutet bereits eine soziale Leistung der Marktwirtschaft. In gleicher Richtung wirkt die durch das Wettbewerbssystem ... erzwungene Produktivitätserhöhung als eine soziale Verbesserung, die um so größer und allgemeiner ist, je mehr durch den Wettbewerb einseitige Einkommensbildungen ... eingedämmt werden."*

Was ist aber, wenn der Wettbewerb nicht funktioniert? In den Fällen, wo die Marktwirtschaft sozial unerwünschte Ergebnisse zeitigt (s. Fälle des Marktversagens oben), müssen diese nach den gesellschaftlichen Wertvorstel-

Textauszüge: Neoliberalismus, freiheitlicher Sozialismus und soziale Marktwirtschaft

1. **Kernstück der neoliberalen Konzeption** ist die Verwirklichung einer Wettbewerbsordnung auf der Grundlage des Privateigentums.
Oberstes Ziel des Ordoliberalismus ist die individuelle Freiheit in einer Marktwirtschaft mit „vollständiger Konkurrenz" auf allen Märkten. Von dieser Ordnung wird angenommen, daß sie auch eine leistungsgerechte Einkommensverteilung ermöglicht und – bei entsprechender Geldordnung – einen hohen Beschäftigungsgrad sichert ...

Vom Konkurrenzsozialismus unterscheidet sich die ordoliberale Konzeption durch die Bejahung (1) des Privateigentums an den Produktionsmitteln und (2) der freien Marktpreisbildung, vom alten Liberalismus durch eine stärkere Betonung der Erkenntnis, daß die Wettbewerbsordnung nicht naturgegeben ist und daher als „staatliche Veranstaltung" organisiert und durch die Rechtsordnung gesichert werden muß.

W. Eucken formuliert sieben „konstituierende" und vier „regulierende" Prinzipien der liberalen Wirtschaftsordnung: (W. Eucken, Grundsätze der Wirtschaftspolitik, 5. Aufl., Tübingen 1975):

Die konstituierenden Prinzipien umfassen (1) das Preissystem der „vollständigen Konkurrenz", (2) die Stabilität der Währung, (3) Gewerbefreiheit, (4) das Privateigentum an den Produktionsmitteln, (5) die Vertragsfreiheit, ... (6) die volle Haftung, damit der Weg zur Rentabilität nur über Leistung führt, und (7) die Konstanz der Wirtschaftspolitik, durch die das einzelwirtschaftliche Risiko gemindert werden soll.

Die vier regulierenden Prinzipien umreißen die Aufgaben der staatlichen Wirtschaftspolitik im Rahmen dieser Wirtschaftsverfassung. (1) Die staatliche Monopolkontrolle soll die Entstehung von Monopolen und Kartellen verhindern ... (2) Die staatliche Finanzpolitik soll – vor allem mit Hilfe der progressiven Einkommenssteuer – die Einkommensverteilung korrigieren. (3) Durch Bestimmungen über die Länge der Arbeitszeit, den Umfang der Frauen- und Kinderarbeit ist die menschliche Arbeitskraft zu schützen ... (4) Schließlich hält Eucken bei „antikonjunkturellem" Verhalten des Arbeitsangebots die Festsetzung von Mindestlöhnen für gerechtfertigt.

2. **Die wirtschaftspolitische Konzeption des freiheitlichen Sozialismus** ist ein Versuch, marktwirtschaftliche und planwirtschaftliche Prinzipien in einer Synthese miteinander zu verbinden, die die Mängel des Preismechanismus und eines Systems direkter staatlicher Kontrollen vermeidet und sozialpolitischen Zielen betont Rechnung trägt.

„Wettbewerb soweit wie möglich, Planung soweit wie nötig", heißt das von Karl Schiller geprägte wirtschaftspolitische Motto der deutschen Sozialdemokratie. Darin kommt zum Ausdruck, daß sich der freiheitliche Sozialismus deutscher Prägung ebenso wie der Neoliberalismus prinzipiell für eine Marktwirtschaft und gegen eine Zentralverwaltungswirtschaft entscheidet ...

Während Euckens ordoliberale Konzeption auf der fragwürdigen Annahme beruht, daß unter der Herrschaft des konstituierenden Prinzips der Währungsstabilität normalerweise auch ein hoher Beschäftigungsgrad gegeben sein werde, und andere Neoliberale nur eine Konjunkturpolitik mit den klassischen geld- und kreditpolitischen Mitteln befürworten, fordern die Neosozialisten betont eine Politik der Vollbeschäftigung (auf der Grundlage einer stabilen Währung) und auch den Einsatz der Steuer- und Haushaltspolitik für den Ausgleich der konjunkturellen Schwankungen ...

Die Ziele der sozialen Sicherheit und einer gerechten Einkommensverteilung werden von den freiheitlichen Sozialisten stärker betont als von den Neoliberalen. Eine Änderung der Eigentumsverteilung wird nach wie vor energisch gefordert ...

3. **Die „Soziale Marktwirtschaft"** ist das vom Neoliberalismus inspirierte Leitbild der westdeutschen Wirtschaftspolitik nach 1948. Es unterscheidet sich vom Ordoliberalismus durch größere Wirklichkeitsnähe und stärkere Betonung sozialpolitischer Ziele und verlangt von den Trägern ökonomischer Macht soziales Verantwortungsbewußtsein.

... Die Idee der sozialen Marktwirtschaft (ist) in vieler Hinsicht vage. Das Leitbild deckt sich auch vielfach nicht mit der tatsächlichen Regierungspraxis ... So ist es Erhard als Bundeswirtschaftsminister gerade in so wesentlichen Fragen seines eigentlichen Aufgabengebiets wie denen der Wettbewerbsgesetzgebung nicht gelungen, sich gegen widerstrebende Stimmen, die vornehmlich aus den Reihen seiner eigenen Partei kamen, voll durchzusetzen. „Eine Politik der sozialen Marktwirtschaft verlangt eine bewußte Politik des wirtschaftlichen Wachstums" und „eine Konjunkturpolitik ..., die im Rahmen der marktwirtschaftlichen Bewegungsmöglichkeiten den Beschäftigungsgrad sichert". Als Rahmenbedingungen werden die „Stabilität des Haushalts" und eine gesicherte Geldordnung – d.h. wohl Preisstabilität und Gleichgewicht der Zahlungsbilanz bei Konvertibilität – genannt. Von einer antizyklischen Finanzpolitik ist nicht die Rede, und der „volkswirtschaftlichen Gesamtrechnung" will man sich nicht bedienen.

Es scheint zu den Merkmalen der sozialen Marktwirtschaft zu gehören, daß immer wieder der Versuch unternommen wird, die Unternehmer durch Appelle an das soziale Verantwortungsbewußtsein oder die ökonomische Vernunft zu Preissenkungen oder zur Vermeidung von Preissteigerungen zu bewegen ...

Um so wichtiger ist dann natürlich zur Verstärkung des sozialen Gehalts der sozialen Marktwirtschaft die staatliche Verteilungspolitik, „die in Form von Fürsorgeleistungen, Renten- und Lastenausgleichszahlungen, Wohnungsbauzuschüssen, Subventionen usw. die Einkommensverteilung korrigiert"... Erhard hat die Erfahrung machen müssen, daß außer ihm auch noch andere Kreise, nämlich die Interessengruppen, Wirtschaftspolitik zu treiben versuchen. Er sieht darin „einen Krisenherd unserer Zeit" und bedauert, „wie wenig uns bisher die Einordnung der Gruppeninteressen in den Staat gelungen ist ..."

Gekürzte Textauszüge aus: Herbert Giersch, Allgemeine Wirtschaftspolitik, Grundlagen, Wiesbaden 1961, S. 181 ff.

lungen politisch korrigiert werden. **Der soziale Ausgleich** ist vor allem durch die staatliche Sozialpolitik zu realisieren. Dabei ist der Grundsatz strikt zu beachten, daß der Staat nur dann eingreift, wenn es nicht anders zu erreichen ist (Subsidiaritätsgrundsatz).

Wichtige Kennzeichen der Konzeption der Sozialen Marktwirtschaft

Die wichtigen Kennzeichen der **Sozialen Marktwirtschaft als Leitbild** der bundesrepublikanischen Wirtschaftsordnung fassen wir wie folgt zusammen:

- Die **Wirtschaftsfreiheiten** sind als Grundrechte im Rahmen der rechtsstaatlichen Ordnung zu gewährleisten: Unternehmensfreiheit (Gewerbe-, Vertrags-, Wettbewerbs- und Verfügungsfreiheit über Privateigentum an Produktionsmitteln), Konsum-, Berufswahl- und Berufsausübungsfreiheit, Freizügigkeit und Koalitionsfreiheit. Diese sind die unverzichtbaren Bestandsvoraussetzungen der Sozialen Marktwirtschaft, die nur ein demokratisch-pluralistisches System verwirklichen kann.

- Wie sollen aber die Bestandsgarantie und der Mißbrauchschutz der Wirtschaftsfreiheiten erfolgen? Die Antwort lautet: Im Rahmen der rechtsstaatlichen Ordnung und im Wirtschaftsprozeß durch die Herstellung und Erhaltung der **Wettbewerbsordnung.** Das bedeutet, daß der Staat gefordert ist: Er muß vor allem die Rahmenbedingungen dafür schaffen, daß die Märkte auf der Grundlage des wirksamen Wettbewerbs funktionieren. Der Angelpunkt der Sozialen Marktwirtschaft ist also die staatlich gesetzte und kontrollierte Wettbewerbsordnung. Ist das gelungen? Wieviel Wettbewerb gibt es (noch), wo und welchen? (s. hierzu Beitrag 1.4. und 1.5.).

- **Der Staat hat wirtschaftspolitische Aufgaben** zu erfüllen. Die Verpflichtung des Staates für die gesamtwirtschaftliche Steuerung ist ein wichtiger Bestandteil der Sozialen Marktwirtschaft.
  Um den Wirtschaftsablauf zu stabilisieren (die „Konjunktur zu glätten"), ein stetiges Wirtschaftswachstum und Geldwertstabilität zu erreichen, muß der Staat aktive Konjunktur-, Wachstums- und wirtschaftssektorale sowie -regionale Strukturpolitik betreiben. Die staatliche Wirtschaftspolitik soll sich vorzugsweise der geldpolitischen Instrumente bedienen. Konnte der Staat seinen wirtschaftspolitischen Aufgaben gerecht werden? (s. hierzu u. a. die Beiträge 2.1., 3.1., 3.6.).

- Das **Wirtschaftswachstum** ist zentrales Ziel der Sozialen Marktwirtschaft. Dies ist deshalb wichtig, weil das Wirtschaftswachstum erstens zur Erhöhung des materiellen Wohlstands beiträgt und zweitens die Lösung der Verteilungskonflikte erleichtert. Wenn der Kuchen größer wird, fällt für jeden mehr ab, auch wenn sich der Verteilungsschlüssel nicht ändert. Eine Konfliktlösungsstrategie, die bisher weitestgehend erfolgreich war. Ist aber jede Art Wirtschaftswachstum kritiklos zu akzeptieren? Ist es grenzenlos? (Diese Fragen sind Gegenstand des Beitrages 2.1.)

- Im Bereich der **Sozialpolitik** übernimmt der Staat grundsätzlich nachträgliche Korrekturaufgaben. Da die Wachstumspolitik als die beste Sozialpolitik verstanden wird, fällt der staatlichen Sozialpolitik die Korrektur der ursprünglichen Einkommens- und Vermögensverteilung zu. Dies erfolgt in Form von Renten, Ausgleichszahlungen, Sozialhilfe, Zuschüssen und Subventionen. Die staatlichen Leistungen sollen jedoch die Leistungsbereitschaft der einzelnen nicht beeinträchtigen.
- Die Konzeption der Sozialen Marktwirtschaft enthält auch eine wichtige **Entscheidungsregel** für die wirtschafts- und sozialpolitischen Maßnahmen. Diese heißt **Marktkonformität der Maßnahmen.** Danach sollen die wirtschaftspolitischen Entscheidungsträger bei der Wahl ihrer Instrumente und Maßnahmen beachten, daß diese die Marktpreisbildung nicht stören. Ob eine Maßnahme „marktkonform" ist oder durch ihre Neben- und Fernwirkungen doch das Marktgeschehen beeinträchtigt, kann aber in Grenzfällen gar nicht beurteilt werden. Daher ist diese Entscheidungsregel pragmatisch zu handhaben. A. Müller-Armack führt die Beispiele an: Zinsfixierung und Mietstop sind marktinkonform, Zinssubventionierung und Mietbeihilfen gelten als marktkonform. Was ist jedoch in dem Fall zu tun, wenn ein wirtschafts- oder sozialpolitisches Mittel für die Realisierung eines Zieles sehr wirksam, aber nicht marktkonform ist? Dies wäre ein Fall der wirtschaftspolitischen Abwägung, ob dann auf Marktkonformität zu verzichten ist. Die Wirtschaftspolitiker müssen dann konsequent entscheiden.

Wirtschaftsordnung der Bundesrepublik Deutschland

Keine reale Wirtschaftsordnung ist das genaue Abbild ihres Leitbildes. So ist auch die reale Wirtschaftsordnung der Bundesrepublik, die den liebgewonnenen Namen Soziale Marktwirtschaft trägt, nicht die getreue Verwirklichung der Konzeption der Sozialen Marktwirtschaft. Hier und im nächsten Abschnitt ist von der existierenden Wirtschaftsordnung „Soziale Marktwirtschaft" die Rede.

Die Weichen für die Realisierung einer Marktwirtschaft mit dem Privateigentum an Produktionsmitteln wurden bereits 1948 gestellt. Das „Gesetz über Leitsätze für die Bewirtschaftung und Preispolitik nach der Geldreform" („Leitsätzegesetz" genannt, verabschiedet vom Wirtschaftsrat in Frankfurt/M. am 18.6.1948) und die Währungsreform vom 20.6.1948 waren **zwei zentrale Entscheidungen.** Sie schufen die Basis der zukünftigen Wirtschaftsordnung. Beide Entscheidungen waren nicht problemlos und politisch stark umstritten.

Nach der Gründung der Bundesrepublik Deutschland durchlief die Soziale Marktwirtschaft folgende **Phasen:**

- Die Jahre des „Wirtschaftswunders" (1950–1960),
- gescheiterte Anpassung an veränderte Bedingungen der Wirtschafts- und Sozialpolitik (1961–1966),
- Globalsteuerung durch den Staat („Stabilitätsgesetz") in der Praxis,

- Beschäftigungskrise und Wirtschaftspolitik mit unzulänglichen Instrumenten (1974–1982),
- Nicht überwundene Beschäftigungskrise seit dem Regierungswechsel 1982 („Wende“) und seit 1990 Einführung der Marktwirtschaft in Ostdeutschland (s. Beitrag 1.2.).

Die staatliche Wirtschafts- und Sozialpolitik hat in den genannten Zeitabschnitten mit unterschiedlichen Instrumenten die anstehenden Probleme zu lösen versucht. Die Bundesregierungen konnten die Wirtschaftspolitik verfolgen, die sie für richtig hielten und für die sie die parlamentarische Mehrheit fanden. Dies war deshalb möglich, weil das Grundgesetz, anders als die Weimarer Verfassung, keine Einzelbestimmungen über die Wirtschaftsordnung und wirtschaftspolitische Maßnahmen enthält. Das Grundgesetz gewährt dem Gesetzgeber mithin einen großen Gestaltungsspielraum für die Wirtschafts- und Sozialpolitik.

Wirtschaftspolitischer Handlungsraum, den das Grundgesetz bietet

Oft wurde die Frage gestellt, **ob das Grundgesetz die Soziale Marktwirtschaft als Wirtschaftsordnung der Bundesrepublik festgelegt hat.** Sie hat das Bundesverfassungsgericht schon 1954 in seiner Entscheidung zum Investitionshilfegesetz eindeutig beantwortet (s. Kasten S. 20). Das Bundesverfassungsgericht stellte fest, daß

- das Grundgesetz kein bestimmtes Wirtschaftssystem gewährleistet, also auch nicht die Soziale Marktwirtschaft, die „zwar eine nach dem Grundgesetz mögliche Ordnung, keineswegs aber die allein mögliche“ ist,
- der Verfassungsgeber (der Parlamentarische Rat 1949) sich für ein bestimmtes Wirtschaftssystem nicht entschieden hat,
- der Gesetzgeber „die ihm jeweils sachgemäß erscheinende Wirtschaftspolitik verfolgen kann, sofern er dabei das Grundgesetz beachtet“,
- es verfassungsrechtlich ohne Bedeutung ist, ob das zur Wirtschaftslenkung verwandte Mittel „marktkonform“ ist.

Diese grundlegenden Aussagen hat das Bundesverfassungsgericht später bestätigt und vor allem in dem Urteil über das Mitbestimmungsgesetz von 1976 (Urteil vom 1.3.1979) ausdrücklich wiederholt.

Das Grundgesetz verbietet jedoch das liberalistische Wirtschaftssystem der staatlichen Untätigkeit als einen Extremfall, aber auch die Zentralverwaltungswirtschaft als den anderen Extremfall. Der Sozialstaatsgrundsatz (Art. 20 GG) und Art. 109 Abs. 2 GG (geänderte Fassung von 1967) verpflichten den Staat zu wirtschafts- und sozialpolitischen Aufgaben gesamtwirtschaftlicher Steuerung. Andererseits schränken die Grundrechte (insbesondere Art. 2 Abs. 1, Art. 3, Art. 9, Art. 11, Art. 12 und 14 GG) die Staatstätigkeit ein. Die Bundesstaatlichkeit (Art. 20 GG u.a.) läßt nur eine

Die Wirtschaftsordnung, die nach dem Grundgesetz möglich ist

1. Aus: Entscheidung des Bundesverfassungsgerichts zum Investitionshilfegesetz vom 20.7.1954, Bd. 4, S. 18.

Das Grundgesetz garantiert weder die wirtschaftspolitische Neutralität der Regierungs- und Gesetzgebungsgewalt noch eine nur mit marktkonformen Mitteln zu steuernde „soziale Marktwirtschaft".
Die „wirtschaftspolitische Neutralität" des Grundgesetzes besteht lediglich darin, daß sich der Verfassungsgeber nicht ausdrücklich für ein bestimmtes Wirtschaftssystem entschieden hat. Dies ermöglicht dem Gesetzgeber, die ihm jeweils sachgemäß erscheinende Wirtschaftspolitik zu verfolgen, sofern er dabei das Grundgesetz beachtet.
Die gegenwärtige Wirtschafts- und Sozialordnung ist zwar eine nach dem Grundgesetz mögliche Ordnung, keineswegs aber die allein mögliche. Sie beruht auf einer vom Willen des Gesetzgebers getragenen wirtschafts- und sozialpolitischen Entscheidung, die durch eine andere Entscheidung ersetzt oder durchbrochen werden kann. Daher ist es verfassungsrechtlich ohne Bedeutung, ob das Investitionshilfegesetz im Einklang mit der bisherigen Wirtschafts- und Sozialordnung steht und ob das zur Wirtschaftslenkung verwandte Mittel „marktkonform" ist.

2. Aus: Entscheidung des Bundesverfassungsgerichts zum Mitbestimmungsgesetz vom 1.3.1979, Bd. 50, S. 338.

Dem entspricht es, wenn das Bundesverfassungsgericht ausgesprochen hat, daß das Grundgesetz wirtschaftspolitisch neutral sei; der Gesetzgeber darf jede ihm sachgemäß erscheinende Wirtschaftspolitik verfolgen, sofern er dabei das Grundgesetz, insbesondere die Grundrechte beachtet (BVerfGE 4,7 [17 f.] – Investitionshilfegesetz). Ihm kommt also eine weitgehende Gestaltungsfreiheit zu (vgl. etwa BVerfGE 7, 377 [400] – Apotheken; 25,1 [19 f.] – Mühlengesetz; 30, 292 [317, 319] – Erdölbevorratung). Das darin zutage tretende Element relativer Offenheit der Verfassungsordnung ist notwendig, um einerseits dem geschichtlichen Wandel Rechnung zu tragen, der im besonderen Maße das wirtschaftliche Leben kennzeichnet, andererseits die normierende Kraft der Verfassung nicht aufs Spiel zu setzen. Allerdings darf die Berücksichtigung der Gestaltungsfreiheit des Gesetzgebers nicht zu einer Verkürzung dessen führen, was die Verfassung in allem Wandel unverändert gewährleisten will, namentlich nicht zu einer Verkürzung der in den Einzelgrundrechten garantierten individuellen Freiheiten, ohne die nach der Konzeption des Grundgesetzes ein Leben in menschlicher Würde nicht möglich ist. Die Aufgabe besteht infolgedessen darin, die grundsätzliche Freiheit wirtschafts- und sozialpolitischer Gestaltung, die dem Gesetzgeber gewahrt bleiben muß, mit dem Freiheitsschutz zu vereinen, auf den der einzelne Bürger gerade auch dem Gesetzgeber gegenüber einen verfassungsrechtlichen Anspruch hat (BVerfGE 7, 377 [400]).

koordinierte Wirtschaftspolitik der verschiedenen Entscheidungsträger in Bund, Ländern und Gemeinden zu. Die Wirtschaftsordnung der Bundesrepublik ist in diesem grundgesetzlichen Rahmen möglich und weiter zu entwickeln. Die Entwicklungsphasen der Sozialen Marktwirtschaft seit 1949 (s. oben) zeigen, daß der Gesetzgeber von seinem Gestaltungsspielraum wirtschafts- und sozialpolitisch in beachtlichem Maße Gebrauch gemacht hat.

Es besteht kein Zweifel, daß der Staat umfangreiche wirtschafts- und sozialpolitische Aufgaben zu übernehmen hat. Tatsache ist auch, daß die Staatsaufgaben ständig wachsen. So stellt sich die Frage, ob der Staat (d.h. genauer die wirtschaftspolitischen Entscheidungsträger, z.B. die Bundesregierung) in der Lage ist, seine Aufgaben zu erfüllen. **Welche Grenzen sind der Verwirklichung der Staatsaufgaben gesetzt?** Von welchen Faktoren hängt die Durchsetzung der staatlichen Wirtschaftspolitik ab? Die Antwort lautet:

Grenzen der wirtschaftspolitischen Staatstätigkeit

- **Das Grundgesetz** stellt die wirtschaftspolitische Staatstätigkeit in einen bestimmten Rahmen, der bestimmt ist durch
  - die Grundrechte und ihre Kerngehaltsgarantie,
  - die Grundsätze der Sozial-, Bundes- und Rechtsstaatlichkeit,
  - den gesamtwirtschaftlichen Steuerungsauftrag (Art. 109 Abs. 2 GG).

  Die staatliche Wirtschaftspolitik ist innerhalb dieses Rahmens zulässig.
- Die Verfügbarkeit von ökonomischen Ressourcen ist eine wichtige Bedingung der Realisierung von Staatsaufgaben. Die Grenze der Staatstätigkeit ergibt sich aus der **Finanzierbarkeit der Staatsaufgaben.** Die Staatsverschuldung (s. Beitrag 3.6.) zeigt dieses Problem in aller Deutlichkeit.
- **Die weltwirtschaftliche Verflechtung** schafft Grenzen und Abhängigkeiten für die nationale Wirtschaftspolitik. Bestimmte Aufgaben werden von internationalen Organisationen (z.B. EG, IWF) übernommen. Die Außenhandelsbeziehungen können die staatliche Wirtschaftspolitik durchkreuzen.
- Die Wirksamkeit der staatlichen Wirtschaftspolitik ist von der **Reaktion der Unternehmen und Konsumenten** auf die wirtschaftspolitischen Maßnahmen abhängig. Wenn z.B. die Unternehmen auf die Investitionsförderungsmaßnahmen nicht in erwünschter Richtung und Weise reagieren, kann der Staat seine konjunktur- und strukturpolitische Aufgabe nicht lösen. Die Unternehmensfreiheit setzt hier der Wirtschaftspolitik eindeutige Grenzen.
- Im Bundesstaat muß die Wirtschafts- und Sozialpolitik zwischen dem Bund, den Ländern und Gemeinden koordiniert werden. Wenn die Koordinierung z.B. der Finanzpolitik aufgrund der unterschiedlichen Interessen der Gebietskörperschaften nicht möglich ist, scheitert die Wirtschaftspolitik an der **bundesstaatlichen Kompetenzverteilung.** Die Wirtschaftspolitik der Bundesregierung kann gegebenenfalls auch am Bundesrat scheitern.

- **Die Problemlösungs- und Planungskapazität der Ministerialbürokratie** ist für die Realisierung der wirtschaftspolitischen Ziele ein entscheidender Faktor. Wenn die Ministerialbürokratie nicht bereit und/ oder nicht fähig ist, Alternativen für die Problemlösungen zu erarbeiten, kann die staatliche Wirtschaftspolitik nicht wirksam werden.
- Die wirtschaftspolitischen Instrumente werden auf der Grundlage der jeweils verfügbaren Wirtschaftstheorie herausgearbeitet. Es gibt stets **konkurrierende Theorien und Theoriedefizite.** Daher ist manchmal nicht nur der Wirtschaftspolitiker, sondern auch der Berater ratlos. Auch wenn dies nicht laut ausgesprochen wird, bedeutet solche Ratlosigkeit oft die Grenze des wirtschaftspolitischen Handelns.
- Auch wenn der Wirtschaftspolitiker das Instrument zur Verfügung hätte, das wirksam die Probleme lösen würde, heißt das noch nicht, daß er es auch durchsetzen bzw. anwenden könnte. Er kann am Konflikt mit den Gegnern scheitern. Vielleicht die wichtigste Grenze der staatlichen Wirtschaftspolitik ist die **politische und ökonomische Macht der Konfliktparteien.** Es kommt auf die gesellschaftliche Machtverteilung an, ob und wie eine wirtschaftliche Staatsaufgabe gelöst wird.

Schlußfolgerungen

Das alles wird ungenau unter dem Begriff des **„Staatsversagens"** zusammengefaßt. Daraus ziehen manche den zweifelhaften Schluß, den Staat von seinen wirtschaftlichen Aufgaben zu entlasten. Angesichts der Gründe des Marktversagens und der Entstehung der Staatsaufgaben kann die Forderung unseres Erachtens nur lauten, daß – vor allem im Hinblick auf die neuen Bundesländer – Problemlösungsalternativen ohne Dogmen und Tabus abgewogen werden müssen, um politische und ökonomische Rahmenbedingungen zu schaffen, die eine zukunftssichere Wirtschaft und Wirtschaftspolitik möglich machen.

Literaturhinweise

Uwe Andersen, Horst Bahro, Dieter Grosser, Thomas Lange, Der Staat in der Wirtschaft der Bundesrepublik, Leverkusen 1985.
Reinhard Blum, Soziale Marktwirtschaft, Tübingen 1969.
Bundeszentrale für politische Bildung (Hrsg.), Soziale Marktwirtschaft, Bonn 1989.
Dies. (Hrsg.), Wirtschaftspolitik, Bonn 1990.
Dieter Grosser u. a., Soziale Marktwirtschaft, Stuttgart 1988.
Otmar Issing (Hrsg.), Zukunftsprobleme der Sozialen Marktwirtschaft, Berlin 1981.
Heinz Lampert, Die Wirtschafts- und Sozialordnung der Bundesrepublik Deutschland, 10. Aufl., München 1989.
Alfred Müller-Armack, Wirtschaftsordnung und Wirtschaftspolitik, Freiburg 1976.
Zuviel Staat? Die Grenzen der Staatstätigkeit (= Kohlhammer Taschenbücher „Bürger im Staat" 1058), Stuttgart 1982.

Alparslan Yenal

1.2. Wirtschaftliche Konsequenzen der deutschen Einheit

Die politischen und sozialökonomischen Veränderungen in Osteuropa seit 1989 sind atemberaubend. Was noch vor wenigen Jahren unvorstellbar erschien, vollzieht sich seither als Auflösung der totalitären Systeme. Die gesellschaftlichen Strukturen, die bisherigen Grundlagen der Politik und Wirtschaft werden völlig neu gestaltet.

Die politischen Veränderungen und Grundentscheidungen, die für die Umgestaltung der Wirtschaft erforderlich sind, können hier nicht eingehend untersucht werden. **Wir konzentrieren uns auf die Beantwortung folgender Fragen:**

- Welche systembedingten Mängel, die unabhängig von der Integrität und den Absichten der verantwortlichen Entscheidungsträger auftraten, und welche Fehlentwicklungen führten zum Scheitern der zentralverwalteten Wirtschaftssysteme?
- Was sind die Probleme des Übergangs zur Marktwirtschaft, die den Systemwechsel so schwierig machen? Diese Frage behandeln wir am Beispiel der Anpassungsprobleme der neuen Bundesländer.

Die Zentralverwaltungswirtschaften haben die ökonomischen Grundprobleme, die jedes Wirtschaftssystem lösen muß, durch untaugliche Instrumente und Grundsatzentscheidungen nicht oder nur unzureichend lösen können.

Grundfunktionen eines Wirtschaftssystems

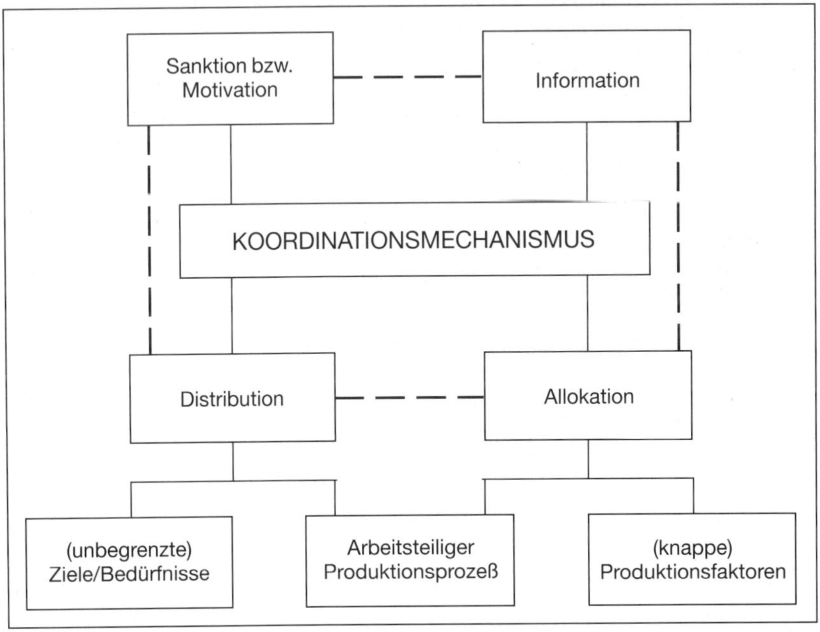

Grundprobleme der Wirtschaftssysteme

Die Grundprobleme eines jeden Wirtschaftssystems sind in der Abbildung auf S. 23 dargestellt.[1] Es geht stets vor allem darum, die bestehenden Produktionsfaktoren (z.B. qualifizierte Arbeit, Investitionsgüter) in einem sehr komplexen, arbeitsteiligen Wirtschaftsprozeß so einzusetzen, daß daraus eine Angebotspalette von Gütern und Dienstleistungen resultiert, mit der die individuellen und kollektiven (z.B. die Infrastrukturausstattung wie die Bildungs- und Gesundheitseinrichtungen) Bedürfnisse der Menschen so gut wie möglich befriedigt werden. Diese sehr einfach klingende Forderung ist in modernen Volkswirtschaften außerordentlich schwer zu erfüllen, da zahlreiche **wichtige Teilprobleme** gleichzeitig zu lösen sind:

- Die Produktionsfaktoren müssen den sich ständig ändernden Knappheiten und Bedürfnissen entsprechend eingesetzt oder neu kombiniert werden, um kostengünstig und bedarfsgerecht zu produzieren und Verschwendung zu vermeiden **(Allokations- und Effizienzproblem)**.
- Der arbeitsteilige Produktionsprozeß muß kontinuierlich ablaufen und möglichst reibungslos ineinandergreifen. Stillstand, Leerlauf oder Lieferengpässe müssen vermieden werden **(Kontinuitätsproblem)**.
- Da auch in entwickelten Volkswirtschaften stets eine Diskrepanz zwischen der Menge verfügbarer Güter und Leistungen und dem Bedarf besteht, muß deren Verteilung geregelt werden. Entscheidend ist dabei die Frage der Einkommensverteilung, also des Anteils der einzelnen und des Staates am Sozialprodukt und Volkseinkommen **(Distributionsproblem)**.
- Die am Wirtschaftsprozeß Beteiligten müssen motiviert und interessiert sein, die vorstehend formulierten Ziele zu erreichen. Die Zielerreichung muß für sie vorteilhaft, die Zielverfehlung nachteilig sein. Die erfolgreiche Suche nach neuen und besseren Wegen z.B. bei der Produktion muß sich lohnen **(Motivations- bzw. Sanktionsproblem)**.
- All dies erfordert ein umfassendes, auf Veränderungen rasch reagierendes Informations- und Kommunikationssystem, das Produzenten und Verbrauchern, leitenden und ausführenden Akteuren, ausreichende Hilfe für sachgerechte Entscheidungen und Handlungen liefert **(Informationsproblem)**.
- Schließlich sind in jedem Wirtschaftssystem die Entscheidungen und Handlungen der Wirtschaftseinheiten (Produzenten und Verbraucher u.a.) abzustimmen. Die Produktionsziele und das Güter- und Dienstleistungsangebot müssen mit den Erwartungen und der effektiven Nachfrage der Konsumenten in Einklang gebracht werden **(Koordinationsproblem)**.

[1] Darstellung und Erläuterung aus: Peter Czada, Vom Plan zum Markt (vgl. Literaturhinweise), S. 9 f.

Welche Lösungsalternativen realisiert werden, ist von den politischen, gesellschaftlichen und kulturellen Grundlagen des jeweiligen Landes abhängig. So waren die totalitären politischen Systeme der Ostblockländer nur mit der zentralverwalteten Wirtschaft zu vereinbaren, die den Wirtschaftseinheiten (Produzenten und Konsumenten) keine oder nur sehr begrenzte freie Handlungsräume gewährte.

Warum scheiterten Planwirtschaften?

In der Theorie ist es vorstellbar, daß in einer Zentralverwaltungswirtschaft alle oben genannten Grundprobleme gelöst werden. In der Wirklichkeit **scheiterte sie aus folgenden Gründen:**

- Keine Planbehörde ist in der Lage, die Erzeugung und Verteilung von Abermillionen Gütern und Dienstleistungen zentral bis ins Detail zu planen[2]. Auch in der DDR mußte sich die Plankommission daher mit der Aufstellung relativ grober Planziele und Planbilanzen begnügen, die dann auf den unteren Plan-Ebenen und in den Kombinaten und Betrieben immer weiter differenziert und aufgeschlüsselt wurden.
- Da die Planerfüllung bzw. -übererfüllung höchstes Gebot war, suchten die Betriebe erfolgreich nach Methoden einer leichten Zielerreichung. Dies äußerte sich im Streben nach „weichen Plänen", d.h. in bewußter Fehlinformation der Zentrale über das eigene Leistungsvermögen ebenso wie im Widerstand gegen neue Produktionsverfahren und neue Produkte. Zur Planerfüllung selbst wurde oft der bequemste Weg gesucht, was dazu führte, daß die Produktion nicht am wechselnden tatsächlichen Bedarf orientiert wurde, sondern der Plan z.B. durch die Massenfertigung einiger weniger Standardprodukte mit geringer Qualität erfüllt wurde. Die Konkurrenz anderer Anbieter – die Triebkraft in marktwirtschaftlichen Systemen – fehlte, so daß ein solches verbraucherfeindliches Verhalten auf allen Ebenen der Erzeugung und Verteilung risikolos möglich war, zumal für die „Volkseigenen Betriebe" und Handelsorganisationen keine Konkursgefahr bestand.
- Mit der Beseitigung des Privateigentums an den Produktionsmitteln wurde auch das Privatinteresse am Erhalt und an der rationellen Nutzung der Produktionsanlagen, der Gebäude, der Rohstoffe etc. abgeschafft. Die desolaten Fabriken, die heruntergekommenen Stadtviertel, die freudlosen Geschäfte, aber auch die horrenden Umweltschäden der DDR zeugen von einer „kollektiven Verantwortungslosigkeit", die durch das System verursacht und ermöglicht wurde.
- Um die Pläne leichter erfüllen zu können, „horteten" die Betriebe z.B. Rohstoffe und Arbeitskräfte und forderten entsprechende Finanzmittel an, die dann an anderer Stelle fehlten. Diese Tendenz zur „Überbeset-

[2] Bereits in der DDR umfaßte die sog. „Erzeugnis- und Leistungsnomenklatur (ELN)" rd. 100.000 Positionen mit ca. 82 Millionen Artikeln. Vgl. Materialien zum Bericht zur Lage der Nation im geteilten Deutschland 1987. Hrsg. v. Bundesministerium für Innerdeutsche Beziehungen, Bonn 1987, S. 131.

zung der Arbeitsplätze" wurde auch noch dadurch gefördert, daß Entlassungen in die Arbeitslosigkeit nicht zulässig waren. Die Kehrseite dieser Art von Vollbeschäftigung war eine entsprechend niedrige Arbeitsproduktivität (vgl. unten S. 28), der wiederum ein niedriger Reallohn entsprach: **Wo pro Kopf wenig erzeugt wird, kann auch nur wenig verteilt werden!** Die relativ geringen Einkommen, die zudem (etwa im Vergleich zur Bundesrepublik) weit weniger nach Qualifikation und Leistung gestaffelt waren, trugen zusammen mit der Arbeitsplatzgarantie und dem begrenzten Konsumgüterangebot nur wenig zur Leistungsmotivation der Beschäftigten bei, die infolge von Organisationsmängeln und Lieferengpässen ohnehin häufig unterbeschäftigt blieben. Der DDR-Slogan: „Wir arbeiten so schlecht, wie wir bezahlt werden" unterstrich diesen verhängnisvollen Kreislauf.

– Weitere schwerwiegende Mängel resultierten aus dem starren Preissystem, das sich den veränderten Knappheiten nicht anpaßte und damit eine kostengerechte Produktion vereitelte. Die Verbraucherpreise wurden entweder durch Subventionen künstlich niedrig gehalten oder durch hohe Steuern (z.B. bei Autos, Fernsehern, Waschmaschinen) kräftig her-

Der tägliche Leerlauf

So viele Stunden der täglichen Arbeitszeit fallen in der DDR wegen defekter Maschinen und Materialmangels aus

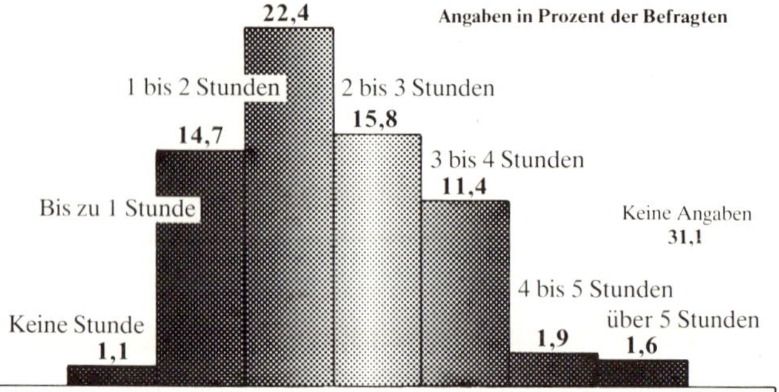

	3 bis 4 Stunden	4 bis 5 Stunden	über 5 Stunden
Industrie	14,3	1,7	1,5
Handwerk	16,6	10,8	3,3
Bauwirtschaft	23,3	0	0
Landwirtschaft	22,5	0	0
Verkehr	7,6	1,8	4,6
Handel	5,3	0	2,4

Umfrage unter 1.979 DDR-Bürgern; Quelle: aktiv, Arbeitsgemeinschaft Markt- und Sozialanalyse Köln
Institut der deutschen Wirtschaft Köln

aufgesetzt, wobei die Abgaben zur Finanzierung der Subventionen dienten, dazu aber schließlich nicht mehr ausreichten. Die sozialpolitisch bewußt niedrig gehaltenen Preise (z.B. für elektrische Energie und für Grundnahrungsmittel) förderten die Verschwendung. Die sehr niedrigen Mieten erzwangen eine strikte Bewirtschaftung und Zuteilung des Wohnraums und deckten nicht einmal die nötigsten Reparaturen, geschweige denn die Erhaltung oder gar Modernisierung der Häuser. Dafür waren viele Waren extrem überteuert oder so knapp, daß sich schwarze Märkte bildeten und „Beziehungen“ oder harte Währungen erforderlich waren, um sie zu erhalten.

Fazit

Dies sind nur einige Punkte eines ökonomischen Mängelkatalogs, der unvollständig ist, zumal er durch eine Beschreibung der politischen und gesellschaftlichen Deformation des totalitären Staats erweitert werden müßte, um das ganze Ausmaß der Misere zu verdeutlichen, die nur durch Unterdrückung und totale Überwachung gegen die große Mehrheit der Bevölkerung aufrechterhalten werden konnte. Nur so ist es auch zu erklären, daß sich in der DDR das kommunistische System nach Öffnung der Mauer wie ein Gespenst verflüchtigte, ganz so, wie es von Karl Marx – freilich mit anderer Intention – am Beginn des „Kommunistischen Manifests“ 1848 bezeichnet worden war.[3)]

Erbe der Planwirtschaft in der DDR

Die grundlegenden Systemmängel einer Zentralverwaltungswirtschaft sind an den schwerwiegenden Strukturproblemen im Gebiet der ehemaligen DDR zu erkennen. Diese machen den Systemwechsel zur Marktwirtschaft besonders folgenschwer.

Die Planwirtschaft der DDR hinterließ folgende gravierende Probleme:

1. Der fehlende Wettbewerb, die Abkopplung vom Weltmarkt und die staatlich-zentrale Lenkung schufen eine Produktionsstruktur, die
   - einen sehr hohen Anteil des Industriesektors mit einem geringen Spezialisierungsgrad und eine hohe regionale Konzentration der Industrieansiedlung aufwies,
   - durch ein Produkt- und Dienstleistungsangebot gekennzeichnet war, das den Konsumentenwünschen nicht entsprach,
   - die knappen Ressourcen vergeudete.
2. Lieferengpässe, Fehlzeiten sowie die beschäftigungspolitisch begründete Überbesetzung von Arbeitsplätzen und das faktische Verbot von Entlassungen führten in Verbindung mit einem relativ niedrigen technologischen Niveau zu einer geringen Arbeitsproduktivität.

3) „Ein Gespenst geht um in Europa – das Gespenst des Kommunismus.“ Karl Marx, Friedrich Engels, Manifest der Kommunistischen Partei. London 1848 (Textanfang).

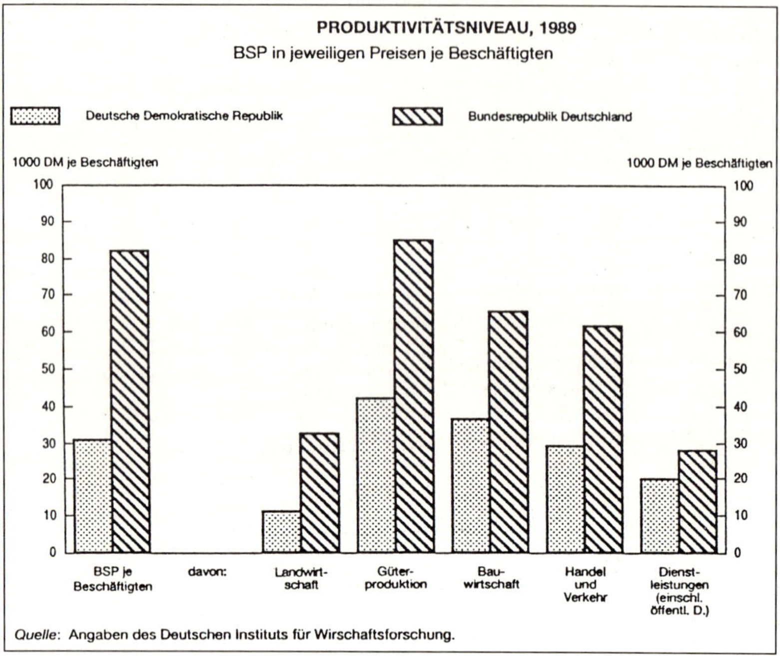

PRODUKTIVITÄTSNIVEAU, 1989
BSP in jeweiligen Preisen je Beschäftigten

Quelle: Angaben des Deutschen Instituts für Wirschaftsforschung.

OECD, Wirtschaftsbericht Deutschland, Paris 1991.

3. Die veralteten Produktionsanlagen (s. Tabelle S. 29) konnten/können mit den westlichen Technologien nicht konkurrieren. Die Produkte der Wirtschaftszweige mit der standardisierten Massenproduktion waren/ sind auf den internationalen Märkten weder preislich noch qualitativ wettbewerbsfähig.

4. Die sehr hohe Verschuldung der Unternehmen erschwert ihre Sanierung.

5. Die Infrastrukturausstattung ist auf einem niedrigen Niveau und in miserablem Zustand. In allen Infrastrukturbereichen (Verkehr und Telekommunikation, Städte- und Wohnungsbau, Gesundheits- und Bildungseinrichtungen u.a.) ist der Modernisierungs- und Nachholbedarf außerordentlich groß.

6. Nicht zuletzt sind die Umweltschäden immens, da sie nicht einmal ansatzweise bekämpft oder aufgefangen wurden. Die schonungslose Ausbeutung der Umwelt hat enorme Altlasten verursacht (s. Beitrag 1.7.).

Diese Probleme und deren Folgen müssen nun auf dem Wege zur Sozialen Marktwirtschaft unter einem starken Zeit- und Anpassungsdruck gelöst werden.

Altersstruktur der Ausrüstungen in der DDR und der Bundesrepublik Deutschland in v.H.

Altersgruppe	DDR[1]		BRD[2]	
	1977	1989	1980	1989
0– 5 Jahre	32.0	27.0	39.3	40.2
6–10 Jahre	27.4	22.5	31.7	29.7
11–20 Jahre	19.4	29.4	23.6	24.7
über 20 Jahre	21.2	21.1	5.4	5.3

1) Erfassung der Betriebe unter Aufsicht der zuständigen Ministerien.
2) Ausrüstungsbestände zum Jahresanfang in Preisen von 1980.

Quellen: Institut für angewandte Wirtschaftsforschung (1990), Ursachen der Wirtschaftskrise in der DDR. Schlußbilanz einer verfehlten Wirtschaftspolitik, Berlin (DDR); Statistisches Bundesamt, Fachserie 18; Volkswirtschaftliche Gesamtrechnungen, Reihe 1.
OECD, Wirtschaftsbericht Deutschland, Paris 1991.

Systemwechsel in Osteuropa

Dabei unterscheiden sich die eingeleiteten Schritte in den osteuropäischen Staaten und die jeweilige politische Zielstrebigkeit bei deren Durchsetzung erheblich. Die neuen Bundesländer haben zwar eine unvergleichlich bessere Ausgangslage, aber auch sie haben große Schwierigkeiten mit der Realisierung der Sozialen Marktwirtschaft.

Über die Transformation von sozialistischen Wirtschaften zum Kapitalismus gibt es keine systematisch-theoretische Vorarbeit; es existiert auch kein praktiziertes Vorbild. Die politischen und wirtschaftlichen Probleme sowie die sozialen Konflikte des Übergangs vom Plan zum Markt waren daher schwer zu prognostizieren und sind nicht generell zu lösen. An die Stelle von hochgesteckten Erwartungen und Hoffnungen auf schnelle Besserung treten häufig Zukunftsängste und Orientierungslosigkeit. Das Beispiel der Sowjetunion, nicht zuletzt der gescheiterte Putsch vom August 1991, macht sehr deutlich, wie gefährlich diese Übergangsphase ist, in der der planwirtschaftliche Mechanismus nicht mehr und die Marktwirtschaft noch nicht funktioniert. Das angestrebte marktwirtschaftliche Konkurrenzsystem der westlichen Industrieländer, deren materieller Wohlstand letztlich das Ergebnis der individuellen Leistungsfähigkeit, des Gewinnstrebens, aber auch der Risikobereitschaft zahlreicher Menschen ist, läßt sich nicht einfach und mit Erfolgsgarantie auf Gesellschaften übertragen, in denen vor allem Gehorsam, Unterordnung und Anpassung gefordert waren und in denen ein allgegenwärtiger Staat die Bürger systematisch entmündigte. Es ist ein gefährlicher Irrglaube, daß allein aus der Einführung marktwirtschaftlich-kapitalistischer Spielregeln Wohlstand, Demokratie und soziale Gerechtigkeit entstehen müßten. Die Marktwirtschaft ist dafür bestenfalls eine notwendige, aber keine hinreichende Bedingung.

Ferner sollte bedacht werden, daß sich der relative Wohlstand der hochentwickelten Länder nicht gleichsam „über Nacht“ einstellte, sondern nur mit vielen Mühen, mit großen Rückschlägen und in langen historischen Fristen zustande kam. Das gilt auch für das sog. „Wirtschaftswunder“ der Bundesrepublik, die erst 1956 – also acht Jahre nach der Währungsreform – im Jahresdurchschnitt weniger als eine Million Arbeitslose verbuchte.

Reformprogramm für Sowjetunion

Es gibt keinen Automatismus in der Systemtransformation. Ein ganzer Katalog von grundlegenden Erneuerungen, die alle fast gleichzeitig angepackt werden müssen, ist zu verwirklichen[4].

Das politische System, die Rechtsordnung, die Wirtschaftsverfassung, die gesellschaftlichen Beziehungen, Verhaltensnormen und Werthaltungen müssen auf eine ganz neue Grundlage bzw. in einen neuen Rahmen gestellt werden. Die Menschen stehen somit vor außerordentlichen Herausforderungen. Sie müssen ihre Zukunft radikal neu gestalten.

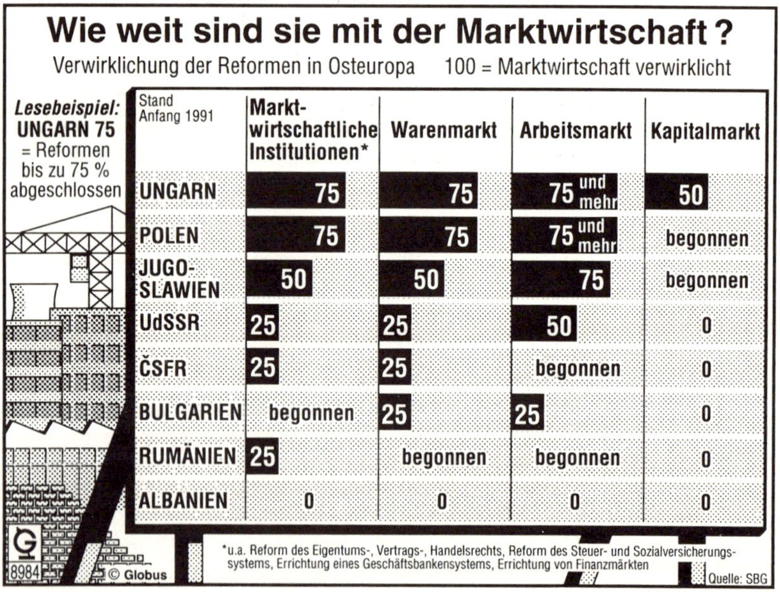

4 s. Jürgen Backhaus (Hrsg.), Systemwandel und Reform in östlichen Wirtschaften, Marburg 1991.

Die folgende Zusammenstellung enthält einen Überblick über das umfassende Reformprogramm, das eine sowjetisch-amerikanische Expertengruppe für die einstige Sowjetunion ausarbeitete.

Fahrplan der Reform

Die Hauptelemente des Reformprogramms der Jawlinskij/Harvard-Gruppe zur Transformation der Sowjetunion in eine Demokratie mit Marktwirtschaft

■ Erste Stufe von Mitte 1991 bis Anfang 1992:

Aufbau von Institutionen

- Abschluß des All-Unions Vertrags
- Beginn der „kleinen" Privatisierung
- Preisliberalisierung
- Vereinheitlichung der Wechselkurse
- Einführung neuer Wirtschaftsgesetze
- Beseitigung von Hindernissen für Marktprozesse
- Investitionsschutzabkommen mit dem Ausland
- Einfrieren aller Sozialausgabenprogramme
- Subventionskürzung für die Staatsunternehmen
- Landreform

Westliche Unterstützung

- Assoziierte Mitgliedschaft in IWF und Weltbank, Konsultationen mit internationalen Partnern
- Humanitäre Hilfe (Lebensmittel, Arzneimittel)
- Technische Hilfe
- Handelserleichterungen des Westens wie gegenüber CSFR, Polen, Ungarn.

■ Zweite Stufe in 1992:

Makroökonomische Stabilisierung und Marktreform

- Neue Verfassung, freie Wahlen
- Budgetausgleich durch Ausgabenkürzung (Subventionen, Verteidigungsetat, Auslandshilfe)
- Abschaffung fast aller Preiskontrollen
- Unabhängige Notenbank
- Währungskonvertibilität für Leistungstransaktionen
- Außenhandelsliberalisierung
- Völlige Freiheit für privates Unternehmertum
- Beschleunigung der „kleinen" Privatisierung
- Verbesserte Durchsetzung des Wirtschaftsrechts
- Liberalisierung der Agrarmärkte
- Auslandsinvestitionen im Energie- und Rohstoffbereich
- Lebensmittelmarken zur Abfederung des Preisanstiegs

Westliche Unterstützung

- Mitgliedschaft in IWF und Weltbank
- Beginn der Finanzhilfe und entsprechend den Reformfortschritten
- Intensive technische Unterstützung

■ Dritte Stufe in 1993:

Stabilitätskonsolidierung, umfassende Privatisierung und Beginn der strukturellen Reformen

- Wahrung strenger makroökonomischer Disziplin
- Beschleunigte Konversion der Rüstungsindustrie
- Beginn der „großen" Privatisierung, Wettbewerbsgesetzgebung
- Fortführung der Landreform
- Aufbau der Finanzinfrastruktur (Banken)
- Infrastrukturprojekte (Transport, Kommunikation)
- Ausbau der Agrarmärkte
- Modernisierung des Kapitalstocks

Westliche Unterstützung

- Fortsetzung der Finanzhilfe nach den Reformfortschritten

Quelle: iwd vom 11.7.1991.

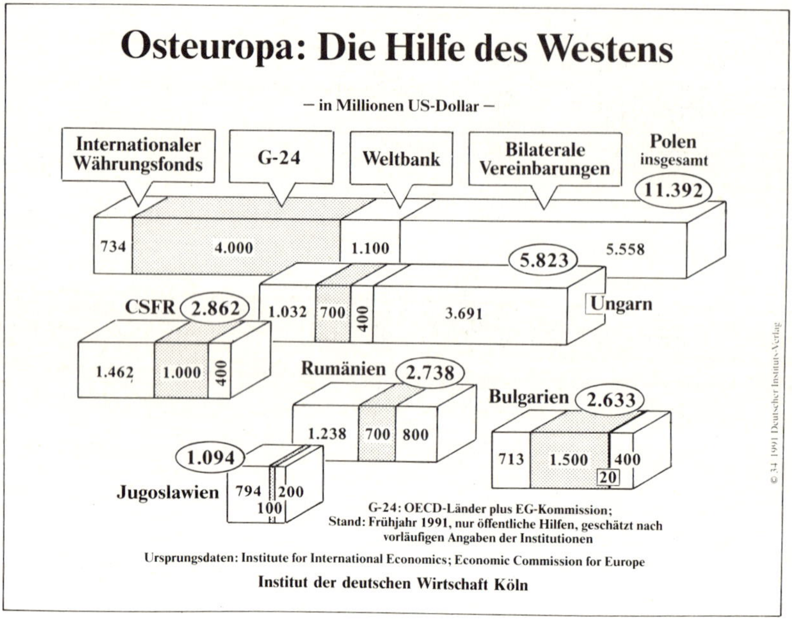
Osteuropa: Die Hilfe des Westens
– in Millionen US-Dollar –
Internationaler Währungsfonds
G-24
Weltbank
Bilaterale Vereinbarungen
Polen insgesamt
11.392
734
4.000
1.100
5.558
5.823
1.032
700
400
3.691
Ungarn
CSFR
2.862
1.462
1.000
400
Rumänien
2.738
1.238
700
800
Bulgarien
2.633
713
1.500
400
20
1.094
Jugoslawien
794
200
100
G-24: OECD-Länder plus EG-Kommission;
Stand: Frühjahr 1991, nur öffentliche Hilfen, geschätzt nach vorläufigen Angaben der Institutionen
Ursprungsdaten: Institute for International Economics; Economic Commission for Europe
Institut der deutschen Wirtschaft Köln
© 34 1991 Deutscher Instituts-Verlag

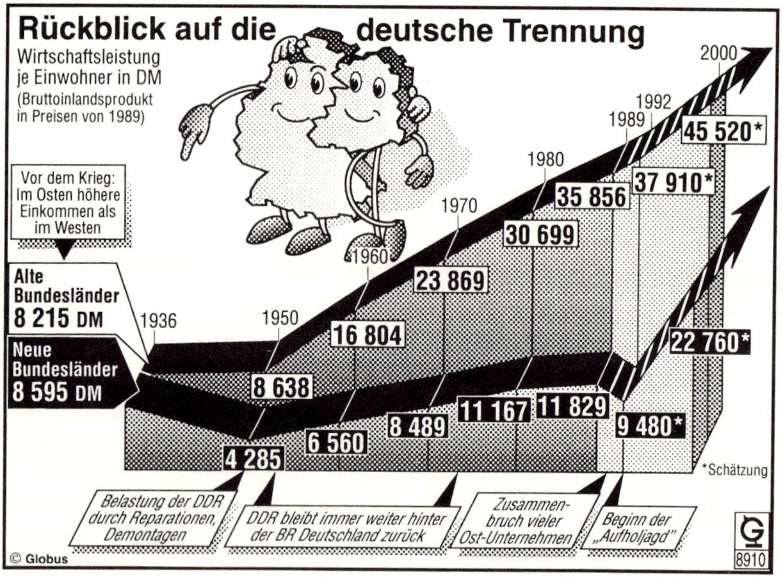
Rückblick auf die deutsche Trennung
Wirtschaftsleistung je Einwohner in DM
(Bruttoinlandsprodukt in Preisen von 1989)
Vor dem Krieg: Im Osten höhere Einkommen als im Westen
Alte Bundesländer
8 215 DM
Neue Bundesländer
8 595 DM
1936
1950
1960
1970
1980
1989
1992
2000
8 638
16 804
23 869
30 699
35 856
37 910*
45 520*
4 285
6 560
8 489
11 167
11 829
9 480*
22 760*
*Schätzung
Belastung der DDR durch Reparationen, Demontagen
DDR bleibt immer weiter hinter der BR Deutschland zurück
Zusammenbruch vieler Ost-Unternehmen
Beginn der „Aufholjagd"
© Globus
8910

Die Reformländer Osteuropas werden ohne tatkräftige Unterstützung der westlichen Industrieländer nicht auskommen. Die Europäische Gemeinschaft hat ihre Bereitschaft erklärt, den Wirtschaftsreformen durch finanzielle Unterstützung und durch Assoziierungsabkommen zum Erfolg zu verhelfen. Die westlichen Industrieländer haben für Osteuropa (Ungarn, Rumänien, Bulgarien, Polen, Jugoslawien und die CSFR) aus öffentlichen Finanzquellen im Jahr 1991 insgesamt 26 Mrd. Dollar bereitgestellt (s. Abbildung S. 32). Der Finanzbedarf Osteuropas für den wirtschaftlichen Aufbau wird in den nächsten Jahren weiterhin beträchtlich sein. Die westlichen Finanztransfers müßten nach unterschiedlichen Schätzungen in den nächsten 5 bis 10 Jahren zwischen 30 und 420 Mrd. Dollar jährlich betragen, wenn eine wirtschaftliche Angleichung unter verschiedenen Zielsetzungen angestrebt wird. Das macht die Größe der gestellten Aufgabe deutlich. Wie dann aber die entstandenen Auslandsschulden Osteuropas zurückgezahlt werden können (s. Beitrag 4.6.), bleibt der Zukunft überlassen.

Wie ist die Lage und Entwicklung in Deutschland?

Systemwechsel in der DDR

Gemessen an der politischen und wirtschaftlichen Lage in den osteuropäischen Ländern sind die Ausgangsbedingungen und Chancen für die wirtschaftliche Entwicklung im Gebiet der ehemaligen DDR unvergleichbar besser. Das wirtschaftliche Gefälle zwischen den neuen und alten Bundesländern ist zwar sehr groß, andererseits ist aber auch die vielfältige politische und materielle Unterstützung der westlichen Bundesländer sehr erheblich, um dieses Gefälle zu überwinden. Wie erfolgreich und schnell die Anpassungsmaßnahmen wirken und die katastrophale Hinterlassenschaft der SED-Herrschaft in allen Lebensbereichen beseitigt sein wird, ist schwer vorauszusagen. Der Weg zur Sozialen Marktwirtschaft hat durch die Währungsunion mit der Übernahme des rechtlichen Rahmens und der wirtschafts- und sozialpolitischen Entscheidungsstrukturen und Institutionen, durch die Einführung der marktmäßigen Wirtschaftsabläufe erst begonnen. Die zum 1. Juli 1990 geschaffene Wirtschafts-, Währungs- und Sozialunion sowie die staatliche Vereinigung am 3. Oktober 1990 sind also nicht die Schlußsteine, sondern die **Fundamente** zur Herstellung gleicher oder ähnlicher Lebensverhältnisse, und das Zusammenwachsen wird nicht ohne weitere gravierende Probleme vonstatten gehen.

Allerdings: **Der Übergang Ostdeutschlands** zur Marktwirtschaft vollzog sich in den folgenden wichtigen Problembereichen wesentlich leichter als in den Reformländern Osteuropas[5]:

- Die Übertragung der bundesdeutschen Verfassungsordnung, der Rechtsnormen und der politischen und wirtschaftlichen Institutionen hat dafür gesorgt, daß eine der wesentlichsten Voraussetzungen der Systemtransformation mit geringen Reibungsverlusten verwirklicht wurde.

[5] s. OECD, Wirtschaftsbericht Deutschland 1991, Paris 1991.

- Die Währungsunion hat eine stabile, konvertible Währung eingebracht, und die Deutsche Bundesbank als ein kompetentes Entscheidungsorgan hat die Geldpolitik übernommen.
- Für die privatwirtschaftliche Umgestaltung, Modernisierung und Führung von Betrieben stehen Fachkräfte, Finanzmittel und Technologie zur Verfügung.
- Die sozialen und ökonomischen Kosten der Umstrukturierung werden von Westdeutschland durch massive Finanzhilfen getragen. So konnten die schweren sozialen Folgen des wirtschaftlichen Anpassungsprozesses abgefedert werden.
- Die Integration in die Europäische Gemeinschaft ermöglichte ebenfalls institutionelle und finanzielle Unterstützung der Systemtransformation.

Doch hat die Übernahme der westdeutschen Verfassungs- und Wirtschaftsordnung auch Probleme mit sich gebracht, die den Systemwechsel in Ostdeutschland erschweren. Diese besonderen Probleme sind:

- Das nunmehr auch in Ostdeutschland existierende System sozialer Sicherung entspricht nicht der Wirtschaftskraft der ostdeutschen Unternehmen und der Gebietskörperschaften und überfordert diese im Anpassungsprozeß zusätzlich.
- Die im Zuge der Währungsunion im Verhältnis 1 M = 1 DM umgestellten Löhne und die von den Gewerkschaften durchgesetzten Lohnanpassungen haben den Abstand zwischen dem Arbeitseinkommen und der Arbeitsproduktivität vergrößert (s. unten). Dies hat zur Folge, daß sich die Wettbewerbslage der Unternehmen verschlechtert.
- Die übergangslose Währungsunion hat die ostdeutsche Wirtschaft dem westdeutschen und internationalen Wettbewerb ausgesetzt mit dem Ergebnis, daß die Produktion und Beschäftigung weitgehend zusammenbrachen (s. unten und Beiträge 3.2.; 3.3.) und der ehemaligen DDR die osteuropäischen Märkte verlorengingen (s. Beitrag 4.4.).
- Die ostdeutschen Verwaltungen und Gerichte waren für die neuen Aufgaben unvorbereitet und daher bei der Umsetzung von übernommenen wirtschafts- und sozialpolitischen Zielen und Maßnahmen überfordert.
- Die Neugestaltung der Eigentumsverhältnisse und die Eigentumsrückforderungen nach den westdeutschen Rechtsgrundlagen schaffen Probleme für Investoren und hemmen die rasche Umgestaltung der ostdeutschen Wirtschaft.

Gespaltene Wirtschaftslage

Im Sommer 1991, ein Jahr nach der Währungsunion, war **die Wirtschaftslage im vereinten Deutschland** nach wie vor durch große regionale Unterschiede gekennzeichnet. In **Westdeutschland** waren die Kapazitäten voll ausgelastet, stieg die Zahl der Erwerbstätigen weiter und nahm die Arbeitslosigkeit deutlich ab: Es herrschte Hochkonjunktur. Die anderen Industrieländer jedoch, die wichtigen Handelspartner der Bundesrepublik, litten un-

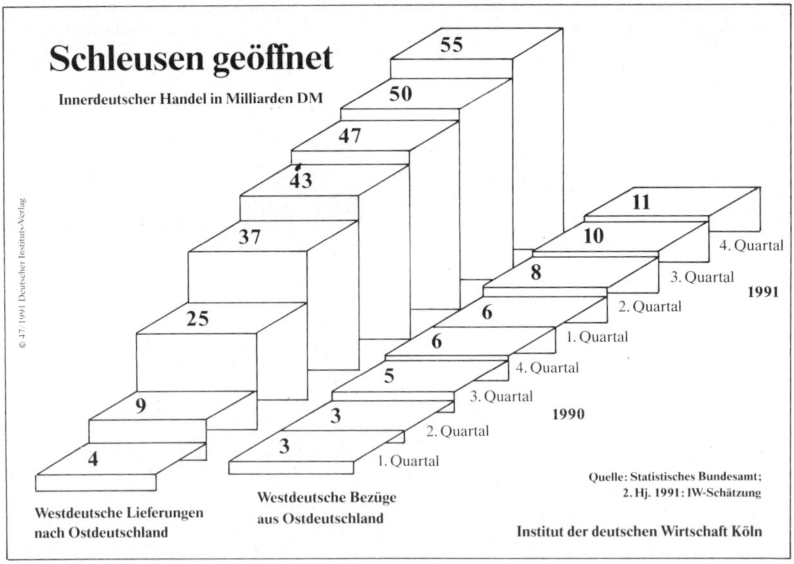

ter Wachstumsschwäche und Rezession. Daher war die Auslandsnachfrage gedämpft. Die schwache Auslandsnachfrage wurde durch die hohe Inlandsnachfrage, vor allem durch erheblich steigende Lieferungen in die neuen Bundesländer, kompensiert.

Im krassen Gegensatz dazu stand die Wirtschaftslage in **Ostdeutschland**. Die Produktionseinbrüche in den Industriezweigen schienen sich auf einem sehr niedrigen Niveau stabilisiert zu haben; im Bausektor und in einigen Dienstleistungsbereichen war eine Aufwärtsbewegung festzustellen. Die Beschäftigungssituation war besorgniserregend. Während die Wirtschaft in Westdeutschland auf hohen Touren lief, war in Ostdeutschland ein einschneidender Beschäftigungsabbau mit allen seinen sozialen Folgen zu verzeichnen (s. Abbildung auf S. 36).

Währungsunion

Diese Entwicklung kann nicht überraschen. Die übergangslose Einführung der marktwirtschaftlichen Rahmenbedingungen durch die Währungs-, Wirtschafts- und Sozialunion am 1. Juli 1990 hat die Wirtschaft der ehemaligen DDR dem Wettbewerb der westdeutschen Wirtschaft und des Weltmarktes ausgesetzt. Dabei verlief die Währungsumstellung selbst am 1. Juli 1990 bemerkenswert problemlos. Auch die vorher heftig umstrittenen Umtauschkurse (vgl. Kasten S. 37), für die es „angesichts fehlender oder mangelhafter Daten . . . kaum verläßliche Orientierungspunkte gab" (Deutsche Bundesbank), erwiesen sich letztlich als ein plausibler Kompromiß zwischen ökonomischen und sozialen Forderungen. Jeder aus Sicht der Sparer bessere Kurs hätte zugleich die nun auch auf D-Mark lautenden Schulden weiter erhöht und den Betrieben damit noch größere Probleme aufgebürdet.

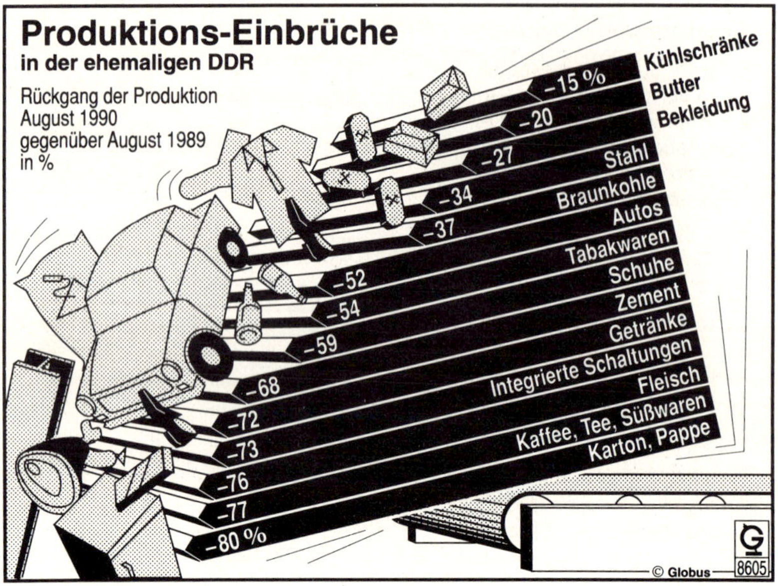
Produktions-Einbrüche
in der ehemaligen DDR
Rückgang der Produktion August 1990 gegenüber August 1989 in %
Kühlschränke −15 %
Butter −20
Bekleidung −27
Stahl −34
Braunkohle −37
Autos −52
Tabakwaren −54
Schuhe −59
Zement −68
Getränke −72
Integrierte Schaltungen −73
Fleisch −76
Kaffee, Tee, Süßwaren −77
Karton, Pappe −80 %
© Globus 8605

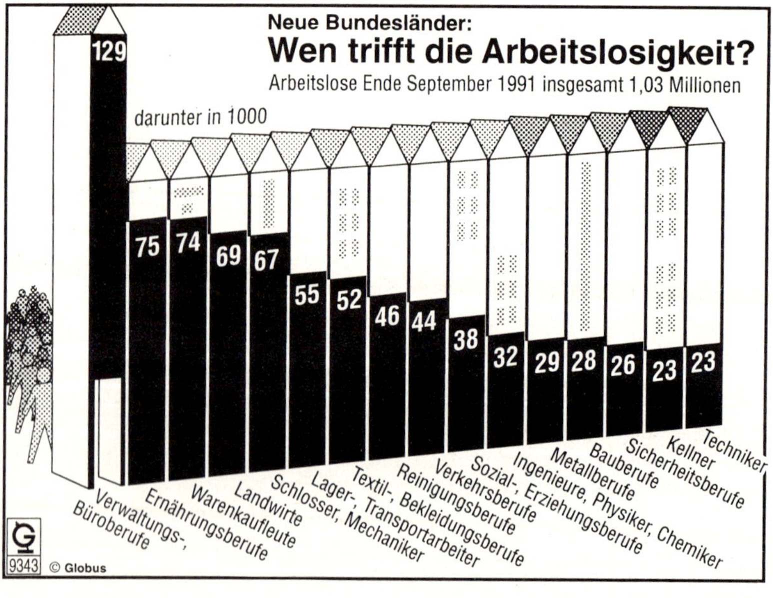
Neue Bundesländer:
Wen trifft die Arbeitslosigkeit?
Arbeitslose Ende September 1991 insgesamt 1,03 Millionen
darunter in 1000
Verwaltungs-, Büroberufe 129
Ernährungsberufe 75
Warenkaufleute 74
Landwirte 69
Schlosser, Mechaniker 67
Lager-, Transportarbeiter 55
Textil-, Bekleidungsberufe 52
Reinigungsberufe 46
Verkehrsberufe 44
Sozial-, Erziehungsberufe 38
Ingenieure, Physiker, Chemiker 32
Metallberufe 29
Bauberufe 28
Sicherheitsberufe 26
Kellner 23
Techniker 23
9343 © Globus

Zur Umstellung von Mark der DDR auf D-Mark

Alle am 1. Juli 1990 bestehenden **Kredite** und **Guthaben** wurden grundsätzlich im Verhältnis 2 Mark = 1 D-Mark umgestellt. Davon abweichend wurden zum Kurs von 1 Mark = 1 D-Mark umgestellt:
- Guthaben bis zu 2000 M für Personen unter 14 Jahren,
- Guthaben bis zu 4000 M für Personen zwischen 14 und 60 Jahren,
- Guthaben bis zu 6000 M für Personen über 60 Jahre.

Mark-Guthaben von „Ausländern" auf DDR-Konten, also auch von Bundesbürgern, wurden zum Kurs von 2 M = 1 DM umgestellt, soweit sie vor dem 31.12.1989 bestanden. Spätere Eingänge wurden 3:1 umgestellt.

Bargeld war vom Umtausch ausgeschlossen, d.h. alles Geld mußte bis zum 30.6. auf Konten eingezahlt sein. Nur Münzen bis zum Wert von 50 Pfennigen blieben zunächst im Gebiet der DDR im Kurs von 1:1 im Umlauf.

Die **Löhne und Gehälter** wurden im Verhältnis 1 Mark = 1 D-Mark nach Maßgabe der am 5.1.1990 geltenden Tarifverträge umgestellt.

Die **Renten** wurden generell angehoben, mindestens aber 1:1 in alter Höhe umgestellt bei einer garantierten Mindestrente von 495 DM.

(Zu Einzelheiten vgl. Mitteilungen der Deutschen Bundesbank, Nr. 1007/90, Recht und Währung)

Die Währungsumstellung bewirkte jedoch insgesamt eine Aufwertung der „Mark der DDR" mit entsprechenden negativen Konsequenzen für den Export der ostdeutschen Wirtschaft. Hierin unterschied sich die Währungsunion von 1990 denn auch grundlegend von der Währungsreform des Jahres 1948.

Die westdeutsche Wirtschaft hat den Wiederaufbau nach der Währungsreform 1948 unter dem Schutz eines niedrigen Wechselkurses und mit beschränkter Konvertibilität der D-Mark verwirklichen können. Die ostdeutsche Wirtschaft wurde hingegen infolge der Währungsunion unvorbereitet und ungeschützt mit der internationalen Konkurrenz konfrontiert. Hinzu kam, daß die Exportmärkte in Osteuropa durch die Währungsumstellung und die Auflösung des RGW fast vollständig verlorengingen. Auf diese unvermeidlichen wirtschaftlichen Folgeprobleme der sofort vollzogenen Währungsunion hatten der Sachverständigenrat, die Wirtschaftsforschungsinstitute und die Bundesbank 1990 eindringlich hingewiesen und eine stufenweise Angleichung der DDR-Wirtschaft befürwortet (s. Kasten S. 38).[6] Freilich steht dahin, ob ein „sanfter" Übergang überhaupt praktikabel gewesen wäre. Ihm standen jedenfalls innen- und außenpolitische Erwägungen entgegen. Im Ergebnis der ersten freien Volkskammerwahlen am 16. März

[6] Vgl. Peter Czada, Vom Plan zum Markt , a.a.O. S. 19 f.

1990 drückte sich der Wunsch nach einer schnellen Währungsunion und einer schnellen Vereinigung aus.

Die Industrieproduktion ging im Zeitraum vom 2. Halbjahr 1989 bis Ende 1990 in einigen Branchen um mehr als 55% zurück: z.B. Pharmaindustrie –57%, Metallwaren –59%, Zellstoff und Papier –67%, Teilbereiche der Textilindustrie und der Lebensmittelindustrie um mehr als –74% (s. Kasten unten).
Die sozialen Kosten der Arbeitslosigkeit müssen durch sozialpolitische Instrumente aufgefangen werden.

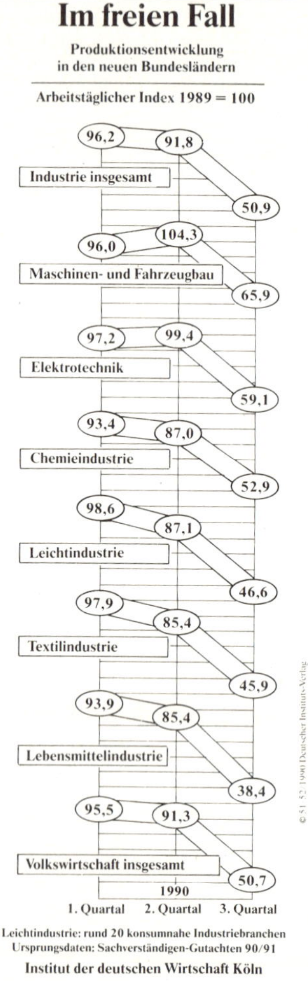

Anders als die von den politischen Instanzen in der Bundesrepublik und in der DDR getroffenen Entscheidung, die Währungsunion zeitgleich mit der Wirtschafts- und Sozialunion in Kraft zu setzen – und damit die Währungsunion als Hebel für die notwendigen Wirtschaftsreformen in der DDR zu nutzen –, sah das vom Sachverständigenrat zur Diskussion gestellte Modell ein Vorgehen in Stufen vor (SG 90 Ziffer 46, Anhang IV; Brief an den Bundeskanzler vom 9.2.1990, Ziffer 2, Anhang V): Nach diesem Modell hätten sofort, umfassend und gleichzeitig einsetzende wirtschaftliche Reformen am Anfang gestanden, die von der DDR mit Unterstützung der Bundesrepublik in Gang zu setzen gewesen wären. Der Wechselkurs hätte sich an der Wettbewerbsfähigkeit der DDR-Wirtschaft orientiert und so die Funktion eines Stoßdämpfers bei der Öffnung der Märkte gehabt. Die Währungsunion hätte erst angestanden, wenn die Reformen gegriffen und die Anpassungsprozesse an die veränderten Wettbewerbsverhältnisse Fortschritte gemacht hätten; dabei hätte die Währungsunion keineswegs erst ganz am Ende des Integrationsprozesses stehen müssen. Leitend für dieses Modell war der Gedanke, die Betriebe und die Bürger in der DDR durch die Anpassungslasten nicht zu überfordern und die notwendigen Transferzahlungen an die DDR zu begrenzen, um sie für die Steuerzahler und die Wirtschaft in der Bundesrepublik leichter tragbar zu machen. Der Sachverständigenrat schrieb in seinem Brief an den Bundeskanzler (Ziffer 2): „Mit einer raschen Währungsunion werden Anpassungsprozesse in Gang gesetzt, die die Produktion und die Beschäftigung in der DDR beeinträchtigen können ... Es fließt Kaufkraft aus der DDR-Wirtschaft ab. Die Unternehmen der DDR werden schlagartig einer internationalen Konkurrenz ausgeliefert, der sie gegenwärtig nicht gewachsen sind ... Dies bleibt nicht ohne Rückwirkung auf die Einkommen und die Beschäftigung, ... Abwanderungsbewegungen kommen wieder stärker in Gang."

Ob die gesamtwirtschaftlichen Kosten des gewählten Weges zur deutschen Einheit höher oder letzten Endes sogar niedriger als die eines zeitlich gestreckten Weges ausfallen werden, läßt sich nicht objektiv entscheiden. Durch die gleichzeitige Einführung der Währungsunion mit der Wirtschafts- und Sozialunion wurde die Entscheidung für die Marktwirtschaft in der DDR unumkehrbar, und durch die rasche staatliche Vereinigung wurde für eine sichere Rechtsordnung – die der Bundesrepublik – gesorgt. Das sind auch ökonomisch ins Gewicht fallende Vorteile. ...

Quelle: Sachverständigenrat, Jahresgutachten 1990/91, Zi. 295.

Das **Kernproblem** des wirtschaftlichen Aufbaus in den neuen Bundesländern ist, daß der notwendige Strukturwandel nun unter einem enormen Zeit- und Erfolgsdruck nachgeholt werden muß. Die Wirtschaftsstruktur der DDR im Jahre 1987 entsprach der westdeutschen Wirtschaftsstruktur im Jahr 1967. Vergleichsweise hoch war der Anteil der Arbeitsplätze im verarbeitenden Gewerbe von fast 41% (in Westdeutschland ca. 31%) und in der Land- und Forstwirtschaft von ca. 11% gegenüber 4% im Westen. Diese wirtschaftssektorale Struktur weist auch eine niedrige Arbeitsproduktivität (Bruttoinlandsprodukt je Erwerbstätigen) im 2. Halbjahr 1990 im gesamtwirtschaftlichen Durchschnitt nur 28% des Produktivitätsniveaus im Westen[7] auf, was nicht zuletzt auf den erheblichen technologischen Rückstand zurückzuführen ist. Der unumgängliche Strukturwandel ist auch deshalb so folgenschwer, weil die regionale Konzentration der Wirtschaftszweige sehr hoch ist (s. Abbildung unten). Hier hat die Industriepolitik der DDR einen massiven wirtschaftsstrukturellen Nachholbedarf verursacht (s. auch Beitrag 2.1.).

Arbeitslosigkeit in Ostdeutschland

Der wirtschaftssektorale und regionale Strukturwandel ging vor dem Hintergrund der schwachen Wettbewerbsposition der Wirtschaftszweige mit einer sehr hohen Arbeitsplatzvernichtung einher. Seit Mitte 1990 stieg die **Arbeitslosigkeit in Ostdeutschland** drastisch an und betrug im Januar 1992 ca. 1,34 Mill. Die Arbeitslosenquote betrug 16,5 %. Dazu kamen 520 Tsd Kurzarbeiter.

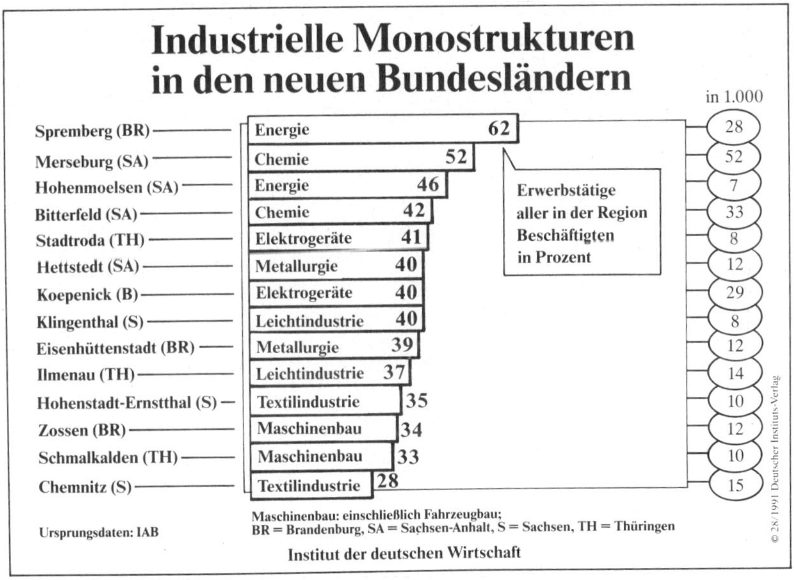

[7] Herbstgutachten der Wirtschaftsforschungsinstitute 1990.

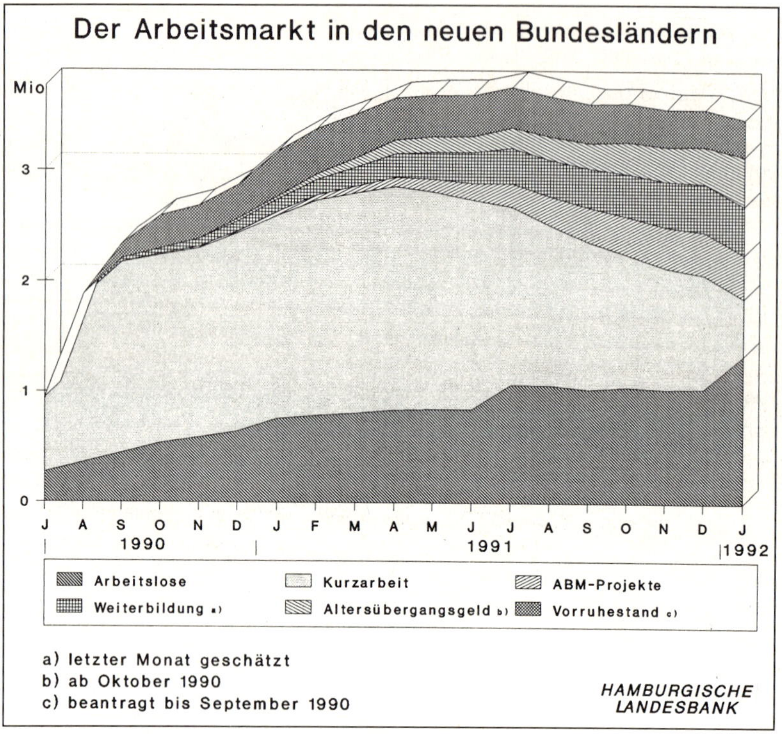
Der Arbeitsmarkt in den neuen Bundesländern
Mio
3
2
1
0
J A S O N D J F M A M J J A S O N D J
1990
1991
1992
Arbeitslose
Kurzarbeit
ABM-Projekte
Weiterbildung a)
Altersübergangsgeld b)
Vorruhestand c)
a) letzter Monat geschätzt
b) ab Oktober 1990
c) beantragt bis September 1990
HAMBURGISCHE LANDESBANK

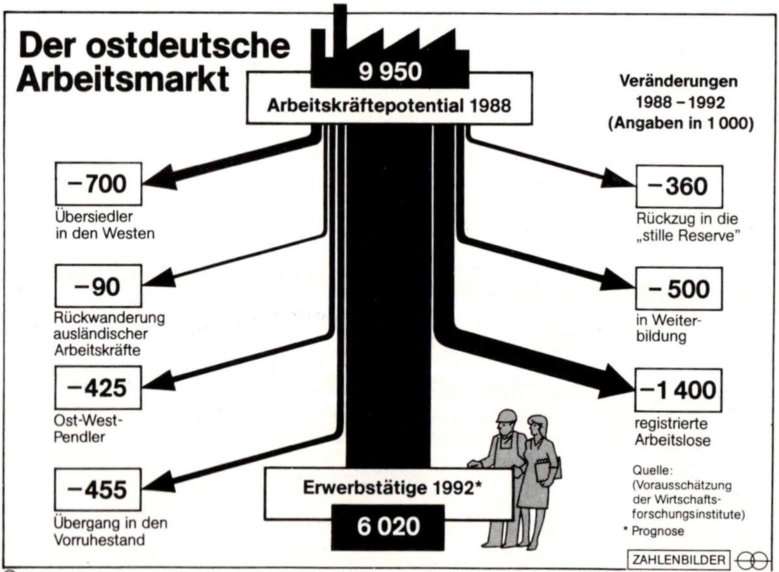
Der ostdeutsche Arbeitsmarkt
9 950
Arbeitskräftepotential 1988
Veränderungen 1988 – 1992 (Angaben in 1 000)
–700
Übersiedler in den Westen
–90
Rückwanderung ausländischer Arbeitskräfte
–425
Ost-West-Pendler
–455
Übergang in den Vorruhestand
–360
Rückzug in die „stille Reserve"
- 500
in Weiterbildung
–1 400
registrierte Arbeitslose
Erwerbstätige 1992*
6 020
Quelle: (Vorausschätzung der Wirtschaftsforschungsinstitute)
* Prognose
ZAHLENBILDER

248 150

Die ganze Dimension der Veränderungen im Beschäftigungssystem wird aber erst deutlich, wenn der beträchtliche Rückgang von Erwerbspersonen betrachtet wird (s. Abbildung S. 40). **Die Zahl der Erwerbspersonen** (Erwerbstätige und Arbeitslose) in den neuen Bundesländern ging von 9,5 Mill. (1989) auf 8,3 Mill. (1990) zurück und betrug Ende 1991 ca. 7,7 Mill. Dieser Rückgang von 1,8 Mill. ist auf folgende Faktoren zurückzuführen (s. Tabelle S. 42):

- Übersiedler und Pendler in die alten Bundesländer,
- geringer Frauenbeschäftigungsgrad,
- natürliche Bevölkerungsentwicklung (Abnahme des Bevölkerungsanteils im Erwerbsfähigenalter),
- Ausscheiden aus dem Erwerbsleben durch Vorruhestand u.a.,
- Rückwanderung von Ausländern.

Die zunehmende Arbeitslosigkeit führte seit 1990 dazu, daß auch der **Rückgang an Erwerbstätigen** von ca. 9,5 Mill. (1989) auf ca. 6,2 Mill. (Ende 1991) beträchtlich ist. Die Tabelle S. 44 zeigt den rasanten Beschäftigungswandel. Die Industriezweige Elektrotechnik, Feinmechanik, Textil und Bekleidung sowie das Nahrungs- und Genußmittelgewerbe und die Bundesländer Sachsen-Anhalt, Sachsen und Thüringen waren mit jeweils über 33% von der Arbeitslosigkeit besonders stark betroffen.

Chancen im Dienstleistungssektor

Die Beschäftigungsstruktur der ehemaligen DDR mit den deutlich überbesetzten Wirtschaftssektoren Industrie und Landwirtschaft ließ zunächst die Annahme zu, daß die Arbeitsplatzverluste in diesen Sektoren durch den hohen Nachholbedarf im Dienstleistungssektor insgesamt aufgefangen

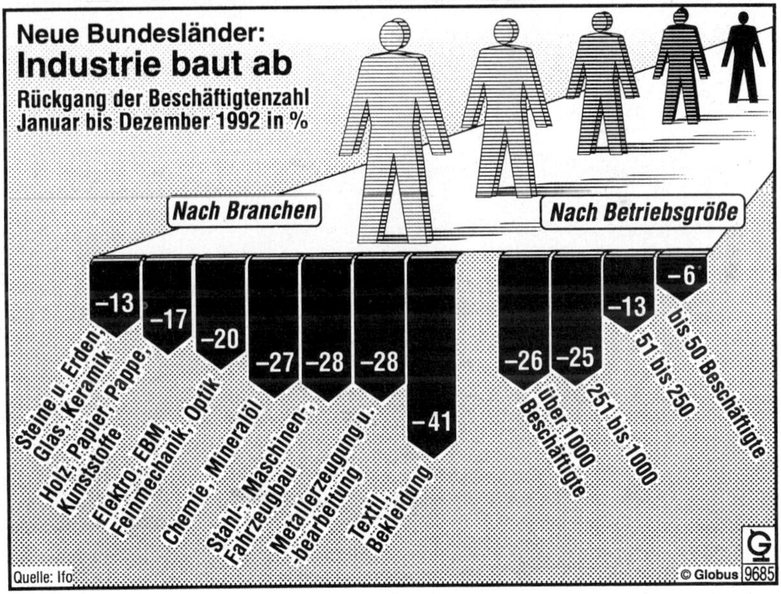

Arbeitsmarktbilanz für Ostdeutschland

	1989	1990	1991[1])	1992[1])
	Angaben in 1000			
Bevölkerung	16 600	16 200	15 900	15 700
Arbeitskräftepotential[2])	(9 950	(9 950)	(9 950)	
	Veränderungen gegenüber 1988			
- Übersiedler (Erwerbspersonen)	90	440	600	700
- Ausländer (Rückwanderung)	–	30	60	90
- Pendlersaldo	–	80	310	425
- Vorruhestandsregelungen	–	250	500	455
	Bestand			
Arbeitskräftepotential (Inlandskonzept)	9 860	9 150	8 480	8 280
Erwerbstätige (Inlandskonzept)	9 850	8 850	7 030	6 020
in ABM[3])	–	5	200	450
in Kurzarbeit	–	760	1 630	750
im Wartestand	–	50	175	0
Arbeitslose (registriert)	–	240	950	1 400
Arbeitslosenquote[4]) (vH)		2,6	11,9	18,9
Weiterbildung		20	300	500
Stille Reserve		40	200	360

[1]) Vorausschätzungen der beteiligten Institute; Angaben gerundet. – [2]) Arbeitskräftepotential des Jahres 1988. – [3]) ABM = Arbeitsbeschaffungsmaßnahmen – [4]) Bezogen auf alle zivilen Erwerbspersonen (Erwerbstätige und Arbeitslose).

Quelle: DIW-Wochenbericht 42–43/1991.

werden könnten. Diese Hoffnung erwies sich bei näherer Betrachtung als unbegründet[8]; denn der Dienstleistungssektor insgesamt ist in West- und Ostdeutschland fast gleich stark besetzt, nämlich auf je 1000 Einwohner fallen ca. 250 Arbeitsplätze in den Dienstleistungszweigen (s. Abbildung S. 43). Die Veränderungen der Beschäftigung werden sich hier innerhalb der einzelnen Teilbereiche des Dienstleistungssektors vollziehen. Im Zuge des Strukturwandels werden nach Schätzungen von Experten im Bereich der Kreditinstitute und Versicherungen (ca. 190 Tsd), im Handel (ca. 31 Tsd), in den Sparten Rechts- und Wirtschaftsberatung, Ingenieurbüros, Werbung, Gastgewerbe (über 140 Tsd) neue Arbeitsplätze entstehen, aber im Verkehrswesen ca. 240 Tsd Arbeitsplätze abgebaut werden. Auch im Staatssektor werden im Gesundheitswesen, im Bereich Bildung, Wissenschaft und Kultur, im Parteiapparat, bei der Staatssicherheit und bei der Nationalen Volksarmee Arbeitsplätze wegfallen, im Rechtswesen und in den Verwaltungen der Gebietskörperschaften wird sich die Zahl der Beschäftigten aber sehr stark bis auf ca. 840 Tsd erhöhen[9]. Vor diesem Hintergrund ist auch erklärlich, daß sich die Neugründung von Unternehmen

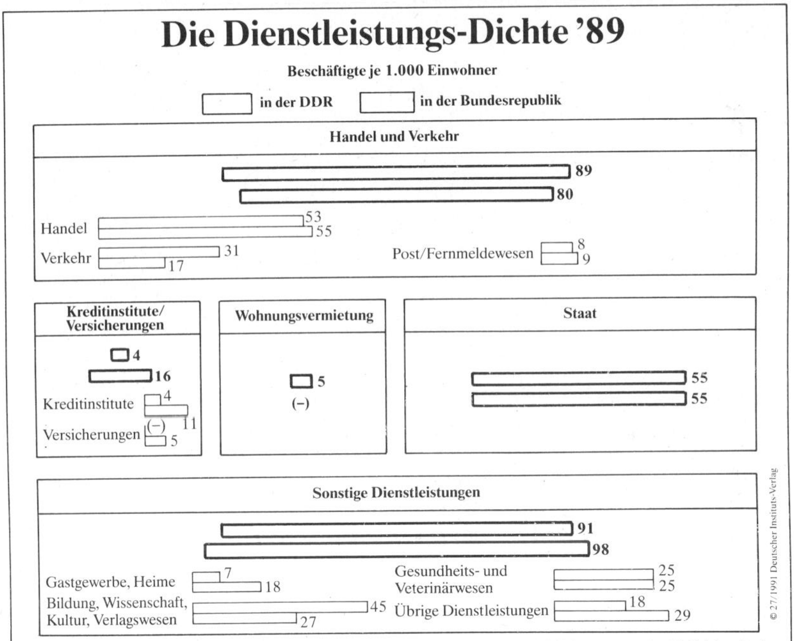

Stand 1989: an die westdeutsche Systematik der Wirtschaftszweige angepaßt: (–): keine Angabe möglich; Gastgewerbe: einschließlich Interhotels (13.931 Beschäftigte) und Mitropa (14.415 Beschäftigte); Staat: einschließlich 700.000 Personen im X-Bereich, darunter Stasi, Polizei, Parteien, NVA, Wismut AG; Übrige Dienstleistungen; darunter Rechts- und Wirtschaftsberatung, Ingenieurbüros, Werbung

Quelle: IW-Berechnungen auf der Grundlage offizieller Statistiken. **Institut der deutschen Wirtschaft**

8) s. iwd vom 4.7.1991.

9) s. ebenda.

Veränderung der Beschäftigung in den Industriezweigen und Ländern Ostdeutschlands 1990

Wirtschaftszweige	Mecklenburg-Vorpommern	Berlin-Brandenburg[1])	Sachsen-Anhalt	Sachsen	Thüringen	Ostdeutschland
	Veränderung in vH[2])					
Energiewirtschaft	– 5	–10	–27	–14	– 3	–12
Bergbau	–16	–15	–23	–39	–30	–24
Chemie, Mineralölverarbeitung	–30	–21	–22	–26	–28	–24
Kunststoff, Gummiverarbeitung	–35	–35	–29	–31	–18	–30
Steine, Erden [3])	–27	–10	–41	–20	–34	–26
Metallerzeugung, -verarbeitung	–19	–20	–20	–28	–22	–23
Stahl-, Maschinenbau	–27	–19	–24	–22	–24	–23
Fahrzeugbau	–14	–19	–23	–22	–21	–19
Elektrotechnik, Feinmechanik[4])	–20	–19	–15	–26	–24	–22
EBM-Waren[5])	–16	–31	–28	–35	–40	–34
Holz-, Papierindustrie[6])	–26	–29	–36	–31	–24	–29
Textil, Bekleidung	–38	–49	–21	–37	–38	–34
Nahrungs-, Genußmittelgewerbe	–33	–32	–31	–38	–36	–34
Produzierendes Gewerbe[7]) insgesamt	–23	–21	–23	–28	–27	–26
Kurzarbeit (Anteil in vH)	23	30	34	38	37	33

[1]) Bundesland Brandenburg zuzüglich des Ostteils Berlins. – [2]) Veränderung Dezember 1990 zu Dezember 1989. – [3]) Einschließlich Feinkeramik und Glasindustrie. – [4]) Einschließlich Büromaschinen, EDV und Optik, Uhren. – [5]) Einschließlich Musikinstrumente, Spielwaren etc. – [6]) Einschließlich Druckereien. – [7]) Ohne Bauwirtschaft.

Quellen: Gemeinsames Statistisches Amt der Länder; Stammdatenerhebung der Treuhandanstalt; Berechnungen und Schätzungen des DIW.

Quelle: DIW-Wochenbericht 31/1991.

seit 1990 auf die Dienstleistungszweige Handel, Gastgewerbe und Kreditinstitute konzentrierte. Knapp 10% der Neugründungen waren Handwerks- und nur 3% Industriebetriebe. Der Beschäftigungsbeitrag des Dienstleistungssektors blieb bis dahin bescheiden: Nur um 67 Tsd nahm die Zahl der Beschäftigten in diesem Sektor zu[10].

Die **Landwirtschaft** hat ebenso hohen Anpassungsbedarf wie die anderen Wirtschaftszweige (s. Beitrag 1.3.).

[10] iwd vom 29.8.1991.

Zur Entwicklung der monatlichen realen Haushaltseinkommen in den neuen Bundesländern

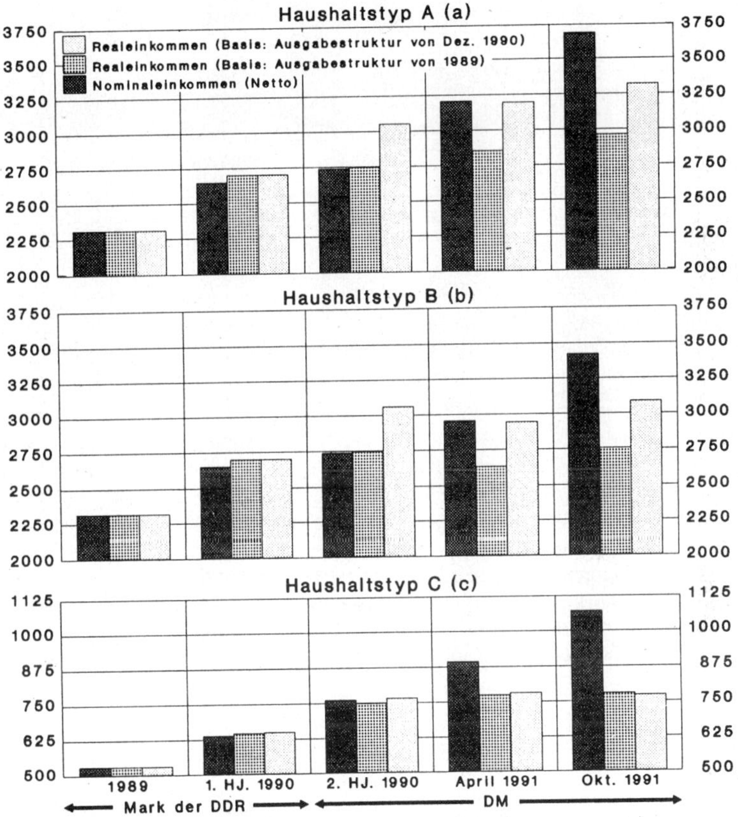

a) 4-Personen-Arbeitnehmerhaushalt (2 Verdiener, 2 Kinder)
b) 4-Personen-Arbeitnehmerhaushalt (1 Verdiener, 1 arbeitloses Familienmitglied, 2 Kinder
c) 1-Personen-Rentnerhaushalt
Quelle: Statistisches Bundesamt, Berechnungen des ifo Instituts.

1992: 61 Prozent des Westniveaus

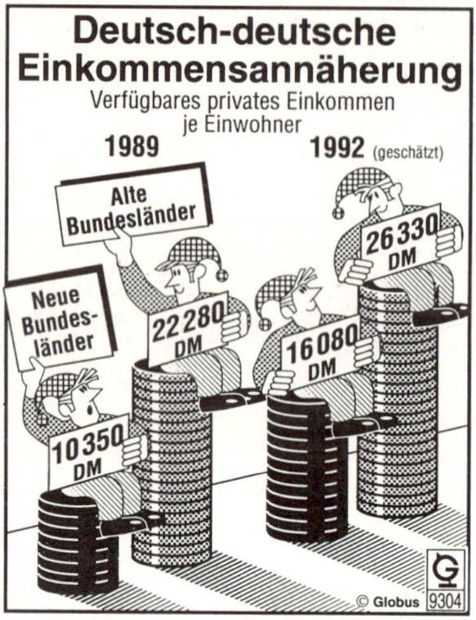

Die Wiedervereinigung fordert den Deutschen in Ost und West einen geschichtlich beispiellosen Kraftakt ab. Sie mußten sofort den Zusammenbruch des planwirtschaftlichen Systems der ehemaligen DDR sozial abfedern, und sie müssen praktisch den gesamten Produktionsapparat in den neuen Bundesländern neu aufbauen. Wie hat sich dieser Umbruch dort ausgewirkt, wo ihn die Bürger am deutlichsten spüren, nämlich im privaten Portemonnaie? Wenn man die Prognosen der Wirtschaftsinstitute für 1992 einbezieht, ergibt sich folgendes Bild: Das durchschnittlich verfügbare Privateinkommen lag 1989 in der ehemaligen DDR bei 10 350 DM – das entsprach 46 Prozent des Einkommens im Westen. Im kommenden Jahr werden daraus schätzungsweise 16 080 DM werden; das wären dann 61 Prozent des Standes in den alten Bundesländern. Gewiß, die Preise sind im Osten schneller gestiegen als im Westen, weil viele Subventionen abgebaut werden mußten. Aber auch in realer Rechnung – nach Ausschaltung des Preisanstiegs – ergibt sich ein schnelles Aufholen des Einkommens der Bürger in den neuen Bundesländern, nämlich von 46 auf 55 Prozent des westdeutschen Niveaus. Hinzu kommt noch eine Verbesserung des Lebensstandards, die in diesen Zahlen nicht zum Ausdruck kommt, beispielsweise bessere Produktqualitäten, Ende des Schlangestehens und des mühevollen „Besorgens" dringend benötigter Güter.

Statistische Angaben: Gemeinschaftsgutachten der Wirtschaftsinstitute, eigene Berechnungen

Text: Globus

Die Lebensverhältnisse in den beiden Teilen Deutschlands weisen erwartungsgemäß große Unterschiede auf und können erst in einem längeren Zeitraum angeglichen werden. Dabei kommt es nicht zuletzt auf die **Einkommensentwicklung in Ostdeutschland** an. Das Durchschnittseinkommen der Arbeitnehmer insgesamt lag im April 1991 bei ca. 47% des Westniveaus[11]. Ein Jahr zuvor waren es noch 30%. Die schnellste Anpassung an die Westlöhne realisierten die Arbeiter im Hoch- und Tiefbau. Ihre Bruttoverdienste erreichten 1991 62% des Westniveaus. Betrachtet man die Einkommensentwicklung der verschiedenen Haushaltstypen im Zeitraum vom Mai 1989 bis Ende 1990, so sind Einkommenszuwächse (mit Ausnahme der arbeitslosen Einpersonen-Haushalte) erheblich (s. Abbildung S. 45).

Einkommen in Ost- und Westdeutschland

Entwicklung der Realeinkommen

Unter Berücksichtigung der Lohnentwicklung bis zum 1. Quartal 1991 betrug das nominale Durchschnittsmonatseinkommen aller **Arbeitnehmerhaushalte** in den neuen Bundesländern 2.738 DM (Rentnerhaushalte 1.298 DM); das war ca. die Hälfte des Betrages in Westdeutschland (bei Rentnerhaushalten 46%). Die Tabellen auf S. 49 geben einen Überblick über den Realeinkommensvergleich. Die durchschnittliche relative Kaufkraft der D-Mark war in Ostdeutschland größer als im Westen. Sie lag je nach dem Haushaltstyp und Warenkorb zwischen 25% bis 40% höher[12]. Unter Berücksichtigung dieser Kaufkraftdifferenzen betrug das Einkommen der Arbeitnehmerhaushalte in den neuen Bundesländern 3.546 DM. Damit betrug der Abstand des Realeinkommens gegenüber dem Westen noch 20%. Bei den Rentnerhaushalten betrug der Realeinkommensunterschied 36% (s. Tabelle S. 49). Im 4. Quartal 1991 verschlechterten sich allerdings die Realeinkommen der Haushalte durch die Preisentwicklung wieder. Trotzdem waren die Einkommensunterschiede zwischen Ost- und Westdeutschland insgesamt niedriger als im Jahr 1989.

Dilemma

Die von den Gewerkschaften angestrebten und z.T. bereits erreichten beachtlichen Lohnerhöhungen in Ostdeutschland waren unter ökonomischen Gesichtspunkten problematisch. Sie entsprachen zwar dem verständlichen Wunsch der Arbeitnehmer nach „gleichem Lohn für gleiche Arbeit" in Ostdeutschland, führten jedoch in vielen Branchen dazu, daß die Löhne schneller stiegen als die Arbeitsproduktivität, die im ersten Halbjahr 1990 in Ostdeutschland 34,7%, ein Jahr später sogar im Durchschnitt nur 32,5%

11) iwd vom 12.9.1991.
12) DIW-Wochenbericht 29/1991.

Löhne und Produktivität

Die Produktivität ist eine **entscheidende Kennziffer für die Leistungsfähigkeit und die Verteilungsmöglichkeiten in einer Volkswirtschaft.** Üblicherweise wird dabei der Wert der gesamten Produktion von Gütern und Leistungen in Beziehung gesetzt zur aufgewendeten Arbeitszeit oder auch einfach zur Zahl der Erwerbstätigen einer Volkswirtschaft. Dies bedeutet natürlich nicht, daß das Produktionsergebnis etwa nur von der Zahl der Beschäftigten abhinge. Im Gegenteil: je mehr z. B. arbeitssparende Technik eingesetzt wird, desto höher ist natürlich die Produktion je Erwerbstätiger, d. h. die "Arbeitsproduktivität". Um deren tatsächliche (reale) Steigerung im Zeitverlauf zu messen, müssen Erhöhungen des Preisniveaus, also die Inflationsrate, aus den Werten des Sozialprodukts herausgerechnet werden.

Für die Bundesrepublik ergab sich z. B. 1989 ein Bruttosozialprodukt von 2.260 Mrd. DM bei einer Gesamtzahl von 27,7 Mio Erwerbstätigen (24,7 Mio Unselbständige und 3,03 Mio Selbständige). Die durchschnittliche Arbeitsproduktivität betrug also 83.588 DM je Erwerbstätigen im Jahr. In graphischer Darstellung sieht das so aus:

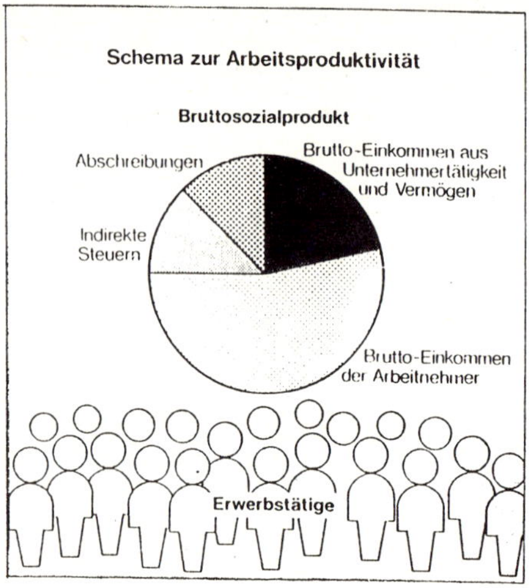

In welchem Zusammenhang steht dies Ergebnis nun zu den Löhnen? Da das Sozialprodukt nur die eigene Leistung einer Volkswirtschaft beziffert, sind die Ausgaben für Importe bereits abgezogen. Rechnet man ferner die Beträge ab, die zum Ersatz der Produktionsanlagen dienen (= Abschreibungen) und die von den Unternehmern an den Staat abgeführten indirekten Steuern (z. B. die Mehrwertsteuer), so bleiben als Volkseinkommen 1.751 Mrd. DM übrig (davon 575 Mrd. DM als Einkommen aus Unternehmertätigkeit und Vermögen). Von diesem Volkseinkommen gehen dann noch einmal ca. 650 Mrd. DM an direkten Steuern und Abgaben an den Staat, so daß schließlich für die Arbeitnehmer netto 792 Mrd. DM herauskamen, d. h. 1989 je Arbeitnehmer durchschnittlich netto 32.080 DM pro Jahr oder 2.670 DM pro Monat.

Eine reale Einkommenssteigerung der Arbeitnehmer ist also nur möglich, wenn z. B. entweder "innerhalb des Kreises" eine Umverteilung z. b. zu Lasten der Gewinne oder der Steuern und Abgaben erfolgt oder wenn durch Produktivitätssteigerung das Bruttosozialprodukt je Erwerbstätigen steigt. **Eine geringere (höhere) Produktivität wird also bei gleicher Verteilung stets ein kleineres (größeres) Realeinkommen der Arbeitnehmer zur Folge haben.**

Quelle: Peter Czada, Vom Plan zum Markt, a.a.O., S. 20.

des Westniveaus erreichte[13]. Über den Zusammenhang von Arbeitsproduktivität und Löhnen informiert der Kasten unten. Steigen die Lohneinkommen stärker als die Produktivität, so wird dies zu vermehrten Entlassungen in den Betrieben führen, die infolge der geringen Produktivität diese Löhne nicht erwirtschaften können. Dieser Effekt könnte nur durch Lohnsubventionen aus den westlichen Bundesländern vermieden werden, die allerdings heftig umstritten sind. Für den Arbeitsmarkt ergibt sich hieraus ein schwerwiegendes Dilemma: Steigen die Löhne zu schnell, entsteht eine verstärkte Arbeitslosigkeit, bleiben sie langfristig niedriger als in Westdeutschland, verstärken sich die sozialen Spannungen und die Abwanderungstendenzen qualifizierter Arbeitskräfte, die freilich auch bei hoher Arbeitslosigkeit anhalten werden.

Realeinkommensvergleich zwischen den alten und neuen Bundesländern für das 1. Quartal 1991

Einkommen / Haushalte	Durchschnittliches Einkommen nominal West[2]) in DM	Ost in DM	Relative Kaufkraft[1]) in den neuen Bundesländern in vH	um Kaufkraftunterschiede bereinigte Einkommen/Ost in DM	Einkommensunterschiede real (West = 100) in vH
Alle Rentnerhaushalte	2 794	1 298	137	1 781	64
Alle Arbeitnehmerhaushalte	4 437	2 738	129	3 546	80
Oberes Drittel (der Einkommensschichtung) aller Arbeitnehmerhaushalte	6 864	3 976	129	5 122	75

[1]) Die Kaufkraft der DM in den neuen im Verhältnis zur Kaufkraft der DM in den alten Bundesländern. – [2]) Jahresdurchschnitt 1990.

Quellen: Berechnungen des DIW und des IAW.

Realeinkommensvergleich vom I. zum IV. Quartal 1991 in den neuen Bundesländern

Einkommen / Haushalte	Durchschnittliches Einkommen nominal I. Quartal in DM	IV. Quartal in DM	Relative Kaufkraft[1]) IV. Quartal in vH	Um Kaufkraftunterschiede bereinigte Einkommen in DM	Einkommensunterschiede real (I. Quartal = 100) in vH
Alle Rentnerhaushalte	1 298	1 526	82	1 247	96
Alle Arbeitnehmerhaushalte	2 738	3 008	82	2 481	91
Oberes Drittel (der Einkommensschichtung) aller Arbeitnehmerhaushalte	3 976	4 304	83	3 585	90

[1]) Die Kaufkraft der DM im IV. Quartal 1991 im Verhältnis zum I. Quartal 1991.

Quellen: Berechnungen des DIW und des IAW

Quelle: DIW-Wochenbericht 29/1991

[13]) iwd vom 12.9.1991.

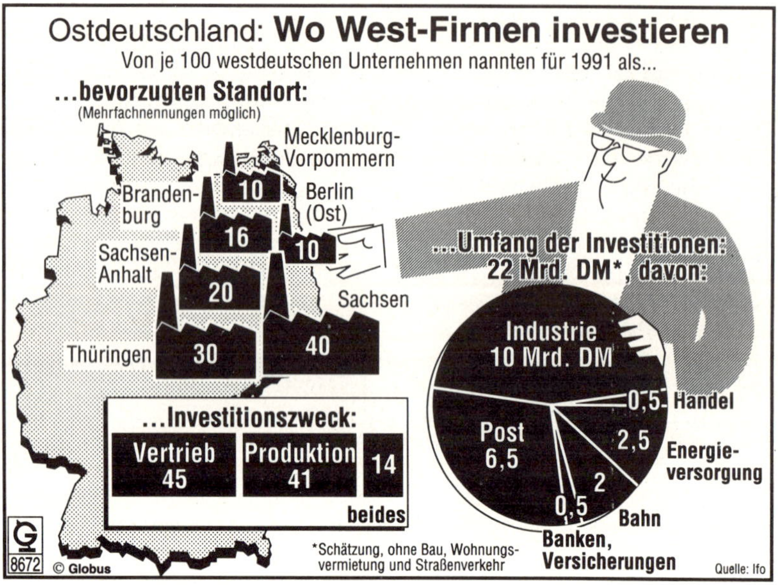

Ostdeutschland: Wo West-Firmen investieren
Von je 100 westdeutschen Unternehmen nannten für 1991 als...
...bevorzugten Standort:
(Mehrfachnennungen möglich)
Mecklenburg-Vorpommern 10
Brandenburg 16
Berlin (Ost) 10
Sachsen-Anhalt 20
Sachsen 40
Thüringen 30
...Investitionszweck:
Vertrieb 45
Produktion 41
14 beides
...Umfang der Investitionen: 22 Mrd. DM*, davon:
Industrie 10 Mrd. DM
0,5 Handel
2,5 Energieversorgung
2 Bahn
0,5 Banken, Versicherungen
Post 6,5
*Schätzung, ohne Bau, Wohnungsvermietung und Straßenverkehr
8672 © Globus
Quelle: Ifo

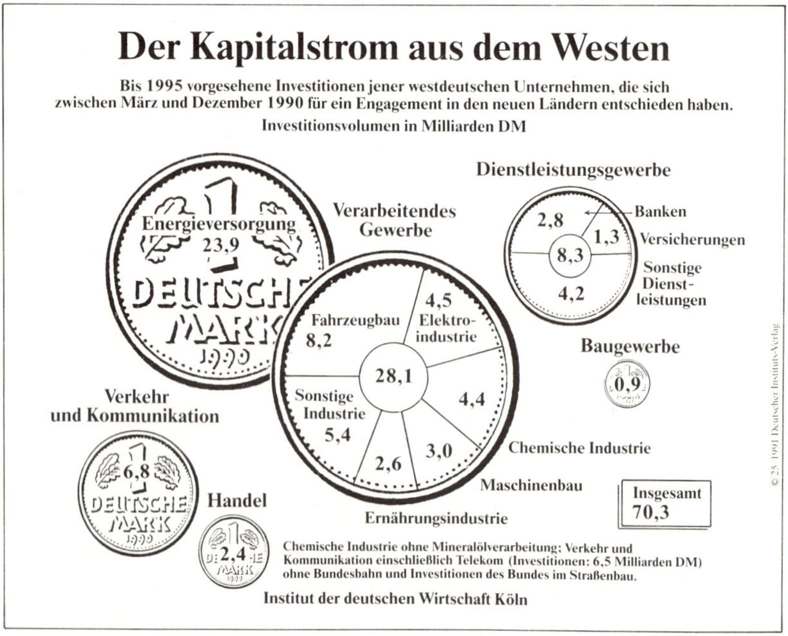

Der Kapitalstrom aus dem Westen
Bis 1995 vorgesehene Investitionen jener westdeutschen Unternehmen, die sich zwischen März und Dezember 1990 für ein Engagement in den neuen Ländern entschieden haben.
Investitionsvolumen in Milliarden DM
Energieversorgung 23,9
Verarbeitendes Gewerbe 28,1
Fahrzeugbau 8,2
4,5 Elektroindustrie
4,4 Chemische Industrie
3,0 Maschinenbau
2,6 Ernährungsindustrie
Sonstige Industrie 5,4
Dienstleistungsgewerbe 8,3
2,8 Banken
1,3 Versicherungen
4,2 Sonstige Dienstleistungen
Baugewerbe 0,9
Verkehr und Kommunikation 6,8
Handel 2,4
Insgesamt 70,3
Chemische Industrie ohne Mineralölverarbeitung; Verkehr und Kommunikation einschließlich Telekom (Investitionen: 6,5 Milliarden DM) ohne Bundesbahn und Investitionen des Bundes im Straßenbau.
Institut der deutschen Wirtschaft Köln
© 25 1991 Deutscher Instituts-Verlag

Investitionshemmnisse

Wie schnell und erfolgreich sich der Strukturwandel in den neuen Bundesländern vollzieht und die Arbeitslosigkeit abgebaut werden kann, hängt im wesentlichen von den privaten **Investitionen** ab. Diese stoßen zunächst noch auf zahlreiche **Hemmnisse**. Die befragten Industrieunternehmen in Westdeutschland nannten als die schwerwiegenden Hemmnisse bei Investitionsvorhaben die Infrastrukturmängel, Altlasten- und Sanierungsfragen, die ungeklärten Eigentumsfragen und administrativen Probleme. Die wichtigsten Motive für Investitionen in Ostdeutschland sind Marktnähe und Finanzierungsbedingungen. Die bevorzugten Standorte waren Sachsen und Thüringen. Von den bis 1995 geplanten Investitionen in Höhe von insgesamt 70 Mrd. DM entfallen 28 Mrd. auf das verarbeitende Gewerbe und fast 24 Mrd. auf die Energieversorgung (s. Abbildungen S. 50). Für 1991 wurde ein Investitionsvolumen der westdeutschen Unternehmen in den neuen Bundesländern in Höhe von ca. 20 Mrd. DM geschätzt. Das war ein Drittel der geschätzten gesamten Anlageinvestitionen[14] von 61 Mrd. DM im Jahr 1991 in Ostdeutschland. Diese Summe entsprach einer gesamtwirtschaftlichen Investitionsquote (Investitionssumme am Bruttosozialprodukt) von 26% (in Westdeutschland 22%). Davon entfielen zwei Drittel auf die Investitionen der ostdeutschen Unternehmen und des Staates. Daraus wird deutlich, wie wichtig auch in den kommenden Jahren die öffentlichen Investitionen und die Investitionen der ostdeutschen Unternehmen sind. Das um so mehr, als die Investitionsquote steigen muß, um einen Wirtschaftsaufschwung zu bewirken.

Aufgaben des Staates

Die für den Wirtschaftsaufschwung in Ostdeutschland erwarteten Privatinvestitionen können nur erfolgen, wenn die genannten Hemmnisse beseitigt und die öffentlichen Infrastrukturinvestitionen als Vorleistungen für die Unternehmenstätigkeit realisiert werden. Der Staat hat darüber hinaus die **wirtschaftspolitische Aufgabe**, eine regionale und wirtschaftsstrukturelle Entwicklungsperspektive zu entwerfen und für deren Umsetzung die Voraussetzungen zu schaffen. Die dringenden wirtschafts- und sozialpolitischen Problemlösungen können nicht allein dem Markt und der Privatinitiative überlassen werden (s. auch Beitrag 1.1. „Marktversagensfälle"). Die wirtschaftspolitischen Entscheidungsträger sind hier im besonderen Maße gefordert. Sie müssen die Rahmenbedingungen für die gegenwartsverträglichen und zukunftssichernden Wirtschaftsstrukturen und den Strukturwandel aktiv steuern.

Aufgaben der Treuhandanstalt

Bei der Umstrukturierung der ostdeutschen Wirtschaft erfüllt die **Treuhandanstalt** unter der Fach- und Rechtsaufsicht des Bundesfinanzministers eine zentrale Rolle[15]. Sie ist eine Anstalt des öffentlichen Rechts und

[14] Frühjahrsgutachten der fünf Wirtschaftsforschungsinstitute.

[15] s. hierzu: Neue Bundesländer in der Strukturanpassung, Ifo-Schnelldienst H. 16/17 vom 10.6.1991; Rainer Maurer u.a., Privatisierung in Ostdeutschland – Zur Arbeit der Treuhandanstalt, in: Die Weltwirtschaft, H. 1, 1991.

hat heute ca. 3600 Mitarbeiter, davon 1300 in Außenstellen. Das Treuhandgesetz (Gesetz zur Privatisierung und Reorganisation des volkseigenen Eigentums vom 17.6.1990) und der Einigungsvertrag (Art. 25) vom 31.8.90 sowie Art. 8 des „Gesetzes zur Beseitigung von Hemmnissen bei der Privatisierung von Unternehmen und zur Förderung von Investitionen“ vom 22.3.1991 definieren **drei wichtige Aufgaben der Treuhandanstalt:**

- Umstrukturierung sanierungsfähiger Unternehmen zu wettbewerbsfähigen Unternehmen,
- Privatisierung von Unternehmen,
- Schaffung einer wettbewerbsfähigen Wirtschaftsstruktur durch Entflechtung.

Die Privatisierung ist somit nicht die vorrangige bzw. alleinige Aufgabe der Treuhandanstalt. Das Treuhandgesetz legt keine klare Priorität für eine der Aufgaben und auch keine Kriterien für einen Privatisierungs- oder Sanierungsfall fest. Deshalb entstehen in einzelnen Fällen Zielkonflikte zwischen Privatisierung und Sanierung. Die Kritik an der Arbeit der Treuhandanstalt hat hauptsächlich diese Zielkonflikte und die bisherige Einzelfallpraxis von Subventionierungen und Bürgschaftsgarantien für Kredite an Treuhand-Unternehmen (insgesamt 30 Mrd. DM) zum Gegenstand. Bis Oktober 1991 verkaufte die Treuhandanstalt von den ca. 10 Tsd zu privatisierenden Unternehmen, die aus ehemals volkseigenen Betrieben entstanden, fast 3.400, darunter 156 an ausländische Investoren, und legte bis April 1991 435 Unternehmen (mit 76 Tsd betroffenen Arbeitnehmern) still. Die bisher erreichte Privatisierungsquote der Unternehmen in den Dienstleistungszweigen Handel, Gastgewerbe, Apotheken u.a. ist weit höher (ca. 75%). Die noch verbliebenen ca. 6 Tsd Unternehmen des produzierenden Gewerbes, darunter viele Großunternehmen, werden wahrscheinlich schwerer zu verkaufen sein, so daß sich die Frage, ob sie saniert werden können und lieber auch saniert werden sollten, in nächster Zeit dringender stellen wird. Diese verbliebenen Unternehmen mußten bis Ende Oktober 1991 ihre Eröffnungsbilanzen vorlegen. Dies könnte auch die Aufstellung von Sanierungskonzepten erleichtern.

Der erreichte Privatisierungsumfang im Industriesektor blieb zunächst hinter den Erwartungen zurück. Der Produktionseinbruch nach der Währungsunion, die finanziellen, ökologischen und sozialen Altlasten der Unternehmen wirkten sich auf die Umstrukturierung erschwerend aus. Die Finanzen der Treuhandanstalt 1991 (s. Kasten S. 54) zeigen, daß viel Geld zur Erhaltung der Betriebe ohne ein Modernisierungskonzept ausgegeben wird und daß die Belastung der Treuhand durch alte und neue Schulden beträchtlich ist. Knapp 70% der Altschulden übernahm die Treuhandanstalt mit insgesamt 8,7 Mrd. DM Verpflichtungen. Im Haushalt 1991 der Treuhandanstalt entstand eine Deckungslücke von fast 21 Mrd. DM, die durch Kreditaufnahme gedeckt werden mußte. Sie lag damit nicht weit von der Kreditobergrenze von 25 Mrd. DM entfernt, die der Treuhandanstalt vorgegeben ist. Diese Kreditobergrenze kann jedoch der Bundesfinanzminister unter besonderen Voraussetzungen ausweiten, wie es für das Haushaltsjahr 1992 (30 Mrd. DM) vorgesehen ist.

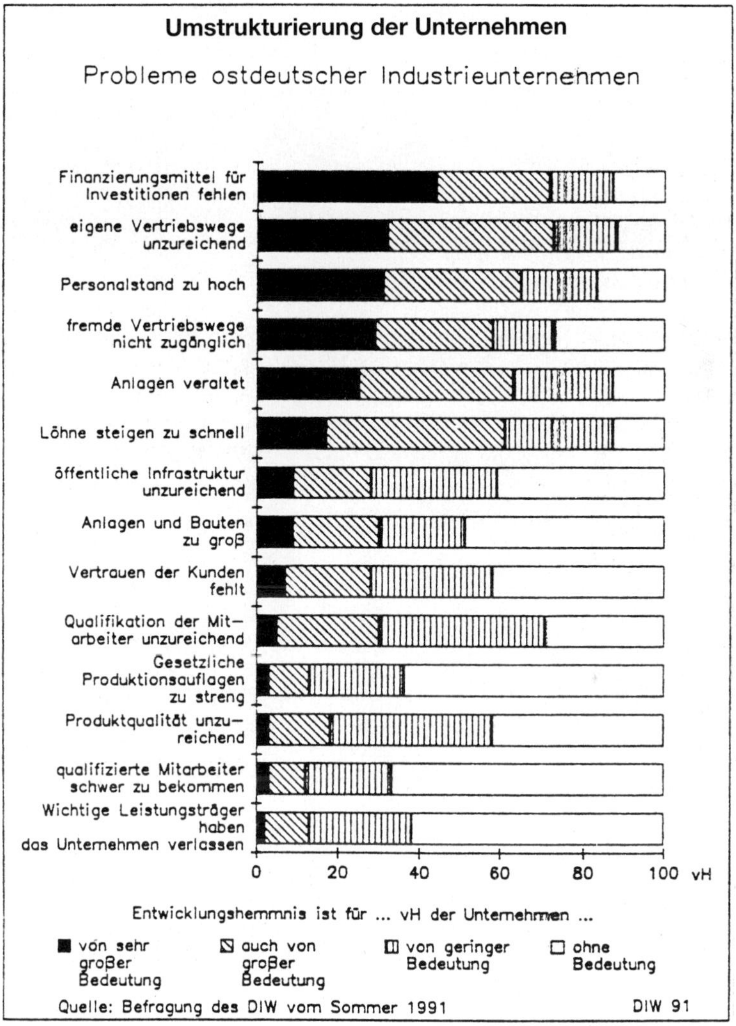

Quelle: DIW-Wochenbericht.

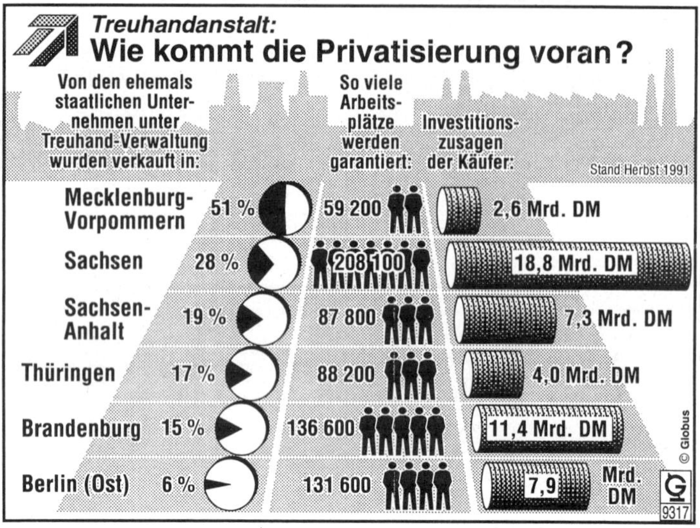
Treuhandanstalt:
Wie kommt die Privatisierung voran?
Von den ehemals staatlichen Unternehmen unter Treuhand-Verwaltung wurden verkauft in:
So viele Arbeitsplätze werden garantiert:
Investitionszusagen der Käufer:
Stand Herbst 1991
Mecklenburg-Vorpommern
51 %
59 200
2,6 Mrd. DM
Sachsen
28 %
208 100
18,8 Mrd. DM
Sachsen-Anhalt
19 %
87 800
7,3 Mrd. DM
Thüringen
17 %
88 200
4,0 Mrd. DM
Brandenburg
15 %
136 600
11,4 Mrd. DM
Berlin (Ost)
6 %
131 600
7,9 Mrd. DM
© Globus
9317

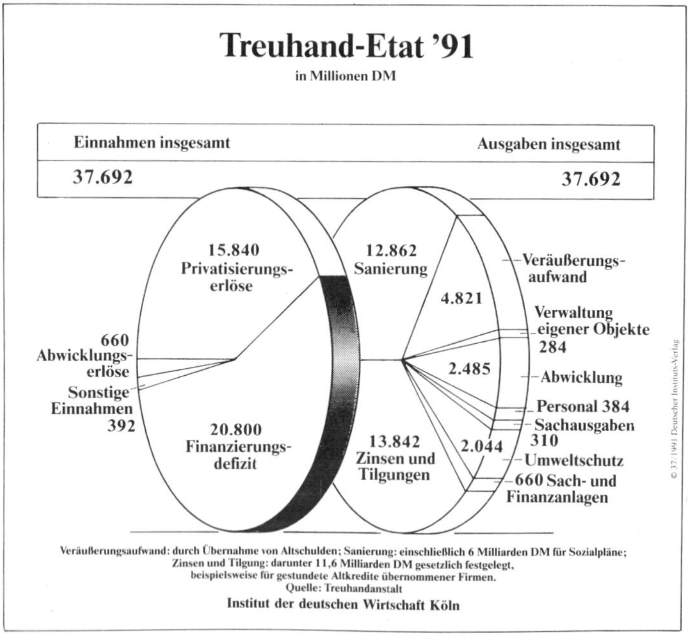
Treuhand-Etat '91
in Millionen DM
Einnahmen insgesamt
37.692
Ausgaben insgesamt
37.692
15.840 Privatisierungserlöse
660 Abwicklungserlöse
Sonstige Einnahmen 392
20.800 Finanzierungsdefizit
12.862 Sanierung
4.821
2.485
2.044
13.842 Zinsen und Tilgungen
Veräußerungsaufwand
Verwaltung eigener Objekte 284
Abwicklung
Personal 384
Sachausgaben 310
Umweltschutz
660 Sach- und Finanzanlagen
Veräußerungsaufwand: durch Übernahme von Altschulden; Sanierung: einschließlich 6 Milliarden DM für Sozialpläne;
Zinsen und Tilgung: darunter 11,6 Milliarden DM gesetzlich festgelegt,
beispielsweise für gestundete Altkredite übernommener Firmen.
Quelle: Treuhandanstalt
Institut der deutschen Wirtschaft Köln
© 37/1991 Deutscher Instituts-Verlag

Die neuen Bundesländer erhalten finanzielle und technische Unterstützung zur Überwindung und sozialen Abfederung der Strukturkrise. **Die staatlichen Maßnahmen zur Förderung der Wirtschaft** lassen sich in drei Gruppen einteilen[16]:

Wirtschaftsförderung

- Förderung der privaten Investitionen: Die Maßnahmen hierzu sind befristete Investitionszulagen und -zuschüsse, Sonderabschreibungen, Kreditverbilligung, Verzicht auf Gewerbekapital- und Vermögenssteuer und Steuerfreibeträge.
- Förderung der Infrastruktur: Modernisierungs- und Neuinvestitionen insbesondere in den Bereichen Verkehr, Städte-, Wohnungsbau, Umweltschutz, Telekommunikation. Eine Reihe von Maßnahmen sind auf die Schaffung von wirtschaftsnaher Infrastruktur (Erschließung von Gewerbegebieten u.a.) gerichtet.
- Ein weiteres Maßnahmenbündel dient zur Exportförderung nach Osteuropa (Hermes-Bürgschaften), zur Sanierung und Umstrukturierung von Unternehmen (Kreditbürgschaften und Schuldendienstübernahme durch die Treuhandanstalt) und Zinsvergünstigung für Wohnungsmodernisierungen und Tourismusförderung.

Finanzhilfen

Der Umfang der Finanzhilfen, die der Bund, die alten Bundesländer, die Kreditanstalt für Wiederaufbau, die Treuhandanstalt sowie die Europäische Gemeinschaft (aus Regional-, Sozial- und Agrarfonds der EG insgesamt 6,15 Mrd. DM im Zeitraum 1991–93) zur Verfügung stellen, sind beträchtlich. Die Abbildungen und Tabelle auf S. 56 und 57 geben einen Überblick über die finanziellen Mittel für die neuen Bundesländer von insgesamt 153 Mrd. DM im Haushaltsjahr 1991. Dies entsprach 70% des für Ostdeutschland vorausgesagten Bruttosozialprodukts im Jahre 1991.

Von den gesamten Finanzhilfen für Ostdeutschland werden 93 Mrd. DM im Bundeshaushalt aufgebracht. Dieser Betrag enthält allerdings auch Ausgaben, die ausschließlich auf die Ausweitung des Staatsgebiets zurückzuführen sind, wie 291 Mill. DM im Haushaltstitel des Auswärtigen Amtes oder 4,3 Mrd. DM im Verteidigungshaushalt. Den Finanzhilfen aus dem Bundeshaushalt stehen aber auch geschätzte Einnahmen von ca. 22 Mrd. DM (davon 20 Mrd. Steuereinnahmen) aus den neuen Bundesländern gegenüber.

Kosten und Nutzen der Wiedervereinigung

Welche zusätzlichen Ausgaben einerseits und welche Mehreinnahmen und Einsparungen andererseits durch die deutsche Einheit schätzungsweise entstehen, wird im Kasten auf Seite 58 f. zusammengefaßt.

[16] s. über Umfang und Bedingungen von Einzelmaßnahmen: Monatsbericht der Deutschen Bank, März 1991; Rolf Kroker, Winfried Fuest, Investitionsförderung in den neuen Bundesländern. In: IW-Trends, H. 1, 1991; OECD, Wirtschaftsbericht Deutschland, Paris 1991.

	1991
I. Hilfen des Bundes, der neuen Bundesländer und der Gemeinden – Wohnnungswirtschaft – Wohnungsbauförderung – Energiewirtschaft – Bergbau (Wismut) – Öffentlicher Personennahverkehr – Deutsche Reichsbahn – Schiffbau – Landwirtschaft – Sonstige Bereiche	 8,4 Mrd. DM 2,0 Mrd. DM 2,5 Mrd. DM 1,1 Mrd. DM 2,3 Mrd. DM 8,0 Mrd. DM 1,0 Mrd. DM 5,5 Mrd. DM 1,0 Mrd. DM
Summe I.	31,8 Mrd. DM
II. Regionale Wirtschaftsförderung	8,8 Mrd. DM
III. Subventionen der Treuhandanstalt – Förderung des Exports in die ehemaligen RGW-Länder – Sanierung der Wirtschaft (einschließlich Schulden-Übernahme)	 2,5 Mrd. DM 13,0 Mrd. DM
Summe III.	15,5 Mrd. DM
IV. Inanspruchnahme aus Bürgschaften etc. (Zentralhaushalt der DDR, Treuhandstelle)	8,0 Mrd. DM
V. Steuervergünstigungen	8,2 Mrd. DM
Summe I. bis V.	87,0 Mrd. DM

Quelle: Handelsblatt, 3.9.1991.

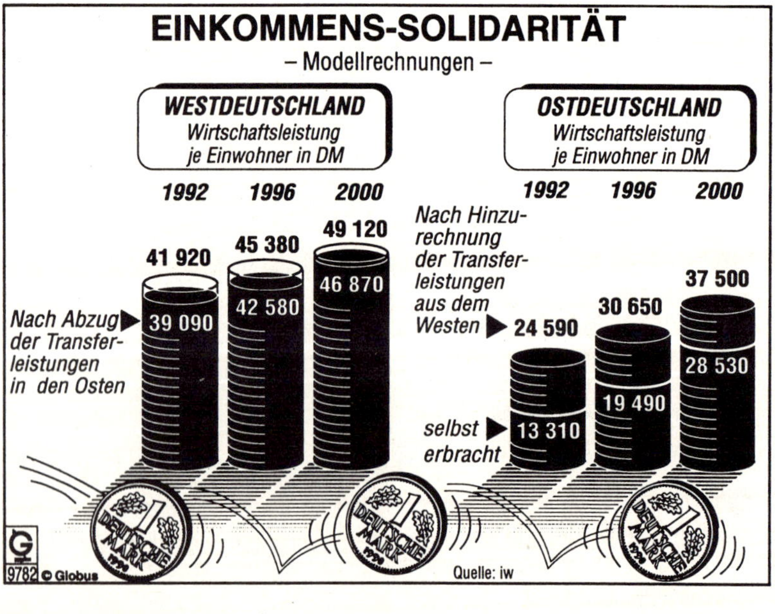

Transfers wofür?

Unter den Transfers in die neuen Bundesländer waren 95 Mrd. DM, d.h. **60% der gesamten Transfersumme, sozialpolitisch bedingt.** Sie wurden für die Unterstützung der Arbeitslosen, die Finanzierung von Arbeitsbeschaffungsmaßnahmen, für Aus- und Fortbildung der ostdeutschen Arbeitnehmer sowie für die Deckung des Defizits der ostdeutschen Krankenkassen verwendet. **Die investitionsbedingten Finanzhilfen** machten mit 60 Mrd. DM knapp 40% der gesamten Transfers aus. Diese Investivausgaben sind wichtig, um den Wirtschaftsaufschwung zu bewirken.

Die Kehrseite des West–Ost-Transfers ist die hohe öffentliche Verschuldung des Bundes (70 Mrd. DM Netto-Kreditaufnahme 1991) und der westlichen Bundesländer (s. hierzu Beitrag 3.6). Vor diesem Hintergrund ist der relativ niedrige Anteil der investiven Finanzhilfen besonders problematisch.

Die wirtschaftlichen Aussichten für die nächsten Jahre in Ostdeutschland sind als verhalten optimistisch zu beurteilen. Das Herbstgutachten der fünf führenden westlichen Wirtschaftsforschungsinstitute sagte für 1992 ein Wirtschaftswachstum von 12% voraus. Von einem tiefen Sockel aus war dies nur ein Lichtblick. Die Arbeitsmarktsituation wird sich dadurch nicht ändern. Eine sich selbst tragende gesamtwirtschaftliche Erholung war damit noch nicht erreicht.

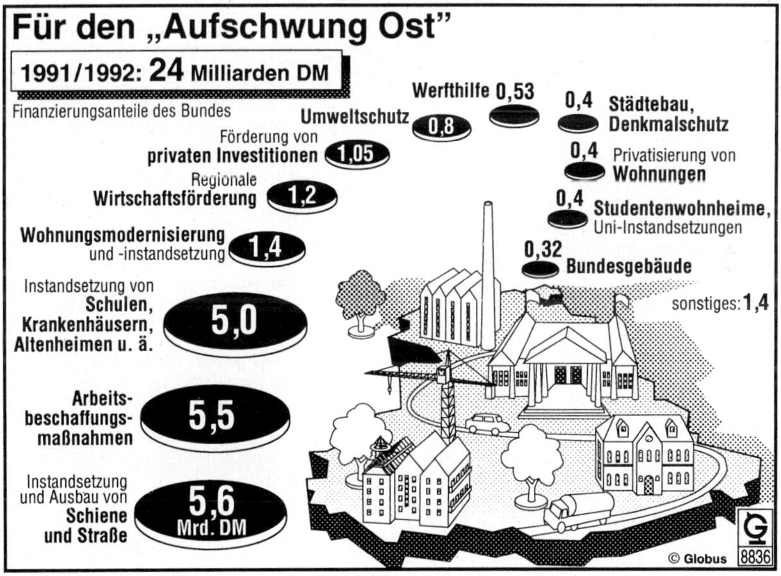

Kosten und Nutzen der Wiedervereinigung Deutschlands

Ansatzpunkte für eine Kosten-Nutzen-Analyse

Die **bewertbaren Nutzen** der Wiedervereinigung für die **alten Bundesländer** setzen sich in erster Linie aus verschiedenen **Einsparpotentialen** zusammen. Die Schätzungen über das gesamte Einsparvolumen liegen bei über 100 Mrd. DM bis zum Jahr 2000.

Folgende **Einsparmöglichkeiten** sind zu nennen:
- **Landesverteidigung:** ca. 7–8 Mrd. DM jährlich ab 1991/92.
- **Streichungen von Subventionen** wie Berlinfördermaßnahmen (9,4 Mrd. DM jährlich), Zonenrandförderung (2,8 Mrd. DM jährlich) etc. Steuerpräferenzen für Berlin werden bis 1994 schrittweise abgebaut.
- **Zahlungen an die DDR** wie Transitpauschalen, Häftlingsfreikauf, Familienzusammenführung, Besucherreiseverkehr und Straßenbenutzungsgebühren . . .

Bewertbare Nutzen bestehen weiterhin aus den zu erwartenden **Steuermehreinnahmen** der öffentlichen Haushalte, welche für die bundesdeutschen Gebietskörperschaften für 1991 bis 2000 auf 76,5 Mrd. DM geschätzt werden. Hinzu kommt auch der Vorteil eines **größeren Absatzgebietes** für Unternehmen der ehemaligen Bundesrepublik.

Die **zusätzlichen Ausgaben** der alten Bundesländer setzen sich folgendermaßen zusammen:
- **Zahlungen an die Gebietskörperschaften der ehemaligen DDR.** 1990 waren dies 13,7 Mrd. DM, und 1991 sind 0,8 Mrd. DM aus Nachtragshaushalten geplant.
  - Der **Fonds „Deutsche Einheit“** beläuft sich 1990 auf 22 Mrd. DM und 1991 auf 35 Mrd. DM.
  - Die **Sanierung der Umwelt** wird nach Schätzungen 410 Mrd. DM kosten, um nur auf den Stand der alten Bundesrepublik zu kommen.
  - Der **Kreditabwicklungsfonds** wurde zur Begleichung der Altschulden der DDR eingerichtet und hat derzeit ein Volumen von 80 Mrd. DM.
  - Die **Treuhandanstalt** wird voraussichtlich zur Sanierung von Staatsfirmen Verbindlichkeiten von 100 Mrd. DM eingehen müssen, denen bis heute 1,5 Mrd. DM Verkaufserlöse gegenüberstehen.
  - Die **Sozialversicherungen:** Die Krankenversicherung erhielt 1990 3 Mrd. DM und wird auch 1991 nicht ohne Mehrausgaben auskommen; dafür werden die Rentenversicherung 1991 9,9 Mrd. DM und die Arbeitslosenversicherung 26,7 Mrd. DM Zuschüsse benötigen.
  - **Zahlungen an die Sowjetunion:** Für den Abzug sowjetischer Truppen aus dem Gebiet der ehemaligen DDR wurden 12 Mrd. DM ausgehandelt.
  - Das **Wohnungsprogramm:** Zur Förderung der Modernisierung und Instandsetzung von Wohnungen in der ehemaligen DDR ist bis 1993 ein Programm von 10 Mrd. DM geplant.
  - **Investitionshilfen:** Für kommunale Investitionen sollen 10 Mrd. DM von 1990 bis 1993 zur Verfügung gestellt werden. Hinzu kommen ERP-Mittel.
  - Die **Zinslast:** Die höhere Nettoneuverschuldung der alten Bundesrepublik und die dazugekommene Verschuldung der neuen Bundesländer führen auf dem Kapitalmarkt zu höheren Zinsen. ...

Den **neuen Bundesländern** entstehen vor allem Nutzen, die sich **nicht** in Geldgrößen messen lassen. **Bewertbare Nutzen** ergeben sich dagegen aus den Zahlungen der **alten** Bundesrepublik in dem Umfang, in welchem sie in den **neuen** Bundesländern konsumiert oder investiert werden.

Die **Einsparungen** der neuen Bundesländer lassen sich noch nicht genau bestimmen, da die beiden früheren Wirtschaftssysteme von Grund auf unterschiedlich waren. Sie wiesen vollkommen verschiedene Ausgabeposten des Staates auf. Mit Sicherheit läßt sich sagen, daß Kosten für **Subventionen** nach einer erfolgreichen **Privatisierung der Volkseigenen Betriebe,** die Ausgaben für die Befestigung und Bewachung der innerdeutschen Grenze sowie für die Nationale Volksarmee oder auch Stationierungskosten für **sowjetische Truppen** in Höhe von 2,5 Mrd. DM jährlich in Zukunft nicht mehr anfallen werden.

Auf der **Kostenseite** sind als wichtigste Ausgabeposten im Haushalt der neuen Bundesländer die Ausgaben für das **System der sozialen Sicherheit** und die Ausgaben für die aufzubauende **Infrastruktur** zu nennen. Es werden in den ersten Jahren aber auch heute noch nicht zu beziffernde Kosten der Umstellung von einer Zentralverwaltungs- auf eine Marktwirtschaft entstehen. Es sind dies beispielsweise Kosten der Privatisierung, der Klärung der Eigentumsverhältnisse, der Entflechtung staatsmonopolistischer Betriebe, des Aufbaus eines leistungsfähigen öffentlichen Sektors und einer funktionstüchtigen Verwaltung. ...

Die **Ausgabeposten** setzen sich wie folgt zusammen:
- Die **Arbeitslosenversicherung:** Die Ausgaben der Arbeitslosenversicherung der ehemaligen DDR betragen 1990 10 Mrd. DM und werden 1991 auf 30 Mrd. DM ansteigen.
- Die **Rentenversicherung:** Für 1991 wird sich ein Finanzierungsdefizit von 3,5 Mrd. DM ergeben. Hier gilt wie oben, daß der alte Bundeshaushalt Zuschüsse gibt.
- Die **Infrastruktur:** Die kumulierten Infrastrukturausgaben werden nach Schätzungen bis 1994 151,5 Mrd. DM betragen.

Gesamtdeutschland

Die Kosten der „alten" Bundesrepublik werden sich in den meisten Fällen gegen die Nutzen in den neuen Bundesländern aufrechnen. Bis zum Jahr 2000 wird aus der Entwicklung der Steuermehreinnahmen einschließlich der Einsparungen ein **Haushaltsüberschuß** von 107 Mrd. DM erwartet.

Insgesamt wird sich das **Staatsdefizit** der Gebietskörperschaften und der Sozialversicherungen in Abgrenzung der Volkswirtschaftlichen Gesamtrechnung (d.h. Darlehen und Beteiligungen sind Teil der Ersparnis) in Deutschland 1990 auf ca. 70 Mrd. DM belaufen. 1991 ist mit einem Defizit von 90 Mrd. DM zu rechnen. In finanzstatistischer Abgrenzung (d.h. Darlehen und Beteiligungen sind als Ausgaben gerechnet) ergibt sich ein gesamtes Defizit von 100 Mrd. DM 1990 und 120 Mrd. DM 1991. . .

Textauszug: Winfried Schulz, Sabine Gramer-Muck, in: Wirtschaftsstudium 3/1991, S. 168.

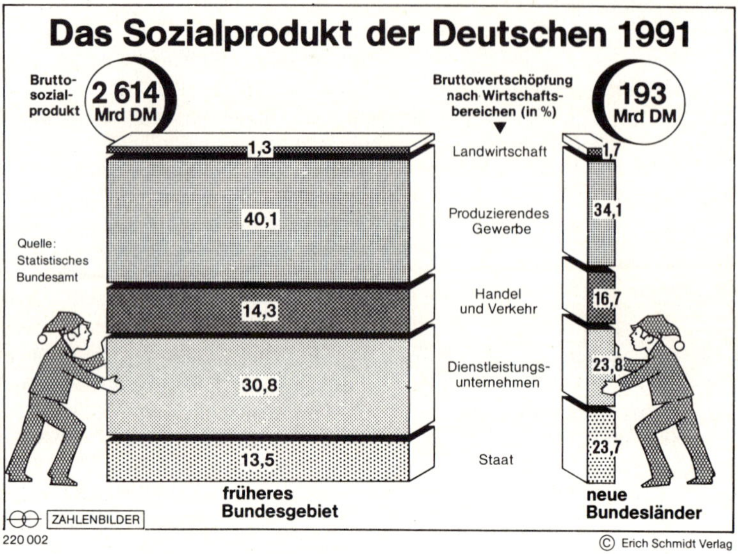
Das Sozialprodukt der Deutschen 1991
Brutto-
sozial-
produkt
2 614
Mrd DM
Bruttowertschöpfung
nach Wirtschafts-
bereichen (in %)
193
Mrd DM
1,3
Landwirtschaft
1,7
40,1
Produzierendes
Gewerbe
34,1
Quelle:
Statistisches
Bundesamt
14,3
Handel
und Verkehr
16,7
30,8
Dienstleistungs-
unternehmen
23,8
13,5
Staat
23,7
früheres
Bundesgebiet
neue
Bundesländer
ZAHLENBILDER
220 002
© Erich Schmidt Verlag

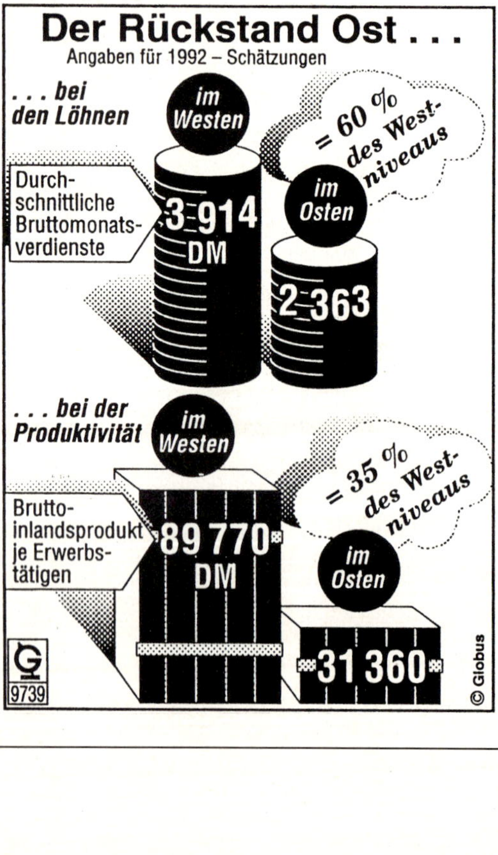
Der Rückstand Ost . . .
Angaben für 1992 – Schätzungen
. . . bei
den Löhnen
im
Westen
= 60 %
des West-
niveaus
Durch-
schnittliche
Bruttomonats-
verdienste
3 914
DM
im
Osten
2 363
. . . bei der
Produktivität
im
Westen
= 35 %
des West-
niveaus
Brutto-
inlandsprodukt
je Erwerbs-
tätigen
89 770
DM
im
Osten
31 360
9739
© Globus

Aus dem bisherigen Verlauf des Anpassungsprozesses sind folgende **wirtschaftspolitische Schlußfolgerungen** zu ziehen:

Was ist zu tun?

- Die vielfältigen und zahlreichen Programme für die Wirtschaftsförderung sind schwer durchschaubar und auch den potentiellen Investoren nicht immer bekannt. Die Verwaltungen der Länder, insbesondere der Gemeinden, sind bei der Umsetzung der Förderungsmaßnahmen überfordert. Um die Wirksamkeit der Programme zu erhöhen, müßten sie vereinfacht und konzentriert werden. Nicht zuletzt sollten Anbieter und Produkte aus den neuen Bundesländern bei den staatlich geförderten Investitionen besonders berücksichtigt werden.
- Die dramatische Beschäftigungslage läßt sich allein durch die Instrumente, die eine kapitalintensive Produktionsstruktur fördern, nicht ändern. Aber auch die Lohnerhöhungen, die über der Arbeitsproduktivität liegen, erschweren die Erhaltung der bestehenden und die Schaffung neuer Arbeitsplätze. Das erklärte Ziel, das Lohnniveau in Ostdeutschland bis 1994 dem im Westen anzugleichen, ist gesellschaftspolitisch richtig, beschäftigungspolitisch aber bedenklich. Allerdings ist das Arbeitsentgelt nicht der einzige Kostenfaktor, so daß die beschäftigungspolitische Diskussion mit dem Argument der „höheren Löhne" nicht überfrachtet werden darf.
- Der enorm hohe Neuinvestitions- und Sanierungsbedarf in den Infrastrukturbereichen erfordert die schnelle Realisierung von dringenden Projekten. Die komplizierten und langwierigen Verwaltungsverfahren (vom Raumordnungsrecht, Baugenehmigung bis zur Auftragsvergabe) müssen erheblich verkürzt werden. Die Infrastrukturinvestitionen werden an der überforderten, im Aufbau befindlichen öffentlichen Verwaltung in den neuen Bundesländern scheitern, wenn nicht die Planungs- und Durchführungsbestimmungen rationalisiert und die Verwaltungsabläufe nennenswert beschleunigt werden.
- Die Grundsatzentscheidung für die Rückübertragung von privatem Eigentum erschwert die privaten und öffentlichen Investitionen und macht sie z.T. sogar unmöglich. Die Neufassung (§ 3a) des Gesetzes zur Regelung offener Vermögensfragen vom 23.7.1991 berechtigt die Treuhandanstalt, gegen die Rückübertragungsansprüche enteigneter Besitzer zu entscheiden, wenn dadurch Arbeitsplätze geschaffen, gesichert oder die Wettbewerbsfähigkeit verbessernde Investitionen ermöglicht werden. Wie sich dieser Ermessensrahmen der Treuhandanstalt in der Praxis auf die Beschleunigung der Privatisierung und/oder Sanierung von Unternehmen auswirken wird, ist eine noch offene Frage.
- Die Vergabe von Liquiditätskrediten, die Altlastenübernahme durch die Treuhandanstalt, müßten auf der Grundlage eines Gesamtkonzeptes für die Umstrukturierung der ostdeutschen Wirtschaft geschehen. Ein solches Gesamtkonzept ist nicht in Sicht. Ohne eine wirtschaftssektorale und regionale Strukturpolitik, die länderübergreifend sein muß, wird je-

Eine Modellrechnung zur wirtschaftlichen Angleichung zwischen Ost- und Westdeutschland

Im Jahr 1991 betrug das reale Bruttoinlandsprodukt[1] in der Bundesrepublik Deutschland nach Schätzungen des DIW 2678 Mrd. DM; davon wurden in Ostdeutschland 154 Mrd. DM erwirtschaftet. Das entspricht einem Anteil von knapp 6 vH. Der Unterschied in der Wirtschaftskraft zwischen West- und Ostdeutschland wird vor allem bei der Betrachtung des Bruttoinlandsproduktes je Erwerbstätigen deutlich. Während in Westdeutschland im Jahr 1991 das reale Bruttoinlandsprodukt je Erwerbstätigen etwa 85 000 DM betrug, waren es in Ostdeutschland nur 21 000 DM. Die Verringerung dieses extrem starken Gefälles ist in kurzer Zeit nicht zu erwarten.

Mit welchen Raten das ostdeutsche Bruttoinlandsprodukt wachsen muß, um nach einer Reihe von Jahren das reale Bruttoinlandsprodukt je Erwerbstätigen in Ostdeutschland an das westdeutsche Niveau anzugleichen, zeigt das Schaubild „Modellrechnung...". Dabei handelt es sich nicht um eine Langfristprognose, sondern um eine reine Modellrechnung bei verschiedenen Wachstumsraten in Ostdeutschland. Bei dieser Rechnung ist unterstellt, daß das westdeutsche Bruttoinlandsprodukt im langfristigen Trend mit einer moderaten Rate von 2 vH jährlich zunimmt. Gleichzeitig wurde angenommen, daß die Zahl der Erwerbstätigen mit einer jährlichen Zuwachsrate von 0,5 vH wächst. Das Bruttoinlandsprodukt je Erwerbstätigen in Westdeutschland nimmt damit in dieser Modellrechnung jährlich mit einer Rate von 1,5 vH zu.

Nach der sehr starken Verringerung des realen Bruttoinlandsprodukts um 17,3 vH bzw. 34,8 vH in den Jahren 1990 und 1991 wird die Wirtschaft in Ostdeutschland in diesem Jahr nach der jüngsten Prognose des DIW um real 10 vH zunehmen. Setzte sich dieser Zuwachs des realen Bruttoinlandsproduktes in der Zukunft fort, so ergäbe sich unter den oben genannten Annahmen eine Dauer der Anpassung in der Wirtschaftskraft je Erwerbstätigen von knapp 14 Jahren. Gelänge es allerdings, das Wirtschaftswachstum in Ostdeutschland durch eine massive Investitionstätigkeit zu erhöhen, so verkürzte sich entsprechend die Dauer der Anpassung[2]. Unterstellt man dagegen in Ostdeutschland ein Wachstum von lediglich 7 vH, einer Rate also, der vor dem Hintergrund der historischen Entwicklung in der Bundesrepublik durchaus eine gewisse Plausibilität zukommt, ergäbe sich eine Anpassungsdauer von 20 Jahren.

Bei derartigen Modellrechnungen muß allerdings berücksichtigt werden, daß für die Angleichung der Lebensverhältnisse zwischen Ost- und Westdeutschland nicht alleine die Annäherung der eigenen Wirtschaftskraft der Regionen maßgeblich ist, sondern über Transfers von der reicheren in die ärmere Region das Einkommensgefälle wesentlich rascher angeglichen werden kann. In der Tat sind in Ostdeutschland nach Einführung der Währungsunion trotz des massiven Produktionseinbruchs die Realeinkommen im Durchschnitt der Bevölkerung gestiegen[3].

...

[1] Zu Preisen vom 2. Halbjahr 1990.

[2] Ähnliche Ergebnisse finden sich bei: Buche, Rüdiger u. a. (Hrsg.): Übertragung regionalpolitischer Konzepte auf Ostdeutschland. In: Untersuchungen des RWI für Wirtschaftsforschung, Heft 2, Essen 1991.

[3] Nach den jüngsten Berechnungen des DIW sind die realen verfügbaren Einkommen der privaten Haushalte in Ostdeutschland 1990 um 1 vH und 1991 bereits um 7,5 vH gestiegen.

Modellrechnung zur wirtschaftlichen Angleichung zwischen Ost- und Westdeutschland

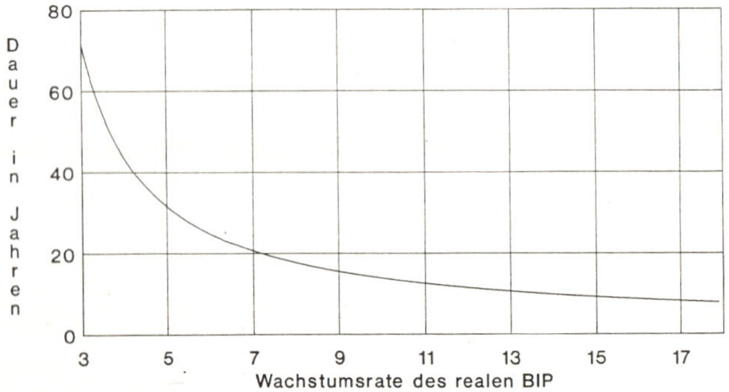

Ziel: Angleichung des realen Brutto-inlandsproduktes (BIP) je Erwerbstätigen
Unterstellte Wachstumsrate für Westdeutschland: 2 vH.

DIW92

Quelle: DIW-Wochenbericht 7/1992, 13.2.1992.

doch weder die Arbeit der Treuhandanstalt noch die staatliche Investitionsförderung eine zukunftssichernde Wirtschaftsentwicklung bewirken können. Da eine zukunftsorientierte, gesamtwirtschaftliche Strukturpolitik fehlt, werden vom Markt Problemlösungen erwartet, die er nicht allein erbringen kann (s. Beitrag 1.1.).

- Die Industriepolitik für Ostdeutschland sollte sich auf die wachstumsträchtigen Hochtechnologie-Branchen, die humankapital- und dienstleistungsintensiv sind, konzentrieren. Das Ziel der Wirtschaftsförderung muß es sein, daß wettbewerbsfähige, weltmarktoffene und osteuropaorientierte Unternehmen entstehen oder angesiedelt werden. Dafür muß der Staat die Voraussetzungen in den Bereichen der Infrastruktur schaffen. Anpassungslasten werden heute überwiegend kreditfinanziert. Die sprunghaft steigende Staatsverschuldung (s. Beitrag 3.6) zwingt mittelfristig zu einem Abbau der Kreditaufnahme. Andererseits wird der Finanzbedarf der neuen Bundesländer in den nächsten Jahren nicht geringer, und die Infrastrukturinvestitionen müssen erheblich zunehmen. Die West-Ost-Transfers werden für 1992 mit insgesamt über 170 Mrd. DM eingeplant bzw. geschätzt (s. Abbildung unten). Daher ist die radikale Streichung der liebgewonnenen Subventionen notwendig und eine höhere Steuer- und Abgabenlast kaum zu vermeiden.

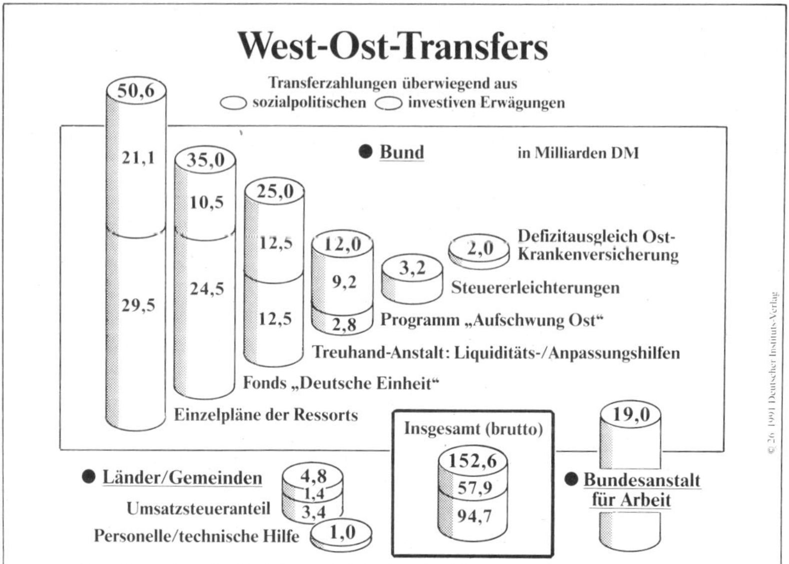

Einzelpläne: soweit aus dem Haushaltsentwurf 1991 und den Einzelplänen erkennbar. Treuhandanstalt: bei voller Ausschöpfung des Kreditrahmens; Aufteilung gesetzt. Quellen: BMF; verschiedene Bundestags-Drucksachen; IW Köln

Institut der deutschen Wirtschaft Köln

Die Dimension der zu lösenden Aufgaben erfordert nicht nur Solidaritätsabgaben, sondern ein neues Denken im Hinblick auf die gemeinsame Zukunft sowie erhebliche Anstrengungen für das gesellschaftliche Zusammenwachsen.

Literaturhinweise

Jürgen Backhaus (Hrsg.), Systemwandel und Reform in östlichen Wirtschaften, Marburg 1991.

Peter Czada, Vom Plan zum Markt, Probleme des Systemwandels in Osteuropa und im vereinigten Deutschland, Institut für Europäische Lehrerbildung der Europäischen Akademie, Berlin 1991.

Wolfgang Gerstenberger, Grenzen fallen – Märkte öffnen sich. Strukturberichterstattung 1990, Berlin 1990.

IfO-Schnelldienst H. 16/17, 1991, Neue Bundesländer in der Strukturanpassung.

OECD, Wirtschaftsbericht Deutschland, Paris 1991.

Jan Priewe, Rudolf Hickel, Der Preis der Einheit, Frankfurt/M. 1991.

Sachverständigenrat zur Begutachtung der gesamtwirtschaftlichen Entwicklung, Jahresgutachten 1990/91, Stuttgart 1991.

Gerlinde Sinn, Hans-Werner Sinn, Kaltstart: Volkswirtschaftliche Aspekte der deutschen Vereinigung, Tübingen 1991.

Klaus Werner (Leitung) u.a., Wirtschaftsreport – Daten und Fakten zur wirtschaftlichen Lage Ostdeutschlands, Berlin 1990.

Alparslan Yenal

1.3. Weinseen und Butterberge – Das Dilemma der europäischen Agrarmarktordnung

Überschuß-produktion

Die seit langem andauernde Krise der europäischen Landwirtschaft findet ihren sichtbarsten Ausdruck in einer bei vielen Produkten weit über den Eigenbedarf und die Absatzmöglichkeiten hinausgehenden Erzeugung. Dies führte dazu, daß z.B. 1986 – einem Rekordjahr der Überschüsse – fast

- 1,5 Mio t Butter
- 0,8 Mio t Magermilchpulver
- 13 Mio t Getreide und
- 500 000 t Rindfleisch

in den Kühlhäusern und Silos der EG lagerten. Ähnlich war und ist die Überschußproduktion bei Zucker, Schweinefleisch, Wein und anderen Agrarprodukten. In den folgenden Jahren konnten diese Halden durch eine Reihe produktionsbegrenzender Korrekturmaßnahmen zunächst reduziert werden, sie steigen jedoch seit 1990 wieder deutlich an und haben bei Getreide inzwischen neue Rekordmengen erreicht (vgl. Abbildung). Noch spektakulärer als die Lagerung wirken in der Öffentlichkeit die allerdings relativ seltenen Vernichtungsaktionen bei Obst und Gemüse, die bei besonders reichlichen Ernten zur Stützung der Erzeugerpreise auf Kosten der EG veranstaltet werden. Die Kosten der Lagerhaltung und der erforderlichen Zuschüsse für die Vermarktung der Überschüsse sind gravierend. Allein für Getreide mußten 1991 über 10 Mrd. DM an Interventionskosten auf-

Kosten

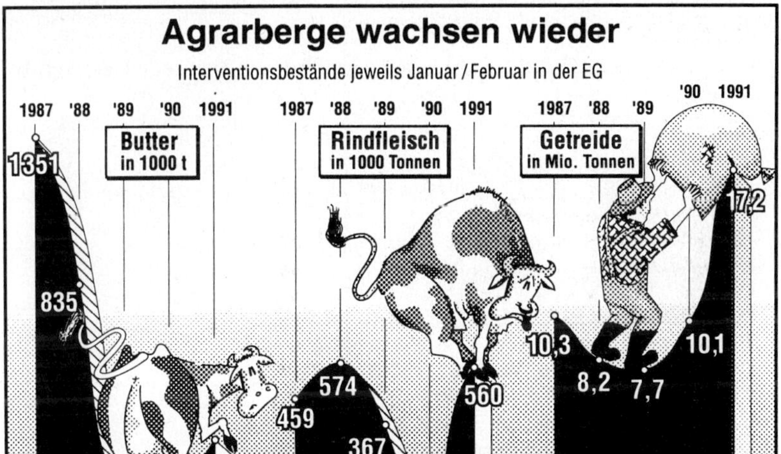

Selbstversorgungsgrad bei einzelnen Agrarerzeugnissen in der EG und in West- u. Ostdeutschland in % (100% = Volle Selbstversorgung des jeweiligen Gebiets aus eigener Produktion)					
	Europäische Gemeinschaft			**Deutschland**	
	1988/89	1989/90	1990/91	Westdtl. 1989/90	Ostdtl. 1989
Getreide insgesamt	120	121	119	101	83
Milch insgesamt	103	113	113	102	119
Butter	89	112	120	87	129
Magermilchpulver	109	149	168	549	127
Zucker	128	130	131	132	79
Geflügel	105	106	105	60	108
Eier	102	102	101	72	110
Rindfleisch	104	101	108	113	107
Schweinefleisch	103	102	102	85	112

Zusammengestellt aus: Agrarbericht der Bundesregierung 1991.

Agrarbeihilfen: Mehr als die halbe Miete vom Staat

Finanzielle Unterstützungen der EG und ihrer Handelspartner in Prozent des landwirtschaftlichen Produktionswertes **1989**

Schweiz	**75**
Norwegen	**74**
Japan	**72**
Finnland	**72**
Schweden	**47**
Österreich	**44**
EG	**38**
Kanada	**35**
USA	**27**
Australien	**10**
Neuseeland	**5**

Quelle: OECD

Wirtschaftswoche, Nr. 3 v. 11.1.1991.

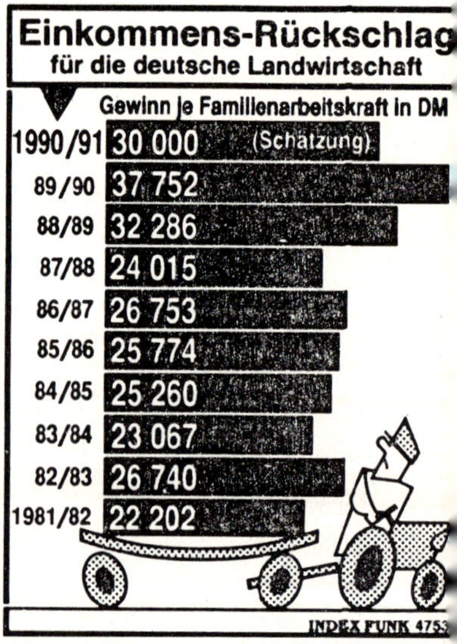

gewendet werden gegenüber rd. 4 Mrd. im Jahr 1984. Die gesamten Marktordnungsausgaben der EG betrugen 1991 über 32 Mrd. ECU, d.h. mehr als 64 Mrd. DM.[1] Die gesamten Subventionen für die europäische Landwirtschaft sind infolge nationaler Beihilfen und Steuervergünstigungen sogar noch bedeutend höher. Sie werden von der Organisation für wirtschaftliche Entwicklung und Zusammenarbeit (OECD) für 1990 insgesamt mit rd. 130 Mrd. $, d.h. ca. 200 Mrd. DM beziffert, wobei solche Agrarhilfen keineswegs nur ein europäisches Phänomen sind. Auch andere Industrienationen stützen ihre Landwirtschaft mit Milliardenbeträgen: So gaben die USA 1990 rd. 70 Mrd. $ (= 112 Mrd. DM) und Japan etwa 60 Mrd. $ (= 97 Mrd. DM) für ihre Landwirte aus. Auf die Anbaufläche umgerechnet waren dies 1990 in den USA je Hektar 102 $, in Europa 773 $ (vgl. OECD, Agricultural Policies, Markets and Trade. Monitoring and Outlook, 1991).

Zum Butterberg: Welche Mengen sich hinter den genannten Zahlen verbergen, sei am Beispiel der Butter verdeutlicht. Würde der bisherige Rekord-Lagerbestand (1,5 Mio t) in 250 g-Päckchen abgepackt, von denen jedes eine Kantenlänge von 10 cm hat, so ergäben diese Päckchen – aneinandergelegt – eine Strecke von 600 000 km. Dies entspricht dem 15fachen Erdumfang oder der 1,6fachen Entfernung zwischen Mond und Erde. Entsprechend astronomisch sind die Lagerkosten. Sie beliefen sich auf 2,3 Mio DM täglich, als der Butterberg gerade erst 1 Mio t erreicht hatte. Um die Lagerbestände abzubauen, verkaufte die EG Butter z.B. an die UdSSR zu Schleuderpreisen von 25–30 Pfg. für das Paket, das den Verbraucher bei uns mehr als 2 DM kostete. Auch der Verkauf verbilligter „Weihnachtsbutter" diente der Lagerentlastung.

Die Überschüsse, die vielen Menschen angesichts des Hungers in weiten Teilen der Dritten Welt geradezu als Perversion unseres Wirtschaftssystems erscheinen, sind jedoch nur das ins Auge springende Symptom einer Krise, die von einer verfehlten Agrarpolitik wesentlich mitverantwortet wird. **Sie sind das Ergebnis einer Entwicklung, die weder marktwirtschaftlich noch planwirtschaftlich verlief, vielmehr zu einer Mißwirtschaft führte, mit der keiner der Beteiligten zufrieden ist:**

Finanzkrise

- Die Politiker und Finanzminister klagen über den uferlosen Finanzbedarf. **Etwa 64% der gesamten EG-Mittel** flossen 1991 in den Agrarbereich, wobei diese Ausgaben von 1975–1991 im Schnitt um 13% pro Jahr zunahmen und die EG mehrfach in eine Haushaltskrise stürzten. Dazu kommen weitere, noch umfangreichere Subventionen und Steuervergünstigungen zu Lasten der **nationalen Haushalte.** Allein für die deutsche Landwirtschaft errechnete das Institut für Weltwirtschaft 1985

[1] Vgl. Agrarbericht der Bundesregierung 1991, S. 135.

unter Einbeziehung aller Vergünstigungen ein Subventionsvolumen von 20,9 Mrd. DM und einen Subventionsgrad von zeitweise über 200%. Das heißt, daß die Summe aller Subventionen nach dieser Rechnung mehr als das Doppelte der von der Landwirtschaft selbst erwirtschafteten Nettoproduktion ausmachte.[2] „Es wäre billiger, die Landwirtschaft stillzulegen und allen Beschäftigten ein volles Gehalt zu zahlen", so lautete die provokante Schlußfolgerung von Wolfram Engels in der Wirtschaftswoche.[3] Die offiziellen Statistiken weisen allerdings geringere Subventionsgrade aus (vgl. Tabelle S. 66), da sie nicht alle indirekten steuerlichen Vergünstigungen berücksichtigen.

Unzufriedene Bauern

- Angesichts dieser Summen ist es erstaunlich, daß die Bauern selbst weitgehend unzufrieden sind und häufig gegen die herrschende Agrarpolitik der EG protestieren. Viele Bauern haben dafür aber in der Tat gute Gründe. So kommen z.B. von jeder Mark, die aus dem EG-Agrarhaushalt stammt, schätzungsweise nur 20–30 Pfennige bei der Landwirtschaft an. Der weitaus größte Teil fließt in die Lagerung und Vermarktung der Überschußproduktion oder kommt durch verlustreichen Verkauf den Abnehmern und nicht den Erzeugern zugute. Die Agrarpreispolitik der EG begünstigt zudem gerade die leistungsfähigen und kostengünstigen Betriebe und regt sie zu entsprechender Mehrproduktion an. Die Folge war, daß die ohnehin durch Lage, Bodenbeschaffenheit, Klima und Betriebsgröße extrem hohen Einkommensunterschiede in der Landwirtschaft eher noch verstärkt wurden.[4] Hohen Erträgen in Teilen der Landwirtschaft stehen daher Verluste und Überschuldungstendenzen bei einer großen Zahl landwirtschaftlicher Betriebe gegenüber. Die in ihrer Existenz bedrohten Landwirte bilden dann das Protestpotential, das nicht selten für die Interessen der Großbauern verbandspolitisch eingesetzt wurde oder ihnen ungewollt Nutzen brachte. Jedenfalls nahm allein in der Bundesrepublik trotz der Agrarmilliarden die Zahl der Höfe von 1980 bis 1990 um 168 000 ab, und die Agrarstatistiken verzeichnen fast immer ein Zurückbleiben der bäuerlichen Einkommen hinter der allgemeinen Entwicklung in anderen Bereichen der Volkswirtschaft.[5] Dabei ist freilich zu beachten, daß die Einkommensstatistik im Agrarbereich wegen zahlreicher Steuerprivilegien und begrenzter Buchführungspflicht erhebliche Mängel aufweist.[6]

[2] Subventionsabbau in der Bundesrepublik Deutschland. Eine Untersuchung des Instituts für Weltwirtschaft ... im Auftrag der „Wirtschaftswoche", Oktober 1985, S. 11.

[3] Wolfram Engels, Schnapsideen: In: Wirtschaftswoche, Nr. 14 v. 28.3.1986, S. 144.

[4] Einkommensgefälle in der Landwirtschaft der Gemeinschaft. = Europäische Gemeinschaft, Grünes Europa, Mitteilungen zur gemeinsamen Agrarpolitik, H. 208, 1985, S. 14.

[5] Zahlenübersicht dazu in: Agrarbericht der Bundesregierung 1991, S. 70 (Tabellenteil). Ferner: Friedrich Golter, Aufgaben der Landwirtschaft in einer modernen Industriegesellschaft. In: Aus Politik und Zeitgeschichte. Beilage zur Wochenzeitung Das Parlament B 42/86 v. S. 34.

[6] 1989 unterlagen nur 24% aller deutschen Landwirte der steuerlichen Buchführungspflicht (Agrarbericht 1991, Tabelle 16).

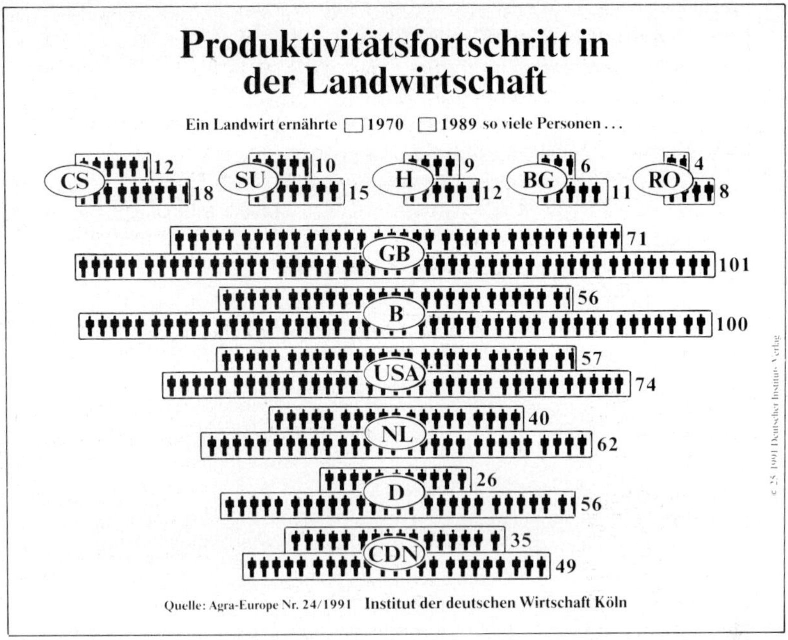

Zur Einkommensentwicklung in der EG-Landwirtschaft

Die realen landwirtschaftlichen Einkommen je Beschäftigten haben in der Gemeinschaft seit Mitte der siebziger Jahre nur geringfügig zugenommen. Die Entwicklung verlief sehr unterschiedlich. Sowohl zwischen den Mitgliedstaaten als auch innerhalb der Staaten zwischen den Regionen vergrößerte sich das Gefälle der Einkommen. Dazu trugen neben Produktivitätsdifferenzen auch Unterschiede in der nationalen Subventionspolitik bei. Die ... Einkommensindizes lassen indes keine genauen Rückschlüsse auf die soziale Lage der Landwirtschaft zu ... Allerdings deuten die Indizes sehr wohl darauf hin, daß die enorme Steigerung der Zahlungen aus dem EG-Haushalt sich im Einkommen vieler Landwirte nicht ausgewirkt haben.

Entnommen: Deutsches Institut für Wirtschaftsforschung, Wochenbericht 22/91 v. 30.5.1991, S. 302 f. Dort auch Zahlenangaben.

Konflikte im Welthandel

- Heftige Kritik erntet die EG-Agrarpolitik auch immer wieder im Bereich des internationalen Handels und bei den auf Liberalisierung der Handelsströme zielenden Verhandlungen des GATT.[7] Die künstlich geförderte Überschußproduktion West-Europas trifft am Weltmarkt auf (ebenfalls subventionierte) US-Agrarexporte (z.B. Weizen) und auf das Exportangebot der Entwicklungsländer und anderer Agrarexporteure

[7] Vgl. S. 89.

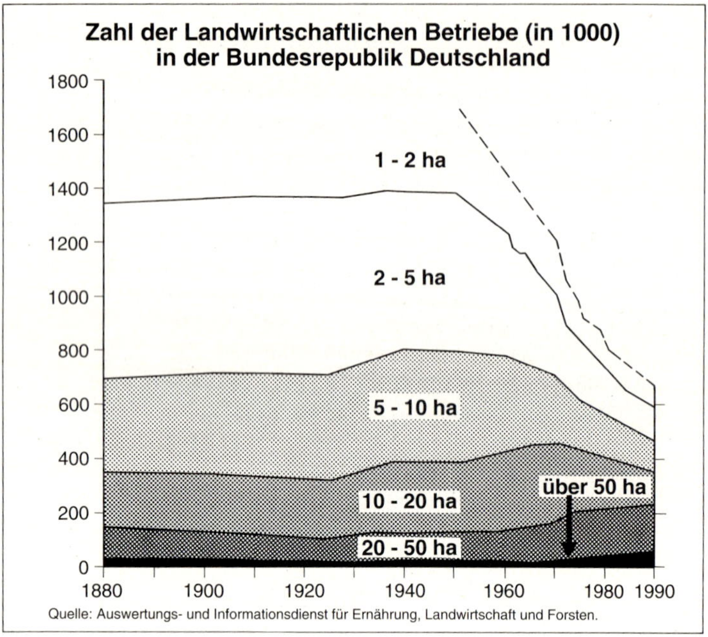

Der Knackpunkt der EG-Agrarpolitik

B. Ein Vergleich mit dem Dreißigjährigen Krieg hatte sich schon aufgedrängt; ein Krieg, den die USA und andere Agrarexportländer der Welt gegen die Gemeinsame Landwirtschaftspolitik (GAP) der EG führen müssen, um aus ihr unerträglich gewordene Elemente des Protektionismus herauszubrechen. Um die Jahreswende 1961/62 waren die Prinzipien von den damaligen sechs EG-Ländern beschlossen worden. Die Grundidee: Grenzabgaben in Form „variabler Abschöpfungen" auf alle landwirtschaftliche Importwaren aus Drittländern. Die Methode: Sobald das Ausland billiger wird, steigt die Abschöpfung. Nie kann also etwa ein amerikanisches Brathähnchen demnach preiswerter angeboten werden als ein europäisches. Mit dem EG-Vorschlag, dem zufolge die zwölf Gemeinschaftsländer ihr Angebot im Freihandelspakt Gatt zum Abbau der landwirtschaftlichen Subventionen um 30 Prozent unterbreiten sollen, würden die variablen Abschöpfungen in feste, nicht mehr willkürlich steigende oder sinkende Zölle umgewandelt. Ein internationaler Stein des Anstoßes wäre damit vom Tisch.

Gerade hierin liegt aber auch der Grund für die bislang massiv vorgetragene Forderung der Bundesregierung, in der GAP das Prinzip der sogenannten Gemeinschaftspräferenz zu sichern. Sie garantiert — eben mit Hilfe der variablen Abschöpfungen —, daß Nahrungsmittel innerhalb der zwölf EG-Länder stets etwas preisgünstiger angeboten werden als Lebensmittel aus Drittländern.

Sollte dies nun nicht mehr möglich sein — sofern die zum 7. Dezember geplanten Gatt-Vereinbarungen über den landwirtschaftlichen Subventionsabbau verwirklicht würden —, müßten andere Wege zur Existenzsicherung einer wettbewerbsfähigen EG-Landwirtschaft gefunden werden: Einkommensbeihilfen vielfacher Art. Das müßte die EG-Kommission nun zusagen.

Die USA und 13 andere Gatt-Länder, die im Bund mit Teilen der Dritten Welt dringend am schnellen Abbau der Agrarsubventionen interessiert sind, hätten in diesem Fall eine wichtige Säule der GAP abgesägt. „Geknackt" wäre die europäische Agrarordnung damit aber noch nicht. Das darf sie auch gar nicht. Denn man kann nicht elf Millionen Landwirte, mit Familienangehörigen insgesamt 50 Millionen Menschen, durch das Netz der Gesellschaft fallen lassen. Doch mit dem Export billiger EG-Agrarüberschußprodukte wird es so oder so ein Ende haben. Denn Europa muß irgendwann selbst mit seinem landwirtschaftspolitischen Gesellschaftsproblem fertig werden.

Tagesspiegel v. 27.10.1990

(z.B. Australien/Neuseeland). Das Überangebot bewirkt, daß die Weltmarktpreise sinken und zeitweise jeden Bezug zu den Produktionskosten verlieren. Die Überproduktion und ihre Vermarktung um nahezu jeden Preis führte z.B. dazu, daß im Jahr 1986 EG-Rindfleisch mit Erzeugerpreisen von 2 500 DM pro Tonne auf 750 DM heruntersubventioniert und u.a. nach Brasilien verkauft wurde, dessen Nachbar Argentinien trotz seiner Spezialisierung auf die Rinderzucht bei eigenen Kosten von 1 200 DM pro Tonne in diesem Subventionswettlauf nicht mithalten konnte.[8] Nach Berechnungen des Agrarwissenschaftlers Kuhlmann wendet die EG gegenwärtig etwa 80 DM auf, um 100 kg Getreide zu einem Weltmarktpreis von ca. 20 DM zu verkaufen, „zu dem kein Land der Erde produzieren kann", und der nur wegen der hohen Exportsubventionierung so niedrig liegt (vgl. Der Tagesspiegel v. 19.1.1992). **Die Annahme, daß die zu Niedrigstpreisen verschleuderten Agrarprodukte wenigstens den Ärmsten der Welt zugute kämen, ist oft mehr als zweifelhaft,** denn abgesehen davon, daß viele Überschußprodukte (z.B. Butter) für die Nahrungshilfe völlig ungeeignet sind, zerstört das Billigangebot oder Geschenk von Agrarprodukten in vielen Entwicklungsländern die heimische Landwirtschaft, verschärft also letztlich den Mangel.

- Auch für die Länder Ostmitteleuropas, die den überaus schwierigen Weg von der Verwaltungswirtschaft des Ostblocks zur Marktwirtschaft des Westens suchen, erweist sich die EG-Agrarpolitik als schwerwiegendes Hemmnis, da landwirtschaftliche Produkte häufig deren wichtigste Devisenbringer für notwendige Industrieimporte sind. Während die Landwirtschaft der ehemaligen DDR durch die deutsche Einigung automatisch in die EG-Agrarpolitik einbezogen wurde, so daß sie bei der Bewältigung ihrer immensen Strukturprobleme wenigstens Fördermittel und Exporthilfen aus Brüssel und Bonn in Anspruch nehmen kann, wird der Landwirtschaft Polens, Ungarns, Rumäniens und der CSFR durch die EG-Agrarbarrieren der Zugang zu den westeuropäischen Märkten erschwert, während gleichzeitig die hochsubventionierten EG-Agrarexporte in die GUS-Länder auch diesen ohnehin rückläufigen Absatzmarkt für die ehemaligen Comecon-Länder verstopfen. Abgesehen von notwendigen kurzfristigen EG-Nahrungsmittelhilfen an die Nachfolgestaaten der Sowjetunion kann sich die EG-Agrarpolitik also auch hier, und nicht nur gegenüber den Entwicklungsländern der Dritten Welt, negativ auf die weitere wirtschaftliche Entwicklung und den dazu erforderlichen Außenhandel auswirken.

[8] Vgl. Wirtschaftswoche, Nr. 40 v. 26.9.1986, S. 52. Dort weitere Negativbeispiele aus Entwicklungsländern. Ferner: Otto Matzke, Die gemeinsame Agrarpolitik – Belastung für das Nord-Süd-Verhältnis. In: Aus Politik und Zeitgeschichte. Beilage zur Wochenzeitung Das Parlament B 5/80 v. 2.2.1980, S. 15–31.

Strukturdaten zur europäischen Landwirtschaft

Merkmale		D	F	I	NL	B	L	GB	IRL	DK	GR	E	P	EG (12)
Zahl der Betriebe (in 1000)	**1980**	850	1 255	2 832	149	115	5	269	224	123	999	2 213	782	9 815
	1987	705	982	2 784	132	93	4	260	217	87	953	1 792	636	8 644
Fläche je Betrieb (in ha)	**1987**	16,8	28,6	5,6	15,3	14,8	30,2	64,4	22,7	32,2	4,0	13,8	5,2	13,3
Betriebsinhaber mit Nebenerwerb in v.H.	**1987**	43,0	31,8	24,0	23,6	32,6	18,8	23,9	36,5	32,8	33,4	29,6	38,3	30,2
Beschäftigte insgesamt (in 1000)	**1987**	1 624	2 034	5 155	293	146	10	738	400	148	2 082	3 436	1 666	17 731
Agrarbeschäftigte in v.H. aller Erwerbspersonen	**1985**	5,6	7,6	11,2	4,9	–3,0–		2,6	16,0	7,1	28,9	16,9	23,9	8,6
Reales Einkommensgefälle der Landwirte im EG-Vergleich (Eur 12 = 100)	**1988/89**	134	151	69	302	269	186	187	114	208	53	67	19	100
Schlepper je 1000 ha Fläche	**1987**	123	47	70	91	77	70	27	26	60	43	24	16	55

Quellen: EG-Strukturerhebung 1987 / Agrarbericht 1991 d. Bundesregierung.

fassung entzieht. **Obwohl die Artikel 40 ff. des EWG-Vertrages durchaus andere Wege zuließen, wurden in den Folgejahren für den weitaus größten Teil der Agrarerzeugung (ca. 70%) solche Marktordnungen erlassen, die den Bauern Mindestpreise für ihre Produkte garantieren.** Dies betrifft u.a. die Getreideproduktion, die Milcherzeugung, große Teile der Fleischerzeugung, Zucker, Tabak und vieles andere mehr. Im folgenden soll nur dieser Kernbereich der Agrarpolitik in seinen Konsequenzen skizziert werden.

Marktordnung

Dabei ist der Begriff „Marktordnung" durchaus mißverständlich oder sogar irreführend, denn genaugenommen geht es bei der Festlegung von Mindestpreisen im Interesse der Erzeuger um eine **Aufhebung des Marktmechanismus,** der ja gerade darin besteht, daß freie Preise tendenziell zu einem Ausgleich von Angebot und Nachfrage führen. Bei wachsendem Angebot müßten demnach die Preise fallen, woraufhin die vermehrte Nachfrage wieder zu einem Marktausgleich führen soll. Dieser Mechanismus kann jedoch in Bereichen wie der Landwirtschaft mit einer sehr geringen Preiselastizität von Angebot und Nachfrage für die Anbieter sehr unangenehme Folgen haben (vgl. Kasten S. 76).

Grenzausgleich/Währungsausgleich

Die gemeinsamen Agrarpreise werden in der EG nicht in der jeweiligen nationalen Währung, sondern in der gemeinsamen Rechnungs- und Währungseinheit ECU festgelegt. Wechselkursänderungen, die im Europäischen Währungssystem (EWS) inzwischen mehrfach zu einer Aufwertung der D-Mark führten, haben somit für die deutschen Bauern sinkende Agrarpreise in D-Mark zur Folge. Um dies im Interesse der deutschen Bauern zu vermeiden und um die Agrarmärkte vor den Auswirkungen der Wechselkursänderungen abzuschotten, wurden zeitweise an den Grenzen innerhalb der EG für Interventionsprodukte Währungsausgleichsmaßnahmen ergriffen. Dies führte z.B. dazu, daß für deutsche Agrarexporte in andere EG-Länder ein Zuschuß gezahlt wurde, der die Wechselkursänderungen kompensierte (positiver Währungsausgleich), während Agrarimporte mit entsprechenden Abgaben belastet wurden. Der gemeinsame Agrarmarkt zerfiel dadurch z.T. wieder in nationale Märkte mit unterschiedlichen Agrarpreisen, die durch ein System der „Abschöpfungen und Erstattungen" innerhalb der EG aufrechterhalten wurden.

Grenzausgleich

Um Erlöseinbrüche zu vermeiden und den Landwirten ein kalkulierbares Einkommen zu sichern, wurden für zahlreiche Produkte **europäische Garantiepreise** festgelegt, zu denen dann ein zollfreier innereuropäischer Agrarhandel möglich wurde. Da die Preise in einer gemeinsamen Rechnungseinheit festgesetzt wurden, Wechselkursschwankungen jedoch den Gegenwert dieser Einheit in nationalen Währungen mehrfach änderten, entstand in den 70er Jahren ein heftig kritisiertes System von Grenzaus-

Haushaltsausgaben des EAGFL - Abteilung Garantie für Rindfleisch

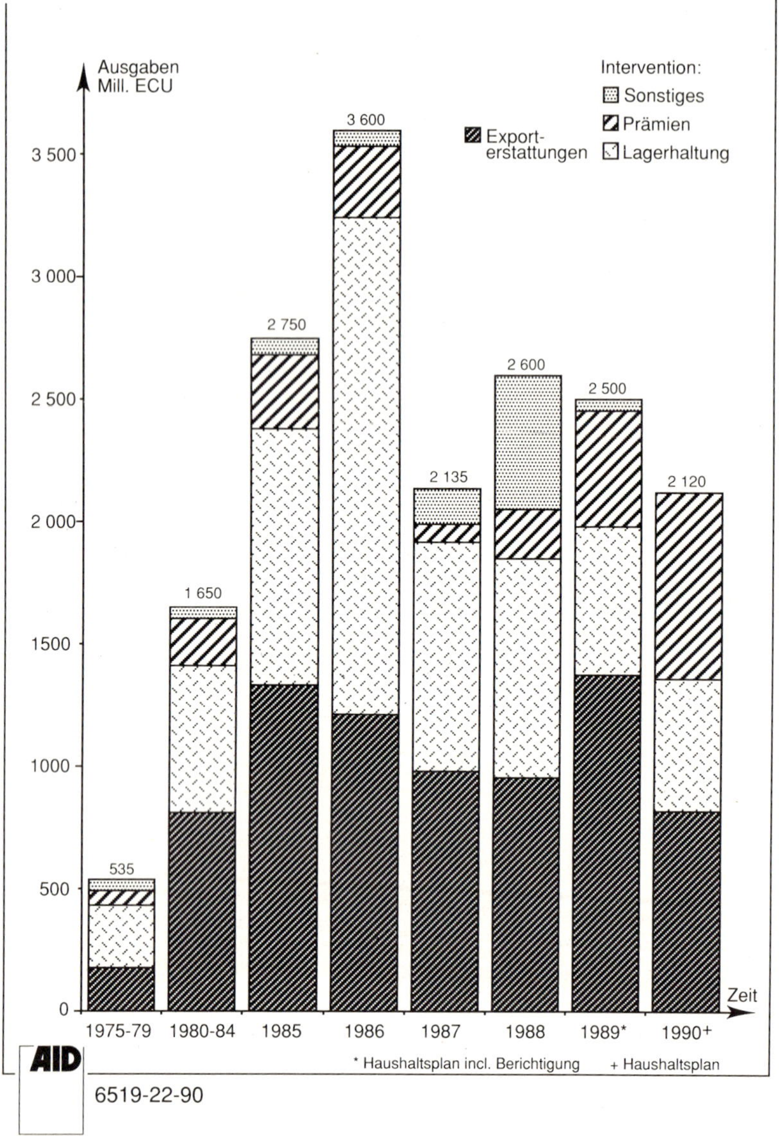

Quelle: Auswertungs- u. Informationsdienst f. Ernährung, Landwirtschaft u. Forsten (AID).

gleichsabgaben zugunsten der aufwertenden Länder, das diesen gemeinsamen Agrarmarkt praktisch wieder mit Zollgrenzen durchkreuzte.

Problematischer jedoch war, daß diese **Garantiepreise** nicht zuletzt auf Drängen der deutschen Agrarminister **so hoch angesetzt wurden, daß sie zur hemmungslosen Mehrproduktion geradezu herausforderten** und damit die Wurzel des späteren Überschußdilemmas bildeten.

Außenschutz

Um das hohe Agrarpreisniveau innerhalb der EG gegenüber den meist niedrigeren Weltmarktpreisen abzusichern, werden Agrarimporte aus Nicht-EG-Ländern mit sog. „Abschöpfungen" belegt (vgl. Abbildung). Dabei handelt es sich um variable Zölle, die so bemessen sind, daß sie die Differenz zwischen Weltmarkt- und EG-Preisen ausgleichen. Die Abschöpfungen fließen in einen gemeinsamen Fonds, aus dem wiederum die Mittel stammen, die notwendig sind, um die EG-Exporte zu subventionieren (sog. Erstattungen) oder um Überschüsse zu lagern und zu verwerten. In der Praxis sind die Marktordnungen für die einzelnen Produkte freilich erheblich komplizierter ausgestaltet. Sie bilden mit ihren Richt-, Schwellen-, Garantie-, Interventions-, Referenz- und Grundpreisen unter Einbeziehung bestimmter Garantiemengen inzwischen ein kaum mehr durchschaubares Gewirr bürokratischer Marktregulierungen, das hier nicht näher erläutert werden kann und soll.[9]

EG-Preis und Weltmarktpreis

(Vereinfachte modellhafte Darstellung)

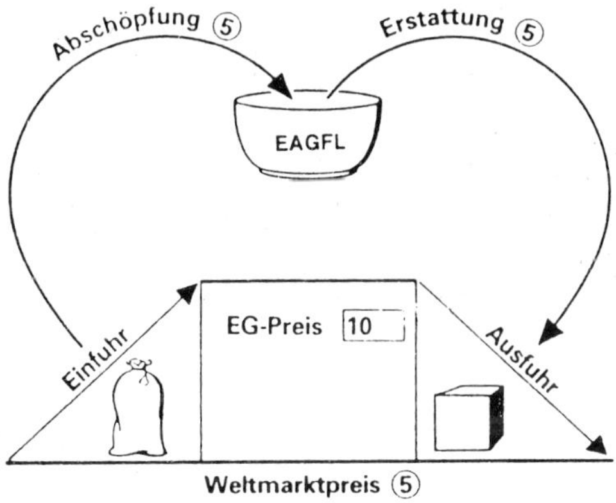

1) EAGFL = Europäischer Ausgleichs- und Garantiefonds für die Landwirtschaft.

[9] Eindrucksvolle graphische Darstellungen und Beschreibungen der einzelnen Marktordnungen finden sich in dem vom Auswertungs- und Informationsdienst für Landwirtschaft und Forsten (AID) 1990 herausgegebenen Buch: EG-Marktordnungen, Folienvorlagen, Begleittext. Bonn 1990.

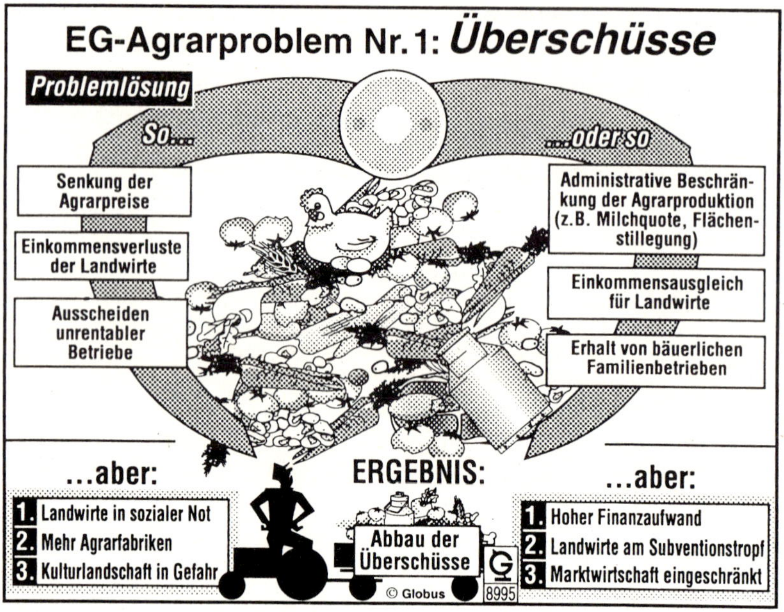
EG-Agrarproblem Nr. 1: Überschüsse
Problemlösung
So...
...oder so
Senkung der Agrarpreise
Einkommensverluste der Landwirte
Ausscheiden unrentabler Betriebe
Administrative Beschränkung der Agrarproduktion (z.B. Milchquote, Flächenstillegung)
Einkommensausgleich für Landwirte
Erhalt von bäuerlichen Familienbetrieben
...aber:
1. Landwirte in sozialer Not
2. Mehr Agrarfabriken
3. Kulturlandschaft in Gefahr
ERGEBNIS:
Abbau der Überschüsse
© Globus
8995
...aber:
1. Hoher Finanzaufwand
2. Landwirte am Subventionstropf
3. Marktwirtschaft eingeschränkt

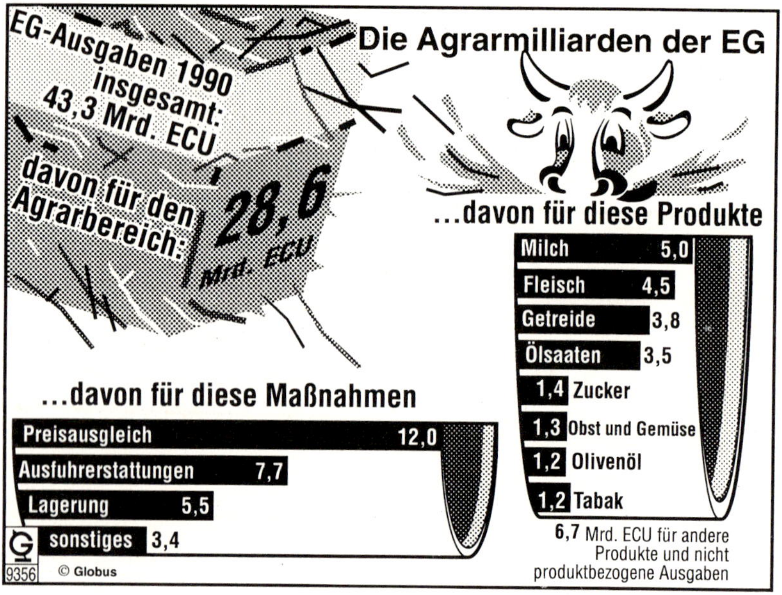
Die Agrarmilliarden der EG
EG-Ausgaben 1990 insgesamt: 43,3 Mrd. ECU
davon für den Agrarbereich: 28,6 Mrd. ECU
...davon für diese Produkte
Milch 5,0
Fleisch 4,5
Getreide 3,8
Ölsaaten 3,5
1,4 Zucker
1,3 Obst und Gemüse
1,2 Olivenöl
1,2 Tabak
6,7 Mrd. ECU für andere Produkte und nicht produktbezogene Ausgaben
...davon für diese Maßnahmen
Preisausgleich 12,0
Ausfuhrerstattungen 7,7
Lagerung 5,5
sonstiges 3,4
9356
© Globus

Zunächst erschien dies Garantiepreis-System in mehrfacher Hinsicht verlockend:

Anfangserfolge

- Da die EG anfangs bei allen Marktordnungsprodukten noch einen mehr oder minder hohen Importbedarf aus Nicht-EG-Ländern hatte, füllten die Agrarzölle (= Abschöpfungen) die EG-Kasse, solange die Mehrproduktion nicht den Selbstversorgungsgrad erreichte. **Die Abschöpfungs-Einnahmen überstiegen die Ausgaben für Exporterstattungen, und die Mehrproduktion drängte zunächst lediglich die Importe zurück.**
- Die Einkommensstützung der Landwirtschaft über die Preise wurde letztlich von den Verbrauchern bezahlt, belastete insoweit also noch nicht die Haushalte der EG und ihrer Mitgliedstaaten.

Überproduktion

Diese Situation änderte sich jedoch in den 70er und 80er Jahren grundlegend. Produktivität und Produktion erhöhten sich – nicht zuletzt dank der Marktordnungen – in ungeahntem Ausmaß. Dies sei hier lediglich am Beispiel des Milchmarktes verdeutlicht, der den größten Posten im EG-Etat beansprucht und dessen desolater Zustand immer wieder für Schlagzeilen sorgt. Obwohl die Zahl der Milchkühe in den letzten Jahren in der EG von 23,6 Mio (1988) auf 22,9 Mio (1990) zurückging, blieb die Milchproduktion wegen der Erhöhung des Milchertrages je Kuh ziemlich konstant. Lag dieser 1950 noch bei 2 400 kg im Jahr, so waren es Ende der 80er Jahre bereits rd. 4 700 kg bei einer denkbaren „Endleistung" von bis zu 10 000 kg je Milchkuh. Die Milcherzeugung in der EG stieg in 30 Jahren (1960–1990) von etwa 75 Mio t auf über 109 Mio t, während der EG-Milchverbrauch inzwischen rückläufig ist und 1990 nur noch rd. 86 Mio t betrug. Die Butterproduktion stieg daher in den letzten Jahren von 1,689 Mio t auf 1,763 Mio t, während der Pro-Kopf-Verbrauch deutlich abnahm.[10] Auch der Weltmarkt ist selbst zu Schleuderpreisen nicht in der Lage, die Butter- und Milchpulverüberschüsse aufzunehmen. **Steigende Erträge bei einer Vielzahl von Erzeugnissen führten die Agrarpolitik bei stagnierendem oder gar rückläufigem Verbrauch damit immer wieder in das typische Dilemma:**

Finanzkrise

- Die Importe von Marktordnungsprodukten gingen zurück, die Exporte nahmen zu mit der Folge, daß aus dem Agrarfonds immer mehr Erstattungen und Lagerkosten zu zahlen waren, während die Einnahmen aus Abschöpfungen dahinter zurückblieben. Trotz wachsender Mittelzuflüsse z.B. aus dem Mehrwertsteueraufkommen der Mitgliedstaaten wurde die Finanzkrise der EG zu einer permanenten Erscheinung.

[10] Agrarbericht der Bundesregierung 1991, S. 84.

Futtermittel-import

- Daß die EG insgesamt wertmäßig mehr Agrarprodukte importiert als exportiert, steht dazu nicht im Widerspruch, denn der größte Teil der Einfuhren besteht aus Holz, tropischen Produkten, Obst und Gemüse und vor allem aus Futtermitteln, ohne die der Überschuß von Fett und Fleisch gar nicht herzustellen wäre.

Weltmarktpreis

- Der Exportdruck, dem die Weltmärkte von der EG ausgesetzt sind, läßt die Weltmarktpreise für die Marktordnungsprodukte sinken und erhöht damit automatisch den Erstattungsbedarf. In die gleiche Richtung wirkt ein fallender Dollarkurs. Die Abteilung „Garantie" des EG-Agrarfonds, aus der die Erstattungen und Interventionskosten fließen, expandiert entsprechend, während die Abteilung „Ausrichtung", aus der Strukturhilfen gewährt werden, immer bedeutungsloser wird.

Dirigismus

- Um der Überschuß- und Finanzkrise Herr zu werden, ersannen die Agrarpolitiker und -technokraten eine unglaubliche Fülle dirigistischer Eingriffe in den durch die Preispolitik funktionsunfähig gemachten Markt. Eingriffe, die häufig auf ein Kurieren am Symptom hinausliefen. Sie reichten von – nutzlosen – Abschlachtprämien für Milchkühe, einer „Mitverantwortungsabgabe" der Milcherzeuger über Produktionsquoten bis zur Verfütterung ranziger Butter an Kälber. Durch ein Einfrieren der Milchpreise bei gleichzeitiger Erhöhung der Erzeugerpreise für Rindfleisch hoffte man Anfang der 70er Jahre, die Produktion umlenken zu können. Dies gelang auch, aber nicht mit der Folge von weniger Milch, sondern von so viel mehr Rindfleisch, daß nun auch hier „Berge" entstanden. Erst 1988 wurden umfassendere Maßnahmen zur Eindämmung der immer bedrohlicheren Überschüsse ergriffen (vgl. unten S. 85). Sie konnten das neuerliche Entstehen von Halden aber ebenfalls nicht verhindern.

Hilfe für wen?

- Die Landwirte selbst profitieren von der Agrarpreispolitik höchst unterschiedlich. **Leistungsfähige Großbetriebe, die sich auf Marktordnungsprodukte spezialisieren und die auch bei niedrigeren Preisen gewinnbringend produzieren könnten, werden durch diese Politik primär begünstigt, während für die Mehrzahl der Kleinbetriebe auch die EG-Agrarpreise nicht ausreichend sind,** zumal ihrer Steigerung wegen der Überschüsse Grenzen gezogen sind. Trotz nationaler Hilfen und spezieller EG-Strukturausgaben (z.B. „Bergbauernprogramm") hält der Abbau von Agrarbetrieben an. Schätzungen gehen davon aus, daß etwa vier Fünftel der EG-Agrarhilfen lediglich 20% der Betriebe zugute kommen.

Umwelt-probleme

- Die Forcierung und Intensivierung der Agrarproduktion durch die Agrarpolitik erwies sich schließlich auch unter Umweltaspekten als verhängnisvoll. Der übermäßige Einsatz von Düngemitteln und Chemikalien, das Gülleproblem der Viehwirtschaft, die produktivitätsorientierte „Flurbereinigung" und „Flußregulierung" sind nur einige Stichworte zu diesem brisanten Thema.

- Dagegen erscheint es fast als Randproblem, daß im Dickicht der EG-Verordnungen ein Dorado für die Wirtschaftskriminalität erzeugt wird, indem z.B. Erstattungen für den Export verdorbener Waren kassiert werden (vgl. Zeitungsnotiz). Aber auch der Tod einiger Menschen nach dem „Genuß" italienischen Rotweins, der mit Methylalkohol versetzt war, steht vermutlich in Beziehung zur EG-Agrarpolitik[11], denn überschüssiger Wein wird seit langem auf Kosten der EG „aus dem Markt genommen" und zu Alkohol destilliert, wobei sich die Aufkaufpreise des Weins nach dessen Alkoholgehalt richten. Der Giftwein war also vermutlich gar nicht für den Handel, sondern für die Intervention präpariert und bestimmt.

Betrug

Betrüger prellen die EG

Brüssel (dpa/VWD). Mindestens 500 Mill. DM EG-Gelder sind im vorigen Jahr in den Taschen von Betrügern gelandet. Dies geht aus einem Jahresbericht hervor, den die EG-Kommission gestern veröffentlichte. Der darin genannte Betrag umfaßt allerdings nur solche Betrugsfälle, die die Behörden der einzelnen Mitgliedstaaten aufgedeckt und der EG gemeldet haben. Experten gehen davon aus, daß die Dunkelziffer ein Vielfaches dieser Summe beträgt. Nach Angaben des EG-Berichts wurden 1990 bei den Zollabgaben und Agrarhilfen der Gemeinschaft insgesamt fast 1200 Betrugsfälle aufgedeckt. Die Betrüger in Italien fügten der EG danach mit 220 Mill. DM den weitaus größten Schaden zu. An zweiter Stelle steht Deutschland mit 123 Mill. DM vor Großbritannien (50 Mill. DM) und den Niederlanden (23 Mill. DM). In Italien und Griechenland zahlte die EG Getreidebeihilfen für Felder, die überhaupt nicht bebaut wurden. Fleisch- und Thunfischexporte nach Südafrika und Mauritius, die die EG mit Millionenbeträgen subventioniert hatte, wurden von dort gewinnbringend in andere Staaten weiterverkauft.

Der Tagesspiegel v. 26.3.1991.

Drei Jahre Haft für Etikettenschwindel mit Fleisch

Frankfurt/Main (Reuter). Das Frankfurter Landgericht hat das Vorstandsmitglied einer Fleischergenossenschaft wegen Etikettenschwindels zu drei Jahren Haft verurteilt. Das Gericht befand den 59jährigen Mann für schuldig, für die Zentrale Ankaufsgenossenschaft für das Fleischerhandwerk (Zentrag) von 1981 bis 1984 durch „gemeinschaftlichen gewerbsmäßigen Schmuggel" zehn Millionen DM hinterzogen zu haben. Der Angeklagte hatte, zusammen mit sieben bereits verurteilten Mitangeklagten, Fleisch aus Ungarn, der Tschechoslawakei und Brasilien importiert. Dabei deklarierte nach Erkenntnissen des Gerichts eine Speditionsfirma im Auftrag der Zentrag Rind- als Schweinefleisch, das zu deutlich niedrigeren Ausgleichsabgaben in die Bundesrepublik eingeführt werden konnte.

Der Tagesspiegel v. 29.3.1991.

Die bisherige EG-Agrarpolitik muß also in ihrem Kernbereich als verfehlt bezeichnet weden. Dies ist auch das Fazit der EG-Kommission, die 1985 angesichts extremer Agrarüberschüsse in ihrem „Grünbuch" zu den Perspektiven für die gemeinsame Agrarpolitik feststellte „Eine Agrarpolitik alter Prägung, der zufolge sich höhere Einkommen durch eine Steigerung der Produktion zu noch höheren Garantiepreisen erzielen lassen, ... läßt sich nicht länger mit den wirtschaftlichen und finanziellen Realitäten vereinbaren."[12]

Fazit

11) Vgl. „Feuriger Roter" in: Der Spiegel, Nr. 20 v. 12.5.1986, S. 170.
12) Perspektiven für die gemeinsame Agrarpolitik. Das Grünbuch der Kommission, Brüssel Juli 1985, S. 3.

EG-Agrarpreise sollen deutlich sinken

Brüsseler Kommission billigt Reformplan für die Landwirtschaft / Signal für Gatt

tog. **Strassburg,** 10. Juli. Die Brüsseler EG-Kommission will in einer tiefgreifenden Reform der europäischen Landwirtschaftspolitik die Agrarpreise von 1993 an drastisch senken, die Überschußerzeugung drosseln, die umweltschonende Landwirtschaft fördern und künftig durch direkte Zahlungen die Einkommensverluste der Bauern ausgleichen. Bei ihrer Sitzung in Straßburg hat die EG-Kommission die Reformvorschläge des irischen Kommissars MacSharry jetzt gebilligt, die in den Grundzügen seit Februar bekannt sind.

Ungeachtet der heftigen Kritik der europäischen Bauernverbände hat der Agrarkommissar jetzt auch in seinem zweiten Anlauf an den Kernpunkten seiner Pläne festgehalten: Weitgehende Abkoppelung der Agrarsubventionen von der Produktion, Preissenkung von 35 Prozent bei Getreide, von 15 Prozent bei Rindfleisch und 10 Prozent bei Milch, Stillegungsprogramme und die Senkung der Milchquoten bei entsprechenden Ausgleichszahlungen an die Landwirte.

Mit ihrem Konzept einer neuen EG-Agrarpolitik will die EG-Kommission mehrere Fliegen mit einer Klappe schlagen. Sie will den Bauern ein sicheres Einkommen garantieren, gleichzeitig die Verbraucher durch niedere Lebensmittelpreise und die Steuerzahler durch den Abbau der Überschüsse langfristig entlasten, die Umwelt durch die Förderung extensiver Produktionsmethoden schonen und damit den Welthandelspartnern entgegenkommen, die bei den Verhandlungen im Rahmen des Allgemeinen Zoll- und Handelsabkommens (Gatt) den drastischen Abbau der EG-Agrarsubventionen fordern.

Die Chancen für eine Verwirklichung der EG-Agrarreform in der vorliegenden Form gelten jedoch als gering, da mehrere Agrarminister – darunter der Bonner Landwirtschaftsminister Ignaz Kiechle – ihren heftigen Widerstand angekündigt haben.

Im Unterschied zum ersten Reformentwurf, den MacSharry schon im Februar vorgelegt hatte, sollen die entstehenden Einkommensverluste der Getreidebauern durch Ausgleichszahlungen „voll aufgefangen" werden. Ursprünglich wollte Brüssel nur Betriebe bis zu einer bestimmten Größe für die Preissenkung auf das um 35 Prozent niedrigere Weltmarktniveau entschädigen. Jetzt dagegen sollen die tatsächlichen Anbauflächen – ohne Schranken nach oben – zur Berechnung der Subventionen herangezogen werden. Geld aus Brüssel wird jedoch nur erhalten, wer zuvor mindestens 15 Prozent seiner Getreideflächen brachlegt. Befreit von dieser Stillegungspflicht werden nur die Kleinerzeuger, die jährlich höchstens 92 Tonnen Getreide ernten.

Die niedrigeren Preise für Futtergetreide werden den Rinderzüchtern zugute kommen, meint die EG-Kommission. Ein Teil der Einkommensverluste, die durch Preissenkungen bei Milch um 10 Prozent entstehen, werde dadurch ausgeglichen. Weitere Möglichkeiten, nationale und europäische Subventionstöpfe zu melken, ergibt sich für die Milchbauern durch ein gestaffeltes Prämiensystem für extensiv wirtschaftende Betriebe.

Um für umweltschonende Produktionen Anreize zu geben und ihre neuen Marktmechanismen zu flankieren will die EG-Kommission auch die Strukturen der Landwirtschaft verändern. Sie schlägt deshalb strukturpolitische Schlüsselmaßnahmen vor: Ein Aktinsprogramm für den landwirtschaftlichen Umweltschutz mit Beihilfen für schadstoffarme Anbaumethoden, langfristigen Stillegungen von Agrarflächen und Landschaftspflege; ein von Brüssel und den nationalen Regierungen finanziertes Aufforstungsprogramm; und als dritte strukturpolitische Säule eine Vorruhestandsregelung, die den 4,5 Millionen europäischen Bauern, die über 55 Jahre alt sind, den Übergang in den Ruhestand finanziell erleichtert.

Der Tagesspiegel v. 11.7.1991

Unter dem Druck der Agrarüberschüsse kam es schließlich im Februar 1988 zu einer Reihe von Ministerratsbeschlüssen, die zumindest in die Richtung einer Reform weisen, obwohl auch sie nach wie vor noch immer am Prinzip der Preisgarantie festhalten:

Maßnahmen

- Bereits 1984 waren die Garantiepreise für Milch auf eine für absetzbar gehaltene Menge begrenzt worden und 1987 wurde auch die Ankaufspflicht für Magermilchpulver mengenmäßig reduziert, währende die Interventionspreise für Butter gesenkt wurden.

- Für Getreide und einige weitere Erzeugnisse wurden sog. **„Stabilisatoren“** eingeführt, d.h. die Interventionspreise oder Erzeugerbeihilfen sollen gesenkt werden, wenn die Produktion bestimmte Höchstgrenzen übersteigt, die freilich bei Getreide mit 160 Mio t noch immer über dem Selbstversorgungsgrad der EG angesetzt sind.

- Zugleich wurden für die EG-Agrarausgaben Obergrenzen **(„Agrarleitlinien“)** beschlossen, wonach diese künftig nur um maximal 75% des Sozialproduktwachstums in der EG zunehmen sollen. Dies Ziel wird der EG-Agrarhaushalt für 1992 mit Sicherheit verfehlen, da sowohl die Überschüsse wieder steigen und finanziert werden müssen, zugleich aber durch den Beitritt der ehemaligen DDR dort zusätzliche Agrarausgaben erforderlich werden.

- Ferner wurden bereits bestehende Regelungen zur sog. **„Mitverantwortungsabgabe“** erweitert, wodurch die Erzeuger an der Finanzierung der durch Überschüsse entstehenden Haushaltsbelastungen beteiligt werden. Die **„Quotenregelung“** für bestimmte Produkte (z.B. Zucker) wird beibehalten und auf die neuen Bundesländer ausgedehnt. D.h. nur die vorgegebene Quotenmenge wird von der EG zum garantierten Preis abgenommen, der Rest muß zu freien, niedrigeren Preisen verkauft werden.

- Zur Reduktion der Überschußproduktion kann auch die **Stillegung** von Agrarflächen dienen. Bis zum Jahr 2000 sollen dadurch in der EG rd. 15 Mio ha (von rd. 115 Mio ha) landwirtschaftliche Nutzfläche gegen Prämienzahlungen (Bundesrepublik: zwischen 700 u. 1 400 DM je ha) nicht mehr bestellt werden. Bis Ende 1990 waren es jedoch noch nicht einmal 1 Mio ha, wobei die westdeutsche Landwirtschaft 4,3%, die ostdeutsche unter dem akuten Anpassungsdruck sogar 12,8% ihrer Ackernutzung aufgab. Solche Flächenstillegungen werden allerdings häufig bei sog. „Grenzböden“ mit geringen Erträgen vorgenommen, so daß die Überschußproduktion infolge der anhaltenden Steigerung der Hektarerträge auf dem verbleibenden guten Ackerland dadurch nicht gebannt ist. Durch ein „Flächenstillegungsgesetz“ sollen in der Bundesrepublik ab 1992 nun auch kurzfristige Anbaubeschränkungen für lediglich ein Jahr mit Beträgen zwischen 250 und 1 000 DM je ha prämiert werden, wenn mindestens 5% der bisherigen Anbaufläche nicht genutzt werden. Damit

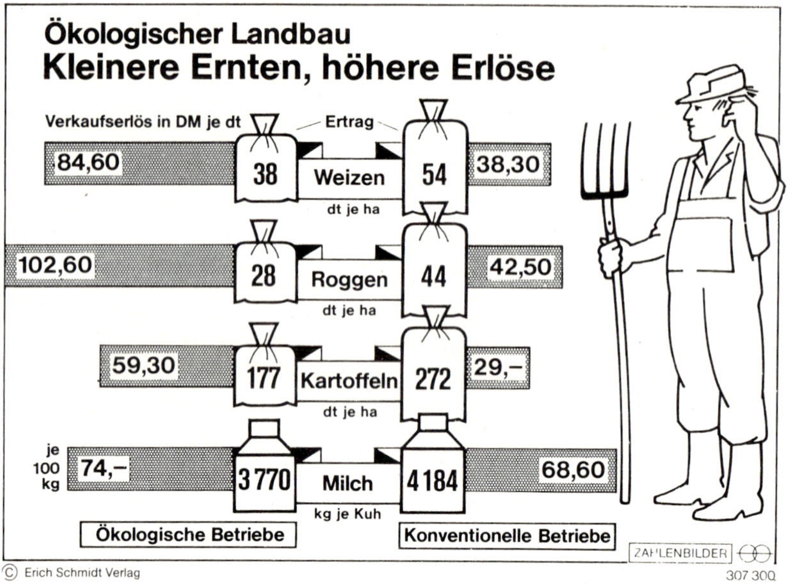

Ökologischer Landbau
Kleinere Ernten, höhere Erlöse
Verkaufserlös in DM je dt
Ertrag
84,60
38
Weizen
54
38,30
dt je ha
102,60
28
Roggen
44
42,50
dt je ha
59,30
177
Kartoffeln
272
29,–
dt je ha
je 100 kg
74,–
3 770
Milch
4 184
68,60
kg je Kuh
Ökologische Betriebe
Konventionelle Betriebe
ZAHLENBILDER
© Erich Schmidt Verlag
307 300

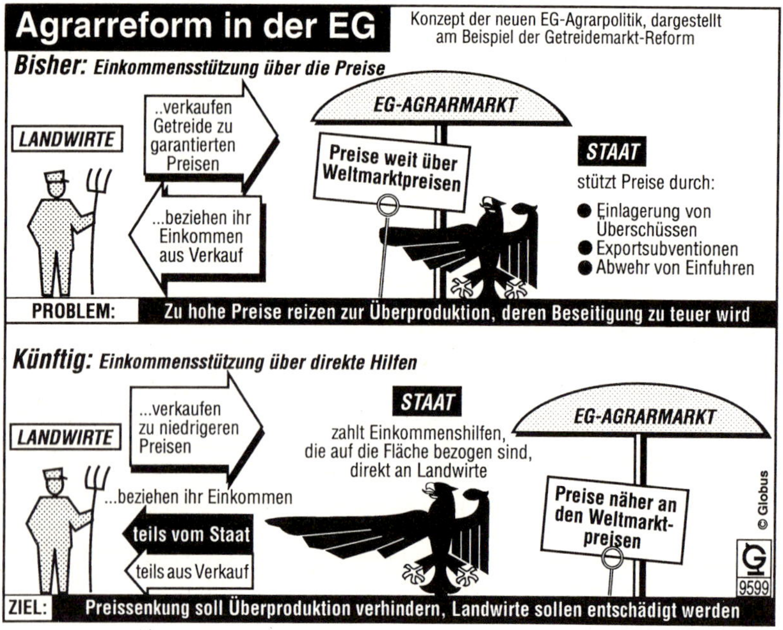

Agrarreform in der EG
Konzept der neuen EG-Agrarpolitik, dargestellt am Beispiel der Getreidemarkt-Reform
Bisher: Einkommensstützung über die Preise
LANDWIRTE
..verkaufen Getreide zu garantierten Preisen
...beziehen ihr Einkommen aus Verkauf
EG-AGRARMARKT
Preise weit über Weltmarktpreisen
STAAT
stützt Preise durch:
Einlagerung von Überschüssen
Exportsubventionen
Abwehr von Einfuhren
PROBLEM:
Zu hohe Preise reizen zur Überproduktion, deren Beseitigung zu teuer wird
Künftig: Einkommensstützung über direkte Hilfen
LANDWIRTE
...verkaufen zu niedrigeren Preisen
...beziehen ihr Einkommen
teils vom Staat
teils aus Verkauf
STAAT
zahlt Einkommenshilfen, die auf die Fläche bezogen sind, direkt an Landwirte
EG-AGRARMARKT
Preise näher an den Weltmarkt-preisen
© Globus
9599
ZIEL:
Preissenkung soll Überproduktion verhindern, Landwirte sollen entschädigt werden

reagierte die Bundesregierung auf entsprechende EG-Beschlüsse im Hinblick auf die neuerlichen Agrarüberschüsse.

- Diese Überschüsse haben in Verbindung mit den Haushaltsbelastungen und den Einkommensrückgängen der Landwirte die EG-Kommission veranlaßt, im Februar 1991 „Leitlinien für eine künftige Agrarpolitik" vorzulegen, die u.a. eine stärkere Förderung des ökologischen Landbaus und des Anbaus nachwachsender Rohstoffe anstelle von Nahrungsgütern vorsehen. Letztere (z.B. Rapsöl als Energieträger) werden allerdings nur dann tragfähige Alternativen bieten, wenn sie unter Kostenaspekten wettbewerbsfähig und auch technisch einsetzbar sind. Die Bundesregierung unterstützt diese Ansätze durch Forschungsmittel, die allein 1990 rd. 62 Mio DM betrugen. Größere Chancen bietet bereits jetzt der ökologische Landbau, der in der Bundesrepublik (alte Länder) erst auf etwa 0,7% der Agrarfläche betrieben wird. Die trotz geringerer Hektarerträge günstigeren Erlöse (vgl. Abbildung S. 86) könnten jedoch rasch fallen, wenn die Bioproduktion im größeren Umfang und mit rationellen Methoden in Großbetrieben durchgeführt wird, wie es z.T. bereits in den Niederlanden praktiziert wird.

Die EG-Vorschläge weisen somit zwar in die Richtung sinnvoller Produktionsumstellungen, die für sich genommen jedoch nicht ausreichen werden, die anhaltenden Überschußprobleme zu lösen. **Die „Leitlinien" gehen denn auch schwerpunktmäßig von einer Senkung der gestützten Agrarpreise aus, um damit den systembedingten Anreiz zur Überproduktion zu beseitigen.** Die dadurch unvermeidlichen erheblichen Einkommenseinbußen der Landwirte sollen dann durch direkte Beihilfen ersetzt werden, die jetzt bereits für kleinere Betriebe zum Ausgleich von Verlusten durch Preissenkungen gezahlt werden.

Diese Vorschläge sind nicht neu, und es bleibt abzuwarten, ob von der Agrarkrise ein so tiefgreifender und schmerzvoller „Leidensdruck" ausgeht, daß sich die Agrarminister zu einer schon oft vergeblich geforderten Reform entschließen müssen, für die freilich erst noch konkrete und politisch durchsetzbare Konzepte zu finden sind. Zu einigen Vorschlägen können hier nur Stichworte gegeben werden.

Freie Preise

- Der Übergang zu **freien Marktpreisen bei zeitlich begrenzten Anpassungshilfen** für die Landwirte, die der „Kronberger Kreis" liberaler Ökonomen schon länger fordert, würde in der Tat das Problem der unfinanzierbaren Überschüsse und den skizzierten Widersinn der Agrarpreispolitik beseitigen. Zugleich jedoch würde damit der bislang gebremste Strukturwandel rasant beschleunigt, der zur Aufgabe kleinerer und mittlerer Betriebe in benachteiligten Gebieten und zur Herausbildung großer Agrarfabriken führt. Ein großer Teil der Bauern müßte durch Existenzaufgabe die Zeche für eine verfehlte Politik bezahlen. Ganz abgesehen davon, daß eine solche Radikalkur kaum Realisierungschancen hat und angesichts der Strukturunterschiede in Europa die erreichte politische Gemeinschaft aufs Spiel setzt, kritisiert der Agrarwissenschaftler Hermann Priebe bei diesem Ansatz vor allem die Ausrichtung auf eine industrialisierte Landwirtschaft. Daß eine radikale Reform der Marktregulierung im Agrarbereich erforderlich und auch durchsetzbar ist, zeigt das Beispiel Schweden. Hier sollen bis 1995 alle Preisgarantien beseitigt werden, die zu ähnlichen Überschußproblemen wie in der EG führten. Da sich Schweden jedoch zugleich um die Aufnahme in die EG bewirbt, bleibt abzuwarten, ob dann nicht die bisherigen nationalen Garantiepreise über die EG zurückkehren.

Direkte Subventionen

– Sollen bei sinkenden Agrarpreisen die weniger leistungsstarken Höfe erhalten bleiben, so erfordert dies erhebliche direkte Einkommensübertragungen an die Landwirtschaft. Die EG spart dann zwar Subventionen für die Vermarktung und den Export der Überschüsse, gleichzeitig müßten aber erhebliche Mittel für Einkommenshilfen aufgebracht werden, die nach Berechnungen von Experten ein noch größeres Finanzvolumen erfordern könnten, ganz abgesehen von dem erheblichen administrativen Aufwand einer solchen individuellen Einkommenszulage.

Almosen?

Nicht nur der Deutsche Bauernverband lehnt denn auch das Konzept direkter Einkommenstransfers bei Aufgabe der Garantiepreispolitik als „Almosenpolitik" strikt ab. Er setzt vielmehr auf weitere Regulierungen und Kon-

Agrarkosten belasten Haushalt

EG-Ausgaben auf 130 Milliarden DM veranschlagt

tog. BRÜSSEL. Die ausufernden Kosten des EG-Agrarmarktes treiben die Ausgaben der EG kräftig in die Höhe. Der für den Haushalt zuständige EG-Kommissar Peter Schmidhuber hat für das kommende Jahr Agrarausgaben in der Höhe von 34,6 Mrd. Ecu (rund 69,3 Mrd. DM) eingeplant, rund 10 Prozent mehr als im Haushalt 1991. Mit der Vorlage des Vorentwurfs des Haushaltsplans 1992 hat der deutsche EG-Kommissar das Startsignal für das komplizierte EG-Haushaltsverfahren gegeben, das sich in den kommenden Monaten zwischen EG-Kommission, dem Ministerrat der zwölf Regierungen und dem Straßburger Europaparlament abspielen wird.

Insgesamt veranschlagt die EG-Kommission für den Haushalt 1992 rund 130 Mrd. DM. Brüssel wird somit 11,3 Prozent mehr ausgeben als im laufenden Jahr. Das ist deutlich mehr als der durchschnittliche Zuwachs der Staatsausgaben in den 12 EG-Ländern. Der Löwenanteil des EG-Budgets wird zu mindestens 53,2 Prozent nach wie vor in die Agrarpolitik fließen. An zweiter Stelle rangiert 1992 die Strukturpolitik, für die Brüssel 27,6 Prozent des EG-Budgets ausgeben wird. Beide Haushaltsposten tragen allein zu 94 Prozent zu den Mehrausgaben bei.

Dabei ist EG-Finanzkommissar Schmidhuber sogar noch von optimistischen Voraussetzungen ausgegangen. Seine Berechnungen beruhen nämlich auf dem Agrarpreispaket der EG-Kommission, das noch nicht verabschiedet ist. Vermutlich werden auf die Gemeinschaft tatsächlich aber erheblich höhere Agrarkosten zukommen.

Der Tagesspiegel v. 3.5.1991.

tingentierungen bei gleichzeitiger Förderung von Alternativprodukten (z.B. Bioäthanol). Dabei spielen die Interessen der produktionsstarken Großbetriebe zweifellos eine gewichtige Rolle, wohl aber auch die Sorge, daß auf direkte Einkommenshilfen des Staates kein dauerhafter Verlaß ist.

Die aktuelle Agrarkrise, vor allem aber auch der Streit um die Agrarsubventionen in den Zollsenkungsverhandlungen des GATT haben zweifellos durch Handlungszwänge erneut Bewegung in die Agrarpolitik gebracht, eine mehrheitsfähige, realistische Konzeption aber steht nach wie vor aus. Diese darf nicht, wie bisher, einäugig auf das Einkommensinteresse der Groß-Agrarier ausgerichtet sein. Sie benötigt politische Vorgaben und Ziele im Hinblick auf die angestrebte Agrarstruktur unter Berücksichtigung der dringenden Aufgaben im Umwelt-, Landschafts- und Naturschutz.

Konflikte im Gatt

Die Verhandlungen über Verbesserungen und Erleichterungen des Welthandels, die seit mehreren Jahren im Rahmen der sog. „Uruguay-Runde" des Allgemeinen Zoll- und Handelsabkommens (GATT) geführt werden und 1992 abgeschlossen sein sollen, werden durch den Agrarprotektionismus der Industriestaaten außerordentlich erschwert und behindert. Die Vereinigten Staaten und die EG, die am Export ihrer Agrarüberschüsse gleichermaßen interessiert sind, werfen sich ihre Subventionspraktiken wechselseitig vor, während der Generalsekretär des GATT, Arthur Dunkel, vor allem von der EG einen deutlichen Abbau der Preisstützungen und Exportbeihilfen bei gleichzeitiger Reduktion der Importbelastungen verlangt. Aber auch zwischen Australien und den USA bestehen Kontroversen wegen der US-Getreidebeihilfen, die den australischen Farmern den Zugang zum amerikanischen Markt verwehren. Auch Japan schützt z.B. seine inländischen Reisproduzenten rigoros gegen Importe, und inzwischen bedroht der Europäische Binnenmarkt selbst die bisher zollfreie Einfuhr von Bananen nach Deutschland, weil Frankreich auf EG-Zöllen für südamerikanische Bananen im Interesse von Bananenimporten aus den früheren afrikanischen Kolonien besteht, die im EG-Handel besondere Präferenzen genießen. Bereits

Auszüge aus dem Sachverständigenratsgutachten 1986/87

Agrarpolitik: Auf falschem Kurs

342. ... Durch die Bemühungen um eine kurzfristige Einkommenssicherung sind Strukturanpassungen im landwirtschaftlichen Sektor blockiert oder hinausgezögert worden. Diese wären erforderlich, damit die Landwirte längerfristig ohne staatliche Unterstützung und Regulierung Anschluß an die allgemeine wirtschaftliche Entwicklung gewinnen könnten.
Diese Blockade der marktwirtschaftlichen Anpassungsmechanismen darf nicht fortbestehen. Hier liegt der Schlüssel für eine Reform der Agrarpolitik. Bestrebungen, wie sie insbesondere von der EG-Kommission vertreten werden, nämlich die Agrarpreise stärker an den Marktgegebenheiten auszurichten, weisen in diese Richtung. Die Bundesregierung widersetzt sich einem solchen Kurs.

350. In dem Bemühen, den Landwirten eine längerfristige Perspektive in der Landwirtschaft selbst aufzuzeigen, wird die Hoffnung verbreitet, daß man durch produktionsbegrenzende Maßnahmen Spielraum für Preisanhebungen gewinnen könnte. Ein solcher Weg steht in krassem Widerspruch zu einer marktwirtschaftlichen Wettbewerbsordnung. Der Staat setzt – wie in einem Preiskartell – marktwidrige Preise fest und sichert diese durch produktionsbegrenzende Maßnahmen. Er würde also eine Marktform, die er in anderen Wirtschaftsbereichen durch Gesetz untersagt, im Agrarbereich nicht nur zulassen, sondern auch noch deren Organisation übernehmen. Schon die bisherige Handhabung der EG-Agrarmarktordnungen verstößt entschieden gegen wettbewerbsrechtliche Prinzipien. Die Verbraucher werden durch hohe Preise belastet, den Landwirten wird eine bevorrechtigte Marktstellung eingeräumt, und die Marktordnungen werden durch den Einsatz finanzieller Mittel und eine monopolistische Preisdifferenzierung abgesichert. Diese monopolistische Preisdifferenzierung erfolgt vor allem durch Exporterstattungen. ...

343. Man wird die Agrarpolitik kaum in einem großen Schritt liberalisieren können: Zu verwoben sind die Interessen an der Fortführung einer gemeinsamen Agrarpolitik, zu zerrüttet die Weltagrarmärkte, zu starr ist die Verteilung von Zuständigkeiten. Wenn sich die Reform aber schrittweise vollziehen soll, muß sie von sachgerechten Grundsätzen geleitet sein.

Erstens muß dafür gesorgt werden, daß die Preise ihre marktwirtschaftliche Lenkungsfunktion erfüllen können. Alle Anreize für die Landwirtschaft, dauerhaft mehr zu produzieren, als zu den jeweiligen Preisen verkauft werden kann, müssen abgebaut werden.

Zweitens müssen die Gesamtaufwendungen für die Agrarpolitik strikt begrenzt werden. Die bisherige Erfahrung lehrt, daß in der agrarpolitischen Entscheidungsfindung, in der die Interessen der landwirtschaftlichen Erzeuger sehr viel stärker vertreten werden als diejenigen der Verbraucher und Steuerzahler, Kompromisse allzuhäufig über eine stärkere Inanspruchnahme des Staatshaushalts geschlossen werden. Nur der Druck knapper Mittel setzt der Begehrlichkeit landwirtschaftlicher Interessenverbände Grenzen.

Drittens sind staatliche Ankaufsverpflichtungen im Rahmen der Marktordnungen nach und nach aufzuheben oder so zu beschränken, daß sie nur in extremen Ausnahmesituationen effektiv werden. Diese Interventionen dienten nicht nur der Stabilisierung kurzfristiger Marktschwankungen, sie wurden vielmehr für eine dauerhafte Einkommensstützung mißbraucht.

Viertens muß deutlich gemacht werden, daß es für die Landwirte keine weiterreichenden einkommenspolitischen Garantien gibt als für andere Berufsgruppen. Die Einkommensansprüche müssen sich letztlich an dem orientieren, was der Markt hergibt.

Fünftens muß der außenwirtschaftliche Schutz allmählich beseitigt werden. Europa hat als großer Wirtschaftsraum eine Verantwortung für die Funktionsfähigkeit des internationalen Handels zu tragen.

diese wenigen Beispiele zeigen, daß die Agrarpolitik kein isolierter Bereich zum Schutz der nationalen Agrarstruktur ist, sondern daß diese Politik zu Konflikten im Welthandel führt, die für den Außenhandel im industriellen Sektor nicht ohne Folgen sind. Ein „Handelskrieg" wegen der Agrarsubventionen könnte auch schwerwiegende Konsequenzen für die Industrieproduktion haben, die auf offene Weltmärkte angewiesen ist.

Die ostdeutsche Landwirtschaft

Mit dem Beitritt zur Bundesrepublik unterliegt die Landwirtschaft der früheren DDR der europäischen und bundesdeutschen Agrarpolitik, wobei ihre besonderen Strukturprobleme zu einer ganzen Reihe von Anpassungsregelungen und Förderprogrammen geführt haben. Mit den fünf neuen Ländern hat sich die landwirtschaftliche Fläche der Bundesrepublik Deutschland um etwas mehr als die Hälfte vergrößert, die Zahl der in der Landwirtschaft tätigen Arbeitskräfte jedoch mehr als verdoppelt, wenn man den Stand von 1989 – vor der „Wende" – zugrunde legt. Bereits an diesen Zahlen zeigt sich die geringere Arbeitsproduktivität bzw. die Überbesetzung mit Arbeitskräften in der ostdeutschen Landwirtschaft, die dort inzwischen

Vergleichsdaten zur Landwirtschaft in den alten und neuen Bundesländern für das Jahr 1989

			Alte Länder	Neue Länder
– Landwirtschaftliche Betriebe		(Anzahl)	648 800	8 682[1]
– Durchschnittliche Betriebsgröße		(ha)	18,2	4 107
– Betriebliche Arbeitsleistung in 1000 Arbeitskraft-Einheiten[2]			770	820
– Landwirtschaftlich genutzte Fläche in 1000 ha			11 886	6 171
– Erzeugung von	Getreide	(1000 t)	24 540	10 813
	Kartoffeln	(1000 t)	7 451	9 166
	Zuckerrüben	(1000 t)	20 767	6 220
	Milch	(1000 t)	24 243	8 316
– Viehbestand:	Rinder	(1000 St)	14 563	5 736
	Schweine	(1000 St)	22 165	12 039
	Geflügel	(1000 St)	76 883	49 269
– Erträge:	Getreide	(dt/ha)	55,4	44,0
	Kartoffeln	(dt/ha)	372,6	212,5
	Milch	(kg/Kuh)	4 853	4 120

1) darunter 3 558 private Betriebe und Kirchengüter.

2) Wegen Teilzeit- und Nebenerwerbstätigkeit wird anstelle der Beschäftigtenzahlen die betriebliche Arbeitsleistung ermittelt, wobei 1 Vollbeschäftigter als 1 Arbeitskrafteinheit zählt.

Quelle: Agrarbericht 1991 der Bundesregierung.

zu gravierenden Beschäftigungseinbrüchen geführt hat. Nach Angaben der Bundesanstalt für Arbeit hatten Ende 1991 nur noch etwa 200–300 000 der 820 000 landwirtschaftlich Beschäftigten Ostdeutschlands einen Arbeitsplatz. Sie erzeugten vor der Wende ebenfalls bei vielen Agrarprodukten weit mehr, als zur Versorgung der heimischen Bevölkerung erforderlich war (vgl. Tabelle S. 91), so daß durch den Beitritt das Überschußproblem der EG verschärft wurde.

Mit der Einführung der D-Mark im Juli 1990 verlor die zuvor ebenfalls hochsubventionierte Landwirtschaft der DDR schlagartig ihren bis dahin garantierten Absatz, und es bedurfte einer ganzen Reihe von Notprogrammen und Exporthilfen, um einen totalen Zusammenbruch zu vermeiden. Der unvermeidliche Abbau von nicht erforderlichen Arbeitskräften ist nicht zuletzt deshalb so schwerwiegend, weil rd. 60% der Agrarbeschäftigten Ostdeutschlands in Regionen leben, die bisher schon wenig Beschäftigungsalternativen boten, und weil in vielen Gebieten der ehemaligen DDR die Bodenqualität und die von der sozialistischen Agrarwirtschaft tolerierten Umweltschäden einen rentablen Neubeginn auf der Basis selbständiger bäuer-

Erst 6000 selbständige Bauern

Im Osten dominieren weiterhin Gemeinschaftsbetriebe

btz. **HALLE**, 29. Mai. Bundeslandwirtschaftsminister Kiechle rechnet damit, daß die Zahl der Arbeitsplätze in der Agrarwirtschaft der neuen Länder von 820 000 auf etwa 300 000 bis 400 000 abgebaut wird. Bei einer Konferenz mit Landräten aus Sachsen-Anhalt und Brandenburg in Halle wollte der Minister aber auch einer „besonders düsteren" Prognose der Bundesanstalt für Arbeit nicht widersprechen. Wissenschaftler der Nürnberger Bundesbehörde hatten vor wenigen Tagen vorhergesagt, daß bis Ende dieses Jahres nur noch 200 000 bis 300 000 Menschen in der Landwirtschaft Ostdeutschlands beschäftigt sein werden. Derzeit sind es nach Angaben Kiechles noch rund 600 000, die Talsohle auf dem Agrarsektor des Arbeitsmarkts ist also bei weitem nicht erreicht.

Für alle neuen Länder rechnet das Bonner Ministerium damit, daß ein Drittel der einstigen Genossenschaften die Umstellung ohne größere Schwierigkeiten schafft. Das restliche Drittel hofft man durch die schon eingeleiteten Schuldenerlasse für „staatlich aufgezwungene Verbindlichkeiten" und zusätzliche langfristige Zinsbefreiungen und Kreditstundungen durchzuziehen. Kiechle räumte ein, daß die bisher hierfür eingeplante Summe von 1,4 Mrd. DM „weit überstiegen" werden wird. Hinzu kommen in diesem Jahr noch akute Liquiditätshilfen in Höhe von 1,2 Mrd. DM, von denen 800 Mill. bereits an die neuen Bundesländer überwiesen sind. Im vergangenen Jahr waren es noch 4,9 Mrd. DM.

Enttäuscht zeigte sich Kiechle über die geringe Zahl von 6000 Einzelbauern, die sich bisher in den neuen Ländern selbständig machen wollen. Der Minister führte dies auf den hohen Investitionsbedarf der neuen Einzelbetriebe, die zu große Spezialisierung der DDR-Landarbeiter und fehlende Managementerfahrungen zurück.

Relativ vage blieben die Ankündigungen Kiechles zu neuen Richtlinien für die Stillegung landwirtschaftlicher Flächen.

Der Tagesspiegel v. 30.5.1991.

licher Betriebe mehr als fraglich machen. Die vom Bundeslandwirtschaftsminister favorisierte Umwandlung der ehemals mehr als 5 000 Landwirtschaftlichen Produktionsgenossenschaften (LPG) und Volkseigenen Güter in „bäuerliche Familienbetriebe" wird auch aus finanziellen und organisatorischen Gründen eher die Ausnahme bleiben. Erfordert doch die Einrichtung eines solchen Betriebes Investitionsmittel von etwa 1 Mio DM, die von ostdeutschen Landwirten, die sich wieder selbständig machen wollen, kaum zu finanzieren sind, so daß bereits vielfach westdeutsche oder westeuropäische Landwirte Agrarflächen aufgelöster Landwirtschaftlicher Produktionsgenossenschaften (LPG) gepachtet oder übernommen haben. Nach einer jahrzehntelangen genossenschaftlichen Produktionsweise fehlt zudem das Potential an Landwirten, die an einem selbständigen einzelbetrieblichen Neuanfang interessiert sind. Experten rechnen denn auch damit, daß in Ostdeutschland nur wesentlich größere Betriebe auf Dauer eine Zukunft haben, die dann sogar rentabler sein könnten als die kleineren Familienbetriebe in den alten Bundesländern. Die Zahl der in der Landwirtschaft Beschäftigten wird dabei jedoch in den neuen Bundesländern erheblich zurückgehen. Nach Schätzungen des Präsidenten der Deutschen Landwirtschafts-Gesellschaft werden anstelle der rd. 800 000 Agrarbeschäftigten der früheren DDR vermutlich nur etwa 100 000 Menschen einen dauerhaften Arbeitsplatz im Agrarsektor finden.[13)]

Literaturhinweise

Agrarberichte der Bundesregierung (jährlich).
Agrarpolitik (= Reihe Kontrovers), hrsg. v.d. Bundeszentrale f. politische Bildung. Bonn 1989.
Willem Günnemann, Agrarpolitik in der EG – Markt oder Lenkung? Die Ursachen des Versagens der EG-Agrarpolitik und mögliche Alternativen, Opladen 1971.
Peter Hrubesch, 30 Jahre EG-Agrarmarktsystem. Entstehungsgeschichte – Funktionsweise – Ergebnisse: In: Aus Politik und Zeitgeschichte. Beilage zur Wochenzeitung Das Parlament B 18/87 v. 2.5.1987. S. 34–47.
Kommission der Europäischen Gemeinschaften, Die künftige Entwicklung der gemeinsamen Agrarpolitik. KOM (91) 100 v. 1.2.1991.
Kronberger Kreis: Verordnete Verschwendung?, Stuttgart 1985.
OECD, Agricultural Policies, Markets and Trade, Monitoring and Outlook 1991, Paris 1991.
Adrien Ries, Das ABC der europäischen Agrarpolitik, Baden-Baden 1979.
Hartmut Vogtmann (Hrsg), Ökologische Landwirtschaft – Landbau mit Zukunft, Karlsruhe 1991.

Peter Czada

13) Der Tagesspiegel v. 9.1.1992.

1.4. Private Wirtschaftsmacht oder freier Wettbewerb? – Probleme der deutschen Wettbewerbspolitik

Die Probleme, die mit der Behandlung wettbewerblicher Marktprozesse verbunden sind, haben die kreative Phantasie der Karikaturisten häufig angeregt. Insbesondere die Unternehmenskonzentration ist ein dankbares Thema: Unternehmer und Finanzexperten jonglieren mit den Firmen umher und schaffen immer wieder neue Konstellationen, als deren Ergebnis irgendwann der bedrohliche Krake erscheint, der sich mit seinen Tentakeln noch tiefer in seine Umgebung hineinfrißt.

Gefährdung des Wettbewerbs

Damit ist der das Thema beherrschende Konflikt in den Grundzügen benannt. Wettbewerb sollte auf den Märkten herrschen. Tatsächlich jedoch habe **private wirtschaftliche Macht den Wettbewerb beseitigt.** Zumindest sei diese Macht durch die häufig auftretenden „Elefantenhochzeiten" zwischen großen Unternehmen bedroht. Statt freien Wettbewerbs gäbe es dann die Planwirtschaft der Großkonzerne.

Kölner Stadt-Anzeiger

Das Gespenst

Worin liegen aber die Vorteile des freien Wettbewerbs zwischen den Unternehmen? Die Antwort, die das mit der Durchführung der Wettbewerbspolitik beauftragte Bundeskartellamt gibt, zielt insbesondere auf die **wirtschaftlichen Vorteile des Wettbewerbs.** Im ständigen Anpassungsprozeß der Volkswirtschaft an die verschiedenartigsten Herausforderungen – häufig als „Strukturwandel" bezeichnet – sollen die Unternehmen mit den „günstigsten Kostenstrukturen" überleben.

Wettbewerb als „Entdeckungsverfahren"

Das Kartellamt verwendet hier den Begriff, den einer der wenigen Wirtschaftsnobelpreisträger deutscher Sprache, Friedrich v. Hayek, geprägt hatte: **Der Wettbewerb ist ein „Entdeckungsverfahren".** Heute noch unbekannte Produkte und Herstellungsverfahren werden von wirtschaftenden Menschen aufgespürt und für die Märkte nutzbar gemacht. „Faktisch wird jedoch der Ausleseprozeß des Wettbewerbs häufig durch Machteinflüsse verzerrt."[1)] Mächtige Unternehmen können sich am Markt behaupten, indem sie tüchtige kleinere Unternehmen verdrängen. Die Verbraucher sind die Leidtragenden, weil sich ihre Versorgung dadurch verschlechtert und verteuert; allerdings bei wachsenden Gewinnen der Mächtigen.

> **Bundeskartellamt**
> ist die vom Kartellgesetz (amtlich: Gesetz gegen Wettbewerbsbeschränkungen (GWB), § 44) mit der Wahrnehmung der kartellrechtlichen Aufsichts- und Kontrollbefugnisse beauftragte Behörde mit Sitz in Berlin. Das BKartA ist die wichtigste wettbewerbspolitische Instanz in Deutschland; ihre hauptsächlichen Aufgaben sind die Überwachung des Kartellverbots, die Mißbrauchsaufsicht über marktbeherrschende Unternehmen und die Kontrolle des Konzentrationsprozesses.

Leistung, nicht Macht soll sich durchsetzen

Die Bundesregierung definiert den Wettbewerb sogar als „Lebenselixier der Wirtschaft" und folgt mit dieser Aussage dem Sachverständigenrat zur Begutachtung der gesamtwirtschaftlichen Entwicklung, der diesen Begriff in einem seiner Gutachten geprägt hatte. Die Regierung stellt weiterhin die **„bestmögliche Verteilung der volkswirtschaftlichen Ressourcen zum Nutzen der Verbraucher"** als eine wichtige Auswirkung des Wettbewerbs heraus: Wenn die Anbieter und Nachfrager Entscheidungen treffen und niemand Macht über den anderen hat, dann werden die Interessen der meisten Menschen am besten befriedigt. **Niemand kann durch Macht, sondern nur durch bessere Leistung am Markt bestehen.**

Systemveränderung bei unkontrollierter privater Marktmacht

Die Bedeutung dieser Aussage kann man nicht hoch genug einschätzen: Wenn statt des Wettbewerbs private Macht die Märkte beherrscht, dann gibt es in jeder freien Wirtschaft eine **gefährliche Systemveränderung.** Nicht mehr freier Wettbewerb, sondern unkontrollierte private Macht steuert dann die Wirtschaft. Damit wäre aber der Inhalt des Eigentumsschutzes des Artikels 14 des Grundgesetzes gefährdet: Die Garantie des Privatei-

1) Bundeskartellamt, Kartellbericht 1983/84, S. 6.

gentums an Unternehmen gilt ja nur deshalb, weil die „Sozialbindung" der Eigentumsnutzung durch die Machtkontrolle gewährleistet ist, die ein freier Wettbewerb auf jeden Unternehmer ausübt. So hatte die Bundesregierung 1973 in der Begründung der 2. Novelle des Kartellgesetzes betont, daß der Gebrauch der wirtschaftlichen Freiheit insbesondere **durch die marktstarken Unternehmen nicht zu einer Vermachtung der Märkte führen dürfe.** „Ist dies der Fall, verliert die private Dispositionsfreiheit ihre Legitimation."

Private Wirtschaftsmacht tritt uns in der Gestalt von Kartellen und Konzernen gegenüber.

Allgemeines Kartellverbot

Kartelle als vertragliche Wettbewerbsbeschränkungen **sind nach deutschem Recht grundsätzlich verboten.** Ausnahmen gestattet der Gesetzgeber nur in den Fällen, in denen die Beschränkungen des Wettbewerbs die Leistungsfähigkeit der – meist kleineren und mittelgroßen – Kartellpartner oder die Wettbewerbsintensität auf den Märkten erhöht. Letzteres ist zu erwarten bei Absprachen zwischen Unternehmen, ein Produktionsprogramm untereinander aufzuteilen, damit nicht jeder alles selbst kostenungünstig herstellen muß (Rationalisierungs- und Spezialisierungskartell). Ein derartiger Vertrag wäre ein legalisierbares Kartell nach geltendem Recht.

Kartelle
entstehen nach der kartellgesetzlichen Definition (§ 1 GWB), wenn Unternehmen Verträge zu einem gemeinsamen Zweck schließen, um die Marktverhältnisse durch Wettbewerbsbeschränkung zu beeinflussen. Mittel dafür sind Absprachen über die Preise, die Liefergebiete, die Qualitätsnormen, die hergestellten Produktionsmengen, die Werbeeinsätze, die Rabattsätze usw.

„Frühstücks"-kartelle
sind Kartellersatzformen, zu denen Unternehmen greifen, um den Nachweis verbotener Absprachen zu erschweren. Die Inhalte der Verabredungen sind vergleichbar denen, die üblicherweise in Kartellen getroffen werden. Allerdings fehlt die Form eines schriftlichen Vertrages. Man nennt dies „abgestimmte Verhaltensweisen". Sie sind sowohl nach dem Wettbewerbsrecht der EG (Art. 85 EWG-Vertrag) als auch nach deutschem Recht (§ 25 GWB) untersagt. Sie dennoch zu praktizieren, ist strafbar.

Inhalte von Kartellabsprachen

Die typische Kartellabsprache ist jedoch keineswegs so „harmlos" wie das obige Beispiel. Daher sind **die Kartelle verboten, die wesentliche Wettbewerbshandlungen der Unternehmen zu Lasten ihrer Kunden und der Marktversorgung einschränken.** Wenn z.B. die Preise gemeinsam angehoben werden und jeder Kunde diese höheren Preise zahlen muß, oder wenn man sich die Gebiete einteilt, in denen jeder als Monopolist anbietet, oder indem man sich verabredet, die mengenmäßige Produktion einzuschränken, um durch Verknappung die Marktpreise nach oben zu treiben – dann liegen die typischen, verbotenen Kartellformen vor.

Die Wirtschaftsbereiche, in denen derartige Kartelle vorkommen, sind meist solche, die ein vergleichbares Produkt anbieten, so daß die Kunden eine übereinstimmende Qualitätsvorstellung haben und deshalb die Produkte leicht miteinander vergleichen können. Hier kommt alles auf den Preis an, so daß leicht Preisunterbietungen zu Lasten der Hersteller auftreten können. Diese Gefahr wollen die Unternehmer bannen, indem sie sich über die Preise absprechen.

Der wohl spektakulärste Fall des Bundeskartellamtes gegen ein Kartell war das Verfahren gegen die süddeutsche Zementindustrie Ende der 80er Jahre. Es führte zu der Verhängung von Bußgeldern im Umfang von 224 Mio. DM, wobei ein einziges Unternehmen, die Heidelberger Zement AG, 111 Mio. DM zu zahlen hatte. Die höchste persönliche Strafe gegen ein Vorstandsmitglied betrug 600 000 DM.

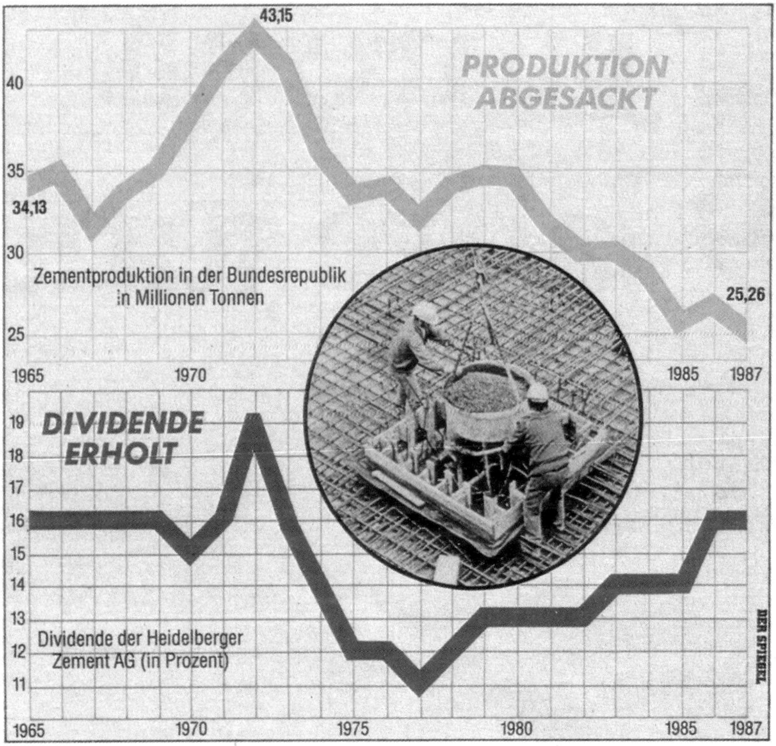

Der Spiegel, Nr. 5 v. 30.1.1989.

Abschreckung durch Bußgelder

Umfang des Verfahrens und Höhe der Geldbußen wurden vom Bundeskartellamt mit der Dauer und der Schwere des Verstoßes gegen das Kartellverbot begründet. Frühere, viel milder geahndete Kartellverstöße waren von den beteiligten Unternehmen als belanglos angesehen worden, weil Strafmaß und Gewinnzuwachs durch den Kartellverstoß in keinem Zusammenhang mehr standen: Die Mehrerlöse aufgrund des Wettbewerbsausschlusses waren viel größer als die Bußgelder. Mit dem jetzt beendeten Verfahren gegen die Zementindustrie wollte das Kartellamt sicherstellen, daß sich **die Kartellrechtsverletzungen nicht mehr lohnen,** weil die Bußgelder sämtliche Mehrerlöse aufzehren. Es ist sehr schwer, die möglichen Zusatzgewinne aufgrund von Kartellabsprachen rechnerisch nachzuweisen. Dennoch gab es im vorliegenden Fall einen Hinweis mit Blick auf die Produktions- und Gewinnentwicklung des wichtigsten Kartellmitglieds, der Heidelberger Zement AG (Grafik auf S. 97):

Seit den 70er Jahren – nach Abschluß des Wiederaufbaubedarfs in Wohnungs- und Industriebau – ging die Zementproduktion in der Bundesrepublik zurück, was sich auf die Gewinn-(„Dividenden"-)Auszahlungen seit Beginn der 70er Jahre negativ auswirkte. Als Ende der 70er Jahre die Kartelle zu „greifen" begannen, ließen sich die Gewinne stabilisieren und dann trotz weiteren Produktionsrückgangs kontinuierlich steigern.

Das Kartell arbeitete mit dem Mittel der Quotenabsprache: Alle Kartellbeteiligten einigten sich auf ihre jeweiligen Marktanteile („Quoten"). Kein Abnehmer hatte damit die Möglichkeit, auf billigere Mitbewerber auszuweichen, weil Lieferungen in das Kartellgebiet nur nach Maßgabe des verabredeten Marktanteils erfolgten. „Als Ergebnis der Vereinbarung sind die Marktanteile seit vielen Jahren trotz eines erheblich zurückgehenden Marktvolumens nahezu konstant geblieben. Zugleich ist damit der Preis-

Canossa

HANDELSBLATT: Bensch

Handelsblatt v. 9.1.1990.

wettbewerb zwischen den beteiligten Unternehmen ausgeschlossen worden." (Kartellbericht 1989/90, S. 60)

Die Beweislage gegen die Kartellmitglieder war ausnahmsweise so erdrückend, daß diese die Bußgelder schnell akzeptierten, so daß weitergehende Rechtsverfahren gegen sie nicht mehr stattfanden. Es ist selten, daß sich so viele Unternehmen aufmachen, nach „Canossa" zu gehen, d.h. öffentlich Schuld und Sühne anzuerkennen.

Eine **andere wettbewerbspolitische Beurteilung als wettbewerbsbeschränkende Kartelle erfahren die sog. Konzerne.** Hier geht es darum, daß verschiedene rechtlich selbständige Unternehmen unter die Oberhoheit einer Zentrale geraten. Diese hat beispielsweise die Mehrheit des Aktienkapitals oder der GmbH-Anteile. Das gibt ihr das Recht, die Aufsichtsräte zu stellen, die Unternehmensleitungen (Vorstände) zu bestimmen und alle wichtigen Entscheidungen in ihrem Sinne zu treffen.

Entwicklung der Fusionen

Die Zahl der Unternehmenszusammenschlüsse („Fusionen") – der Konzernbildungen also oder der Vergrößerung bestehender Konzerne – ist in der Bundesrepublik mit wenigen Ausnahmen ständig gestiegen; seit 1973, dem Jahr der Einführung der Fusionskontrolle in das GWB, ist 1991 mit 2 009 die bislang größte Zahl erreicht worden.

Widersprüchliche Einschätzung der Konzerne

Tatsächlich ist sich **die Wissenschaft nicht ganz klar darüber, wie sie die Konzernbildung einschätzen soll.** Einerseits können sich marktmächtige Unternehmen „dem Wettbewerbsdruck weitgehend entziehen und auf Kosten ihrer Konkurrenten oder ihrer Marktpartner funktionswidrige Vorteile erzielen."[2] Andererseits gelingt es erst ab einer bestimmten Marktstärke, Innovationen durchzusetzen und sich auf den Weltmärkten zu behaupten. Die Wissenschaft sieht hierin ein „Dilemma", den **Widerspruch zwischen der Notwendigkeit von Durchsetzungsfähigkeit im Interesse der wirtschaftlichen Entwicklung einerseits und der Gefahr der Ausbeutung der Marktpartner andererseits.**

Macht- und Fusionskontrolle durch das GWB

Es wundert daher nicht, daß das **Kartellgesetz** (genau: Gesetz gegen Wettbewerbsbeschränkungen, GWB) **Größe allein nicht verbietet.** Das Gesetz sieht nur vor,

- das Verhalten marktmächtiger Unternehmen zu kontrollieren; der **„Mißbrauch einer marktbeherrschenden Stellung"** kann untersagt werden;
- die weitere Vermachtung der Märkte zu stoppen, falls bereits marktmächtige Unternehmen ihre Macht durch zusätzliche Zusammenschlüsse (oder: „Fusionen") ausbauen bzw. durch die Fusion überhaupt erst eine beherrschende Marktstellung entsteht **(„Fusionskontrolle").**

[2] Monopolkommission, Jahresgutachten 1984/85, S. 13.

Macht
besitzen Einzelunternehmen, Kartelle und Konzerne, die das Marktverhalten anderer Unternehmen, des Staates oder der Verbraucher beeinflussen, steuern oder im eigenen Interesse verändern können. Nach Max Webers „klassischer“ Definition ist Macht „die Chance, innerhalb eines sozialen Verhältnisses den eigenen Willen auch gegen Widerstand durchsetzen zu können“.

Konzentration
ist die „Ballung wirtschaftlicher Größen“. Unternehmenskonzentration liegt vor, wenn einzelne Unternehmen unter die Kontrolle einer Zentrale geraten, d.h. aufhören, selbständig handelnde Wettbewerber auf Märkten zu sein. Unternehmenskonzentration und Konzernbildung sind vielfach identisch.

Fusion
im Sinne des Kartellgesetzes ist der Zusammenschluß von Unternehmen, die Bildung oder der Ausbau eines Konzerns. Als Mittel dafür zählt das Gesetz (§ 23 GWB) die folgenden Tatbestände auf: Erwerb des Vermögens eines anderen Unternehmens, Erwerb einer bestimmten Menge von Anteilen (Aktien, GmbH-Anteile), Aufnahme eines Unternehmens in den Konzern, Abschluß von Gewinn- und Verlustübernahmeverträgen, Verpachtung von wesentlichen Teilen eines Unternehmens, Schaffung der Personenverflechtung in den Aufsichtsräten, jede sonstige Verbindung, „auf Grund deren ein oder mehrere Unternehmen unmittelbar oder mittelbar einen beherrschenden Einfluß auf ein anderes Unternehmen ausüben können“.

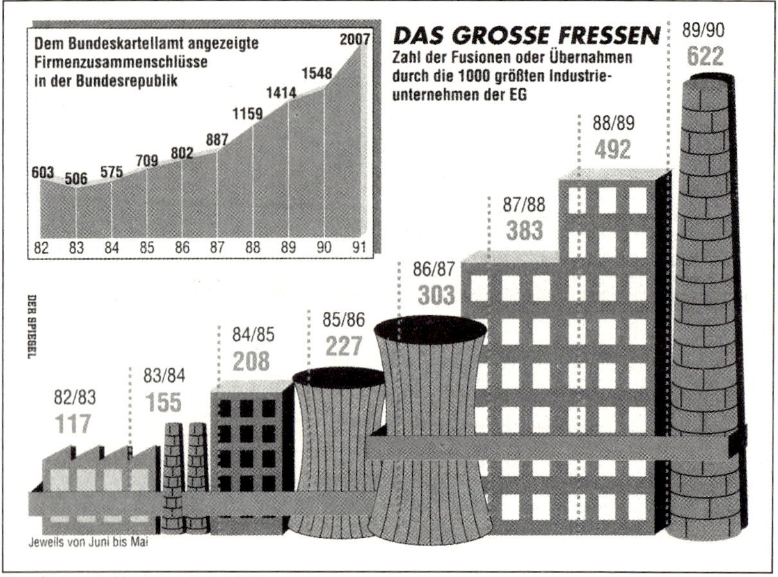

Der Spiegel, Nr. 15 v. 6.4.1992.

Wie von jeder Regel gibt es auch hier Ausnahmen, die es den größten Unternehmen gestatten, weitere hinzuzukaufen, ohne einem kartellbehördlichen Verbot zu unterliegen. Das gilt insbesondere für den Zukauf von kleineren Unternehmen, z.B. Familienbetrieben, denen der Verkauf an den Großen vielfach die einzige Möglichkeit ist, in einem rauheren Wettbewerbsklima überhaupt zu überleben.

Firmenzusammenschlüsse bzw. Fusionen können – bezogen auf die Märkte, auf denen sich dieser Vorgang der „Unternehmenskonzentration" abspielt – drei Richtungen annehmen:

Horizontale Konzentration

- **„Horizontale" Konzentration** bezeichnet das Zusammengehen von Unternehmen auf demselben Markt. Ein Beispiel dafür ist der Zusammenschluß der Brauereien Dortmunder Union und Schultheiß zu einem Unternehmen. Kauft dieser Konzern weitere Getränkeunternehmen auf, z.B. einen Hersteller von Fruchtsäften, so spricht man von einer „Produkterweiterungsfusion": Auf dem Getränkemarkt erweitert ein Bieranbieter seine Produktpalette um ein nichtalkoholisches Getränk.

  Wenn von der „Marktmacht der Großen" geredet wird, dann ist die horizontale Konzentration gemeint: Gemessen wird sie vielfach als Anteil am Umsatz oder der Inlandsproduktion, der auf die drei bzw. zehn größten Unternehmen entfällt.

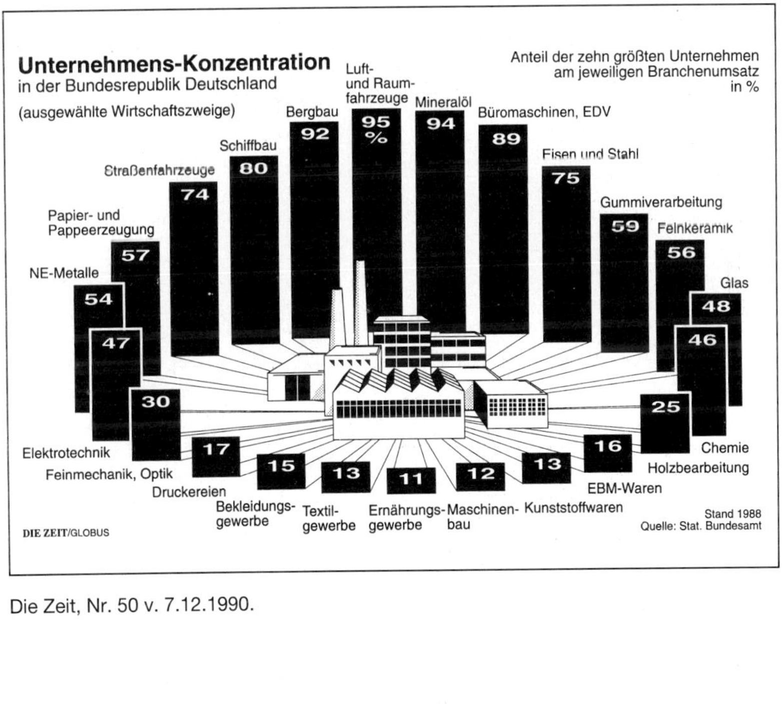

Die Zeit, Nr. 50 v. 7.12.1990.

Rangliste: Die größten deutschen Industriekonzerne (I)

Rang 1990	Rang 1989	Unternehmen	Umsatz in Mill. Mark 1990	Zuwachs in Prozent	Beschäftigte 1990	Zuwachs in Prozent	Gewinn in Mill. Mark 1990	Gewinn in Mill. Mark 1989
1	**1**	Daimler-Benz	85 500	12,4	**376 800**	10,9	1 795	**6 809**
2	**2**	Volkswagen	68 061	4,1	**268 000**	4,1	1 086	**1 038**
3	**3**	Siemens	63 185	3,4	**374 000**	3,4	1 668	**1 577**
4	**4**	Veba	54 591	10,9	**106 900**	13,1	1 209	**1 340**
5	**5**	BASF	46 623	– 2,1	**134 600**	– 1,7	1 107	**2 030**
6	**8**	RWE	45 226	13,4	**97 600**	24,9	1 186	**746**
7	**6**	Hoechst	44 862	– 2,3	**172 900**	2,1	1 696	**2 130**
8	**7**	Bayer	41 640	– 3,8	**171 000**	1,0	1 903	**2 116**
9	**9**	Thyssen	36 186	5,7	**152 100**	13,6	690	**825**
10	**10**	Robert Bosch	31 800	4,0	**181 000**	2,0	KA	**626**
11	**11**	BMW	27 150	2,4	**70 800**	6,9	696	**558**
12	**13**	Mannesmann	23 943	7,2	**125 400**	– 0,3	464	**505**
13	**14**	Adam Opel	23 900	15,0	**57 500**	6,5	1 300	**1 124**
14	**12**	Ruhrkohle	22 921	– 1,9	**119 500**	– 5,0	171	**354**
15	**16**	Ford-Werke	20 700	4,5	**50 100**	2,8	270	**362**
16	**15**	Metallgesellschaft	19 827	– 1,5	**30 000**	24,3	262	**205**
17	**25**	Viag	19 423	87,0	**55 800**	61,0	336	**265**
18	**19**	Preussag	19 046	16,4	**68 600**	8,6	350	**315**
19	**18**	MAN	18 937	11,0	**65 900**	6,3	328	**254**
20	**17**	Fried. Krupp	15 800	–10,7	**58 900**	– 8,6	KA	**– 452**
21	**20**	Degussa	13 925	– 3,0	**34 600**	3,6	147	**175**
22	**21**	IBM Deutschland	13 324	7,3	**31 800**	2,3	692	**755**
23	**23**	Deutsche Shell	12 788	18,6	**3 400**	2,8	358	**98**
24	**24**	Hoesch	12 570	5,0	**52 300**	2,0	103	**76**
25	**26**	Ruhrgas	12 193	21,2	**8 400**	5,5	664	**531**
26	**22**	Henkel	12 017	3,2	**38 200**	3,4	429	**404**
27	**27**	Esso	11 480	20,3	**2 400**	– 3,0	441	**– 128**
28	**28**	Feldmühle Nobel	9 408	– 1,0	**33 300**	– 6,0	192	**181**
29	**29**	Deutsche BP	9 400	6,5	**6 000**	2,2	102	**408**
30	**33**	Philipp Holzmann	9 200	16,7	**36 800**	28,0	KA	**147**
31	**30**	Deutsche Unilever	9 197	6,4	**27 400**	8,4	339	**224**
32	**34**	Deutsche Philips	8 743	9,8	**30 600**	– 0,3	– 339	**– 54**
33	**31**	Continental	8 551	2,0	**48 800**	2,7	93	**228**
34	**32**	Batig	8 310	2,0	**18 500**	–10,0	522	**144**
35	**37**	Philip Morris	7 802	21,9	**3 900**	37,8	249	**216**
36	**42**	Agiv	7 611	33,3	**33 900**	23,9	129	**115**
37	**35**	Klöckner-Werke	7 487	4,0	**34 800**	15,6	75	**0**
38	**36**	Mobil Oil	7 216	5,7	**2 000**	– 0,8	258	**194**
39	**–**	DHS	6 736	–	**21 600**	–	151	**–**
40	**47**	Reemtsma	6 676	32,8	**5 000**	9,5	136	**97**
41	**39**	ABB Dtl.	6 649	9,0	**35 000**	– 0,3	152	**79**
42	**48**	Bosch-Siemens Haus.	6 498	8,0	**22 800**	– 1,2	76	**41**
43	**38**	VEW	6 329	2,8	**8 000**	0,8	171	**173**
44	**46**	ZF	6 300	3,3	**25 000**	2,0	KA	**72**
45	**40**	Bayernwerk	6 206	4,9	**9 600**	1,0	302	**261**
46	**43**	Linde	6 069	11,3	**25 800**	4,4	212	**186**
47	**41**	Schering	5 923	1,3	**26 000**	4,0	260	**226**
48	**44**	Deutsche Babcock	5 802	7,9	**28 000**	22,8	– 81	**0**
49	**45**	Saarbergwerke	5 140	– 3,1	**23 200**	– 4,0	5	**28**
50	**50**	Nestlé Dtl.	5 020	9,7	**14 900**	– 0,7	150	**77**

Quelle: GBI

Wirtschafts Woche

Wirtschaftswoche, Nr. 27 v. 28.6.1991.

- **„Vertikale“ Konzentration** liegt in den Fällen vor, in denen das aufkaufende Unternehmen **in die vor- oder nachgelagerte Wirtschaftsstufe eindringt.** Ein Hersteller von Getränken würde in den nachgelagerten Bereich eindringen, wenn er einen Getränkemarkt aufkauft. Das hätte für ihn den Vorteil, daß die eigenen Produkte unmittelbar in den von ihm selbst kontrollierten Handel abgegeben werden können. Der Einstieg in die vorgelagerte Wirtschaftsstufe läge vor, wenn z.B. ein Hohlglashersteller aufgekauft wird. Man wäre damit nicht mehr von den Preisen eines fremden Verpackungsherstellers abhängig; statt dessen könnte man sogar konkurrierende Getränkehersteller durch höhere Preise für die im Konzern hergestellten Flaschen benachteiligen.

Vertikale Konzentration

- **„Konglomerate“ Konzentration,** gelegentlich auch als „Gemischtwarenkonzern“ bezeichnet, ist eine Folge von Aufkäufen, die mit dem Produktionsprogramm des Aufkäufers nichts zu tun haben.

Konglomerate Konzentration

„Minister-Fusion“

Das spektakulärste Beispiel für eine konglomerate Fusion war der Kauf der in hauptsächlich in Süddeutschland tätigen Flugzeug- und Waffenschmiede MBB („Messerschmidt-Bölkow-Blohm“) durch den größten deutschen Konzern Daimler-Benz im Jahre 1989. Das Bundeskartellamt hatte diese Fusion wegen der Verstärkung bzw. Entstehung von marktbeherrschenden Stellungen in den Bereichen Wehrtechnik, Luft- und Raumfahrttechnik sowie bei Lastkraftwagen untersagt, während die Monopolkommission diesen Zusammenschluß akzeptierte, falls die Fusionspartner Umstrukturierungen vornehmen, die die Marktbeherrschung nicht verstärken (z.B. durch Verkauf von Produktionsanlagen auf beherrschten Märkten an Konkurrenten). Der **Bundesminister für Wirtschaft gab dieser Fusion letztlich die politische Erlaubnis** (sog. „Minister-Fusion“), die das GWB in Fällen ermöglicht, in denen „überragende Interessen der Allgemeinheit“ berührt sind. Diese sah der Minister, weil MBB als wichtigster deutscher Airbus-Partner in einen starken Konzernverbund kommen sollte, damit die Bundesregierung die erheblichen Airbus-Subventionen einsparen konnte. Man ging davon aus, daß Daimler selbst für die kostendeckende Airbus-Vermarktung Sorge tragen würde.

Unabhängig von diesen Überlegungen kritisierten Wirtschaftswissenschaftler in Deutschland und den USA die Mammutfusionen nach dem Muster Daimler-MBB. Der Grund: Langfristuntersuchungen hätten gezeigt, daß etwa neun von zehn Großfusionen nicht funktionierten, also keineswegs die erwarteten Erfolgssteigerungen durch „Synergie-Effekte“ (Zusammenwirken unterschiedlicher Konzernteile zu höherer gemeinsamer Leistung) hervorbrachten. Zwar konnten die Mammutkonzerne allein durch ihre kapitale Größe das Marktrisiko mindern. Sie hatten dabei eine geringere Rendite, was für unzureichende Kostenkontrolle spricht, und zeigten Überforderungen des Managements. **Der volkswirtschaftliche Nutzen besonderer Leistungsfähigkeit besteht bei derartigen Fusionen prinzi-**

piell nicht mehr. Wichtig ist den Beteiligten der betriebswirtschaftliche Vorteil der Marktmacht. Nur, davon hat der Verbraucher nichts.

Die Fusionsstatistik zeigt, daß horizontale Zusammenschlüsse ohne Produktausweitung (beide Unternehmen sind auf den gleichen Märkten tätig; z.B. erwirbt ein Automobilunternehmen ein anderes) insgesamt mit 51,5% aller Fälle die häufigste Form von Zusammenschlüssen darstellten. Zahlenmäßig die zweitwichtigsten waren mit 18 % die konglomeraten Fusionen vor horizontaler Konzentration mit Produktausweitung – Brauerei kauft Fruchtsaftfabrik (2 139 Vorgänge oder 17,3%). Vertikale Fusionen bildeten quantitativ das Schlußlicht (13,7%).

Zusammenschlüsse			
„Richtung“ und Zahl der Fusionen	1989	1990	1973–1990
Horizontal	1 021	1 146	8 470 (68,3 %)
davon			
a) ohne Prod.-Ausweitung	734	879	6 331
b) mit Prod.-Ausweitung	287	267	2 139
Vertikal	166	148	1 698 (13,7 %)
Konglomerat	227	254	2 228 (18,0 %)
Gesamt:	1 414	1 548	12 396

Quelle: Kartellbericht 1989/90, S. 137.

Unmittelbare Wettbewerbsgefährdung durch horizontale Fusionen

Von diesen Formen der Machtbildung gelten die horizontalen Fusionen als die wettbewerbspolitisch gefährlichsten: Hier nimmt ja die Zahl der Wettbewerber auf den Märkten unmittelbar ab. Daher ist die staatliche Kontrolle an dieser Stelle am ausgeprägtesten: Der Eingriffsgrund „Entstehung einer marktbeherrschenden Stellung“ ist leicht nachweisbar. Alle 18 Fusionen, die das Bundeskartellamt 1989/90 förmlich untersagte, waren als horizontale Zusammenschlüsse anzusehen, die eine „überragende Marktstellung“ verstärkten oder eine „marktbeherrschende Stellung“ entstehen ließen.

Von diesen 18 Untersagungen betrafen vier lokale Märkte (z.B. den Kölner Regionalmarkt beim Handel mit Erzeugnissen der Unterhaltungselektronik). Fünf weitere verhinderten Zusammenschlüsse auf dem Pressemarkt (z.B. Verstärkung überragender Marktstellung auf dem Lesermarkt für regionale Abo-Tageszeitungen und dem Anzeigenmarkt in Berlin (West) durch den geplanten Kauf des Volksblatts durch den Axel Springer Verlag).

Befragungen durch das Ifo-Institut für Wirtschaftsforschung (Wirtschaftswoche, Nr. 10 v. 3.3.1989) bei Unternehmen, die Fusionen planen bzw. vollzogen haben, unterstrichen das **besondere Interesse nach Marktstärke** – eine bestehende Position gegen Konkurrenz verteidigen zu können oder die Wettbewerber auszuschalten.

Frage: Welche Gründe spielen Ihrer Meinung nach bei Firmenübernahmen/Fusionen in Ihrer Branche eine besonders wichtige Rolle? (Antworten in Prozent)

	sehr wichtig	weniger wichtig	unwichtig
Erschließung neuer Märkte	**70**	**20**	**10**
Verteidigung einer bestehenden Marktposition	**62**	**31**	**7**
Ausschaltung von Konkurrenz	**61**	**34**	**4**
Synergieeffekte, Rationalisierung	**52**	**39**	**9**
Horizontale Integration	**43**	**36**	**17**
Vertikale Integration	**31**	**44**	**22**

Quelle: Ifo-Umfrage — Wirtschafts Woche

aus: Wirtschaftswoche, Nr. 10 v. 3.3.1989.

Das Kriterium „Marktbeherrschung" kann es auch bei der Fusion von „Gemischtwarenkonzernen" (also z.B. Daimler-MBB) auf einzelnen der zahlreichen bedienten Märkte geben, so daß schon von daher eine Untersagung prinzipiell möglich ist. Wahrscheinlich wird die Kartellbehörde ihre Zustimmung von der Erfüllung sog. Auflagen abhängig machen: Der Fusion insgesamt könne sie zustimmen, wenn die einzelnen marktbeherrschenden Stellungen durch Verkauf an Dritte vermieden werden.

Politisch umstritten sind insbesondere die konglomeraten Fusionen, weil diese unmittelbar keine Veränderungen von Marktanteilen hervorrufen. Als beispielsweise Daimler die marode AEG aufkaufte, hatte sich dadurch irgendein Marktanteil bei Kraftfahrzeugen oder elektrotechnischen Produkten nicht verändert. Ein kartellamtlicher Eingriff auf der Grundlage, eine beherrschende Marktstellung zu verhindern, kann es hier schon rein definitorisch nicht geben. Hilfsweise bestimmt in derartigen Fällen das GWB, daß man Marktbeherrschung einfach unterstellen kann, wenn ein Großkonzern in einen Markt einbricht, der hauptsächlich mittelständisch strukturiert ist. Diese „Rechtsvermutung", daß hier Marktbeherrschung vorliege, kann der fusionierende Großkonzern allerdings vor Gericht widerlegen, falls er geeignete Argumente findet.

Wettbewerbs politische Probleme bei konglomeraten Fusionen

Die Monopolkommission lehnt dennoch die konglomeraten Fusionen von Riesenunternehmen ab. Sie begründet ihre Kritik mit der **überragenden Konzentration finanzieller Ressourcen:** Das neue Riesenunternehmen kann seine Mittel gezielt auf unterschiedlichsten Märkten einsetzen und ist damit jedem kleineren Betrieb, der nur auf wenigen Märkten zu Hause ist, überlegen. Es kann z.B. für seine Produkte mehr Anzeigenunterstützung finanzieren als ein kleineres Unternehmen.

> **Monopolkommission**
> ist die 1973 geschaffene, aus fünf Fachleuten bestehende Kommission, die laut § 24 b GWB die Aufgabe hat, die Unternehmenskonzentration und die vom Bundeskartellamt praktizierte Fusionskontrolle regelmäßig zu begutachten.

Damit gewinnt der Riese eine größere Marktgeltung, obwohl die Qualität seines Produktes nicht besser sein muß. Die Monopolkommission fürchtet, daß der **Großkonzern damit die kleinen Wettbewerber auf den verschiedensten Märkten zum Wohlverhalten zwingen kann.** Letztere folgten seiner Preisführerschaft; sie vermieden schärfere Wettbewerbshandlungen, um den Großen nicht zu provozieren. Die Folge: Weniger Wettbewerb, schlechtere Verbraucherversorgung.

Die Monopolkommission kommt zu dem Schluß, daß Fusionen ab einer bestimmten Unternehmensgröße (12 Mrd. DM Jahresumsatz) generell verboten werden sollten.

Die Argumente der Monopolkommission sind schon deshalb unverändert aktuell, weil es gerade die großen Mischkonzerne sind, die besonders aktiv im „Monopoly mit Milliarden" engagiert sind, wie es einmal von einem deutschen Wirtschaftsblatt genannt wurde. In diesem Milliardengeschäft der Firmenübernahmen sind die größten deutschen Unternehmen diejenigen mit den meisten Unternehmensaufkäufen:

Zahl der Fusionen	Unternehmen	Rangplatz nach Größe 1988
110	VEBA	9
45	Ruhrkohle	8
43	Deutsche Bank	12
40	RWE (Elektro)	11
37	Siemens	2
29	Dresdner Bank	19
26	REWE Handel	31
21	Commerzbank	24
20	Fried. Krupp GmbH	20
18	BASF	4
18	Mannesmann	13
17	Hoesch	27
14	Lufthansa	16
13	MAN	21
12	Daimler-Benz	1

Quelle: Monopolkommission, Hauptgutachten 1988/89, S. 225.

Konzentration von Verfügungsmacht

Eine weniger im Mittelpunkt stehende, aber höchst wirksame Form der Machtbildung ist die **Konzentration von Verfügungsmacht.** Einzelne Unternehmensleiter wirken in den Aufsichtsräten vieler, auch konkurrierender, Firmen mit. Sie erfahren daher schon zeitig von allen geplanten Wettbewerbshandlungen und haben die Möglichkeit, im Aufsichtsrat darauf hinzuwirken, daß erhebliche Interessenverletzungen unterbleiben.

Machtsicherung durch Verflechtung mit Direktoren

Die hundert größten Unternehmen sind praktisch alle miteinander personell verbunden. An erster Stelle steht der Versicherungskonzern „Allianz", der jeden dritten Konzern der Spitzengruppe durch Aufsichtsräte kontrolliert. Letztere haben auch dafür zu sorgen, daß das mitkontrollierte Unternehmen nicht an der Allianz vorbeigeht, wenn es Versicherungen benötigt. Kleinere Anbieter von Versicherungsleistungen erhalten dabei kaum mehr eine Chance. **Macht sichert sich auf diese Weise von selbst,** jenseits der üblichen Annahme, daß immer nur die bessere Leistung marktwirtschaftlich anerkannt wird.

Machtbildung durch Banken

Besondere Bedeutung in der **Bildung und Erhaltung von Marktmacht kommt den Banken** zu, die selbst in erheblichem Umfang private Produktionsbetriebe über ihren Aktienbesitz kontrollieren. Weiterhin verwalten die Banken die Stimmrechte ihrer Kunden, die Aktien bei ihnen deponiert haben (sog. Depotstimmrecht). Dieses Stellvertreter-Stimmrecht setzen die Banken grundsätzlich im Interesse der Sicherung ihrer Kredite ein; intensiver, womöglich gefährlich werdender Wettbewerb findet da keinen Raum mehr.

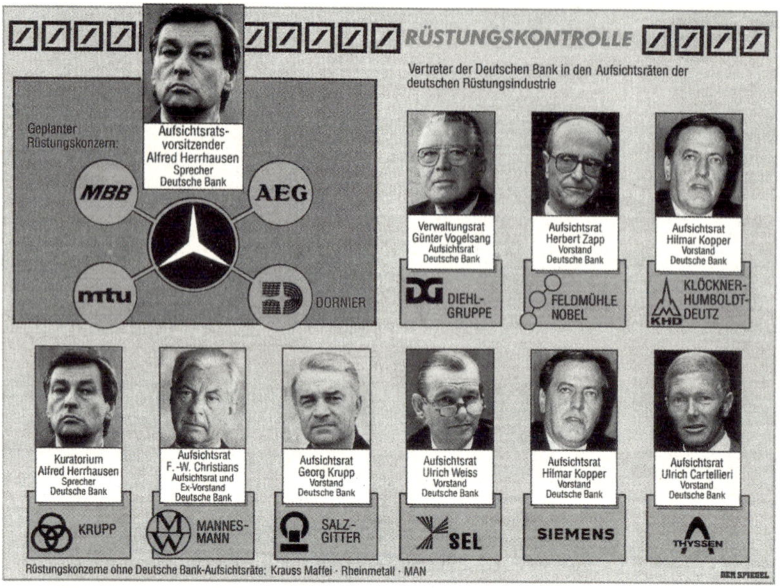

Der Spiegel, Nr. 26 v. 26.6.1989.

Nach Betrachtung der verschiedenen Konzentrationsarten soll der Frage nachgegangen werden, ob sich insgesamt die deutsche Volkswirtschaft als Folge der Konzentrationsvorgänge vermachtet hat. Das wäre nicht nur im Hinblick auf die erwarteten Folgen für die Intensität des Wettbewerbs und damit die erwünschten Folgen wettbewerblicher Marktvorgänge wichtig. Es wäre auch bedeutsam für die Einschätzung der Gültigkeit marktwirtschaftlicher Theorien, die

- in der Nachfolge des Marxschen Ansatzes einseitig von zunehmender Akkumulation (Anhäufung von Produktivkapital in den Unternehmen), Konzentration (Schaffung immer größerer Produktionseinheiten) und Zentralisation (Bildung immer größerer Unternehmen unter einer bestimmenden Leitung) ausgehen. Damit würde die Volkswirtschaft immer mehr durch privates Kapital („Kapitalismus") beherrscht werden, oder
- den Wettbewerb als eine ständige Folge von Vorstoß- und Verfolgungsphasen, von Neuschöpfungen und Imitationen, von Unternehmensgründung, -wachstum und -untergang, von Produkt- und Marktlebenszyklen, von Konzentrations- und Dekonzentrationsprozessen begreifen.

Konzentration der Gesamtwirtschaft

Die Monopolkommission hatte in ihrem Hauptgutachten 1988/89 den Versuch unternommen, für 300 Produktionszweige („Güterklassen") die kurz- und mittelfristige Veränderung der Konzentrationsgrade zu ermitteln. Damit sollte die weitergehende Frage nach der Vermachtung der Gesamtwirtschaft angegangen werden, wobei es unstrittig ist, daß derartige Zeitvergleiche nur eine Vorstellung von den Marktprozessen und den Schwierigkeiten bei der statistischen Analyse vermitteln können. Es wird nicht möglich sein, hiermit eine der beiden Denkschulen zu bestätigen bzw. zu widerlegen.

Kurzfristiger Zeitvergleich 1988/1986 des Konzentrationsgrades nach der Anzahl der Güterklassen im Bergbau und Verarbeitenden Gewerbe

Maßzahlen der Konzentration / Anzahl der Güterklassen		Konzentrationsgrad im Zeitvergleich 1988/1986					insgesamt
		gestiegen	gesunken	konstant	ohne Angaben	nicht einheitlich	
1	Konzentrationsrate CR-3	106	119	69	6	–	
2	Konzentrationsrate CR-10	104	103	91	2	–	300
3	Hirschmann-Herfindahl-Index	105	128	66	1	–	
Maßzahlen Nr. 1–3 gemeinsam		65	71	17	9	138	

Mittelfristiger Zeitvergleich 1988/1978 des Konzentrationsgrades nach der Anzahl der Güterklassen im Bergbau und Verarbeitenden Gewerbe

Maßzahlen der Konzentration / Anzahl der Güterklassen		Konzentrationsgrad im Zeitvergleich 1988/1978					insgesamt
		gestiegen	gesunken	konstant	ohne Angaben	nicht einheitlich	
1	Konzentrationsrate CR-3	118	116	17	49	–	
2	Konzentrationsrate CR-10	119	99	33	49	–	300
3	Hirschmann-Herfindahl-Index	117	107	24	52	–	
Maßzahlen Nr. 1–3 gemeinsam		84	77	2	60	77	

Die Zeitvergleiche zeigen je nach statistischem Maß leicht unterschiedliche Werte. Dabei besagt die Konzentrationsrate CR-3, ob sich der Marktanteil der drei größten Unternehmen verändert hat; CR-10 bezieht das auf die Marktanteile der zehn größten Unternehmen, während der komplizierte „Hirschmann-Herfindahl-Index" insgesamt Marktanteilsveränderungen mißt. Dabei verleiht dieser Index Veränderungen bei den Großkonzernen ein besonders starkes Gewicht. Er reagiert damit deutlich, wenn sich die Konzentration gerade bei den wettbewerbspolitisch wichtigen Konzernen ändert.

Es ist bemerkenswert, daß sich die Gesamtkonzentration im kurzfristigen Vergleich etwas gesenkt, im Mittelfristbereich dagegen leicht erhöht hat. Je nach Konzentrationsmaß waren die Aussagen vielfach widersprüchlich, so daß die Monopolkommission bei einer großen Zahl von Güterklassen (vereinfacht: Märkten) zu keiner klaren Aussage gelangen konnte, ob denn nun die Konzentration gestiegen ist oder nicht.

Staatliche Wettbewerbsbeschränkungen

Der Blick allein auf die private Macht verdeckt, daß auch **vom Staat erhebliche Wettbewerbsverzerrungen ausgehen können.** Besonders drastisch hat die Monopolkommission den vom Staat ausgehenden Einfluß dargestellt: „Im Widerspruch zu den programmatischen Bekenntnissen zur marktwirtschaftlichen Ordnung versucht der Staat schon seit langem, in vielen Wirtschaftssektoren durch direkte und indirekte Maßnahmen bestimmte Marktergebnisse gegen die Kräfte des Marktes herbeizuführen.“[3]

Dabei handelte es sich, wie die Kommission weiter darstellt, in erster Linie um **Eingriffe aufgrund politischen Drucks.** Ziel sei, die Einkommen bestimmter Bevölkerungsgruppen (Landwirte, Stahlwerker, Werftarbeiter, Bergleute) gegen marktwirtschaftliche Kräfte, die auf einen Rückgang dieser Branchen zielen, zu verteidigen.

Auch wenn vielfach staatlicher Eingriff geboten ist, um sozialstaatlichen Verpflichtungen zu folgen, sollte nach den Anregungen der Monopolkommission dennoch der Versuch unternommen werden, diese Korrekturen ohne „Schwächung der Leistungsmotivation“ und bei „geringstmöglicher Verzerrung der Produktionsstruktur“ vorzunehmen.

Arten staatlicher Markteingriffe

Staatliche Wettbewerbsbeschränkungen bestehen aus

- **diskriminierenden Rahmenbedingungen:** Der Staat erschwert den Marktzugang von Herstellern, die er behindern will;
- **steuerlicher Be- und Entlastung** bestimmter Produktionen: Das geförderte Unternehmen braucht keine, das behinderte muß viel Steuern entrichten;
- **direkten Eingriffen** in den Wettbewerbsprozeß: Der Staat regelt die Investitionstätigkeit wie die Preise und steuert die Absatzmärkte.

Schädliche Wirkungen staatlicher Wettbewerbsbeschränkungen

Die Monopolkommission kritisiert diese Eingriffe mit allem Nachdruck; die nachteiligen Wirkungen seien erheblich größer als die unmittelbaren Vorteile für die Unternehmen, die der Staat unterstützen wolle. Diese nachteiligen Wirkungen bestehen zudem auf Dauer, weil eine Änderung der Marktverhältnisse, die sonst im Wettbewerb auftritt, wegen der rechtlich abgesicherten Behinderungen nicht erreicht wird: „Aus diesem Grunde schätzt die Monopolkommission die Effizienz- und Wachstumsverluste, die der Gesamtwirtschaft infolge staatlicher Wettbewerbsbeschränkung und -verfälschung entstehen, höher ein als die entsprechenden Effekte infolge privater Marktmacht.“[4]

[3] Monopolkommission, Jahresgutachten 1984/85, S. 15.
[4] Ebda, S. 15.

Im Kartellbericht 1989/1990 behandelte das Bundeskartellamt ausführlich (S. 27 ff.) die **Nachfragemacht der öffentlichen Hand** und beklagte, daß grundlegende Bestimmungen für die Vergabe öffentlicher Aufträge nicht beachtet worden waren. Das war deshalb ein besonderes wettbewerbspolitisches Problem, weil der Staat vielfach als einziger Nachfrager auftrat oder ein im Vergleich zu anderen Nachfragern überragendes Beschaffungsvolumen auf sich vereinte. Beschränkte Ausschreibungen oder die freihändige Vergabe waren das besondere Problem – die Wettbewerber auf der Angebotsseite kamen mit ihren Leistungen überhaupt nicht zum Zuge, weil einige „Hoflieferanten" die Aufträge erhielten. Dadurch wurde die wettbewerbliche Chancengleichheit seitens der öffentlichen Stellen verletzt.

Im Berichtszeitraum 1989/90 mußte das Kartellamt in mehreren Fällen staatliche Stellen als Auftraggeber für Bundesfernstraßen ermahnen, keine Straßenbauunternehmen zu diskriminieren oder vom Vergabeverfahren auszuschließen.

Es gibt weitreichende **Verbindungen von privater Wirtschaftsmacht und staatlichen Markteingriffen,** die insbesondere in Wirtschaftszweigen mit langfristigen Strukturproblemen zu beobachten sind. Als ein Beispiel dafür mag die europäische Stahlindustrie gelten.

Beispiel Stahlindustrie

Die Stahlindustrie war lange Jahre die Schlüsselindustrie für viele der Mitgliedstaaten der Europäischen Gemeinschaft und deren Weltmarktkonkurrenten. Ein schon in den 50er Jahren einsetzender Strukturwandel, insbesondere die Entwicklung neuer Werkstoffe, ließ die Stahlnachfrage insgesamt stagnieren und zurückgehen. Angesichts großer Kapazitäten und erwarteter katastrophaler Rückwirkungen auf die Beschäftigungslage an den Produktionsstandorten dieser Industrie waren alle Regierungen mehr oder weniger stark gezwungen, die „Wettbewerbsfähigkeit" ihrer jeweiligen Stahlindustrie zu schützen. Mittel dafür waren Subventionen, um die heimische Produktion zu verbilligen und damit exportfähig zu machen, verbunden mit Vorkehrungen, den Verkauf von Importstahl auf dem eigenen Markt zu behindern.

Wegen der besonderen Lage der europäischen Stahlindustrie (gemeinsamer Markt mit Betrieben unterschiedlichster Produktivität und damit weitgefächertem Subventionsbedarf; starke, insbesondere asiatische Konkurrenz) gestattete die Kommission der Europäischen Gemeinschaften einen gemischt **staatlich-privaten Versuch der Strukturanpassung:**

Staatlich geförderte Kartellbildung

Das europäische Stahlkartell „Eurofer" wurde gegründet, damit die **Stahlhersteller der EG gemeinsam die Preise und den Rückbau der Herstellungskapazitäten regeln** konnten. Das „Kartell als Kind der Not" sollte weiterhin verhindern, daß sich eine veraltete, aber vom Heimatstaat kräftig unterstützte Stahlindustrie (z.B. in Italien) gegen die rein privat betriebenen, leistungsfähigeren Unternehmen anderer Länder (z.B. Bundesrepublik Deutschland) erfolgreich durchsetzt, weil sie stärker subventioniert wird.

Anpassungs-verzögerungen

Waren Unternehmer- und Marktversagen der Anlaß für die Bildung staatlich sanktionierter Kartelle, so kam sehr bald das Politikversagen hinzu: Staatliche Unterstützung zur Behebung von „Strukturkrisen" verzögerte die fällige Anpassung unnötig lange und sorgte somit dafür, daß die Probleme weiter verstärkt wurden.

Die politische Einschätzung staatlich geförderter Krisenkartelle ist leicht zu treffen: Von der Notlage sind sowohl Arbeitnehmer und Unternehmer als auch die Stadtverwaltungen der Produktionsstandorte betroffen. Das völlig einmütige Vorgehen aller dieser Betroffenen überrascht daher nicht: „Industrie und Gewerkschaft kämpfen gemeinsam um Produktionsquoten" überschrieb die Wochenzeitung „Die Zeit" am 9.1.1987 den Vorgang. Die Rechnung bezahlt die Allgemeinheit, wenn, wie Die Zeit weiter schrieb, die IG Metall die Stahlindustrie dem Steuerzahler „an die Brust legt".

Es bestehen daher Zusammenhänge zwischen der Intensität des wirtschaftlichen Wettbewerbs und dem Einkommen und Vermögen der Marktakteure.

Umverteilung von Einkommen durch Einsatz von Marktmacht

Das Eingehen von Kartellabsprachen, die Gewinnung marktstarker Positionen, die Mobilisierung des Gesetzgebers für die Belange der regionalen Unternehmen – allgemein: die Intensität des Wettbewerbs auf Märkten – sind in letzter Konsequenz ein **Versuch, Reichtum, Wohlstand und Einkommen in einer Volkswirtschaft umzuverteilen.** Je stärker die jeweilige Marktmacht bzw. je besser die Vertretung der privaten Interessen von Unternehmen durch den Staat, desto größer wird deren Anteil am Sozialprodukt.

Ein Widerspruch ist daher tief im marktwirtschaftlichen System eingebaut: Wettbewerb wird zwar allenthalben als Ordnungs-, als Machtkontrollprinzip beschworen; dennoch versucht jeder, so gut er kann, **dieses Prinzip in seiner Wirkung für sich selbst aufzuheben:** Private Unternehmen bilden Kartelle, Kartellersatzformen (verschiedenartige Absprachen) oder Konzerne, um sich besser am Markt durchzusetzen; die Gewerkschaften ihrerseits begrüßen die Konzernbildung, weil sie davon sichere Arbeitsplätze, mehr Mitbestimmung und Kontrolle sowie höhere Löhne erwarten; die Gebietskörperschaften (Bund, Länder, Gemeinden) suspendieren den Wettbewerb, wenn regionale Strukturpolitik, Arbeitsplatzsicherheit und Gewerbesteuererträge es so gebieten.

Wirtschafts-lenkung durch Wettbewerb oder durch Markteingriffe

Insofern gibt es **verschiedene Formen der Wirtschaftslenkung in einer Marktwirtschaft:** Den **freien Wettbewerb** einerseits sowie diverse **private und staatliche Markteingriffe** andererseits. Mit ihnen wird um die Anteile am Sozialprodukt gestritten. Die Verfechter freien Wettbewerbs vertreten dabei das **Prinzip der Leistungsgerechtigkeit** („Wer mehr für die Sozialprodukterstellung leistet, soll einen höheren Anteil bekommen"), während die **Befürworter von Markteingriffen Umverteilung** erreichen wollen

- trotz geringerer Leistung zugunsten der Mitgliedsfirmen: Kartelle;
- über Machteinsatz und Zurückdrängung der Konkurrenz: Konzerne;
- zugunsten des örtlichen Arbeitsplatzerhalts und der Sicherung der alten Industriestandorte: staatliche Gebietskörperschaften;
- für bessere Arbeitsbedingungen und höhere Löhne ihrer organisierten Mitglieder: Gewerkschaften.

Wer zahlt am Schluß die Rechnung?

Derartige Markteingriffe mögen im Einzelfall immer plausibel begründbar sein. Gemein haben sie alle, daß nie offen dargestellt wird, wer die Rechnung für die jeweiligen Eingriffe zu zahlen hat: über höhere Preise letztlich die Gesamtheit aller Endverbraucher, die sich jedoch, wie wir alle wissen, nicht zur Bildung von Gegenmacht organisieren können.

Götterdämmerung für den Wettbewerb, von dem Machtkontrolle und Leistungsanreiz ausgehen? Die Monopolkommission hat – nach kritischer Betrachtung der Bildung privater und staatlicher Wirtschaftsmacht – generell noch Entwarnung gegeben:

„Die beobachtete Konzentrationsentwicklung gibt gegenwärtig keinen Anlaß zur Sorge, die Funktionsfähigkeit unseres Wirtschaftssystems könnte durch sie in absehbarer Zeit fühlbar beeinträchtigt werden. Dies gilt allerdings nur dann, wenn auch in Zukunft durch eine liberale Außenhandelspolitik der internationale Wettbewerbsdruck auf den Märkten der Bundesrepublik erhalten bleibt."[5)]

Der hier von der Monopolkommission vorgetragene Gedanke, daß eine liberale Außenhandelspolitik den internationalen Wettbewerbsdruck erhalten solle, ist angesichts der zunehmenden Integration von Volkswirtschaften in Europa uneingeschränkt zu bejahen.

Strategische Allianzen

Aber auch hier können Gefahren entstehen, wenn die Unternehmen den sie betriebswirtschaftlich belastenden Wettbewerbsdruck auffangen, indem sie mit ihren ausländischen Konkurrenten „strategische Allianzen" bilden. Diesem aktuellen Phänomen hatte das Bundeskartellamt im Kartellbericht 1989/90 größere Aufmerksamkeit gewidmet. Die Bundesregierung stellte in ihrer Stellungnahme zum Kartellbericht fest, daß derartige internationale Unternehmenskooperationen für die beteiligten Firmen von großem Wert sein können. Das sei insbesondere dann zu erwarten, wenn es um Zukunftsmärkte ginge, die „einzelne auch sehr große nationale oder multinationale Unternehmen für sich allein nicht zu erschließen vermögen." (a.a.O., S. IV)

5) Ebda, S. 14.

EG – Fusionskontrolle

Die zunehmende **Internationalisierung wirtschaftlicher Macht** verlangte die entsprechende Internationalisierung der Wettbewerbspolitik. Es ist daher kein Zufall, daß angesichts der sich vollziehenden Binnenmarktintegration eine europäische Fusionskontrolle eingeführt wurde. Diese wird von der EG-Kommission in Brüssel ausgeübt, konzentriert sich auf die großen, europarelevanten Fusionen und schwächt damit automatisch die Kompetenzen der nationalen Kartellbehörden, die die wichtigen Fälle nach Brüssel abgeben müssen.

Weitet man den Begriff der Wettbewerbsfähigkeit aus und betrachtet die Volkswirtschaften in ihrer Gesamtheit im Hinblick auf ihre Fähigkeiten, sich auf internationalen Märkten zu behaupten, so könnte die folgende Darstellung eines Schweizer Wirtschaftsforschungsinstituts interessante Anhaltspunkte liefern:

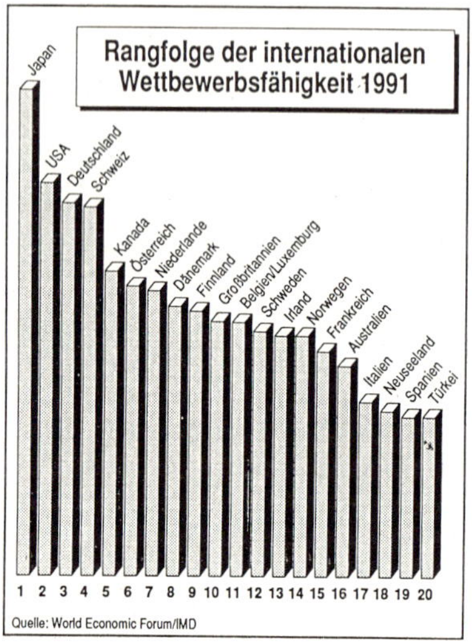

Handelsblatt v. 20.6.1990.

Diese internationale Rangliste beruht auf 326 verschiedenen Beurteilungskriterien, die die Wettbewerbsstärke beeinflussen, wie z.B. Wachstum, Investitionstätigkeit, Zahl der patentierten Erfindungen, aber auch auf sozialen Indikatoren, wie z.B. soziale Stabilität, Streikhäufigkeit, Ausbildung des Arbeitskräftepotentials.

Wettbewerbsprobleme der deutschen Einheit

Aus deutscher Sicht besteht die Aufgabe, auch nach der Wiedervereinigung die wirtschaftlichen Probleme so zu lösen, daß die gewonnene starke Position im internationalen Vergleich behauptet werden kann. Es soll daher abschließend geklärt werden, welche wettbewerbspolitischen Folgen die Einheit hatte.

Das Hauptinteresse bestand darin, die durch die **Existenz monopolartiger Kombinate gekennzeichnete Wirtschaft der DDR mit wettbewerblichen Markt- und Unternehmensstrukturen auszustatten.** Die Monopolkommission analysierte bereits in ihrem Hauptgutachten 1988/89 die Konrektinvestitionen“ im Ausland regelmäßig nachgewiesen. Hier kann man erkennen, in welchem Umfang in Handels- und Fertigungsbetrieben seitens inländischer Unternehmen im Ausland – und umgekehrt ausländischer Konzerne im Inland – Geld investiert wurde. Um aktuelle Zahlen zu nennen, die gleichzeitig Größenordnungen angeben:

Direktinvestitionen
(in Mrd. DM)

Jahr	Deutsche Anlagen im Ausland	Ausländische Anlagen in Deutschland	Saldo (Überschuß)
1983	8,1	4,5	3,6
1984	12,5	1,6	10,9
1985	14,1	1,7	12,4
1986	20,9	2,6	18,3
1987	16,4	3,4	13,0
1988	20,1	2,0	18,1
1989	26,5	12,6	13,9
1990	36,1	2,5	33,6
1991	34,4	3,7	30,7

Quelle: Geschäftsbericht der Deutschen Bundesbank für das Jahr 1991.

Anstieg deutscher Auslandsinvestitionen

Diese Zahlen lassen bei erster Übersicht erkennen, daß seitens deutscher Unternehmen erheblich mehr Kapital im Ausland angelegt wurde als umgekehrt von Ausländern im Inland. **In den letzten Jahren investierten deutsche Konzerne zunehmend im Ausland,** während die Ausländer in der Bundesrepublik stärkere Zurückhaltung zeigten. Daß das nicht immer so war, beweisen die Erfahrungen der unmittelbaren Nachkriegsjahre: Hier wurde in erheblichem Umfang mehr ausländisches Kapital in Deutschland angelegt als es die im Aufbau befindliche deutsche Wirtschaft im Ausland tun konnte.

Zahlungsbilanz
ist die systematische Aufzeichnung aller wirtschaftlichen Vorgänge, die ein Land mit dem Ausland hat. Neben dem Austausch wirtschaftlicher Leistungen (z.B. Warenexporte und -importe) werden auch Kapitalbewegungen in der Zahlungsbilanz aufgezeichnet. Zu letzteren gehörte z.B. der Kauf eines amerikanischen Unternehmens durch einen deutschen Konzern. Dieser Vorgang wird – wie auch der Aufbau einer Produktionsstätte im Ausland – als Direktinvestition gebucht.

Folge des Kapitalexports, zu dem neben den Direktinvestitionen auch die Käufe ausländischer Wertpapiere und die Kredite deutscher Banken an ausländische Kreditnehmer zählen, waren hohe und insgesamt steigende Kapitalerträge. Auf diese sei bereits hier hingewiesen; später wird darzustellen sein, daß derartige Rückflüsse der Gewinne aus im Ausland angelegten Kapital zu den **Konflikten gehören, die das Verhältnis von Industriestaaten und Entwicklungsländern prägen.** Letztere verlangen, daß diese Kapitalerträge wieder im Entwicklungsland angelegt werden, damit dort Produktionsstätten und Arbeitsplätze entstehen.

Die Kapitalverflechtungen der Volkswirtschaften sind in den letzten Jahren enger geworden, so daß man von einem „globalen Boom" der Kapitalexporte sprechen kann. Dabei ist die Investition in „Portfolio"-Anlagen (also Anlagen in verzinslichen Wertpapieren) besonders hoch (Abbildung S. 121):

Direktinvestition
ist jede Kapitalanlage im Ausland, die zur Kontrolle an einem Produktions- bzw. Handelsbetrieb führt. Es gibt dazu im wesentlichen zwei Wege: Man baut den Auslandsbetrieb selbst auf und überweist dafür Finanzkapital vom Inland in das Land der Investition; oder man kauft einen bereits bestehenden Betrieb und gliedert ihn dem eigenen Unternehmen an. Das erfolgt durch den Kauf der Aktienmehrheit oder den Gesamterwerb des Unternehmens durch Kaufvertrag, wenn sich dieses in den Händen eines Privatunternehmens befindet. Zu unterscheiden von Direktinvestitionen sind alle anderen Kapitalanlagen, bei denen nur eine zinsbringende Anlage (z.B. Kauf von Anleihepapieren) bezweckt wird, nicht aber eine unternehmerische Tätigkeit.

Kapitalerträge der Bundesrepublik
in Mrd. DM

Jahr	Betrag
1983	4,2
1984	10,3
1985	9,3
1986	9,0
1987	7,1
1988	9,1
1989	21,8
1990	27,4
1991	28,1

Quelle: Jeweilige Monatsberichte der Deutschen Bundesbank.

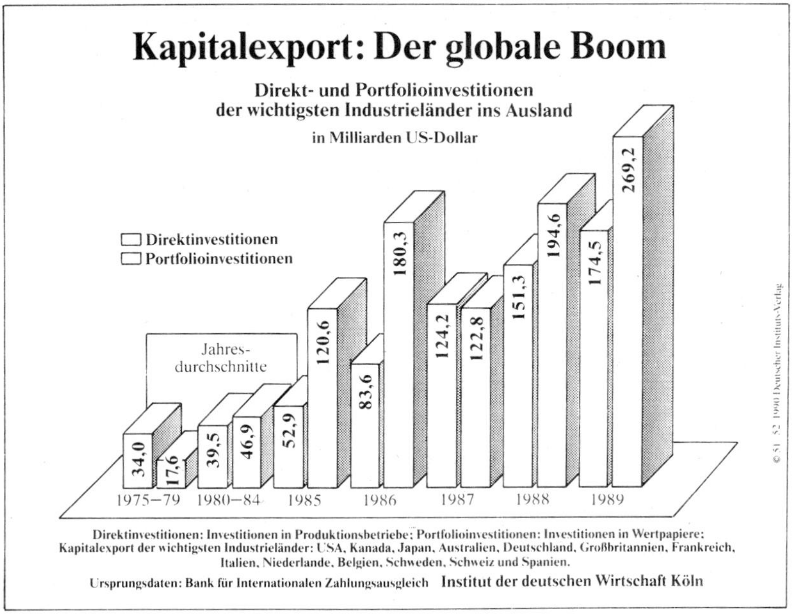

iwd 51/52/1990.

Internationales Unternehmenswachstum

Als Ergebnis jahrelanger Direktinvestitionen und als Folge andauernden Wachstums der Unternehmen – vielfach durch Fusionen mit kleineren Betrieben – sind weltweit in allen Bereichen der Volkswirtschaften (Industrie, Banken, Handel usw.) Giganten entstanden. Welche sind die größten? Dazu soll eine Aufstellung, die – auf den Jahresumsätzen aufbauend – die weltweit größten Industrie- und Handelsunternehmen zusammenfaßt, auf den Seiten 122–123 gebracht werden.

Größendifferenzen durch Wechselkursänderungen

Bemerkenswert ist hierbei die **Schwierigkeit eines präzisen internationalen Vergleichs** wegen der unterschiedlichen nationalen Währungen. Je nachdem, ob man die Auflistung nach den in US-Dollar, D-Mark oder ECU festgestellten Umsätzen vornimmt, kann es erhebliche Unterschiede je nach der Entwicklung der Wechselkurse geben. Der Umsatz eines amerikanischen Konzerns in Höhe von 10 Mrd. US-$ wird mit 14 Mrd. DM einzusetzen sein, wenn der Wechselkurs 1 $ = 1,40 DM beträgt. Änderte sich dieser Kurs aufgrund von Zinsänderungen und internationalen Krisen (Golfkrieg) auf 1 $ = 1,80 DM, so betrüge der Konzernumsatz von einem Tag zum anderen 18 Mrd. DM, also 4 Mrd. DM mehr. Damit machte dieser Konzern in der internationalen Rangfolge einen deutlichen Sprung nach oben, obwohl sich im Grunde genommen nichts weiter geändert hat.

Rang		Gesellschaft	Land	Branche
1989	1988			
1	5	Sumitomo Corp. (Osaka)	J	Handel
2	3	C.Itoh & Co. (Osaka)	J	Handel
3	1	Mitsui & Co. (Tokio)	J	Handel
4	2	General Motors (Detroit)	USA	Auto
5	6	Marubeni Corp. (Osaka)	J	Handel
6	4	Mitsubishi Corp. (Tokio)	J	Handel
7	10	Nissho Iwai (Osaka)	J	Handel
8	9	Royal Dutch/Shell (Den Haag)	NL	Mineralöl
9	7	Ford (Dearborn, Mich.)	USA	Auto
10	8	Exxon (New York)	USA	Mineralöl
11	11	IBM (Armonk, N.Y.)	USA	Computer
12	13	Toyota Motor (Toyota)	J	Auto
13	12	Mobil (New York)	USA	Mineralöl
14	16	British Petroleum (London)	GB	Mineralöl
15	21	General Electric (Fairfield, Conn.)	USA	Elektro
16	14	Sears, Roebuck (Chicago)	USA	Handel
17	15	Iri (Rom)	I	Industrieholding
18	20	Tomen Corp. (Osaka)	J	Handel
19	18	Hitachi (Tokio)	J	Elektro
20	17	Daimler-Benz (Stuttgart)	D	Auto
21	35	Philip Morris (New York)	USA	Nahrungsmittel, Tabak
22	23	Fiat (Turin)	I	Auto
23	32	Nichimen (Tokio)	J	Handel
24	19	NTT (Tokio)	J	Telekommunikation
25	22	Cargill (Minneapolis)	USA	Handel
26	24	Matsushita Electric Ind. (Kadoma)	J	Elektronik
27	26	Volkswagen (Wolfsburg)	D	Auto
28	33	Nissan Motor (Tokio)	J	Auto
29	37	Kanematsu Corp. (Tokio)	J	Handel
30	25	Siemens (Berlin/München)	D	Elektro
31	31	Unilever (Rotterdam)	NL	Nahrungsmittel
32	28	AT&T (New York)	USA	Telekommunikation
33	34	E.I. du Pont (Wilmington, Del.)	USA	Chemie
34	27	Chrysler (Highland Park, Mich.)	USA	Auto
35	30	Deutsche Bundespost (Bonn)	D	Post, Telekom
36	39	Nestlé (Cham und Vevey)	CH	Nahrungsmittel
37	40	Chevron (San Francisco)	USA	Mineralöl
38	44	B.A.T. Industries (London)	GB	Mischkonzern
39	38	Renault (Boulogne-Billancourt)	F	Auto
40	36	Philips (Eindhoven)	NL	Elektro, Elektronik
41	46	Internationale Spar (Amsterdam)	NL	Handel
42	41	Eni (Rom)	I	Mineralöl, Chemie
43	47	Veba (Düsseldorf)	D	Mischkonzern
44	42	K mart (Troy, Mich.)	USA	Handel
45	43	BASF (Ludwigshafen)	D	Chemie
46	48	Toshiba (Tokio)	J	Elektro
47	49	Hoechst (Frankfurt)	D	Chemie
48	51	Peugeot (Paris)	F	Auto
49	45	Tokyo Electric Power (Tokio)	J	Versorgungsbetrieb
50	56	Elf Aquitaine (Courbevoie)	F	Mineralöl

*) Abschlüsse der japanischen Firmen per 31.3.90, Umrechnungskurse sämtlich vom 24.7.90; [1]) Jahresüberschuß/Fehlbetrag.

Umsatz (Mill. Ecu)*)		Veränderung in %	Ergebnis¹) (Mill. Ecu)*)		Veränderung in %	Belegschaft
1989	1988		1989	1988		
119 422	78 433	52	264	186	42	6 300
110 965	84 365	32	186	161	15	7 100
103 151	88 652	16	192	213	— 10	9 100
99 713	86 592	15	3 318	3 815	— 13	766 000
99 167	77 569	28	178	151	18	7 200
97 887	82 672	18	319	244	31	9 200
81 607	60 496	35	97	69	42	5 300
78 114	66 033	18	5 921	4 413	34	135 000
75 529	72 622	4	3 013	4 163	— 28	358 900
75 474	69 572	8	2 757	4 132	— 33	101 000
49 263	46 883	5	2 952	4 561	— 35	387 100
48 581	42 388	15	2 332	1 830	27	96 800
44 507	42 704	4	1 421	1 595	— 11	69 600
43 652	38 479	13	2 635	1 861	42	119 900
42 892	30 499	41	3 094	2 660	16	298 000
42 259	39 475	7	1 185	1 142	4	520 000
42 127	38 782	9	825	— 1 137		416 200
37 427	30 542	23	45	32	40	3 200
37 404	33 829	11	1 115	981	14	290 800
36 932	35 447	4	3 292	821	301	344 000
35 161	24 935	41	2 314	1 836	26	155 000
34 348	29 626	16	2 415	2 170	11	286 300
32 446	26 039	25	48	38	25	2 800
31 826	30 872	3	1 447	1 178	23	266 000
31 815	30 009	6				53 000
31 723	29 087	9	1 245	1 128	10	42 500
31 595	28 563	11	502	376	33	251 000
29 833	25 428	17	613	606	1	117 300
29 602	23 711	25	46	33	40	2 700
29 552	28 636	3	762	671	14	365 000
28 440	26 366	8	1 394	1 286	8	300 000
28 368	27 660	3	2 119	— 1 311		304 200
27 914	25 421	10	1 948	1 720	13	141 000
27 433	27 866	— 2	282	825	— 66	130 200
27 267	26 864	1	1 209	1 061	14	567 300
27 265	22 780	20	1 369	1 141	20	196 900
25 767	22 703	13	197	1 389	— 86	53 700
25 698	20 824	23	1 726	1 409	23	311 900
25 154	22 961	10	1 339	1 256	7	174 600
24 552	23 976	2	590	451	31	304 800
24 220	20 640	17				166 800
24 079	22 139	9	1 065	880	21	82 700
23 790	20 568	16	648	573	13	94 500
23 200	21 447	8				350 000
23 021	21 157	9	981	691	42	134 400
22 470	20 086	12	697	631	10	69 600
22 189	19 757	12	1 030	972	6	169 300
22 049	19 691	12	1 485	1 258	18	159 100
21 597	20 812	4	393	632	— 38	39 400
21 594	17 935	20	1 041	1 025	2	78 200

Handelsblatt v. 31.12.1990.

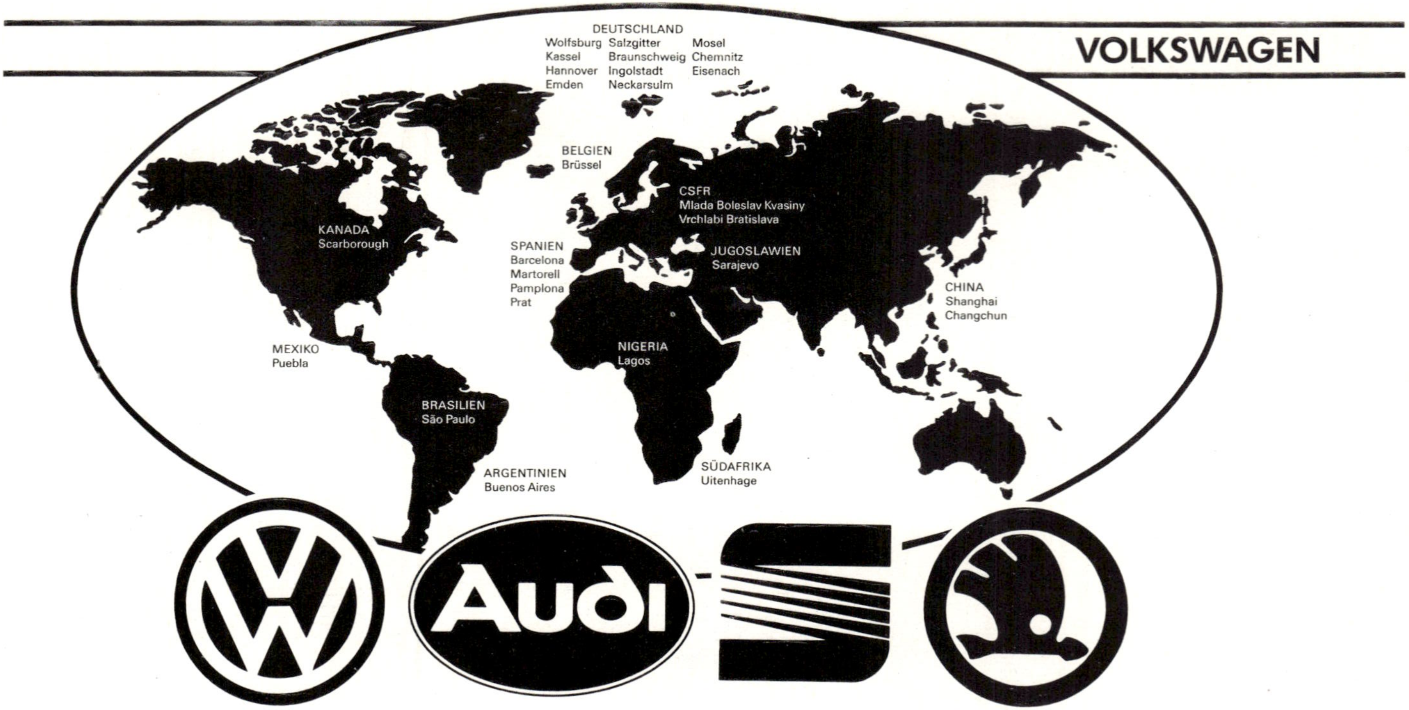

Handelsblatt v. 9.7.1991.

Die aufgelisteten Unternehmen sind entweder mit eigenem Namen oder mit zum Konzernverbund gehörenden Tochtergesellschaften weltweit tätig. **Ihre Geschäftsphilosophie ist es, die Erde als Einheit anzusehen und danach die Entwicklungs-, Produktions- und Absatzpolitik einzurichten.** Das schließt durchaus immer noch ein, daß man sich auf dem Ursprungsmarkt besonders heimisch fühlt, dort eine besondere Marktstellung genießt und von dieser Stelle aus den Konzern lenkt – insofern sind z.B. Siemens, die Chemie-Multis BASF, Bayer, Hoechst und die Kraftfahrzeugkonzerne VW und Daimler-Benz als „deutsche" multinationale Konzerne anzusehen.

Weltweit orientierte Geschäftspolitik

Exemplarisch für die Geschäftsphilosophie soll die Werbung des VW-Konzerns dargestellt werden: Die Erde ist sichtbar das Gesamtbetätigungsfeld. Das gilt in erster Linie für die Verfügbarkeit des Produkts durch Verkäufe. Das gilt aber auch für die zahlreichen Produktionsstandorte, die sich von Norddeutschland bis nach China, von Mexiko bis Südafrika erstrecken.

Die Wechselkurse geben einen wichtigen Hinweis auf die „Entstehungswellen" der multinationalen Konzernbildung: Trotz des Begriffs „Direktinvestition" entstehen diese Konzerne nicht in erster Linie durch eigenen Aufbau von Produktionskapital im Ausland, sondern **hauptsächlich durch Aufkauf bereits existierender ausländischer Anlagen.** So berichtete der Spiegel über einen mehrheitlich in Familienbesitz befindlichen deutschen Multi:

Multis entstehen durch Aufkauf existierender Betriebe

„Für 120 Mio. DM übernahm die Firma (Henkel, „Persil") von der britischen Beecham Group die vier Tochter-Gesellschaften Ceresit, Unibond, Copydex und Rubson ... Zur gleichen Zeit kaufte (man) über die amerikanische Henkel-Tochter den Spezialchemikalien-Produzenten Oxy Process Chemicals Inc. ... Im November hatte der Konzern in Frankreich den Waschmittelbereich der Firma Solitaire übernommen. Im Oktober war die amerikanische Parker Chemical Company, eine Ford-Tochter, zu Henkel gekommen. Und im Juni hatte der deutsche Konzern die Seifenfirma Union Générale de Savonnerie in Marseille erworben."[1)]

Die Gründe für die Herausbildung und Ausweitung multinationaler Konzerne sind sehr zahlreich. Normalerweise rangieren alle Motive, die eine bessere Marktdurchdringung nahelegen, an erster Stelle. Erst danach kommen die Kostenfaktoren (also z.B. niedrigere Steuern und Lohnkosten).

Zusammenfassend lassen sich die Ursachen für Auslandsinvestitionen der letzten Jahre wie folgt darstellen:

[1)] Der Spiegel, Nr. 2 v. 5.1.1987.

Ursachen der Internationalisierung

- **Wechselkursänderungen** des US-Dollars machten Käufe und Verkäufe je nach Kurshöhe besonders attraktiv. So verursachte der niedrige Dollarkurs der Jahre 1986/87 – nach Aussage der amerikanischen Wirtschaftszeitschrift „Business Week“ – „günstige Gelegenheitskäufe“ deutscher Unternehmen, die ihre Marktstellung in den USA ausbauen wollten. Der Kursanstieg des US-$ 1991 ließ dieses Motiv zurücktreten; statt dessen bemühten sich deutsche Konzerne verstärkt, in den anderen EG-Ländern Fuß zu fassen;
- geringe Wachstumsraten in der Bundesrepublik angesichts **stagnierender Nachfrage** ließen Investitionen auf dem Heimatmarkt uninteressant werden. Da ging man lieber ins Ausland. Das änderte sich in gewissem Umfang nach der Wiedervereinigung und dem großen Nachholbedarf nach Konsumgütern in den neuen Bundesländern. Jetzt wurden auch Inlandsinvestitionen wieder interessant;
- eine **strenge Fusionskontrolle** verhinderte einen weiteren Ausbau der marktstarken Stellung der großen Unternehmen auf dem heimischen Markt. Daher kaufte man sich jenseits der Grenzen ein;

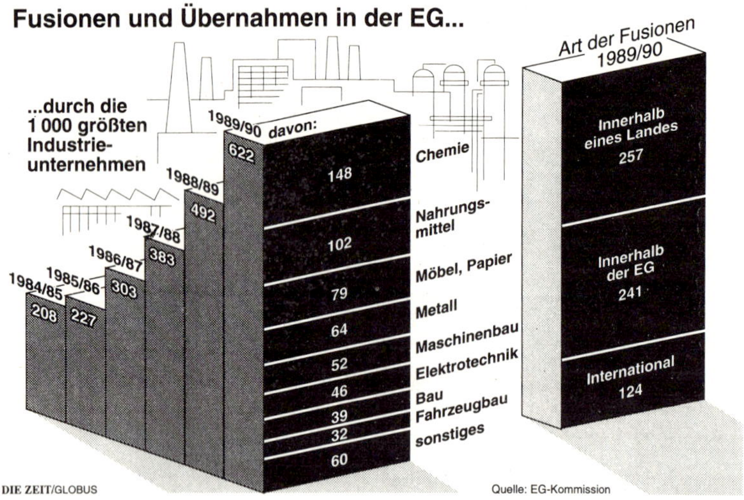

Die Zeit, Nr. 48 v. 22.11.1991.

- mit der Investition in dem Land, das ein wichtiger Absatzmarkt ist oder werden soll, läßt sich der **Protektionismus** des betreffenden Landes überwinden. Die Europäer fürchteten den aufkommenden amerikanischen Protektionismus mit seinen verschiedenen Varianten: „Local Content"-Zwänge, wonach bestimmte Anteile heimischer Produktion in jeder angebotenen Ware stecken mußten; Selbstbeschränkungsabkommen, denen man sich mit dem Ziel einer „freiwilligen" Reduzierung der Liefermengen unterwerfen mußte; „Anti-Dumping"-Verfahren mit dem Zweck, durch preiserhöhende Zusatzzölle die preislichen Vorteile zu verringern und damit die heimische Produktion zu erhalten. Die Amerikaner sorgten sich andererseits, daß Europa zur Zollfestung wird, die amerikanische Lieferungen an hohen Abgabenmauern abwehrt;

Protektionismus
ist die Summe der Maßnahmen, mit denen eine Volkswirtschaft ausländische Konkurrenz abwehren will. Es sind prinzipiell Notmaßnahmen, zu denen gegriffen wird, wenn heimische Industriezweige wegen der Auslandskonkurrenz unterzugehen drohen und regionale Massenarbeitslosigkeit auftritt. Protektionistische Maßnahmen rufen häufig Gegenmaßnahmen hervor, so daß ein Behinderungswettlauf einsetzen kann, der die Vorteile weltwirtschaftlicher Arbeitsteilung zu Lasten der Verbraucher beseitigt.

- die Perspektive des **europäischen Binnenmarktes** ab 1993 regte sehr viele Unternehmen an, durch Investitionen beim EG-Partner bzw. durch Aufkauf von Unternehmen dort die neuen Märkte besser zu durchdringen. Sich auf diese Weise auf den einheitlichen Binnenmarkt ohne zwischenstaatliche Grenzen vorzubereiten, galt seit Ende der 80er Jahre als eines der wichtigsten Motive für die Herausbildung und Stärkung multinationaler Konzerne in Europa.
- Nicht vergessen werden soll das Interesse, durch den Kauf ausländischer Unternehmen **Know-how zu erwerben,** das dem erwerbenden Unternehmen vorher nicht zur Verfügung stand. Die Bundesbank betonte, daß ein Beweggrund für die Ausweitung multinationaler Konzerne, insbesondere der Fusionen deutscher Konzerne im Ausland, „der rasche Einstieg in Verfahrens- und Produktinnovationen durch Firmenübernahmen" war. (Monatsberichte der Deutschen Bundesbank, April 1991, S. 32)

Firmenaufkauf vorteilhafter als Neugründung?

Als Ergebnis dieser Fusionswelle konnten „deutsche" Multis auf dem amerikanischen Markt Fuß fassen – und zwar nachhaltiger, als wären sie den Weg über die Neugründung von eigenen Tochterfirmen gegangen. Mit dem Aufkauf eines bereits am Markt eingeführten einheimischen Unternehmens erwarb man gleichzeitig eine eingespielte Belegschaft, einen Kundenstamm und technisches Know-how – „Aktiva", die man bei Hinnahme vieler Kinderkrankheiten nur über Jahre hätte selbst entwickeln können.

Deutsche Direktinvestitionen im Ausland Stand Ende 1989 Aufteilung nach Ländern und Ländergruppen				
Land	Wert in Mrd. DM		Anstieg in % gegen Ende '87	
EG-Länder	84,4		37,7	
darunter:				
Frankreich		17,5		36,7
England		12,9		53,6
Niederlande		11,5		15,0
Spanien		10,5		47,9
Übrige OECD-Staaten	87,9		29,3	
darunter:				
Japan		4,0		21,2
Österreich		7,2		26,3
Schweiz		8,5		3,7
USA		55,9		29,7
Entwicklungsländer	20,1		12,9	
darunter:				
Brasilien		9,5		11,8
OPEC-Länder	1,6		+/– 0,0	
ehem. RGW-Staaten	0,5		400	
Gesamt:	195,7		29,7	

Quelle: Monatsberichte der Deutschen Bundesbank, April 1991, S. 33.

Diese Aufstellung verdeutlicht zweierlei: Die deutschen Multis engagierten sich weiterhin hauptsächlich auf dem amerikanischen Markt. **Dort gab es das größte produktive Auslandsvermögen der deutschen Volkswirtschaft.** Allerdings wuchsen die Beteiligungen deutscher Konzerne in den USA von 1987–1989 nur noch durchschnittlich, und zwar um den für „normale“ Zeiten beachtlichen Satz von knapp 30%.

Dagegen **expandierten die Direktinvestitionen in den EG-Staaten überdurchschnittlich,** und zwar um mehr als ein Drittel des Bestandes von vor zwei Jahren. Diese Fusions- und Expansionswelle ist Folge der Binnenmarkterwartungen und damit des Bemühens, vor Ort als Konzern mit eigenen Anlagen präsent zu sein.

Wenn man von einer Ausnahmebewegung bei den ehemaligen RGW-Staaten absieht, waren alle anderen Standorte auf der Erde eher weniger interessant geworden. Der Anstieg von 400% bei ersteren Ländern liegt am extrem geringen Ausgangswert von 0,1 Mrd. DM, der nach Zuwendung der mittel- und osteuropäischen Staaten zur Marktwirtschaft schnell um eher bescheidene 0,4 Mrd. DM erhöht werden konnte. Bezogen auf den Ausgangswert sind das jedoch beachtliche 400%.

Industrie führt Auslandsinvestitionen an

Ein Blick auf die Zusammensetzung des deutschen Unternehmensvermögens nach dem Wirtschaftszweig – also dem Tätigkeitsfeld der multinationalen Konzerne – zeigt die überragende Bedeutung der Auslandsinvestitionen des verarbeitenden Gewerbes (Industrie im weiteren Sinn). Überdurchschnittlich gewachsen ist neben der Expansion von Banken und Versicherungen die Beteiligung in „Holding"-Gesellschaften. Diese sind ihrerseits keine produzierenden Einheiten, sondern verwalten das Beteiligungskapital von Betrieben des verarbeitenden Gewerbes und sonstiger Branchen. Damit beherrschen die Holdings oder Beteiligungsgesellschaften die Unternehmen, deren Aktienkapital sie kontrollieren.

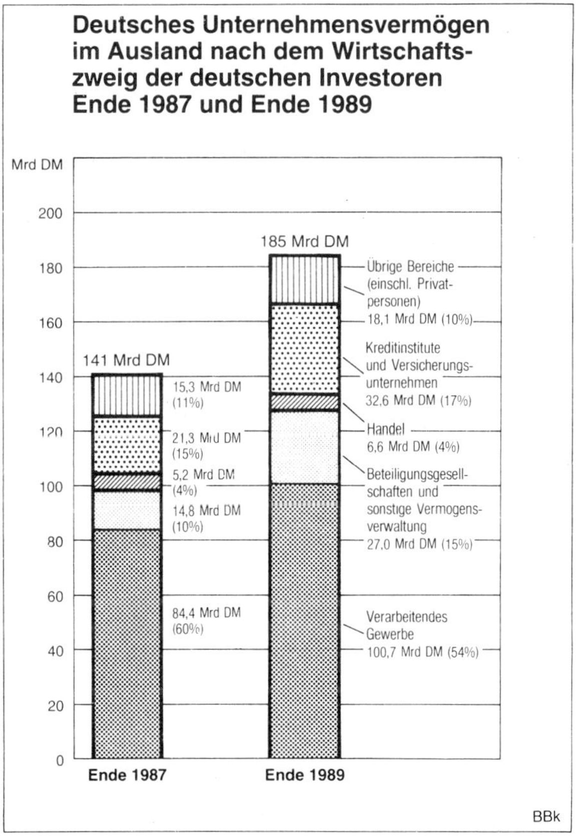

Monatsberichte der Deutschen Bundesbank, April 1991.

Multis wachsen auch in Deutschland

Nicht sehr viel anders war die Investitionstätigkeit multinationaler Konzerne mit ausländischem Firmensitz in der Bundesrepublik. Auch hier fällt ein überdurchschnittliches Wachstum in der untersuchten Zweijahresfrist 1987–1989 auf, wobei die Zuwachsraten bei den japanischen Multis die größten waren – wenn auch bei niedrigem „Basiseffekt". D.h., daß der Umfang der Geschäftstätigkeit japanischer Multis in der Bundesrepublik eher gering war und trotz des Wachstums auch weiterhin gering ist.

In absoluten Zahlen am größten waren die Aktivitäten anderer europäischer Konzerne. Waren Ende 1987 die US-Multis die stärksten ausländischen Investoren in der Bundesrepublik, so wurden diese im beobachteten Zeitraum von den EG-Konzernen überrundet. Das absolut größte Auslandskapital kommt jetzt aus den EG-Staaten, nicht mehr aus den USA. Hier wird derselbe Effekt sichtbar, der auch für die Geschäftstätigkeit der deutschen Multis galt: Die **Vorbereitung auf den einheitlichen Binnenmarkt führte zu besonders starkem Engagement im EG-Bereich.** Somit war Deutschland ein wichtiger Standort für andere europäische Konzerne, die mit ihrer Geschäftstätigkeit „vor Ort" diesen für sie wichtigen Markt behaupten wollen. Das Bundeskartellamt stellte in seinem Tätigkeitsbericht für die Jahre 1989/90 fest, daß „wiederum knapp 45% aller (Fusionen) Auslandsbezug hatten. Dies bestätigt erneut die starke internationale Ausrichtung der Unternehmenskonzentration in Deutschland." (a.a.O., S. 10)

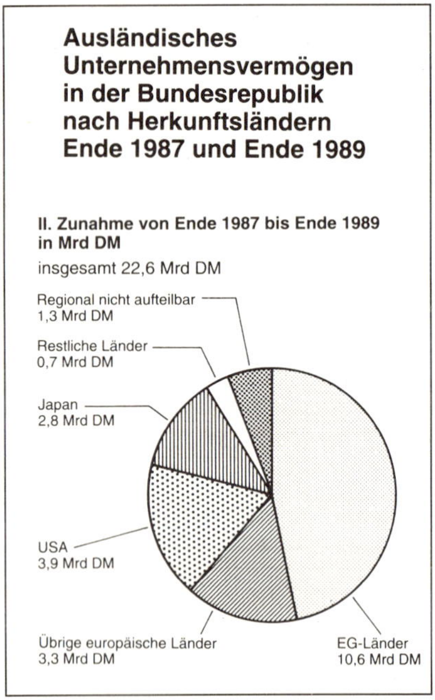

Monatsberichte der Deutschen Bundesbank, April 1991.

Nicht nur in Europa, sondern auch in den USA hatte es zu Anfang der 80er Jahre ein besonderes „Aufkauffieber“ gegeben, das die amerikanischen Multis immer größer werden ließ. Betrachtet man die Tabelle der wichtigsten Fusionen in den USA, so erkennt man bei der Branchenzugehörigkeit, daß diese vielfach horizontale Markterweiterungsfusionen waren.

Wettbewerbsgesetze gegen Vermachtung

Derartige Fusionen waren nach der amerikanischen Antitrust-Gesetzgebung bis zu Beginn der 80er Jahre kategorisch verboten. Die amerikanischen Wettbewerbsgesetze waren die schärfsten der Erde; mit ihnen sollte der **Vermachtung der amerikanischen Wirtschaft, dem „monopolizing“, hart entgegengewirkt** werden. „Horizontale Elefantenhochzeiten“ hatten nach der damaligen Gesetzesanwendung keine Chance. Diese Politik wurde mit Beginn der Präsidentschaft Ronald Reagans aufgegeben; die zukaufbaren Marktanteile wurden erheblich „großzügiger“ gefaßt und konglomerate Fusionen, die Bildung von Mischkonzernen also, fanden keine rechtliche Kontrolle mehr.

Elefantenhochzeiten am laufenden Band

Die zwanzig größten Fusionen in den USA zwischen 1981 und 1986

Käufer	Erworbenes Unternehmen	Jahr	Preis in Milliarden Dollar	Branche
Chevron	Gulf	1984	13,3	Öl/Öl
Texaco	Getty Oil	1984	10,1	Öl/Öl
E. I. Du Pont de Nemours	Conoco	1981	6,8	Chemie/Öl
General Electric	RCA	1986	6,2	Elektro/Unterhaltung
US Steel	Marathon Oil	1982	6,2	Stahl/Öl
Mobil	Superior Oil	1984	5,7	Öl/Öl
Royal Dutch/Shell	Shell Oil	1985	5,7	Öl/Öl
Philip Morris	General Foods	1985	5,6	Zigaretten/Nahrungsmittel
General Motors	Hughes Aircraft	1985	5,0	Auto/Rüstung, Raumfahrt
R. J. Reynolds	Nabisco Brands	1985	4,9	Zigaretten/Nahrungsmittel
Allied Corp.*	Signal Cos.*	1985	4,9	Mischkonzern/ Mischkonzern
Connecticut General**	INA Corp.**	1982	4,3	Versicherung/ Versicherung
Occidental Petroleum	Cities Service	1982	4,2	Öl/Öl
Occidental Petroleum	MidCon	1986	3,8	Öl/Energie
Baxter Travenol	American Hospital Supply	1985	3,7	Medizin/Medizin
Capital Cities Communications	American Broadcasting	1986	3,5	Medien/Radio + TV
US Steel***	Texas Oil & Gas	1986	3,0	Stahl/Öl
Norfolk & Western Railway	Southern Railway	1982	2,9	Eisenbahn/ Eisenbahn
Nestlé Holdings	Carnation	1985	2,9	Nahrungsmittel/ Nahrungsmittel
Elf Aquitaine	Texasgulf	1981	2,7	Öl, Chemie/Chemie

* Aus beiden Unternehmen entstand die Allied-Signal Inc.; ** Die beiden Unternehmen fusionierten zur Cigna Corp.; *** Heute USX Inc.

Wirtschafts Woche

Quelle: Wirtschaftswoche, Nr. 36 v. 29.8.1986.

Fusionen befriedigen viele Interessen

Damit setzte sich der rückgestaute Nachholbedarf der amerikanischen Wirtschaft nach Firmenaufkäufen rasch durch, zumal auf den **ersten Blick alle Beteiligten zufrieden sein konnten:** Das **aufkaufende Unternehmen** konnte die angesammelten Gewinne vergangener Jahre „sinnvoll" zur Festigung der eigenen Marktstellung einsetzen, was für das Management besser als eine Ausschüttung an die Aktionäre war; die **Aktionäre** waren auch zufrieden, da der Wert ihrer Beteiligungspakete wuchs; das **aufgekaufte Unternehmen** fand ebenfalls unter den Fittichen des Großen Schutz vor den Unbilden des Weltmarktes; die **Banken,** die an der Finanzierung der Fusion kräftig verdienten, sahen eine Kreditgewähr ohne Risiko, weil der Gegenwert des aufgekauften Unternehmens als Kreditsicherheit diente; die **Aktionäre des aufgekauften Unternehmens** wurden meist fürstlich entschädigt; **die Regierung** erwartete vom erstarkten multinationalen Konzern eine bessere Weltmarktgeltung und die Chance, ungeliebte Importe zurückzudrängen; **die Gewerkschaften** erhofften sich als Folge der wachsenden Marktmacht der Großkonzerne einen Stopp des Arbeitsplatzabbaus.

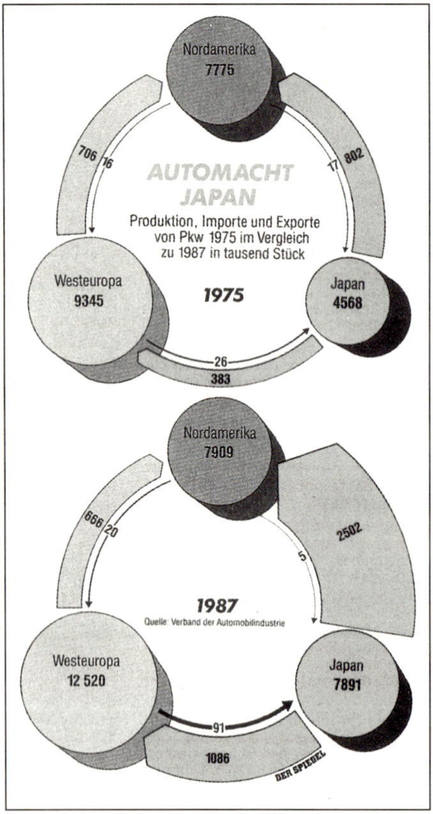

Der Spiegel, Nr. 14 v. 3.4.1989.

Die Fusionstätigkeit in den USA hat in den letzten Jahren nachgelassen. Maßgeblich war dafür neben der schon oben angesprochenen Erkenntnis, daß nur wenige Fusionen wirtschaftlich erfolgreich waren, die unseriöse Finanzierung der Aufkäufe.

Fragwürdige Finanzierung der Fusionen

Die Aufkäufer hatten vielfach versucht, die notwendigen Milliardenbeträge durch Kredite von Großbanken und Ausgabe von Wertpapieren mit spekulativ überzogenen Zinsen (sog. „Junk-Bonds", Schrottpapiere in salopper Übersetzung) aufzubringen. Lohnen sollte sich das Geschäft nach der Übernahme dennoch: Man zergliederte den aufgekauften Konzern in seine Einzelteile, übernahm diejenigen, die in das Unternehmenskonzept hineinpaßten, und verkaufte den Rest. Aus diesen Erlösen ließen sich dann die Übernahmekosten finanzieren – wenn alles gut ging. In den letzten Jahren funktionierten diese Geschäfte angesichts geringer Wachstumsraten und wachsender Verschuldung in den USA nicht mehr. Die Käufer konnten Firmenteile nicht mehr profitabel verkaufen, die „Junk-Bonds" wurden nicht mehr verzinst und damit praktisch wertlos, die Banken kämpften um die Rückzahlung ihrer Kredite. Unseriöse Aufkäufer landeten wegen Betrugs gar im Gefängnis.

Die bekannten großen US-Multis waren von diesen Geschäften nur am Rande betroffen. Sie gehören weiterhin zur ersten Garde der Weltunternehmen, gegenüber denen sich – wie die Tabelle auf S. 122–123 zeigt – die deutschen Multis als klein darstellen. Das begründet daher vielfach auch den Wunsch des Managements deutscher Konzerne, weiter zu wachsen, um den amerikanischen und japanischen Weltkonzernen Paroli bieten zu können.

Größe allein ist kein ausreichender Schutz

Ist **Größe an sich schon Garantie für Unangreifbarkeit auf den Weltmärkten?** Die Antwort lautet klar und einfach: Nein. Sicher gibt Marktmacht erweiterte Handlungsspielräume, schützt sie das Unternehmen davor, beim ersten Weltkonjunktureinbruch oder der ersten verschlafenen technischen Entwicklung dauerhaften Schaden zu nehmen. Dennoch gibt es – was für die fortbestehende Vitalität des weltweiten Wettbewerbs spricht – **für kein Unternehmen eine dauerhafte Bestandsgarantie.** Man braucht nur an deutsche Großunternehmen zu denken, die in erhebliche wirtschaftliche Schwierigkeiten geraten sind, wie z.B. Krupp, AEG, Rheinmetall. Aber selbst der größte internationale Industriekonzern der Erde, die amerikanische Automobilfirma „General Motors", ist nicht davor geschützt, sich „auf dem absteigenden Ast" zu befinden. Ist das der Grund dafür, daß General Motors durch den 1985 erfolgten Aufkauf einer Flugzeugfirma (Kaufpreis 5 Mrd. $) **auf neuen Märkten Fuß fassen** will, weil die Autonachfrage stagniert bzw. wegen der japanischen Konkurrenz zurückgeht?

„Diversifikations“-Interesse der Multis

Ist das vergleichbar mit dem Verhalten des deutschen Auto-Multis Daimler-Benz, der gleichfalls in neue Techniken durch den Aufkauf von Dornier (Flugzeug), MTU (Turbinen) und der AEG (Elektrotechnik, Elektronik) einsteigt – für die Zeit „nach dem Automobil“, wie ein führender Daimler-Manager einmal ausführte?

> **Diversifikation**
> ist die Ausweitung des Leistungsprogrammes eines Konzerns, der nach erfolgter Diversifikation auf vielen, für ihn vielfach völlig neuen Märkten tätig ist. Damit gleicht sich das Risiko von Marktzusammenbrüchen aus: Wenn z.B. Produktionsrückgänge bei einem Produkt auftreten, dann kann er eher einen Ausgleich durch die Ausweitung der neuen Produktionen erreichen als ein reines Einproduktunternehmen. Neuerdings dient Diversifikation den Großunternehmen über den Risikoausgleich hinaus auch dazu, schneller in zukunftsträchtige Märkte hineinzukommen als bei Eigenentwicklung.

Schutz durch Verflechtungen

Neben der Diversifikation in benachbarte Märkte haben selbst Weltkonzerne Schutzstrategien gegen den von ihnen als zu gefährlich empfundenen Wettbewerb entwickelt. Durch zahlreiche Verflechtungen und Gemeinschaftsprojekte versuchen sie, den Wettbewerb unter Kontrolle zu halten.

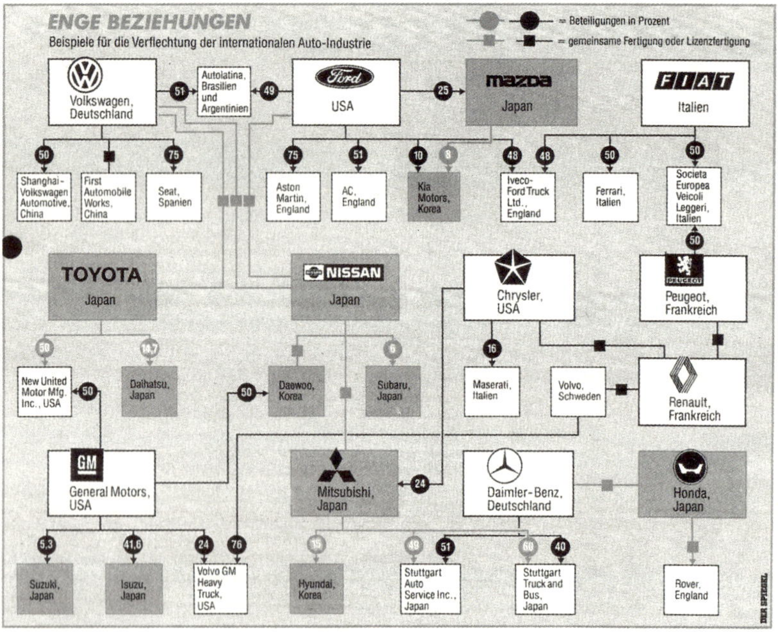

Der Spiegel, Nr. 14 v. 3.4.1989.

Die letzte Entwicklung in diesem Geflecht war das 1991 in Portugal geplante Gemeinschaftsprojekt von Ford und VW, ein Großraumauto zu entwickeln und zu produzieren.

Wettbewerb durch Gemeinschaftsunternehmen

Das Projekt ist deshalb von besonderem Interesse, weil sich hier eine wettbewerbspolitisch durchaus akzeptable Form der Auseinandersetzung zwischen verschiedenen multinationalen Konzernen zeigt. „Europas Autoindustrie steht unter wachsendem Wettbewerbsdruck der Japaner. Während Franzosen und Italiener dazu neigen, aus dem EG-Binnenmarkt eine Art Naturschutzpark für heimische Erzeugnisse zu machen, stellen sich die deutschen Hersteller der Fernost-Konkurrenz im offenen Schlagabtausch. Dazu gehört auch eine Antwort auf die japanische Modellvielfalt.“ (Handelsblatt, 17.7.1991) Wenn nun die Entwicklung eines Pkw-Typs in dieser Vielfalt selbst für Weltunternehmen wie Ford bzw. VW zu riskant ist, dann könnte ein Gemeinschaftsunternehmen in diesem Produktbereich den Wettbewerb beleben. Das gilt insbesondere dann, wenn die Alternative der Verzicht auf die Produktion dieses Wagens wäre.

Insofern lassen sich, wie es der Karikaturist sieht, die konkurrierenden Großraum-Pkws europäischer und amerikanischer Produzenten als Straßensperre gegen die anrückende japanische Konkurrenz begreifen, was aber nur hinzunehmen ist, wenn diese Sperre nicht das Ergebnis von Protektionismus, sondern überlegener Leistung ist.

Die Wagenburg HANDELSBLATT: Bensch

Handelsblatt v. 17.7.1991.

Zu erwähnen bleibt hier die besondere Chance, die sich gerade multinationalen Konzernen mit ihrer internationalen Beweglichkeit gegenüber rein nationalen Unternehmen stellt: Der portugiesische Staat wird sich mit 30% der auf fünf Mrd. DM geschätzten Kosten des Gemeinschaftsprojekts Ford-VW beteiligen. Niedrige Löhne, flexible Arbeitszeiten, nationale Subventionen und die Chance des völligen Neuaufbaus eines hochmodernen Werks „auf der grünen Wiese“ sind die Voraussetzungen, um sich auch kostenmäßig auf umkämpften Märkten behaupten zu können. **Nur auf nationalen Märkten operierende kleinere Unternehmen haben derartige Entscheidungsspielräume in der Regel nicht.**

Strategische Allianzen

Andere Schutzmaßnahmen stellen die vom Bundeskartellamt in seinem Tätigkeitsbericht 1989/90 besonders herausgestellten „strategischen Allianzen“ zwischen Unternehmen verschiedener Größenordnung und Nationalität dar. Diese Allianzen sind in Erscheinungsform, Zielsetzung und Art der Kooperation sehr vielfältig. Einige von ihnen bezwecken lediglich den „wechselseitigen Informationsaustausch im Bereich komplementärer Technologien; sie können aber auch die gemeinsame Grundsatzforschung zum Gegenstand haben, der Erarbeitung gemeinsamer technologischer Standards dienen oder die gemeinsame Produktentwicklung und Vermarktung verfolgen. Häufig sollen die mit strategischen Allianzen verknüpften Ziele nicht nur durch bloße vertragliche Bindungen, sondern daneben auch durch kooperative Gemeinschaftsunternehmen sowie durch strukturelle Veränderungen in Form von wechselseitigen Beteiligungen erreicht werden.“ (S. 30 f.)

Das Bundeskartellamt sieht die Gefahr, daß diese strategischen Allianzen durch Beschränkung des Wettbewerbs der Entwicklung und Verbreitung verbesserter Technologien eher entgegenstehen können. Die Behörde prüfte daher derartige Allianzen in der Auto-, Elektro- und chemischen Industrie im Hinblick auf mögliche Behinderungen. Insbesondere wird bei horizontalen Allianzen, solchen also, die sich auf einen Markt erstrecken, die Gefahr von Preis-, Quoten- und Gebietsabsprachen gesehen.

Daneben gibt es Märkte, auf denen selbst einem Großunternehmen auf Dauer die finanzielle Luft ausgehen würde. Beispiel dafür ist der Markt für Verkehrsflugzeuge; hier existiert neben den amerikanischen Konzernen Boeing und McDonnell-Douglas als Konkurrent nur noch die „Airbus Industrie“, ein kräftig subventioniertes europäisches Unternehmen mit Beteiligungen aus mehreren europäischen Staaten. Die erfolgreiche Markteinführung eines Kurz- und Mittelstreckenflugzeuges (Airbus 320) und die beabsichtigte Entwicklung eines Langstreckenflugzeuges (Airbus 340) als unmittelbarer Konkurrent amerikanischer Modelle führten seit 1986 zu heftigen Auseinandersetzungen zwischen der amerikanischen Regierung und den an der Airbus Industrie als Subventionsgeber beteiligten europäischen Staaten.

Verbindungen von Multis und Regierungen

An diesem Beispiel wird sichtbar, daß **multinationale Konzerne sehr eng mit den jeweiligen Regierungen verbunden sein können;** nehmen die Konzerne Belange nationalen Prestiges bzw. Rüstungsaufgaben wahr, dann lassen sich Privat- und Staatsinteressen nicht mehr trennen. Praktisch führt das zu undurchschaubaren Unterstützungszahlungen zugunsten der Privatkonzerne. Selbst wenn deren zivile Produktionen sich „auf dem Weltmarkt behaupten" sollen, wie es die amerikanische Regierung von Boeing und McDonnell fordert, so finden mittelbare Subventionen statt: Der Militärbereich der Konzerne wird durch Aufträge so gefüttert, daß selbst defizitäre Zivilgeschäfte mitgetragen werden können.

Multis als „Staatskonzerne" regen weitere Konzentration an

Auf einem weiteren internationalen Markt, dem der Telekommunikation (Telefondienste im weitesten Sinne), können nur noch wenige Multis überleben. Dies gilt insbesondere nach der Bildung des mit Abstand größten europäischen Telekommunikationskonzerns Alcatel, eines – bezeichnenderweise! – von der französischen Regierung gebildeten Zusammenschlusses des französischen Multis CGE (Companie Générale d'Electricité) mit den europäischen Tochterunternehmen des amerikanischen ITT (International Telegraph and Telephon)-Konzerns. Hier bildete sich nach dem US-Konzern AT&T der zweitgrößte Telekommunikationsanbieter der Erde. Weit abgeschlagen folgte die Siemens AG, die daher auf Partnersuche ging und mit dem schwedischen Ericsson-Konzern ein Gemeinschaftsunternehmen („joint venture") gründete. Weitere Zukäufe sind geplant, um der Alcatel Paroli bieten zu können. So gestärkt wird es in den nächsten Jahren die „Rangelei der Elefanten" um die attraktiven Telekommunikationsaufträge geben.

Wirtschaftswoche, Nr. 6 v. 30.1.1987.

Nicht nur bei der Konzernbildung, sondern auch bei den Aufträgen für diese multinationalen Riesen werden die Regierungen ein gewichtiges Wort mitsprechen wollen. Die Entscheidung, welches elektronische Vermittlungssystem mit Milliardenaufwand in einer Volkswirtschaft eingeführt wird – welcher der wenigen Multis also den Zuschlag erhält –, läßt sich nicht an Regierungsinteressen vorbei fällen.

Gefahren durch Multis bei Interessenwidersprüchen

Wann werden die multinationalen Konzerne zu einer Gefahr für die nationalen Volkswirtschaften und ihre Regierungen? Grundsätzlich bei **Konflikten zwischen nationalstaatlichen Interessen und der Geschäftspolitik der Multis.** Die Auflösung dieser Konflikte kann eher zugunsten der Multis ausfallen als in ähnlich gelagerten Fällen zwischen der Regierung und einem rein nationalen Unternehmen. Die Sorge, machtlos den Multis gegenüberzustehen, ist daher nicht nur Einbildung.

Machtzuwachs durch Internationalität

Warum haben die Multis dieses Mehr an Macht? Die Antwort liegt in ihrer eigentlichen Existenz als multinationale Konzerne: **Weil sie auf vielen Märkten zu Hause sind, können sie Produktionen und Investitionen verlagern.** Multis können sich den Forderungen nationaler Regierungen entziehen, was rein nationalen Unternehmen erheblich schwerer gelingen dürfte.

Multis versus Regierungen

Konflikte zwischen den Interessen von Regierungen (Vollbeschäftigung, stabiler Geldwert, hohes Wachstum) und denen der Multis (maximale Konzerngewinne) gibt es auf verschiedenen Ebenen:

... Beschäftigungspolitik

- Obwohl Regierungen die heimische Beschäftigung ausweiten wollen, können die Multis aufgrund ihrer internationalen Investitionspolitik andere Länder als Standorte ihrer Produktionen vorsehen. Arbeitsplätze werden somit im Ausland geschaffen. **Die Multis können daher eine nationale Vollbeschäftigungspolitik unterlaufen.**

... Inflationspolitik

- Um Inflation zu bekämpfen, versuchen Regierung und Zentralbank, die Geldmenge zu drosseln. Durch die Geldverknappung steigen die Zinsen, was Investitionen und Ratenkäufe und damit die Gesamtnachfrage senkt und so den Preisauftrieb dämpft. Multis können diese Politik scheitern lassen; aufgrund ihrer weltweiten Verflechtung können sie die von Tochtergesellschaften im Ausland erwirtschafteten Gewinne und aufgenommenen Kredite in das betreffende Land umleiten und so die Geldverknappung umgehen.

... Wachstumspolitik

- Regierungen, die das wirtschaftliche Wachstum beschleunigen wollen, indem sie durch Steuererleichterungen die private Investitionstätigkeit anregen, können bei einem multinationalen Unternehmen an die falsche Adresse geraten. Dieses nimmt zwar die Steuerermäßigungen gern entgegen, **überweist jedoch die im Inland erzielten Gewinne und die Steuerrückzahlungen an eine Auslandstochter,** die aufgrund der weltweiten Unternehmensplanung der gegenwärtige Investitionsschwerpunkt ist. Das Inland geht leer aus.

- Das strenge Umweltprogramm eines Nationalstaates wird von einem Multi durch Verlagerung der Produktion an einen Standort mit „großzügigeren" Umweltschutznormen unterlaufen – einer der wenigen Fälle, in denen **Umweltschutz tatsächlich Arbeitsplätze kosten kann.**

... Umweltpolitik

- Als Ergebnis einer breit angelegten Einigung zwischen Arbeitgebern und Arbeitnehmern führt ein Land besondere Mitbestimmungsmöglichkeiten der Belegschaften ein. Anders als ein rein nationales Unternehmen kann ein Multi diesen Gesetzen durch Abwanderung an Standorte, wo er noch „Herr im Haus" ist, entgehen.

... Mitbestimmung

Im Regelfall keine Konflikte zwischen Multis und Regierungen

Das sind mögliche Interessenkonflikte zwischen den Multis und nationaler Wirtschafts- und Sozialpolitik. **In den meisten Fällen kommt es jedoch nicht zu Konflikten:** An Wachstum, geringer Inflation, großer Nachfrage, guten Absatzchancen und sozialem Frieden ist auch jeder multinationale Konzern interessiert, weil ungehinderte Produktion am eingerichteten Standort viel ertragreicher ist als eine kostenträchtige Ausweichstrategie. **Multis gelten daher insofern als „konservativ", als sie eine Fortsetzung herrschender Zustände anstreben** und darauf ihre Politik einrichten. Multis sind nicht von vornherein an gewerkschaftsfeindlichen Regierungen interessiert; im Gegenteil, eine „linke" Regierung, die durch arbeitnehmerfreundliche Politik sozialen Frieden und damit höchste Produktivität gewährleistet, kann multinationalen Unternehmen sehr willkommen sein.

Konflikte zwischen Multis und Gewerkschaften

Interessenkonflikte sind dennoch zwischen Gewerkschaften und multinationalen Unternehmen denkbar: Wenn Multis Anlagekapital aus allen Teilen der Welt in einer Volkswirtschaft anlegen und im Inland hochprofitable Arbeitsplätze schaffen, ist volle Interessenübereinstimmung gegeben: Die Gewerkschaften sehen wachsende Beschäftigung und, was ihnen ebenso wichtig ist, Arbeitsplätze mit hoher Wertschöpfung, was künftige Lohnerhöhungen vorprogrammiert.

Andererseits aber ist auch der umgekehrte Vorgang möglich: Der transnationale Konzern verwendet den Ertrag aus dem nationalen Unternehmen, um im Ausland Arbeitsplätze aufzubauen. Möglicherweise werden Abwehrmaßnahmen der Gewerkschaften, z.B. Streiks zur Vermeidung von Stillegungen, zum Anlaß genommen werden, Arbeitsplätze in Länder zu verlagern, in denen die Arbeitnehmer weniger „streikfreudig" sind.

Nicht minder widersprüchlich sind die wettbewerbspolitischen Wirkungen der multinationalen Konzerne. Sie sind im **wesentlichen dieselben wie bei nationalen Konzernen, wobei die weltweite Präsenz den Multis zusätzliche Handlungsspielräume gibt.**

Stimulierung, aber auch ...

Wettbewerbsstimulierend ist ihre Wirkung auf verkrusteten nationalen Märkten, die sich eine Handvoll Unternehmer zu Lasten der Verbraucher aufgeteilt hat. Hier kann ein Multi mit seinem neuen Produktsortiment, mit seinen neuen Vermarktungsformen, mit seinen niedrigeren Preisen überaus belebend wirken.

MULTINATIONALE KONZERNE
Argumente

Pro	Contra
1. Technologieaustausch und Technologietransfer in weniger entwickelte Länder	1. Verhinderung der weltweiten Nutzung des technischen Fortschritts durch selektive Patentnutzung
2. Förderung der wirtschaftlichen Entwicklung Einführung – neuer Marketingverfahren – neuer Produkte – neuer Produktionsverfahren – neuer Managementtechniken Förderung des weltweiten Wohlstandswachstums	2. „Ausbeutung" von Rohstoffen und Arbeitskraft
3. Weiterqualifizierung des einheimischen Personals Schaffung neuer Arbeitsplätze	3. Arbeitsplatzverlagerungen in andere Länder Abzug von Finanz- und Sachkapital
4. Zufluß von Devisen	4. Gewinnverlagerungen Manipulation der Devisenkurse durch international orientierte Kapitalanlagepolitik
5. Unterstützung der nationalen Wirtschaftspolitik, die auf Vollbeschäftigung, Wachstum und Zahlungsbilanzausgleich gerichtet ist.	5. Umgehung der Wirtschaftspolitik des Konzernmutterlandes und der Gastländer Beeinträchtigung der nationalen Geldpolitik (nationale Geldverknappung zwecks Inflationsbekämpfung wird mittels internationaler Kreditaufnahme umgangen) Unterlaufen nationaler Devisenbeschränkungen Manipulation der nationalen Regierungen
6. Erhöhung des Steueraufkommens	6. Steuerumgehungen durch Konzernverrechnungspreise
7. Intensivierung des Wettbewerbs mit dem Ziel besserer Verbraucherversorgung Schnelles Eindringen in vermachtete nationale Märkte	7. Verbraucherschädigung durch monopolistische Preispolitik Absatzbeschränkungen Behinderung der schwächeren nationalen Konkurrenten Tendenzen zur Marktvermachtung und Wettbewerbsbeschränkung Bildung von „strategischen Allianzen" mit anderen Multis

Weitere Merkmale ohne Gegenüberstellung

– Aufbau von Ausbildungseinrichtungen – Aufbau von Exportindustrien – Importsubstitution (Waren, die bislang unter Verwendung knapper Devisen importiert werden mußten, werden im Land selbst hergestellt.)	– Negative kulturelle Effekte auf kleinere Gastländer – Schwächung der Gewerkschaften

Die Multis können andererseits den Wettbewerb erheblich beschränken, insbesondere dann, wenn sie ihre weltweite Marktmacht zur Behinderung kleinerer nationaler Unternehmen einsetzen. Wenn letztere in die Produkt- und Preisführerschaft der Multis geraten, ist wettbewerbliches Leben auf den betreffenden Märkten weitgehend abgetötet.

... Beschränkung des Wettbewerbs

Wie kann ein Multi seine besondere Macht einsetzen? Im wesentlichen dadurch, daß er die Erträge auf Fremdmärkten einsetzt, um gezielt nationalstaatliche Konkurrenten auf deren Märkten zu unterbieten. So berichtet Kurt R. Mirow (Diktatur der Kartelle, Reinbek 1978) von der Vernichtung der aufstrebenden brasilianischen Elektroindustrie durch die westlichen Elektro-Multis, die sich zu Kartellen zusammengeschlossen hatten, um der neuentstehenden Industrie durch gezielte Preisunterbietung das Wasser abzugraben. **Die Multis konnten für diese Unterbietungsaktionen Erträge aus Drittlandmärkten heranziehen und damit ihren Kampf finanzieren;** die einheimische Industrie hatte diese Chance nicht.

Subventionierung von Preiskämpfen

Es reicht daher häufig, daß die großen internationalen Unternehmen auf ihren jeweiligen Märkten die Möglichkeit zu Kampfmaßnahmen haben, um von Anfang an die schwächeren nationalen Betriebe zum Einlenken zu bewegen. Letztere **verzichten dann von vornherein auf Wettbewerb und folgen der Preisführerschaft der Großen.**

Wie machtlos sind die Regierungen, Unternehmen und Gewerkschaften des Heimatlandes vor der Macht der Multis? Konkrete Gegenmacht gibt es tatsächlich nur in Anfängen: Gewerkschaften hatten sich beispielsweise zusammengetan, damit die Arbeitsplätze des einen Landes nicht gegen die des anderen ausgespielt werden.

Formen von Machtkontrolle durch

Das versuchten sie in Europa in einigen Fällen, wie z.B. gegenüber dem ENKA Konzern (Chemie), dem Konzern Hoesch-Hoogovens (Stahl) und gegenüber dem französischen Elektromulti Thompson, der in der Bundesrepublik einige Fernsehhersteller (Saba, Nordmende) aufgekauft und dort sehr rabiat Arbeitsplätze abgebaut hatte. Im August 1987 beschlossen VW-Arbeiter in Deutschland, den Streik mexikanischer VW-Beschäftigter zu unterstützen: Sie weigerten sich, durch Mehrarbeit die Produktionsausfälle in Mexiko auszugleichen.

... Gegenmacht der Gewerkschaften

Die **Kontrolle des Wettbewerbsverhaltens der Multis** können die Regierungen im eigenen Lande insoweit vornehmen, wie es ihre nationalen Wettbewerbsgesetze zulassen. Als Besonderheit ist darüber hinaus das supranationale Wettbewerbsrecht der Europäischen Gemeinschaft zu erwähnen. Gerade hier gab es 1990 eine wesentliche Ergänzung mit der Einführung der EG-Fusionskontrolle.

... Wettbewerbsgesetze

Die Schwierigkeiten kartellbehördlicher Überwachung des Verhaltens multinationaler Konzerne hatten sich beispielhaft in dem Versuch des Bundeskartellamtes gezeigt, das Preisverhalten der in Deutschland tätigen Mineralölmultis zu kontrollieren. Diese hatten Ende 1990 kollektiv die Preise im Raum Hamburg angehoben, obwohl die internationalen Beschaffungskosten drastisch gefallen waren. Diese Einkaufspreise der Konzerne hatten – wie die Unternehmen immer wieder beteuerten – den wettbewerblichen Handlungsspielraum im Inland maßgeblich beeinflußt; so wurden alle Preiserhöhungen mit dem Anstieg der internationalen Preise begründet. Umgekehrt müßten die Preise mit dem internationalen Preisverfall gleichfalls nach unten gehen. Das Gegenteil geschah – für das Bundeskartellamt der Anlaß, hier den Mißbrauch einer marktbeherrschenden Stellung zu sehen.

Denkbar wäre sicherlich auch, dieses überraschende Einvernehmen in der Preisgestaltung als ein **verbotenes Preiskartell** oder eine gleichfalls unzulässige abgestimmte Verhaltensweise zu deuten. Hier wäre aber das Beweisproblem nicht zu lösen; multinationale Konzerne pflegen nicht so unvorsichtig zu sein, schriftliche Unterlagen über verbotene Kartellabsprachen zu hinterlassen. So blieb die Möglichkeit, die Konzerne in ihrer Gesamtheit als Marktbeherrscher zu behandeln, die mit ihrem Preisverhalten ihre Marktstärke mißbräuchlich ausnutzten.

Rechtliche Verfahrensprobleme

Dieser Fall zeigte erneut die schwierigen rechtlichen Verfahrenswege; die Mißbrauchsverfügung des Kartellamtes wurde bereits in der ersten Instanz als rechtswidrig aufgehoben. Die Begründung lautete, daß kartellamtliche Preissenkungen ein so schwerwiegender Eingriff in die freie Preisgestaltung von Unternehmen seien, daß diese nur in ganz besonderem öffentlichen Interesse zur Vermeidung irreparabler Nachteile oder schwerer Schäden gestattet wären. Die Preisdifferenzen, um die es hier ging, würden bei einer Tankfüllung nur bis zu DM 2,50 Mehrkosten ausmachen. Diese stellten keine außergewöhnlichen Belastungen für die Verbraucher dar.

Konzentrationskontrolle der EG

Am 21.9.1990 trat die EG-Fusionskontrolle in Kraft. Mit dieser Rechtsgrundlage kann die Kommission der EG in Brüssel multinationale Zusammenschlüsse verhindern, falls diese „eine beherrschende Stellung begründen oder verstärken, durch die ein wirksamer Wettbewerb im Gemeinsamen Markt oder einem wesentlichen Teil desselben erheblich behindert wird“. Derartige Fusionen können „für unvereinbar mit dem Gemeinsamen Markt erklärt“ und damit unter Androhung wiederholter Bußgelder untersagt werden. Die Kommission hat zur Umsetzung dieser Fusionskontrollverordnung eine „Merger Task Force“ (Fusionskontrolltruppe) gebildet, die personell von den Mitgliedstaaten bestückt wurde. Ein enger Erfahrungsaustausch besteht mit dem Bundeskartellamt.

Die Kontrolltruppe der EG hat bereits die ersten EG-weiten Fusionen auf den Märkten für Nutzfahrzeuge, Versicherungen, chemische Erzeugnisse, Lebensmittelhandel und Landhandel geprüft und gebilligt, weil diese den Wettbewerb auf dem Gemeinsamen Markt nicht beeinträchtigten.

Unabhängig davon hat die Kommission der EG mit den Art. 85 und 86 des EWG-Vertrages die Möglichkeit, Kartelle und Kartellersatzformen zu verbieten und den Mißbrauch von Marktmacht zu untersagen. Diese Möglichkeiten entsprechen weitgehend denen, über die das Bundeskartellamt auf dem deutschen Markt verfügt.

Keine praktischen Formen von Investitionskontrollen, sondern ...

Eine Kontrolle des Investitionsverhaltens der Multis, insbesondere Enteignungen zur Verhinderung von Verlagerungen von Produktionen außer Landes, **ist praktisch nicht möglich.** Derartige Kontrollen hätten erhebliche negative Rückwirkungen, weil sie zum sofortigen Investitionsrückgang bei allen Multis führen würden. Das Land wird zum „Mausefallenstandort", d.h., man kommt als Investor hinein, aber nicht mehr hinaus. Die Folge würde sein, daß niemand mehr arbeitsplatzschaffend hineingeht, daß Erweiterungsinvestitionen unterbleiben, daß kaum mehr Erhaltungsinvestitionen vorgenommen werden und der Standort über kurz oder lang auf Null heruntergefahren wird. Diese Wirkungen müssen die Regierungen bei einschneidenden Kontrollmaßnahmen zumindest in Erwägung ziehen.

... im Gegenteil, Förderung der Ansiedlung von Multis

Es bleibt allerdings festzuhalten, daß die **positiven Wirkungen der multinationalen Unternehmen in der Realität zu überwiegen scheinen.** Es gibt keine Regierung, die nicht versuchte, Multis mit Steuernachlässen, billigen Grundstücken, Erlaß von Erschließungskosten, direkten Bauzuschüssen usw. in das eigene Land zu locken. Bezeichnend ist zudem, was der ehemalige Präsident der Deutschen Bundesbank, Karl Otto Pöhl, dem „Rheinischen Merkur" am 6.2.1987 in einem Interview sagte: „IBM ist der größte deutsche Computerhersteller. Das Unternehmen beschäftigt 28 000 Menschen in der Bundesrepublik ..." Die Tochter des riesigen amerikanischen Elektronik-Multis **gilt als „deutscher" Computerhersteller,** der hier Menschen beschäftigt, in andere europäische Staaten exportiert, technisches Know-how als befruchtende Herausforderung für die anderen deutschen Hersteller ins Land bringt und – nicht zuletzt – Importe aus Amerika entbehrlich macht, weil die Geräte im eigenen Lande hergestellt werden.

Multis haben Interesse an „friedlicher Koexistenz" mit dem Gastland

Konflikte mit den Regierungen des Gastlandes binden Energien, die nicht mehr für die Gewinnerzielung bereitstehen. Ein Multi wird sich daher mit den Regierungen – egal, welcher Richtung – zu arrangieren versuchen. Vielleicht ist das der wichtigste Grund dafür, daß trotz der jährlich viele Milliarden DM betragenden Produktionswerte und eines nicht minder großen Handels zwischen den Konzernbetrieben (etwa die Hälfte des deutschen Außenhandels, der in Export und Import 1986 zusammen fast eine Billion DM – 1000 Milliarden (!) – betrug, wird innerhalb multinationaler Konzerne abgewickelt) **kaum Konflikte mit den in der Bundesrepublik tätigen Multis bestehen.**

Ausbeutung von Entwicklungsländern

Eine Untersuchung der Multis wäre unvollständig, wenn nicht auch auf die Schattenseiten hingewiesen würde, die wir in der Bundesrepublik kaum zu spüren haben: So weisen die in der Welthandelskonferenz der Vereinten Nationen (UNCTAD) zusammengeschlossenen Entwicklungsländer auf die „neokolonialistische" **Ausbeutung** ihrer Volkswirtschaften durch multinationale Konzerne hin. Billige Arbeitskraft und Rohstoffe werden von den in den Industriestaaten ansässigen Konzernen ausgebeutet – für die Entwicklung der armen Staaten der Dritten und Vierten Welt bleibt nichts mehr übrig. Vielmehr: Über die Multis holen die Industriestaaten mehr aus den Entwicklungsländern heraus als sie vorher durch Investitionen hineingegeben hatten. „In den entwickelten Volkswirtschaften Westeuropas lassen (die amerikanischen Multis) ihre Gewinne viel bereitwilliger im Land.“[2)]

Politische Eingriffe der Multis

Hinzu kommen politische Folgen: Bei den schwachen Staaten unter den Entwicklungsländern suchen Multis nicht immer die Verständigung mit den Regierungen, sondern häufig deren Beherrschung. Die wirtschaftlich mächtigen Konzerne verwendeten Macht und Beziehungen, um **Regierungen nach eigenen Interessen ein- oder abzusetzen.** Die Eingriffe US-amerikanischer Konzerne in Wirtschaft und Politik zahlreicher mittel- und südamerikanischer Staaten – die bis hin zum Sturz demokratisch legitimierter Regierungen (Chile, Guatemala) führten – sind tatsächliche Beispiele für die Mißachtung der nationalen Souveränität anderer Völker durch das Management multinationaler Konzerne.

Literaturhinweise

Richard J. Barnet/Ronald E. Müller, Die Krisenmacher. Die Multinationalen und die Verwandlung des Kapitalismus, Reinbek 1975.

Corinna Brandi, Multinationale Unternehmen und staatliche Wirtschaftspolitik in westlichen Industriestaaten, Paderborn 1979.

Gerhard Breidenstein, Internationale Konzerne. Arbeitsbuch für Schule, Gewerkschaften, politische Gruppen, Reinbek 1980.

Heinz-Dieter Hardes/Fritz Rahmeyer/Alfons Schmid, Volkswirtschaftslehre. Eine problemorientierte Einführung, 17. Aufl., Tübingen 1991. (Kapitel 6.5, „Multinationale Unternehmen“).

Kurt Rudolf Mirow, Die Diktatur der Kartelle, Reinbek 1978.

Michael Tolksdorf

[2)] Richard J. Barnet/Ronald E. Müller, Die Krisenmacher, Reinbek 1975, S. 135.

1.6. Subventionen – und kein Ende?

Wenn es zutrifft, daß ungeliebte Kinder die schlechteren Entwicklungschancen haben, dann müßten die Subventionen, also die direkten und indirekten Finanzhilfen des Staates an die Wirtschaft[1], ein kümmerliches Dasein fristen. **Niemand liebt und befürwortet sie mit Ausnahme derjenigen, die davon profitieren.** Politiker, Publizisten, Ökonomen und auch die Wirtschaft, z.B. der „Bundesverband Junger Unternehmer", lehnen sie mehrheitlich ab. Sie passen im Grundsatz nicht in eine wettbewerblich orientierte Marktordnung, und nahezu jede Regierung, gleich welcher Parteizugehörigkeit, trat mit dem Versprechen an, die Subventionen zu durchforsten und abzubauen. Dies hat ihr Wachstum bisher nicht aufgehalten. Sie bewegten sich – nicht nur in der Bundesrepublik – im letzten Jahrzehnt etwa

Ungeliebt ...

... aber wachsend

Subventionsentwicklung in der Bundesrepublik 1974 - 1990 nach verschiedenen Subventionsdefinitionen
(Werte in Mrd.DM)

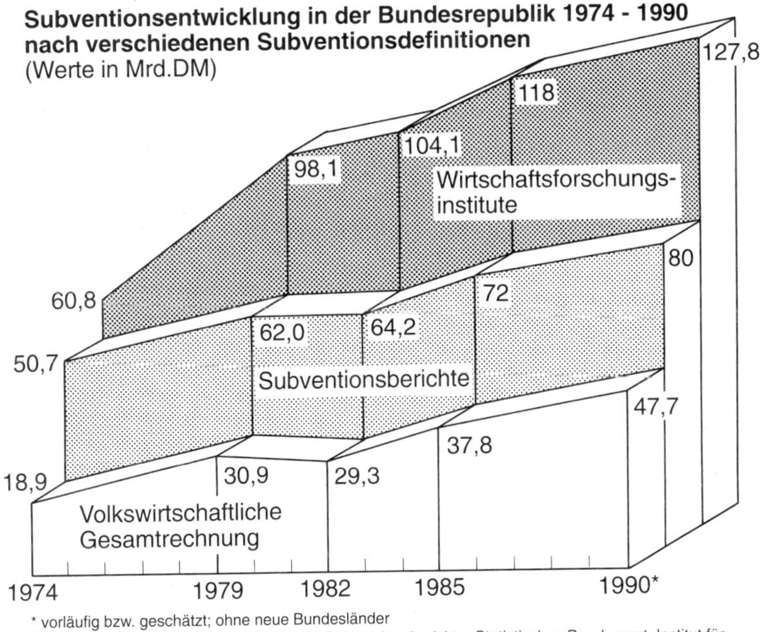

* vorläufig bzw. geschätzt; ohne neue Bundesländer
Quellen: Institut der deutschen Wirtschaft, Subventionsberichte, Statistisches Bundesamt, Institut für Weltwirtschaft

1) Unter Subventionen (von lat. subvenire = zu Hilfe kommen) versteht man in enger ökonomischer Definition alle finanziellen Hilfen des Staats an Unternehmen, in weiterer Fassung auch Zahlungen an Haushalte (z.B. Berlin-Zulage, Sparförderung).

wa parallel mit dem Wachstum des (nominalen) Sozialprodukts, und erst der außerordentlich hohe Finanzbedarf für die neuen Bundesländer hat dazu geführt, daß der Bundeswirtschaftsminister 1991 sogar sein Verbleiben im Amt von einer Subventionskürzung um 10 Mrd. DM abhängig machte, wodurch er nicht zuletzt verdeutlichte, daß die politischen Schwierigkeiten von Subventionskürzungen im Zweifel schwerwiegender sind als die Widerstände gegen Steuererhöhungen, zu denen es 1991 ebenfalls im Zuge der deutschen Einigung kam und von denen, aufs Jahr gerechnet, mehr als 30 Mrd. DM Mehreinnahmen erwartet werden, ohne daß dies den Finanzminister zu ähnlichen Erklärungen veranlaßte.

Dimension und Definition

Wie hoch die Subventionen wirklich sind, weiß niemand ganz genau zu sagen, und derjenige, der sich in die Statistiken vertieft, findet ganz unterschiedliche Zahlenangaben: Hält er sich an die Volkswirtschaftliche Gesamtrechnung des Statistischen Bundesamtes, dann kommt er z.B. für 1985 auf **37,8 Mrd. DM,** d.h. etwa 1 426 DM je Erwerbstätigen im Jahr. Schließt er sich den Schätzungen der Wirtschaftsforschungsinstitute an, dann waren es im selben Jahr sogar **118 Mrd. DM** oder rd. 4 450 DM pro Kopf aller Erwerbstätigen, die der Staat direkt oder indirekt im Interesse der subventionierten Bereiche zu Lasten der Steuerzahler umverteilte. Die Angaben der offiziellen Subventionsberichte der Bundesregierung, zu deren Vorlage sie durch § 12 des „Stabilitätsgesetzes" im Zweijahresabstand verpflichtet ist, liegen mit **72 Mrd. DM** oder 2 716 DM je Erwerbstätigen im Jahr 1985 zwischen den beiden anderen Zahlenangaben (vgl. Abbildung S. 145).

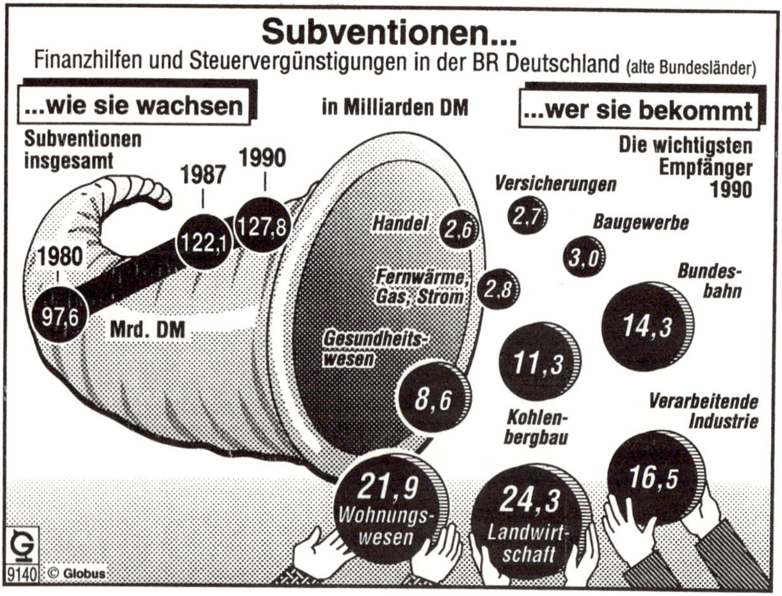

Der niedrigste Wert beträgt also nur ein Drittel der höchsten Zahlenangabe. Die Differenzen ergeben sich aus unterschiedlich weit gefaßten Subventionsbegriffen: Die Volkswirtschaftliche Gesamtrechnung ist in erster Linie an den Geldströmen zwischen den Sektoren (Unternehmen, Staat, Haushalte) interessiert. Daher erfaßt sie nur die direkt gezahlten Subventionen und nicht die beträchtlichen Steuervergünstigungen für diverse Wirtschaftszweige, die noch einmal mehr als 40% der direkten Finanzhilfen ausmachen. Die Subventionsberichte der Bundesregierung berücksichtigen zwar diese Steuervergünstigungen, rechnen aber Unternehmen im Staatsbesitz nicht zu den Subventionsempfängern, obwohl hier z.T. erhebliche Defizite aus dem Staatshaushalt abgedeckt werden. Allein die **Bundesbahn** liegt mit einem Zuschußbedarf von 33 000 DM je Eisenbahner (1987) nächst dem Bergbau sogar an der Spitze aller aus dem Staatshaushalt unterstützten Wirtschaftszweige (vgl. Abbildung S. 148), wobei dieser Betrag durch die Einbeziehung der maroden ostdeutschen „Reichsbahn" noch erheblich wachsen wird, für die bereits im Etat 1991 8 Mrd. DM an Zuschüssen vorgesehen sind.[2)] Unter Einbeziehung der Staatsbetriebe und nach weiteren Ergänzungen und Korrekturen ergibt sich dann der umfassende Subventionsbegriff, von dem die deutschen Wirtschaftsforschungsinstitute bei ihren Strukturberichterstattungen ausgehen, wobei auch zwischen ihren Zahlen noch geringe Unterschiede bestehen.[3)]

Ursachen der Unterschiede

Wenn die Bedeutung der Subventionen für einzelne Wirtschaftszweige herausgearbeitet werden soll, empfiehlt es sich, einen möglichst weit gefaßten Subventionsbegriff zu verwenden. Vor- und Nachteile der Subventionen können jedoch meist nur am konkreten Einzelfall erörtert werden, wobei die mehr als 10 000 Einzelpositionen[4)], in die das Subventionsvolumen zerfällt, ein solches Vorhaben von vornherein nahezu undurchführbar machen. **In der unübersehbaren Vielfalt der bestehenden Finanzhilfen und Steuerermäßigungen liegt denn auch einer der Gründe dafür, daß das Wachstum der Subventionen kaum wirkungsvoll kontrolliert werden kann** und daß frühere Bemühungen immer wieder scheiterten, sie zu reduzieren oder wenigstens so umzuschichten, daß ihr Nutzen die vermuteten Nachteile übersteigt.

Subventionsvielfalt

Nach einer Umfrage des „Bundesverbandes Junger Unternehmer" erhielten 1985 fast 60% aller Unternehmen (57,5% der antwortenden Firmen) mehr oder minder hohe Staatszuschüsse für diverse Zwecke. Der tatsächliche Prozentsatz dürfte noch höher sein, denn viele Subventionen, die z.B. in Form von Steuervergünstigungen gewährt werden, sind den Begünstig-

Wer bekommt wieviel?

2) Vgl. Informationsdienst des Instituts der deutschen Wirtschaft, Nr. 34/1991, S. 2.

3) Eine Gegenüberstellung der in den jeweiligen Statistiken erfaßten bzw. nicht erfaßten Subventionstatbestände findet sich im 12. Subventionsbericht der Bundesregierung (1987–1990), S. 30 f.

4) Subventionsabbau in der Bundesrepublik Deutschland. Eine Untersuchung des Instituts für Weltwirtschaft an der Universität Kiel im Auftrage der „Wirtschaftswoche", 1985, S. 4, Fußnote 1.

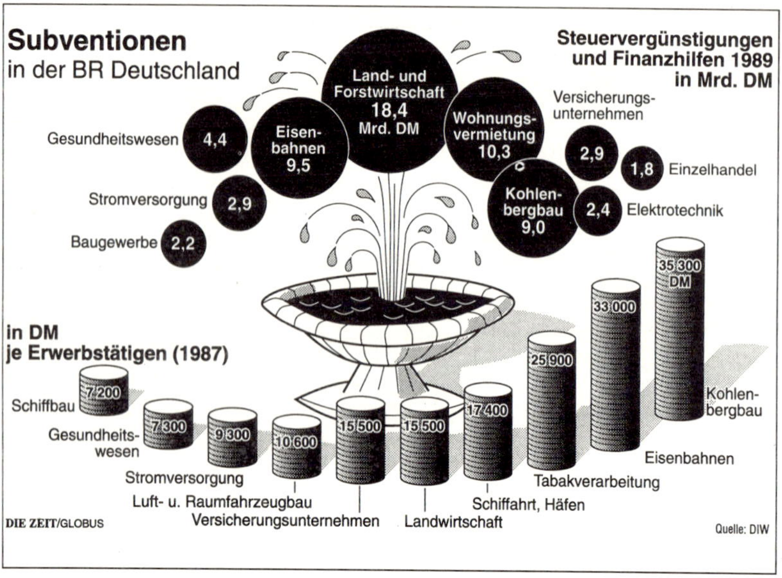

ten vielfach gar nicht als Subventionsleistungen bewußt. Man denke nur an die breite Palette der Berlin-Förderung, von der ja u.a. auch alle Berliner Erwerbstätigen bisher profitieren (Berlin-Zulage bzw. ermäßigte Einkommensteuer).

Fehlendes Subventionsbewußtsein

Bei dauerhafter Gewährung solcher Begünstigungen werden sie bald als normales Einkommen angesehen und nicht mehr als Steuerprivileg zu Lasten anderer empfunden. Jeder Versuch einer Kürzung – und das gilt für alle Subventionen – stößt dann natürlich auf um so heftigere Gegenwehr der Betroffenen, während diejenigen, von deren Steuern die Subventionen finanziert werden, weit weniger allergisch reagieren, wenn die Subventionen wachsen, da sie ja aus einem anonymen Staatshaushalt finanziert werden. **Die Reaktion ist eine ganz andere, wenn die Subventionslast direkt beim Bürger abgefordert wird,** wie es in den Jahren 1948 bis 1956 mit dem „Notopfer Berlin" geschah, einer 2-Pfennig-Zuschlagmarke auf alle Postsendungen im Bundesgebiet zugunsten Berlins. Sie hat vermutlich weit mehr Ärger und Widerstände hervorgerufen als z.B. die horrenden Zahlungen für die Lagerung und Vermarktung der Agrarüberschüsse heutzutage, obwohl sie weit weniger kostete. Vielleicht aber auch w e i l sie weniger kostete, denn es scheint ein immer wieder verblüffendes „Gesetz" zu herrschen, wonach kleine und überschaubare Projekte oder Beträge politisch heftigst umstritten sind, während Milliardensummen bestenfalls kosmetisch korrigiert, aber kaum ernsthaft in Zweifel gezogen werden.

Schwerpunkte

Die Subventionen sind alles andere als klein und überschaubar, und so gibt es denn auch auf die Frage nach der Bedeutung der staatlichen Hilfen für die verschiedenen Wirtschaftszweige und nach deren Rangfolge in der Zuwendungsgunst des Staates ganz unterschiedliche Antworten, je nachdem, ob man sich an den absoluten Beträgen orientiert oder diese in Beziehung zur Wirtschaftsleistung und Größe der subventionierten Branche setzt. Weitere Probleme resultieren aus den erwähnten, z.T. erheblichen Differenzen in den Berechnungen und Schätzwerten. Die Graphik auf S. 148 basiert auf Berechnungen des Deutschen Instituts für Wirtschaftsforschung (DIW), bei denen die Finanzhilfen des Bundes, der Europäischen Gemeinschaft und sämtliche Steuervergünstigungen, nicht aber die Finanzhilfen der Länder (1989: ca. 45 Mrd. DM) berücksichtigt sind. Dennoch vermitteln die Daten einen zutreffenden Eindruck von den Schwerpunkten der Subventionierung, wobei hier – wie in allen anderen Subventionsstatistiken – als „dickste Brocken" die Landwirtschaft, die Eisenbahn, der Kohlebergbau und die Wohnungswirtschaft dominieren. Auf diese vier Bereiche entfallen mehr als die Hälfte aller vom DIW ermittelten Subventionen. Landwirtschaft, Bahn und Bergbau nehmen auch bei Betrachtung der Subventionen je Beschäftigten eine Spitzenstellung ein (vgl. Tabelle S. 150). Dagegen erscheint z.B. der Subventionsbetrag für den Schiffbau mit 441 Mio DM (1989) vergleichsweise unbedeutend, pro Kopf der Beschäftigten liegen die Werften mit 7 000 DM jedoch ebenfalls weit über dem Durchschnitt der Subventionsempfänger.

Die Rangfolge der Subventionsempfänger variiert also nicht unerheblich, abhängig davon, ob man die Hilfe aus Sicht der Steuerzahler (Gesamtbetrag) oder aus Sicht der Empfänger betrachtet. Die Dynamik des Subventionsgeschehens erschließt sich zudem erst dann, wenn man die Daten über mehrere Jahre hinweg beobachtet. Dann tritt u.a. die starke Subventionierung der Stahlindustrie in den 70er und frühen 80er Jahren hervor, die erst im Aufschwung der letzten Jahre nach vorhergehender Konsolidierung verringert werden konnte. Daß die einzelnen Subventionskennziffern aber auch interpretationsbedürftig sind, zeigt sich am Beispiel der Tabak-Industrie, die nach den DIW-Angaben in der Abbildung auf S. 148 mit 25 900 DM je Erwerbstätigen (1989) erstaunlicherweise zu den hochsubventionierten Branchen zu gehören scheint. Die Ziffer ergibt sich in Konsequenz der bisherigen Berlin-Förderung, vor allem der Umsatzsteuervorteile für alle Berliner Firmen, die dazu geführt haben, daß mehr als die Hälfte der deutschen tabakverarbeitenden Firmen in (West-) Berlin ansässig ist. Da dieser Wirtschaftszweig hochtechnisiert bzw. automatisiert arbeitet, ergeben sich – rein rechnerisch – entsprechend hohe Steuervergünstigungen pro Kopf der (wenigen) Beschäftigten.

Erhaltungssubventionen

Die Statistiken lassen bei aller Vielfalt der Subventionsanlässe gewisse Tendenzen hervortreten. **Es sind vorwiegend jene Wirtschaftszweige Subventionsempfänger, die zu den „traditionellen Sektoren" zählen,** deren Expansionsphase im Industrialisierungsprozeß inzwischen der Vergan-

Subventionen in ausgewählten Wirtschaftsbereichen 1980/1989
– Bundesrepublik Deutschland –

		Land-wirt-schaft	Bundes-bahn	Kohle-berg-bau	Luft- u. Raum-fahrt	Stahl-erzeu-gung	Schiff-bau
Subventionen (Mio DM)	1980	11 341	9 218	4 470	528	262	366
	1985	15 465	9 885	3 845	678	1 464	282
	1989	18 368	9 519	8 964	1 652	636	441
Anteile an den Subventionen in v.H. (ohne Wohnungswirtschaft)	1980	21,0	17,1	8,3	1,0	0,5	0,7
	1985	22,8	14,6	5,7	1,0	2,2	0,4
	1989	24,1	12,5	11,8	2,2	0,8	0,6
Subventionen je Beschäftigter in DM	1980	8 083	26 189	20 987	9 772	843	6 317
	1987	15 490	33 029	35 328	10 589	1 852	7 179
Durchschnittliche jährliche Veränderung der Subventionen in v.H.	1980/85	+6,4	+1,4	– 3,0	+ 5,1	+41,0	– 5,1
	1985/89	+4,4	–0,9	+23,6	+25,0	–18,8	+11,8

Zusammengestellt u. berechnet nach: Deutsches Institut für Wirtschaftsforschung, Wochenbericht 51/52, 1990.

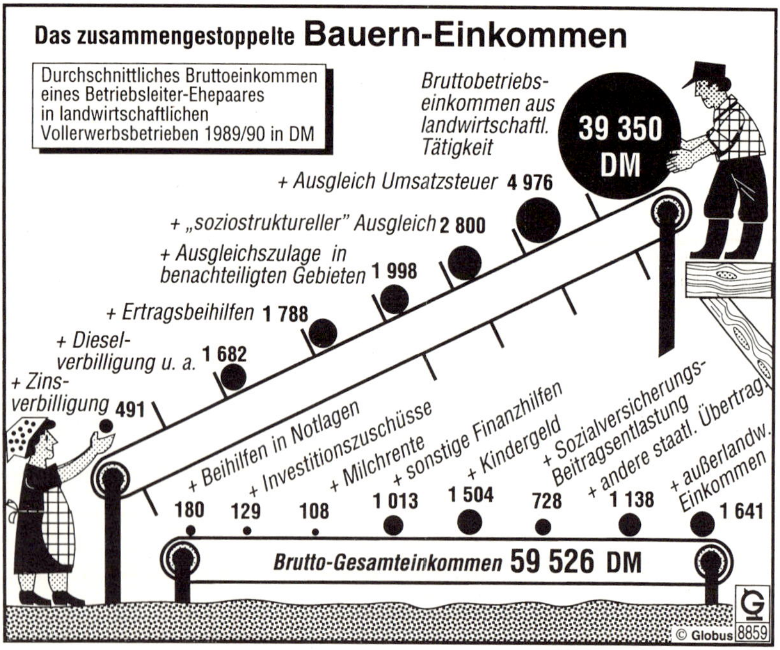

gangenheit angehört (vgl. S. 217) und die nun aus vielen Gründen im internationalen Wettbewerb, der sich durchaus auch als Subventionswettlauf darstellt, bedroht werden und/oder auf Sättigungstendenzen des Marktes stoßen. **Die Landwirtschaft, die Werften, die Kohleförderung und der Stahlbereich zählen dazu, aber auch die Eisenbahn,** die mit der „Konkurrenz" des privaten und gewerblichen Straßenverkehrs nicht mithalten kann, wobei der Staat durch den forcierten Straßen- und Autobahnausbau selbst dazu beigetragen hat, seinem Unternehmen Bundesbahn die Basis zu entziehen. Daß die siegreichen Alliierten nach dem Ersten Weltkrieg die damalige Reichsbahn als „Pfand" für ihre Reparationsforderungen beanspruchten, erscheint aus heutiger Sicht angesichts der hohen Defizite als kurios, kennzeichnet aber den inzwischen eingetretenen Strukturwandel, aus dem nun die Forderungen der Bahn nach Strukturhilfen resultieren.

Der überwiegende Teil der in die genannten Bereiche fließenden Staatshilfen dient der Erhaltung von Produktionskapazitäten und Arbeitsplätzen, die sonst in Anpassung an die Marktgegebenheiten abgebaut werden müßten. An diesen Erhaltungssubventionen entzündet sich die meiste Kritik, worauf später zusammenfassend eingegangen werden soll. Das DIW schätzt, daß rd. 36% aller Staatshilfen vorwiegend der Erhaltung dienen. Dies ist mit Sicherheit aber nur eine Untergrenze, denn im Bereich der Regionalförderung, die das DIW gesondert aufführt, und in vielen anderen Positionen stecken weitere Beträge für diesen Zweck. Es gibt denn auch Schätzungen, die davon ausgehen, daß zwei Drittel aller Subventionen als Erhaltungssubventionen eingestuft werden müßten.[5)]

Anpassungs-hilfen

Den Erhaltungssubventionen werden begrifflich meist die **Anpassungshilfen** gegenübergestellt, die dazu dienen sollen, den Anpassungsprozeß der Unternehmen an den Strukturwandel zu erleichtern. Dabei wird unterstellt, daß diese Subventionen notwendig und hilfreich sind und nach vollzogener Anpassung (z.B. Rationalisierung, Modernisierung, Produktveränderung) später wieder wegfallen können, während die Erhaltungssubventionen nicht nur auf Dauer angelegt sind, sondern in der Regel weiter aufgestockt werden müssen, wenn eine nicht mehr marktgerechte Struktur „gegen den Trend" weiter bestehen soll. Anpassungshilfen als Beitrag zum Strukturwandel und Wachstum haben also ein sehr viel „positiveres Image" bei Politikern und in der Öffentlichkeit als die lediglich auf Erhaltung zielenden Subventionen. Die exakte Zuordnung der Subventionen zur einen oder anderen Kategorie macht allerdings nicht unerhebliche Schwierigkeiten.[6)]

5) Joachim Starbatty, Subventionen in der Sozialen Marktwirtschaft: Systembestandteil, Eliminierung oder Reduktion? In: Volkswirtschaftliche Korrespondenz der Adolf-Weber-Stiftung, Nr. 8, 1984.

6) Zur „offiziellen" Zuordnung der Subventionen zur Gruppe der Erhaltungs-, Anpassungs- und Wachstumshilfen vgl. die Subventionsberichte der Bundesregierung.

Krisenbranchen In erster Linie sind es vom Strukturwandel bedrohte Branchen und benachteiligte Regionen, denen der Staat mit Subventionen oder Steuervergünstigungen zu Hilfe kommt. Subventionen fließen aber auch in Wachstumsbranchen, wenn es z.B. um wirtschafts- oder industriepolitisch erwünschte Projekte geht, deren Investitionsrisiken von den Unternehmen als zu hoch angesehen werden. Dabei sind nach Artikel 92 EWG-Vertrag wettbewerbsverfälschende Subventionen, die den Handel zwischen EG-Staaten beeinträchtigen, zwar generell untersagt; die Vorschrift ließ jedoch genügend Spielraum für vielfältige staatliche Beihilfen, die erst in letzter Zeit von der EG-Kommission im Zuge der Vollendung des EG-Binnenmarktes einer schärferen Überprüfung unterzogen werden.

Die Probleme der **Landwirtschaft,** die diesen Wirtschaftszweig nicht nur in der Bundesrepublik zu einem „Subventionsführer" gemacht haben, werden in einem eigenen Kapitel behandelt (S. 65ff.). Einen Eindruck von der Subventionsvielfalt in diesem Sektor vermittelt die Abbildung auf S. 150. Demnach erhöht sich allein durch direkte Beihilfen das Durchschnittseinkommen eines Landwirts in der Bundesrepublik um mehr als 18 000 DM pro Jahr, wobei die hohe indirekte Subventionierung der Landwirtschaft durch die Preisstützung hierbei noch gar nicht berücksichtigt ist.

Nächst der Landwirtschaft zählt der **Montanbereich** (Kohle und Stahl) sowie die damit verbundene Werftindustrie zu den Branchen, deren beträchtliche Subventionierung immer wieder für Schlagzeilen sorgt. Allen drei Wirt-

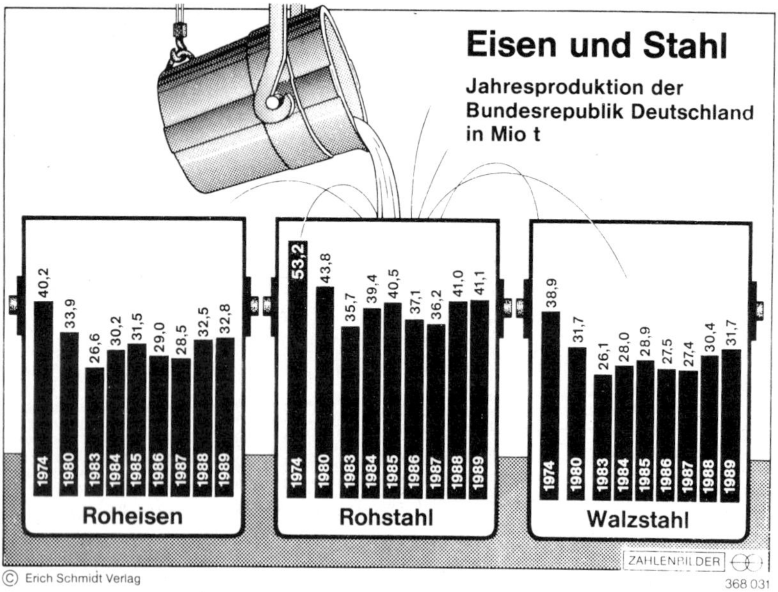

schaftszweigen ist gemeinsam, daß ihre Produktionsstätten regional konzentriert sind (Ruhrgebiet, Küstenregion), so daß Produktions- und Absatzkrisen den jeweiligen Arbeitsmarkt so gravierend treffen, daß sich die Regierungen zu Hilfsmaßnahmen gedrängt sehen, die sie weniger „kompakten" Wirtschaftszweigen in gleicher Situation nicht gewähren. Diese Tendenz bestätigt sich nun auch in den neuen Bundesländern bei den Bemühungen, den Stahlstandort Eisenhüttenstadt und die Ostsee-Werften zu erhalten.

Stahl/Werften

Das gemeinsame Krisenmerkmal der Stahl- und Werftindustrie sind weltweite Überkapazitäten, die z.T. durch die kostengünstigere Konkurrenz der „Schwellenländer", nicht zuletzt aber auch durch einen Subventionswettlauf der EG-Staaten im Interesse ihrer nationalen Industrien hervorgerufen wurde. Dieser hat z.B. dazu geführt, daß Italien inzwischen weit mehr Stahl produziert als das traditionelle „Stahlland" Großbritannien. Erst in den letzten Jahren ist nach erheblicher Schrumpfung von Produktion und Beschäftigung und infolge des starken Wirtschaftswachstums eine gewisse Beruhigung der Situation eingetreten.

Diese relative Stabilisierung der westdeutschen Stahl- und Werftindustrie auf niedrigerem Produktionsniveau wird nun allerdings durch die Strukturkrise dieser Branchen in Ostdeutschland überlagert, die eine weitaus geringere Produktivität aufweisen und im Schiffsbau bisher vornehmlich von Lieferungen an die Sowjetunion abhängig waren, die jetzt weitgehend ausfallen. Ein verringerter Subventionsbedarf im „Westen" wird also vermutlich durch erhöhte Anpassungshilfen im „Osten" überkompensiert werden. Diese Hilfen für Ostdeutschland stoßen nun auf den Protest westeuropäischer Stahlproduzenten, die trotz größerer Leistungsfähigkeit selbst zu den Subventionsbegünstigten zählen, aber jede Vergrößerung des Angebots fürchten. Auch die westdeutschen Werften beklagen die Subventionierung der Betriebe in den neuen Bundesländern, die – wenn überhaupt – nur mit Milliardenzuschüssen erhalten und privatisiert werden können, zumal nun die früher sicheren Aufträge aus den sozialistischen Ländern fehlen, so daß sich die Konkurrenz und der Rationalisierungsdruck bei den deutschen Werften verschärfen wird. Die hohen Subventionen für die Ostseewerften stoßen aber auch auf den Widerstand der EG, die ihr erforderliches Einverständnis von einer Kapazitätsverringerung für die früheren DDR-Werften auf 330 000 Tonnen abhängig macht, während sie vor der „Wende" eine Neubaukapazität von ca. 500 000 Tonnen aufwiesen.

Die Tabelle auf S. 154 vermittelt einen Eindruck von der sehr unterschiedlichen Intensität der Stahl- und Werftsubventionen in einzelnen EG-Staaten während der Krisenjahre, in denen vor allem Italien trotz relativ unrentabler Produktion seine Stahlerzeugung sogar noch ausdehnte, während sich die deutschen Produzenten mit Hilfe von Investitionszulagen und Strukturverbesserungshilfen um vermehrte Rationalisierung und Modernisierung bemühten, die mit einem erheblichen Beschäftigungsrückgang einhergingen. Die Subventionierung unrentabler Unternehmen bewirkte, daß die leistungsfähigeren Firmen auf einem stagnierenden Markt ihre Marktanteile

Beihilfen einzelner EG-Staaten in v.H. der Wertschöpfung (Schätzwerte) Durchschnitt der Jahre 1981–1986

Land	Stahlerzeugung	Schiffbau	Eisenbahnen
Bundesrepublik Deutschland	8,6	12,3	37
Großbritannien	57,6	21,6	18
Niederlande	4,3	10,7	22
Frankreich	58,3	56,6	38
Belgien	40,4	27,7	70
Luxemburg	14,6	0	181
Italien	71,4	34,2	49

Quelle: Zwölfter Subventionsbericht der Bundesregierung für die Jahre 1987 bis 1990, S. 55.

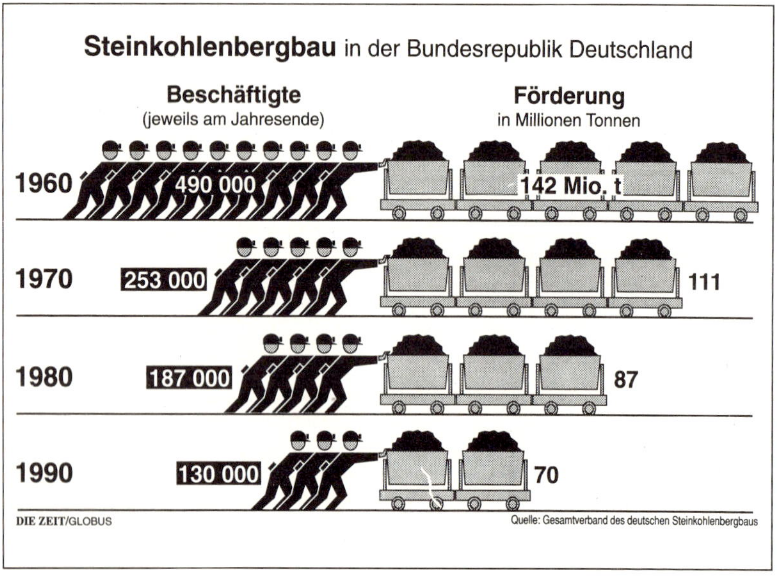

Die Zeit v. 19.7.1991.

nicht ausdehnen konnten und nicht ausgelastet waren, zumal die EG 1980 zur Regulierung des Stahlmarktes ein Quotensystem einführte, das erst 1988 wieder aufgehoben wurde.[7] Seit 1986 gibt es nun auch einen vom EG-Ministerrat 1991 erneut verlängerten „Subventionskodex“ für die Stahlindustrie, der den Subventionswettlauf zwischen den EG-Staaten bremsen und zu mehr „Beihilfendisziplin“ führen soll. Dennoch reißen die Klagen nicht ab, daß einzelne EG-Staaten immer wieder versuchen, ihren nationalen Unternehmen durch offene oder versteckte Subventionen Wettbewerbsvorteile zu verschaffen (vgl. Pressenotiz S. 156).

Steinkohle

Die Steinkohle, einst das Energie-Rückgrat der Industrie und nach dem Krieg einer der Schlüsselbereiche für den westdeutschen und westeuropäischen Wiederaufbau, befindet sich seit langem in einer Krise, deren Ende in der Bundesrepublik noch nicht abzusehen ist. 1956 wurde mit einer Förderung von 151 Mio Tonnen und rd. 700 000 Beschäftigten im deutschen Steinkohlenbergbau die Rekordmarke erreicht. Bis in die erste Hälfte der 60er Jahre blieb die Förderung mit etwa 140 Mio t konstant, um danach ständig abzunehmen auf inzwischen rd. 70 Mio t, die nach den Beschlüssen der „Kohlerunde 1987“ bis 1995 um weitere 10 Mio t verringert werden sollen.[8] Die Zahl der Beschäftigten liegt inzwischen bei 130 000 (1990), ist also in 30 Jahren um rd. 75% zurückgegangen, während sich die Förderung in dieser Zeit halbierte. Die Arbeitsproduktivität ist somit erheblich gesteigert worden (1955: 214 t, 1990: 538 t je Beschäftigten)[9], ohne daß dadurch die **Kostennachteile deutscher Kohle** im Vergleich zur Importkohle oder zu anderen Energieträgern (Öl, Gas) trotz deren zeitweilig erheblicher Verteuerung aufgehoben werden konnten. Das entscheidende und subventionsverursachende Handicap der deutschen Steinkohle, deren sichere Vorräte (einschließlich Braunkohle) auf rd. 27 Mrd. t veranschlagt werden, resultiert aus der Ungunst der geologischen Förderbedingungen. Die Kohle, die aus immer größeren Tiefen (500–900 m) gefördert werden muß, kostete 1990 etwa 270 DM je Tonne, während Importkohle aus den USA, Australien oder Südafrika, die dort z.T. im Tagebau oder mit niedrigeren Lohnkosten gewonnen wird, z.T. unter 100 DM je Tonne zu haben ist. **Eine solche Diskrepanz müßte unter rein marktwirtschaftlichen Bedingungen zur weitgehenden Einstellung des deutschen und europäischen Steinkohlebergbaus führen, der daher nur mit Subventionen am Leben erhalten werden kann, wenn man ihn erhalten will.**

7) Hierbei handelte es sich im Grunde um ein staatlich verordnetes Mengenkartell, indem den einzelnen Ländern und Unternehmen Erzeugeranteile vorgeschrieben wurden, die sie bei Strafandrohung nicht überschreiten durften.

8) 12. Subventionsbericht der Bundesregierung für die Jahre 1987–1990, S. 33.

9) Diese Zahlen beziehen sich auf alle Beschäftigten. Die „Untertageleistung“ je Bergmann ist noch stärker gestiegen.

Unruhe in der Stahlindustrie

Hersteller beklagen Subventionen unter falschem Namen

Ei. **DÜSSELDORF**, 1. August. In der deutschen Stahlindustrie macht sich wieder einmal Unruhe breit. Der Grund: Einige europäische Nachbarländer schicken sich an, ihren staatlichen Stahlunternehmen weiterhin unzulässigerweise Subventionen in Milliardenhöhe zuzuschanzen und damit den Leistungswettbewerb zu unterlaufen. Wie der Präsident der Wirtschaftsvereinigung Stahl, R. Vondran, vor der Presse in Düsseldorf sagte, würden diese „Subventionsdelikte" neuerdings besonders raffiniert begangen, indem dieses Vorgehen als „Industriepolitik" für eine zukunftsgerichtete Neustrukturierung der Wirtschaft deklariert werde.

Hätten Subventionen früher meist nur dem Verlustausgleich angeschlagener Unternehmen und der Rettung von Arbeitsplätzen gedient, würden heute auch weiterreichende, strategische Ziele angesteuert, sagte Vondran, nämlich die Abschottung der Märkte gegen die Konkurrenz und die Finanzierung neuer Technologien. Dieses Subventionieren unter neuem Namen diene also nicht mehr nur der Erhaltung, sondern nun auch der Expansion; es sei überdies ein schwerer Rückfall in nationale Egoismen.

Anfang Juli habe die Wirtschaftsvereinigung Stahl beim Bundeswirtschaftsminister interveniert und ihn zu einem Einspruch gegen einen beim EG-Ministerrat gestellten Antrag Italiens zur Genehmigung von umgerechnet 2,6 Mrd. DM Stahlsubventionen für den italienischen Staatskonzern Ilva zu bewegen versucht. Die Bundesregierung, so habe Möllemann mitgeteilt, habe ihre Zustimmung zu dem italienischen Antrag aber „aus Gründen des politischen Klimas" nicht verweigern können.

Als besonders pikant empfindet man es bei der Wirtschaftsvereinigung, daß gerade Italien sich keineswegs ähnlich rücksichtsvoll verhält. So hätten die Italiener, unterstützt von Sprechern der französischen Stahlindustrie, ganz massive Vorwürfe gegen die Bereitstellung von Steuermitteln für notleidende Unternehmen in den neuen Bundesländern erhoben, obwohl das nach Vondrans Ansicht in diesem Falle gerechtfertigt wäre, wenn die Umstellung einer Plan- auf die Marktwirtschaft gelingen soll. Auch in Frankreich gebe es mehrere Fälle, in denen Industrieunternehmen, auch in anderen Branchen, zur Finanzierung einer expansiven Marktpolitik in erheblichem Umfange Staatsmittel erhielten.

Inzwischen seien es aber nicht mehr nur die Deutschen, die das anprangern. So habe vor kurzem – was sich die Wirtschaftsvereinigung sicher auch von der Bundesregierung gewünscht hätte – die britische Regierung von der EG-Kommission eine strenge Untersuchung des Falls Usinor-Sacilor gefordert; dieses staatliche französische Stahlunternehmen erhält auf dem Wege eines Beteiligungstauschs mit der staatlichen Bank Crédit Lyonnais erhebliche staatliche Zuschüsse.

Der Tagesspiegel v. 2.8.1991.

Rechnet man das gesamte produktionsbezogene Subventionsvolumen von 11,1 Mrd. DM (1989) auf die Steinkohleförderung von 71 Mio t um, so ergibt sich eine Beihilfe von 156 DM pro Tonne, was etwa der genannten, von Marktpreisschwankungen abhängigen Kostendifferenz zur Importkohle entspricht. Je Beschäftigten sind das über 80 000 DM, die jährlich für die deutsche Steinkohlenproduktion aufgebracht werden. Die niedrigeren Zahlenangaben des DIW (Tabelle S. 150, Graphik S. 148) enthalten nicht die Zuwendungen der Länder, und auch die offiziellen Subventionsberichte kommen zu geringeren Werten, da sie z.B. den sog. **„Kohlepfennig"** nicht zu den Subventionen zählen, weil diese Absatzhilfe nicht aus den öffentlichen Haushalten bezahlt wird, sondern direkt auf den Stromverbraucher abgewälzt wird. Es handelt sich dabei um alles andere als „Pfennigbeträge", denn mit einem Zuschlag von 8,5% auf den Strompreis zahlt jeder Verbraucher an die Elektrizitätswerke die Mehrkosten, die diesen durch das „Verstromen" teurer deutscher Kohle anstelle billigerer Energieimporte erwachsen. 1989 waren das über 5 Mrd. DM, die letztlich der Steinkohlenförderung zugute kamen. Die deutschen Elektrizitätswerke wiederum sind durch den sog. **„Jahrhundertvertrag"**, der zunächst bis 1995 befristet ist, verpflichtet, bestimmte Mengen deutscher Steinkohle zur Stromerzeugung einzusetzen. Mit rd. 40 Mio t (1990/91) sichern sie damit den Absatz von 57% der Förderung. Diese Form der indirekten Subventionierung steht nun unter mehrfachem Beschuß: Die Wirtschaft beklagt die höheren Energiepreise, die Elektrizitätswerke wehren sich gegen eine Neuauflage des Vertrages nach 1995 (vgl. Pressenotiz S. 158), und vor allem die EG-Kommission drängt auf eine Verringerung der Garantiemengen auf zunächst rd. 35 Mio t bis Ende 1993, da sie in dieser Begünstigung deutscher Kohle eine Wettbewerbsbehinderung anderer EG-Partner sieht, die mit dem EG-Binnenmarkt nicht zu vereinbaren sei.[10)]

Der seit 1969 bestehende **„Hüttenvertrag"** bildet das andere Standbein der Kohlesubventionierung, die in diesem Fall direkt aus dem Bundeshaushalt als „Kokskohlenbeihilfe" gezahlt wird, damit die europäischen Stahlwerke deutschen Steinkohlekoks anstelle der billigeren Importe zur Stahlerzeugung einsetzen. Abhängig von der Preisdifferenz und von Wechselkursschwankungen des Dollars stieg diese Beihilfe ständig an. Sie wurde zeitweilig nur durch die Absatzkrise der gleichfalls subventionierten Stahlindustrie gebremst und erreichte 1989 mehr als 4 Mrd. DM. Der Hüttenvertrag wurde 1989 durch eine feste Subventionszusage abgelöst, die für drei Jahre auf insgesamt 11,3 Mrd. DM begrenzt ist. Diese Kokskohlenbeihilfe gehört nun zu den Posten, die im Wege der Subventionskürzungen wegen des außerordentlichen Finanzbedarfs weiter reduziert werden sollen mit entsprechenden Produktionseinbußen für den Bergbau, dessen Beschäftigte dagegen im Sommer 1991 heftig demonstrierten.

10) Vgl. hierzu auch Michael Tolksdorf, Der Europäische Binnenmarkt 1993, Opladen 1991, S. 59.

Kein neuer Jahrhundertvertrag

Deutsche Stromerzeuger betrachten sich als „gebrannte Kinder"

BM/Ov. Bonn, 6. Sept.
Die deutschen Elektrizitätsunternehmen, die großen Konzerne und die Stadtwerke, wollen freiwillig keinen neuen Jahrhundertvertrag über die Verstromung heimischer Steinkohle unterschreiben. Die deutsche Steinkohle habe nach 1995 nur dann eine Chance, wenn sie den Kraftwerken zu gleichen Preisen wie Importkohle angeboten werden könne. Dies haben die Vertreter der deutschen Stromwirtschaft gestern Bundeswirtschaftsminister Möllemann erklärt, der sie zu einer ersten Verhandlungsrunde über einen Anschlußvertrag zur Kohleverstromung nach Bonn geladen hatte.

Der Vorstandschef des Bayernwerkes, Jochen Holzer, sagte, die deutschen Stromerzeuger seien „gebrannte Kinder", denn nach dem geltenden Jahrhundertvertrag erhielten sie nur einen Teil der Mehrkosten ersetzt. Der Kohlepfennig sei eine „Mißgeburt", da er einseitig die Stromverbraucher belaste und durch die Kassen der Stromlieferanten dem heimischen Kohlebergbau zufließe. Die Politik, müsse jetzt die „subventionswürdige Steinkohlemenge" festlegen und die Hilfen aus dem Bundeshaushalt direkt dem Bergbau zuleiten.

In dieser Frage gebe es keinerlei Meinungsunterschiede zwischen süd- und westdeutschen Stromunternehmen oder zwischen Stadtwerken und Großkonzernen. Alle gingen davon aus, daß sie im Rahmen einer Anschlußregelung vom Bund und den Kohleländern nicht „in eine gesetzliche Abmachung gezwängt werden." Wenn die notwendigen Subventionen nicht aus den öffentlichen Haushalten finanziert werden könnten, sei an eine Unterstützung aus einer „allgemeinen Energiesteuer" zu denken, wie sie in Brüssel für alle Energieträger geplant werde. Diese „wettbewerbsneutrale und EG-weite Energiesteuer" solle nämlich nach Vorstellungen der EG-Kommission in die jeweiligen nationalen Kassen fließen.

Auch eine CO-2-Abgabe dürfe in Deutschland nicht im Alleingang eingeführt werden, sondern sollte in die EG-Energiesteuer eingehen, sagte Holzer. Die deutsche Stromwirtschaft sei an ihrer Belastungsgrenze angekommen, und die deutsche Industrie müsse für den Strom rund 30 Prozent mehr bezahlen als die französische. Außerdem werde von den west-deutschen Stromunternehmen erwartet, daß sie die Stromwirtschaft in der Ex-DDR saniere. Da es dort vorerst keine neuen Kernkraftwerke geben werde, müsse die Braunkohle verstärkt zur Stromerzeugung herangezogen werden. Wegen der Unsicherheit über die Höhe der neuen Abgaben „liegt das Energiekonzept der Berliner Veag, an der die großen westdeutschen Konzerne RWE, PreußenElektra und Bayernwerk maßgeblich beteiligt sind, aber auf Eis."

Berliner Morgenpost v. 6.9.1991.

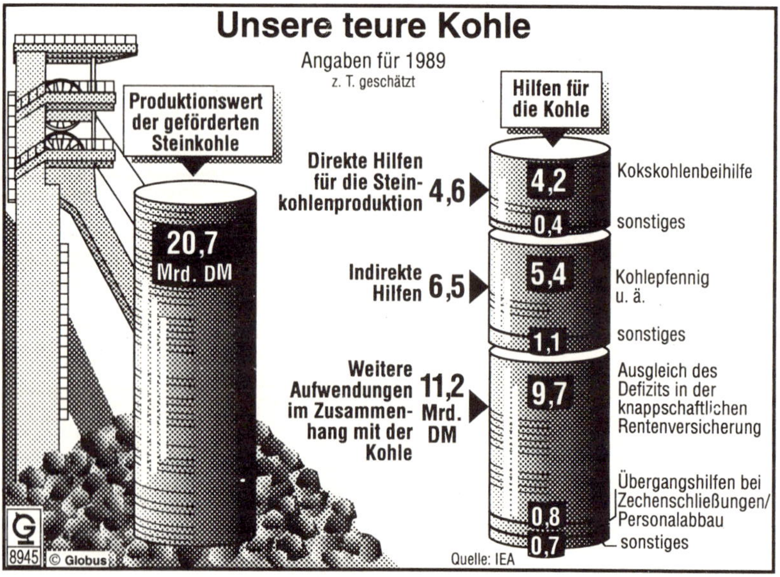

Daß die kostenträchtige deutsche Steinkohlenförderung trotz der Subventionen weiter schrumpfen wird, ist aber allen Beteiligten klar. Der Bergbau hofft auf etwa 58 Mio t im Jahr 2005, die EG erwartet eine Reduktion auf ca. 35–40 Mio t, was einer weiteren Halbierung der gegenwärtigen Förderung entsprechen würde. Die Bundesregierung steht damit – nicht zuletzt wegen der deutschen Einheit und der ostdeutschen Braunkohledominanz – vor der schwierigen Aufgabe, eine energiepolitische Konzeption vorzulegen, die den deutschen Produzenten von Steinkohle, Braunkohle und Kernenergie kalkulierbare Rahmendaten vorgibt, die mit dem Konzept eines Europäischen Binnenmarktes vereinbar sind, der für die Bewahrung einer nationalen Energiesicherung, die bisher immer wieder zur Rechtfertigung der Kohlesubventionen ins Feld geführt wurde, keinen Platz mehr hat.

Moderne Branchen

Subventionen fließen aber nicht nur in solche Wirtschaftszweige, die vom Strukturwandel bedroht sind und unter Überkapazitäten leiden. Im Wettbewerb um neue Märkte und Technologien, von denen die Arbeitsplätze der Zukunft abhängen, ist längst ebenfalls ein weltweiter Subventionswettlauf zu beobachten, der zwischen den Wirtschaftsmächten – vor allem zwischen Japan, Europa und den USA – immer wieder zu Kontroversen führt. So hat die EG seit Mitte der 80er Jahre eine ganze Reihe industriepolitischer Förderprogramme beschlossen, die im Bereich der Informationstechnologie (ESPRIT), Biotechnologie (BAP), der Raumfahrt (ESA) usw. dazu beitragen sollen, die Wettbewerbsfähigkeit der zersplitterten europäischen Unternehmen zu erhöhen und ihre Kooperation zu fördern.[11)] Diese EG-Forschungs- und Technologiepolitik ist nun auch im EWG-Vertrag (Art. 130 f.) verankert. Die Programmvielfalt verdeutlicht, daß der Staat in wachsendem Maße zur Absicherung innovativer Risiken der Unternehmen beiträgt, die diese allein nicht übernehmen können oder wollen. Ein Beispiel dieser gemeinsamen industriepolitischen Anstrengungen der westeuropäischen Staaten ist das **Airbus-Projekt,** an dem Unternehmen aus fünf EG-Staaten beteiligt sind. Die Produktion dieses europäischen Zivilflugzeuges wird sowohl von den beteiligten Staaten als auch von der EG durch Subventionen, Bürgschaften und Ausgleichszahlungen für Wechselkursrisiken unterstützt. Bis 1988 hat allein die Bundesregierung nach offiziellen Angaben 6,2 Mrd. DM für die Förderung von Flugzeug und Triebwerken ausgegeben. „1990 kostete jeder Arbeitsplatz im Luft- und Raumfahrzeugbau den Steuerzahler schätzungsweise 20 000 DM.“[12)] Diese Subventionen stoßen seit langem auf Proteste und die Ankündigung handelspolitischer Gegenmaßnahmen seitens der USA, die darin einen Verstoß gegen das Allgemeine Zoll- und Handelsabkommen (GATT) zum Nachteil ihrer zivilen Flugzeugproduktion sehen.

11) Vgl. hierzu auch Henrik Uterwedde, Die Europäische Gemeinschaft. = Politik – kurz und aktuell 25, Hrsg. v. d. Landeszentrale f. politische Bildungsarbeit Berlin, 5. Auflage, 1989, S. 70 ff.

12) Astrid Rosenschon, Subventionen in den alten Bundesländern. In: Die Weltwirtschaft, H. 1, 1991.

Dem hält die EG entgegen, daß die amerikanischen Flugzeugproduzenten durch Staatsaufträge für Militärflugzeuge „verdeckt" subventioniert würden, so daß die europäischen Subventionen zur Herstellung fairer Wettbewerbsverhältnisse notwendig seien.[13] Im Zuge der Gatt-Verhandlungen, die im Frühjahr 1992 nach über fünfjähriger Dauer der sog. „Uruguay-Runde" zum Abschluß kommen sollten, hat die Bundesregierung die umstrittenen Wechselkursgarantien für das Airbus-Projekt zunächst ausgesetzt.

Pro und Contra

Die ungeheure Vielfalt der Subventionsanlässe und -formen macht es nahezu aussichtslos, ein generelles Urteil zu fällen. Daher sollen hier lediglich in komprimierter Form einige der Argumente aufgeführt werden, die im Dauerstreit um die Subventionen immer wieder aufeinandertreffen. Als **Gründe für Subventionen** können u.a. genannt werden:

- Erhaltung oder Schaffung von **Arbeitsplätzen** in bestimmten Branchen oder Regionen, in denen sie sonst verlorengingen oder nicht entstünden.
- Erhaltung oder Schaffung **erwünschter Strukturen** (z.B. Raumordnung, Agrarstruktur, Wohnungsmarkt).
- **Reaktion auf wettbewerbsverzerrende Subventionen in anderen Ländern** oder Regionen des eigenen Landes („Die anderen machen es ja auch").
- **Förderung von Projekten,** die ohne staatliche Hilfe nicht vorankommen oder privatwirtschaftlich zu risikoreich erscheinen. Hierbei geht es vor allem um die Erforschung und Entwicklung von Zukunftstechnologien mit dem Ziel, die internationale Konkurrenzfähigkeit der heimischen Wirtschaft zu erhalten, oder um die Förderung von Projekten, die ökologisch erwünscht, aber ökonomisch (noch) nicht rentabel sind (z.B. Solar-Autos).
- **Erhaltung von Selbstversorgungskapazitäten** zur Vermeidung außenwirtschaftlicher Abhängigkeiten in Krisenzeiten (Energie, Nahrungsmittel).

Einwände

Das beachtliche Wachstum der Subventionen hat also ein breites Fundament guter Gründe. Diesen Argumenten stehen jedoch auch beachtliche Bedenken und auf reichen Erfahrungen basierende Einwände gegenüber:

- Die Erhaltung von Arbeitsplätzen „gegen den Markt" in Wirtschaftszweigen, die vom Strukturwandel bedroht sind (z.B. Montanbereich, Agrarsektor) schafft **bestenfalls eine Verzögerung, aber keine Beseitigung des Arbeitsplatzabbaus,** der sich schließlich doch vollzieht, nach-

[13] Vgl. „USA und EG" wegen „Airbus"-Subventionen zerstritten. In: Der Tagesspiegel v. 16.2.1991.

dem Milliardenbeträge „verpulvert“ wurden, die an anderer Stelle fehlen und abgezogen werden, so daß die steigende Abgabenlast andere Arbeitsplätze gefährdet.

- Diese Politik **benachteiligt zudem die Unternehmen** der subventionierten Bereiche, **die aus eigener Kraft lebensfähig wären,** indem ihnen durch die Hilfen an „kranke“ Firmen Umsatzanteile entzogen werden, die sie selbst benötigen, um rentabel zu wirtschaften. Die Subventionierung der Schwachen schwächt die Starken und macht auch sie krank (Beispiel: Stahl).

- Subventionen führen zu **Wettbewerbsverzerrungen** und **Benachteiligungen anderer Branchen,** die nicht subventioniert werden. So bewirkte z.B. die subventionierte Verschleuderung von „Weihnachtsbutter“ Umsatzeinbußen der Margarineproduzenten, gegen die sie (vergeblich) klagten. Die Kohlepolitik verteuert die Strompreise und damit die Kosten vieler Produzenten, deren internationale Wettbewerbsfähigkeit dadurch verschlechtert wird.

- Subventionen für Krisenbranchen **hemmen den erforderlichen Strukturwandel,** indem sie Arbeit und Kapital in Bereichen binden, die keine Zukunft haben. **Ein Subventionsabbau bei gleichzeitiger dadurch ermöglichter Steuersenkung würde mehr Arbeitsplätze schaffen als vernichten.** Dies ist die zentrale These des Gutachtens des Instituts für Weltwirtschaft, das freilich nicht unumstritten ist[14], zumal die Qualifikation der durch einen Subventionsabbau freigesetzten Arbeitskräfte nicht den Anforderungen auf neuen Arbeitsplätzen entsprechen muß und wird.

- Einmal gewährte Subventionen erzeugen **Gewöhnungseffekte und Abhängigkeiten,** die kaum mehr zu beseitigen sind. Beihilfen werden sehr schnell als Besitzstand empfunden und verteidigt.

- Viele Kritiker fordern daher die **„Rasenmähermethode“,** d.h. die allmähliche Reduzierung aller Subventionen um einen gleichen Prozentsatz. Damit soll der hoffnungslose Kampf gegen starke Partikularinteressen vermieden werden. Es wäre aber wohl ein Herkules als Finanzminister erforderlich, um dies durchzusetzen, ganz abgesehen davon, daß bei dieser Methode unsinnige Subventionen bestehen bleiben und nötige gekürzt werden.

- Ein unbekannter, aber nichtsdestoweniger großer Teil der Subventionen **verfehlt seinen Zweck,** da er lediglich zu **„Mitnahmeeffekten“** führt. D.h. Firmen nehmen Subventionen auch für solche Vorhaben in Anspruch, die sie ohnehin in Angriff genommen hätten, weil sie gewinnver-

14) Subventionsabbau in der Bundesrepublik Deutschland ... S. 33 ff. Vgl. dazu Wirtschaftswoche, Nr. 42 v. 11.10.1985, S. 94–119. Kritik in: Wirtschaftswoche, Nr. 12 v. 14.3. 1986, S. 85 ff.

sprechend sind. Die erwähnte Umfrage des „Bundesverbandes Junger Unternehmer" ergibt, daß etwa 50% aller geförderten Projekte auch ohne Zuschüsse realisiert worden wären.[15] Diese Steuermittel bereichern also nur jene zusätzlich, die auch ohne sie gut zurechtkämen.

- Die Förderung von **„zukunftsträchtigen" Projekten** durch Subventionen wirft gleich mehrere Fragen auf. Wenn sie wirklich zukunftsträchtig sind, ist ihre staatliche Förderung in einer Marktwirtschaft widersinnig und unnötig, denn dann müßten private Investoren und Kreditgeber nichts lieber tun, als dort ihr Geld gewinnbringend anzulegen. Tun sie es nicht, dann stellt sich die Frage, woher der Staat das Wissen um die künftige Bedeutung der Zukunftsbereiche hat, die er fördert. Da der Staat primär „Verwalter" und allerletzt „Innovator" ist, wird er leicht zum Handlanger von Interessenten, die ihn von der Bedeutung ihrer Projekte überzeugen, ohne dies offenbar anderen Geldgebern glaubhaft machen zu können. Andererseits ist es aber zweifellos notwendig, daß der Staat Anreize für solche Innovationen schafft, die im Interesse des Gemeinwohls notwendig sind. Dies gilt vor allem für ökologische Projekte, die privatwirtschaftlich erst dann „rentabel" werden könnten, wenn es zu spät ist.

- Subventionen oder gar die häufig geforderten **„Existenzgarantien"** in Krisenbranchen erzeugen gravierende Ungerechtigkeiten, indem in der Regel nur solche Wirtschaftszweige und Arbeitsplätze gefördert werden, die sich wegen ihrer regionalen Bedeutung oder dank ihres hohen Organisationsgrades beim Staat z.B. im Hinblick auf Wahlen durchsetzen können. Andere Betroffene (z.B. Einzelhändler, Freiberufler etc.) gehen leer aus und tragen das volle Berufsrisiko. Eine Arbeitsplatzgarantie für alle würde jedoch jeden erforderlichen Strukturwandel, jegliches Wachstum und unsere Wirtschaftsordnung beseitigen. Selbst sozialistische Staaten waren zu solchen Existenzgarantien auf Dauer weder fähig noch bereit. Ihr Rückstand im Lebensstandard gegenüber marktwirtschaftlichen Systemen zeigt jedoch den hohen Preis, den ein verzögerter und vielfach gehemmter Strukturwandel dort allen Bürgern aufbürdete.

- Daß Subventionen an eine Branche oder eine Region meist der Anlaß für einen **Subventionswettlauf** und für daraus resultierende **„Handelskriege"** sind, wurde an den Beispielen deutlich. Da dann ohnehin bald niemand mehr weiß, wer „angefangen" hat, werden immer neue Subventionen mit denen der anderen begründet. Dies hat Ähnlichkeit mit dem Rüstungswettlauf und ist dort wie hier eine Bankrotterklärung internationaler Politik, die nach Wegen zu suchen hätte, solche letztlich allen schadenden Auseinandersetzungen zu vermeiden statt sie zu fördern.

[15] Strukturwandel durch Subventionsab- oder -umbau? – Eine Umfrage des Bundesverbandes Junger Unternehmer (BJU) im Sommer 1985. Manuskript-Druck, Frage 8.

- Schließlich ändern sich in der Subventionsgesellschaft auch die unternehmerischen Verhaltensweisen. Während der marktwirtschaftlich handelnde, gewinnorientierte Unternehmer nach Kostensenkungen, Innovationen und Absatzmärkten sucht, sich also um Wirtschaftlichkeit bemüht, strebt der „Subventionsmaximierer“ nach der Schaffung und Aufrechterhaltung subventionsträchtiger Verhältnisse.

> Vor allem gilt es, die Subventionen abzubauen, und das nicht allein wegen der Ausgabeneinsparung. Sie hemmen den Strukturwandel und benachteiligen alle jene, die sich anstrengen, im Wettbewerb aus eigener Kraft einen guten Platz zu behaupten. Wo Subventionen dennoch unvermeidlich sind, müssen Kosten und Nutzen der Hilfeleistungen immer wieder überprüft werden. Insbesondere sind die staatlichen Hilfen so zu gestalten, daß der Leistungswille des Managements und der Mitarbeiter in den geförderten Wirtschaftsbereichen nicht erlahmt, auch dort, wo ein Strukturwandel sozial erträglich abgefedert werden soll. Subventionen dürfen nicht auf Dauer gewährt werden.
>
> Sachverständigenrat zur Begutachtung der gesamtwirtschaftlichen Entwicklung, Jahresgutachten 1988/89, Ziffer 325.

Subventionen für Ostdeutschland

Zu welchen unvermeidlichen Zielkonflikten Subventionen in der Marktwirtschaft führen, zeigt auch die Diskussion über die umfangreichen Hilfs- und Förderprogramme in den neuen Bundesländern.[16] Über Investitionszulagen, Steuererleichterungen und Zinsvergünstigungen erhalten ostdeutsche Unternehmen zunächst bis zu einem Drittel ihrer Investitionskosten vom Staat erstattet bei weiteren Erleichterungen für die Aufnahme von Krediten und für den Schuldendienst. Daß angesichts der vielfältigen Investitionshemmnisse und Standortnachteile Ostdeutschlands Förderprogramme notwendig sind, ist nicht zu bezweifeln. So analysiert z.B. Wolfgang Klauder, wissenschaftlicher Direktor beim Institut für Arbeitsmarkt- und Berufsforschung, die im EG-Vergleich überaus ungünstige ostdeutsche Standortposition, die allein beim Arbeitskräfteangebot Pluspunkte aufweist, wobei letzteres ein relativ geringes Gewicht für unternehmerische Investitionsentscheidungen hat, wenn die übrigen Bedingungen nicht stimmen. „Solange die institutionellen, infrastrukturellen und kostenbedingten Standortnachteile nicht auf ein erträgliches Ausmaß verringert sind, bedürfen ... private Investitionen erheblicher staatlicher Sonderanreize, allein schon zum Ausgleich dieser Nachteile.“[17]

16) Das Subventionsvolumen (Finanzhilfen u. Steuervergünstigungen) in den neuen Bundesländern wird vom Institut für Weltwirtschaft 1991 auf mindestens 67 Mrd. DM, d.h. fast ein Drittel des ostdeutschen Sozialprodukts, geschätzt. Vgl. Alfred Boss, Subventionen in den neuen Bundesländern. In: Die Weltwirtschaft, H. 1, 1991, S. 74.

17) Wolfgang Klauder, Gerhard Kühlewind, Arbeitsmarkttendenzen und Arbeitsmarktpolitik in den neunziger Jahren. In: Aus Politik und Zeitgeschichte, Beilage zur Wochenzeitung Das Parlament, 16. August 1991, S. 7.

Andererseits zeigen Untersuchungen des Deutschen Instituts für Wirtschaftsforschung, daß die Hilfen zwar von den Investoren in Anspruch genommen werden, offenbar aber nicht hinreichen, die bestehenden Investitionshemmnisse, vor allem aber auch die fehlende Investitionsmotivation zu kompensieren. „Wo die Motive fehlen, bleiben aber auch staatliche Förderprogramme erfahrungsgemäß relativ wirkungslos."[18] So ist die Gefahr nicht von der Hand zu weisen, daß es zwar zu „Mitnahmeeffekten", weit weniger aber zur gewünschten Expansionswirkung der eingesetzten öffentlichen Subventionsmittel kommt, die dann an anderer Stelle, z.B. zur Finanzierung einer verbesserten Infrastruktur, fehlen. Auch der damalige Bundesbankpräsident Pöhl warnte mit Blick auf das hohe Volumen der innerdeutschen Subventionsleistungen vor der Gefahr, „daß im Osten Deutschlands ein Wirtschaftssystem etabliert wird, das auf Dauer nur am Tropf von Subventionen, Garantien, Finanzhilfen etc. lebensfähig ist. ... Wir wissen doch alle, wie schwer es ist, einmal eingeführte Subventionen ... wieder rückgängig zu machen. Alle Unterstützungsmaßnahmen sollten als Hilfe zur Selbsthilfe konzipiert sein ..., die sich von selbst erledigen, wenn sie nicht mehr gebraucht werden."[19]

Subventionsabbau in Westdeutschland

Auf welche Schwierigkeiten die Reduktion bestehender Subventionen stößt, bewies einmal mehr das lang anhaltende Tauziehen um die von Bundeswirtschaftsminister Möllemann geforderten jährlichen Einsparungen in Höhe von 10 Mrd. DM bei Finanzhilfen und Steuervergünstigungen in den alten Bundesländern. Erst unter dem Druck der außerordentlich hohen staatlichen Finanzierungslasten infolge der deutschen Einheit wurde es überhaupt möglich, einen politischen Diskussions- und Entscheidungsprozeß über einen Subventionsabbau in Gang zu setzen, der im Juli 1991 schließlich zu einem Ergebnis führte, das die Forderungen des Ministers formal erfüllte, wenn auch inzwischen feststeht, daß die tatsächlichen Einsparungen bzw. Mehreinnahmen für den Bundeshaushalt hinter den rechnerischen Ansätzen zurückbleiben werden. Vor allem der Abbau bisheriger steuerlicher Vergünstigungen muß keineswegs zu einem entsprechenden Plus in den Finanzkassen führen, denn es besteht stets ein Zeitverzug zwischen dem Beschluß, der gesetzlichen Regelung und der steuerlichen Wirksamkeit, und es kommt zu Reaktionen der bisher Begünstigten, durch die die erwarteten Einsparungs- oder Mehreinnahmen geringer ausfallen als die zuvor gewährten Steuervergünstigungen.

Das Institut der deutschen Wirtschaft rechnet denn auch für die Jahre 1992–1994 mit lediglich 20 Mrd. DM haushaltswirksamen Einsparungen gegenüber den offiziellen 33 Mrd. DM, deren wichtigste Kürzungsbereiche

[18] Deutsches Institut für Wirtschaftsforschung, Wochenbericht 24/91, Gesamtwirtschaftliche und unternehmerische Anpassungsprozesse in Ostdeutschland. Zweiter Bericht. S. 333 f.

[19] Rede vor der Ludwig-Erhard-Stiftung am 2.7.1991. Abgedruckt in: Deutsche Bundesbank, Auszüge aus Presseartikeln Nr. 53 v. 17.7.1991, S. 2.

in der Abbildung aufgeführt sind.[20] Doch auch diese Summe ist überhöht, denn die vom Kabinett im Juli 1991 beschlossenen Kürzungen von Subventionen und Steuervergünstigungen wurden schon wenig später in Richtung eines „Abbaus des Subventionsabbaus“ wieder korrigiert.[21] Dies betrifft u.a. die geplante Beseitigung der Mineralölsteuerbefreiung für die Binnenschiffahrt und den Luftverkehr sowie beabsichtigte Kürzungen der Werfthilfe, die wieder rückgängig gemacht wurden. Einsparungen im Bereich des Wohnungs- und Eigenheimbaus stießen auf Widerstände des Bundesbauministeriums, und auch der rechnerisch ergiebigste Posten, die Beseitigung der Steuerbefreiung von Erträgen aus Kapitallebensversicherungen, die z.B. als Sicherheit für Wohnungsbau- oder Betriebsmittelkredite dienen, steht in dieser Höhe nur noch auf dem Papier. Bei den in der Abbildung zusammengestellten Positionen, die rd. 90% des ursprünglich geplanten

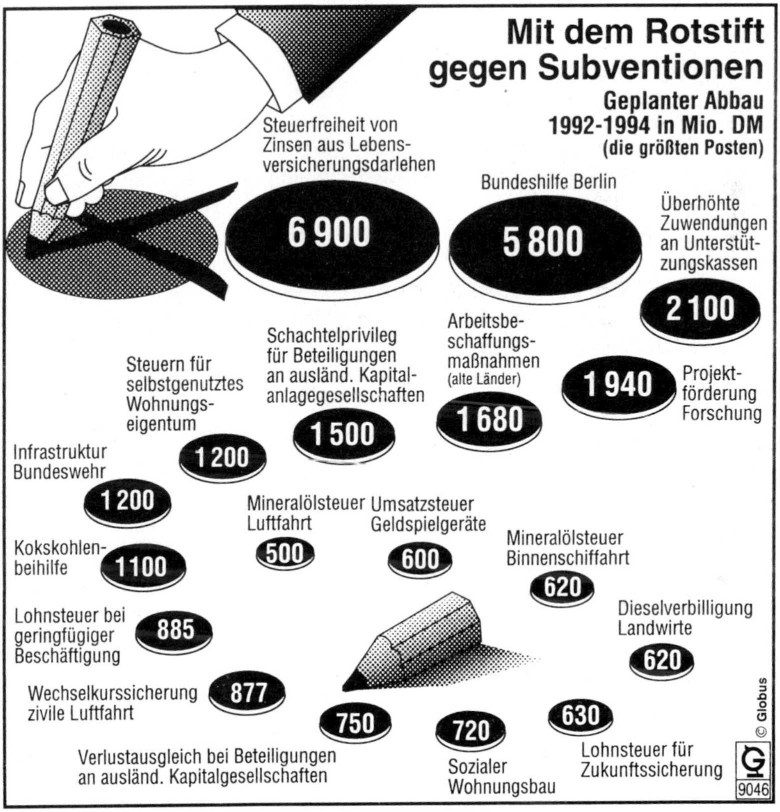

[20] Informationsdienst des Instituts der deutschen Wirtschaft v. 25.7.1991, S. 2.

[21] Vgl. Wilfried Herz, Vom Winde verweht. In: Die Zeit v. 12.9.1991.

Kürzungsvolumens bringen sollen, fällt auf, daß bei den oben behandelten Hauptsubventionsempfängern nur sehr geringe Einschnitte vorgesehen sind. Die Landwirtschaft taucht nur bei der Steuerbefreiung für Dieselöl auf, die weiter bestehen bleibt, lediglich nicht der letzten Mineralölsteuererhöhung angepaßt werden soll. Die Verringerung der Bergbauhilfen hält sich ebenfalls in den engen Grenzen, die unter dem Druck der EG kaum zu vermeiden waren. Hier zeigt sich erneut, daß die z.T. in längerfristigen Verträgen abgesicherten Beihilfen an bestimmte Wirtschaftszweige aus rechtlichen und politischen Gründen kaum zu reduzieren sind, vor allem dann, wenn mit dem erheblichen Widerstand der Betroffenen zu rechnen ist, der sich u.a. im Bergbau demonstrativ zeigte.

Abbau der Berlin-Hilfen

Den ergiebigsten Einzelposten im Sparprogramm für den Bundeshaushalt bildet die schrittweise Kürzung der Berlinförderung und der Berlinhilfe. Erstere begünstigte die Investitionen und den Absatz (West-)Berliner Unternehmen, verbilligte den Verkehr von und nach Berlin und erhöhte die Netto-Einkommen durch Steuerermäßigungen bzw. Berlin-Zulagen. Für diese Berlinförderung wurden 1990 ca. 10 Mrd. DM an Subventionen und Steuervergünstigungen gewährt. West-Berlin nahm ferner nicht am Finanzausgleich zwischen den „reichen“ und „ärmeren“ Bundesländern teil, sondern erhielt direkte Haushaltshilfen aus Bonn, die mit 13 Mrd. DM im Jahr 1990 mehr als die Hälfte des West-Berliner Etats deckten. Diese Hilfen sollen nun bis 1995 schrittweise abgebaut oder durch Neuregelungen im Bereich der Investitionsförderung ersetzt werden. Allein die Bundeshilfe für den Berliner Haushalt wird nach Plänen vom August 1991 von 14,5 Mrd. DM (1991) auf 6,7 Mrd. DM (1995) zurückgehen, wobei dann die Einbeziehung Berlins in einen noch neu zu gestaltenden Länderfinanzausgleich vorgesehen ist, dessen Konditionen für die Stadt erheblich ungünstiger sein werden als die frühere Bundeshilfe. Die Einkommenshilfen für West-Berliner, die diesen bisher – grob gerechnet – ein zusätzliches Monatseinkommen pro Jahr einbrachten, sollen bis zum 31.12.1994 in Etappen vollständig abgebaut werden. Das gleiche gilt für die ermäßigte Körperschaftssteuer für Gewinne Berliner Unternehmen, die auch ihre bisherigen Umsatzsteuervergünstigungen verlieren.

Dieser Subventionsabbau, der den West-Berlinern nun deutlich höhere Finanzierungslasten abverlangt als den übrigen Steuerzahlern, erfolgt unter dem doppelten Druck leerer Bundeskassen und drängender Forderungen aus Brüssel. Die hohen Subventionen für West-Berlin und die Hilfen für die Zonenrandgebiete waren bisher durch Artikel 92 EWG-Vertrag gedeckt, der besondere Wirtschaftshilfen zuließ, „soweit sie zum Ausgleich der durch die Teilung Deutschlands verursachten wirtschaftlichen Nachteile erforderlich sind“. Die EG-Kommission drängt nun zur Verhinderung von Wettbewerbsverzerrungen im Gemeinsamen Markt auf einen zügigen Abbau dieser Hilfen im Rahmen eines neuen Konzepts der Regionalförderung, von dem vor allem die neuen Bundesländer profitieren und dem die EG ebenfalls zustimmen muß. Auch der Sachverständigenrat plädierte in seinem Gutachten

Die wichtigsten Instrumente des Berlinförderungsgesetzes und ihr Volumen 1990:
(Schätzzahlen nach dem 12. Subventionsbericht der Bundesregierung)

Umsatzsteuerpräferenzen (2,85 Mrd. DM).

a) **Herstellerpräferenz**
wird gewährt bei Lieferung in West-Berlin hergestellter Produkte und Dienstleistungen ins Bundesgebiet; der Kürzungssatz des West-Berliner Unternehmers schwankt bei Warenlieferungen je nach Höhe der Wertschöpfungsquote zwischen zwei und zehn Prozent des Lieferwertes;

b) **Abnehmerpräferenz**
Der westdeutsche Abnehmer erhält eine Umsatzsteuervergünstigung von 4,2 Prozent auf das Rechnungsentgelt der aus West-Berlin bezogenen Produkte und Dienstleistungen;

Investitionszulagen (1,05 Mrd. DM)
Es handelt sich um eine steuerfreie Zulage, die bei Ausrüstungsgütern 7,5 Prozent der Investitionsausgaben beträgt; bei Investitionen des verarbeitenden Gewerbes, bei EDV-Anlagen im Dienstleistungsgewerbe und bei Forschungs- und Entwicklungsinvestitionen beträgt der Satz 15 Prozent;

Zinsgünstige Kredite (1,0 Mrd. DM)
Aus dem steuerbegünstigten Darlehensaufkommen von Kapitalgebern im Bundesgebiet erhalten West-Berliner Unternehmen und Haushalte zinsgünstige Kredite zur Finanzierung betrieblicher Investitionen und für den Wohnungsbau;

Einkommen- und Körperschaftsteuerpräferenz (770 Mill. DM).
Die Einkommensteuer ist in West-Berlin um 30 Prozent, die Körperschaftsteuer um 22,5 Prozent niedriger als im Bundesgebiet;

Arbeitnehmerzulage (3,0 Mrd. DM)
Arbeitnehmer erhalten auf ihren Arbeitslohn aus einer Beschäftigung in West-Berlin eine steuerfreie Zulage in Höhe von 8 Prozent des Bruttolohnes und einen Kinderzuschlag von 49,50 DM pro Kind monatlich.
Das gesamte Fördervolumen betrug 1990 rund 9,245 Mrd. DM.

Quelle: DIW-Wochenbericht 29/90

Der Tagesspiegel v. 17.2.1991.

vom November 1990 für einen raschen Abbau der BerlinSubventionen, für die es keine Gründe mehr gäbe, da die Standortnachteile und die Insellage der Stadt durch die deutsche Vereinigung beseitigt seien.[22]

Diese Meinung stößt nicht nur aus Sicht der Betroffenen auf erhebliche Bedenken: Die Ende 1990 noch eher optimistische Einschätzung der wirtschaftlichen Entwicklung Ostdeutschlands ist einer ernüchterten Betrachtung gewichen, die erkennen läßt, daß das nun wiedergewonnene Umland Berlins in absehbarer Zeit noch kein Äquivalent für die bisherigen Bezugs- und Absatzwege der West-Berliner Wirtschaft bieten wird. Die Mängel der Verkehrswege sind eher spürbarer geworden. Außerdem sind die Lebenshaltungskosten in Berlin vor allem durch Preisbewegungen am Wohnungsmarkt bedroht, so daß viele Einkommensbezieher in die Schere verringerter Bezüge bei steigenden Ausgaben geraten. Die Wohnungsmisere im „Osten" verhindert dabei ein Ausweichen oder führt zu unerwünschten Verdrängungsprozessen sozial Schwächerer. Im Anstieg der Gewerbemieten kommt diese Tendenz bereits ungehemmt zum Ausdruck. Der schnelle Fortfall der bisherigen Wirtschaftsförderung droht ferner zu Arbeitsplatzverlusten in den Branchen zu führen, die bisher vor allem wegen der Sub-

22) Jahresgutachten 1990/91, Ziffer 365.

ventionen im Ballungsraum Berlin produzierten. Ein Abbau von 30 000 Arbeitsplätzen im West-Berliner Konsumgüterbereich wird von Gutachtern für wahrscheinlich gehalten, wobei vor allem weniger qualifizierte Arbeitskräfte betroffen sein werden. Der Gesamt-Berliner Haushalt befand sich bereits im ersten Jahr der deutschen Einheit in massiven Schwierigkeiten, die sich in den kommenden Jahren erheblich verschärfen werden und drastische Einsparungen bei wachsendem Kreditbedarf unausweichlich erscheinen lassen.

Fazit

Am Beispiel der Berlin-Subventionen tritt das Dilemma massiver Hilfen für einzelne Wirtschaftsregionen besonders deutlich hervor. So lange sie gewährt werden, begünstigen sie das Entstehen von Wirtschaftsstrukturen und Verhaltensweisen, die auf eine dauerhafte Unterstützung ausgerichtet sind. Der im Vergleich zu westdeutschen Städten „aufgeblähte" Etat bestätigt dies ebenso wie manche Industrieansiedlung, die nur wegen der Subventionen hier erfolgte. Eine immer wieder geforderte Verringerung der Berlin-Subventionen in „guten Zeiten", in denen eine Anpassung an veränderte Subventionsbedingungen leichter fallen konnte, scheiterte fast immer. So kam auch eine im Rahmen der Steuerreform vom Bundesfinanzministerium 1987 geplante Verminderung der Berlin-Zulage nicht durch. Erst der Druck leerer Kassen und der hohe Subventionsbedarf in Ostdeutschland ermöglicht unpopuläre Entscheidungen, die dann häufig sehr viel härter ausfallen.

Literaturhinweise

Hans Herbert v. Arnim, Subventionen. Speyerer Arbeitshefte 70, 1986.
Bericht der Bundesregierung über die Entwicklung der Finanzhilfen des Bundes und der Steuervergünstigungen (Subventionsbericht) 1–12, 1967–1990.
Alfred Boss, Subventionen in den neuen Bundesländern. In: Die Weltwirtschaft, H. 1, Tübingen 1991, S. 67–75.
Deutscher Industrie- und Handelstag (Hrsg.), Die neuen Länder. Fördermaßnahmen, Bonn 1991.
Egbert Gerken/Karl H. Jüttemeier/Klaus-Werner Schatz/Klaus-Dieter Schmidt, Subventionsabbau in der Bundesrepublik Deutschland. Eine Untersuchung des Instituts für Weltwirtschaft an der Universität Kiel im Auftrag der „Wirtschaftswoche". 1985.
Bruno F. Gröbner, Subventionen. Eine kritische Analyse, Göttingen 1983.
Astrid Rosenschon, Subventionen in den alten Bundesländern. In: Die Weltwirtschaft, H. 1, Tübingen 1991, S. 76–90.
Volker Stern/Georg Werner, Subventionsabbau. Karl-Bräuer-Institut, H. 61, Wiesbaden 1987.
Frank Stille/Dieter Teichmann, Subventionsabbau als Instrument zur „Finanzierung" des deutschen Integrationsprozesses? = Deutsches Institut für Wirtschaftsforschung, Wochenbericht 51/52, 1990.
Subventionspolitik – Bestandsaufnahme und Bewertung. Zur Entwicklung der Subventionen seit 1970. = Deutsches Institut für Wirtschaftsforschung, Wochenbericht 20/1984.

Peter Czada

1.7. Umwelt – eine Sache zum Verschwenden? – Grundzüge einer marktwirtschaftlichen Umweltpolitik

„Wenn sich die gegenwärtigen Entwicklungstrends fortsetzen, wird die Welt im Jahre 2000 noch übervölkerter, verschmutzter, ökologisch noch weniger stabil und für Störungen anfälliger sein als die Welt, in der wir heute leben. Ein starker Bevölkerungsdruck, ein starker Druck auf Ressourcen und Umwelt lassen sich deutlich voraussehen."[1)]

Der Inhalt des Zitats läßt die weltweite Bedeutung des Problems der verbreiteten Umweltverschmutzung erkennen. Warum ist Umwelt in vielen Wirtschaftsgesellschaften dennoch ein „freies Gut"? Warum ist es noch nicht gelungen, die Produktionsvorgänge so zu beherrschen, daß von ihnen keine Belastungen der natürlichen Lebensbedingungen mehr ausgehen?

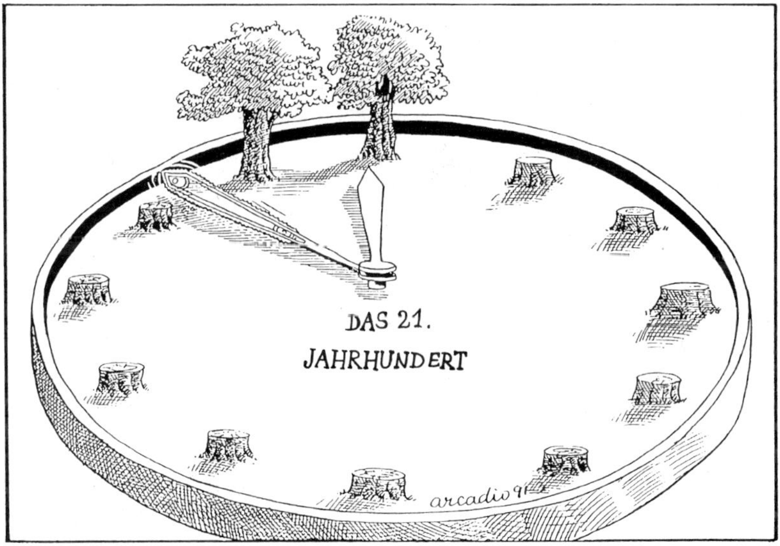

Zeichnung: Arcadio, La Nación (Costa Rica), C&W Syndicate

Die Zeit, Nr. 20 v. 10.5.1991.

[1)] Global 2000 – Bericht an den Präsidenten. Wichtigste Erkenntnisse und Schlußfolgerungen, 1980.

Produktion ist „Auseinandersetzung mit der Natur"

Umweltprobleme gibt es buchstäblich seit Menschengedenken. Sie waren bereits angelegt im sprichwörtlichen Auszug von Adam und Eva aus dem Paradies, als Gott den Menschen auftrug, „sich die Erde untertan zu machen". Umweltzerstörungen mit der Folge weiter Verwüstungen im Mittelmeerraum kennen wir bereits aus dem Altertum, so daß z.B. Karl Marx bei der Betrachtung von Produktionsverhältnissen allgemein feststellen konnte, daß es sich bei der Produktion nicht nur um einen gesellschaftlichen Vorgang, sondern immer auch um eine **„Auseinandersetzung des Menschen mit der Natur"**[2] handelt. Der Eingriff in die natürliche Umgebung gehört also zu den Existenzbedingungen des Menschen auf diesem Planeten; die Frage ist nur, ob das „Raumschiff Erde" dabei zerstört wird oder erhalten bleibt – eine Frage, die sich insbesondere seit der umfassenden Industrialisierung der Produktion, der Intensivierung der Landwirtschaft, und der Zunahme der Bevölkerung in zahlreichen Ländern besonders drängend stellt. **Grenzen der Belastbarkeit werden immer deutlicher erkennbar.**

Umwelt
bezeichnet alle den Menschen umgebenden und ihn beeinflussenden Faktoren. „Dazu gehören nicht nur natürlich-biologische und chemisch-physikalische, sondern auch technisch-ökonomische und politisch-soziale Erscheinungen." (G. Himmelmann). Die Umwelt besteht aus Systemzusammenhängen (Mensch-Tier-Pflanzen-System, Ökosystem) und Regelkreisen (biologischer Kreislauf, Nahrungsmittelketten).

Umweltpolitik
ist die Summe der Maßnahmen, die die Systemzusammenhänge und Regelkreise beeinflussen, die den Menschen umgeben. Träger der Umweltpolitik können Unternehmen, private Haushalte, insbesondere aber staatliche Körperschaften (Bund, Länder und Gemeinden) sein.

Umweltinvestitionen
Investitionen sind die Verwendungen von Gütern zur Herstellung anderer Güter (z.B. Einrichtung einer Maschine zur Herstellung von Schrauben). Umweltinvestitionen sind daher der Sachgütereinsatz mit dem Ziel, positive Umweltwirkungen (sauberes Wasser, geringere Luftverschmutzung usw.) zu erreichen.

Das Sichtbarwerden von Bedrohungen ist vielfach erst die Voraussetzung wirksamer und von der Bevölkerung breit akzeptierter Umweltpolitik. Wie schwer sind Maßnahmen durchzusetzen, die das Autofahren aus Umweltgründen erschweren und verteuern, wenn die Mehrheit der Wahlbürger mit

[2] Friedrich Haffner, Grundbegriffe der marxistischen politischen Ökonomie des Kapitalismus, Berlin 1974, S. 101.

Hinweis auf die immer noch grünen Bäume Gefahren als unbegründete Kassandrarufe übereifriger Parteipolitiker abtut? Müssen „die Schlote nicht rauchen", damit wir wirtschaftlich überleben? „Die Bedrohung der Umwelt ist ein Grundproblem unserer Industriekultur. Sie zeigt, der Mensch stößt an Grenzen", so begründete der damalige, für Umweltschutz zuständige Bundesinnenminister Hans-Dietrich Genscher 1972 den Einstieg in eine systematische Umweltschutzpolitik der Bundesregierung.[3)]

Umweltbelastung „Teil des Systems"?

Genschers Hinweis auf „unsere Industriekultur" signalisiert die Grundüberzeugung der Regierung, daß die **Umweltprobleme Folge der industriellen Entwicklung** sind, gleichsam die schmutzige Kehrseite unseres materiellen Wohlstands. Sie können andererseits aber überwunden werden, wenn man die „Industriekultur" entsprechend gestaltet. Damit ist noch nicht der Beweis gebracht, daß die Umweltprobleme im Kapitalismus überhaupt gelöst werden können. Marxistische Autoren bestreiten das, weil das privatwirtschaftliche Interesse nach maximalen Profiten im System angelegt sei und vor der Natur nicht haltmache. Liberale Wissenschaftler vertreten die Auffassung, daß die Möglichkeiten einer marktwirtschaftlichen Umweltpolitik noch längst nicht ausgereizt seien. Im Gegenteil, **je wohlhabender und technisch entwickelter eine Volkswirtschaft sei, desto erfolgreicher sei ihre Umweltpolitik.** Ein Argument, das häufig durch einen Verweis auf die Umweltschäden im damaligen „real existierenden Sozialismus" und in vielen Ländern der 3. Welt abgerundet wird. Denn, so das Bundeswirtschaftsministerium (Tagesnachrichten vom 27.11.1986), „wo wirtschaftlicher und sozialer Mangel herrscht, können Umweltbewußtsein und Umweltschutz sich nicht entwickeln".

Technischer Fortschritt hilft dem Umweltschutz

Diese Erfahrungen werden den Menschen in Deutschland zunehmend schmerzlicher bewußt. Zwar war bekannt, daß die damalige DDR deutlich weniger für den Umweltschutz tat als die Bundesrepublik – und zwar durchaus begründet mit dem Mangel an Investitionsmitteln für diese Zwecke. Daß das Gebiet der neuen Bundesländer jedoch in diesem großen Umfang von Umweltschäden in Form verseuchter Böden, verschmutzter Luft und Gewässer sowie ungeordneter Mülldeponien belastet wurde, machten erst der Prozeß der Einheit und die systematische Aufnahme der Umweltbelastungen deutlich.

Müllverkauf ist keine Entsorgung

Dabei entbehrt es nicht einer gewissen Ironie, daß das reichere Westdeutschland einen großen Teil seiner Abfälle, insbesondere der schwer entsorgbaren Sondermülle, mit der staatlichen Einheit auf gemeinsamem Territorium wiederfindet. **Den Müll an ein ärmeres, devisenhungriges Land zu verkaufen, war der einfache Weg, den eigenen Abfall loszuwerden.** Entsprechend gering war der Druck, zu Hause umweltschonende Produktionsweisen zu entwickeln (die diese gefährlichen Abfälle erst gar nicht entstehen lassen) bzw. gleich für ein umweltfreundliches Wiederverwerten zu sorgen.

3) In: Umweltschutz. Das Umweltprogramm der Bundesregierung, Stuttgart u.a. 1972.

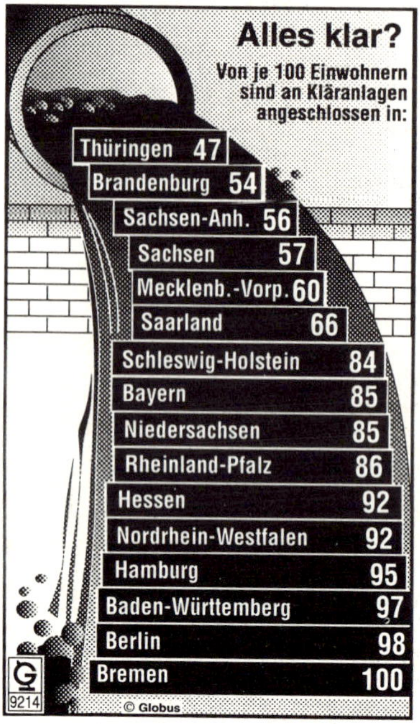
Alles klar?
Von je 100 Einwohnern sind an Kläranlagen angeschlossen in:
Thüringen 47
Brandenburg 54
Sachsen-Anh. 56
Sachsen 57
Mecklenb.-Vorp. 60
Saarland 66
Schleswig-Holstein 84
Bayern 85
Niedersachsen 85
Rheinland-Pfalz 86
Hessen 92
Nordrhein-Westfalen 92
Hamburg 95
Baden-Württemberg 97
Berlin 98
Bremen 100
© Globus
9214

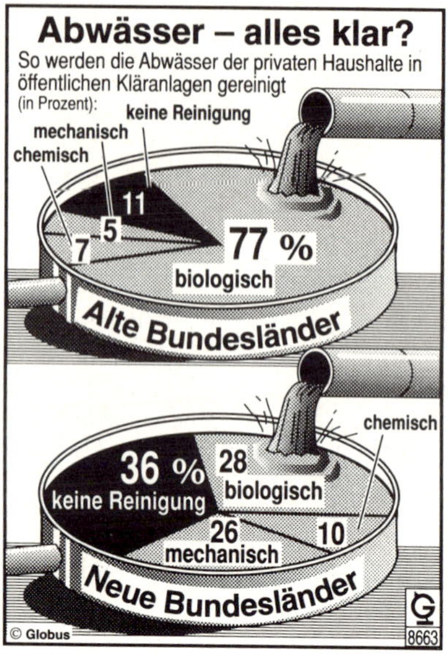
Abwässer – alles klar?
So werden die Abwässer der privaten Haushalte in öffentlichen Kläranlagen gereinigt
(in Prozent):
keine Reinigung
mechanisch
chemisch
11
5
7
77 %
biologisch
Alte Bundesländer
chemisch
36 %
keine Reinigung
28
biologisch
26
mechanisch
10
Neue Bundesländer
© Globus
8663

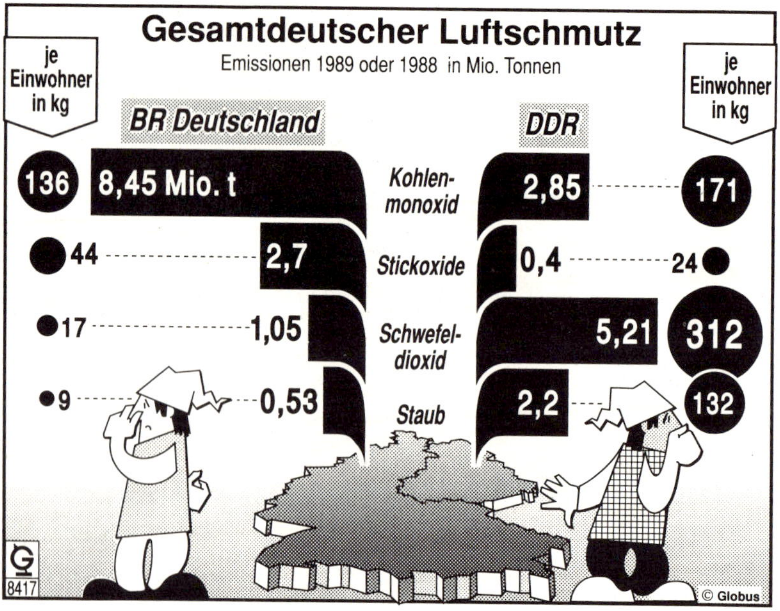
Gesamtdeutscher Luftschmutz
Emissionen 1989 oder 1988 in Mio. Tonnen
je Einwohner in kg
BR Deutschland
DDR
je Einwohner in kg
136
8,45 Mio. t
Kohlen-monoxid
2,85
171
44
2,7
Stickoxide
0,4
24
17
1,05
Schwefel-dioxid
5,21
312
9
0,53
Staub
2,2
132
8417
© Globus

Mittel der staatlichen Umweltpolitik sind **in zweiter Linie alle diejenigen Maßnahmen,** mit denen man versucht, **„einen Markt für Umweltnutzungen"** (H. Bonus) zu bilden, denn „wir müssen die Natur entlohnen" (H. Immler), um sie zu schonen. Das heißt, die „externen Kosten" der Umweltbelastungen sollen zu bestimmbaren betrieblichen Kostenbestandteilen gemacht werden und damit in die Preise eingehen.

Entlastung durch sparsamen Verbrauch

Streng genommen ist Umweltschutzpolitik noch umfassender, wenn man sie **in das Gesamtsystem der Marktwirtschaft einbettet.** Die Argumentation liefe dann wie folgt: Man erzielt um so mehr Umweltschutz, je weniger Rohstoffe verbraucht und je mehr Energie von vornherein eingespart wird. Wirtschaftsordnungen, die alle Unternehmen zwingen, im Interesse der Wettbewerbsfähigkeit geringste Kosten zu verursachen, **so sparsam mit Energie, Rohstoffen, Maschinenleistungen, menschlicher Arbeitskraft wie möglich umzugehen, sind eine gute Grundlage für den Umweltschutz.** Marktwirtschaften gelten insofern als umweltverträglicher als Planwirtschaften, die Verschwendung mittels bürokratischer Kontrollen nur unzureichend verhindern können.

Daß diese allgemeine Sparsamkeit im Umgang mit Ressourcen umweltpolitisch noch nicht ausreicht, ist naheliegend. Es wird damit ja nicht ausgeschlossen, daß schwere Vergiftungen vorkommen, wenn z.B. der Einsatz giftiger Substanzen billiger ist als der womöglich mühseligere Weg sauberer Produktion. Dennoch ist Umweltpolitik durch Steigerung der Leistungsfähigkeit der gesamten Volkswirtschaft nicht zu unterschätzen.

Ressourcen
sind alle Mittel, die in die Produktion eingehen: Rohstoffe, Energie und Arbeitskräfte sind häufig genannte Beispiele. Die wirtschaftliche Umwelttheorie fordert, die Umwelt gleichfalls als Ressource zu betrachten, selbst wenn die Leistungen (noch) nicht in die Kostenrechnung eingehen. Saubere Luft und Wasser sollen dementsprechend genauso bewirtschaftet werden wie wertvolle und knappe und daher mit Marktpreisen versehene Güter.

Technischer Fortschritt bringt umweltpolitische „Gratiseffekte"

Das Wissenschaftszentrum Berlin untersuchte beispielsweise **die „umweltpolitischen Gratiseffekte" des technischen Fortschritts.** Es fand heraus, daß die Gruppe der leistungsfähigsten Volkswirtschaften – zu denen auch die Bundesrepublik gehört – trotz sinkenden Einsatzes umweltbelastender Rohstoffe ein steigendes Sozialprodukt erwirtschaften konnte: „Die wohlhabendsten Nationen, die sich am weitesten auf dem Weg zur Dienstleistungs- und Informationsgesellschaft befinden, profitieren am meisten von diesem Umweltschutz zum Nulltarif."[7)]

[7)] Wirtschaftswoche, Nr. 12 v. 14.3.1986.

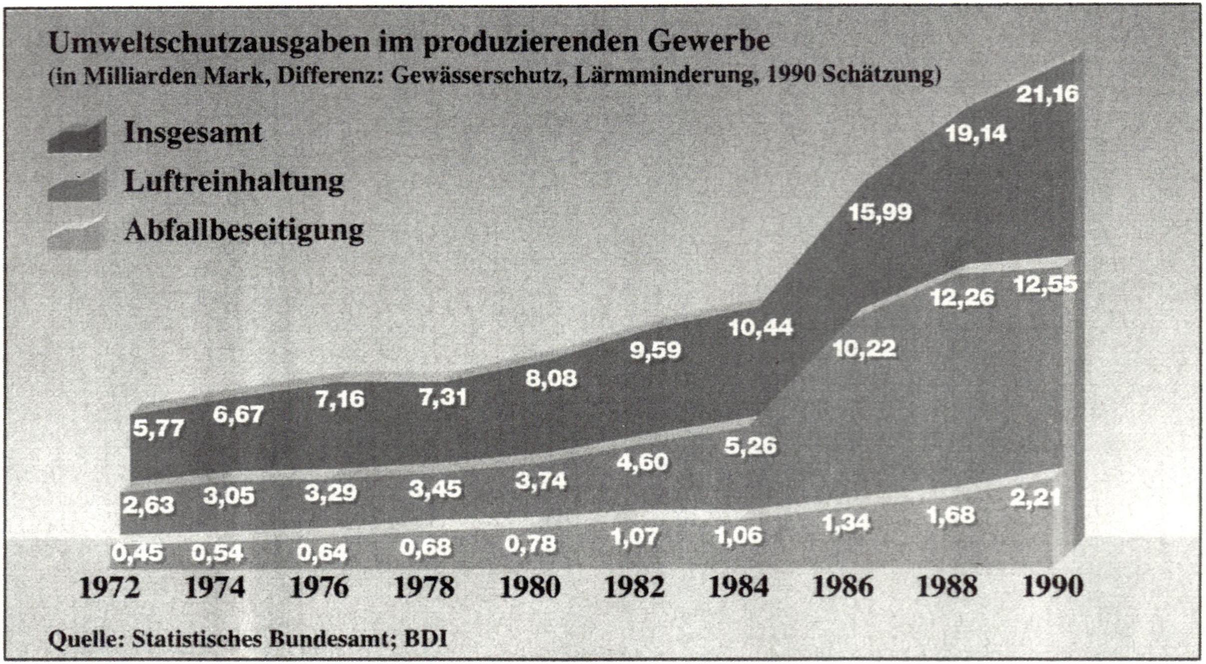

Wirtschaftswoche, Nr. 27 v. 28.6.1991.

Der Vorteil der Marktwirtschaften liegt somit in dem ständigen Sparsamkeitsdruck, der von steigenden Rohstoff- und Energiepreisen ausgeht. Nur diese Preissignale – weniger die „flammenden Appelle" – sind wirksam: Die Häuser werden besser wärmeisoliert, die Autos verbrauchen weniger Benzin. Daher versteht man die Sorgen, die aus umweltpolitischen Gründen entstehen, wenn durch fallende Preise für Erdöl und Rohstoffe die Verschwendung wieder auflebt.

Steigende Preise zwingen zum sparsamen Ressourcenverbrauch

Zurück zu den oben angesprochenen Mitteln der staatlichen Umweltpolitik. Welche Wirkungen haben Gebots- und Verbotsgesetze? Einfach gesagt prinzipiell dieselben wie alle Regelungen, die uns in unserem täglichen Leben berühren. Man denke nur an die Straßenverkehrsregeln, die ja vielfach so „vernünftig" sind, daß man sich selbstverständlich daran hält, um Unfälle zu vermeiden. Dennoch werden Regeln aufgestellt und erzwingbar gemacht. Wer sich nicht daran hält, begeht eine Ordnungswidrigkeit; ein Überwachungsorgan, die Polizei, stellt Regelverstöße fest; Gerichte befinden über entsprechende Bestrafungen.

Verordnungsverfahren sind zeitaufwendig

Gesetzgebungs- und Verordnungsverfahren dauern erfahrungsgemäß längere Zeit. Dazu müssen Regierungen und Parlamente Absichtserklärungen veröffentlichen, Anhörungen durchführen, Betroffene befragen, Sachverständigengutachten einholen und womöglich Verfassungs- und Verwaltungsgerichtsverfahren durchstehen. Es überrascht nicht, daß auf diese Weise die häufig erforderliche Schnelligkeit nicht gewährleistet werden kann. Das gilt für die Europäische Gemeinschaft genauso wie für jeden Mitgliedstaat.

Kostenfaktor Umweltschutz

Derartige Regelwerke gelten auch für den Umweltschutz; sie betreffen den Umgang mit Wasser, mit Abfall, mit Luft, mit Lärm und mit Umweltchemikalien. Die Unternehmen müssen Umweltinvestitionen tätigen, um die dafür erforderlichen Filter, Kläranlagen und Produktionsumstellungen zu bauen. **Für die Unternehmen entstehen daher aus Umweltschutzgründen Kosten.**

Erkennbar ist, daß Mitte der 80er Jahre, also nach Eintritt in die lange Jahre dauernde Wachstumsphase der deutschen Volkswirtschaft, die Umweltinvestitionen deutlich gestiegen waren und jährlich weiter wuchsen. Umweltschutz ist zugleich in die auch sonst getätigten Investitionen integriert. Maßgeblich ist demnach nicht mehr der nachgerüstete Filter, sondern die **Einbeziehung schonender Produktionsverfahren und Reinigungsanlagen von Anfang an.** Umweltaufwendungen sind damit nicht mehr so eindeutig von Investitionen „an sich" abgrenzbar. Es besteht damit der Verdacht, daß die Industrie große Teile der ohnehin getätigten Investitionen als Umweltschutzmaßnahme deklariert. Damit soll angesichts wachsenden Umweltbewußtseins sichergestellt werden, daß heimische Investitionen möglich bleiben. Ohne derartige Maßnahmen würden die Widerstände gegen weitere Industrieansiedlungen immer stärker werden.

Großer Investitionsbedarf in neuen Ländern

Es soll an dieser Stelle erwähnt werden, daß die deutsche Einheit den Bedarf an Umweltschutzinvestitionen in der gesamten Republik erhöht hat. Der Investitionsbedarf bis zum Jahre 2000 in den neuen Ländern allein wird deutlich über dem liegen, was in der größeren alten Bundesrepublik in den 80er Jahren von Staat und Industrie gemeinsam ausgegeben wurde. Allerdings könnten dann Silberstreifen am ökologischen Horizont sichtbar werden, wenn es z.B. gelingt, die Stromerzeugung in den neuen Bundesländern westlichem Standard anzunähern. Deutlich würden Schwefeldioxyd (–80%), Staub (–55%) und Kohlenmonoxyd (–45%) zurückgehen, aber dennoch prozentual deutlich über der Belastung in den alten Bundesländern bleiben (135% des Belastungsdurchschnitts bei SO_2 und 216% bei den Stäuben). Nur bei den Stickoxyden geht es den neuen Ländern besser, weil hier der Hauptverursacher, der private Autoverkehr, unter dem Durchschnitt liegt.

Da die staatlichen Gebote und Verbote erzwingbar sein müssen – beispielsweise die Begrenzung der Schwefel- und Stickoxydemissionen von Großfeuerungsanlagen – müssen sie rechtlich einwandfrei formuliert und überwacht werden. Auch an die Höhe der Strafen muß man denken; wenn letztere niedriger sind als die Investitionskosten einer Schadstoffvermeidung, dann lohnte es sich womöglich wieder, den Umweltschmutz in Kauf zu nehmen, weil er „billiger" wäre als die Schutzmaßnahme.

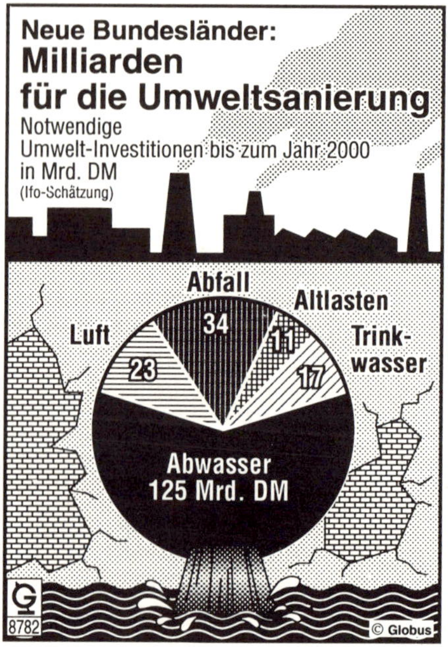

Totaler Umweltschutz wird so nicht zu machen sein; es geht konkret nur um „Grenzwerte", bis zu denen Unternehmen Luft und Wasser verschmutzen; des Lärms, den sie erzeugen; der umweltgefährlichen Substanzen, die sie in bestimmten „geringen" Mengen abgeben „dürfen". **Und es geht um den technisch möglichen Umweltschutz:** Jeder Verbrennungsvorgang erzeugt Abwärme und Abgase; die Frage ist, in welchem Umfang Belastungen vermieden werden können. Verständlich ist, daß Unternehmen interessiert sind, den „Stand des technischen Wissens" nicht zu streng zu formulieren. Je besser sich Verschmutzungen vermeiden lassen, desto strenger werden auch die gesetzlichen Auflagen werden. Umgekehrt müssen die Umweltbehörden ständig darum kämpfen, den Stand des technischen Wissens zu erhöhen, damit die Industrie weniger Schadstoffe emittiert.

Wieviel Umweltschutz ist „technisch möglich"?

Daher gab es in der Vergangenheit seitens der Industrie regelmäßig Proteste, wonach „unmögliche" Vorgaben sie überforderten und – mit der Folge des Arbeitsplatzverlustes – den Stillstand der Produktion erzwängen (z.B. die Auseinandersetzungen über das Benzin-Blei-Gesetz; um die Grenzwerte der Schadstoffemissionen bei Großfeuerungsanlagen). Tatsächlich konnten die Vorgaben eingehalten werden, so daß sich gelegentlich schon die Industrie um ihr gutes Image bei der Bevölkerung Sorgen machte: Das laute Geschrei bei der Grenzwertfestsetzung, obwohl sie die Werte technisch erreichen könne, wirke als Beweis ihrer Umweltfeindlichkeit.

Streit um die Bestimmung der technischen Normen

Ganz abwegig ist diese Kritik tatsächlich nicht. Sie führte auch dazu, sich verstärkt über die andere Art von staatlicher Umweltpolitik Gedanken zu machen: **Kann man nicht Bedingungen schaffen, daß es im ureigensten Interesse der Unternehmen ist, intensiven Umweltschutz zu betreiben?** Soll man nicht **„einen Markt für Umweltnutzungen"** aufbauen?

Markt für Umweltnutzungen ...

Tatsächlich werden derartige Forderungen etwa seit Beginn der 80er Jahre von den Regierungen der Bundesländer erhoben; die Bundesregierung plädierte in ihrer Regierungserklärung vom Mai 1983 dafür, daß „umweltfeindliche Produktionsverfahren sich nicht lohnen dürfen, umweltfreundliches Verhalten sich auch wirtschaftlich auszahlen" müsse.[8] Wege zu größerer Marktnähe und damit einer konsequenten Umsetzung des „Verursacherprinzips" bei der Umweltpolitik sind **Umweltabgaben** und **Umweltlizenzen.** In gewissem Sinne gehören auch – worauf L. Wicke hinweist – **flexible Auflagenlösungen** zu dieser Art umweltpolitischer Maßnahmen.

... mit Hilfe von Abgaben, Lizenzen und Auflagen

Umweltabgaben sind Zahlungen, die Unternehmen, Haushalte und Gemeinden leisten müssen, wenn sie die Umwelt durch verunreinigtes Abwasser, Industrieabgase, Lärm usw. belasten. **Das Ziel der staatlichen Abgabenerhebung ist die Verteuerung der Schadstoffeinleitungen, damit Anreize ausgehen, auf Verschmutzungen zu verzichten.** Einfach gesagt: Der Bau von Kläranlagen soll billiger sein als die Gebühren für die Einleitung von Schadstoffen.

[8] Zitiert nach Lutz Wicke, Instrumente der Umweltpolitik, in: Wirtschaftsstudium, H. 2, 1984, S. 77.

Abgaben sind Pflichtzahlungen aller privaten Haushalte und Unternehmen an den Staat, die letzterer aufgrund gesetzlicher Ermächtigung fordern kann. Die Abgaben teilen sich auf in

- spezielle Abgaben, wie z.B. Gebühren und Beiträge (Beispiel ist die Abwasserabgabe), und
- generelle Abgaben, wie z.B. Steuern und Zölle (Beispiel: Mineralölsteuer).

Bei Ökosteuern handelt es sich um generelle Abgaben, mit denen der Staat sein Interesse, Einnahmen zu erhalten, mit umweltpolitischen Zielen verknüpft. Dabei können Konflikte entstehen: Wenn das gewünschte Ziel – weniger Benzinverbrauch – erreicht wird, gehen auch die benötigten Staatseinnahmen zurück.

Verursacherprinzip

Das Verursacherprinzip regelt die Zurechnung der Kosten des Umwelteingriffs; es sollen diejenigen die Kosten einer Umweltbelastung tragen, die für ihre Entstehung verantwortlich sind. Da das Verursacherprinzip nur Kosten zurechnet, begründet es noch keine Schadensersatz- oder Haftungspflichten.

Umweltschutz senkt Abgabenlast

Die Überlegenheit der Umweltabgaben gegenüber einer auf Reinhaltungsnormen aufbauenden Verbots- und Kontrollgesetzgebung liegt in der **Einbindung der Umweltbelastung in die unternehmerische Politik.** Umwelt ist wegen der Abgaben kein „freies Gut“ mehr; Verschmutzung kostet Geld und verringert die Gewinne. Es „lohnt“ sich daher für Unternehmen, die Verschmutzungen zu verringern, weil dadurch Abgaben gespart werden. Das oben erwähnte Interesse, möglichen technischen Fortschritt bei der Sauberhaltung abzuwehren, um nicht die Verbotsnormen zu verschärfen und damit mehr Geld für Umweltinvestitionen ausgeben zu müssen, entfällt. **Im Gegenteil: Jede Verbesserung ist willkommen, weil sie mithilft, die Abgabenlast zu senken.**

Gesamtwirtschaftlich ist diese Reaktion der Unternehmen auf die Umweltabgaben erwünscht: Wenn diese in Kenntnis der Abgabenhöhe Umweltinvestitionen vornehmen, so streben sie ein möglichst hohes Maß an Kostensenkung an. Man kann davon ausgehen, daß eine Halbierung der Schadstoffemissionen bei ungereinigten Anlagen leichter und billiger zu machen ist als die Entfernung des letzten Prozentes bei bereits „sauberen“ Fabriken mit Hilfe kompliziertester und kostspieligster Technik. Damit wird mit vergleichsweise niedrigem gesamtwirtschaftlichen Aufwand ein größerer Entlastungseffekt erzielt. Verfeinerungen und Verbesserungen der Reinigungsleistungen der Anlagen sind dann künftigen Investitionen vorbehalten.

Wirtschaftliche Bedingungen für maximalen Umweltschutz

Ein Beispiel aus der damaligen Berliner Diskussion betraf die Investitionen zur Reinigung der Kraftwerke in Berlin (West), wo die Hälfte der in der Stadt zu messenden Schadstoffe aus benachbarten Kraftwerken in der ehemaligen DDR stammte. Mit den Kosten, die man aufzuwenden hätte, um die letzten tausend Tonnen Schwefeldioxyd des neuen Kraftwerkes „Reuter II" herauszufiltern, konnte man mit recht einfachen Anlagen die Schadstoffemissionen filterloser DDR-Kraftwerke praktisch halbieren und den Ausstoß von Hunderttausenden von Tonnen SO_2 verhindern. Mit demselben Geld wäre also eine wirksamere Umweltentlastung zu erzielen gewesen. Daß es gegen eine solche Politik auf beiden Seiten politische Vorbehalte gab, braucht hier nicht untersucht zu werden. **Sinnvoll ist es aber, diesen Effekt in der eigenen Volkswirtschaft möglichst weiträumig zur Anwendung zu bringen.**

Kritische Einwendungen gegen eine abgabenorientierte Politik finden sich in bezug auf politische Pressionen: Wer garantiert, daß die Umweltabgaben so hoch angesetzt werden, daß z.B. weniger Schmutzwasser eingeleitet und mehr Umweltinvestitionen getätigt werden? Daß es hier Probleme geben kann, berichtete die „Wirtschaftswoche" (Nr. 26 v. 20.6.1986) in einem Report über die Novellierung des Abwasserabgabengesetzes: „Vor allem die chemische Industrie und die Zellstoffhersteller wehren sich heftig. BASF befürchtet, künftig 30 Mio DM Abwasserabgabe pro Jahr zahlen zu müssen – doppelt soviel wie bisher. BAYER rechnet mit einer Verdreifachung der Kosten auf 50 Mio DM. Die Zellstoffindustrie geht in ihren trübsten Rechnungen davon aus, daß künftig acht statt drei Prozent des Umsatzes – rund 56 Mio DM – als Abwasserabgabe fällig werden." Eine wirtschaftliche Gefährdung der Zellstoffindustrie war dennoch nicht zu erwarten sein. An den Standorten dieser Industrie in Baden-Württemberg und in Bayern wird der Zellstoffindustrie die Abwasserabgabe „aus wirtschaftlichen Gründen" gestundet.

Grenzen der Abgabenpolitik

Es überrascht daher nicht, wenn dieser Einstieg in mehr Marktwirtschaft beim Umweltschutz noch nicht hinreichend entwickelt ist. **Unabhängig davon müssen auch hier die Auflagen vorgeschrieben und erzwungen werden; selbst bei hohen Abgaben könnte Gifteinleitung billiger sein als das Betreiben eines Klärwerks.**

Unbestritten ist, daß die bisherigen Verbote, Auflagen und Abgaben zu beachtlichen Umweltinvestitionen der öffentlichen Hand und der Privatwirtschaft geführt haben. Daß diese aber weder ausreichend noch nachhaltig erfolgreich waren, zeigen die jährlich sich verschärfenden Naturschäden.

„Duales System"

Die Möglichkeiten einer Umweltpolitik auf der Grundlage von Auflagen, Abgaben, Geboten und Verboten sind dennoch nicht ausgereizt. 1991 brachte den Einstieg in das sog. „duale System der Abfallvermeidung und Sekundärrohstoffgewinnung", an dem sich Hunderte von Industrie- und Handelsunternehmen in Deutschland beteiligten. Aus **Sorge vor weitergehenden Eingriffen des Staates in Form von Verboten bestimmter Verpackungsformen** oder in Form von Zwangspfandregelungen und Rücknahmepflichten einigten sich die Privatunternehmen darauf, alle Verkaufsverpackungen – vom Apfelsaftkarton bis zum Joghurtbecher, von der Konservendose bis zur Zahnpastatube – unabhängig von der Hausmüllentsorgung einzusammeln und wiederzuverwerten.

Möglich wurde dieses Vorhaben durch eine Änderung der Rechtsgrundlage, die die ausschließliche Pflicht der Hausmüllentsorgung durch die Kommunen auf eine zweite Säule (daher „duales System“) der industriebetriebenen Entsorgung stellte: **Verpackungsmüll wurde zum Wirtschaftsgut umdeklariert** und – wie zu alten DDR-Zeiten – als „Sekundärrohstoff“ behandelt. Regional wurden Entsorgungsunternehmen gegründet, die die Verpackungs-Sekundärrohstoffe einsammeln, sortieren und damit einer Wiederverwertung zuführen. Unternehmen, die sich am dualen System beteiligten, durften ihre Produkte verkaufsfördernd mit einem grünen Punkt versehen. Sie mußten dafür aber Lizenzgebühren abführen, mit denen dieses Rücknahmesystem finanziert wurde. Letztlich bezahlten die Verbraucher als Endverursacher von Produktion und Handel diese Maßnahmen in den Verkaufspreisen.

Marktwirtschaftlich ist damit ein denkbarer Weg gewiesen, die Müllflut zu begrenzen: Je aufwendiger die Verpackungen, desto kostspieliger die Rücknahme. Die private Wirtschaft wird somit versuchen, Verpackungskosten zu senken und damit die Gewinne zu erhöhen.

Grüner Punkt: ein Superkartell?

Umweltminister Klaus Töpfer bekommt mit seinem Paradeplan zur Entsorgung von Verpackungen Ärger mit den Kartellämtern. Das Bundeskartellamt in Berlin und die Brüsseler EG-Behörde argwöhnen in der bereits gegründeten Duales System Deutschland GmbH (DSD) ein Superkartell. Rund 400 Verpackungshersteller, Konsumgüter-Firmen und Handelskonzerne haben sich in der DSD zusammengeschlossen, um gemeinsam den Verpackungsmüll zu verringern. Wer mitmacht, bekommt auf seine Produkte und für die Werbung den eigens dafür kreierten „Grünen Punkt“ verliehen. Die deutsche Wettbewerbsbehörde befürchtet, daß Firmen mit eigenen Entsorgungskonzepten – beispielsweise mit eßbaren Materialien – ausgeschlossen werden. Außerdem behindere DSD den Wettbewerb um neue Entsorgungstechniken. Brüssel will den rein deutschen Müll-Verbund verbieten, weil er ausländische Hersteller ohne „Grünen Punkt“ diskriminiere. Sie hätten keine Chance, in die Regale deutscher Händler zu kommen.

Der Spiegel, Nr. 30 v. 22.7.1991.

Umwelt als Preisfaktor durch Lizenzen

Die Vergabe von **Umweltlizenzen** ist ein weiteres marktwirtschaftliches Umweltmittel, das bis jetzt nur theoretisch vorgestellt werden kann. Durch diese Lizenzen würde erstmals ein Markt entstehen, auf dem Umweltbelastungen gehandelt werden – **die Umwelt erhielte einen Preis.** Sie würde knapp und teuer und damit genauso sorgfältig „bewirtschaftet“ werden wie alle anderen Ressourcen.

Wie soll das funktionieren? Die Regierung bildet Belastungsregionen und legt auf der Grundlage des bisherigen Schadstoffanfalls die Belastungshöhe fest. Sie beträgt annahmegemäß in der Region bislang 100 000 Jahrestonnen SO_2, die in 100 verbriefte Emissionseinheiten (EE) zu je 1000 t SO_2 eingeteilt werden. Nur die Besitzer von derartigen EE-Zertifikaten bzw. -Lizenzen dürfen produzieren; will man die Produktion ausweiten und dafür neue Feuerungsanlagen einrichten, so muß man die dafür notwendigen Zertifikate kaufen – oder aber durch entsprechende Investitionen die Belastungen durch die eigenen Altanlagen kräftig senken. Dasselbe gilt für den Fall einer Neuansiedlung: Der „Newcomer" muß Umweltlizenzen von den Altunternehmen erwerben. Diese ihrerseits haben festgestellt, daß man für EE-Lizenzen viel Geld bekommen kann, weil diese knapp sind. Durch eigene Umweltinvestitionen können sie ihre Belastungen senken und damit nicht mehr nötige EE's verkaufen. **Es „lohnt" sich also, den neuesten Stand der Umwelttechnik anzuwenden, weil man damit entbehrliche EE-Briefe profitabel am Markt anbieten kann.**

Unternehmer profitieren vom „neuesten Stand" der Umwelttechnik

Das Mittel der Umweltlizenzen oder -zertifikate läßt sich auch für eine Verbesserung der Umweltsituation einsetzen. So könnte beispielsweise verordnet werden, daß in der jeweiligen Region eine 10%ige Belastungssenkung pro Jahr durchgeführt werden muß. Die vorhandenen Lizenzen, die bisher auf je 1000 t SO_2 pro Jahr lauten, gelten ab Neujahr nur noch für 900 t; ein Jahr später wiederum um 10% verringert für 810 t und so weiter.

Die Umweltverschmutzer kommen in die Klemme: Die Zertifikate werden knapper und immer teurer; wer weiterhin darauf besteht, mit belastenden Altanlagen zu produzieren, muß ständig mehr Geld für zusätzlich benötigte Umweltlizenzen zahlen. **Die Konsequenz ist, daß die Herstellung um so teurer wird, je mehr Schadstoffe sie hervorruft.** Hier wird vielleicht am deutlichsten der Unterschied zur anfangs behandelten Auflagenregelung sichtbar, die Einleitungen „nach dem Stand der Technik" kostenfrei gestattet.

Lizenzen „bestrafen" umweltfeindliche Produktion

Marktwirtschaftlich ist in dieser Situation das Wachstum von Produktions- und Dienstleistungsunternehmen zu erwarten, die neue, bessere Lösungen für die Umweltprobleme anbieten. Wer an der Spitze der Entwicklung steht, verdient am besten, weil er die Lizenzen zu Bestpreisen verkaufen kann.

Stimulierung umweltfreundlicher Produktion

Der technische Fortschritt wird hier – ähnlich wie der Fortschritt bei der Automatisierung der Produktion aufgrund weltweiten Konkurrenzdrucks – **angeregt:** Betriebswirtschaftlich wegen der Kostenersparnis; gesellschaftlich im Interesse des Umweltschutzes.

Unproblematisch ist diese Regelung aber auch nicht – sie könnte das Auftreten von neuen Unternehmen verhindern, wenn die Altbetriebe ihre Umweltzertifikate horten. Eine „Newcomer-Regelung" könnte das allerdings auffangen, wenn die Umweltbehörde einen Teil für die Erstausstattung von Markteintritten reserviert.

Bonner Koalitionsstreit über CO_2-Abbau

Zertifikate prüfen

Von HEINZ JÜRGEN SCHÜRMANN

Die Bonner Koalitionsparteien streiten über die Grundlagen einer möglichst marktwirtschaftlichen Energie- und Umweltpolitik. Die Liberalen votieren für eine Klimaschutzsteuer, während die Union eine Kohlendioxid (CO_2)-Abgabe favorisiert. Der bisherige Wirtschaftsminister Helmut Haussmann (FDP) hat in der Vergangenheit die von Umweltminister Klaus Töpfer (CDU) geforderte Zweckbindung der CO_2-Einnahmen zugunsten von Umweltfördermaßnahmen strikt abgelehnt. Im Bundeswirtschaftsministerium wurde zudem die Notwendigkeit einer EG-weiten Abstimmung der CO_2-Abgabensätze herausgestellt.

Die Bundesregierung hat gleichzeitig immer wieder betont, daß auch die Möglichkeit von CO_2-Zertifikaten als Steuerungsmittel überprüft werden sollte. In den Koalitionsgesprächen ist jetzt aber das unter marktwirtschaftlichen und ökologischen Gesichtspunkten besonders vorteilhafte Instrument von CO_2-Zertifikaten an den Rand der Diskussion gedrängt worden. Es wäre sehr schade, wenn diese von marktwirtschaftlichen Ökonomen schon seit über zwanzig Jahren empfohlene Steuerungsmöglichkeit von den Politikern auch diesmal wieder als akademische Spielerei abgetan würde. Gerade beim langfristigen Abbau der CO_2-Belastungen wäre durch eine schrittweise Verringerung von versteigerten Zertifikaten ein effizienter Anpassungsweg für die leitungsgebundene Energiewirtschaft, aber auch für die Mineralölverarbeiter zu erschließen, der zudem für internationale Gremien kontrollierbar ausgestattet werden könnte.

Handelsblatt v. 12.12.1990.

Emotionale Ablehnung des „Handels mit der Umwelt“

Schwieriger sind jedoch, worauf Lutz Wicke verweist, die **emotionalen Barrieren:** „Da handeln doch Kapitalisten mit unserer Umwelt!“[9] Das politische Gewicht derartiger Symbole darf nicht unterschätzt werden. So bestanden z.B. heftigste Vorwürfe gegen die Inbetriebnahme des ungefilterten Kraftwerks „Buschhaus“ bei Helmstedt unverändert fort, obwohl der Kraftwerksbetreiber nachweisen konnte, daß die gleichzeitige, durch

[9] Lutz Wicke, Instrumente der Umweltpolitik, a.a.O., S. 79.

Buschhaus ermöglichte, Stillegung von Altanlagen die Gesamtbelastung senkt. Insofern widerstreiten sich marktwirtschaftliche und rigoristische Umweltpolitik in einer Reihe von Fällen. Nimmt man als Maßstab für den Politikerfolg die verringerte Gesamtbelastung, dann kann marktwirtschaftlicher Einsatz gut bestehen; ist der Maßstab aber nur die Emission der Einzelanlage, dann zeigt die rigoristische Politik die besseren Ergebnisse (wenn man von den Kosten absieht).

Entwicklung ungefährlicher Synthetikfasern

Eine bemerkenswerte Kombination von Verbotspolitik und marktwirtschaftlichem Entwicklungsanreiz findet sich beim größten deutschen Asbestzementhersteller, der in Berlin ansässigen „Eternit AG". Dieses Unternehmen war Anfang der 80er Jahre in eine lebensbedrohende Absatzkrise geraten, als sich die gesundheitliche Gefährlichkeit des Asbest-Feinstaubs („Asbestose", eine Art von Versteifung der Lungenflügel; Lungenkrebs) herausstellte. Das Unternehmen reagierte sehr schnell; in Zusammenarbeit mit einem deutschen und einem japanischen Chemieunternehmen gelang die Entwicklung von synthetischen Fasern, die die Gesteinsfaser Asbest ablösen können. Es überrascht nicht, daß dafür Versuche, Forschungsaufwendungen und Anwendungstests im Umfang von vielen Millionen DM erforderlich waren.

Umweltforschung sichert Überleben des Unternehmens

Das allgemein vorhersehbare Verbot der Asbestverwendung in anderen Ländern gibt denjenigen Unternehmen die langfristigen Überlebenschancen, die sich in folgerichtiger Anwendung marktwirtschaftlicher Prinzipien schnell an die Entwicklung umweltfreundlicherer Produkte machen. Das Gewinn- und Überlebensinteresse von Managern und Unternehmen sichert den Fortschritt, den eine anordnende Bürokratie so schnell nicht erreichen könnte. Im Sonderheft „Forschen in Berlin" der Zeitschrift „bild der wissenschaft", Juni 1987, heißt es dazu: „Eternit versucht mit den Produkten der ‚neuen Generation' den Beweis dafür anzutreten, daß industriell hergestellte Baustoffe nicht im Widerspruch zu einer umweltfreundlichen, landschaftsgerechten und individuellen Gestaltung stehen müssen."[10]

„Glockenpolitik" als Form einer flexiblen Auflage

Marktwirtschaftliche Elemente liefern auch **flexible Auflagenlösungen.** Insbesondere in den USA ist der Weg beschritten worden, mit diesem Mittel der Umwelt „einen Preis zu geben", gleichzeitig aber den Unternehmen die Möglichkeit der Kostenverringerung einzuräumen. In die Diskussion eingegangen ist eine derartige Politik unter der Bezeichnung „Glocken"- bzw. „Bubble"-Politik.

Als Beispiel soll ein Unternehmen herangezogen werden, das mit zwei Betrieben unterschiedlicher Umweltreinheit produziert: Anlage 1 emittiere jährlich 800 t, Anlage 2 insgesamt 400 t SO_2. Durch Verfügung der Regierung möge die Schadstoffhöchstgrenze um ein Viertel gesenkt werden, worauf sich das Gesamtunternehmen einzurichten hat.

[10] Gerald Mackenthun, Wachstum durch Umweltschutz, in: Forschen in Berlin, Sonderheft der Zeitschrift „Bild der Wissenchaft", Juni 1987, S. 157.

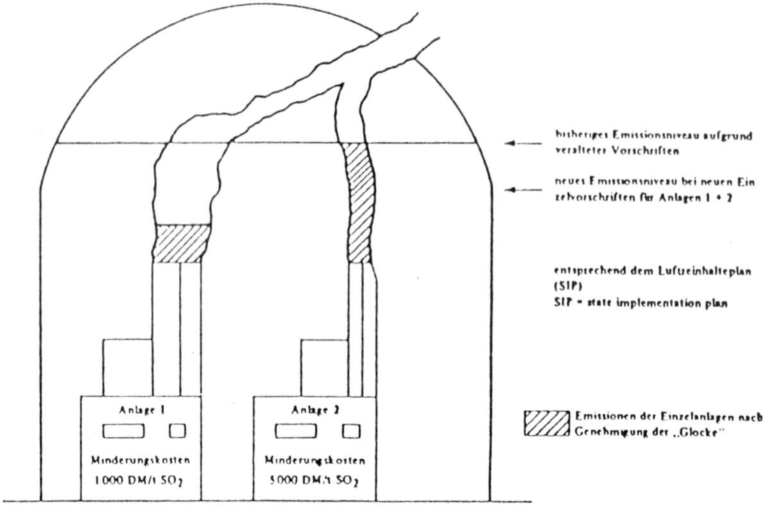

Da Anlage 1 mit den (deutlich) niedrigeren spezifischen Vermeidungskosten die neuen gesetzlichen Anforderungen übertrifft und damit die eigentlich vorgeschriebene Emissionsminderung von Anlage 2 mehr als „übernimmt", darf letztere das bisherige Emissionsniveau beibehalten. Aus der Glocke entweichen maximal gleichviel – oder je nach Vorschrift der Glocken-Politik – sogar weniger Tonnen SO (Überkompensation)

Nach *Environmental Protection Agency*, Emission Reduction Banking, Publ. NO BA – 115, Washington, D.C. 1980, S. 11.

Lutz Wicke, Instrumente der Umweltpolitik, a.a.O., S. 81.

Welche Politik steht dem Unternehmen offen? Es könnte beide Anlagen um 25% sauberer machen, was annahmegemäß sehr kostspielig ist, weil die Kosten für die weitere Schadstoffminderung bei Anlage 2 sehr hoch sind. Mit weniger Geld ließe sich dagegen die Neuanlage 1 erheblich sauberer machen.

Wirkungsweise der Glockenpolitik

Die „Glocken-Politik" löst das Dilemma wie folgt: Beide Betriebe stehen unter einer „ideellen" Glocke; sie werden also als eine Gesamtheit betrachtet. Der Unternehmer kann entscheiden, wie er die Auflage kostengünstigst erfüllt. Annahmegemäß erledigt er das durch Investition in Anlage 1, wo er nicht nur auf 600 t (von 800 t ursprünglich), sondern mit wenig Geld auf 500 t zurückgeht. An seiner Altanlage 2 macht er gar nichts, so daß diese weiterhin 400 t emittiert. Das Gesamtergebnis liegt mit 900 t innerhalb der Auflage, 25% weniger Schadstoffausstoß zu haben. Denn vor der Grenzwertverschärfung hatte das Unternehmen 1200 t Schadstoffe produziert.

Rigoristische Umweltpolitik müßte die Minderung an jeder Quelle fordern; damit erhöhen sich jedoch die Kosten erheblich, weil auch Anlagen betroffen wären, die nur mit großem Aufwand gereinigt werden könnten. Volkswirtschaftlich ist diese Politik die „teurere“; die Umweltinvestitionen werden von den Unternehmen in den Preisen an die Endverbraucher weitergegeben. Für denselben Umwelteffekt muß dann im Durchschnitt mehr bezahlt werden, als ließe man die Unternehmen selbst entscheiden, wo die größte Gesamtwirkung erzielt werden kann.

Arbeitsplatzwirkungen des Umweltschutzes

Abschließend soll noch die Frage angesprochen werden, ob Umweltschutz Arbeitsplätze vernichtet – gleichsam „als Preis“ für saubere Luft und Wasser. Gründe für diesen Verdacht scheinen auf der Hand zu liegen: Die Umweltinvestitionen werden – ob als Folge von Auflagen, Abgaben oder Lizenzen – in den Preisen weitergegeben. Das ist zudem die letzte Ausprägung des Verursacherprinzips: Letztlich zahlt der Kunde, dessen Güternachfrage belastende Produktion in Gang gesetzt hat, die Kosten der Reinhaltung. Wenn man aber annahmegemäß von einem bestimmten volkswirtschaftlichen Einkommen ausgeht, müßte die mengenmäßige Gesamtnachfrage sinken, wenn die Preise umweltbedingt steigen. Weniger Produktion könnte dann jedoch zu Beschäftigungseinbrüchen führen.

Umweltschutz ist Qualitätsfaktor ohne nachteilige Beschäftigungswirkung

Binnenwirtschaftlich – also nur für eine Volkswirtschaft betrachtet – ist diese Annahme nicht schlüssig. Umweltfreundlich erzeugte Produkte sind als Waren höherer Qualität zu betrachten. **Genauso wenig, wie die Herstellung besserer Erzeugnisse Arbeitslosigkeit verursacht, ist dem Umweltschutz als „Qualitätsfaktor“ Beschäftigungsrückgang in die Schuhe zu schieben.**

Ein Beispiel verdeutliche das: Aus Sicherheitsgründen würde z.B. eine Rechtsverordnung erlassen, wonach alle Kraftfahrzeuge Radios haben müßten, um Staumeldungen empfangen zu können. Der Einbau der Radios verteuert jedoch die Autopreise, so daß etwas weniger Autos verkauft würden. Der dadurch bedingte Produktionseinschnitt wird jedoch kompensiert durch die Ausdehnung der Produktion für Autoradios; im Durchschnitt gleichen sich Arbeitsplatzabbau in der Kfz- und Arbeitsplatzaufbau in der Radioindustrie aus. Dasselbe gilt für umweltfreundlichere Autos, z.B. wegen Katalysatoreinbaus. Die Verteuerung der Autos und deren Nachfragerückgang wird ausgeglichen durch die Expansion der Katalysatorfabrikation.

Positive Arbeitsmarkteffekte von Umweltinvestitionen

Angesichts des umfangreichen Investitionsvolumens, das öffentliche Hand und private Wirtschaft mittlerweile aus Umweltgründen eingesetzt haben, wird den **Umweltschutzmaßnahmen ein großer Beschäftigungseffekt zugebilligt.** Obwohl es schwer ist, hier völlig verläßliche Werte zu liefern, kann man von etwa 400 000 zusätzlich Beschäftigten ausgehen. Es überrascht daher nicht, daß spätestens seit Beginn der 80er Jahre die Ausweitung der öffentlichen Umweltausgaben als ein mögliches beschäftigungspolitisches Mittel von den Gewerkschaften herausgestellt wird. Wenn hiergegen seitens der Regierung Bedenken geäußert werden, dann nicht so sehr wegen der nicht gleichfalls als hilfreich eingeschätzten Wirkung, sondern wegen der staatlichen Finanzierungsengpässe und der fehlenden Qualifikation bei den zu Beschäftigenden.

Wettbewerbs-verzerrungen bei unter-schiedlichen Umweltnormen

Beschäftigungsprobleme sind allerdings zu erwarten, wenn auf dem Weltmarkt wegen unterschiedlich hoher Umweltauflagen Preisunterschiede entstehen. Hier muß politisch auf **gleiche Normen gedrungen werden, um Wettbewerbsnachteile zu vermeiden.** In der Praxis hat sich allerdings herausgestellt, daß die umweltpolitisch entwickelteren Länder Vorteile haben. Als weltweit die Umweltnormen verschärft wurden, konnten sie die fertigen und erprobten Lösungen auf den Weltmärkten profitabel anbieten. Heutige Umweltinvestitionen sind also ein Schritt in Richtung einer erfolgreichen Anpassung an die kommenden Weltmarktbedingungen.

Auf einen zusätzlichen Weg, die „Umweltbenutzung in die Kalkulationen der Unternehmer zu integrieren", weisen Lutz Wicke und Jessica de Wolff (a.a.O., S. 378) ausdrücklich hin: **Die Umwelthaftung und eine damit verbundene Umwelthaftpflichtversicherung.**

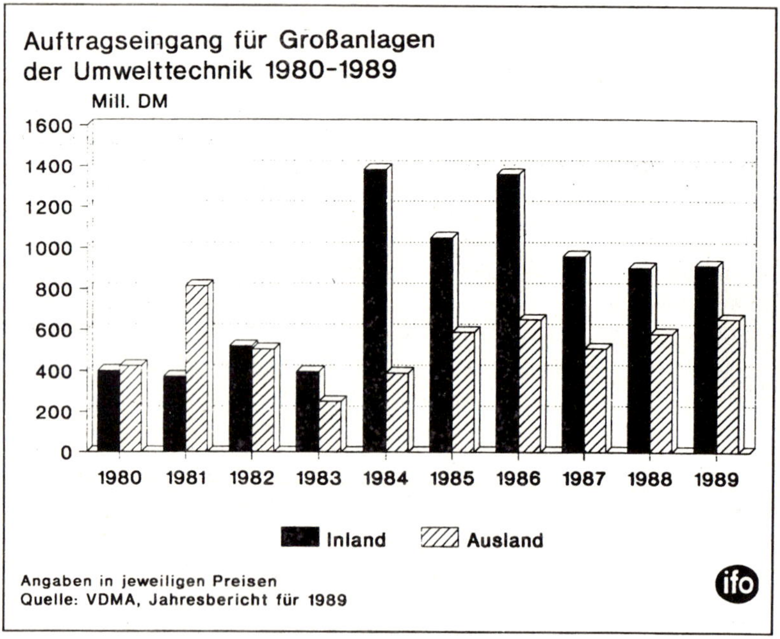

Seit sechs Jahren verharren die Auftragseingänge für Großanlagen der Umwelttechnik auf hohem Niveau. Die Investitionen eilen neuen Gesetzen hinterher. 1983 wird die Großfeuerungsanlagenverordnung angekündigt und wenig später schnellen die Investitionen in die Höhe.

Handelsblatt v. 15./16.6.1990.

Auch hier ist der Gedanke marktwirtschaftlich überzeugend: Jede Produktion kann zu Umweltunglücksfällen führen, die die „property rights" Nichtbeteiligter verletzen, so daß der Schädiger Schadensersatz leisten muß (vielfach an den Staat, der die sonst nicht durchsetzbaren Eigentumsrechte Dritter geltend macht). Dagegen kann sich der Unternehmer durch Kauf einer Versicherung schützen. Die Prämien der Versicherung sind unmittelbar Kosten der Produktion. Je gefährlicher die Produktionsweise, desto höher werden diese Prämien sein. Gelingt es, sichere Techniken einzuführen und damit die **Risiken zu senken, so sinken auch die umweltbezogenen Produktionskosten** – der Unternehmer wird billiger und wettbewerbsfähiger. Aus diesem Mechanismus ergibt sich ein beachtlicher Anreiz, die umweltsichersten Maschinen und Anlagen einzusetzen.

Umwelthaftpflicht

Die wirtschaftliche und wettbewerbspolitische Bedeutung des Umweltschutzes führte auch innerhalb der Europäischen Gemeinschaft zu verstärkten Anstrengungen. Diese wurden im Zusammenhang mit der Vollendung des europäischen Binnenmarktes '93 durch eine Novellierung des EWG-Vertrages von 1957 (durch die sog. „Einheitliche Europäische Akte" von 1986) rechtlich verankert. Im eingefügten Artikel 130 r **bekennt sich die EG dazu, die Umwelt zu erhalten, die Gesundheit der Menschen zu schützen, eine umsichtige Verwendung natürlicher Ressourcen zu gewährleisten und Maßnahmen zur Lösung von Umweltproblemen zu fördern.**

Umweltschutz in der EG

Wegen der Kosten- und Wettbewerbswirkungen unterschiedlicher nationaler Umweltgesetze geht die Tendenz eindeutig dahin, die Umweltgesetze zu vereinheitlichen und damit wettbewerbsneutral zu machen. Es sollen alle europäischen Anbieter dieselben Chancen erhalten. Hinzu kommt, daß in vielen Fällen nationale Alleingänge zu Diskriminierungen ausländischer Marktteilnehmer führen und aus diesen Gründen – so positiv sie für die Umwelt auch immer sein mögen – europarechtlich angegriffen werden.

Aus Wettbewerbsgründen einheitliche Gesetze

Abschließend sei der Grundgedanke aus der Einleitung, daß die **Umweltzerstörung eine globale Herausforderung** darstellt, wieder aufgegriffen. Angesichts der möglichen Klimakatastrophe nützt es wenig, wenn die industrialisierte Welt die Umweltprobleme auf den heimischen Märkten zu beherrschen lernt. Selbst wenn z.B. die Industrieländer den Treibhauseffekt durch den CO_2-Ausstoß bei der Verbrennung fossiler Energieträger auf sehr hohem Niveau bremsen könnten (Ziel müßte eine deutliche Absenkung sein), so ist damit noch nicht gesagt, was bei wachsender Weltbevölkerung in den Entwicklungsländern geschieht. Die Gefahr, daß diese Länder genauso verschwenderisch mit den Ressourcen umgehen werden wie die Industriestaaten, ist eine leider nicht von der Hand zu weisende Gefahr. Es steht den Industriestaaten daher schlecht zu Gesicht, Bescheidenheit und Armut von den Menschen in der 3. Welt zu fordern, wenn sie selbst nicht zur Umkehr bei der Vergeudung in der Lage sind.

Globale Dimensionen

Gesetzentwurf: Altlasten ausgeklammert

Im Umwelthaftungsgesetz sind Verschärfungen geplant, die von Industrie und Assekuranz als „Haftung im Übermaß“ abgelehnt werden. Im einzelnen ist vorgesehen:

– Für Umweltschäden wird über den Gewässerschutz hinaus, der bereits vor 30 Jahren im Wasserhaushaltsgesetz (WHG) festgeschrieben wurde und bestehen bleibt, eine verschuldensunabhängige Gefährdungshaftung für Umwelteinwirkungen auf Boden und Luft eingeführt. Das gilt jedoch nur für Schäden, die nach dem Inkrafttreten des Gesetzes entstehen; Altlasten bleiben ausgeklammert.

– Schadensersatzansprüche bestehen für Personen- und Sachschäden, nicht jedoch wie im WHG für Vermögensschäden. Sie werden nur bei Nachweis eines Verschuldens ersetzt.

– Der Haftung unterliegen nur gefährliche Anlagen. Sie sind im Anhang des Gesetzes in einem Katalog aufgezählt, der sich an der Bundesimmissionsschutzverordnung orientiert. Haften sollen im wesentlichen die Inhaber von ortsfesten Anlagen. Schätzungen zufolge sind etwa 100000 Unternehmen betroffen. Entlasten kann sich ein Unternehmen nur, wenn der Schaden durch höhere Gewalt (Naturkatastrophen, Attentate, Sabotageakte, Streiks in anderen Betrieben) entstanden ist.

– Nicht nur der Unglücksfall, für den eine Firma bislang schon bei Verschulden haftete, sondern auch der störungsfreie Normalbetrieb fällt in Zukunft unter die Gefährdungshaftung. Weist der Anlageninhaber einen „bestimmungsgemäßen“ Betrieb nach, haftet er weniger streng als bei störungsbedingten Unfällen.

– Zugunsten der Geschädigten sieht das Gesetz Beweiserleichterungen vor. Eine Anlage wird als Schadensquelle vermutet, wenn sie „nach den Gegebenheiten des Einzelfalls geeignet ist“, den Schaden zu verursachen. Außerdem erhält der Geschädigte einen Auskunftsanspruch, wenn er Tatsachen für die Schadensursache vorlegen kann.

– Für besonders gefährliche Anlagen wird eine Pflichtversicherung vorgeschrieben. Betroffen sind vor allem Anlagen, für die nach der Störfall-Verordnung eine Sicherheitsanalyse anzufertigen ist. Hier fehlt noch eine Rechtsverordnung, die Einzelheiten regelt.

– Ökoschäden wie das Waldsterben werden von dem Gesetz im Regelfall nicht erfaßt. Die Suche nach dem Verursacher lohnt für den Geschädigten nur, wenn Sachen wie sein Haus oder der Lack seines Autos angegriffen sind. Er kann dann über seinen eigenen Schaden hinaus auf Kosten des Verursachers einen Eingriff in die Natur rückgängig machen. Die Wiederherstellung etwa eines Biotops ist also davon abhängig, ob der Eigentümer einen Sachschaden geltend machen kann. REI

Wirtschaftswoche, Nr. 10 v. 2.3.1990.

Erhellend ist der Blick auf den Energieverbrauch pro Kopf der Bevölkerung in den großen Wirtschaftsräumen: Die maßlose Verschwendung in Nordamerika ist unmittelbare Folge einer Wirtschafts- und Gesellschaftsordnung, die auf Mobilität durch private Pkw-Nutzung setzt und daher Energie extrem billig anbietet – zu Preisen, die etwa ein Viertel der europäischen Preise (z.B. beim Benzin) betragen. Was billig ist, hat geringen Wert und

Energieverbrauch als Maßstab

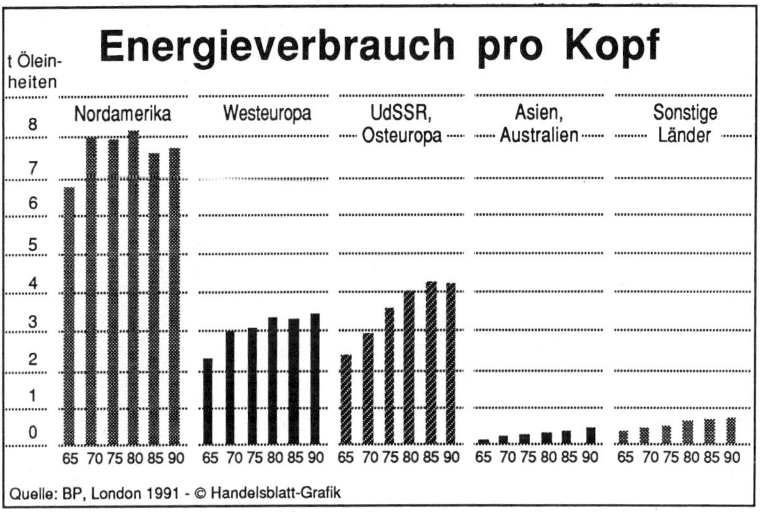

Handelsblatt v. 24.7.1991.

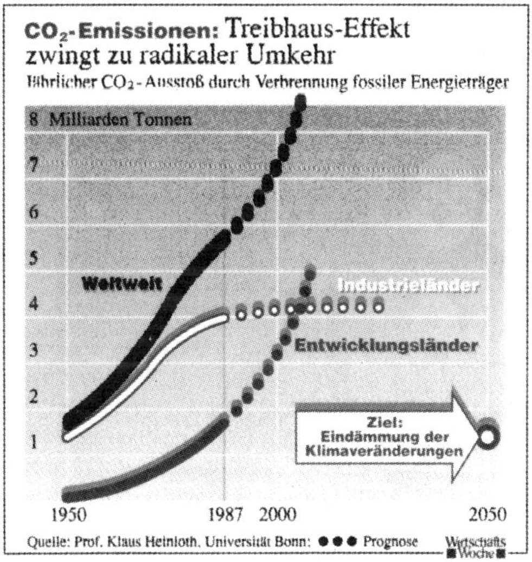

Wirtschaftswoche, Nr. 28 v. 5.7.1990.

wird vergeudet. Die **Chancen einer marktgelenkten Einsparung scheitern an einer breiten gesellschaftlichen Übereinstimmung:** Kein Politiker könnte es wagen, über Steuern Preise zu erhöhen und dadurch Einsparungen durchzusetzen.

Den hohen Ernergieeinsatz der verarmten Gesellschaften Osteuropas und der damaligen UdSSR – auf den ersten Blick wäre dieser Verbrauch Zeichen einer wohlhabenden Industriegesellschaft – muß man auf die technische Unterentwicklung zurückführen. Veraltete Technik, lecke Gas- und Ölleitungen, unzureichende Wärmerückgewinnung sowie niedrige Energieausbeute bei hohen Übertragungsverlusten führen zu einem gewaltigen Energieeinsatz bei extrem geringem Wirkungsgrad. Auch **hier funktionieren keine Märkte, die zur Sparsamkeit bzw. zum technischen Fortschritt in der Ressourcengewinnung und -verwendung zwingen.**

Die anderen Kategorien von Ländern mit Milliarden von Menschen stehen erst am Anfang einer Entwicklung, wie sie in Europa und Nordamerika bereits Realität ist. Sollten diese Völker im Energieverbrauch mit uns gleichziehen, werden gewaltige Klimaveränderungen mit einschneidenden Bedrohungen für alles Leben schlechthin eintreten. Nationale Grenzen werden diese Wirkungen nicht aufhalten. Hier sitzen wir alle wirklich in einem Boot.

Literaturhinweise

Holger Bonus, Warnung vor den falschen Hebeln. Ökologie und Marktwirtschaft sind keine Gegensätze, in: Die Zeit v. 17.5.1985.
Bundesminister des Innern, Was Sie schon immer über Umweltschutz wissen wollten, Stuttgart u.a. 1980.
Heinz-Dieter Hardes/Fritz Rahmeyer/Alfons Schmid, Volkswirtschaftslehre. Eine problemorientierte Einführung, 17. Aufl., Tübingen 1990.
Gerd Himmelmann, Umweltpolitik, in: Wörterbuch zur politischen Ökonomie, 2. Aufl., Opladen 1977.
Global 2000 – ein Hearing, hrsg. v. Helga Schuchardt, Baden-Baden 1981.
Lutz Wicke, Instrumente der Umweltpolitik. Von Auflagen zu marktkonformen Instrumenten, in: Wirtschaftsstudium, H. 2, 1984.
Lutz Wicke, Wilfried Franke, Umweltökonomie, München 1982.
Lutz Wicke, Jessica de Wolff, Von der Sozialen zur Öko-Sozialen Marktwirtschaft in Deutschland, in: Wirtschaftspolitik, Bd. 292 der Schriftenreihe der Bundeszentrale für politische Bildung, Bonn 1990.

Michael Tolksdorf

2. Wirtschaftsentwicklung und Wirtschaftsstruktur

2.1. Wirtschaftswachstum und Strukturwandel

Widersprüche

Seit der „industriellen Revolution" im ausgehenden 18. Jahrhundert vollzieht sich in weiten Teilen der Welt ein regional sehr ungleichmäßig verlaufender Expansionsprozeß, der in nur zwei Jahrhunderten zu radikaleren Veränderungen geführt hat als dies in allen vorangegangenen Perioden der Fall war. **Die Konsequenzen dieser Entwicklung sind widerspruchsvoll.** Sie haben bewirkt, daß in den entwickelten Volkswirtschaften inzwischen eine so außerordentliche Steigerung des materiellen Wohlstands eingetreten ist, daß hier bereits Ende der 50er Jahre über Probleme der „Überflußgesellschaft" diskutiert wurde.[1] Andererseits trat die Kluft zwischen armen und reichen Volkswirtschaften trotz des auch in den Entwicklungsländern einsetzenden Wirtschaftswachstums noch augenfälliger hervor, und das Nord-Süd-Gefälle führte zusammen mit dem Ost-West-Gegensatz zu anhaltenden politischen Spannungen und sozialen Differenzen. In den letzten beiden Jahrzehnten wurde schließlich immer deutlicher, daß der ökonomische Wachstumsprozeß zunehmend das ökologische Gleichgewicht zerstörte, so daß nun nach einer langen Phase weitgehender Fortschrittsgläubigkeit immer mehr Skepsis und Ängste vor den „Grenzen des Wachstums" und seinen negativen Folgen gerade in den Regionen entstanden sind, die bisher vom Wachstumsprozeß durch steigenden Lebensstandard besonders profitierten.

Bereits die Begriffe „Wachstum", technischer „Fortschritt", „Innovation" verraten ihre ehemals mit Hoffnung und Zuversicht verknüpften **ökonomischen Erwartungen,** denen heute immer mehr **ökologische Bedenken** im Hinblick auf Umweltkatastrophen, (Atom-)Kriegsgefahren oder Hinweise auf einen sinnentleerten Konsum entgegengehalten werden. Interessant ist dabei, daß bei allen ideologischen und weltpolitischen Gegensätzen in der Betonung der Wachstumsnotwendigkeit zwischen den Lagern weitgehende Übereinstimmung herrschte und daß die Umweltprobleme ebenfalls systemübergreifend sind und nur allmählich ins Bewußtsein der Politiker traten. Wachsender Wohlstand und zunehmende Wachstumsschäden scheinen in der Tat untrennbar miteinander verknüpft zu sein, so daß es nicht erstaunlich ist, wenn inzwischen überzeugte Umweltschützer das Wachstum der Wirtschaft als Ziel generell ablehnen oder gar, wie Rudolf Bahro, die Rückkehr in eine als heil empfundene vorindustrielle Welt propagieren.

[1] John Kenneth Galbraith, Gesellschaft im Überfluß, München/Zürich 1959.

Wachstumsbegriff

In der z. T. sehr emotional geführten Kontroverse zwischen Gegnern und Befürwortern des Wirtschaftswachstums fällt auf, daß der **Wachstumsbegriff selbst oft undifferenziert verwendet wird,** so daß häufig jeder der Kontrahenten etwas anderes meint, wenn er vom Wachstum spricht. Z.B. lehnten die „Grünen" in ihrem 1983 verabschiedeten Programm „Sinnvoll arbeiten – solidarisch leben" eine Bekämpfung der Arbeitslosigkeit mit Hilfe des Wachstums ab, weil ein dazu erforderliches Wirtschaftswachstum von 6% pro Jahr dazu führen würde, „daß wir in zehn Jahren die doppelte Menge von Produkten pro Jahr produzieren und konsumieren müssen. Doppelt soviel Autos, Kühlschränke, Fernseher, Maschinen, Beton, AKW's, Panzer, Cheeseburger ... usw."[2)]

Hier wird nicht nur ein vorwiegend auf die materielle Güterproduktion verengter Wachstumsbegriff verwendet, sondern auch völlig außer acht gelassen, daß das bisherige Wirtschaftswachstum niemals allein aus der ständigen Vermehrung bereits vorhandener und bekannter Güter resultierte, sondern allererst aus einem umfassenden Strukturwandel der Wirtschaft. Ein Wachstum in Sinne des Zitats hätte ja sonst lediglich dazu geführt, daß wir heute einen Überfluß an leinenen Hemden, Pferdefuhrwerken oder Dreschflegeln hätten. Der entscheidende Wandel im Bereich der Technik und der Produkte bleibt hier ebenso unbeachtet wie der Wandel der Bedarfsstruktur.

Sozialprodukt

Der übliche Wachstumsbegriff geht denn auch nicht von einzelnen Produkten aus, sondern orientiert sich am gesamten **Sozialprodukt** einer Volkswirtschaft, das neben Nahrungsmitteln und Industrieerzeugnissen z.B. auch den Wohnungsbau, den Handel und alle privaten und staatlichen Dienstleistungen umfaßt. **Als Wachstumsmaß ist es aber dennoch problematisch.** Es unterschätzt die „Wertschöpfung", indem lediglich marktbewertete Leistungen und die zu ihren Kosten bewerteten Dienstleistungen des Staates erfaßt werden. Tätigkeiten in Haushalten, Heimwerkeraktivitäten, der große Bereich der sog. „Schattenwirtschaft" (vgl. Kapitel 3.2.), aber auch der Wohlstandsgewinn in Form zunehmender Freizeit bleiben bisher unberücksichtigt.[3)] Andererseits werden Umwelt- und Gesundheitsschäden nicht als Wachstumsverluste gewertet. Im Gegenteil: Die Kosten ihrer Beseitigung rechnen ebenso wie die Rüstungsausgaben zum Sozialprodukt. Auch die Bewertung aller Güter und Leistungen zu ihren Marktpreisen schafft Probleme, wenn man das „reale", d.h. inflationsbereinigte Wachstum des Sozialprodukts ermitteln will.[4)] **Das Sozialprodukt ist also kein**

2) Sinnvoll arbeiten – solidarisch leben. Gegen Arbeitslosigkeit und Sozialabbau, hrsg. v. Bundesgeschäftsstelle „Die Grünen", 1983, S. 5.

3) Die Hausarbeit soll demnächst in die Volkswirtschaftliche Gesamtrechnung einbezogen werden. Vgl. Informationsdienst des Instituts der deutschen Wirtschaft v. 6.6.1991, S. 2.

4) Vgl. hierzu Sachverständigenrat zur Begutachtung der gesamtwirtschaftlichen Entwicklung. Gutachten 1984/85, Ziffern 246 ff.

„Wohlstandsmaß“ in dem Sinne, daß sein Anstieg oder sein „Pro-Kopf-Wachstum“ etwa zweifelsfrei als Erfolg und „Ziel an sich“ angesehen werden können.

Öko-Sozialprodukt

Die Mängel des in den 30er Jahren entwickelten Konzepts der „Volkswirtschaftlichen Gesamtrechnung“ zur Ermittlung des Sozialprodukts und Volkseinkommens sind schon länger bekannt, aber erst jetzt werden von verschiedenen nationalen und internationalen Institutionen umfassende Anstrengungen unternommen, um zu einer **„Umweltökonomischen Gesamtrechnung“** zu gelangen, die u.a. den bisher vernachlässigten ökologischen Folgekosten und dem Verbrauch nicht erneuerbarer Rohstoffe Rechnung tragen soll.[5] Allerdings sind die in der Bemessungs- und Bewertungsfrage liegenden Schwierigkeiten dabei so erheblich, daß alle bisher vorliegenden Schätzwerte noch stark differieren und umstritten sind. Sicher ist lediglich, daß die in der Vergangenheit ermittelten Zuwächse des Sozialproduktes und Volkseinkommens (vgl. Abbildung S. 202) deutlich niedriger ausfallen, wenn man nur

- die lediglich der Vermeidung und „Reparatur“ von Umweltschäden dienenden Ausgaben berechnet,
- die dennoch entstehende Umweltbelastung bewertet und
- „Abschreibungen“ für den Verlust nicht erneuerbarer Ressourcen und Naturschätze in Ansatz bringt.

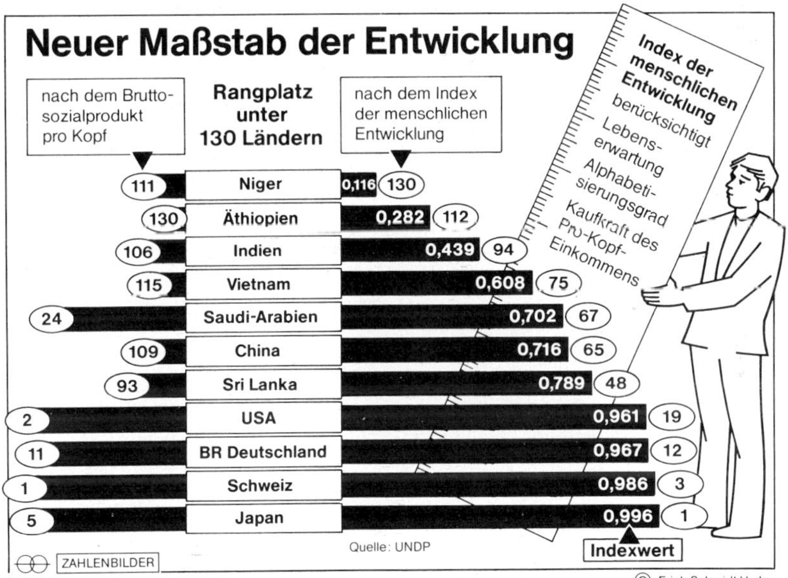

603146 © Erich Schmidt Verlag

[5] Vgl. Ernst Lutz/Mohan Munasinghe, Die Bilanzierung der Umwelt. In: „Finanzierung und Entwicklung“, Vierteljahreshefte des Internationalen Währungsfonds und der Weltbank, März 1991. Weitere Titel in den Literaturhinweisen.

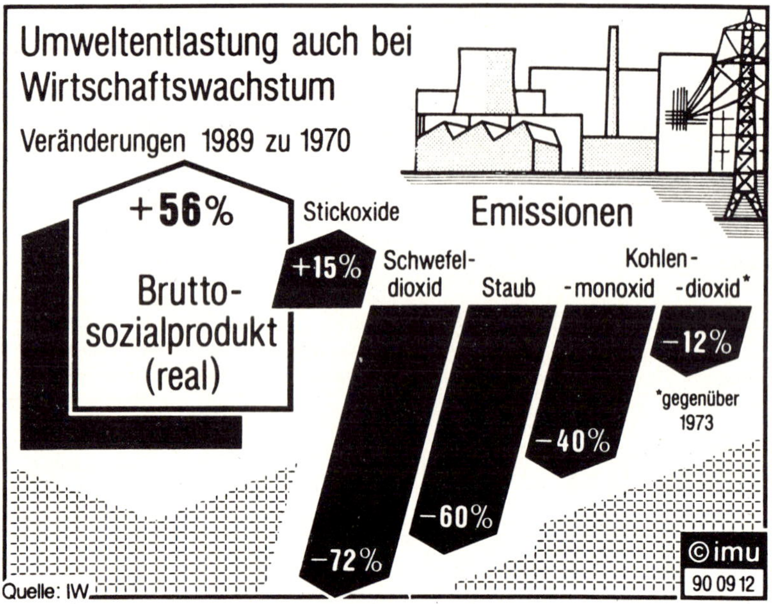

Erste „Umweltökonomische Gesamtrechnung“

Statistisches Bundesamt: Rohstoffverbrauch seit den 70er Jahren rückläufig

ro. **Frankfurt/Main.** Es ist erst der Anfang, doch es läßt schon einige Rückschlüsse zu: Das Statistische Bundesamt hat jetzt die ersten Ergebnisse einer „Umweltökonomischen Gesamtrechnung" vorgestellt. Und die weisen immerhin einen positiven Trend auf. Vereinfacht gesagt belegen sie, daß die Bundesrepublik seit Ende der siebziger Jahre immer weniger „Natur" verbraucht, obwohl der wirtschaftliche Wohlstand deutlich gewachsen ist. Für die Statistiker ist dies ein Hinweis, daß Wirtschaftswachstum nicht automatisch größere Umweltzerstörung bedeutet. Indikator für diese Aussagen des Statistischen Bundesamtes ist der Rohstoffverbrauch in der alten Bundesrepublik. Den Berechnungen zufolge wurden hierzulande 1978 Rohstoffe im Wert von 79 Mrd. DM in der Industrie und im Verkehr verbraucht, 1989 entsprachen sie einem Wert von 68 Mrd. DM, jeweils bezogen auf Preise von 1989. Jährlich ging damit der Rohstoffverbrauch um 1,4 Prozent zurück. Gleichzeitig aber stieg das Bruttoinlandsprodukt, der Indikator für alle im Inland erzielten Wirtschaftsleistungen, jährlich um 2,2 Prozent. Der sogenannte Rohstoff-Koeffizient, der Preise und Menge der verbrauchten Rohstoffe in Relation zur Wirtschaftsleistung angibt, sank von 4,5 auf 3,3 Prozent. Folge: Mit weniger Rohstoffen wurde mehr Wirtschaftswachstum erreicht.

Betrachtet man allerdings das Jahr 1990, wird das Verhältnis ungünstiger, der Rohstoffverbrauch zumindest auf dem Papier wieder größer. Grund sind die immensen Sturmschäden des vergangenen Frühjahrs. Die riesigen Holzmengen ließen den Rohstoffverbrauch auf 75,8 Mrd. DM steigen. Für Frank Dorow, Leiter der Abteilung Umweltstatistik im Statistischen Bundesamt, sind die Zahlen Beleg dafür, daß sich der „Strukturwandel im Rohstoffverbrauch vor allem im zusätzlich erzielten Wirtschaftswachstum" abspielt. Fertigungsprozesse haben sich so verändert, daß Metalle, Erze oder Öl effizienter eingesetzt werden. Zum anderen bekomme das Recycling immer stärkere Bedeutung. Während der Verbrauch an primären Rohstoffen wie Öl oder Erzen zwischen 1978 und 1989 jährlich um 1,4 Prozent abgenommen hat, stieg der Einsatz von wiederverwerteten Materialien um 0,1 Prozent pro Jahr.

Die jetzt vom Statistischen Bundesamt vorgelegten Zahlen sind das erste Ergebnis des im Sommer vergangenen Jahres präsentierten und von Umweltschützern lange geforderten Konzeptes einer „Umweltökonomischen Gesamtrechnung". Diese „Ökobilanz" soll nach Angaben von Egon Hölder, Präsident des Statistischen Bundesamtes, Hinweise auf ökologische Probleme wie auch auf die Wechselbeziehung zwischen Wirtschaft und Umwelt liefern.

Der Tagesspiegel v. 23.1.1991.

Bereits für die „alten Bundesländer“ kommt Christian Leipert zu dem (vorläufigen) Ergebnis, daß ca. ein Fünftel des Sozialproduktzuwachses zwischen 1970 und 1985 auf die Schadensvermeidung und -regulierung entfällt. Lutz Wicke rechnet mit jährlichen „ökologischen Folgekosten“ von ca. 100 Mrd. DM, und andere Autoren kommen auf noch sehr viel höhere Beträge[6], wobei die nun anstehende Sanierung der gravierenden Umweltschäden in den „neuen Bundesländern“ dabei noch gar nicht berücksichtigt ist. Die Bezeichnung dieser Umwelt-Ausgaben als „Kosten“ darf allerdings nicht so verstanden werden, daß es besser wäre, wenn man sie „einsparen“ bzw. unterlassen würde. Sie werden im Gegenteil im Interesse der Natur und der Menschen zunehmen müssen – und damit auch Arbeitsplätze schaffen –, wenn dem Umweltschutz das erforderliche Gewicht eingeräumt wird (vgl. Kapitel 1.7.).

Die Berücksichtigung der Faktoren Umwelt und Ressourcen im Konzept des Öko-Sozialprodukts ändert – für sich genommen – natürlich noch nichts an der aktuellen Lage, kann jedoch dazu beitragen, den bisher zu engen offiziellen Wachstumsbegriff zu überwinden, der es nahelegte, auch dann von einer Wohlstandssteigerung zu sprechen, wenn die Einkommens- und Verbrauchszuwächse aus dem Verzehr des „Naturkapitals“ resultierten. Während z.B. der Verschleiß von Produktionsanlagen und Gebäuden korrekt als Abschreibungen vom Sozialprodukt abgezogen wird, um zum Volkseinkommen zu gelangen, wird dies bisher bei den natürlichen Ressourcen unterlassen, da sie als „freies Gut“ nicht in die Vermögensrechnung einbezogen sind. So bleibt auch rechnerisch verborgen, in welchem Umfang wir bereits vom „Vermögen“ und nicht von dessen Erträgen leben.

Fazit

Für die Diskussion über Notwendigkeit und Grenzen wirtschaftlichen Wachstums muß also von einer sehr viel differenzierteren Definition des Sozialprodukts ausgegangen und der Frage nach dem „Wie“ und „Wozu“ einer vermehrten Produktion von Gütern und Leistungen nachgegangen werden. **Das im „Stabilitätsgesetz“ von 1967 geforderte „stetige und angemessene Wachstum“ der Wirtschaft ist nicht um seiner selbst willen akzeptabel, es muß vielmehr anhand eines komplexen Zielkatalogs im Hinblick auf seine positiven und negativen Konsequenzen beurteilt werden.**

Wachstum und Beschäftigung

Daß zwischen dem Wachstum des realen (inflationsbereinigten) Sozialprodukts und der Beschäftigung ein positiver Zusammenhang besteht, wird auch von Wachstumsgegnern oder -kritikern nicht bestritten, die aber wegen der von ihnen betonten Wachstumsnachteile eine Beseitigung der Arbeitslosigkeit mit anderen Mitteln, z.B. durch Arbeitszeitverkürzungen an-

[6] Christian Leipert, Die volkswirtschaftlichen Kosten der Umweltbelastung. In: Aus Politik und Zeitgeschichte. Beilage zur Wochenzeitung Das Parlament B 10/91 v. 1.3.1991, S. 34 f.

streben. Lassen wir diese Möglichkeit zunächst außer acht, dann läßt sich zeigen, **daß bereits ein nachlassendes Wachstum oder gar ein sog. „Null-Wachstum", also ein von Jahr zu Jahr gleichbleibendes Sozialprodukt, einen Anstieg der Arbeitslosigkeit zur Folge hat** (vgl. hierzu Abbildung S. 204).

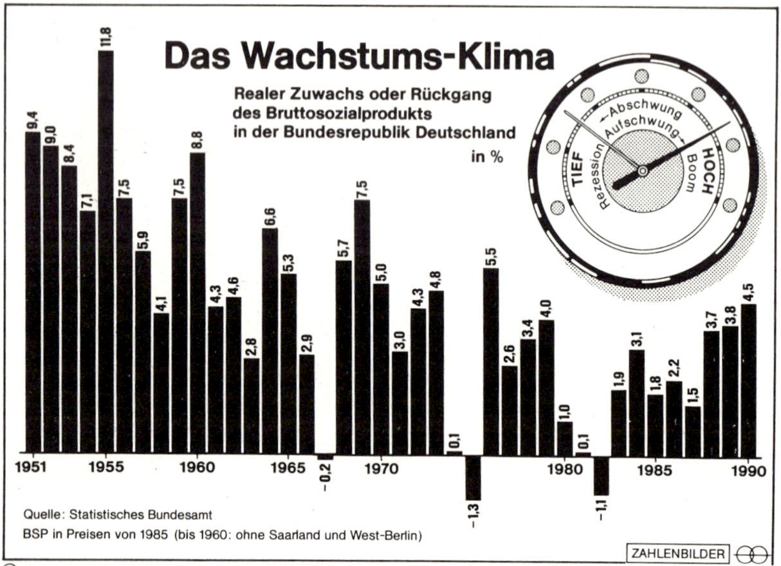

220 000

Wachstums-Maß (vgl. Abbildung)

Das Wirtschaftswachstum wird meist als prozentuale Veränderung des realen Brutto-Sozialprodukts gegenüber dem Vorjahreszeitraum dargestellt. „Real" heißt, daß Preisänderungen des „nominalen" Sozialprodukts, so gut es geht, herausgerechnet werden, da sonst eine allgemeine Verteuerung der Güter und Leistungen als Wachstum erschiene. Die prozentualen Wachstumsraten weisen nicht nur in der Bundesrepublik seit den 50er Jahren zyklische Schwankungen um einen fallenden Trend auf. Das Wachstumstempo hat sich demnach verlangsamt. Man muß bei der Interpretation von Wachstumsraten aber beachten, daß **gleichbleibende Prozentsätze einen ständig steigenden absoluten Sozialproduktzuwachs erfordern und gleichbleibende absolute Zunahmen des Sozialprodukts zu fallenden Zuwachsraten führen.**

Diese resultiert u.a. aus dem durch technischen Fortschritt und Rationalisierung bewirkten Anstieg der **Arbeitsproduktivität.** Versteht man unter Arbeitsproduktivität den Produktionswert je Arbeitskraft oder Arbeitsstunde, dann folgt aus einem **Anstieg dieser Relation, daß z.B. eine gleichbleibende Produktion mit weniger Arbeitskräften (oder weniger Arbeitszeit) erzeugt werden kann.** Ohne Wachstum oder bei einem hinter dem Produktionsanstieg zurückbleibenden Wachstum muß es also zu Freisetzungen im Bereich der Arbeit kommen (vgl. Kasten unten). Dieser Zusammenhang darf allerdings nicht so verstanden werden, daß ein Produktivitätsanstieg (immer) mit Entlassungen einhergeht. Im Gegenteil: Da es häufig gerade Wachstumsbranchen sind, in denen besonders hohe Produktivitätssteigerungen erzielt werden, kann und wird die Beschäftigung dort sogar steigen, wo der Expansionseffekt z. T. aufgrund der Rationalisierung den Produktivitätsanstieg noch übertrifft. So hat z.B. das Volkswagenwerk trotz oder besser wegen der Automation bei wachsendem Absatz noch mehr Arbeitskräfte einstellen können, während es sich ohne Rationalisierung, also ohne Steigerung der Arbeitsproduktivität, im Wettbewerb kaum längerfristig am Markt behaupten könnte. **Entlassungen finden also hauptsächlich in den Branchen statt, in denen der Absatz stagniert oder die internationale Wettbewerbsfähigkeit nicht gehalten werden kann.**

Arbeitsproduktivität

Arbeitsproduktivität – Wachstum – Beschäftigung

Versteht man unter **Arbeitsproduktivität** das Verhältnis:

$$\frac{\text{(realer) Produktionswert}^{1)}}{\text{Arbeitseinsatz}}$$

dann sind die folgenden Fälle einer **wachsenden Arbeitsproduktivität** denkbar:

1) Produktion steigt bei sinkendem Arbeitseinsatz;
2) Produktion bleibt bei sinkendem Arbeitseinsatz gleich;
3) Produktion geht zurück, Arbeitseinsatz sinkt noch stärker;

In diesen drei Fällen **steigt also die Arbeitslosigkeit** an.

4) Produktion steigt, Arbeitseinsatz bleibt gleich;
5) Produktion und Arbeitseinsatz steigen, aber die Produktion steigt schneller als der Arbeitseinsatz.

In diesen Fällen bleibt die **Beschäftigung konstant oder steigt sogar** (Fall 5).

1) „real" = preisbereinigt, d.h. lediglich auf Preisänderungen beruhende Wertveränderungen werden nicht berücksichtigt.

Sinkende Industriebeschäftigung

Für die Industrie als Ganzes läßt sich zeigen, daß die Zahl der Arbeitskräfte trotz insgesamt wachsender Produktion immer weiter zurückgegangen ist (Abbildung S. 205). **Soll also Vollbeschäftigung erreicht werden, dann müssen an anderer Stelle neue Arbeitsplätze geschaffen werden, die so produktiv sind, daß die geforderten Löhne gezahlt werden können. Das aber erfordert zur Vollbeschäftigung ein weiteres Wachstum des Sozialprodukts, denn die neuen Arbeitsplätze tragen ja zur zusätzlichen Wertschöpfung bei, während die weiterhin bestehenden Arbeitsplätze produktiver geworden sind.** Wenn man also einen Rationalisierungs- oder Produktivitätsstopp zur Erhaltung von Arbeitsplätzen in einem im weltweiten Wettbewerb stehenden Land aus vielen guten Gründen ablehnen muß, und wenn eine allgemeine Lohnsenkung zur vermehrten Be-

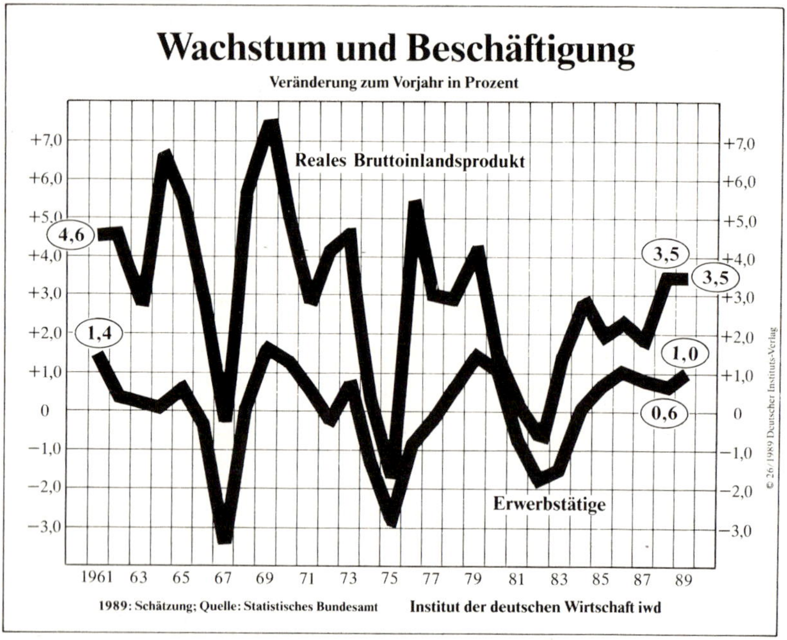

iwd 26/1981

schäftigung weder durchsetzbar noch sehr erfolgversprechend ist (vgl. Kapitel 3.3.), **dann gibt es unter Beschäftigungsaspekten zum weiteren Wachstum der Wirtschaft nur noch die Alternative einer Arbeitszeitverkürzung.**

Kürzere Arbeitszeit statt Wachstum?

Dies Thema wird an anderer Stelle näher erörtert, so daß hier nur auf eine Problematik hingewiesen werden soll. Die Arbeitszeitverkürzung als Alternative zum Wachstum könnte ja nur in den Wirtschaftszweigen problemlos durchgeführt werden, die einen (hohen) Produktivitätsanstieg haben. Das trifft aber nur auf einen Teil der Wirtschaft und einen Teil der Arbeitsplätze zu. Da es aber kaum vorstellbar ist, daß nur bestimmte Gruppen der Arbeitnehmerschaft in den Genuß kürzerer Arbeitszeiten kommen, müßte auch

Reale Bruttowertschöpfung und Erwerbstätigenzahl im warenproduzierenden Gewerbe der Bundesrepublik (ohne Bauwirtschaft) 1970 - 1989

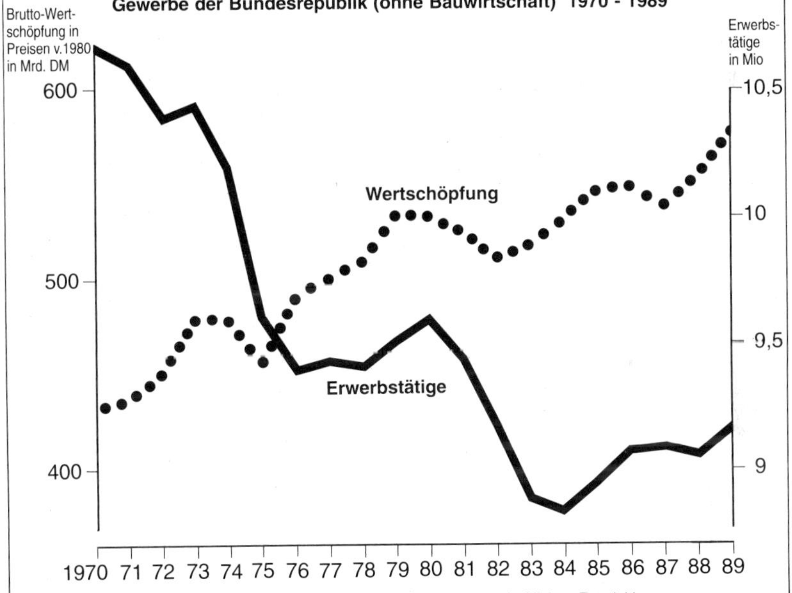

Quelle: Sachverständigenrat zur Begutachtung der gesamtwirtschaftlichen Entwicklung.

dort die Arbeitszeit sinken, wo die Produktivität wenig oder gar nicht steigt. Das ist z.B. in vielen besonders arbeitsintensiven Dienstleistungsbereichen und beim Staat der Fall. Hier bewirkt eine Arbeitszeitverkürzung (ohne Lohnverzicht) aber einen Kostenanstieg, der unter Umständen zu einem weiteren Personalabbau führen wird, wenn die Einnahmen nicht im gleichen Maße gesteigert werden können, was ohne ein Wachstum von Sozialprodukt und Volkseinkommen unwahrscheinlich ist. Damit sind weitere Arbeitszeitverkürzungen nicht etwa ausgeschlossen, zumal sie sich ja auch in der Vergangenheit schrittweise und offenbar erfolgreich vollzogen haben. **Sie waren aber bisher vorwiegend eine Konsequenz des Wachstums und nicht eine Alternative dazu. Denn nur in einer wachsenden Wirtschaft, die neue produktive Arbeitsplätze schafft, können Vollbeschäftigung, höhere Löhne und/oder verkürzte Arbeitszeiten zugleich realisiert werden.** Ein Wirtschaftswachstum ist aber um so mehr erforderlich, wenn es nicht nur um die Erhaltung einer bestehenden Zahl von Arbeitsplätzen, sondern um ihre Vermehrung geht, was in den nächsten Jahren im Hinblick auf die hohe Arbeitslosigkeit in den neuen Bundesländern die vordringlichste Aufgabe ist.

Wachstum und Umwelt

Die im Verlauf des bisherigen Wachstums entstandenen und fortdauernd entstehenden Umweltschäden sind so offenkundig, daß sie keiner näheren Schilderung bedürfen. Sie liefern den Wachstumsgegnern die schärfsten Argumente. Obwohl die Groß-Industrie, z.B. die Chemie- und Kraftwerkswirtschaft, dabei häufig im Zentrum der Kritik steht, darf nicht übersehen werden, daß mehr oder minder alle Bereiche der volkswirtschaftlichen Produktion und Konsumtion ihren „Beitrag“ zur Umweltbelastung und -zerstörung leisten. Dies gilt für die zur Überproduktion angeregte Landwirtschaft (vgl. S. 82 f.) und sogar für den Dienstleistungssektor. Man denke nur an die Folgen des Massentourismus oder des Breitensports und an den Verkehrsbereich. Der Konsument verhält sich nicht weniger nachlässig, wenn er Energie verschwendet, Müll „produziert“ oder sein Auto in den täglichen Stau steuert. Da die Umweltprobleme in einem eigenen Abschnitt erörtert werden (vgl. Kapitel 1.7.), geht es hier nur um die Frage, ob das Wachstum gestoppt werden muß, um einen Kollaps zu verhindern. Diese Forderung findet sich u.a. in der vielbeachteten, inzwischen aber auch stark kritisierten Studie über die „Grenzen des Wachstums“.[7]

Hilft ein Wachstumsstopp?

Versteht man unter einem Wachstums-Stopp oder unter „Null-Wachstum“ die Aufrechterhaltung des erreichten Niveaus und lediglich den Verzicht auf eine weitere Expansion, dann ist er ein völlig untaugliches Mittel zur Lösung der Umweltprobleme, ganz abgesehen davon, daß er weltweit nicht durchsetzbar ist und die Entwicklungsländer in ihrer Notsituation beließe. Da der Weg zurück in eine vorindustrielle Welt eine ohnehin nur von wenigen pro-

[7] Dennis H. Meadows u.a., Die Grenzen des Wachstums. Bericht des Club of Rome zur Lage der Menschheit, Reinbek 1973.

pagierte Utopie mit zweifelhaftem Nutzen ist, **bleibt nur der Weg nach vorne in Richtung auf ein „qualitatives Wachstum" zur Überwindung und Vermeidung der Umweltschäden.** Dies aber erfordert hohe Investitionen (z.B. Filter, Katalysatoren, Rekultivierungsausgaben im Landschafts- und Gewässerschutz), bedingt und schafft also Wachstum und auch Arbeitsplätze.[8] Es ist denn auch kein Zufall, daß hochentwickelte Industriestaaten wie z.B. Japan oder die Bundesrepublik im Umweltschutz weit erfolgreicher sind als etwa die ehemalige DDR oder die UdSSR, deren niedrige Arbeitsproduktivität ein niedriges Pro-Kopf-Einkommen zur Folge hatte, so daß auch weniger Ressourcen für Umweltschutzmaßnahmen verfügbar waren.[9] Dies gilt erst recht für die Entwicklungsländer. **Wir brauchen demnach einen ökologisch orientierten Wachstumsprozeß, um die Wachstumsschäden zu bewältigen und zu reduzieren.** Ob dieser Weg letztlich erfolgreich sein wird, und ob der Wettlauf mit der Zeit gegen die im Augenblick noch fortschreitende Umweltzerstörung weltweit trotz des Drucks einer wachsenden Erdbevölkerung gewonnen werden kann, hängt von so vielen politischen, sozialen und technischen Faktoren ab, daß diese Frage prognostisch nicht zu beantworten ist. Daß ein ökologisch orientiertes Wachstum möglich ist, läßt sich aber sogar für die Vergangenheit beispielhaft belegen, die noch nicht unter solchen ökologischen Handlungszwängen stand wie die Gegenwart (vgl. Kasten S. 208). So ist der Rohstoffverbrauch in der Bundesrepublik zurückgegangen, obwohl das Brutto-Inlandsprodukt im gleichen Zeitraum real jährlich um 2,2% zunahm.[10] Bestand bis in die 70er Jahre noch ein sehr enger Zusammenhang zwischen Wirtschaftswachstum und Energieverbrauch, so ist auch hier in der Bundesrepublik inzwischen eine „Entkopplung" eingetreten. Der Primärenergieverbrauch stagniert trotz weiteren Wachstums und zunehmender Motorisierung praktisch seit 1973 (Abbildung S. 209), wobei Einsparmöglichkeiten und Alternativen noch lange nicht ausgeschöpft sind. Der Welt-Energieverbrauch hat allerdings bisher weiter zugenommen.

Wachstum und Entwicklungsländer

Nach einer mit (zu) großen Erwartungen verbundenen Phase der Entwicklungshilfepolitik in den ersten Jahrzehnten der Nachkriegszeit ist es inzwischen wohl auch infolge vieler enttäuschter Hoffnungen zu einem gewissen Meinungswandel gekommen; der Nutzen von Entwicklungshilfe wird vielfach grundsätzlich in Zweifel gezogen[11], **und die Vielzahl unübersehba-**

8) Vgl. u.a. Ralf-Dieter Brunowsky, Lutz Wicke, Der Ökoplan, München 1984.

9) Auf weitere systembedingte Unterschiede in der Einstellung zu Umweltproblemen kann hier nicht eingegangen werden.

10) „Geringer Rohstoffbedarf bei steigendem Bruttoinlandsprodukt". Statistisches Bundesamt. Mitteilung v. 11.1.1991.

11) Vgl. u.a. Brigitte Erler, Tödliche Hilfe. Bericht von meiner letzten Dienstreise in Sachen Entwicklungshilfe, Freiburg 1985.

Zum Verhältnis Wachstum und Umwelt

Auch zwischen Wachstum und Umweltbelastung braucht ... kein unauflöslicher Zusammenhang zu bestehen. Einen solchen hat es bereits in den vergangenen Jahrzehnten in der Bundesrepublik nicht gegeben: Während das reale Bruttosozialprodukt zwischen 1966 und 1986 um 70% gestiegen ist, konnte die Umweltbelastung durch Kohlenmonoxid um 27,5% gesenkt werden, die Belastung durch Schwefeldioxid um 35,3% und die Belastung durch Staub um fast 70%. Nach einem kürzlich vorgelegten Gutachten der Prognos AG wird sich diese Tendenz in Zukunft fortsetzen; danach ist bis zum Jahr 2010 bei denjenigen Schadstoffen, für die relativ frühzeitig gesetzgeberische Maßnahmen zu ihrer Eindämmung ergriffen wurden, ein Rückgang der Belastung auf etwa ein Viertel der Werte von 1985 zu erwarten.
Allerdings hängt die Umweltverträglichkeit des Wachstums maßgeblich von den Rahmenbedingungen ab, die für die Inanspruchnahme der Umwelt gesetzt werden. Auch hierfür ist die Entwicklung in der Bundesrepublik ein gutes Beispiel: So lange die knappe Umwelt – wegen des Fehlens eines entsprechenden Marktes – zum Nulltarif in Anspruch genommen werden konnte, wie dies in den fünfziger und sechziger Jahren weitgehend der Fall war, wurde sie auch entsprechend stark belastet. Mit der – durch das Preiskartell der OPEC-Staaten und später durch entsprechende Besteuerung – verteuerten Energie und einer verschärften – wenngleich nicht immer glücklichen – Umweltgesetzgebung in den 70er und 80er Jahren wurde dagegen ein Entkoppelungsprozeß in Gang gesetzt, der zweifellos in der Zukunft noch wesentlich akzentuiert werden kann.

Entnommen: Ulrich van Suntum, Angemessenes und stetiges Wirtschaftswachstum. In: Aus Politik und Zeitgeschichte. Beilage zur Wochenzeitung Das Parlament v. 27.4.1990, S. 16.

– Ständiges quantitatives Wachstum der Produktion von Gütern und Dienstleistungen als Ausdruck des Fortschritts der Gesellschaft ist mit zunehmendem Verzehr begrenzter Ressourcen verbunden. Diesem Ressourcenverzehr sind natürliche Grenzen gesetzt. Diese Grenzen wiederum werden zunehmend sichtbar und damit auch wirksam.
– Werden die Grenzen des Ressourcenverzehrs erreicht, läßt sich eine Politik des quantitativen Wachstums nur noch unter Inkaufnahme der allmählichen Zerstörung der natürlichen Lebensgrundlagen der Gesellschaft fortführen. Die Konsequenz daraus lautet: Die Gesellschaft muß den Zielkonflikt zwischen quantitativem Wachstum und Erhaltung der natürlichen Lebensgrundlagen anders lösen als bisher.
– Das heißt: Die Gesellschaft muß ihr Verhältnis zur Umwelt und zur Natur ändern. Sie muß ein neues Gleichgewicht finden zwischen dem, was die Gesellschaft von der Natur beansprucht, und dem, was die Natur als Ressource dauerhaft zur Verfügung stellen kann ...
– Die Aufgabe, die uns damit gestellt ist, lautet: Die Entwicklung der menschlichen Gesellschaft zur nächsthöheren Entwicklungsstufe zu führen, die uns erlaubt, sowohl den Entwicklungsgewinn der bisherigen Entwicklungsstufe zu sichern als auch den „Kampf gegen die Natur" zu beenden und die Natur in die neue Ordnung im Sinne ihrer Erhaltung und fürsorglichen Planung einzubeziehen.
... Technik und Naturwissenschaften bieten uns die Voraussetzungen für eine Umgestaltung und Weiterentwicklung unserer Gesellschaft im ökologisch verträglichen Sinne. An technisch-naturwissenschaftlichen Möglichkeiten wird die Bewältigung der uns gestellten Aufgabe deshalb nicht scheitern. Wenn wir scheitern, scheitern wir, weil wir als Gesellschaft unfähig waren, uns zu begrenzen.

Auszug aus den Thesen und den Ausführungen eines Referats von Kurt H. Biedenkopf, „Konsequenzen begrenzter Ressourcen für die Gesellschaft" am 15.9.1988. Quelle: Institut für Ökologie und Unternehmensführung / Institut für Wirtschaft und Gesellschaft (Hrsg.), Verantwortung für die Zukunft. Konsequenzen begrenzter Ressourcen für Wissenschaft, Wirtschaft und Gesellschaft, Bonn 1989, S. 85 f. und 103.

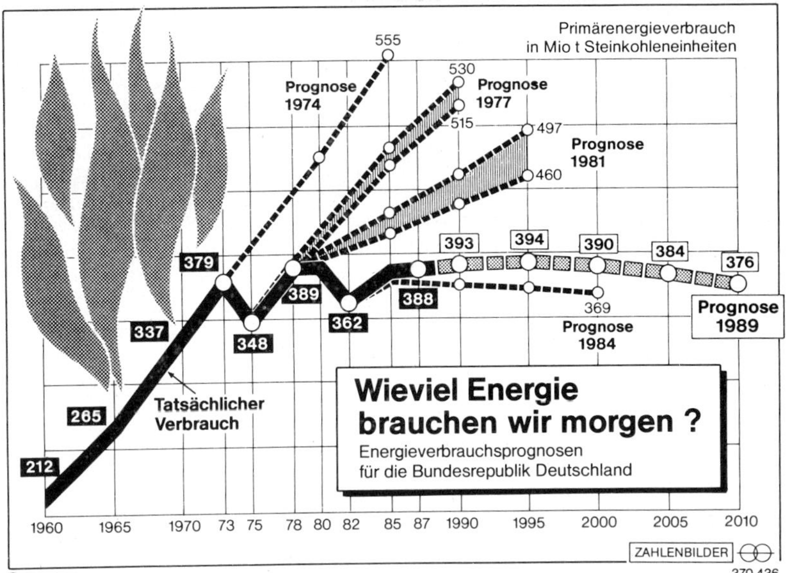

rer Mängel in der Mittelverwendung durch die Empfängerländer dient in Verbindung mit dem Hinweis auf die Verschuldungskrise der Entwicklungsländer häufig als pauschaler „Beweis" für eine erforderliche Abkehr von weiterer Kapitalhilfe. In eine ähnliche Richtung zielen Forderungen nach einer „Abkoppelung der Entwicklungsländer vom Welthandel", wie sie sich z.B. im bereits zitierten Programm der „Grünen" finden. Diese Fragen werden wegen ihrer grundsätzlichen Bedeutung in eigenen Abschnitten erörtert (vgl. Kap. 4.6. u. 4.7.).

Allein wegen der Verschuldungssituation vieler Entwicklungsländer und ihrer bisher erreichten Integration in den Welthandel wäre jedoch eine Weltwirtschafts- und Weltwährungskrise unvermeidbar, wenn solchen isolationistischen „Heilslehren" gefolgt würde, die zu einer seltsamen Allianz von „progressiven" und „reaktionären" Gegnern einer fortschreitenden Weltwirtschafts-Integration der Entwicklungsländer geführt haben. Letztere beklagen den arbeitsplatzgefährdenden Importdruck der „Schwellenländer" und fordern höhere Zölle und Importrestriktionen; erstere sehen in diesen Warenströmen ein Indiz für die „Ausbeutung" der dort lebenden Menschen durch unsere Importe, was sie nicht hindert, eine „Aufhebung protektionistischer Importbeschränkungen für Waren aus der Dritten Welt!" zu fordern, woraus ja wiederum eine Intensivierung des Handels und keine „Abkoppelung“ folgen würde.[12)]

Die meisten Ökonomen und die Mehrzahl der Entwicklungsländer selbst halten eine Intensivierung der Kapitalhilfe und eine verstärkte Integration der Dritten Welt in den Welthandel für erforderlich, wobei im Wege einer „Neuen Weltwirtschaftsordnung“ nach Möglichkeiten verbesserter Konditionen für die Entwicklungsländer zu suchen sei. Ein rückläufiges Wachstum oder gar ein Wachstums-Stopp in den Industriestaaten würde solchen Konzepten den Boden entziehen. So warnt z.B. die internationale Entwicklungshilfe-Organisation „Weltbank“ in ihrem Weltentwicklungsbericht für das Jahr 1983 vor den Gefahren eines „niedrigen Szenariums“ von „nur“ 2,5% jährlichen Wirtschaftswachstums der Industrieländer im Zeitraum 1985–1990. Die steigende Arbeitslosigkeit würde dann vermehrten Protektionismus, verminderte Importe aus Entwicklungsländern und damit wachsende Verschuldungslasten hervorrufen: „Man kann sich leicht vorstellen, daß die Weltwirtschaft als Folge des niedrigen Szenariums in einen depressiven Strudel gerät mit katastrophalen Folgen für die Entwicklungsländer. Tatsächlich ließe sich eine derartige globale Krise nur schwer vermeiden, wenn die Wirtschaftsentwicklung in den Industrieländern in ein Jahrzehnt mit sehr geringem Wachstum einmünden sollte.“[13)] Umgekehrt könnte nach anderen Modellrechnungen bereits ein Prozentpunkt zusätzlichen Wachstums in den entwickelten (OECD-)Ländern die Leistungsbilanzdefizite der Entwicklungsländer kräftig reduzieren oder gar umkehren und dort zu einem eigenen Wachstum von ca. 0,7% beitragen.[14)]

Ein weiteres Wachstum ist also auch und gerade unter diesem Aspekt notwendig, zumal nicht zu sehen ist, wie die weltweiten Probleme des Hungers und Mangels ohne vermehrte Leistung und Leistungsbereitschaft durch einen Rückzug in den Isolationismus und einen Wachstumsverzicht gelöst werden könnten. Daß sie auch bei Wachstum nicht einfach verschwinden werden, spricht nicht gegen dessen Notwendigkeit.

Wachstum und Verteilung

Eine wachsende Wirtschaft mit wachsender Produktivität und damit steigendem Pro-Kopf-Einkommen war und ist die entscheidende Voraussetzung für eine soziale Umverteilung von Teilen des Sozialprodukts an jene, die selbst nicht ausreichend als „Produzenten“ (Arbeitnehmer und Unternehmer) in Form von Löhnen und Gewinnen „primäre“ Einkommen beziehen. Durch Steuern und Sozialabgaben zieht der Staat einen beträchtlichen Teil des Sozialprodukts an sich, finanziert damit seine eigene Kollektivgü-

[12)] Ebda, S. 9. „Zum theoretischen Konzept der abgeschotteten Entwicklung“ vgl. Tibor Mende, Überfluß und Armut, Düsseldorf 1972.

[13)] Internationale Bank für Wiederaufbau und Entwicklung. Weltentwicklungsbericht 1983, S. 42.

[14)] Vgl. Wirtschaftswoche, Nr. 28 v. 8.7.1983, S. 81. Ergebnisse einer Studie der Weltbank, zitiert in: Der Tagesspiegel v. 24.5.1991.

terversorgung und das umfangreiche „Netz“ der sozialen Sicherung, der Subventionen usw. Welchen Zerreißproben dieses Netz infolge des nachlassenden Wachstums ausgesetzt wird, zeigte sich in allen Krisenjahren von neuem.

Solange Wirtschaftswachstum und damit Einkommenszuwachs herrscht, erzielt auch der Staat ohne Erhöhung der Steuer- und Abgabensätze vermehrte Einnahmen, und den besteuerten Bürgern verbleibt trotzdem noch netto ein Einkommensanstieg. **Ohne Wachstum ist jedes „Mehr“ an sozialen Leistungen für eine Gruppe der Gesellschaft mit einem absoluten „Weniger“ bei anderen verbunden.** Dies würde die ohnehin bestehenden Steuerwiderstände, Verweigerungshaltungen und Hinterziehungstendenzen erheblich verstärken und damit den Staat sehr schnell an die Grenzen seiner Umverteilungsfähigkeit führen. Daß unter solchen Bedingungen die vorstehend angesprochene Entwicklungshilfe schrumpft, ist kaum zu bezweifeln, aber auch die Probleme der künftigen Rentenfinanzierung werden sich ohne Wachstum erheblich verschärfen (vgl. S. 293). Gleichzeitig stößt der Staat ohne Wachstum der Wirtschaft an seine Verschuldungsgrenze, denn jede zusätzliche Verschuldung führt dann wegen der steigenden Zinslast zu einer Reduktion anderer Staatsausgaben oder zu Steuererhöhungen, was in einer wachsenden Wirtschaft nicht der Fall sein muß (vgl. Kapitel 3.6.). Wer also gleichzeitig einen Wachstumsstopp und eine vermehrte Umverteilung des erreichten Wohlstands über den Staat fordert, muß damit rechnen, daß seine Forderungen am Widerstand derjenigen scheitern werden, die nun ein echtes „Minus“ und nicht nur einen verminderten Zuwachs hinzunehmen haben. Auch und gerade unter sozialen Aspekten ist also ein weiteres Wachstum von hohem Rang.

Wachstum und Wandel

Daß es sich beim Wirtschaftswachstum nicht in erster Linie um die Vermehrung und Anhäufung bereits vorhandener und bekannter Güter handelt, wurde bereits erwähnt. Auch da, wo dies der Fall ist, verändern sich die meisten Produkte in ihrer Qualität, wobei der Produktionsprozeß selbst einem ständigen Wandel durch Rationalisierung und technische Neuerungen unterworfen ist. Dies gilt nicht nur für die Produktion materieller Güter, sondern ebenso im Bereich der Dienstleistungen. **Wirtschaftswachstum stellt sich somit als Konsequenz eines noch immer andauernden, langfristigen Strukturwandels dar.** Dieser Aspekt wird leicht übersehen, wenn die Wirtschaftsentwicklung lediglich an den Zuwachsraten und den Milliarden-Werten des Sozialprodukts bemessen wird. Dadurch wird die Vorstellung begünstigt, daß es sich beim Wirtschaftswachstum vorrangig um ein quantitatives Problem handele.

Erklärungsvielfalt

Wachstum ergibt sich demnach vor allem als Folge von **Innovationen** in einem Prozeß „schöpferischer Zerstörung“, der dazu führt, daß neue Techniken und Produktionsverfahren, neue Erzeugnisse und Bedürfnisse entstehen. Dies hat vor allem der Ökonom Joseph A. Schumpeter umfassend herausgearbeitet und belegt.[15] Sein Werk ist aber nur ein Meilenstein in der Literaturfülle zum bisherigen Wachstumsprozeß. Die Vielzahl der Untersuchungen und Erklärungsansätze ergibt sich aus der Vielfalt des Themas. Jede Herausstellung von Ursachen und Tendenzen des Wachstums und des Strukturwandels kann immer nur Teilaspekte der komplizierten Zusammenhänge betonen. Eine allgemeingültige und dabei möglichst einfache Erklärung des Strukturwandels gibt es nicht. Unter dieser Einschränkung müssen auch die folgenden Erläuterungen gesehen werden.

Invention – Innovation – Investition
Der Prozeß des wirtschaftlichen Wandels vollzieht sich in mehreren Schritten mit entsprechendem Zeitbedarf. Am Anfang steht zumeist eine Erfindung oder Entdeckung bisher unbekannter Zusammenhänge und Möglichkeiten (Invention), die für sich genommen noch keinen Wandel bewirkt. Sie kann lange unbeachtet bleiben oder aus vielen Gründen noch gar nicht realisierbar sein (man denke an Leonardo da Vincis geniale Erfindungen, die seiner Zeit weit voraus waren). Die Umsetzung der Erfindung im technisch-wirtschaftlichen Prozeß ist die eigentliche Innovation (Neuerung), die häufig nicht vom Erfinder selbst ausgehen muß. Sie erfordert Kapital, d.h. Anlagen und Produktionseinrichtungen (Investitionen), die im Erfolgsfall zu entsprechenden Wachstums- und Nachfrageschüben führen.

Ursachen des Wandels

Anstöße zum Strukturwandel gehen sowohl von der Angebots- als auch von der Nachfrageseite der Wirtschaft aus. Vom **Angebot** her sind es vor allem neue Güter und neue Produktionsverfahren, die die Wirtschaft verändern. Auch die Verknappung und Verteuerung von Rohstoffen oder die Entwicklung neuer Werkstoffe kann zu Produkt- und Prozeßinnovationen führen. Auf der **Nachfrageseite** sind z.B. Änderungen der Bedürfnisse, die Bevölkerungs- und Einkommensentwicklung oder Sättigungstendenzen bei bestimmten Gütern Ursachen für einen Strukturwandel. Von zunehmender Bedeutung ist ferner die Rolle des **Staates** als Nachfrager von Gütern und Arbeitskräften, aber auch als Träger der Strukturpolitik, der den Strukturwandel fördern, aber auch hemmen kann. Letzteres geschieht nicht selten im Interesse von wettbewerbsgefährdeten Wirtschaftszweigen, wenn diese z.B. durch Subventionen oder Importbeschränkungen gestützt und erhalten werden (vgl. Kapitel 1.6.). Staatliche Eingriffe, Auflagen und steuerliche Anreize sind schließlich in Verbindung mit einem veränderten Verbraucherverhalten und Umweltbewußtsein erforderlich, um jenen Strukturwandel voranzutreiben, der im Hinblick auf den schonenden Umgang mit der Natur und ihren Ressourcen zu dem erwünschten „qualitativen Wachstum“ führen soll.

[15] Joseph A. Schumpeter, Konjunkturzyklen. 2 Bde., Göttingen 1961 (Erstauflage: London 1939).

Produkt- und Wachstums-zyklen

Die Notwendigkeit des Strukturwandels kann auch am Beispiel einzelner Produkte verdeutlicht werden, für die sich wellen- oder S-förmige Wachstumskurven zweifelsfrei nachweisen lassen. Ihr Verlauf ist u.a. davon abhängig, wie lange der technische Ausreifungsprozeß dauert und wann die Sättigungsgrenze des Bedarfs erreicht ist, die sich durch Produktvariationen z.T. immer wieder hinausschieben läßt (z.B. Schellack-Schallplatten, die durch Langspielplatten ersetzt werden, denen CD-Platten folgen). In der Abbildung könnte das Produkt A ein sehr kurzlebiger, schnell zu produzierender Mode-Artikel sein (z.B. der einst so beliebte „Zauberwürfel"), während es sich bei B um ein langlebiges Konsumgut (z.B. Auto/Kühlschrank) handelt. Die S-Form ist beiden Kurven gemeinsam und sie durchlaufen gewisse „Marktstadien", die Ernst Heuss als Experimentier-, Expansions-, Ausreifungs- und Stagnationsphase beschrieben hat.[16)]

Während das Produkt A nach kurzer Zeit wieder vom Markt verschwindet, die Erzeugung also völlig eingestellt wird, bleibt bei B am Ende ein ständiger **Ersatzbedarf** erhalten; der vorher steigende Absatz geht leicht zurück und stagniert dann. Sowohl bei A wegen der Produktionseinstellung als auch bei B infolge von Rationalisierungsmaßnahmen bei wachsendem Konkurrenzdruck kommt es zu Entlassungen.

Sättigungskurven verschiedener Produkte

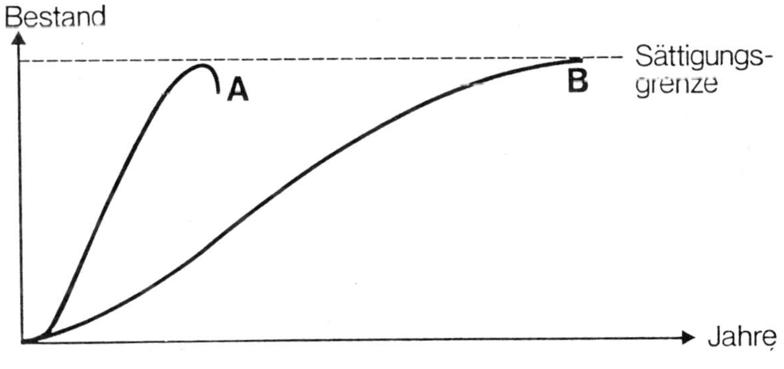

16) Ernst Heuss, Allgemeine Markttheorie, Tübingen/Zürich 1965.

Lange Wellen

Schübe der Innovationen

Zeitlicher Zusammenhang von Basisinnovationen und langfristiger Wirtschaftsentwicklung nach Kondratjew und Schumpeter

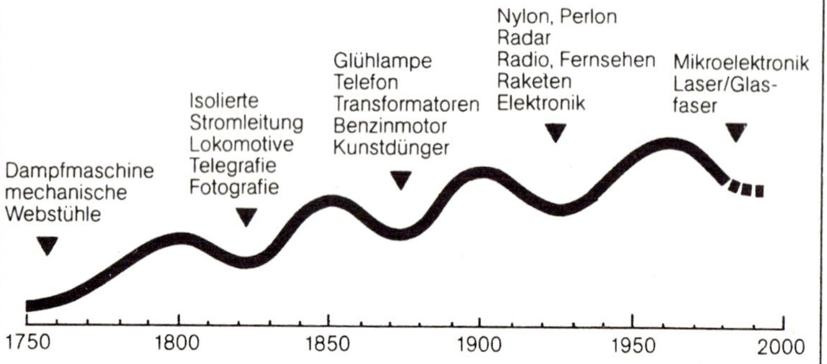

Zusammengestellt aus: Gerhard Mensch: „Das technologische Patt. Innovationen überwinden die Depression". Umschau Verlag Breidenstein KG, Frankfurt 1975

Entnommen: Wirtschaftswoche, Nr. 29 v. 15.7.1983, S. 30.

In längerfristiger Betrachtung und für das industriell geprägte Wachstum der Vergangenheit sind die **technischen Innovationen** von ausschlaggebender Bedeutung. Auf sie wird auch ein Phänomen zurückgeführt, das ein russischer Ökonom bereits 1926 entdeckte; die nach ihm benannten „Kondratieff-Zyklen“ oder die **langen Wellen des Wachstums,** die von vielen anderen Forschern bestätigt und ähnlich datiert werden. Dennoch sind sie bis heute umstritten. Stark vereinfacht kann die lange Welle als ein fünfzig- bis sechzigjähriger Wachstumszyklus beschrieben werden, der nicht mit dem sehr viel kürzeren nachfrageabhängigen Konjunkturzyklus verwechselt werden darf.

Der langfristige Aufschwung wird demnach von sog. **„Basisinnovationen“** ausgelöst. Das sind grundlegende technische Neuerungen, die nach einem längeren Entwicklungsprozeß zum Durchbruch gelangen und eine allgemeine Phase starken Wirtschaftswachstums einleiten, bis sie schließlich ausgereift sind und auf eine zunehmende Marktsättigung stoßen, so daß die Produktion (auf höherem Niveau) stagniert. Eine solche Basisinnovation war z.B. die Dampfmaschine, der mechanische Webstuhl oder später die Starkstromtechnik und der Verbrennungsmotor.

Erwerbstätige in der Bundesrepublik 1960–1989

– 1000 Personen –

	1960	1978	1984	1989
Erwerbstätige insgesamt	26 063	26 130	26 293	27 635
davon in abhängiger Tätigkeit	20 073	22 872	23 251	24 651
davon in selbständiger Tätigkeit	5 990	3 258	3 042	2 984
Selbständige				
in der Landwirtschaft	3 090	1 241	988	784
im Handel und Verkehr	1 144	700	702	726

Quelle: Sachverständigenrat zur Begutachtung der gesamtwirtschaftlichen Entwicklung. Gutachten 1990/91. Anhang.

Entwicklung der Beschäftigungsstruktur in Deutschland

(Gebietsstand: Bundesrepublik/Alte Bundesländer)

Jahr	Erwerbspersonen[1] – 1000 –	Anteile in v.H. Landwirtschaft	Warenproduktion	Dienstleistungen
1882	10 602	50,9	28,4	20,7
1895	12 472	42,5	33,9	23,6
1907	15 185	35,5	38,9	25,6
1925	19 415	31,4	40,0	28,6
1939	21 631	25,8	41,8	32,4
1950	23 002	23,7	43,0	33,3
1960	26 518	13,7	47,9	38,4
1970	26 817	8,5	48,9	42,6
1980	27 948	5,2	43,4	51,4
1989	29 779	3,7	39,8	56,5
Beschäftigtenstruktur der DDR 1989 im Vergleich				
1989	9 675	10,8	47,1	42,1

1) Erwerbstätige + gemeldete Arbeitslose
Zahlenangaben bis 1950: Wolfgang Kleber/Reinhard Stockmann, Wachstum und Strukturwandel des Beschäftigungssystems ... In: Soziale Welt, H. 1., 1986, S. 58. 1960–1989: Errechnet nach Angaben im Jahresgutachten 1990/91 des Sachverständigenrates.

Drei-Sektoren-Modell

Der Wandel der Produktions- und Beschäftigtenstruktur in der Bundesrepublik entspricht dem bereits im 17. Jahrhundert von William Petty entdeckten und von den Ökonomen Clark und Fourastié weiterentwickelten **Drei-Sektoren-Modell,** das den Weg von der Agrar- über die Industriegesellschaft zur „reifen" Volkswirtschaft skizziert (vgl. Abbildung S. 220).

Demnach wird im Prozeß der wirtschaftlichen Entwicklung der „primäre Sektor“, die **Landwirtschaft,** von seiner zu Beginn dominierenden Rolle auf einen sehr niedrigen Beschäftigtenanteil absinken, der aber infolge der gestiegenen Agrarproduktivität durchaus genügt, um die inländische Bevölkerung mit Nahrungsmitteln zu versorgen. Die aktuelle Überproduktion dieses Sektors ist dabei die Konsequenz der Agrarpolitik, die an anderer Stelle erörtert wird.[17)] Der Wachstumsprozeß ging zunächst vom **Industriesektor** aus, der Beschäftigte aus der Landwirtschaft aufnahm und selbst auch die Voraussetzungen für die quasi industrielle Steigerung der Agrarproduktion schuf (Landmaschinen, Düngemittel, Transportmöglichkeiten etc). Gleichzeitig wuchs auch der **Dienstleistungssektor,** z.T. infolge der industriellen Expansion (Handel, Banken, Verkehr) und später zunehmend wegen einer veränderten Bedarfsstruktur, die bei steigendem Einkommen und nach Abdeckung der materiellen Grundbedürfnisse immer mehr Dienstleistungen erforderte und finanzierbar machte (Tourismus, Gesundheitswesen etc.). **Dieser „tertiäre“ Sektor wird schließlich bei rückläufigem Beschäftigtenanteil der hochproduktiven Industrie zum entscheidenden Arbeitgeber.**

Probleme

Der glatte Kurvenverlauf des Modells ist geeignet, den **falschen Eindruck eines problemlosen Wandels und einer durch die Strukturveränderung gesicherten Vollbeschäftigung zu erzeugen. Dieser Eindruck entsteht u.a. dadurch, daß im Modell nur die Beschäftigten berücksichtigt und gleich 100% gesetzt werden.** Dadurch erscheint nicht nur der mit enormen sozialen Problemen verbundene Übergang von der Agrar- zur Indu-

Beschäftigtenstruktur im Zeitverlauf nach Fourastié

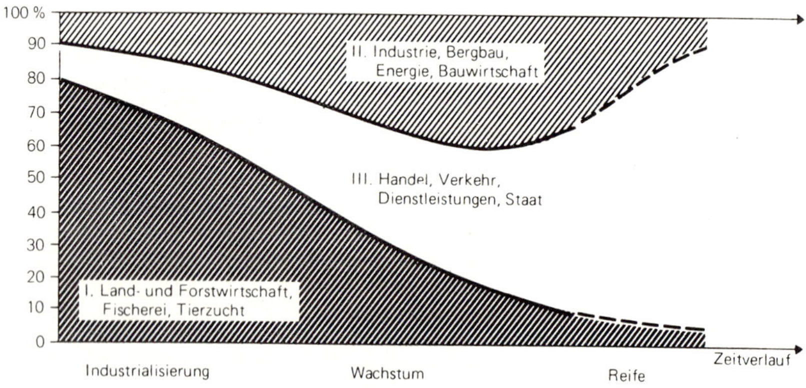

17) Vgl. Kap. 1.3.

striegesellschaft fälschlich als „harmonischer“ Prozeß; es bleibt auch offen, ob die „Dienstleistungsgesellschaft der Zukunft“ allen Menschen Arbeitsmöglichkeiten bei wachsendem Einkommen bieten kann oder ob nicht ein **„vierter Sektor“ entsteht: die nicht benötigten, dauerhaft Arbeitslosen.** Dieser Frage soll hier wenigstens ansatzweise nachgegangen werden.

Der Weg zur Dienstleistungsgesellschaft

Wie die Tabelle auf S. 219 zeigt, ist der Erwerbstätigenanteil der Landwirtschaft von über 50% (1882) auf unter 4% (1989) gesunken. Der Industriesektor erhöhte seinen Anteil bis zum Ende der 60er Jahre. Seitdem ist er rückläufig, wobei die Industrie in der Bundesrepublik ohnehin einen weit höheren Anteil erreichte als in vergleichbaren anderen Industriestaaten. Diese gelegentlich als „Überindustrialisierung“ bezeichnete Struktur war u.a. die Konsequenz der außerordentlich starken Exportorientiertheit der deutschen Industrie. Der Dienstleistungssektor hat inzwischen die 50-Prozent-Marke überschritten. Dabei ist aber zu beachten, daß die **Zuordnung der Beschäftigten nach Wirtschaftszweigen und nicht nach ihrer ausgeübten Tätigkeit erfolgt.** Wer also in der Industrie z.B. als Finanzbuchhalter oder als technischer Zeichner arbeitet, wird zum sekundären Sektor gezählt, während der Steuerberater oder der selbständig arbeitende Graphiker zum Dienstleistungssektor rechnet, auch wenn er im Auftrag der Industrie tätig ist. Dadurch wird der Anteil der im eigentlichen industriellen Fertigungsprozeß tätigen Menschen überzeichnet, die zu Beginn der 80er Jahre nur noch etwa ein Viertel aller Erwerbstätigen ausmachten.[18] Allerdings muß ein Teil der Dienstleistungen außerhalb der Industrie auch wieder im engen Zusammenhang mit industriellen Gütern gesehen werden (z.B. das Reparaturgewerbe und große Teile des Handels).

Beschäftigungsperspektiven

Für die künftige Wirtschaftsentwicklung und Beschäftigung stellt sich somit die Frage, **ob auch weiterhin mit einer Expansion des Dienstleistungssektors sowohl für den privaten als auch für den kollektiven Bedarf (Staat) gerechnet werden kann,** was die „Prognos-AG“ in ihrem recht optimistischen Szenario bei weiter abnehmender Beschäftigung in Industrie und Landwirtschaft für die alten Bundesländer bis zum Jahr 2000 voraussagt (vgl. Abbildung S. 222). Daß die Entwicklung keineswegs zwingend in diese Richtung verlaufen muß, zeigt Fritz W. Scharpf in einer sehr aspektreichen Untersuchung zu dieser Frage, die hier nur sehr verkürzt referiert werden kann.[19]

Unbestreitbar ist, daß mit wachsendem Einkommen und steigendem Lebensstandard der Bevölkerung die Ausgabenanteile für Lebensmittel am Haushaltsbudget abnehmen. Gleichzeitig strebt die Ausstattung der Haushalte mit langlebigen Konsumgütern einer **Sättigungsgrenze** zu, die aber einen kontinuierlichen Ersatzbedarf und einen Trend zu höherwertigen Konsumgütern bestehen läßt. Die bisherige Expansion vieler Konsumgü-

[18] Vgl. Statistisches Bundesamt, Datenreport 1986. Bonn 1985, S. 83.
[19] Vgl. d. Aufsatz v. Fritz W. Scharpf in den Literaturhinweisen.

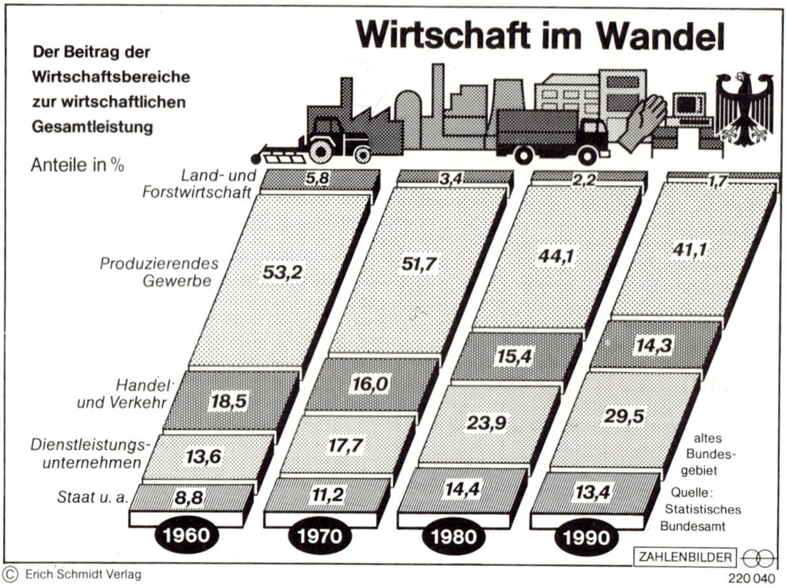
Wirtschaft im Wandel
Der Beitrag der Wirtschaftsbereiche zur wirtschaftlichen Gesamtleistung
Anteile in %
Land- und Forstwirtschaft
Produzierendes Gewerbe
Handel und Verkehr
Dienstleistungs-unternehmen
Staat u. a.
5,8
3,4
2,2
1,7
53,2
51,7
44,1
41,1
18,5
16,0
15,4
14,3
13,6
17,7
23,9
29,5
8,8
11,2
14,4
13,4
1960
1970
1980
1990
altes Bundes-gebiet
Quelle: Statistisches Bundesamt
ZAHLENBILDER
© Erich Schmidt Verlag
220 040

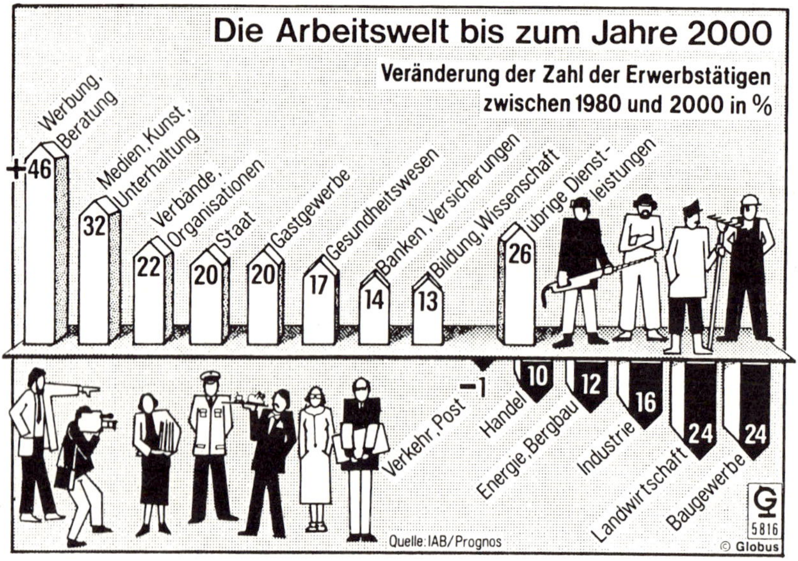
Die Arbeitswelt bis zum Jahre 2000
Veränderung der Zahl der Erwerbstätigen zwischen 1980 und 2000 in %
Werbung, Beratung
+46
Medien, Kunst, Unterhaltung
32
Verbände, Organisationen
22
Staat
20
Gastgewerbe
20
Gesundheitswesen
17
Banken, Versicherungen
14
Bildung, Wissenschaft
13
übrige Dienst-leistungen
26
Verkehr, Post
−1
Handel
10
Energie, Bergbau
12
Industrie
16
Landwirtschaft
24
Baugewerbe
24
Quelle: IAB/Prognos
5816
© Globus

terindustrien wird sich abschwächen, obwohl von einer generellen Bedarfssättigung sicher nicht die Rede sein kann.[20] Der Bedarf der Haushalte verlagert sich also zur Inanspruchnahme von Dienstleistungen (Reisen, Sport, Gastronomie, Unterhaltung, Kinderbetreuung, Altenpflege etc.), für die auch ein immer größerer Posten des Haushaltsbudgets verfügbar wird. **Private und staatliche Dienstleistungen müßten also ein reiches Betätigungsfeld finden.**

Probleme

Dem steht jedoch entgegen, daß **die meisten Dienstleistungen sehr arbeitsintensiv und wenig rationalisierbar sind, so daß sie sehr viel kosten, wenn die im Dienstleistungssektor Tätigen ein dem Industriebeschäftigten vergleichbares Einkommen erzielen wollen.** Die hohen Steuer- und Abgabenlasten tragen ihrerseits dazu bei, **daß eine regulär bezahlte Dienstleistungsstunde etwa das Dreifache dessen kostet, was z.B. ein Facharbeiter für seine Arbeitsstunde netto erhält.** Er wird sich daher z.B. eine Haushaltshilfe oder einen Handwerker nur leisten (können), wenn es unvermeidlich ist oder wenn die Entlohnung abgabenfrei etwa im Wege der „Schattenwirtschaft“ erfolgt (vgl. Kapitel 3.2.). Unter diesem Aspekt haben nur jene Dienstleistungsbereiche Expansionschancen, die

- **preisgünstig** sein können, da sie hochproduktiv sind und/oder von vielen Menschen gleichzeitig „genutzt“ werden können, z.B. Fernlehrgänge, Fernsehsendungen, Selbstbedienungsläden;
- **exklusiv** sind und daher trotz oder wegen hoher Preise von Menschen mit höherem Einkommen in Anspruch genommen werden (z.B. Nobel-Restaurants, Safari-Expeditionen, Spezialgeschäfte, Kunsthändler);
- **unverzichtbar** sind (Ärzte, Notare, Beerdigungsinstitute), wobei hier bereits Überangebote bestehen, man denke an die „Ärzte- und Juristenschwemme“;
- zu **niedrigem Lohn** erbracht werden (karitative Dienste, Schwarzarbeit) oder im **öffentlichen Dienst,** regulär bezahlt, auf Kosten der Steuerzahler angeboten werden.

Diese Aufzählung ist nicht erschöpfend. **Die letztgenannte Variante ist jedoch die Alternative, von der in Zukunft nach Meinung von Scharpf allein „spürbare Beschäftigungszuwächse im Dienstleistungsbereich zu erwarten sind.“**[21] Er bezeichnet die Möglichkeiten als den „amerikanischen“ oder „schwedischen“ Weg. Ersterer hat (nicht nur) über Niedriglohn-Jobs zu einer bemerkenswerten Steigerung der Beschäftigung in den USA geführt, letzterer erfordert vermehrte Staatsausgaben oder deren Umschichtung in den personalintensiven Bereich.

[20] Hierzu: Karl-Georg Zinn, „Sättigung“ im gesamtwirtschaftlichen Zusammenhang. Anmerkungen zu einer umstrittenen Sache. In: Jahrbuch für Sozialwissenschaften, Bd. 35, 1984, S. 1–24.

[21] Fritz W. Scharpf (vgl. Literaturhinweise), S. 21.

Mehr öffentlicher Dienst?

Beide Wege bergen erkennbare Risiken. Der erste könnte zu einem **„Dienstleistungs-Proletariat“** führen, der zweite die **Grenzen der Staatsausgaben** überschreiten und an deren Unfinanzierbarkeit scheitern.[22] Wer also die weitere Ausdehnung staatlicher Dienste will, der muß auch, wie z.B. Gerhard Bäcker vom Gewerkschaftsinstitut WSI, konsequent eine Anhebung der Abgabenbelastung fordern.[23] Sofern diese zu einer weiteren Belastung der Arbeitseinkommen führt, wird sie aber die privaten Dienstleistungen wieder verteuern und (möglicherweise in die Schattenwirtschaft) zurückdrängen. Die Hoffnung auf eine beschäftigungswirksame Umverteilung des nicht nur unter Wohlfahrtsaspekten beklagenswerten Verteidigungsetats hilft hier auch nicht weiter, denn er enthält einen hohen Anteil an Personalkosten, beschäftigt also sehr viele Menschen, die ohne diesen Etatposten anders beschäftigt und bezahlt werden müßten. Der nun endlich in Gang gekommene Abrüstungsprozeß bestätigt diese bisher nur theoretischen Überlegungen, indem er sowohl regionale als auch sektorale Strukturveränderungen mit sich bringt, die zunächst auch Arbeitsplätze kosten. Dies gilt z.B. für etliche Garnisonsstandorte in den alten Bundesländern, die von bisher 688 auf 475 reduziert werden sollen, ebenso wie für die Rüstungsindustrie, deren 1,5 Mio Beschäftigte in West-Europa bis 1995 möglicherweise um ein Drittel verringert werden, wenn es bis dahin zu dem vereinbarten und erwünschten Abbau der konventionellen Streitkräfte kommt.[24]

Fazit

Eine gleichsam automatische Lösung der Beschäftigungsprobleme durch einen Strukturwandel in Richtung Dienstleistungsgesellschaft ist also nicht in Sicht. Der Hoffnung auf den öffentlichen Dienst sind – zumal angesichts der durch die deutsche Einheit wachsenden Finanzierungsengpässe – deutliche Grenzen gesetzt, sofern die beim Staat Beschäftigten im Einkommen mit der übrigen Wirtschaft Schritt halten wollen. Ein Gehaltsverzicht der „Staatsdiener“ zugunsten vermehrter Einstellungen wurde in den vergangenen Jahren mehrfach kontrovers diskutiert.[25] Er ist jetzt unter dem Druck der gravierenden Beschäftigungsprobleme in einem der

[22] Hierzu Joseph Huber, Der Sozialstaat an den Grenzen des Wachstums. In: Aus Politik und Zeitgeschichte. Beilage zur Wochenzeitung Das Parlament B 1/81 v. 3.1.1981, S. 4–10.

[23] Gerhard Bäcker, Sozialpolitik durch soziale Dienstleistungen. Zukunftsperspektiven des Sozialstaats. In: WSI-Mitteilungen 3/86, S. 216.

[24] Nach Schätzungen des Stockholmer Friedensforschungsinstituts SIPRI. Vgl. Der Tagesspiegel v. 26.10.1990. Der Abbau der Personalstärke der Bundeswehr soll bis 1995 von gegenwärtig 600 000 Mann (einschl. NVA) auf 370 000 erfolgen. Vgl. Das Parlament v. 31.5.1991. Ferner: „Der Frieden kostet Jobs“. In: Der Spiegel, Nr. 16 v. 15.4.1991, S. 114 f.

[25] Peter Grottian, Finanzierungsmodell zur Beschäftigung von Hochschulabsolventen. In: Carl Böhret (Hrsg.), Verwaltungsreform und politische Wissenschaft, Baden-Baden 1978, S. 275–317.

2.2. Small is beautiful – Aspekte alternativer Ökonomie

Arbeitsteilung und Hierarchie

Moderne, entwickelte Gesellschaften sind hochgradig arbeitsteilige Gebilde, die in erster Linie von zwei einander ergänzenden, aber auch konträren Sektoren repräsentiert werden:

- dem marktorientierten **privatwirtschaftlichen Bereich,** der immer noch von der industriellen Produktion geprägt ist und der – **am Gewinn ausgerichtet** – Güter und Leistungen für einen anonymen Bedarf produziert und verkauft und
- dem **staatlichen Sektor,** der primär **steuerfinanziert** Kollektivbedürfnisse befriedigt (Bildung, Verkehr, Sicherheit etc.) und durch finanzielle Umverteilung einen sozialen Ausgleich zwischen sozial Starken und Benachteiligten anstrebt.

Beide Bereiche sind in einer Sozialen Marktwirtschaft aufeinander angewiesen. Die meisten Menschen arbeiten in dem einen oder anderen Sektor zu fast 90% in abhängiger Stellung, eingebunden in hierarchische Strukturen, spezialisiert in ihrer Tätigkeit als antreibende oder angetriebene Rädchen eines komplizierten Uhrwerks, dem dann Erfolg und Funktionsfähigkeit attestiert werden, wenn es bei voller Kapazitätsauslastung reibungslos abläuft.

Erfolge und Kritik

Die Erfolge marktwirtschaftlicher Industriegesellschaften sind, gemessen am erreichten materiellen Lebensstandard und am finanziell davon abhängigen „sozialen Netz" der staatlichen Daseinsfürsorge, schwerlich zu bestreiten. Sie haben, vor allem auch in der Bundesrepublik Deutschland, zu einem breiten Wohlstand geführt, der im historischen und internationalen Vergleich als herausragend gelten kann. Dennoch oder auch gerade deswegen entsteht parallel zu diesem Prozeß privatwirtschaftlicher und sozialstaatlicher Expansion offenbar ein vor allem von jungen Menschen empfundenes Vakuum an Möglichkeiten zu persönlichem Engagement, zu einer als sinnvoll empfundenen Tätigkeit und zu befriedigenden zwischenmenschlichen Beziehungen. Dazu tritt die Kritik an den ökologischen Konsequenzen des Wohlstands und am Übermaß staatlicher Regulation. In dieser Gemengelage von Unbehagen am Bestehenden und einer Suche nach sinnvollen Aktivitäten liegen viele Gründe für das Entstehen jener bunten Vielfalt von Tätigkeiten, die unter dem Begriff der „Gegenwirtschaft" oder „Alternativ-Ökonomie" zusammengefaßt werden:

Entfremdung

- Die fremdbestimmte Arbeit in den „offiziellen" Sektoren Wirtschaft und Staat wird von vielen Menschen lediglich als notwendiges Übel empfunden, dem man sich zum Zweck des Gelderwerbs unterwerfen muß. Der Lohn ist dann eine Entschädigung für das „Arbeitsleid". „Arbeit" und „Leben" fallen auseinander. Erstere wird abgeleistet, um das „eigentliche Leben" außerhalb der Arbeit finanzieren zu können. Viele Menschen haben daher keinen inneren Bezug zu ihrer Erwerbstätigkeit, sie stehen ihrem Tun im Sinne von Marx „entfremdet" gegenüber. Daß dies ein systemübergreifender Effekt ist, von dem die Arbeit in „Volkseigenen Betrieben" im Sozialismus nicht ausgenommen blieb, sei nur am Rande vermerkt. Solange die materielle Notlage dominierte, gab es zu dieser Arbeitsform für die meisten Menschen kaum eine Alternative. Wachsender Wohlstand und mehr oder minder gesicherte Grundbedürfnisse verbunden mit mehr Freizeit lassen jedoch den Wunsch nach sinnvollerem Handeln, nach „Selbstverwirklichung" auch und gerade im Arbeitsprozeß wachsen und realisierbar erscheinen.

Arbeitslosigkeit

- Die Suche nach „alternativen" Formen der Arbeit ist aber nicht nur Ausdruck eines vielzitierten Wertewandels und Folge der Unzufriedenheit mit dem vorherrschenden System fremdbestimmter Erwerbstätigkeit in Wirtschaft und Staat. Sie ist auch eine Konsequenz der bestehenden langfristigen Arbeitslosigkeit, die vielen Menschen keinen Zugang zum regulären Arbeitsmarkt eröffnet, so daß nicht zuletzt auch viele akademisch ausgebildete junge Leute nach Alternativen zur mehr oder minder verbauten Zukunft im erlernten Beruf suchen (müssen). Hier bestehen durchaus Parallelen zu früheren Bestrebungen genossenschaftlicher Selbsthilfe im Agrar-, Handwerks- und Handelsbereich, die im vorigen Jahrhundert zur Existenzerhaltung gegenüber den immer stärker werdenden Großbetrieben und deren kostengünstigerer Konkurrenz entstanden. Viele Alternativprojekte können daher auch als „Kinder der Not" begriffen werden.

Alternative Inhalte und Formen

Not und Idealismus, Aussteigertum und der Wunsch nach Selbständigkeit, verbunden mit der Kritik am etablierten System, sind also einige der Faktoren dafür, daß innerhalb des weiterhin dominierenden formellen Wirtschaftssystems „alternative" Handlungsfelder entstanden, in denen der Versuch selbständiger und selbstbestimmter Tätigkeiten unternommen wird. Nicht jede selbständige Tätigkeit gehört freilich zum Sektor der Alternativökonomie. Hier sind sowohl Abgrenzungen zur Schattenwirtschaft (vgl. Kap. 3.2.) als auch zum traditionellen Bereich der Selbständigen erforderlich, obwohl diese Grenzziehung nicht immer eindeutig sein wird. Von der Schattenwirtschaft unterscheiden sich die alternativen Projekte und Aktivitäten dadurch, daß sie in der Mehrzahl weder in Form (illegaler) Schwarzarbeit noch (legaler) Selbstversorgungswirtschaft, wie z.B. der Do-it-yourself-Bewegung, betrieben werden, sondern entweder als reguläre Betriebe oder als sozialen Zielen dienende Projekte für den Fremdbedarf tätig sind. Vom traditionellen Handwerks-, Handels- und Dienstleistungsbereich weicht die Alternativ-Ökonomie primär dadurch ab, daß **sie bewußt nach neuen Inhalten, Zielen und Organisationsformen ihrer Aktivitäten sucht.**

- **Neue Inhalte** ergeben sich u.a. in Bereichen der Ökologie (z.B. Bio-Läden, Wind-Energie-Projekte), der Dritte-Welt-Problematik (z.B. Handel mit Nicaragua-Kaffee, Dritte-Welt-Läden), aber auch in einer Vielzahl von sozial und politisch engagierten Projekten (Drogentherapie, Kinder-Läden, Ausländer-Integration).

- **Neue Organisationsformen** werden in hierarchiefreier Zusammenarbeit und Selbstverwaltung der Mitarbeiter, in der Aufhebung des Gegensatzes von Kapitalbesitz und Arbeitseinsatz und in einer mehr oder minder intensiven Verbindung von Arbeits- und Lebensgemeinschaft gesucht.

Programmatik

Ein gemeinsames Charakteristikum der im übrigen äußerst heterogenen Projekte, die unter dem Etikett „alternativ" zusammengefaßt werden können, ist also eine Programmatik, mit der sie sich vom übrigen privatwirtschaftlichen, aber auch vom staatlichen Sektor unterscheiden und distanzieren (wollen). Bei der Mehrzahl der Alternativprojekte besteht aber auch offenbar gar kein ausgeprägter Bedarf an Theorien im Gegensatz etwa zur 68er Bewegung der „APO-Opas", die sich weitgehend auf die Theoriediskussion konzentrierte und beschränkte.[1] Das **alternative Handeln** steht im Vordergrund, so daß es von vornherein verfehlt wäre, den „bunten Regenbogen" der alternativen Projekte einem Konzept unterordnen zu wollen.[2]

Erfassungsprobleme

Obwohl die Alternativbewegung im Gegensatz zur Schattenwirtschaft zumeist nicht im Verborgenen wirkt und neueren Untersuchungen zufolge eine wachsende Steuermoral aufweist (Tabelle S. 233), ist ihr Umfang und ihre Bedeutung nur näherungsweise zu bestimmen. Dies liegt nicht zuletzt daran, daß es in der offiziellen Statistik keine entsprechende Kategorie gibt, die etwa eine im Kollektiv betriebene Tischlerei oder einen „biodynamischen" Bauernhof von einer traditionellen Tischlerwerkstatt oder dem normalen landwirtschaftlichen Kleinbetrieb unterscheidet. Auch die zahlreichen sozial engagierten Gruppen und Projekte sind amtlich bestenfalls dann irgendwo bekannt und erfaßt, wenn sie „Staatsknete" bzw. Steuergelder erhalten. Daten und Schätzungen finden sich daher nur in den vielfältigen wissenschaftlichen Untersuchungen von Soziologen, Politologen und Ökonomen zu diesem Bereich. Auch die Vielfalt der jeweils neu entstehenden und sich oft wieder auflösenden Betriebe und Gruppierungen erschwert die Beschreibung des alternativen Sektors, zumal manche erfolgreichen Alternativ-Betriebe häufig ihren Charakter verändern und ins Lager der etablierten kleinen und mittleren Unternehmen überwechseln. Zumindest eine Zweiteilung der Handlungsfelder bietet sich jedoch an:

[1] Hierzu Roland Schmidt, Zur alternativen Kultur. Erscheinungsbild und Strukturen. In: Aus Politik und Zeitgeschichte. Beilage zur Wochenzeitung Das Parlament B 11/83 v. 19.3.1983, S. 52 ff.

[2] Ein sehr informatives Bild der vielfältigen alternativen Aktivitäten und der Selbsteinschätzung der Akteure vermitteln die in den 80er Jahren erschienenen Berliner „Stattbücher". Zu früheren Ansätzen naturnaher, „alternativer" Lebensformen vgl. Robert Landmann, Ascona-Monte Verità. Auf der Suche nach dem Paradies, Berlin 1979.

- **Alternative Betriebe,** die Produkte und Leistungen für andere gegen Entgelt anbieten und verkaufen und sich insofern im herkömmlichen Marktbereich zu etablieren suchen, ohne dessen vorherrschende Betriebs- und Produktionsstrukturen übernehmen zu wollen.
- **Alternative Gruppierungen im sozialen Bereich,** die im Wege der selbstorganisierten Hilfe für sozial Schwache und für Problemgruppen in solchen Feldern tätig werden, die (bei uns) traditionell vom Staat und von Wohlfahrtsorganisationen oder Kirchen betreut werden. Hier fehlt das Moment des „Verkaufs" der Leistung bzw. der Finanzierung über den Markt.

Diese Zweiteilung trägt auch der Kritik Rechnung, die sich an den Mängeln der dominierenden Versorgung über den „Markt" und den „Staat", d.h. am Marktversagen bzw. am Staatsversagen orientiert.

Alternative Betriebe

Über den Umfang und die Bedeutung alternativer Betriebe gehen die Angaben weit auseinander. Dies liegt zum einen an der erwähnten Unschärfe der Kriterien für die Zuordnung eines selbständigen Betriebes zum alternativen oder zum traditionellen Sektor, zum anderen daran, daß alle bisher vorliegenden empirischen Studien regional begrenzt durchgeführt wurden, so daß die lokalen Ergebnisse auf die Gesamtzahl solcher Projekte im Bundesgebiet hochgerechnet werden müssen. Schließlich variiert die Zahl der Betriebe durch Neugründungen und Wiederauflösungen nicht unbeträchtlich, ein im übrigen für den Bereich der kleinen und mittleren Unternehmen insgesamt typisches Bild.

Umfang

Schätzungen über die Zahl der Betriebe und Projekte im Bereich der **Alternativökonomie gehen von 4000–6000 Betrieben mit etwa 24–30 000 Mitarbeitern aus.**[3] Diese Größenordnung erscheint realistischer als die vielfach zitierten 14 000 Einheiten mit rd. 100 000 Beschäftigten, bei denen vermutlich viele nicht erwerbswirtschaftlich ausgerichtete Selbsthilfeprojekte mitgezählt wurden.[4] Unter dieser Unschärfe leidet auch die Aufschlüsselung der Projekte nach Wirtschaftszweigen und Branchen, in denen sie vorwiegend tätig sind. Die Tabelle S. 235 vermittelt daher nur Näherungswerte.

[3] Marlene Kück, Alternative Ökonomie in der Bundesrepublik .../Wolfgang Beywl/Hartmut Brombach, Neue Selbstorganisationen. Zwischen kultureller Autonomie und politischer Vereinnahmung. In: Aus Politik und Zeitgeschichte. Beilage zur Wochenzeitung Das Parlament B 11/84 v. 17.3.1984.

[4] So bei Joseph Huber, Die Alternativen der Alternativbewegung, Berlin 1980. Vgl. a. Wirtschaftswoche, Nr. 40 v. 27.9.1985, S. 54.

Steuermoral der alternativen Projekte, die Umsätze aufweisen		
Anteil des versteuerten Umsatzes	1985 %	1982 %
100 %	80	39
51–99 %	4	16
weniger als 50 %	16	45
	100 (n = 50)	100 (n = 44)

Ergebnisse zweier vergleichender Stichproben im Raum Hannover und Nürnberg.

Quelle: H. Kreutz/G. Fröhlich, Von der alternativen Bewegung zum selbstverwalteten Projekt. In: Mitteilungen aus der Arbeitsmarkt- und Berufsforschung 4/1986, S. 562. n = Umfang der Stichprobe.

Verteilung alternativ-ökonomischer Projekte auf Wirtschaftsbereiche

Wirtschaftsbereich	Beispiele	Anteil
A Landwirtschaft und verarbeitendes Gewerbe	Handwerksbetriebe, Druckereien, Alternativtechnologische Betriebe, Kunsthandwerk usw.	20 %
B Handel und Verkehr	Buch- und Bioläden, Wolläden, Gebrauchtwarenhandel, Transport- und Taxiunternehmen	25 %
sächliche Dienstleistungen	Verlage, Medienproduktion (Verlage, Zeitschriften), Beratung und Organisation	15 %
Gastgewerbe	Kneipen, Cafés, Teestuben, Tagungshäuser	10 %
C persönliche Dienstleistungen	Bildung, medizinische und psychotherapeutische Einrichtungen, ambulante Dienste	30 %

Quelle: Wolfgang Beywl/Hartmut Brombach, Neue Selbstorganisation. Zwischen kultureller Autonomie und politischer Vereinnahmung, in: Aus Politik und Zeitgeschichte. Beilage zur Wochenzeitung Das Parlament. B 11/84 v. 17.3.1964, S. 26

Sowohl im Hinblick auf die Arbeitslosigkeit in den alten und vor allem in den neuen Bundesländern als auch im Vergleich zu den allein im „regulären" Handwerk Westdeutschlands bestehenden 540 000 Betrieben mit rd. 4 Millionen Beschäftigten ist **der Umfang der Alternativ-Ökonomie also äußerst bescheiden,** und die Resonanz, die diese Bewegung in den Sozialwissenschaften und den Medien gefunden hat, steht offenbar im umgekehrten Verhältnis zu ihrer zahlenmäßigen Bedeutung, zumal einige Autoren annehmen, daß die „Gegenwirtschaft" möglicherweise bereits ihren

Höhepunkt überschritten hat.[5)] Es ist daher auch **weniger die Quantität der Alternativ-Ökonomie, sondern eher die Qualität ihrer Aktivitäten, die Interesse erweckt,** und dies nicht nur bei sympathisierenden Sozialwissenschaftlern, sondern auch bei Wirtschaftsverbänden und etablierten Unternehmen.

Vorzüge und Schwächen

Mag auch der Arbeitsplatzeffekt aufs Ganze gesehen gering sein, so bietet die Alternativökonomie doch gerade in den Großstädten einige Möglichkeiten zu sinnvoller gemeinsamer Arbeit für junge Menschen, die entweder trotz ihrer Ausbildung schlechte Beschäftigungs-Chancen haben oder die bewußt nach selbstbestimmten Formen der Arbeit suchen. Aus dieser Selbst- und Mitbestimmung und der Abhängigkeit vom Erfolg resultiert eine **engagierte Einstellung zur Arbeit und Mitarbeit,** die in abhängigen, festentlohnten Tätigkeiten nicht immer gegeben ist. Dieser Aspekt findet denn auch im Management größerer Firmen zunehmend Beachtung, wobei nicht so sehr die schon länger und häufig praktizierte Kapital- und Gewinnbeteiligung der Mitarbeiter, sondern ihre **immaterielle und emotionale Anteilnahme am Betriebsgeschehen das Ziel ist.**[6)] Dezentralisierung, Abbau von Hierarchien und die Arbeit in Kleingruppen (Teams) sind dabei keineswegs neue Organisationsstrukturen; das Interesse an ihnen wird jedoch durch das politische und publizistische Echo der Alternativ-Ökonomie verstärkt, die genau besehen auch nicht so neu ist, denn es hat natürlich zu allen Zeiten, vor allem auch im vorigen Jahrhundert, zahlreiche unterschiedlich erfolgreiche Versuche gegeben, selbständig-kooperativ zu arbeiten.[7)]

Selbstverwaltung

Die im Schema auf S. 235 zusammengefaßten Vor- und Nachteile der Teamarbeit gegenüber der hierarchischen „Linien-Organisation" prägen auch die positiven und negativen Erfahrungen in vielen Alternativ-Betrieben und -Projekten. **Größerer Leistungsorientiertheit, mehr Arbeitszufriedenheit, Kreativität und Flexibilität stehen nicht selten zeitaufwendige, zermürbende Diskussionen zur Entscheidungsfindung im Wege der Selbstverwaltung gegenüber.** Kollektive Verantwortung erfordert ein allseitiges hohes Maß an persönlicher Verantwortungsbereitschaft und erzeugt Streßsituationen, denen viele (junge) Menschen (noch) nicht gewachsen sind, vor allem dann, wenn sie im Alternativ-Betrieb eher die Möglich-

[5)] Peter Grottian/Marlene Kück, Modell Berlin: 10 000 neue Arbeitsplätze im Selbsthilfe- und Alternativbereich. In: Michael Bolle/Peter Grottian (Hrsg.), Arbeit schaffen jetzt! Reinbek 1983, Anmerkung a.S. 132.

[6)] Vgl. Alternative Betriebe. Kollektiver Kommerz. In: Wirtschaftswoche, Nr. 40 v. 27.9.1985, S. 54–70. Traditionelle Mitarbeiterbeteiligungen am Unternehmenskapital gibt es inzwischen bei mehr als 1300 Betrieben für über 1 Mio Mitarbeiter mit insgesamt etwa 14 Mrd. DM Kapitalbeteiligung in Arbeitnehmerhand. Vgl. Der Spiegel, Nr. 3 v. 12.1.1987, S. 69.

[7)] Hierzu u.a. Peter Christ/Richard Gaul/Wolfgang Gehrmann (Hrsg.), Gegenwirtschaft. München 1982, S. 88–91. Ferner: Holger Bonus, Genossenschaften – Von neuem Geist beseelt. In: Wirtschaftswoche, Nr. 15 v. 4.4.1986, S. 72 ff.

keit zu spontaner „Selbstverwirklichung" als zu kontinuierlicher harter Arbeit suchten: Viele Beteiligte und manche Projekte sind hieran gescheitert, **während andere schrittweise wieder zu hierarchischen Entscheidungsstrukturen übergegangen sind,** vor allem dann, wenn sie erfolgreich waren und die Zahl ihrer Mitarbeiter zunahm. Ein Beispiel von vielen ist die Bielefelder „Bicycle Import- und Versandhandel AG", die den Weg von der alternativen Fahrradwerkstatt zur erfolgreichen Aktiengesellschaft mit inzwischen über 2 Millionen DM Jahresumsatz zurückgelegt hat, ohne deshalb nun alle Ideen und Elemente der Alternativstruktur aufzugeben. So besteht z.B. weiterhin ein hoher Anreiz zur Eigenkapitalbildung durch im Unternehmen belassene Lohngelder, aber weder das frühere Rotationsprinzip mit wechselnden Tätigkeiten im Betrieb noch der kollektive Führungsstil wurden beibehalten.[8)]

Mögliche Vor-/Nachteile der Kollegien-, insbes. der Teamarbeit

Vorteile	Nachteile
Verbesserung und evtl. Beschleunigung von Informations- und Entscheidungsprozessen, bessere Ressortzusammenarbeit, Enthierarchisierung und Entbürokratisierung, Risiko- und Fehlerausgleich zwischen Teammitgliedern, größere Zielidentifikation der Mitglieder, Leistungssteigerung durch Teamwettbewerb, Gruppendruck und ungezwungene Arbeitsweise, Flexibilität bei Zieländerungen, teaminterne Selbstkoordination anstatt Fremdkontrolle * Unter „Linie" wird die herkömmliche hierarchische Leitung verstanden.	hoher Informationsaufwand, evtl. höherer Zeitbedarf für Problemlösungen, riskantere Entscheidungen möglich, da keine klare Verantwortungs-Zurechnung, Kompromißdenken oder Minderheitsunterdrückung möglich, Unproduktivität bei Nichtbeachtung der Spielregeln möglich, Kontaktschwierigkeiten mit der Linie* häufig, z.B. Ablehnung der Teamergebnisse durch Linie*, Rekrutierung der Teammitglieder aus der und Rückkehr in die Linie* häufig schwierig, Gruppenkonflikte und persönliche Rivalitäten können Effizienz stärker als in Linie* mindern, Teams entwickeln häufig unerwünschte Eigendynamik, Gruppenarbeit nicht für alle Menschen günstig (Konzentrationsprobleme, Hemmungen).

Entnommen: Christoph Reichard, Betriebswirtschaftslehre der öffentlichen Verwaltung. Berlin 1977, S. 141.

8) Dokumentiert in: Wirtschaftswoche, Nr. 49 v. 28.11.1986, S. 72 ff.: „Alternative AG, Mutiger Schritt."

Finanzierungsprobleme

Mit dem Stichwort Eigenkapital ist die eigentliche Achillesferse der Alternativbetriebe, aber auch vieler traditioneller Versuche zur selbständigen Existenzgründung angesprochen. Da es sich zumeist um junge Menschen handelt, die ohne Ersparnisse nach Marktnischen für ihr eigenes Angebot suchen, fehlt ihnen fast immer das nötige Startkapital, ohne das auch ein alternatives Projekt weder Räume noch Werkzeug, weder Waren noch Material beschaffen kann. Ohne Eigenkapital oder entsprechende Sicherheiten verweigern auch die Banken ihre Kreditbereitschaft, zumal dann, wenn die unklare Gesellschaftsform kollektiver Projekte keine persönlich haftenden und verantwortlichen Firmeninhaber ausweist. Dies war auch die

Ökobanker weiter im Minus

1991 Verbesserung erwartet / Warten auf Berliner Filiale

ro. **FRANKFURT/MAIN,** 3. Juni. Die Frankfurter Ökobank kämpft auch im vierten Jahr nach ihrer Gründung mit einer gespannten Ertragslage. Trotzdem hoffen die Alternativbanker, 1991 ein ausgeglichenes Ergebnis zu erzielen. 1990 erreichte man zwar im ordentlichen Geschäft einen Gewinn von 285 000 DM, Anlaufkosten, Wertberichtigungen und andere Faktoren führten insgesamt aber zu einem Minus von 595 000 DM. „Raus aus den roten Zahlen" ist denn auch das Hauptziel der Bank, die Ende dieses Jahres in Freiburg ihre erste Filiale eröffnen wird.

Nach Angaben von Ökobank-Vorstandsmitglied Rump hat man sich aus mehreren Gründen für Freiburg entschieden: Die Stadt gelte als Deutschlands „grüne" Hauptstadt, dort habe die Ökobank eine starke Regionalgruppe und bereits sehr viele Kunden. Einen fünfstelligen Betrag wird die Ökobank für die erste Filiale außerhalb Frankfurts aufwenden. Zwei Mitarbeiter werden von Ende 1991 an oder Anfang 1992 dort tätig. Weitere Filialen sollen erst dann eröffnet werden, wenn in Freiburg schwarze Zahlen geschrieben werden. Als Vorbereitung für weitere Niederlassungen werden gleichzeitig in Berlin, Düsseldorf und München sogenannte Ökobank-Agenturen aufgebaut. Mehr läßt die finanzielle Lage der Bank derzeit nicht zu. Deshalb wird man vorerst auch nicht in den neuen Bundesländern aktiv.

Immerhin schieben die Alternativbanker nach wie vor einen Verlustvortrag von 3,5 Mill. DM vor sich her. Vom nächsten Jahr an soll er nach und nach abgebaut werden.

Trotzdem sind die Alternativbanker mit ihren Geschäften zufrieden. Denn der Gewinn im ordentlichen Bankbetrieb lag über dem gesteckten Ziel. Auch die Bilanzsumme wuchs stärker als geplant auf 97,2 Mill. DM Ende 1990 (plus 39 Prozent). Die Aufhebung der regionalen Beschränkung bei der Kreditvergabe – bis Februar 1990 durften nur 10 Prozent außerhalb des Rhein-Main-Gebietes vergeben werden – ließ das Kreditvolumen um 102 Prozent auf knapp 30 Mill. DM ansteigen. 11,5 Mill. davon waren verbilligte Förderkredite, mit denen vor allem Frauen- und Umweltprojekte unterstützt wurden. Allerdings hat die Ökobank nach wie vor einen deutlichen Einlagenüberhang von 84 Mill. DM Ende 1990. Knapp 37 Mill. davon entfallen auf Sparbriefe, davon wiederum allein 43 Prozent auf Umwelt. Gut 25 000 Kunden zählte die Ökobank Ende 1990. Durchschnittlich hatten sie knapp 2100 DM auf ihren Konten. Eine Zahl, die deutlich unter der vergleichbarer Banken liegt. Ein Hinweis auch darauf, daß die Ökobank noch mit zu hohen Kosten fertig werden muß. Das erste Quartal 1991 hat der Alternativbank einen deutlichen Aufschwung gebracht.

Der Tagesspiegel v. 4.6.1991.

schmerzliche Erfahrung der erwähnten Bicycle-AG, die praktisch ohne Bankkredite expandierte. Ohne die Öko-Fonds der Alternativbewegung oder das Berliner „Netzwerk", ohne die „Öko-Bank", die immer noch nicht aus den „roten Zahlen" ist (vgl. Pressenotiz), und ohne Staatshilfe wie z.B. im damals noch rot-grünen Hessen kommt die Alternativ-Ökonomie also nur schwer aus den Startlöchern.[9] Dort, wo sie Starthilfe erhält, regt sich freilich auch der Widerstand des traditionellen Handwerks- und Dienstleistungsbereichs, der hierin eine „Förderung unlauterer Konkurrenz" sieht, durch die „man im alternativen Bereich Arbeitsplätze fördert, nur, um sie im Handwerk zu vernichten".[10]

Konkurrenz der Großen

Für die meisten Alternativ-Projekte ist es ein dornenreicher Weg, der nur selten zu solchen vorzeigbaren und daher immer wieder zitierten Erfolgen wie bei der Berliner „Wuseltronick"-Firma oder der Gesellschaft für Prozeßsteuerungs- und Informationssysteme mbH (PSI) führt, die dank ihrer Leistungen auf dem Gebiet technischer Innovationen auch mit den etablierten Firmen ins Geschäft kommen. **Hier wiederholen sich offenbar Gründungsprozesse, wie sie auch früher beim Aufkommen neuer Techniken und Produkte zu beobachten waren.** Was heute die Computertechnologie ist, war z.B. in den 20er Jahren der Rundfunk. So wurden allein in Berlin nach seiner Einführung (1923) zweihundert Produktionsstätten mit 5000 Beschäftigten für Empfangsapparate und Apparateteile gezählt, von denen der allergrößte Teil nur die kurze Zeit überdauerte, bis die erfolgreichen Konzerne und Spezialfirmen billigere Serienprodukte anbieten konnten. Viele dieser kleinen Unternehmen, die sich damals allerdings noch nicht als alternativ bezeichneten, aber ähnlich operierten, leisteten wichtige Pionierarbeit und machten Erfindungen, die dann später von den Großfirmen übernommen oder als Patente aufgekauft wurden.[11] Ähnliches vollzieht sich auch in den Bereichen, die von ökologisch orientierten Betrieben ursprünglich als Marktnischen entdeckt und erschlossen wurden: **Bio-Kost oder naturbelassene Produkte der „Öko-Läden" werden spätestens dann von leistungsfähigen Handelsketten übernommen, wenn sie für die Pionierunternehmen endlich rentabel und damit für die Etablierten interessant werden.**

[9] Die beträchtlichen Mittel des Berliner Senats gehen primär an nichtkommerzielle soziale Selbsthilfegruppen. Daneben existiert allerdings auch hier ein staatlich durch Bürgschaften unterstütztes Kreditprogramm.

[10] Stellungnahme des Rheinisch-Westfälischen Handwerkerbundes e.V. Zitiert in: Wirtschaftswoche, Nr. 40 v. 27.9.1985, S. 60.

[11] Vgl. Peter Czada, Die Berliner Elektroindustrie in der Weimarer Zeit. Berlin 1969, S. 182 u. S. 250.

Vorteile der Alternativ-Ökonomie aus Sicht der Beteiligten Ergebnisse einer Umfrage bei 83 Alternativprojekten im Raum Hannover und Nürnberg 1982 (Mehrfachnennungen möglich)	
Nennungen (in %)	Vorteil
50 %	Selbst den Arbeitsrhythmus/die Arbeitszeit bestimmen zu können
46 %	Gemeinsam arbeiten zu können
44 %	Keinen Chef zu haben
42 %	Etwas Sinnvolles tun zu können/etwas Sinnvolles tun zu können, das nicht dem Staat/dem Kapital nützt
39 %	Größere Freiheit beim Ausdruck von Gefühlen, in der Kleidung usw.
35 %	Mehr Gerechtigkeit (z.B. in der Verteilung des Erarbeiteten)
29 %	Mehr Gleichheit
29 %	Viele nette, interessante, aufregende Leute kennenlernen zu können
28 %	Mit den Leuten, die man mag, zusammenarbeiten/zusammenleben zu können
22 %	Mit gleichaltrigen, gleichgesinnten Leuten zusammenarbeiten/zusammenleben zu können

N = 364 (Gesamtzahl der Nennungen; ∅ Nennungen pro Projekt: 4,4)

Höhe der gesamten Bezüge aus alternativen Projekten (Geld- und Sachleistungen)

Höhe der Bezüge pro Monat	Anteil in %
unter 600 DM	26,1
600 – 1200 DM	31,4
1200 – 1800 DM	39,1
1800 – 2400 DM	2,3
2400 – 3000 DM	0,4
3000 – 4000 DM	0,0
4000 DM u. mehr	0,8

(Sachleistungen wurden in DM umgerechnet)
Quelle: Kreutz/Fröhlich/Maly, Alternative Projekte: Realistische Alternative zur Arbeitslosigkeit? In: Mitteilungen aus der Arbeitsmarkt- und Berufsforschung 2/1984, S. 269 u. S. 271.

Selbstausbeutung?

Bis zu einer solchen Rentabilität, die dann, wenn sie überhaupt erreichbar ist, oft genug wieder bedroht ist, zwingen Kapitalmangel und Absatzprobleme die Mitglieder von alternativen Projekten (und andere Selbständige) oft zu **weitaus höheren Arbeitsleistungen bei sehr viel niedrigerem Einkommen als in vergleichbaren abhängigen Positionen.** So zahlten sich z.B. die zwölf Mitarbeiter von „Wuseltronick" 1985 bei etwa 50 Arbeitsstunden pro Woche maximal 1600,– DM monatlich aus[12], was einem Stundenlohn von 8 DM entspricht, für den kein Schwarzarbeiter den Fuß vor die Tür setzen würde. „Mehr als 1200 DM–1500 DM netto verdient kaum jemand in der alternativen Wirtschaft"[13] (vgl. Tabelle).

In dieser niedrigen Bezahlung sehen die einen eine Bestätigung für ihre These, daß es nur dann genug Beschäftigung gibt, wenn die Arbeit nicht so teuer ist, die anderen eine Form „permanenter Selbstausbeutung" anstelle der früheren Ausbeutung durch den Arbeitgeber. Beide Thesen sind zu plakativ, um der Realität gerecht zu werden. Über den komplizierten Zusammenhang von Lohnhöhe und Beschäftigung wird an anderer Stelle informiert (Kapitel 3.3.). Der Begriff der Selbstausbeutung ist zumindest in den Fällen zweifelhaft, bei denen der **Lohnverzicht zur Finanzierung der erforderlichen Anlagen und Betriebseinrichtungen dient,** handelt es sich dann doch um eine Form der Selbstfinanzierung, die auch über höhere Bezahlung bei gleichzeitigem Einsatz höherer Ersparnisse im eigenen Betrieb erfolgen könnte. Viele erfolgreiche alternative Projekte streben denn auch durch Lohnverzicht die Bildung **„neutralisierten" Kapitals** an, d.h. die Schaffung von Produktivkapital, das nicht einzelnen zur individuellen Profiterzielung, sondern allen Beteiligten als gemeinsame Produktionsbasis dienen soll. Daß diese Form kollektiver Eigenkapitalbildung spätestens dann zu Problemen führt, wenn neue Mitarbeiter ohne vorherigen Einkommens- und Konsumverzicht in den Betrieb eintreten, liegt auf der Hand. Erhalten sie das gleiche Entgelt wie alle anderen, dann profitieren sie offenbar ohne eigene (Vor-)leistung von der Kapitalbildung der übrigen, werden sie geringer entlohnt, dann entstehen im Betrieb neue „Klassen", die doch in der Alternativ-Ökonomie gerade verhindert werden sollten.[14] Ähnliche Fragen können auch beim Ausscheiden von Mitarbeitern im Hinblick auf „ihren" Kapitalanteil entstehen. Ohnehin zeigt es sich, daß die zunächst häufig verfolgte Idee einer egalitären Entlohnung für sehr unterschiedliche Tätigkeiten und Leistungen letztlich die Leistungsträger benachteiligt und frustriert, so daß dieses Konzept – wenn überhaupt – nicht lange durchzuhalten ist. Der niedrige Lohn ist in vielen Fällen jedoch einfach Ausdruck der im Vergleich zur etablierten Wirtschaft geringeren Arbeitsproduktivität aus Mangel an Kapital.

12) Wirtschaftswoche, Nr. 9 v. 22.2.1985, S. 105.
13) Joachim Nawrocki, Unter Geiern. In: Die Zeit v. 26.9.1986, S. 36.
14) Hier bestehen Parallelen zu den negativen Erfahrungen mit den selbstverwalteten Betrieben in Jugoslawien.

Fazit

Die überaus vielfältige Szene der Alternativ-Ökonomie erlaubt kein verallgemeinerndes Urteil. Sicher ist, daß viele Alternativ-Betriebe – ähnlich wie andere Versuche selbständiger Existenzgründungen – nicht auf Dauer bestehen werden, sondern eher Durchgangsstationen und „Selbsterfahrungsfelder“ für junge engagierte Menschen sind, die sonst vielfach nur die Alternative der Arbeitslosigkeit hätten. Schon dieser Aspekt rechtfertigt ihre Förderung. Andere, erfolgreiche alternative Unternehmen werden sich etablierten Betriebsformen annähern. In jedem Fall aber zeigt der praktizierte Versuch alternativer Arbeits- und Lebensformen Defizite unserer traditionellen Arbeitsgesellschaft auf und Ansätze, sie wenigstens partiell zu überwinden.

Neue Chancen in Ostdeutschland?

Ob und wie weit die hohe Arbeitslosigkeit in Ostdeutschland angesichts des dort bestehenden Defizits an Handwerks- und Dienstleistungsunternehmen alternativen Projekten neue Handlungs- und Beschäftigungsfelder eröffnet, kann erst die Zukunft zeigen. Ansätze weisen in diese Richtung (vgl. Pressenotiz). **Der enorme Sanierungsbedarf im Baubereich könnte ebenso wie der Niedergang der landwirtschaftlichen Produktionsgenossenschaften günstige Voraussetzungen für alternative „Unternehmen“ und ökologisch orientierte Landwirte schaffen, die inzwischen auch von der EG gefördert werden** (vgl. S. 87). Sie haben freilich nur dann eine ökonomische Chance, wenn auch die Nachfrager „mitspielen“.

Alternatives Beratungszentrum für Neuunternehmer

Ost-Berliner Stelle will sozial und ökologisch orientierte Gründungen fördern

kög. **Berlin.** Es müssen nicht immer Imbißbuden, Getränkeshops und Videoläden sein. Diese Ansicht vertritt eine neue senatsgeförderte Beratungsstelle im Ostteil der Stadt, die in ihrer Art der Wirtschaftsverwaltung zufolge in den neuen Bundesländern bislang einzigartig ist. An das „Zentrum für Unternehmensberatung und Kooperation" (Zuk) in Berlin-Mitte können sich vor allem Neu-Unternehmer aus Ost-Berlin wenden, die einen ökologisch und sozial orientierten Betrieb gründen wollen.

Zwar stehen bei den Gesprächen, die bereits seit Oktober beim Zuk in der Niederwallstraße 1–5 (Tel.: 2 08 29 77) unentgeltlich geführt werden, auch klassische betriebswirtschaftliche Themen wie Recht, Steuern, oder Marketing auf dem Programm. Die Berater und Geschäftsführer Manfred Gutzmer, Udo Langemann und Uti Hennecke wollen jedoch darüber hinaus eine Orientierungshilfe geben sowie menschliche und familäre Probleme der Selbständigkeit aufzeigen. Außerdem wollen die Berater eine eher alternative Unternehmensführung nahelegen. Bei speziellen Fragen verweisen sie weiter an Experten. Deren Honorare sowie die Gehälter und weitere Kosten sind zunächst durch eine Anschubfinanzierung der Wirtschaftsverwaltung für die nächsten vier Jahre in Höhe von rund 1,6 Mill. DM gesichert, wie Senatsrat Ulrich Ebel mitteilte. Das Zuk in Trägerschaft der Stattwerke e. V. verstehe sich dabei als Ergänzung zu den Stellen der IHK. Geplant sind langfristig unter anderem auch Seminare und Tagungen sowie die Einrichtung eines Dienstleistungszentrums.

Die Nachfrage ist offenbar groß: Selbst aus Halle und Dresden haben sich schon Gründer auf den Weg zur Beratungsstelle in dem ehemaligen Ministerratsgebäude gemacht, das jetzt von der Oberfinanzdirektion verwaltet wird und immerhin zwei Telefonanschlüsse besitzt. Die Palette reicht dabei vom Antiquitätenhändler über den angehenden Kläranlagenbauer bis hin zu Handwerkern. In diesem Bereich sieht das Zuk-Team auch die größten Zukunftschancen: Unternehmen, die sich auf Restaurierung und Sanierung spezialisieren wollen, werden vielleicht nicht so schnell vom Wettbewerb geschluckt wie Imbißbuden.

Der Tagesspiegel v. 30.11.1990.

Dies kann in Ostdeutschland nicht sofort erwartet werden, denn ein ökologisch orientiertes Verbraucherverhalten setzt nicht nur aus Einsicht gewonnene Verhaltens- und Verbrauchsveränderungen, sondern auch die Bereitschaft und Fähigkeit voraus, für ökologische Produkte und nicht-industrielle Dienstleistungen ggf. mehr zu bezahlen.

Die Einkommensverhältnisse und der „Nachholbedarf" an perfekten Industrie- und Agrarprodukten stehen daher solchen Alternativen sinnvoller Beschäftigung noch hemmend im Wege, die sich im reicheren „Westen" bereits auf eine wachsende Verbraucherschaft stützen können, wo rd. 20% der Haushalte inzwischen zu den „bewußten Ernährern" bzw. „ökologisch Orientierten" gerechnet werden.[15)]

Selbsthilfegruppen

Im Unterschied zu den alternativen Betrieben, die vom Verkauf ihrer Produkte und Dienstleistungen leben und abhängen, sind die bedeutend zahlreicheren Selbsthilfegruppen **vorwiegend im sozialen Bereich und zumeist unentgeltlich tätig.** Sie leisten dabei vielfach Dienste, die in unserer Gesellschaft inzwischen weitgehend in die Zuständigkeit des Sozialstaates fallen, der diesen wachsenden und vielfältigen Aufgaben jedoch in vielen Fällen weder personell noch finanziell oder organisatorisch zureichend Rechnung tragen kann. Das Defizit seiner Leistung resultiert dabei nicht nur aus der Gegebenheit begrenzter Stellen und Haushaltsmittel, es wird vor allem auch in der mangelnden Qualität seines Leistungsvermögens gesehen:

„Bürokratisierung, unpersönliche Distanz zu den Betroffenen, Verwaltung anstelle der Beseitigung sozialer Nöte" sind einige Stichworte zum Komplex des Staatsversagens, das nicht nur von Kritikern des bestehenden Sozialstaats betont, sondern auch von seinen Repräsentanten eingeräumt wird, so z.B. vom damaligen Berliner Senator für Gesundheit, Soziales und Familie, Ulf Fink, der dazu ausführte: „Es zeigt sich, daß die kollektive Problemlösung mit ihren notwendigerweise bürokratischen Antworten nicht mehr greift und häufig immer mehr an den eigentlichen Problemen vorbeigeht und im übrigen allenfalls Symptome kuriert, statt die Ursachen zu erkennen und zu beseitigen." Den Selbsthilfegruppen attestierte er, daß sie sich der „Daseinsfürsorge widmen, indem sie soziale Dienste leisten und den ... ‚Staatsapparat' entlasten".[16)]

15) Mitteilung der „Stiftung ökologischer Landbau". Vgl. Der Tagesspiegel v. 25.1.1991.

16) Ulf Fink, Hilfe zur Selbsthilfe. Ein Berliner Modell. In: Aus Politik und Zeitgeschichte. Beilage zur Wochenzeitung Das Parlament B 11/84 v. 17.3.1984, S. 31. Vgl. hierzu auch die Senatsantwort auf die Große Anfrage der CDU-Fraktion in Berlin über Alternatives Leben v. 29.1.1982.

Pro und Contra Gerade diese **Entlastungsfunktion** wird von verschiedenen Positionen her kontrovers beurteilt. So sehen vor allem gewerkschaftsnahe Autoren in den ca. 20–25 000 sozialen Selbsthilfegruppen, die z.B. in der Jugendarbeit, in Kindertagesstätten, in der Hilfe für Behinderte etc. tätig sind (vgl. das Schema) in erster Linie **billige Alternativen** zur etablierten tarifentlohnten Sozialarbeit, die es dem Staat erleichtert, in seinem Bereich einen entsprechenden Personal- und Sozialabbau zu praktizieren. Sie verweisen in diesem Zusammenhang nicht nur auf die Gefahren der Preisgabe sozialstaatli-

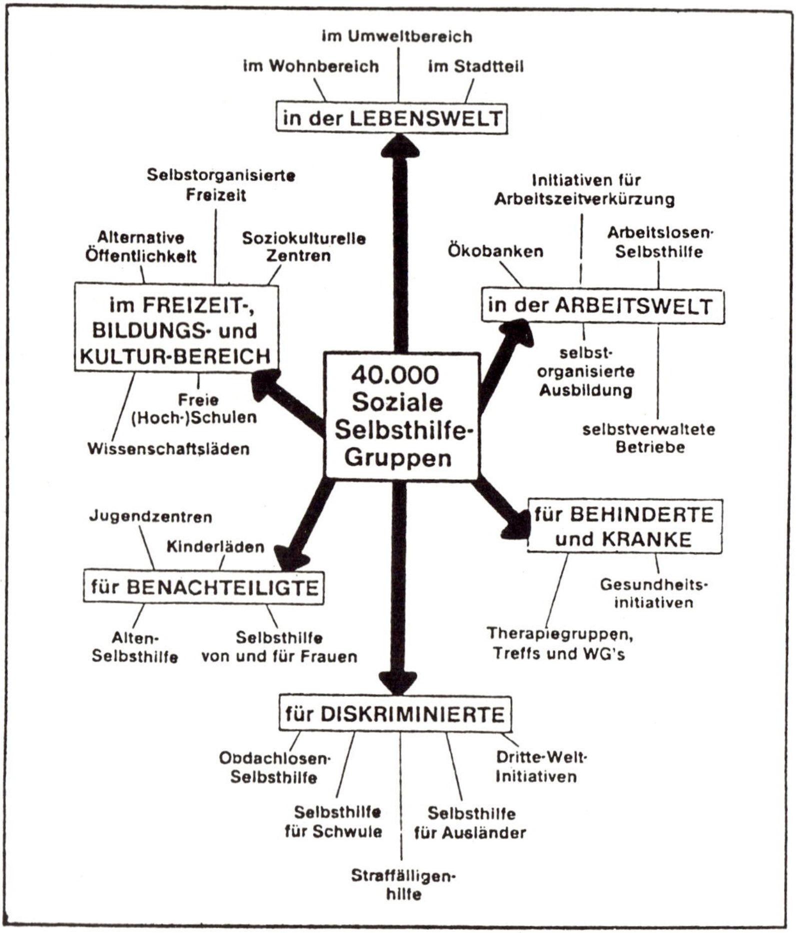

Quelle: Fritz Vilmar/Brigitte Runge, Soziale Selbsthilfe – Privatisierung oder Vergesellschaftung des Sozialstaats? Soziale Selbsthilfegruppen in der Bundesrepublik. In: Aus Politik und Zeitgeschichte. Beilage zur Wochenzeitung Das Parlament, B 44/86 v. 1.11.1986, S. 7.

cher Errungenschaften, sondern auch auf die **Schwachstellen freiwilliger Gruppierungen,** die sie in der Unverbindlichkeit der Mitarbeit, geringerer Verläßlichkeit und mangelnder Professionalität sehen.[17)]

Staatliche Förderung

Demgegenüber betonen die vom konservativen bis zum grünalternativen Spektrum einzuordnenden Befürworter dieser sozialen Selbsthilfebewegungen den eigenständigen, additiven Effekt bürgernaher freiwilliger Sozialarbeit in Problem- und Aufgabenfeldern, die vom Staat auch dann nicht ausreichend betreut werden könnten, wenn er im Sozialbereich weiter wie bisher expandieren würde. Aus christdemokratischer und liberaler Sicht werden zudem mehr Autonomie, Freiräume und Selbstverantwortung in der Gesellschaft gefordert. Es ist daher gar nicht so erstaunlich, wie es auf den ersten Blick scheint, daß ausgerechnet der Berliner CDU-FDP-Senat nach 1983 mit 7,5 Mio DM pro Jahr ein beispielgebendes Förderprogramm für solche Projekte realisiert hatte, das vor allem Sachmittel, aber auch Personalkostenpauschalen (2800 DM im Monat) für erforderliche Fachkräfte enthielt.[18)] In der Begründung des neuen „Berliner Modells" spielte der Be-

Selbsthilfe und soziale Sicherung

Die von einigen politischen Gruppen geforderte stärkere Entprofessionalisierung im Gesundheitswesen, die Verstärkung der Selbsthilfe in Laiengruppen kann ebenso wie die Überbetonung des Subsidiaritätsprinzips nach dem Motto „Die Familie ist der Kern der Gesellschaft" bei steigendem Kostendruck in den Systemen der sozialen Sicherung sehr leicht als Argument für die Privatisierung sozialer Risiken genutzt werden. Da das Laiensystem nicht zuletzt auch auf dem Gedanken der eigenverantwortlichen Organisation aufbaut und sich von der „staatlich bürokratischen Planung" lösen will, kann dieses Netzwerk nur weitmaschiger sein als ein gesetzlich fundiertes Sicherungssystem. Der einzelne, der auf keine Familienangehörigen zurückgreifen kann, der aus regionalen oder persönlichen Gründen keine Chance hatte, sich rechtzeitig in Selbsthilfegruppen und freiwilligen sozialen Netzwerken zu engagieren, wird letztlich wieder in das unterste Auffangnetz, die Sozialhilfe, geworfen. Das soziale Netz wird auch in diesem Fall nicht reißen, aber die Auffanglinie liegt in aller Regel unterhalb des bisherigen Wohlstandsniveaus.

Entnommen: Peter Rosenberg, Das soziale Netz vor der Zerreißprobe? Ökonomische, technologische und demographische Herausforderungen, Frankfurt/M. 1990, S. 151 f.

[17)] Vgl. Klaus Schaper, Sozial- und arbeitsmarktpolitische Auswirkungen neuer sozialer Bewegungen. In: Aus Politik und Zeitgeschichte. Beilage zur Wochenzeitung Das Parlament B 44/86 v. 1.11.86, S. 23.
[18)] Vgl. hierzu Ulf Fink, a.a.O. (Anm. 16).

griff der **Subsidiarität, d.h. der staatlichen Hilfe zur Selbsthilfe** eine zentrale Rolle. Daß dabei auch eine Re-Integration des in Berlin besonders stark vertretenen Protestpotentials in „geordnetere Bahnen" beabsichtigt war, ist kaum zu bezweifeln – ebensowenig die Erfolge dieser Förderung für Tätigkeiten, deren Nutzen die Kosten vielfach übersteigen.

Fazit

Die Vielfalt alternativer Projekte, die vom Wirtschaftsbetrieb über die soziale Selbsthilfe bis zum politischen Protest reicht, wird weiterhin für ein ebenso vielfältiges Beurteilungsspektrum sorgen, ohne daß davon die zukünftige Entwicklung dieser Bewegung entscheidend tangiert wird, denn die Sozialwissenschaftler sind vorwiegend mit der Analyse beschäftigt, während die Akteure in den Alternativprojekten offenkundig weniger an Theorien als an der praktischen Erfahrung interessiert sind. Im Vergleich zum etablierten offiziellen Bereich von Wirtschaft und Staat ist die Zahl der Beteiligten im alternativen Sektor eher marginal, so daß es leicht fällt, die Alternativ-Ökonomie z.B. lediglich als einen „Trampelpfad durch das Dickicht der Arbeitslosigkeit" zu bezeichnen.[19] Aber abgesehen davon, daß angesichts der hohen Arbeitslosigkeit Trampelpfade immer noch besser sind als Ausweglosigkeit, finden hier vorwiegend junge Menschen Handlungsfelder zur Erprobung und Realisierung *ihrer* Vorstellungen in einer Gesellschaft, die auf soziale und ökonomische Innovationen und Alternativen dringend angewiesen ist.

Literaturhinweise

Wolfgang Beywl/Hartmut Brombach, Neue Selbstorganisationen. Zwischen kultureller Autonomie und politischer Vereinnahmung. In: Aus Politik und Zeitgeschichte. Beilage zur Wochenzeitung Das Parlament B 11/84 v. 17.3.1984, S. 15–29.
Helmut Breitkopf/Norbert Wohlfahrt (Hrsg.), Sozialpolitik jenseits von Markt und Staat? Beiträge zur Analyse der Entwicklung einer gesellschaftlich-politischen Alternative, Bielefeld 1990.
Peter Christ/Richard Gaul/Wolfgang Gehrmann (Hrsg.), Gegenwirtschaft, München 1982.
Joseph Huber, Wer soll das alles ändern? Die Alternativen der Alternativbewegung, Berlin 1980.
Henrik Kreutz/Gerhard Fröhlich/Dieter Maly. Eine Alternative zur Industriegesellschaft? Alternative Projekte in der Bewährungsprobe des Alltags. = Beiträge zur Arbeitsmarkt- und Berufsforschung, Nürnberg 1985.
Brigitte Runge, Fritz Vilmar, Handbuch Selbsthilfe. Gruppenberichte, 900 Adressen, Gesellschaftliche Perspektiven, Frankfurt/M. 1988. (Das Buch enthält eine ausführliche Bibliographie zum Thema.)
Ernst F. Schumacher, Die Rückkehr zum menschlichen Maß: Alternativen für Wirtschaft und Technik – Small is beautiful, Reinbek 1980.

Peter Czada

[19] Klaus Schaper, a.a.O., S. 27 (Anm. 17).

2.3. Sterben die Deutschen aus? – Zur Bevölkerungsentwicklung im vereinten Deutschland

Böse Erinnerungen

Diese Überschrift ist geeignet, böse Erinnerungen und Assoziationen zur völkischen Propaganda der 20er und 30er Jahre wachzurufen, die in schier unerschöpflichen Varianten die drohenden Gefahren zu niedriger Geburtenraten beschwor, obwohl damals die Bevölkerung im Deutschen Reich alljährlich zunahm. Titel wie „Völker am Abgrund", „Sittliche Entartung und Geburtenschwund", „Volk in Gefahr" usw. erschienen in einer Buchreihe „Politische Biologie", was nicht hinderte, zugleich die These vom „Volk ohne Raum" (Grimm, 1926) zu verkünden oder damit zu agitieren, daß „ohne Bodenerweiterung (im Osten) ein großes Volk dem Untergang geweiht erscheint" (Hitler, 1927). Bevölkerungsprobleme haben damals, zumal in Verbindung mit der „Rassenfrage", eine wahre Schlammflut populärer, aber auch akademischer Publikationen hervorgebracht.

Die Diskussion um den erwarteten Bevölkerungsrückgang in vielen Industriestaaten bei gleichzeitig anhaltender Expansion der Weltbevölkerung ist, nicht zuletzt wegen der furchtbaren Folgen dieser wahnhaften Ideologisierung, sehr viel nüchterner geworden. Gegenstand dieses Abschnitts ist der Versuch einer knappen Darstellung und Analyse der bisherigen und möglichen künftigen Bevölkerungsentwicklung in der Bundesrepublik, deren Einwohnerzahl durch den Beitritt der fünf neuen Länder nun rd. 80 Millionen beträgt.

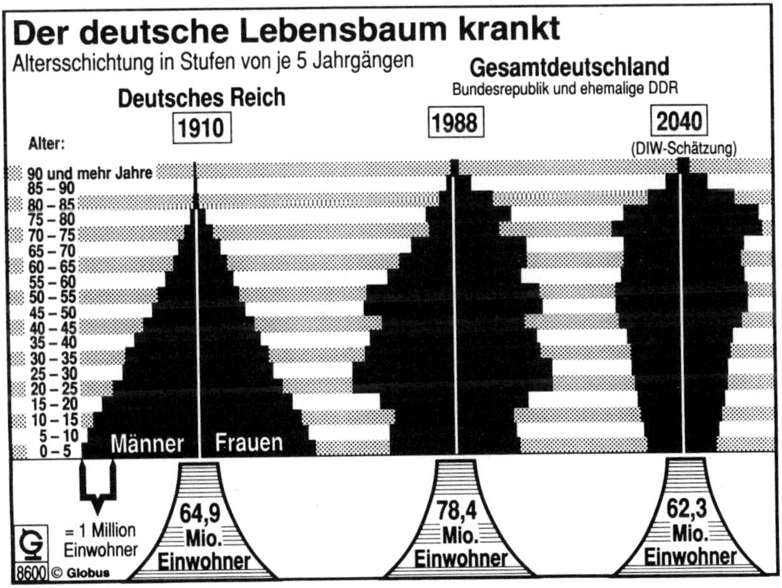

Eheschließungen, Lebendgeborene und Gestorbene auf 1000 Einwohner 1816–2000

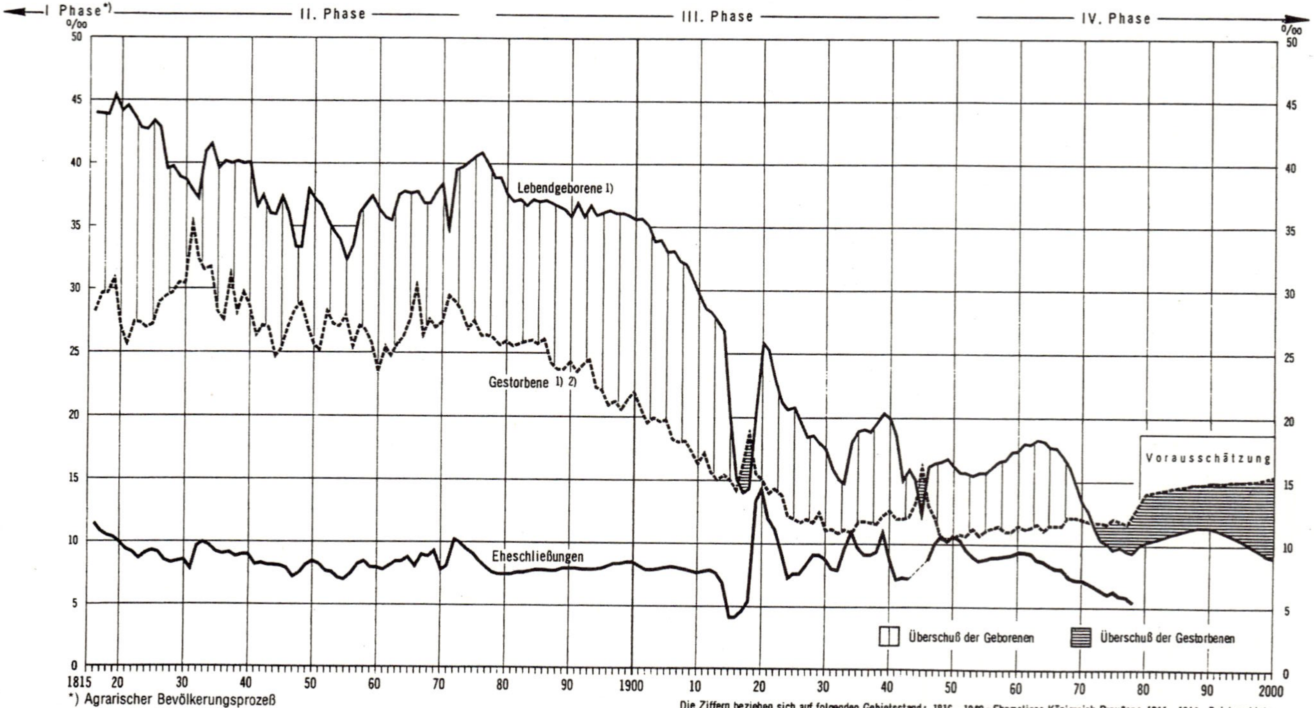

*) Agrarischer Bevölkerungsprozeß

Die Ziffern beziehen sich auf folgenden Gebietsstand: 1816–1840 = Ehemaliges Königreich Preußen; 1841–1944 = Reichsgebiet; ab 1945 = Bundesgebiet einschl. Berlin (West); 1977–2000 Werte der SAEG-Vorausschätzung.

1) 1816–1840 einschl. Totgeborene. – 2) 1914–1918 und 1939–1945 ohne Kriegssterbefälle.

Statistisches Bundesamt 79 06 39

Sieht man zunächst von Wanderungsbewegungen ab, so **resultiert die Bevölkerungsentwicklung eines Landes aus dem Verhältnis der Geburten zu den Sterbefällen.** Letztere treten trotz verlängerter Lebenserwartung unvermeidbar ein, während die Geburtenziffer von zahlreichen Faktoren beeinflußt wird, die noch näher zu erörtern sind. Geburten- und Sterberaten werden in der Statistik üblicherweise auf je 1000 Einwohner (‰) berechnet. Liegt die Geburtenrate über oder unter der Sterberate, dann wächst oder schrumpft die Bevölkerung. Die Abbildung auf S. 246 zeigt, daß mit Ausnahme der Kriegsjahre im früheren Reichsgebiet und in der Bundesrepublik bis zu Beginn der 70er Jahre stets ein Geburtenüberschuß herrschte. Zwar gab es vom ausgehenden 19. Jahrhundert bis in die 30er Jahre bereits einmal einen deutlichen „ersten“ Geburtenrückgang im Zuge der Industrialisierung und Verstädterung, er wurde aber von einer gleichzeitig rückläufigen Sterberate, vor allem auch einer Reduktion der früher sehr hohen Kindersterblichkeit begleitet, so daß die Bevölkerung absolut trotzdem weiter zunahm.

Bevölkerungsentwicklung

Erst seit Beginn der 70er Jahre gibt es in der Bundesrepublik kein natürliches Bevölkerungswachstum mehr, und auch in der DDR nahm die Bevölkerung nach 1970 kontinuierlich ab, obwohl dort die Geburtenziffern in den 70er Jahren durch bevölkerungspolitische Maßnahmen wieder erhöht werden konnten (vgl. unten S. 253). Die Ursache ist ein „zweiter Bevölkerungsrückgang“, der mit dem sog. „Pillenknick“ in der zweiten Hälfte der 60er Jahre einsetzte und der in allen entwickelten Industriestaaten zu beobachten ist (vgl. Abbildung S. 250). Seit 1973 liegt das jährliche Geburtendefizit der westdeutschen Bevölkerung zwischen 165 000 und 250 000 Neugeborenen. Es wurde in seiner Auswirkung auf die Bevölkerungszahl durch die höheren Geburtenraten der hier lebenden Ausländer noch abgeschwächt und beträgt unter Einbeziehung dieser Bevölkerungsgruppe 95 000–150 000 Geburtenausfälle pro Jahr im Vergleich zu einer Kinderzahl, die nötig wäre, um den Bevölkerungsstand zu halten. Es ist allerdings anzunehmen und abzusehen, daß sich die Geburtenzahl der dauerhaft in Deutschland bleibenden Ausländer spätestens in der nächsten Generation dem herrschenden Trend anpassen wird. **Ein Bevölkerungsrückgang erscheint somit vorprogrammiert,** falls sich die Geburtenraten nicht wieder deutlich erhöhen und/oder durch Zuwanderungen mehr Menschen nach Deutschland kommen.

„Pillen-Knick“

Ehe wir uns mit den Ursachen und einigen denkbaren Konsequenzen einer solchen rückläufigen Bevölkerungszahl befassen, soll die bisherige Entwicklung und die gegenwärtige Bevölkerungsstruktur anhand einer Darstellungsform verdeutlich werden, die allgemein als Bevölkerungs- oder Lebensbaum bezeichnet wird (vgl. Abbildung S. 245). Die Graphiken zeigen die Einwohnerzahl in ihrem Altersaufbau (senkrechte Achse). Nach links und rechts ist für jedes Alter die jeweilige Zahl männlicher und weiblicher deutscher und ausländischer Mitbürger eingezeichnet. Die Bildfolge

Lebensbaum

Altersaufbau der Bevölkerung Deutschlands am 1.1.1990

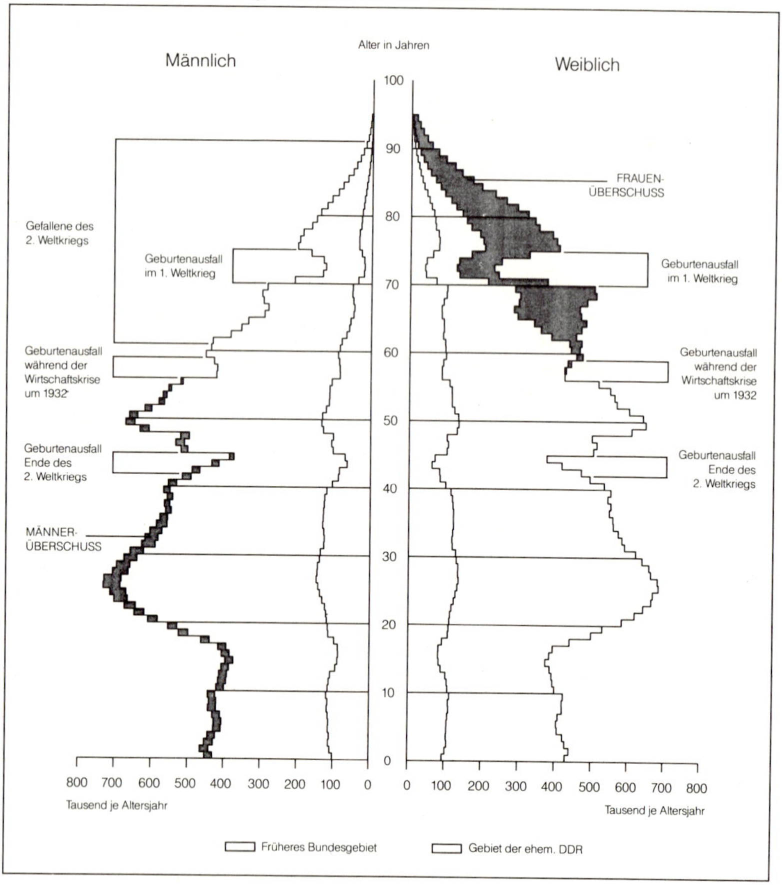

Quelle: Statistisches Jahrbuch der Bundesrepublik Deutschland 1991.

sieht einer vom Waldsterben betroffenen Tanne nicht unähnlich. Ihre „Auslichtungen“ zeigen die kriegs- und krisenbedingten Geburtenausfälle und die Dezimierung einzelner Bevölkerungsjahrgänge durch die Gefallenen beider Weltkriege. Der Lebensbaum ist insoweit eine Art Geschichtskalender der an Katastrophen reichen ersten Hälfte unseres Jahrhunderts.

Von der Pyramide zum Pilz

Für die Bevölkerungsentwicklung ist sein **Gestaltwandel** von Interesse: Im Jahr 1910 weist er für das damalige Reichsgebiet noch jene Form auf, die ihm früher den Namen einer „Bevölkerungspyramide“ eintrug. Die Basis der Neugeborenen ist relativ breit und läßt erkennen, daß mehr Kinder geboren wurden, als zur Bestandserhaltung der Bevölkerung nötig waren. Diese Form findet man heute vor allem noch in Entwicklungsländern mit ausgeprägtem vorindustriellen bzw. traditionellen Kinderreichtum. Bis in die 50er und 60er Jahre bildete sich in der Bundesrepublik dann die Form heraus, die für stagnierende Bevölkerungen typisch ist und die in der Literatur als Glockenkurve bezeichnet wird, obwohl die vielen Einschnitte im deutschen Lebensbaum diese idealtypische Form nur schwer erkennen lassen. Die Basis ist im Vergleich zur Pyramide schmaler geworden, die Geburtenzahl ersetzt gerade den natürlichen Bevölkerungsabgang. Seit dem Ende der 60er Jahre hat sich schließlich jene sog. „Urnenform“ her-

Drei Typen des Altersaufbaus einer Bevölkerung

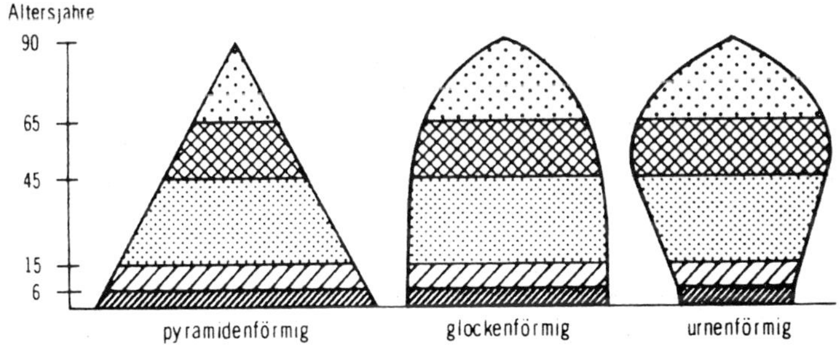

Statistisches Bundesamt 85 0800

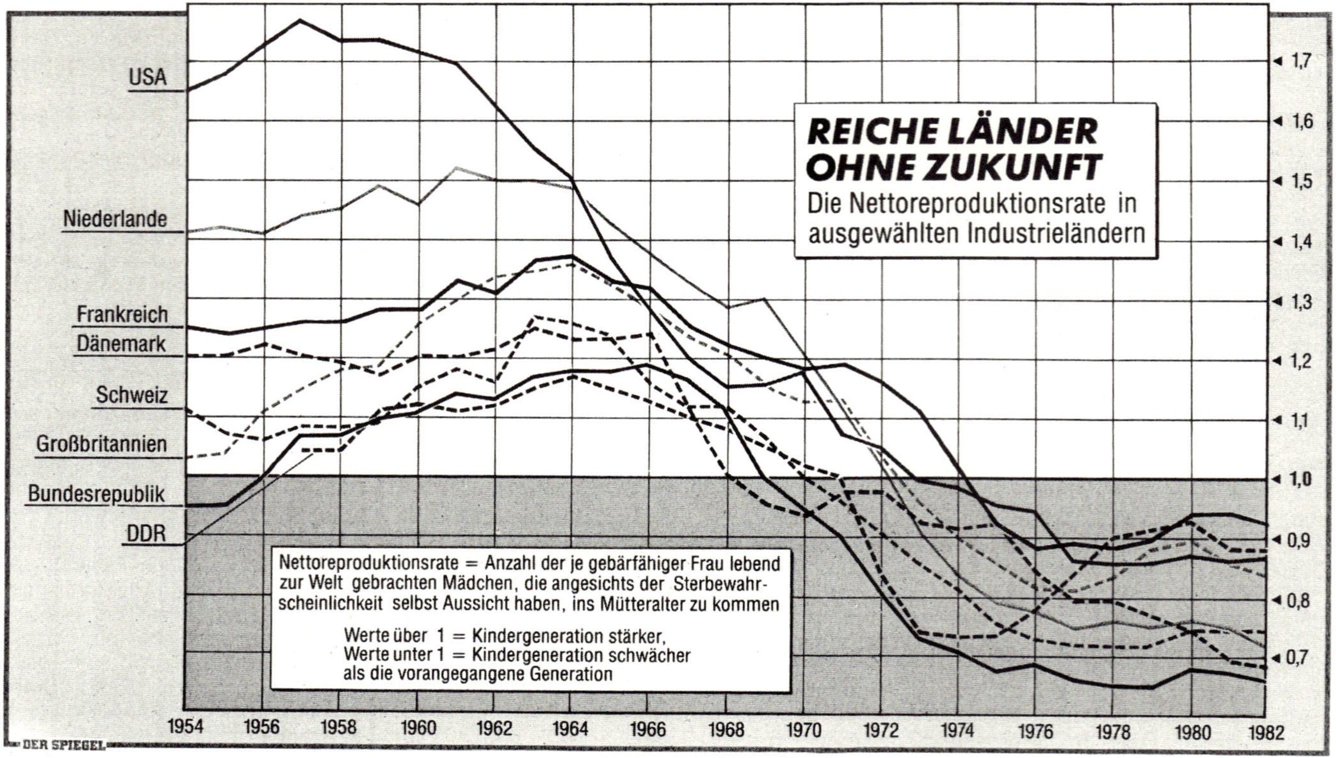

Entnommen: Der Spiegel, Nr. 52 v. 23.12.1985, S. 68.

ausgebildet, wie sie früher nur für Großstädte typisch war und noch ist. **Die Geburtenzahl ist zu gering, um den Bevölkerungsstand zu erhalten.** Während dies bei Großstädten durch den Zuzug von Menschen im erwerbsfähigen Alter immer wieder ausgeglichen oder überkompensiert wird, wächst die schmaler werdende Basis bei der Gesamtbevölkerung eines Landes ohne entsprechenden Ausländerzuzug im Zeitverlauf immer weiter nach oben. Schreibt man diesen Prozeß unter bestimmten Annahmen fort, so entsteht jene „Pilzform“ oder umgekehrte Pyramide, wie sie sich für das Jahr 2030 in der Prognose für die Bundesrepublik bei deutlich rückläufiger Bevölkerungszahl abzeichnet (vgl. Abbildung S. 245).

Parallelen in anderen Ländern

Im internationalen Vergleich zeigt die Abbildung auf S. 250 parallele Tendenzen für alle entwickelten Industriestaaten, diesmal anhand der sog. **„Nettoreproduktionsrate“**, ein Maß der Bevölkerungsstatistik, dessen Bezeichnung eher an industrielle Fertigung als an menschliche Vermehrung

Fruchtbarkeitsziffer

Diese Maßzahl beziffert die Zahl der Lebendgeborenen je 1000 Frauen im Alter von 15 bis 45 Jahren. Die Ziffer ist in der Bundesrepublik von 67,2 (1970) auf 43,6 (1984) gefallen.

Altersspezifische Fruchtbarkeitsziffer

bemißt die Zahl der Geborenen von Müttern eines bestimmten Alters bezogen auf 1000 Frauen des gleichen Alters.

Gesamtfruchtbarkeitswerte

Durchschnittliche Kinderzahl pro Frau. Die Maßzahl wird aus der Addition der altersspezifischen Fruchtbarkeitsziffern ermittelt. Sie läßt erkennen, wieviele Kinder eine Frau im Durchschnitt zur Welt bringen würde, falls alle in das gebärfähige Alter eintretenden Frauen auch das Ende des gebärfähigen Alters erleben und während dieser Zeit im jeweiligen Alter unter den Fruchtbarkeitsverhältnissen stehen, die im Jahr der Berechnung der altersspezifischen Fruchtbarkeitsziffern in den verschiedenen Altersjahren bestanden hatten.

Nettoreproduktionsrate

Die Maßzahl sagt aus, inwieweit eine Frauengeneration durch die von diesen Frauen geborenen Mädchen ersetzt wird, wenn man die gegebene augenblickliche Geburtlichkeit und Sterblichkeit zugrunde legt. Ist die Rate größer als 1, so übersteigt die Zahl der Töchter die Generation der Mütter. Ist sie, wie jetzt, kleiner als 1, so reichen die Geburten zur Ersetzung der Müttergeneration nicht aus.

Geburtenentwicklung in der DDR

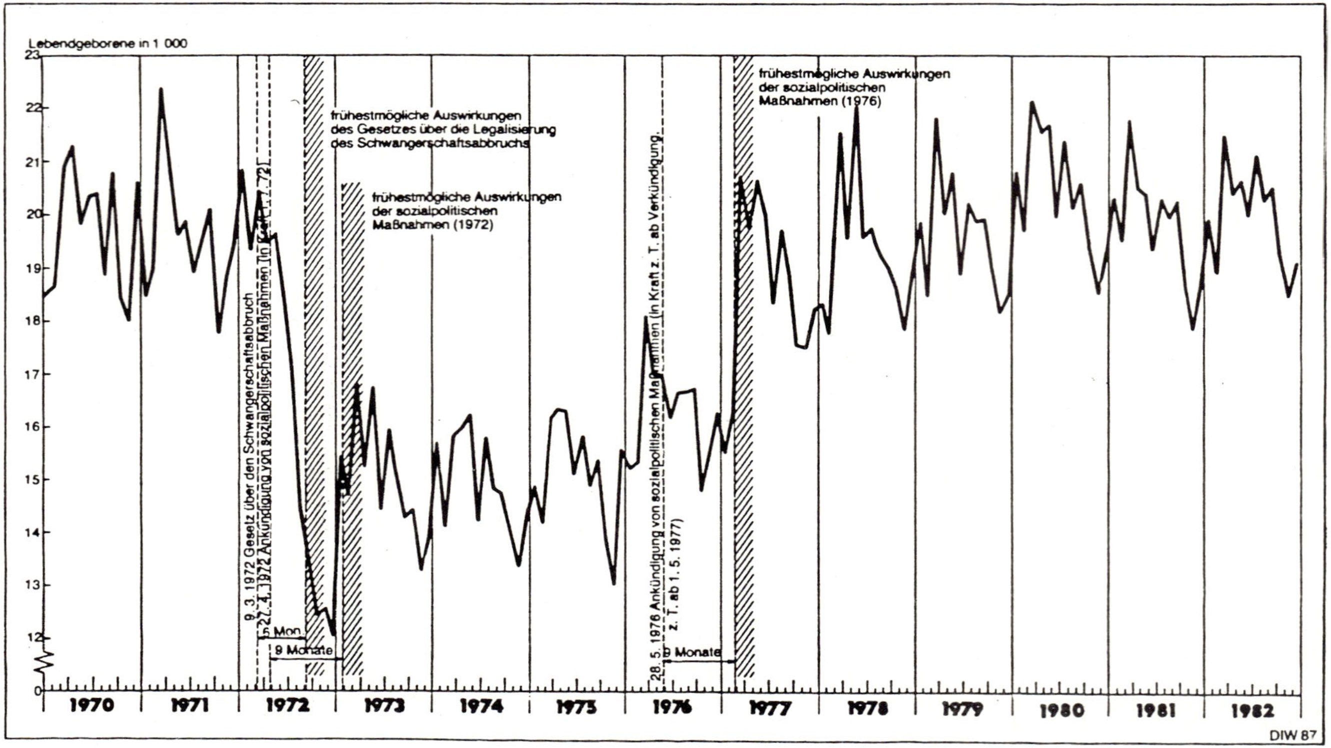

Quelle: Bundesministerium für innerdeutsche Beziehungen, Materialien zum Bericht zur Lage der Nation im geteilten Deutschland, 1987, S. 263.

der Tabelle, **wie stark die Drei-Kinder-Ehe zunehmen müßte, um den Bevölkerungsrückgang aufzufangen.** Der interessierte Leser sollte versuchen, andere Kombinationen zu finden, die zur Zahl 230 führen; es gibt unter den genannten Annahmen kaum nennenswerte Alternativen. Da eine Trendumkehr zur Drei-Kinder-Familie nicht zu erwarten ist, erscheint der weitere Bevölkerungsrückgang unvermeidlich, dessen **Hauptursachen** mit den genannten Autoren in der **Rationalisierung, Individualisierung und Ökonomisierung des Lebens in unserer Wohlstandsgesellschaft gesehen werden können.**

Eheschließungsjahr	Von 100 Ehen haben ... Kinder					Kinder insgesamt
	keine	1	2	3	4 und mehr	
1899 u. früher	9	9	12	12	58	490
1900–1909	10	14	18	16	43	364
1910–1918	13	19	23	17	29	273
1919–1930	17	23	24	15	20	226
1931–1940	15	24	29	17	16	212
1941–1950	13	26	31	17	14	206
1951–1962	13	24	34	18	12	203
1963–1972	15	28	38	14	6	173
1970–1974	20	29	40	10	2	148
Modellrechnung zur Erhaltung d. Bevölkerungsstandes	10	10	35	40	5[1)]	230

[1)] Insgesamt 30 Kinder je 100 Ehen.

Quellen: Statistisches Bundesamt, div. Publikationen.

Bevölkerungswellen

Die in den 80er Jahren **wieder steigende Geburtenziffer** scheint die bisherigen Ausführungen zu widerlegen. Sie ist jedoch kein Indiz einer Trendumkehr, sondern die Folge von Wellenbewegungen der Bevölkerungsentwicklung, die nicht zuletzt aus den gezeigten Einschnitten unseres Lebensbaums resultieren und den Trend überlagern. Diese Wellen werden in der Abbildung auf S. 104 sichtbar gemacht und unter bestimmten Annahmen fortgeschrieben. Der Wiederanstieg der Geburtenziffer entspricht demnach der Prognose von 1987, auf der die Graphik basiert: die geburtenstarken Jahrgänge der 50er und 60er Jahre kommen nun ins „gebärfähige Alter“, wie es die Bevölkerungstatistiker zu bezeichnen pflegen. Es entsteht ein „Echo-Effekt“. Trotz gesunkener „Fruchtbarkeitsziffer“ bewirkt die größere Zahl junger Menschen, die eine Familie gründen, einen Anstieg der Geburten, dem in den 90er Jahren ein weiterer Rückgang folgen wird (vgl. die ganz links ansetzende Geburtenlinie in der Abbildung auf S. 258).

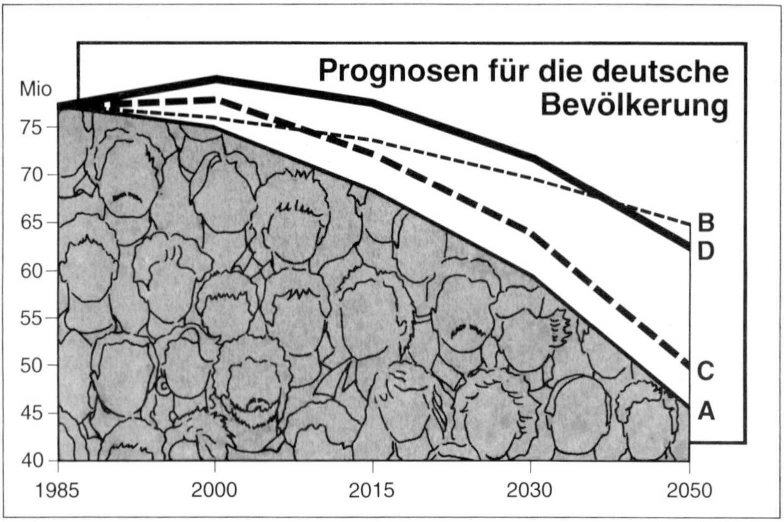

Quelle: vgl. Abbildung auf S. 254 (Erläuterungen auf S. 259 f.).

Bevölkerungswellen und „Problemberge" in der Bundesrepublik

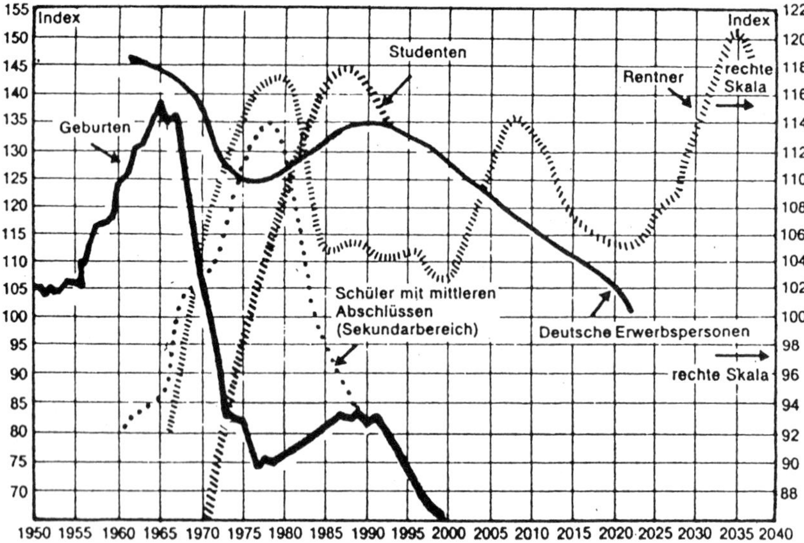

Entnommen aus: Überlegungen II zu einer vorausschauenden Arbeitsmarktpolitik. Hrsg. Bundesanstalt für Arbeit, Nürnberg 1978, S. 133. Primärquelle: Batelle-Institut.

Prognosen

Bei einem nicht zu weit gesteckten Prognosezeitraum und ohne Berücksichtigung unvorhersehbarer Katastrophen oder Kriege können Bevölkerungsprognosen im Gegensatz zu vielen anderen Wirtschaftsvorhersagen als vergleichsweise zuverlässig gelten. Das liegt daran, daß der größte Teil der Bevölkerung der nächsten Jahrzehnte jetzt bereits vorhanden ist, älter wird und nach einer bekannten „Absterbeordnung“ ablebt, auf die sich z.B. auch die Lebensversicherungen in ihren Prämienberechnungen stützen. Zwar stieg die Lebenserwartung in der Vergangenheit an, dies aber mit inzwischen geringerem und nachlassendem „Tempo“, so daß die **künftige Entwicklung der schon geborenen Bevölkerung eines Landes relativ problemlos vorausberechnet werden kann.** Die Gesamtentwicklung der Bevölkerung in den nächsten Jahrzehnten hängt dann davon ab, ob und wie sich

- **die Fruchtbarkeitsraten ändern,** und wie sich
- **die Zu- und Abwanderungen entwickeln.**

Über diese beiden Faktoren können lediglich mehr oder weniger plausible Annahmen getroffen werden, wobei vor allem Wanderungsbewegungen zu nicht vorhersehbaren Veränderungen führen können, wie sie sich im Zustrom von Aussiedlern (aus der ehemaligen Sowjetunion und Osteuropa) und Übersiedlern (aus Ostdeutschland) zeigen. **Jede Bevölkerungsvorausschätzung ist daher stets nur eine „bedingte“ Prognose, deren Gültigkeit von der Richtigkeit ihrer Annahmen bzw. Vorgaben abhängt.**

Ergebnisse

Für die denkbare Entwicklung der gesamtdeutschen Bevölkerungszahlen in den nächsten Jahrzehnten liegen inzwischen erste Modellrechnungen vor (vgl. Abbildung S. 258). Sie zeigen selbst unter günstigsten Annahmen einen Bevölkerungsrückgang bis zum Jahr 2050. Demnach würde sich die deutsche Bevölkerung ohne jede Zuwanderung aus dem Ausland bei anhaltend niedriger Fruchtbarkeit von jetzt rd. 80 Millionen auf 45,5 Millionen verringern (Kurve A). Statt rd. 900 000 Geburten pro Jahr wären es dann noch etwa 300 000. „Die Geburt eines Kindes würde zu einem seltenen Ereignis in Deutschland“.[3] Aber auch dann, wenn die jetzt heranwachsende Generation ihre Einstellung zum eigenen Kind revidieren und zu jener Kinderzahl zurückkehren würde, die zur „Bestandserhaltung“ nötig ist (vgl. Tabelle S. 257), würde wegen der jetzt schon sehr schmalen Basis des „Lebensbaums“ die Bevölkerung noch um 14 Millionen bis zum Jahr 2050 abnehmen (Kurve B). **Beides sind extreme Varianten, die zunächst lediglich die „Bandbreite“ zeigen, innerhalb derer die künftige Einwohnerzahl Deutschlands liegen würde, wenn keine Zuwanderung erfolgt.** Die Ergebnisse lassen sich „verfeinern“, wenn Annahmen über die wahrscheinliche Fruchtbarkeitsentwicklung und Lebenserwartung sowie Vorgaben über Einwandererzahlen in die Prognosemodelle eingebaut werden. Dies ist in den Varianten C und D geschehen. Da eine Rückkehr zu den hohen

[3] Gerhard Heilig, Thomas Büttner, Wolfgang Lutz, Germany's Population: Turbulent Past, Uncertain Future. In: Population Bulletin, Vol. 45, Dec. 1990, S. 35.

Die Bundesrepublik – ein Einwanderungsland?

Langfristig steigt der Zuwanderungsbedarf zur Konstanthaltung der Bevölkerung in der Bundesrepublik je nach Modellrechnung bis auf 400 000 an. Es scheint kaum vorstellbar, daß eine so hohe jährliche Zahl von Einwanderern aus fremden Sprach- und Kulturgebieten noch in dem Sinne integriert werden kann, daß die Bevölkerung der Bundesrepublik weiterhin eine kulturell homogene Nation bleibt. Deshalb muß man in langfristiger Perspektive von einer Schrumpfung der Bevölkerung ausgehen. Die ökonomischen Voraussetzungen für eine Einwanderung in der Bundesrepublik ... werden voraussichtlich jedoch sehr günstig sein.

... Die Problematik der Einwanderung liegt vielmehr in der Aufnahmebereitschaft der Bevölkerung. Man darf nicht vergessen, daß Einwanderer mit Einheimischen in Konkurrenz um Arbeitsplätze, Wohnungen etc. treten. Kaum jemand begrüßt steigende Konkurrenz, wenn er selbst davon betroffen ist. Diejenigen, die diesen Druck zuerst zu spüren bekommen, sind die unteren sozialen Schichten. Ausländerfeindlichkeit ist ein Weg, sich gegen diesen Druck zu wehren. So verständlich diese Haltung ist, so sollte man doch erkennen, daß es nicht im Interesse der Gesamtwirtschaft und Gesellschaft sein kann, dieser Ausländerfeindlichkeit nachzugeben. Wären die Zuwanderer in die Bundesrepublik 1988 als Kinder der heimischen Bevölkerung geboren worden, würden sie problemlos akzeptiert und integriert werden, obwohl ökonomisch dieselbe Konkurrenz um Arbeitsplätze, Wohnungen etc. entsteht ... Die Einwanderer bedrohen vermeintlich gewachsene Rechte von Einheimischen. Diese Rechte und die Angst vor ihrem Verlust sind aber gleichbedeutend mit einer gewissen Erstarrung des marktwirtschaftlichen Systems. Es kann nicht im Interesse der Gesamtwirtschaft sein, solche Verkrustungen zu schützen. Natürlich wird man den Politikern konzedieren müssen, daß nicht immer das getan werden kann oder soll, was volkswirtschaftlich sinnvoll ist.

Entnommen: Bernhard Felderer, Immigration, Geburtenentwicklung und Wirtschaft. In: Aus Politik und Zeitgeschichte, Beilage zur Wochenzeitung Das Parlament B 18/89 v. 28. 4. 1989, S. 16 f.

Nun muß man sich allerdings fragen, woher diese Zuwanderer kommen sollen. Im westeuropäischen Raum dürfte sich zwar die Wechselwanderung verstärken, aber wohl kaum eine massive einseitige Wanderung in die Bundesrepublik einstellen, insbesondere dann nicht, wenn im Rahmen des europäischen Binnenmarktes eine höhere wirtschaftliche und soziale Angleichung gelingt. Mit den sich öffnenden osteuropäischen Staaten haben wir noch keine Erfahrungen, aber daß – Demokratisierung und wirtschaftliche Sanierung unterstellt – sich von dort ein dauerhafter Zuwanderungsstrom, den wir wohlgemerkt erst im nächsten Jahrhundert brauchen könnten, ergießt, ist wenig wahrscheinlich. Als mögliche Herkunftsgebiete bleiben damit überwiegend die noch auf Jahrzehnte wirtschaftlich unterentwickelten Länder der Dritten Welt. Die Zuwanderung aber gerade aus diesen Gebieten zu fördern machte weder aus ökonomischen noch aus Gründen der Sozialfinanzen großen Sinn. Angesichts der künftigen qualitativen Anforderungen an Arbeitskräfte wären Zuwanderer aus diesen Gebieten allenfalls langfristig ins Erwerbsleben zu integrieren. Aus Gründen ihrer kulturellen Verschiedenartigkeit würden sich aber – insbesondere angesichts der in solchen Überlegungen erwogenen hohen Anzahlen – auch ganz erhebliche gesellschaftliche Integrationsprobleme ergeben.

Entnommen: Peter Rosenberg, Das soziale Netz vor der Zerreißprobe. Ökonomische, technologische und demographische Herausforderungen, Frankfurt/M. 1990, S. 138f.

Geburtenraten der Variante B höchst unwahrscheinlich ist, gehen diese Prognosen lediglich von einer wieder leicht wachsenden Fruchtbarkeit bei steigender Lebenserwartung aus. Unter diesen realistischeren Annahmen, die zudem rd. 2 Millionen deutschstämmige Aussiedler aus Osteuropa und der ehemaligen Sowjetunion einbeziehen, ergibt sich selbst dann noch ein Bevölkerungsrückgang, wenn bis zum Jahr 2050 insgesamt 12 Millionen Ausländer nach Deutschland kommen würden. **Eine Einwandererzahl von jährlich mehr als 300 000 Menschen wäre demnach rein rechnerisch erforderlich, um die Bevölkerungszahl konstant zu halten und die absehbare Vergreisung zu verringern.**

Einwanderung

Dies alles sind Modellrechnungen und keine Prophezeiungen. Sie können die „wirkliche" Zukunft nicht vorhersagen. Sie zeigen jedoch, was unter bestimmten Bedingungen geschehen wird, und bilden daher eine wesentliche Grundlage für über den Tag hinausgreifende politische und ökonomische Überlegungen und Entscheidungen. Ohne an dieser Stelle auf die vielfältigen Aspekte der Ausländerzuwanderung eingehen zu können (vgl. hierzu Kapitel 3.4.), lassen die Prognosen der Bevölkerung und der daraus resultierenden Belastungen für das soziale Netz erkennen, **daß ohne die Einwanderung jüngerer Menschen nach dem Jahr 2000 gravierende Veränderungen der Bevölkerungszahl und -struktur zu erwarten sind.** Eine – wie immer geregelte – Einwanderung, die dann allerdings auch von intergrationsfördernden Maßnahmen zu begleiten ist, könnte die Probleme verringern (vgl. hierzu a.d. Kasten S. 260).

Einige Folgen

Angesichts der sehr hohen Bevölkerungs- und Verkehrsdichte in großen Teilen Deutschlands, der hohen Erwerbslosigkeit und der vom Bevölkerungsdruck ausgehenden Umweltbelastung erscheint ein Bevölkerungsrückgang, auf den alle Prognosen hinweisen, keineswegs als „Horrorvision". Auch bei einer bedeutend niedrigeren Bevölkerungszahl wird sich in Deutschland, das zu den dichtestbesiedelten Gebieten Europas zählt, kein Gefühl der Menschenleere einstellen. Ein Rückgang der Einwohnerzahl um 10 Millionen würde z.B. zu einer Bevölkerung führen, die 1950 im Gebiet des vereinten Deutschlands lebte. Solche Entwicklung wird sowohl positive als auch negative Folgen haben, wobei sich letztere vor allem aus dem Wandel der Altersstruktur ergeben, der mit dem Bevölkerungsrückgang unvermeidlich verbunden ist (vgl. hierzu das folgende Kapitel).

Arbeitsmarkt

Positiv könnte der Rückgang auf den Arbeitsmarkt wirken, der bereits vor der deutschen Einheit mit rd. 2 Millionen Arbeitslosen in der Bundesrepublik ein Mißverhältnis zwischen Angebot und Nachfrage aufwies und der nun durch den Zusammenbruch großer Teile der ostdeutschen Wirtschaft vor gravierenden Problemen steht. Hier kann der Bevölkerungsrückgang allerdings erst ab dem Jahr 2000 eine gewisse Entlastung bewirken, da jetzt noch die geburtenstarken Jahrgänge der 60er Jahre Arbeitsplätze benötigen bzw. besetzen, während am „oberen Rand" der nach dem Alter gestaffelten Beschäftigungspyramide vergleichsweise wenige Arbeitneh-

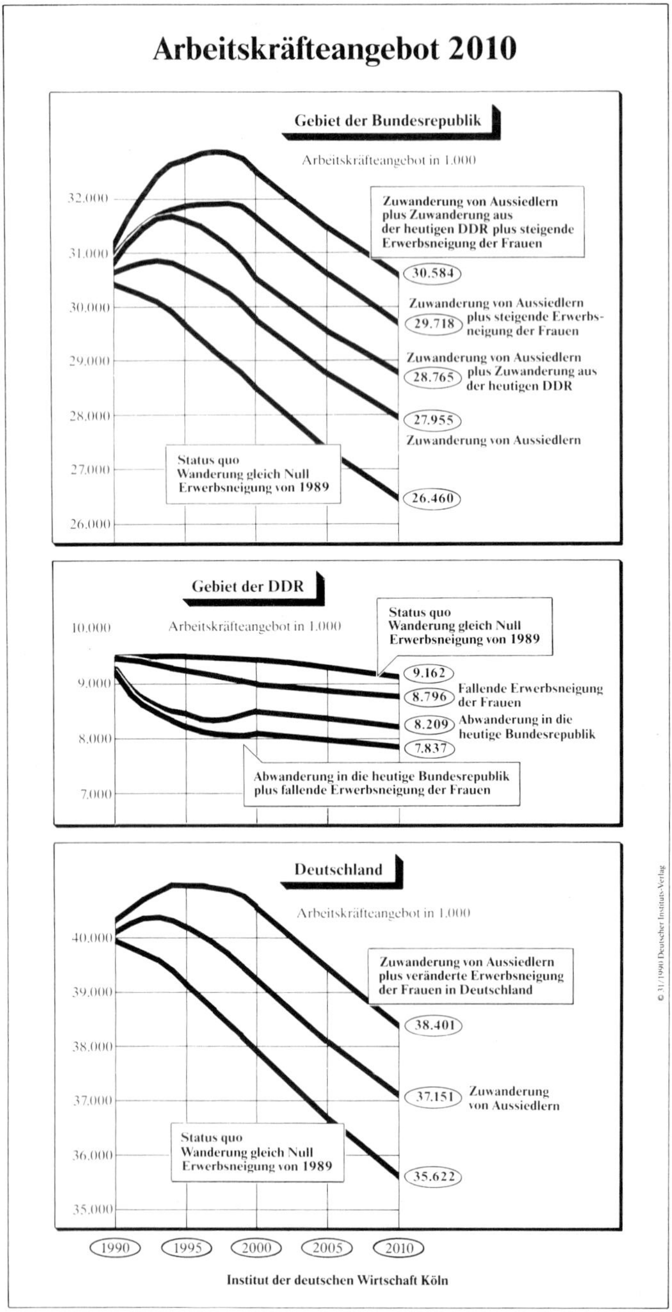
Arbeitskräfteangebot 2010
Gebiet der Bundesrepublik
Arbeitskräfteangebot in 1.000
32.000
31.000
30.000
29.000
28.000
27.000
26.000
Zuwanderung von Aussiedlern plus Zuwanderung aus der heutigen DDR plus steigende Erwerbsneigung der Frauen
30.584
Zuwanderung von Aussiedlern plus steigende Erwerbsneigung der Frauen
29.718
Zuwanderung von Aussiedlern plus Zuwanderung aus der heutigen DDR
28.765
27.955
Zuwanderung von Aussiedlern
Status quo Wanderung gleich Null Erwerbsneigung von 1989
26.460
Gebiet der DDR
Arbeitskräfteangebot in 1.000
10.000
9.000
8.000
7.000
Status quo Wanderung gleich Null Erwerbsneigung von 1989
9.162
8.796
Fallende Erwerbsneigung der Frauen
8.209
Abwanderung in die heutige Bundesrepublik
7.837
Abwanderung in die heutige Bundesrepublik plus fallende Erwerbsneigung der Frauen
Deutschland
Arbeitskräfteangebot in 1.000
40.000
39.000
38.000
37.000
36.000
35.000
Zuwanderung von Aussiedlern plus veränderte Erwerbsneigung der Frauen in Deutschland
38.401
37.151
Zuwanderung von Aussiedlern
Status quo Wanderung gleich Null Erwerbsneigung von 1989
35.622
1990
1995
2000
2005
2010
Institut der deutschen Wirtschaft Köln
© 31/1990 Deutscher Instituts-Verlag

mer „in Rente gehen“, weil diese obere Altersklasse wegen der Kriegstoten des 2. Weltkriegs und der geburtenschwachen Jahrgänge der Weltwirtschaftskrise (1930 ff.) deutlich unterbesetzt ist. Durch „normalen Abgang“ ist daher frühestens in der zweiten Hälfte der 90er Jahre mit Arbeitsmarktentlastungen zu rechnen, die dann nach dem Jahr 2010 durchaus zu einem Arbeitskräftemangel führen könnten.

Wachstum

Das Ausmaß des Rückgangs der Arbeitslosigkeit wird u.a. vom Wirtschaftswachstum abhängen. Ob das Wachstum selbst wieder von der Bevölkerungsabnahme gebremst wird, ist eine umstrittene Frage, auf die es vermutlich keine eindeutige Antwort gibt. Zu viele andere Faktoren bestimmen z.B. im Hinblick auf den technischen Wandel den Wachstumsprozeß und erlauben keine isolierte Analyse der denkbaren Beziehungen zwischen Wirtschaftswachstum und Bevölkerungsentwicklung. Die Annahme, daß eine größere Zahl von Menschen auch mehr Nachfrage ausübt, ist ja nur richtig, wenn sie auch gut bezahlte, produktive Tätigkeiten ausüben. Sicher ist daher lediglich, daß die **veränderte Altersstruktur der Bevölkerung in der Bundesrepublik einen Wandel in der Nachfragestruktur auslösen wird:** Der inländische Bedarf an Babynahrung, Kinderspielzeug, Wohnungseinrichtungen und Sportgeräten wird z.B. auf längere Sicht, salopp formuliert, zugunsten von Medikamenten, Rheumadecken und pflegerischen Diensten abnehmen. Die veränderte Altersstruktur, d.h. das Fehlen jüngerer Menschen, könnte das Wachstum allerdings auch von der innovativen Seite her negativ beeinflussen und damit die künftigen Beschäftigungsprobleme vergrößern. Diese These geht davon aus, daß es primär jüngere, berufs- und aufstiegsorientierte Menschen sind, die einen wesentlichen Beitrag zum wachstumsnotwendigen Wandel in Wissenschaft, Wirtschaft und Technik leisten. Fehlen sie, so könnte der notwendige Strukturwandel verlangsamt werden und die Arbeitslosigkeit daher weiter ansteigen (vgl. Kapitel 2.1.). Wie komplex und problematisch derartige Prognosen sind, wird noch deutlicher, wenn man die veränderte Situation junger Leute in Rechnung stellt, die wegen der hohen angesammelten Vermögen ihrer Elterngeneration (in den alten Bundesländern) so viel erben werden, wie keine Generation je zuvor (vgl. Kapitel 2.5.). Auch dieser Umstand könnte dazu beitragen, daß die Bereitschaft zu Investitionen in die Zukunft nachläßt.

Bildung

Sehr viel verläßlicher könnte Prognosen der Schüler- und Studentenzahlen sein, da sie sich in direkter Folge der Geburtenzahlen bzw. der bereits lebenden jungen Menschen zwangsläufig ergeben. Für die Schülerzahlen ist in Auswirkung des „Pillenknicks“ mit einer Reduktion im Vergleich zu den 80er Jahren zu rechnen, die trotz des gegenwärtigen „Echo-Effekts“ (s. S. 257) weiter anhalten wird, wobei freilich durch Wanderungsbewegungen innerhalb Deutschlands (von Ost nach West) Regionalprognosen erheblich schwieriger sind. Die auf der Schülerzahl basierende Studentenprognose erwies sich allerdings bereits vor der deutschen Einheit als fehlerhaft, da sie nicht das gewandelte Ausbildungsinteresse, d.h. den momentanen Drang zum Abitur und Studium ausreichend berücksichtigte. Ein Einbeziehung

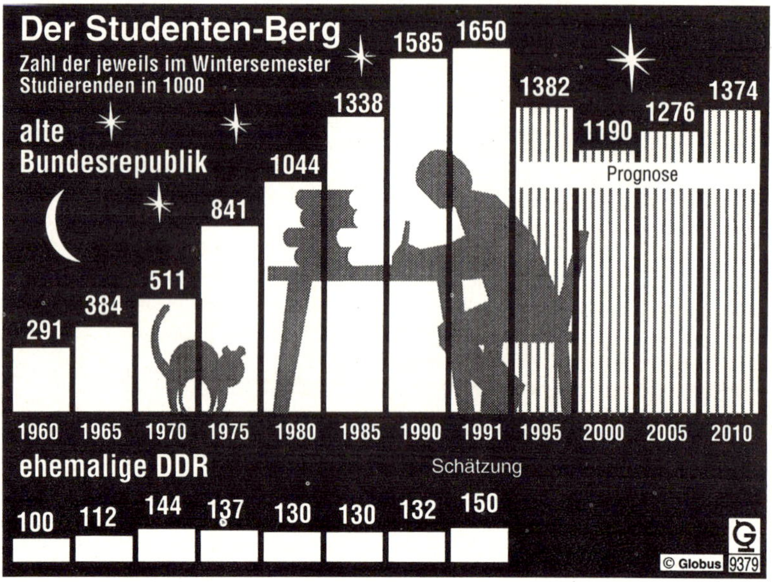
Der Studenten-Berg
Zahl der jeweils im Wintersemester Studierenden in 1000
alte Bundesrepublik
291
384
511
841
1044
1338
1585
1650
1382
1190
1276
1374
Prognose
1960 1965 1970 1975 1980 1985 1990 1991 1995 2000 2005 2010
ehemalige DDR
Schätzung
100 112 144 137 130 130 132 150
© Globus 9379

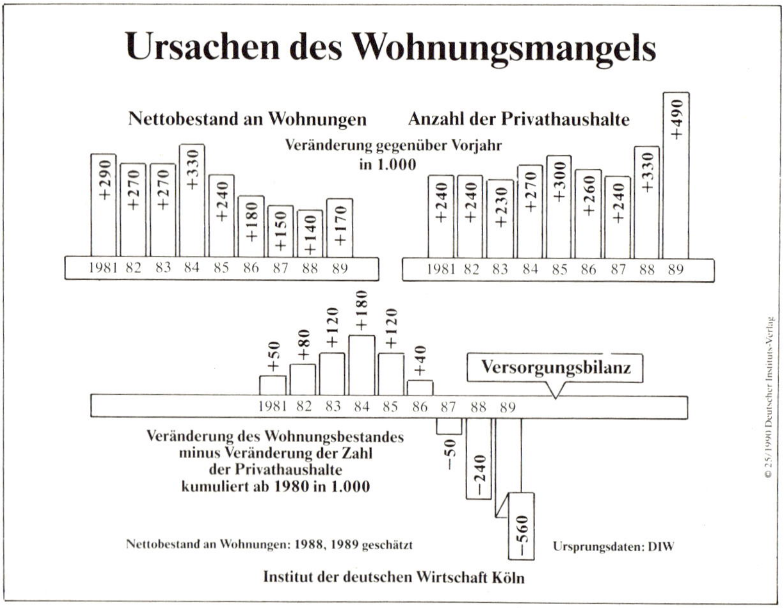
Ursachen des Wohnungsmangels
Nettobestand an Wohnungen
Anzahl der Privathaushalte
Veränderung gegenüber Vorjahr in 1.000
+290 +270 +270 +330 +240 +180 +150 +140 +170
1981 82 83 84 85 86 87 88 89
+240 +240 +230 +270 +300 +260 +240 +330 +490
1981 82 83 84 85 86 87 88 89
+50 +80 +120 +180 +120 +40
Versorgungsbilanz
1981 82 83 84 85 86 87 88 89
-50 -240 -560
Veränderung des Wohnungsbestandes minus Veränderung der Zahl der Privathaushalte kumuliert ab 1980 in 1.000
Nettobestand an Wohnungen: 1988, 1989 geschätzt
Ursprungsdaten: DIW
Institut der deutschen Wirtschaft Köln
© 25/1990 Deutscher Instituts-Verlag

iwd 25/1990.

des „Beitrittsgebiets“ wird den Mangel an Studienplätzen zunächst noch weiter verschärfen, da in der ehemaligen DDR die Zahl der Studienplätze streng limitiert war.

Wohnraum

Weitere, mehr oder weniger deutliche Konsequenzen der Bevölkerungsentwicklung können hier aus Raumgründen nicht näher behandelt werden. Die aus der veränderten Altersstruktur erwachsenden Probleme werden im nächsten Abschnitt erörtert. Beispielhaft sei hier nur noch der **Wohnungsmarkt** erwähnt, der sich bei sinkender Bevölkerungszahl eigentlich zugunsten der Mieter und Käufer „entspannen“ müßte. Die Bevölkerungsstatistiker rechnen zunächst jedoch nicht mit einer abnehmenden Nachfrage nach Wohnraum, da **trotz rückläufiger Bevölkerung die Zahl der Haushalte in den nächsten Jahren noch steigen dürfte** bei tendenziell wachsender Nachfrage nach größeren Wohnungen.[4]

Diese Tendenz wird durch hohe Scheidungsraten und das Anwachsen der Zahl Alleinlebender („Singles“, ältere Menschen) verstärkt. Da Wohnungen ein „immobiles Gut“ sind und einer regional wechselnden Nachfrage nicht folgen können, kommt es auch dann zu Wohnraummangel, wenn – rein statistisch – eine im Bundesdurchschnitt ausreichende Zahl von Wohnungen vorhanden ist. Die Nachfrage nach größeren und gut ausgestatteten Wohnungen ist zudem hoch „einkommenselastisch“, d.h. mit wachsendem Einkommen steigt die Wohnraumnachfrage weiter, während der Bedarf an anderen Gütern eher auf Sättigungsgrenzen stößt. Wohnraummangel und daraus resultierende steigende Mieten werden also auch bei einem Rückgang der Bevölkerung vor allem in Ballungsgebieten anhalten, zumal der Strukturwandel in Ostdeutschland erhebliche Wanderungsbewegungen auslöst. Schätzungen über den Wohnraummangel in den alten Bundesländern bewegen sich zwischen 750 000 (Institut der deutschen Wirtschaft) und 2,5 Millionen (Deutscher Mieterbund). Nach Berechnungen des Deutschen Instituts für Wirtschaftsforschung müßten bis zum Jahr 2000 in den alten und neuen Bundesländern jährlich mehr als 500 000 Wohnungen errichtet werden, um den Bedarf zu decken und Ersatz zu schaffen. 1990 waren es in Ost- und Westdeutschland rd. 370 000.[5]

Fazit

Obwohl ein Bevölkerungsrückgang eindeutig vorprogrammiert ist, werden „die Deutschen“ mit Sicherheit nicht aussterben. Die in der „Wirtschaftswoche“ zitierte, noch aus dem „kalten Krieg“ stammende These eines sowjetischen Soziologen, wonach es „ein leichtes sei, das Jahr . . . zu ermit-

[4] Zur Modellrechnung vgl. Bundestagsdrucksache 10/863 v. 5.1.1984.

[5] Zur Wohnraumproblematik vgl. Roland Stimpel, Der verbaute Markt. Villenglück und Wohnungsnot, Frankfurt/M., 1990. (= Fischer-Taschenbuch 10152).

teln, da der letzte Einwohner der Bundesrepublik seinen Geist aushauchen und auf diese Weise fruchtbareren Völkern Platz machen würde",[6] erinnert doch stark an die eingangs erwähnten völkischen Argumente und läßt außer acht, daß es sich bei der Bevölkerung eines Landes nicht um einen homogenen, sich selbst regenerierenden „Stamm" handelt. Im Gegenteil: Zuwanderungen haben auch in der Vergangenheit bei uns in hohem Maße zur Auffüllung und Auffrischung der „deutschen" Bevölkerung beigetragen. Daß diese Bevölkerung in den nächsten Jahrzehnten vor dem Problem einer relativen Vergreisung steht, ist allerdings absehbar.

Literaturhinweise

Bevölkerungsentwicklung. = Informationen zur politischen Bildung, Nr. 220. Hrsg. v. d. Bundeszentrale für politische Bildung, Bonn 1988.

Detlef Bischoff, Werner Teubner, Zwischen Einbürgerung und Rückkehr. Ausländerpolitik und Ausländerrecht der Bundesrepublik Deutschland, Berlin 1990.

Karl Martin Bolte/Dieter Kappe/Josef Schmid, Bevölkerung, Statistik, Theorie, Geschichte und Politik des Bevölkerungsprozesses, 4. Aufl., Opladen 1980.

Bundestagsdrucksache 8/4437 und 10/863: Bericht über die Bevölkerungsentwicklung Teil 1 und 2.

Bernhard Felderer, Wirtschaftliche Entwicklung bei schrumpfender Bevölkerung. Eine empirische Untersuchung, Heidelberg 1983.

Bernhard Felderer (Hrsg.), Bevölkerung und Wirtschaft. = Schriften des Vereins für Sozialpolitik N.F., Bd. 202, Berlin 1990.

Horst C. Recktenwald (Hrsg.), Der Rückgang der Geburten – Folgen auf längere Sicht, Mainz 1989.

Josef Schmid, Die Bevölkerungsentwicklung in der Bundesrepublik Deutschland. In: Aus Politik und Zeitgeschichte. Beilage zur Wochenzeitung Das Parlament B 18/89 v. 28.4.1989 (hier weitere Aufsätze zum Bevölkerungsproblem).

Statistisches Bundesamt, Bevölkerung gestern, heute und morgen, Stuttgart 1985.

Beate Winkler (Hrsg.), Zukunftsangst Einwanderung. München 1992.

Peter Czada

[6] Vgl. „Die Zeitbombe tickt". In: Wirtschaftswoche, Nr. 33 v. 10.8.1984, S. 27.

2.4. Wie sicher sind unsere Renten? – Die Zukunft des Generationenvertrags

Berechtigte Sorgen?

„Denn eins ist sicher: Die Rente.“ Dieser Slogan des Bundesministeriums für Arbeit und Sozialordnung prangte vor einiger Zeit an allen Litfaßsäulen, ohne vermutlich viel zur Beruhigung der Bundesbürger beizutragen, die zu über 60% der Meinung waren, daß in absehbaren Zeiträumen das System der Rentenversicherung seine Tragfähigkeit mehr oder weniger einbüßen wird. Daß es den zukünftigen Rentnern schlechter gehen werde als den jetzigen Rentenbeziehern war unabhängig von der Zuneigung zu bestimmten Parteien die Meinung der Mehrheit; lediglich 8% der Befragten glaubten an eine Besserstellung.[1] Welche Gründe auch immer hinter dieser allgemeinen Besorgnis stehen mögen, Anlaß zur Beunruhigung besteht in der Tat, **denn eins ist sicher: die Rentenfinanzierung der kommenden Jahrzehnte wird erhebliche Probleme aufwerfen, die aufs engste mit der im vorigen Abschnitt behandelten Bevölkerungsentwicklung verknüpft sind.** Während mit diesen Belastungen des sozialen Netzes erst nach der Jahrhundertwende gerechnet werden muß, erwachsen der Sozialversicherung nach der deutschen Einheit jetzt noch zusätzliche Finanzierungsprobleme aus der Einbeziehung der „Ost-Renten“ in das Versorgungssystem nach westlichem Muster (vgl. S. 277 f.).

Handelsblatt

[1] Umfrageergebnis der „Forschungsgruppe Wahlen“, abgedruckt in „Der Spiegel“, Nr. 10 v. 11.3.1985, S. 20.

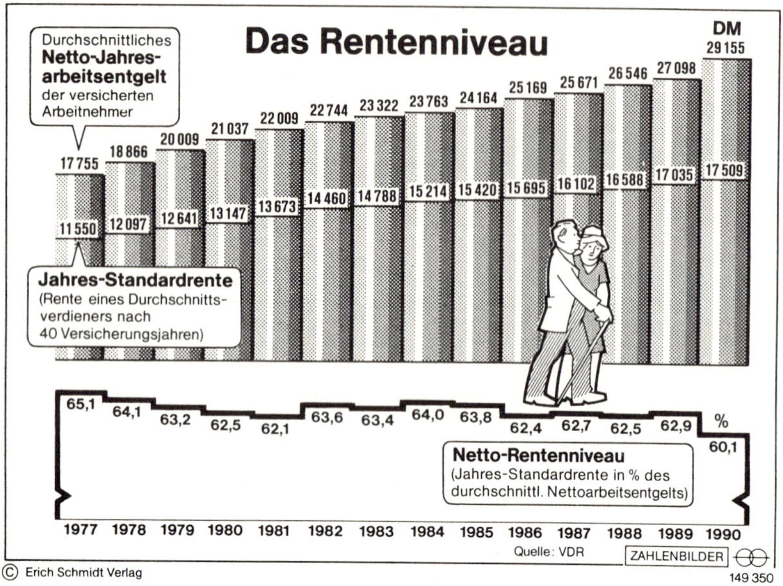

Das Rentenniveau
Durchschnittliches Netto-Jahresarbeitsentgelt der versicherten Arbeitnehmer
DM
17 755
18 866
20 009
21 037
22 009
22 744
23 322
23 763
24 164
25 169
25 671
26 546
27 098
29 155
11 550
12 097
12 641
13 147
13 673
14 460
14 788
15 214
15 420
15 695
16 102
16 588
17 035
17 509
Jahres-Standardrente
(Rente eines Durchschnittsverdieners nach 40 Versicherungsjahren)
65,1
64,1
63,2
62,5
62,1
63,6
63,4
64,0
63,8
62,4
62,7
62,5
62,9
60,1
%
Netto-Rentenniveau
(Jahres-Standardrente in % des durchschnittl. Nettoarbeitsentgelts)
1977 1978 1979 1980 1981 1982 1983 1984 1985 1986 1987 1988 1989 1990
Quelle: VDR
ZAHLENBILDER
© Erich Schmidt Verlag
149 350

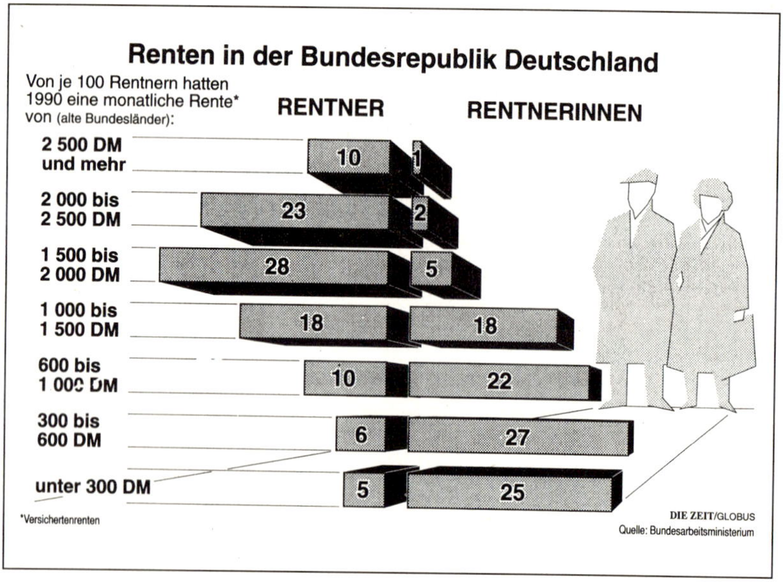

Renten in der Bundesrepublik Deutschland
Von je 100 Rentnern hatten 1990 eine monatliche Rente* von (alte Bundesländer):
RENTNER
RENTNERINNEN
2 500 DM und mehr
10
1
2 000 bis 2 500 DM
23
2
1 500 bis 2 000 DM
28
5
1 000 bis 1 500 DM
18
18
600 bis 1 000 DM
10
22
300 bis 600 DM
6
27
unter 300 DM
5
25
*Versichertenrenten
DIE ZEIT/GLOBUS
Quelle: Bundesarbeitsministerium

Renten-finanzierung

Daß zwischen der Rentenfinanzierung und der Bevölkerungsentwicklung ein enger Zusammenhang besteht, erscheint zunächst erstaunlich, wenn man von der Vorstellung ausgeht, daß jeder Arbeitnehmer durch die Beitragszahlungen und Arbeitgeberbeiträge während seines Erwerbslebens eine „Rücklage" schafft, aus der dann die Rente finanziert wird. **Diese Vorstellung einer durch die Beitragszahlung gebildeten „Kapitaldecke" bzw. Sicherheit für die spätere Rente ist weit verbreitet, aber nichtsdestoweniger falsch.** Denn die staatliche Rentenversicherung der Arbeiter und Angestellten unterscheidet sich von privaten Kapitalversicherungen (z.B. der Lebensversicherung), obwohl in der Vergangenheit, vor allem in den ersten Jahrzehnten der staatlichen Sozialversicherung, durchaus beträchtliche Geldvermögen entstanden, die freilich durch die Umwandlung in wertlose Kriegsanleihen (vgl. S. 446) zweimal weitgehend vernichtet wurden. Die Rentner blieben trotzdem gesichert, denn ihre Renten wurden und werden vor allem aus den laufenden Beiträgen der Arbeitnehmer und Arbeitgeber bezahlt. Diese Beiträge waren in der Vergangenheit zusammen mit den Staatszuschüssen zur Rentenversicherung in der Regel höher als die Ausgaben, so daß auch in der Zeit nach dem zweiten Weltkrieg zunächst wieder deutliche Überschüsse angesammelt werden konnten.

Dynamische Rente

Solange sich die Höhe der Rente vornehmlich an den einmal eingezahlten Beiträgen orientierte, entstand zwischen dem letzten Verdienst und der monatlichen Rente eines Ruheständlers ein drastisches Gefälle. Die Rente war eher am Existenzminimum und nicht am weiter steigenden Lebensstandard der Beschäftigten orientiert. Dies wurde durch die Rentenreform des Jahres 1957 grundlegend verändert. Die neue, sog. „dynamische Rente" verlor durch die gesetzliche Bindung an das (wachsende) Brutto-Einkommen der Arbeitnehmer ihren „Almosencharakter" und wurde zu einer Art „Lohn für Lebensarbeit".[2] Diese Dynamisierung der Renten, die nun dem Einkommensanstieg der Beitragszahler laufend angepaßt wurden, hat dazu geführt, daß das durchschnittliche Altersruhegeld nach vierzig Versicherungsjahren von 56% (1960) auf 64% (1984) des Netto-Arbeitseinkommens anstieg (vgl. Abbildung). Die Renten wuchsen demnach zunächst sogar schneller als die Netto-Verdienste, denn sie orientierten sich bis 1984 am Brutto-Einkommen der Beschäftigten, aus dem im Laufe der Zeit immer mehr Abgaben an den Staat gezahlt werden mußten, während die Renten weitgehend steuer- und abgabenbefreit sind.

Umlage-Finanzierung

Dadurch erwies sich etwa im Vergleich zu einer privaten Lebensversicherung mit Rentenanspruch „für die heutigen Rentner die Mitgliedschaft in der Rentenversicherung als ein Geschäft ohnegleichen. Für die eigenen

[2] Vgl. „Denn eins ist sicher: die Rente", hrsg. v. Bundesminister für Arbeit und Sozialordnung, Bonn 1986, S. 11.

Entwicklung der Einnahmen und Ausgaben sowie des Vermögens der Rentenversicherungen der Arbeiter und der Angestellten

– Millionen DM –

Jahr	Einnahmen insgesamt	Einnahmen darunter: Beiträge	Einnahmen darunter: Zahlungen des Bundes	Ausgaben insgesamt	Ausgaben darunter: Renten[1]	Ausgaben darunter: Krankenversicherung der Rentner	Saldo der Einnahmen und Ausgaben	Vermögen[2] insgesamt
1970	51 450	42 388	7 290	47 717	38 132	4 649	+ 3 733	24 186
1975	91 432	76 270	11 073	94 361	72 666	12 390	– 2 929	39 903
1980	135 636	111 206	22 335	132 515	108 937	12 797	+ 3 121	18 804
1981	143 131	120 526	19 932	139 411	114 450	13 459	+ 3 720	21 783
1982	147 569	121 605	23 434	148 511	122 230	14 354	– 942	20 558
1983	146 697	121 112	23 662	151 498	127 304	12 943	– 4 801	15 125
1984	156 420	129 159	25 494	160 675	134 848	12 923	– 4 255	10 001
1985	165 949	137 662	26 601	164 540	140 539	11 081	+ 1 409	11 953
1986	174 797	145 891	27 248	167 982	145 736	9 940	+ 6 815	18 168
1987	178 594	148 286	28 579	174 707	152 521	9 334	+ 3 887	21 458
1988	186 880	153 807	31 123	183 376	159 749	9 225	+ 3 503	23 753
1989	196 299	161 355	32 550	153 158	167 234	10 078	+ 3 140	26 393
1990[3]	212 904	174 916	34 775	203 212	175 188	10 961	+ 9 592	35 570
1991[3]	226 288	183 340	38 603	215 582	185 732	11 302	+ 10 706	43 260
1991[4]	32 330	25 641	6 560	31 621	26 716	3 460	+ 709	600

[1]) Die Zahlungen der Rentenversicherungsträger an die Krankenkassen nach § 183 RVO wurden von den Renten abgesetzt. – [2]) Ohne Verwaltungsvermögen. Entspricht im wesentlichen der Schwankungsreserve. Stand am Jahres- bzw. Vierteljahresende. – [3]) Alte Bundesländer, z.T. geschätzt. – [4]) Neue Bundesländer.

Quelle: Monatberichte der Deutschen Bundesbank, Mai 1991.

Beiträge, die sie im Laufe ihres Lebens einzahlten, erhalten sie eine Gegenleistung, die ihnen ... keine inflationsgesicherte Vermögensanlage geboten hätte."[3] Bei dieser aus Sicht der Rentner insgesamt positiven Entwicklung in der Nachkriegszeit darf allerdings nicht übersehen werden, daß die einzelnen Renten sehr stark differieren. Von rd. 14 Millionen Renten lagen z.B. 1985 ca. 6 Millionen unter 800 DM im Monat bei einer Durchschnittsrente von 1350 DM. 1990 bezogen in den alten Bundesländer 21% der Rentner und 74% (!) der Rentnerinnen monatliche Versicherungsrenten unter 1000 DM (vgl. Abbildung S. 268).

Als Konsequenz der politisch gewollten Entkoppelung von Rentenniveau und ursprünglichen Beitragszahlungen ergibt sich jedoch, daß die Renten der Sozialversicherung nun vollends nicht mehr im Wege einer zinstragenden Vermögensbildung „angespart", sondern **ausschließlich im Umlageverfahren von den Erwerbstätigen an die Rentner „transferiert" werden.** Die jährlichen Rentenzahlungen und die sonstigen Ausgaben der Rentenversicherung (z.B. Krankenversicherung für Rentner, Kuren für Versicherte) werden, wie die Tabelle zeigt, allein aus Beiträgen und steuerfinanzierten staatlichen Zuschüssen aufgebracht. Das „Vermögen" der Rentenversicherung ist inzwischen in den alten Bundesländern wegen der guten Beschäftigung und infolge des „Nachhinkens" der Rentenhöhe hinter den steigenden Löhnen durch Einnahmenüberschüsse auf 35,6 Mrd. DM (1990) angestiegen. Dies entspricht jedoch nur den laufenden Ausgaben für etwa zwei Monate, wobei ein Monatsbetrag die gesetzlich vorgeschriebene „Schwankungsreserve" darstellt, die in der Vergangenheit auch schon zeitweilig unterschritten wurde. **Diese Liquiditätsreserven können also keinerlei Sicherungsfunktion für die laufenden und künftigen Rentenansprüche erfüllen.**

Finanzierungs-Probleme

Die rechnerische Ausgeglichenheit von Einnahmen und Ausgaben in der Tabelle verdeckt dabei die bereits seit längerem bestehenden Probleme der sozialen Sicherung, die immer wieder mit Verschiebungen zwischen den Sozialhaushalten, mit Beitragserhöhungen, verzögerten Rentenanpassungen und Maßnahmen zur Renten- und Gesundheitsreform überbrückt werden mußten. Die eher verwirrende Abbildung auf S. 272 vermittelt einen Eindruck der zeitweise angespannten Situation, die sich ohne eine grundlegende Strukturreform der sozialen Sicherungssysteme in den kommenden Jahrzehnten erheblich zu verschärfen droht. Die günstige finanzielle Lage der (westdeutschen) Rentenversicherung 1990 darf darüber nicht hinwegtäuschen. Sie hat im übrigen bewirkt, daß durch eine Senkung der Beitragssätze zur Rentenversicherung um einen Prozentpunkt bei gleichzeitiger Erhöhung der Arbeitslosenversicherungsbeiträge von 4,3% auf 6,8% ab April 1991 (vgl. Abbildung S. 274) die Mittel, die sonst die Rentenreserven erhöht hätten, erneut umverlagert wurden, wobei die Sozialabgaben

[3] Renate Merklein, Die Rentenkrise, Hamburg 1986, S. 75.

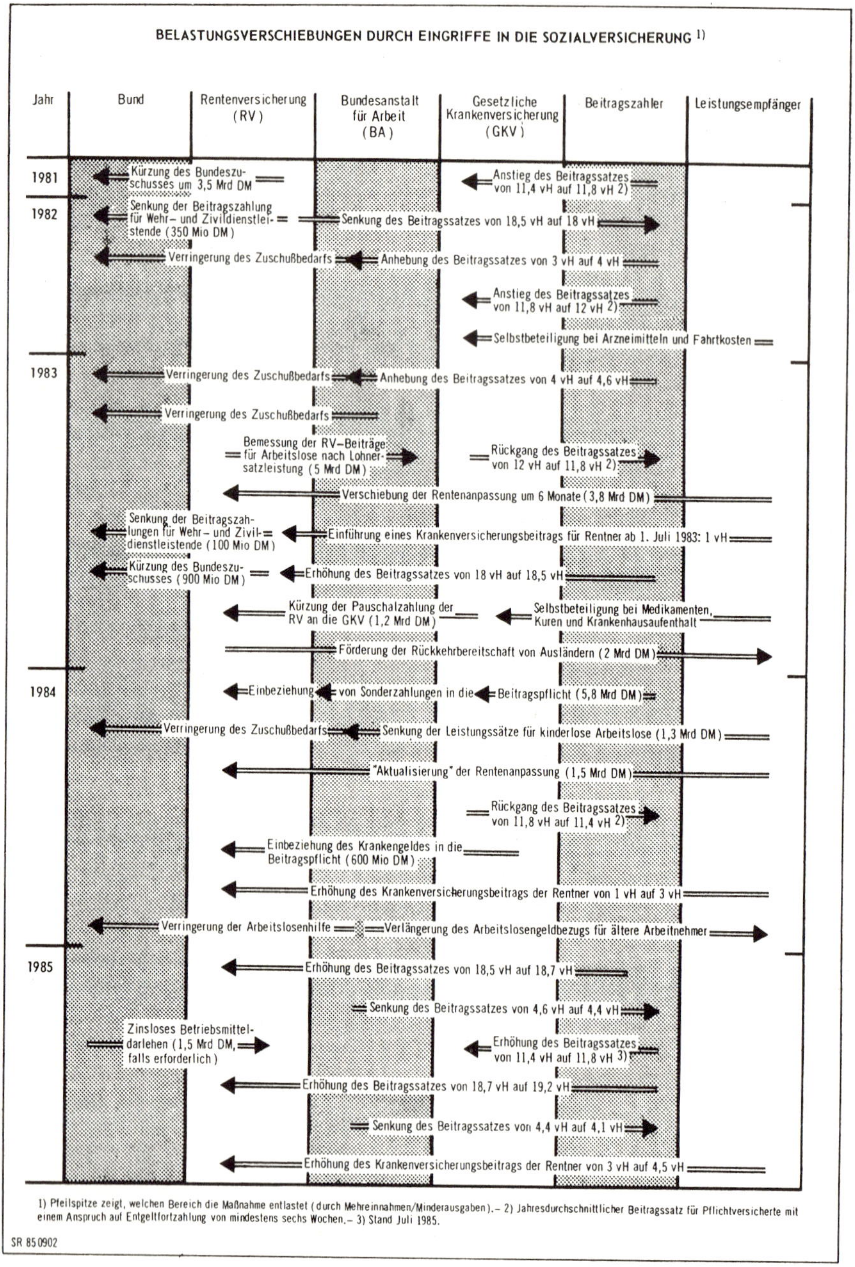

Quelle: Jahreswirtschaftsbericht des Sachverständigenrates zur Begutachtung der gesamtwirtschaftlichen Entwicklung 1985/86, S. 91 (Schaubild 31).

insgesamt durch diese Veränderung der Beitragssätze um rd. 15 Mrd. DM pro Jahr zunehmen, ohne dadurch freilich den durch die deutsche Einigung entstehenden Finanzbedarf im Bereich der sozialen Sicherung auch nur annähernd decken zu können. Ehe wir uns diesen aktuellen und unvorhersehbaren Problemen der sozialen Sicherung in Deutschland zuwenden, soll das mit dem Stichwort des „Generationenvertrages" gekennzeichnete System der Altersversorgung noch etwas näher betrachtet werden.

Generationenvertrag

Die Tatsache, daß **die Renten nur in dem Maße gesichert sind, wie sie in Form von Beiträgen aus dem jeweiligen Volksaufkommen aufgebracht werden können,** ist – für sich genommen – keine Besorgnis rechtfertigende neue Erkenntnis. **Jede ältere, nicht mehr arbeitende Generation lebt von dem, was die Erwerbstätigen erwirtschaften.** Das war bei individueller Alterssicherung im Familienverband nie umstritten, so daß in vielen Gesellschaften ohne kollektive Alterssicherung eine möglichst große Zahl (männlicher) Nachkommen die einzige Garantie einer Versorgung für die Eltern war und ist. Das starke Bevölkerungswachstum in den Entwicklungsländern hat hier eine seiner Wurzeln.

Für die Volkswirtschaft als ganzes gilt dies Prinzip gleichermaßen. Denn selbst dann, wenn die individuelle Alterssicherung durch eine reale Vermögensbildung angestrebt würde, indem z.B. ein Teil des Lebenseinkommens in Mietshäusern oder Fabriken angelegt würde, sind die späteren Erträge dieser Anlagen oder ihr Verkauf davon abhängig, daß die nachfolgenden Generationen ein Einkommen erwirtschaften, aus dem die Mieten, Kapitalerträge oder Verkaufserlöse finanziert werden können. Dabei geht es gar nicht allein um den finanziellen Aspekt, sondern letztlich um die simple Tatsache, daß die realen Bedürfnisse der Älteren (z.B. Essen, Wohnen, medizinische Versorgung etc.) in jedem Fall nur von den Jüngeren befriedigt werden können, die insoweit selbst Konsumverzicht leisten müssen. Die bloße Ansammlung von Geld für eine zukünftige Rente nützt also gar nichts, wenn später nicht genügend Güter und Leistungen zur Verfügung stehen. Auch das Ausland würde gegen das Geld einer reinen „Rentnerrepublik" nichts liefern, denn was könnte es mit solchem Geld selbst kaufen oder anfangen? Überspitzt formuliert bliebe in einer Gesellschaft ohne Nachkommen als einzige Form der Alterssicherung die Anhäufung von Lebensmittelreserven übrig.

Dem Bundesarbeitsministerium ist also zuzustimmen, wenn es den sog. Generationenvertrag wie folgt umschreibt: „Einerseits ist die arbeitende Generation verpflichtet, die Renten der aus dem Erwerbsleben ausgeschiedenen Generation zu bezahlen. Andererseits erwirbt sich die arbeitende Generation damit den Anspruch gegen die künftige Generation, die Renten an sie zu finanzieren." Der Begriff „Vertrag" ist allerdings unpräzise, denn

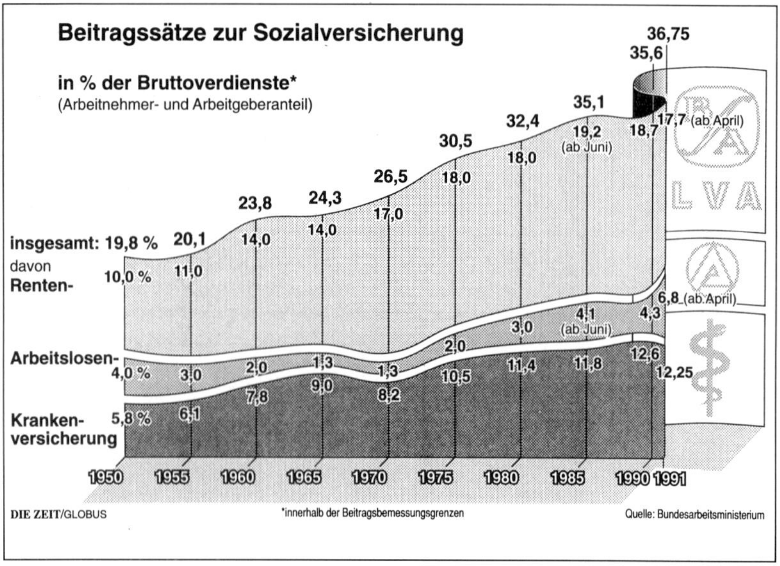
Beitragssätze zur Sozialversicherung
in % der Bruttoverdienste*
(Arbeitnehmer- und Arbeitgeberanteil)
insgesamt: 19,8 %
davon
Renten- 10,0 %
Arbeitslosen- 4,0 %
Kranken-versicherung 5,8 %
20,1
11,0
3,0
6,1
23,8
14,0
2,0
7,8
24,3
14,0
1,3
9,0
26,5
17,0
1,3
8,2
30,5
18,0
2,0
10,5
32,4
18,0
3,0
11,4
35,1
19,2 (ab Juni)
4,1 (ab Juni)
11,8
35,6
18,7
4,3
12,6
36,75
17,7 (ab April)
6,8 (ab April)
12,25
LVA
1950 1955 1960 1965 1970 1975 1980 1985 1990 1991
DIE ZEIT/GLOBUS
*innerhalb der Beitragsbemessungsgrenzen
Quelle: Bundesarbeitsministerium

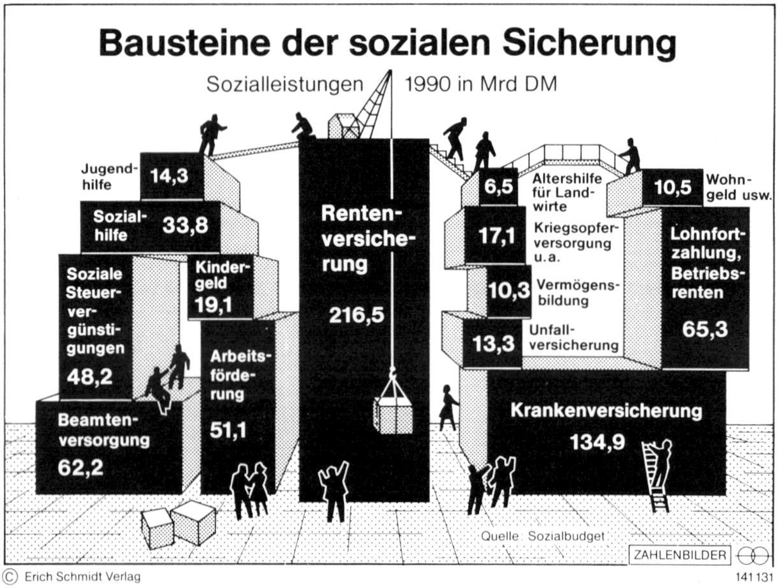
Bausteine der sozialen Sicherung
Sozialleistungen 1990 in Mrd DM
Jugend-hilfe 14,3
Sozial-hilfe 33,8
Soziale Steuer-ver-günsti-gungen 48,2
Kinder-geld 19,1
Beamten-versorgung 62,2
Arbeits-förde-rung 51,1
Renten-versiche-rung 216,5
6,5 Altershilfe für Land-wirte
17,1 Kriegsopfer-versorgung u.a.
10,3 Vermögens-bildung
13,3 Unfall-versicherung
10,5 Wohn-geld usw.
Lohnfort-zahlung, Betriebs-renten 65,3
Krankenversicherung 134,9
Quelle: Sozialbudget
ZAHLENBILDER
© Erich Schmidt Verlag
141 131

die Rentenfinanzierung erfolgt allein auf Grund staatlichen Zwanges gegenüber den Arbeitnehmern und Arbeitgebern, Beiträge an die staatliche Rentenkasse und damit an die Rentner zu zahlen. **Der „Anspruch an die künftige Generation" wird in dem Maße gefährdet, wie diese Generation in Relation zur Zahl der Rentner immer mehr abnimmt.** Der hier beschriebene Zusammenhang gilt freilich für alle Bereiche der sozialen Sicherung in ähnlicher Form. Immer sind es letztlich die jeweiligen Erwerbstätigen oder Vermögen besitzenden Einkommensbezieher, die als

- Beschäftigte für die Arbeitslosen,
- Gesunde für die Kranken,
- Steuerzahler für die Sozialhilfe, aber auch für die Beamtenpensionen und
- für die Kinder und Auszubildenden ebenso wie für die Alten

in einem Sozialstaat aufkommen müssen. Eine jetzt in der Diskussion befindliche gesetzliche Pflegeversicherung für das Alter, mit der diese bisherige Lücke im Bereich der Alterssicherung geschlossen werden soll, läuft insofern auch auf einen Transfer der Versicherungsbeiträge an die Pflegebedürftigen hinaus. Das zahlenmäßige Verhältnis der erwerbstätigen Einkommensbezieher zur Generation der Älteren und der Heranwachsenden ist somit von wesentlicher Bedeutung für die Haltbarkeit des sozialen Netzes, dessen Finanzierung 1990 in den alten Bundesländern rd. 700 Mrd. DM, d.h. 37% des Volkseinkommens, erforderte (vgl. Abbildung).

Die wachsende Altenlast

Mit Hilfe der im vorigen Abschnitt behandelten Bevölkerungsprognosen lassen sich zumindest Tendenzen der künftigen Belastungsverhältnisse erkennen, wenn die vorausgeschätzte Bevölkerung nach Altersgruppen unterteilt wird, so daß man z.B. die Zahl der Jugendlichen (unter 15 bzw. 20 Jahren) und die der Älteren (über 60 Jahren) ins Verhältnis zur mittleren erwerbsfähigen Generation setzt und auf diese Weise **„Jugend- und Altenlastquotienten"** ermittelt, die freilich noch nichts darüber aussagen, ob und wie weit die „belastete" Generation später erwerbstätig sein wird und welches Einkommen sie dann bezieht. **Beschäftigung und Wirtschafts- bzw. Einkommenswachstum sind also weitere gewichtige Faktoren, von denen neben der Altersstruktur die Finanzierbarkeit des künftigen Sozialen Netzes abhängen wird.**

Wie die Abbildung auf S. 276 zeigt, wird sich ab dem Ende der 90er Jahre die Zahl der über 60jährigen im Verhältnis zur Bevölkerung im erwerbsfähigen Alter (20–59 Jahre) sehr schnell und bis zum Jahr 2030 drastisch erhöhen. Der Altenquotient, der jetzt bei 36% liegt, würde dann mit 77% mehr als doppelt so hoch sein. Noch stärker würde nach dieser Modellrechnung der **Rentnerquotient** ansteigen, also die Zahl der zu erwartenden Rentner je 100 Versicherungspflichtige. Da letztere die Renten mit ihren Beiträgen finanzieren müssen, beschreibt dieser Quotient präziser die absehbaren

Konsequenzen der veränderten Altersstruktur in den (alten) Bundesländern 1960 - 2030

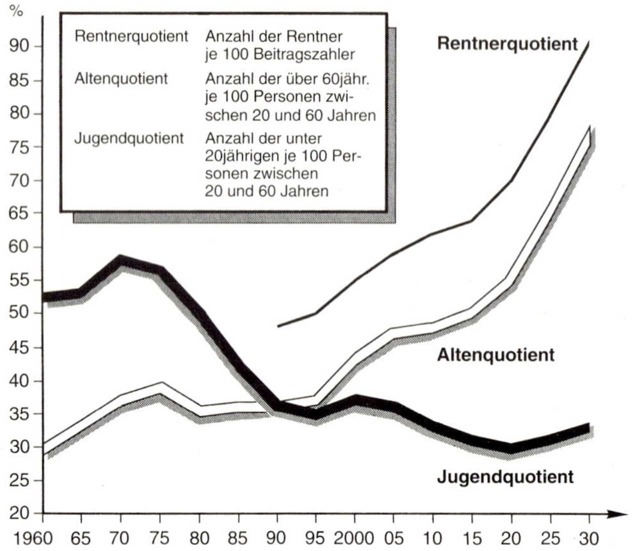

Zahlenangaben aus: Der Bundesminister für Arbeit und Sozialordnung (Hrsg.), Rentenreform ´92, Bonn 1990, (Anhang). Die Modellrechnung geht von einer jährlichen Zuwanderung von 55.000 Ausländern bis 2010 und einer von 30.000 bis auf 10.000 zurückgehenden Zahl von Aussiedlern aus. Die hohen Zuwanderungen der Jahre 1988 - 1990 sind berücksichtigt.

Zukünftige Entwicklung der Rentenausgaben im internationalen Vergleich

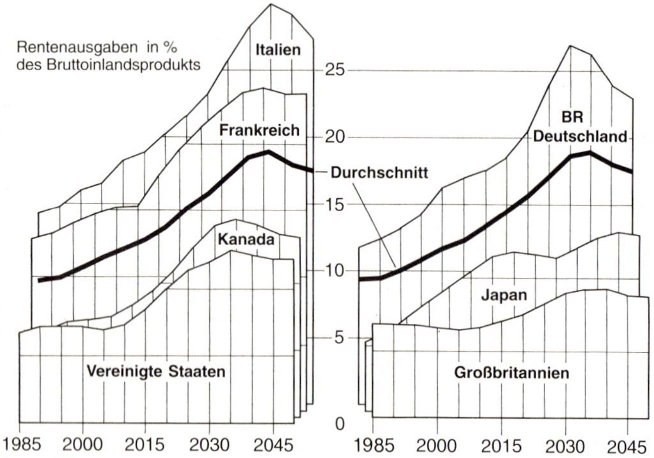

Quelle: OECD, aus Ifo-Studien zur Finanzpolitik Nr.48, 1990

Belastungen der Rentenversicherung.[4] Er ist höher als der Altenquotient, da nur ein Teil der erwerbsfähigen Bevölkerung einer rentenversicherungspflichtigen Beschäftigung nachgeht und der Rentenbezug z.B. wegen Erwerbsunfähigkeit immer früher einsetzt. Daß die Rentner im Durchschnitt wegen der steigenden Lebenserwartung auch immer länger Rente beziehen, ist dabei noch gar nicht berücksichtigt. Dieser Rentnerquotient ist bereits in den letzten Jahrzehnten deutlich gestiegen und war eine der Ursachen für die zeitweise Ebbe in den Rentenkassen, für die Beitragserhöhungen und Leistungsreduktionen. Sein wahrscheinlicher Anstieg bis ins nächste Jahrhundert ist auch der Abbildung auf S. 276 zu entnehmen. **Demnach müßte, Vollbeschäftigung vorausgesetzt, in den 30er Jahren des nächsten Jahrhunderts jeder Beitragszahler einen Rentner finanzieren.**

Folgen des Beitritts

Die vorstehenden Modellrechnungen sind unter der Annahme einer jährlichen Zuwanderung von 65 000–85 000 Ausländern und Aussiedlern für die alten Bundesländer durchgeführt worden. Die Prognosen können jedoch auch für die größere Bundesrepublik unter Einschluß der fünf neuen Länder und Ost-Berlins verwendet werden, da der Beitritt der ehemaligen DDR zwar die Zahl der Bundesbürger um ca. 16 Millionen vergrößert, die Altersstruktur der Bevölkerung jedoch nicht wesentlich verändert hat (vgl. Kapitel 2.3.). Der Anteil der über 60jährigen liegt in den neuen Bundesländern zwar etwas niedriger, der der Jugendlichen höher als im bisherigen Bundesdurchschnitt, für die künftige Altersstruktur hat dies jedoch nur geringe – entlastende – Auswirkungen. So wird sich nach der Berechnung des Instituts der deutschen Wirtschaft die Relation der über 60jährigen zu den 15–59jährigen im Jahr 2010 von bisher 36,5% auf 34,5% nur leicht reduzieren.[5] Am Trend zu einer überalterten Bevölkerung mit daraus resultierenden Finanzierungsproblemen für die Rentenkassen ändert sich nichts, die gegenwärtigen Belastungen für die Rentenversicherung in der Bundesrepublik werden durch den Beitritt aber erheblich zunehmen, da nun das bundesdeutsche Rentensystem zum 1.1.1992 auf das „Beitrittsgebiet" übertragen wurde (vgl. Zeitungsnotiz S. 278).

Diese Mehrbelastung ergibt sich nicht – wie manche glauben – aus der Tatsache, daß die ostdeutschen Rentner bisher nur sehr geringe Renten hatten und daß sie früher nur weniger verdienten als die Versicherungspflichtigen im „Westen". Da es sich – wie gezeigt – bei der Rente um eine Einkommensübertragung von den jetzigen Erwerbstätigen an die jetzigen Rentner handelt, wären **Rentenerhöhungen und Rentenanpassungen an die bundesdeutsche Regelung vergleichsweise „kostenneutral", wenn in der ehemaligen DDR Vollbeschäftigung bei steigendem Einkommen gewährleistet wäre,** so daß die Arbeitnehmer und Arbeitgeber in den neu-

[4] Der „Rentenfallquotient", d.h. die Anzahl der Versicherten- und Witwenrenten je 100 Beitragszahler würde nach dieser Prognose von 56 (1990) auf 109 (2030) steigen.
[5] Vgl. Informationsdienst des Instituts der deutschen Wirtschaft v. 11.10.1990, S. 5.

en Ländern den wesentlichen Anteil der „Ost-Renten" aus ihren Beiträgen selbst finanzieren könnten. Da dies nicht der Fall ist, ein Abbau der Arbeitslosigkeit Zeit erfordern wird, und aus arbeitsmarktpolitischen Gründen Vorruhestandsregelungen ab 55 Jahren angeboten werden, entsteht zunächst ein erheblicher Finanzierungsbedarf, der von der westdeutschen Rentenversicherung und/oder vom Bund zu tragen sein wird. Diesen Bedarf beziffert das Deutsche Institut für Wirtschaftsforschung allein für 1992 auf 14 Mrd. DM.

BfA weist auf kommende Belastungen wegen angestrebter Rechtseinheit hin

Rücklagen der Rentenversicherung betragen derzeit 34,8 Milliarden DM

-idt. **Berlin.** Die gesetzlichen Rentenversicherungen der Angestellten und der Arbeiter in den alten Bundesländern haben als Folge der positiven Konjunkturentwicklung im vergangenen Jahr einen Überschuß von 9,6 Milliarden DM verbuchen können. Dadurch erhöhte sich das Rücklagevermögen (Schwankungsreserve) zum Jahresende um rund 9 Milliarden DM auf insgesamt 34,8 Milliarden DM, und zwar um 25,4 Milliarden DM bei der Angestellten- und um 9,4 Milliarden DM bei der Arbeiter-Rentenversicherung. Das entspricht insgesamt rund 2,6 Monatsausgaben. Der Anteil der liquiden Mittel beider Versicherungszweige lag zum Jahresende bei rund 31,5 Milliarden DM.

Diese neuesten Zahlen zur Finanzentwicklung der gesetzlichen Rentenversicherung nannte der Vorstandsvorsitzende der Bundesversicherungsanstalt für Angestellte (BfA), Dr. Reinhold Schulze, gestern beim BfA-Presseseminar in Berlin. Angesichts der erwarteten Belastungen, die insbesondere aus der Herstellung der Rechtseinheit mit den neuen Bundesländern resultierten, sei Euphorie über die zur Zeit günstige Finanzentwicklung jedoch „völlig fehl am Platz".

Für die gesetzliche Rentenversicherung in den neuen Bundesländern ergab sich nach Schulzes Angaben in der zweiten Jahreshälfte 1990 (das erste Halbjahr wurde noch über den Staatshaushalt der ehemaligen DDR verrechnet) nach den vorläufigen Ergebnissen ein Defizit von rund 1,3 Milliarden DM. Der Bund hatte insgesamt 3,7 Milliarden DM an rückzahlbaren Mitteln zur Verfügung gestellt, von denen bereits 2,4 Milliarden DM aus den Beitragseinnahmen der Rentenversicherung in den neuen Bundesländern zurückgezahlt werden konnten.

Da von Anfang an Klarheit darüber bestand, daß die Beiträge sowie ein Bundeszuschuß entsprechend den bundesdeutschen Verhältnissen zur Finanzierung der ostdeutschen Rentenversicherung nicht ausreichen, ist für 1990 die Defizitdeckung durch den Staat beibehalten worden. Die ersten Renten für Juli 1990 wurden durch eine sogenannte „Anschubfinanzierung" des Bundes in Höhe von 750 Millionen DM sowie durch Vorziehung von Teilbeträgen des Bundeszuschusses gesichert.

Von 1992 an ist ein Finanzverbund zwischen ost- und westdeutschen Rentenversicherungsträgern vorgesehen. Da es der ostdeutschen Rentenversicherung voraussichtlich an Liquidität fehlen wird, sollen die dortigen Renten für Januar 1992 im Umfang von rund zwei Milliarden DM von den westdeutschen Rentenversicherungsträgern vorfinanziert werden.

Was die Entwicklung der Rentenfinanzen in diesem Jahr angeht, so rechnet Schulze für die alten Bundesländer mit einer Zunahme des Rücklagevermögens um rund 4,2 Milliarden DM auf 39 Milliarden DM oder 2,7 Monatsausgaben. Für die ostdeutsche Rentenversicherung wird ein Defizit von rund 400 Millionen DM angenommen. Schulze wies aber darauf hin, daß ein höheres Defizit in Anbetracht der sehr labilen Arbeitsmarktsituation in den neuen Bundesländern nicht ausgeschlossen werden könne. Völlig offen sei zur Zeit, ob der ostdeutschen Rentenversicherung in den kommenden Monaten die fehlenden Beiträge überwiesen werden, die sie durch die Umstellung des Beitragseinzuges bisher nicht erhalten hat.

Die Prognose für die dann einheitliche Rentenversicherung in Ost- und Westdeutschland sieht nach den Worten Schulzes nicht allzu optimistisch aus. Zwar haben die Finanzexperten für 1992 — West- und Ostbereiche zusammengerechnet — eine Rücklage von rund 27,5 Milliarden DM oder 1,4 Monatsausgaben errechnet, aber die den Berechnungen zugrunde liegenden Prämissen wie Beschäftigungszuwachs, Arbeitslosigkeit sowie Entwicklung von Löhnen und Gehältern enthalten erhebliche Risiken.

Der Tagesspiegel v. 1.3.1991.

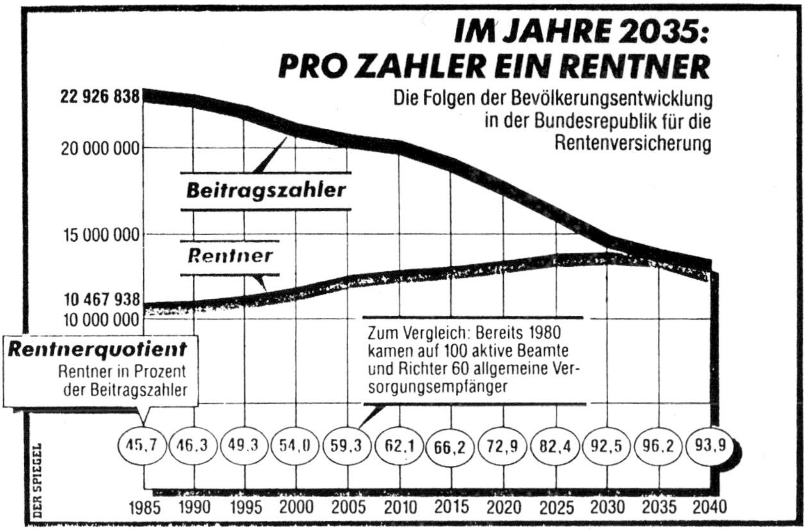

Quelle: Der Spiegel 10/1985, S. 20.

Ein Anstieg der eben erst gesenkten Beitragssätze zur Rentenversicherung ist also nicht zu vermeiden, wenn die zusätzlichen Kosten nicht stärker vom Bund übernommen werden. Dies fordert u.a. der Sozialbeirat, da dann alle Steuerzahler – und nicht nur die westdeutschen Versicherten – zum Ausgleich der Lasten beitragen würden.[6)]

Auf die Auswirkungen der Vereinheitlichung des Rentensystems für die Rentner in den neuen Bundesländern kann hier aus Raumgründen nicht näher eingegangen werden. Sicher ist, daß die Renten in D-Mark für alle „Ost-Rentner“, die langjährig beschäftigt waren, bereits 1991 deutlich höher lagen als dies nach DDR-Recht der Fall gewesen wäre. So gab es z.B. für rd. ein Viertel der DDR-Rentner nur die gesetzliche Mindestrente von 330 Mark monatlich. Dennoch sind im Einzelfall, vor allem bei der Rentenanwartschaft für Frauen, die mehrere Kinder aufgezogen haben, Nachteile in Relation zu früheren Regelungen zu befürchten, bei der die Kinderzahl stärker für die Renten berücksichtigt wurde als dies in den alten Bundesländern der Fall ist.[7)] Die Situation der Rentner in der DDR war zudem durch die geringen Mieten und den subventionierten Grundbedarf besser als es die (sehr niedrigen) Rentenbeträge allein erkennen lassen.

6) Vgl. Sozialpolitische Informationen, hrsg. v. Bundesminister für Arbeit und Sozialordnung v. 20.6.1991.

7) Vgl. hierzu: Westdeutsches Rentenrecht – Vorteile und Nachteile für die Sozialversicherten in Ostdeutschland. In: DIW-Wochenbericht 21/91 v. 23.5.1991, S. 279–286.

Voraussichtliche Entwicklung der Sozialausgaben in einigen Industrieländern in v.H. des Bruttosozialprodukts

Land/Sozialausgaben	Anteil der Ausgaben am Sozialprodukt v.H.	Voraussichtlicher Anteil der Ausgaben am Sozialprodukt – bei Fortschreibung der gegenwärtigen Bevölkerungs- und Wirtschaftsentwicklung		Voraussichtlicher Anteil der Ausgaben am Sozialprodukt – unter pessimistischen Annahmen zur Bevölkerungsentwicklung	
	1980	2000	2025	2000	2025
Bundesrepublik Deutschland[1]					
– Renten	13,3	17,1	20,5	17,1	21,1
– Gesundheitswesen	6,1	7,1	9,7	7,1	10,0
– Erwerbslosigkeit	1,5	0,8	0,8	1,1	1,1
– Schule u. Ausbildung	4,3	3,8	3,6	3,5	3,0
– Familienhilfe	1,2	1,0	0,8	0,9	0,8
– Sonstiges	4,6	3,4	3,4	3,4	3,4
Insgesamt	31,1	33,2	38,8	33,1	39,4
Frankreich					
– Renten	10,0	11,0	13,0	11,0	16,3
– Gesundheitswesen	6,7	7,7	9,4	7,6	10,7
– Erwerbslosigkeit	1,7	1,7	0,8	2,5	2,4
– Schule u. Ausbildung	4,9	4,4	4,4	4,3	3,9
– Familienhilfe	3,8	3,5	3,3	3,2	3,2
– Sonstiges	3,9	4,1	4,2	4,0	4,7
Insgesamt	31,0	32,4	35,1	32,6	41,1
Vereinigte Staaten (USA)					
– Renten	6,3	5,8	6,9	6,4	8,5
– Gesundheitswesen	4,5	5,4	7,8	5,6	8,8
– Erwerbslosigkeit	0,6	0,4	0,4	0,4	0,4
– Schule u. Ausbildung	4,9	4,0	3,6	3,8	3,0
– Familienhilfe	–	–	–	–	–
– Sonstiges	1,4	0,9	0,8	1,0	0,9
Insgesamt	17,7	16,4	19,4	17,3	21,6
Sozialausgaben insgesamt					
Italien	25,1	27,7	34,7	28,1	37,2
Großbritannien	22,9	22,9	26,5	23,2	28,0
Kanada	20,3	17,4	20,7	18,3	22,0
Japan	15,4	21,1	27,2	22,2	29,2

[1] Alte Bundesländer

Quelle: Peter S. Heller u.a., Aging and Social Expenditure in the Major Industrial Countries 1980–2025. = International Monetary Fund, Occasional Paper 47, Washington 1986.

Die weiteren Aussichten

Der Beitritt der neuen Bundesländer erfolgte 1990 in einer vergleichsweise günstigen Finanzsituation der westdeutschen Rentenversicherung der Arbeiter und Angestellten. Wenn der „Aufschwung Ost" gelingt, so daß die hohe Arbeitslosigkeit in den nächsten Jahren abgebaut werden kann, sind die Voraussetzungen für ein einheitliches Rentenniveau in der Bundesrepublik trotz der zunächst entstehenden hohen Anpassungslasten vergleichsweise günstiger als sie es zu einem noch späteren Zeitpunkt gewesen wären, wenn sich nämlich die zunehmende „Altenlast" in Deutschland immer stärker bemerkbar machen wird.

Auf diesen Zeitraum nach dem Jahr 2000 beziehen sich die Zukunftssorgen um die Finanzierbarkeit des „sozialen Netzes", zu dem ja nicht nur die Renten, sondern auch die medizinische Versorgung, die Sozialhilfe, die Hilfe bei Erwerbslosigkeit sowie die Unterstützung von Familien und im weiteren Sinne die Finanzierung der Ausbildung gehören. Letztere könnte im Zuge des rückläufigen „Jugendquotienten" (Abbildung S. 276) zwar zu einer Entlastung führen, die aber die Kosten der wachsenden Alterslast nicht kompensieren wird. **Die Bundesrepublik steht mit diesem Problem im Kreise der westlichen Industrieländer zwar nicht allein, da das Phänomen der „Vergreisung" auch andere Staaten betreffen wird, ihre künftigen sozialen Belastungen werden von Experten aber als besonders gravierend eingeschätzt** (vgl. Tabelle). Mit Sozialausgaben in Höhe von etwa 40% des Sozialprodukts im Jahr 2025 würde Deutschland neben Frankreich und Italien weitaus höher belastet sein als z.B. Kanada oder die USA, die freilich bereits jetzt wegen eines geringeren staatlichen Engagements im sozialen Bereich bei stärkerer privater Vorsorgenotwendigkeit eine geringere „Staatsquote" aufweisen.

Es ist unvermeidlich, daß alle diese Vorausschätzungen mit zahlreichen Unbekannten operieren, so daß die scheinbar exakten Zahlenangaben immer innerhalb einer beträchtlichen Bandbreite liegen. Orientiert man sich allein an der zu erwartenden Rentnerzahl („Rentnerquotient"), so müßte rein rechnerisch in Deutschland bis zum Jahr 2030 der jetzige Beitragssatz verdoppelt oder das inzwischen erreichte Rentenniveau halbiert werden, um die „Alterslast" finanzieren zu können. Solche Szenarios verdeutlichen den anstehenden Problemdruck, der sicherlich nicht durch Radikalkuren, sondern im Wege politischer Kompromisse gemindert werden muß.

Die Rentenreform '92, die von einer neuen Rentenformel und einem prozentual gleichbleibenden Bundeszuschuß zur Rentenkasse in Höhe von 19,2% bis zum Jahre 2010 ausgeht, ist ein erster Schritt in diese Richtung, indem z.B. ab dem Jahr 2000 ein vorgezogener Rentenbeginn mit Abschlägen, ein späterer mit Zuschlägen bedacht wird. **Dennoch kann auch diese Reform einen Anstieg der Beiträge nicht verhindern,** zumal nun auch Erziehungszeiten für Kinder auf die Rentenhöhe Einfluß nehmen, was aus Gründen der sozialen Gerechtigkeit längst überfällig war. Nach Angaben des Bundesministeriums für Arbeit und Sozialordnung wird der Beitragssatz trotz der Rentenreform bereits bis zum Jahr 2010 auf 21,4% steigen, obwohl der Bundeszuschuß zunächst bei rd. 20% gehalten werden soll.[8] Dabei ist die weitaus stärkere Rentenbelastung der folgenden Jahre, in denen der Rentnerquotient von 60% auf über 90% steigen wird, noch gar nicht in Rechnung gestellt.

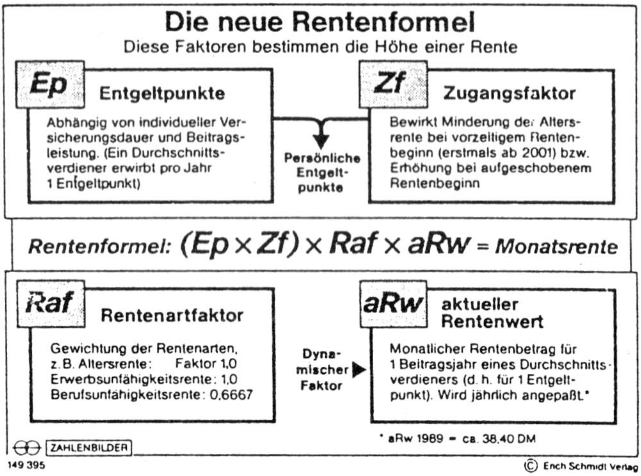

Im Rahmen der Rentenreform werden die Renten ab 1992 nach einer neuen vereinfachten Formel berechnet. Danach hängt die Höhe der Monatsrente von vier Faktoren ab. Mit den Entgeltpunkten wird die individuelle Arbeits- und damit Beitragsleistung der Versicherten bei der Rentenfestsetzung berücksichtigt. Ein Versicherungsjahr mit durchschnittlichem Arbeitsverdienst ergibt einen vollen Entgeltpunkt. Je länger die Lebensarbeitszeit und je höher das beitragspflichtige Einkommen, desto größer ist die Zahl der erworbenen Entgeltpunkte und damit die Rente. Auch für bestimmte beitragsfreie Zeiten werden Entgeltpunkte gutgeschrieben. Durch den Zugangsfaktor erhöhen oder vermindern sich die Entgeltpunkte, wenn die Altersrente erst nach dem gesetzlich vorgesehenen Rentenbeginn oder schon vorher in Anspruch genommen wird. Im Rentenartfaktor kommt das unterschiedliche „Gewicht" der verschiedenen Renten zum Ausdruck. Über den jährlich neu zu bestimmenden aktuellen Rentenwert werden die persönlichen Entgeltpunkte schließlich mit der allgemeinen Einkommensentwicklung verknüpft.

Text: Erich Schmidt Verlag

[8] Ohne Reform und bei sinkendem Bundeszuschuß (18,6%, 1990/ 14,3%, 2010) wäre der Beitragssatz auf 24,7% gestiegen, wobei die Konsequenzen der deutschen Einheit bei dieser Modellrechnung noch unberücksichtigt sind.

Soziale Sicherung und Kinderzahl

An der eigentlichen Ursache des Rentenproblems, die darin liegt, daß immer mehr alte Menschen von immer weniger Erwerbstätigen „versorgt" werden müssen, können auch Rentenreformen nichts ändern, es sei denn, sie würden eine Änderung der Geburtenzahl bewirken, **denn jetzt werden die Kinder geboren oder genauer: nicht geboren, die später die Altersversorgung der älteren Generation erwirtschaften sollen.**

Manche Wissenschaftler und Ökonomen vermuten dabei einen inneren Zusammenhang zwischen der kollektiven Sicherung und der rückläufigen Geburtenzahl. Sowohl Theodor Schmidt-Kaler, von Hause aus Mathematiker und Astronom, als auch Wolfram Engels, Betriebswirtschafts-Professor und Herausgeber der „Wirtschaftswoche", sind Vertreter einer sehr plausiblen These: danach **nimmt die Geburtenzahl u.a. deswegen ab, weil es nicht mehr wie früher vor der allgemeinen Rentenversicherung eigener Kinder bedarf, um das Alter zu sichern.** Im Gegenteil: kinderreiche Familien haben bedeutend höhere Kosten und dadurch einen niedrigeren Pro-Kopf-Lebensstandard als kinderlose Verdiener in gleicher Gehaltsposition. Letztere können, sofern es sich um Doppelverdiener handelt, doppelten Rentenanspruch erwerben, während der erziehende, nicht berufstätige Elternteil in dieser Zeit kein Rentenanwartschaft erwirbt, wenn man von der Neuregelung eines gutgeschriebenen Versicherungsjahres pro Kind absieht. Mit dieser Neuregelung für alle Mütter (Väter) ab dem Geburtsjahr-

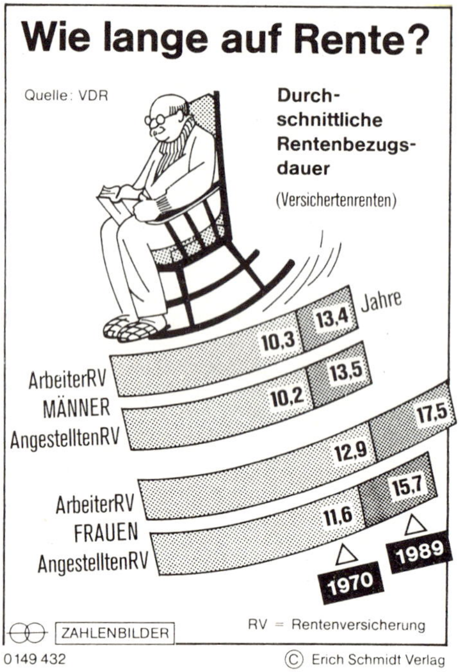
Wie lange auf Rente?
Quelle: VDR
Durchschnittliche Rentenbezugsdauer
(Versichertenrenten)
Jahre
13,4
10,3
ArbeiterRV
MÄNNER
AngestelltenRV
13,5
10,2
17,5
12,9
ArbeiterRV
FRAUEN
AngestelltenRV
15,7
11,6
1970
1989
ZAHLENBILDER
RV = Rentenversicherung
0 149 432
© Erich Schmidt Verlag

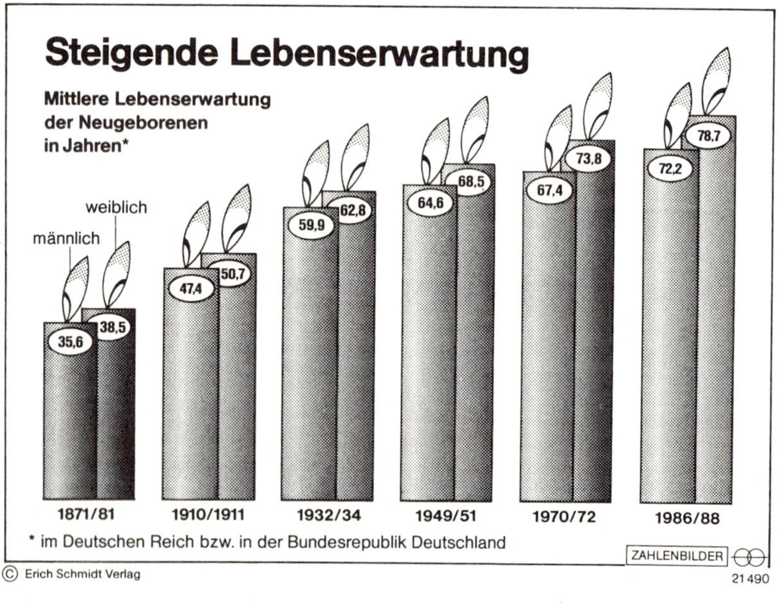
Steigende Lebenserwartung
Mittlere Lebenserwartung der Neugeborenen in Jahren*
männlich
weiblich
35,6
38,5
47,4
50,7
59,9
62,8
64,6
68,5
67,4
73,8
72,2
78,7
1871/81
1910/1911
1932/34
1949/51
1970/72
1986/88
* im Deutschen Reich bzw. in der Bundesrepublik Deutschland
ZAHLENBILDER
© Erich Schmidt Verlag
21 490

gang 1921 wird die grundlegende Benachteiligung und Ungerechtigkeit gegenüber Familien mit Kindern zwar anerkannt, aber nicht behoben. **Wer Kinder hat und damit die eigentliche Grundlage für die künftigen Renten schafft, hat davon selbst weniger als jene, die kinderlos bleiben und auf die Nachkommen der anderen „spekulieren", die ihnen die Rente finanzieren sollen. Daß diese Rechnung nicht mehr aufgeht, wenn die meisten so handeln, liegt auf der Hand.**

Kinder statt Beiträge?

An diesem Ansatz ist sicher richtig, daß Kinder in einer konsumorientierten Gesellschaft unter rein ökonomischen **„Kosten-Nutzen-Aspekten"** eher als „Belastung" zu Buche schlagen, ist doch der Lebensstandard eines doppelverdienenden kinderlosen Ehepaars etwa drei- bis viermal so hoch wie der einer „rentenpolitisch erwünschten" Drei-Kinder-Familie, in der z.B. nur ein Partner verdient. Auch gibt es nur noch wenige Bereiche, wie z.B. die Landwirtschaft, in der eigene Nachkommen zur Erhaltung und Fortführung des ererbten Familienbesitzes gewünscht werden. Dort ist die Kinderzahl in der Tat höher.

Nun ist es aber mehr als zweifelhaft, daß die insgesamt zu geringe Kinderzahl die direkte Folge einer bewußten „Rentenspekulation" im geschilderten Sinne ist. Es ist vielmehr die Summe der im vorigen Kapitel skizzierten „kinderfeindlichen" Faktoren, aus der sich der Geburtenrückgang und damit das künftige Rentendilemma in Verbindung mit den steigenden Kosten unseres Gesundheitssystem ergibt. Der Vorschlag einer **„bevölkerungsdynamischen Rente"**, den verschiedene Autoren zur Lösung der absehbaren Rentenprobleme schon vor längerer Zeit vorgelegt haben, ist denn auch äußerst fragwürdig und problematisch. Demnach sollte z.B. nach Meinung des bereits erwähnten Theodor Schmidt-Kaler der **Rentenversicherungsbeitrag von der Kinderzahl abhängen:** wer durch eigene Kinder seinen „Beitrag" zur Sicherung künftiger Renten geleistet hat, zahlt geringere oder gar keine Versicherungsbeiträge. Wer kinderlos bleibt, wird mit deutlich höheren Prozentsätzen seines Einkommens zur Rentenkasse gebeten. Schmidt-Kaler sieht anstelle einer 18%igen Beitragspflicht für alle einen Satz von 31% (!) für Kinderlose vor, der über 26% (1 Kind), 16% (3 Kinder) auf 0% bei 6 und mehr Kindern fallen soll. Die vielfältigen Aspekte dieser im Sinne seiner Argumentation konsequenten Forderung können hier nicht erörtert werden. Neben ethischen, politischen und moralischen Bedenken gegen eine solche „Strafsteuer" auf Kinderlosigkeit bestehen auch berechtigte Zweifel an der Wirksamkeit im Hinblick auf die beabsichtigte Hebung der Geburtenrate. Allein durch finanzielle „Hebel" wird die Fülle der Motive zur niedrigen Kinderzahl kaum zu beheben sein, ganz abgesehen davon, daß ein Erfolg dieser Regelung letztlich wieder zu einem Anstieg der Beitragssätze führen müßte, denn die laufenden Renten müssen ja in jedem Fall von der jetzt lebenden und verdienenden Generation aufgebracht werden. Die Bedenken gegenüber den Vorschlägen ändern allerdings nichts an der berechtigten Kritik der Benachteiligung kinderreicher Familien. Ihr muß unabhängig von der Rentenfrage vermehrt entgegengewirkt werden.

Die Grundrente im Vergleich der Vorstellungen der Grünen und des Modells von Meinhard Miegel/Stefanie Wahl		
	Die Grünen[1]	Miegel/Wahl[2]
System der Altersversorgung	Gleiche Grundrente für alle + obligatorische Zusatzversorgung durch Beiträge aller Erwerbstätigen an eine staatliche Versicherungsanstalt.	Gleiche Grundrente für alle + freiwillige Zusatzversorgung durch private Alterssicherung z.B. in Form von Lebensversicherungen etc.
Bezugsberechtigte	Deutsche Staatsbürger und Ausländer mit ständigem Wohnsitz in der Bundesrepublik („Wohnsitz-Ausländer"), die die Voraussetzungen erfüllen.	Deutsche Staatsbürger und Ausländer, die die Voraussetzungen erfüllen.
Voraussetzungen	Erreichen des 60. Lebensjahres. Bei Ausländern: ab 15 Jahre Aufenthalt in Deutschland 37,5% der Grundrente +2,5% für jedes weitere Aufenthaltsjahr. Volle Grundrente nach 40 Aufenthaltsjahren. Erwerbstätigkeit nicht Voraussetzung zum Bezug der Grundrente.	Erreichen des 63. Lebensjahres Mindestens 25-jährige Steuerpflichtigkeit in der Bundesrepublik für Deutsche und Ausländer. Erwerbstätigkeit nicht Voraussetzung zum Bezug der Grundrente.
Höhe der Grundrente	Mindestens DM 1000 (Kaufkraft von 1985). Keine Angaben zur „Dynamisierung" – Inflationsausgleich vorgesehen. Die Grundrente zählt zum steuerpflichtigen Einkommen, bleibt selbst aber steuerfrei.	40% des durchschnittlichen Arbeitsentgelts aller abhängig Beschäftigten. Das wären im Jahr 1985 ca. 800 DM. Die Grundrente steigt im Ausmaß des Anstiegs des Durchschnittseinkommens der abhängig Beschäftigten. Die Grundrente zählt zum steuerpflichtigen Einkommen, bleibt selbst aber steuerfrei.
Höhe der Zusatzrente	Bei 40 Versicherungsjahren (davon 3 Jahre je Kind als Kindererziehungsjahre anrechenbar) im Durchschnitt 600 DM, maximal 1500 DM (heutiger Kaufkraft).	Unbegrenzt. Abhängig von der Höhe des freiwilligen Beitrags zur privaten Alterssicherung und/oder zur sonstigen Vermögensbildung.

	Die Grünen[1]	Miegel/Wahl[2]
Bestehende Formen der Alterssicherung	Keine Angaben zur Regelung der bestehenden Ansprüche und zu deren Überleitung. Die Modellrechnungen gehen von einer Einführung der Grundrente anstelle des bestehenden Systems aus.	Laufen in einer Übergangsfrist von 25 Jahren zugunsten der neuen einheitlichen Regelung aus. Laufende Renten und erworbene Ansprüche bleiben erhalten, ihre Anpassung an die Einkommensentwicklung wird jedoch auf den Teil beschränkt, der der Grundrente entspricht.
Finanzierung	**Grundrente:** Bisherige Staatsausgaben zur Alterssicherung (einschließlich Pensionszahlungen für Beamte) + Allgemeine Wertschöpfungssteuer (4,3 %) oder Beiträge aller Erwerbstätigen. **Zusatzrente:** Einkommensabhängige Pflichtbeiträge aller Erwerbstätigen (einschl. Beamte und Selbständige) mit mtl. Brutto-Einkommen zwischen 1200 und 6600 DM (heutiger Kaufkraft), ∅-Satz: 12,5 %. Modellrechnung auf der Basis der gegenwärtigen Altersstruktur. **Keine Berücksichtigung der demographischen Entwicklung.**	**Grundrente:** Aus Steuern. **Zusatzrente:** Private Vorsorge. **Bestehende Ansprüche:** Innerhalb von 10 Jahren schrittweise Umstellung von Beitragsfinanzierung (Reduktion) auf Steuerfinanzierung (Erhöhung der indirekten Steuern). Die fallenden Beiträge vermindern zugleich die künftige Rentenanwartschaft. Anstieg der Steuerquote von 23,5 % auf 30 % bei gleichzeitigem Abbau der Arbeitnehmer- und Arbeitgeberbeiträge zur Rentenversicherung.

Quellen: [1] Grundrente statt Altersarmut. Die Grünen und die „Grauen Panther" fordern Rentenreform. Hrsg. v. d. Grünen u. d. Seniorenschutzbund „Graue Panther". Jürgen Borchert u.a., Berlin 1985, S. 77 – 97

[2] Meinhard Miegel, Stefanie Wahl, Gesetzliche Grundsicherung, Private Vorsorge. Der Weg aus der Rentenkrise (= Schriften des Instituts für Wirtschafts- und Gesellschaftspolitik), Stuttgart 1985, S. 62 – 83.

Die absehbaren Probleme der Rentenversicherung nach dem Jahr 2000 haben inzwischen zu einer ganzen Palette von Überlegungen und Reformplänen geführt, die hier nur im Hinblick auf einzelne „Bausteine" einer möglichen Reform angesprochen werden können, denn es gibt im Grunde nur eine bestimmte Anzahl von Alternativen, die miteinander verbunden werden können oder müssen.

Grundrente

Der Vorschlag, **vom jetzigen System ganz abzugehen und statt dessen für alle Bürger eine steuerfinanzierte „Grundrente" einzuführen,** über die hinaus z.B. jeder für seine individuelle Alterssicherung selbst private Vorsorge (etwa durch eine Lebensversicherung) treffen soll, wird vom jetzigen Bundesarbeitsminister abgelehnt, obwohl einer dieser Vorschläge aus

„Graue Panther" fordern Grundrente

Geschäftsführer Peuker beklagt „Greueltaten an den Alten" / Kranzniederlegung am Friedhof Hasenheide

Rund vier Millionen Rentnern in der Bundesrepublik droht nach Ansicht des Geschäftsführers des Seniorenschutzbundes „Graue Panther", Dieter Peuker, bittere Armut und damit der Gang zum Sozialamt. „Sie müssen sich beim Sozialamt nackt ausziehen und die Verdienstbescheinigung der Kinder vorlegen. Und dafür hat man vierzig Jahre gearbeitet", beklagte Peuker am gestrigen Freitag aus Anlaß des Trümmerfrauengedenktags 1991 die „Greueltaten an den Alten". Mitglieder der „Grauen Panther" hatten am Gedenkstein auf dem Friedhof Hasenheide in Neukölln einen Kranz niedergelegt.

Peuker forderte, endlich eine Grundrente von 1200 DM einzuführen. Außerdem müsse bei der Berechnung der Renten der Bürger aus den neuen Ländern berücksichtigt werden, daß der Staat dort durch billige Wohnungen, geringe Preise für Grundnahrungsmittel, kostenfreie Kinderbetreuung und ähnliches einen Ausgleich zu den im Vergleich zum Westen niedrigeren Löhnen geschaffen habe. Diese im Arbeitsleben erbrachten Leistungen gehören nach Ansicht des Verbandsgeschäftsführers zum Besitzstand der Rentenversicherungen. Sie könnten, so Peuker, in der Weise berücksichtigt werden, daß das Geld, das die Treuhand aus Betriebsveräußerungen einnimmt, in die Rentenkasse eingezahlt werde.

Da die gegenwärtige Gesetzeslage weder mit dem Einigungsvertrag noch mit der EG-Sozialcharta vereinbar sei, planen die „Grauen Panther", Klage beim Bundesverfassungsgericht und beim Europäischen Gerichtshof zu erheben. Die billige Grundversorgung der Bevölkerung in der ehemaligen DDR sei eine „andere Leistung" im Sinne des Paragraphen drei Absatz sechs des Einigungsvertrages, die nach dieser Norm bei der Berechnung der Rente berücksichtigt werden müssen.

Der Sprecher des Bonner Arbeitsministeriums wies auf Anfrage darauf hin, daß die Gesetzgebungsorgane mit der Übertragung des lohn- und leistungsbezogenen Rentensystems auf die neuen Länder gerade erst das westliche Rentensystem bestärkt hätten. Dieses beruhe auf dem Prinzip „Alterslohn für Lebensleistung". Eine Grundrente habe in einem solchen System keinen Platz. Ebensowenig seien lohnunabhängige Beiträge, etwa aus Treuhandverkäufen, denkbar. Der Sprecher betonte, daß die Renten nirgends so gestiegen sein wie in den neuen Ländern nach der Wiedervereinigung. Die Lebenshaltungskosten seien wesentlich weniger in die Höhe geschnellt.

Wie viele Rentner derzeit in der Bundesrepublik auf Sozialhilfe angewiesen sind, konnte er nicht sagen. Die neuesten Zahlen stammten von 1988, wo nach Angaben des Statistischen Landesamtes rund 350 000 Menschen wegen „unzureichender Versicherungs- und Versorgungsleistungen" auf Sozialhilfe angewiesen waren.

Der Trümmerfrauengedenktag wird in Berlin zum fünften Mal begangen, „weil die Altersarmut in Ost und West sogar die Freitodrate ansteigen läßt", wie Peuker betonte. Auch der Anlaß des Gedenktages war ein Freitod; der einer Trümmerfrau, die sich am 9. Juli 1987 in Berlin erhängte, weil sie wegen einer Mieterhöhung von 75 Mark hätte Sozialhilfe beantragen müssen. Noch zwei Wochen vorher war Ruth Niendorf als „Vorzeigetrümmerfrau" US-Präsident Ronald Reagen bei seinem Besuch in Berlin vorgestellt worden. vef

Der Tagesspiegel v. 10.7.1991

dadurch erreichte Rentenentlastung wird allerdings bei weitem nicht dies Ausmaß haben, da von den 60–65jährigen nur noch ein Teil erwerbsfähig ist und sein wird. Die in der Rentenreform '92 vorgesehene Erhöhung der Regelaltersgrenze auf 65 Jahre nach dem Jahr 2001 wird denn auch nach Expertenberechnungen weit weniger Einsparungen bringen als z.B. die durch die Reform vorgesehene Anpassung der Rentenerhöhungen an die Entwicklung der Netto-Einkommen anstelle des früheren Brutto-Prinzips. Der Effekt wird allerdings auch dadurch gemindert, daß mit der Heraufsetzung der Altersgrenzen erst relativ spät und schrittweise begonnen wird (vgl. Kasten).

Entlastung durch Wachstum. Ein weiteres reales Wachstum des Sozialproduktes pro Kopf der Bevölkerung z.B. durch eine weitere Steigerung der Arbeitsproduktivität bei anhaltendem technischen Fortschritt kann ebenfalls erheblich zur Minderung der befürchteten Belastung beitragen. Modellrechnungen von Bert Rürup zeigen,[14)] daß auch bei unveränderter „Rentenformel", d.h. einer tatsächlichen Verdoppelung der Beitragssätze unter der Annahme realer Lohnsteigerungen von 3% pro Jahr, den Versicherten immer noch Einkommenszuwächse von 120% statt sonst 140% verbleiben.

Fazit

Mit der Rentenreform '92 hat die Bundesregierung einen ersten Schritt zur Verringerung der Belastungen getan, die sich spätestens nach der Jahrhundertwende für das gesamte soziale Netz abzeichnen. In die gleiche Richtung zielte auch die Gesundheitsreform von 1989, die zumindest eine vorübergehende Entlastung der tendenziell weiter ansteigenden Versicherungsleistungen gebracht hat.[15)] Trotz der Rentenreform ist in den nächsten Jahrzehnten mit steigenden Beitragslasten zu rechnen, die ohne Reform im Jahr 2030 rd. 36% (jetzt rd. 18%), mit Reform aber immer noch etwa 27% bei steigendem Bundeszuschuß (23% der Ausgaben) erreichen werden. Dabei sind die Probleme der Rentenversicherung durch die Einbeziehung Ostdeutschlands noch nicht in Rechnung gestellt, die sich vor allem in den 90er Jahren auswirken werden. Weitere Reformschritte und Belastungen für Rentner, Beitrags- und Steuerzahler sind somit vorgezeichnet, die gegenwärtig vergleichsweise günstige finanzielle Situation der Rentenkassen darf darüber nicht hinwegtäuschen.

[14)] Bert Rürup (vgl. Literaturhinweise), S. 32–35.
[15)] Vgl. hierzu: Der Bundesminister für Arbeit und Sozialordnung (Hrsg.), Die Gesundheitsreform, Bonn 1990.

Literaturhinweise

Deutsches Zentrum für Altersfragen (Hrsg.), Die ergraute Gesellschaft, Berlin 1987.

Heinz Grohmann, Wege zur Bewahrung der langfristigen Stabilität der Rentenversicherung im demographischen, ökonomischen und sozialen Wandel. In: „Deutsche Rentenversicherung", H. 5, 1981, S. 265–290.

Rudolf Kolb, Bevölkerungsentwicklung und Auswirkungen auf die Rentenversicherung. In: Aus Politik und Zeitgeschichte. Beilage zur Wochenzeitung Das Parlament B 18/89 v. 28.4.1989.

Hans-Jürgen Krupp, Perspektiven einer Strukturreform der sozialen Alterssicherung. In: Aus Politik und Zeitgeschichte. Beilage zur Wochenzeitung Das Parlament. B 33–34/87 v. 15.8.1987.

Renate Merklein, Die Rentenkrise. Spiegel-Buch 72, Reinbek 1986.

Meinhard Miegel/Stefanie Wahl, Gesetzliche Grundsicherung. Private Vorsorge. Der Weg aus der Rentenkrise, Stuttgart 1985.

Hans-Georg Petersen, Sicherheit der Renten? (= Hintergründe 4), Würzburg 1981.

Peter Rosenberg, Das soziale Netz vor der Zerreißprobe. Ökonomische, technologische und demographische Herausforderungen, Frankfurt/M 1990 (= Fischer-Taschenbuch 10154).

Bert Rürup, Zum Problem der langfristigen Alterssicherung ... In: Aus Politik und Zeitgeschichte. Beilage zur Wochenzeitung Das Parlament. B 27/79, Juli 1979.

Theodor Schmidt-Kaler, Wie sicher sind unsere Renten? Fehler der Rentengesetzgebung – Plädoyer für eine Neuordnung. In: Aus Politik und Zeitgeschichte. Beilage zur Wochenzeitung Das Parlament. B 27/79 v. 7.7.1979.

Jürgen Spinnarke, Soziale Sicherheit in der Bundesrepublik Deutschland. 6. Aufl., Heidelberg 1991.

Peter Czada

2.5. Arm und Reich in Deutschland – Grundfragen der Verteilungspolitik

Seit knapp 200 Jahren steht die Problematik der Verteilung der gesamten Wertschöpfung einer Volkswirtschaft – des „Sozialprodukts" – in der Form von Arbeits- und Vermögenseinkommen im Mittelpunkt volkswirtschaftlicher Analysen. Es war der Engländer David Ricardo (1771–1823), der im Gegensatz zur damals vorherrschenden, von Adam Smith begründeten, Harmonielehre den Klassengegensatz hervorhob: „Die drei Klassen – Arbeiter, Unternehmer und Bodenherren – stünden in einem Gegensatz zueinander, wobei er (Ricardo) als Hauptgegensatz den zwischen Kapitaleigner und Grundeigentümer ausmachte". Und weiter: „Am zunehmenden Reichtum profitierten nicht alle Klassen der Gesellschaft" . . . (aus: Paul-H. Koesters, Ökonomen verändern die Welt, Hamburg 1983, S. 39)

Für die Volkswirte ist es eine Selbstverständlichkeit, daß heutzutage die Verteilung des Sozialprodukts, des „Volkseinkommens", auf die Lohn- und Gewinneinkommen regelmäßig ermittelt wird. Weiterhin wird untersucht,

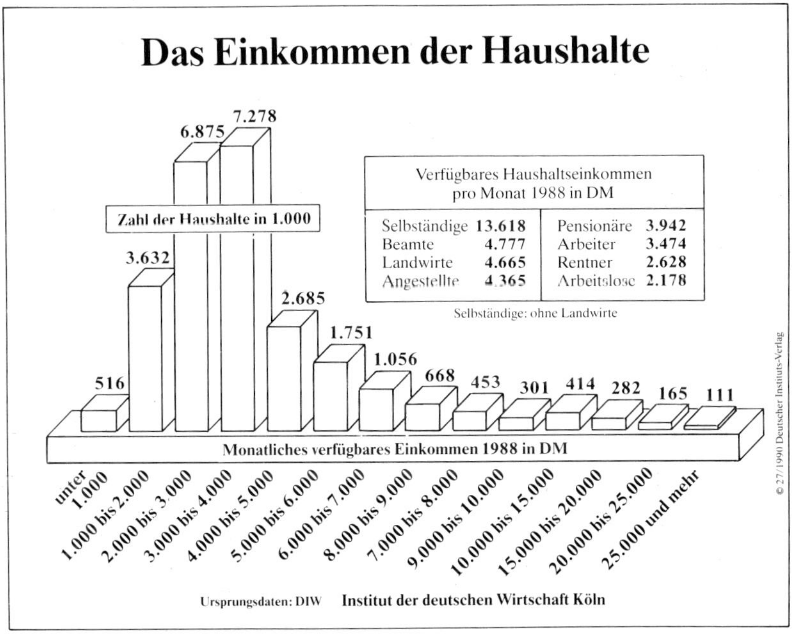

iwd 27/1990.

welche Einkommen den Haushalten zugeflossen sind. Dabei geht es um die Ermittlung von Durchschnittseinkommen nach grober sozialer Schichtung: Welche Einkommen beziehen Selbständige, Arbeiter, Beamte, Rentner? Aber auch Arbeitslose bilden vielfach eine Gruppe, deren Einkommenssituation (Einkommen aus Unterstützungen) betrachtet wird.

Bruttosozialprodukt pro Kopf als Wohlstandsmaß

Vergleichende Untersuchungen finden auch international statt. Das wichtigste Kriterium für die Bestimmung von Wohlstand ist das **„Bruttosozialprodukt pro Kopf der Bevölkerung"** als globales durchschnittliches Maß für den Reichtum bzw. die Armut einer Wirtschaftsgesellschaft. Volkswirtschaften, in denen dieses Wohlstandsmaß sehr gering ist, werden als „arme" und entwicklungsbedürftige Gesellschaften bezeichnet. So machen z.B. die Vereinten Nationen, die Weltbank und die Europäische Gemeinschaft ihre Entwicklungshilfeprojekte von der Höhe des in US-Dollar gemessenen Sozialprodukts pro Kopf des entsprechenden Dritte-Welt-Landes abhängig.

Deutschland ein Hochlohnland

Nach allen international angewandten Vergleichen – auch solchen, die sich nicht mit dem Sozialprodukt pro Kopf begnügen, sondern zusätzliche wirtschaftliche und soziale Indikatoren heranziehen – ist Deutschland einer der wohlhabendsten Staaten der Erde und ein Hochlohnland. Allerdings ist seit der Wiedervereinigung die Lage komplizierter geworden, weil es **erhebliche Unterschiede zwischen den alten und neuen Bundesländern gibt.**

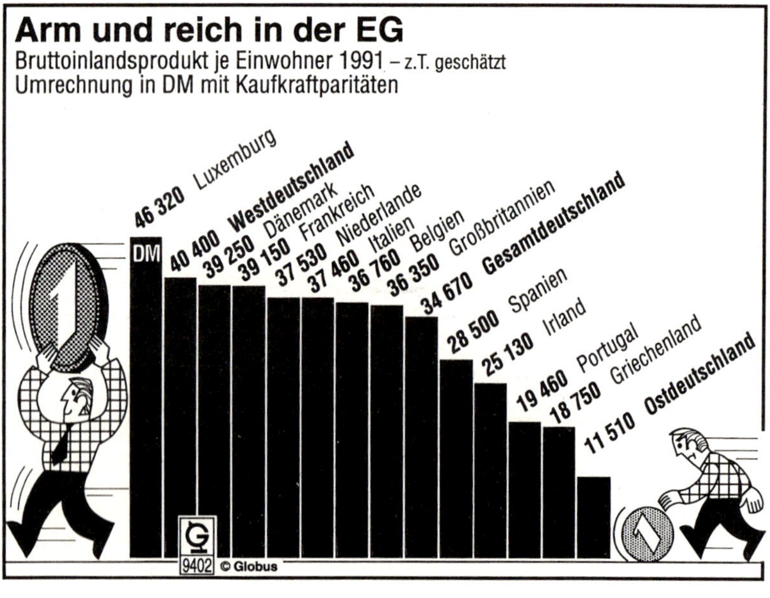

Angesichts der in Jahrzehnten der Trennung entstandenen gewaltigen Strukturunterschiede zwischen Ost- und Westdeutschland wird es vermutlich noch viele Jahre lang die statistischen und politischen Unterscheidungen zwischen West und Ost geben. Man denke nur an die viel unproblematischere Einbeziehung des Saarlandes in die damalige Bundesrepublik; getrennte Werte wurden noch ein Jahrzehnt später ausgewiesen. Dennoch kann man den Versuch unternehmen, das vereinte Deutschland in einen internationalen Vergleich zu bringen. Dabei wird erkennbar, daß **Deutschland im Durchschnitt um viele Plätze zurückgefallen ist.** Andererseits wird auch sichtbar, welchen Wohlstandsrückstand die damalige DDR in den langen Jahren realsozialistischer Politik hinzunehmen hatte. Sie lag sogar noch hinter dem „Armenhaus der EG", Portugal.

Trotz der letztlich eher geringfügigen Korrektur nach unten bleibt Deutschland ein wohlhabendes Hochlohnland. Zu erwarten ist ferner, daß die neuen Bundesländer als Folge der umfangreichen öffentlichen und privaten Investitionen sowie der heute schon stattfindenden beschleunigten Lohnanpassung an die Weltspitzenlage Westdeutschlands den Rückstand bald aufholen können. Die Frage stellt sich daher auch ohne die Besonderheiten der Wiedervereinigung: **Kann es in einer derart reichen** – bzw. wohlhabender werdenden – **Volkswirtschaft Armut geben?**

Marktwirtschaftliche Verteilungsnorm

Die marktwirtschaftliche Antwort könnte lauten: Einkommen werden grundsätzlich in Abhängigkeit von der erbrachten Leistung erworben. Man spricht daher von der **„Leistungsgerechtigkeit der marktwirtschaftlichen Einkommensverteilung"** und meint damit, daß derjenige höhere Einkommen erzielt, der als Arbeitnehmer oder Unternehmer die vom Markt geforderten Leistungen besser erbringt. Hochqualifizierte Fachkräfte erzielen demnach als Arbeitnehmer die höchsten Löhne und Gehälter; Unternehmer mit den erfolgreichsten Produkten die höchsten Gewinne. Wer schlecht oder gar nicht qualifiziert ist, oder wer als Unternehmer am Markt vorbeiproduziert, wird demgegenüber mit geringen oder gar keinen Einkommen „bestraft".

Naheliegend ist, daß es Personenkreise gibt, die überhaupt kein Markteinkommen erzielen: junge, noch nicht im Arbeitsmarkt befindliche Personen, ältere, die nicht mehr arbeiten können, Kranke und Behinderte. Diese müßten bei strenger Anwendung von „Marktgerechtigkeit" sogar radikal verelenden. Aus übergeordneten gesellschaftspolitischen Gründen wird daher eine **Umverteilung** (oder: Redistribution) **der Markteinkommen vollzogen.** Die Wohlhabenden werden zugunsten der Bedürftigen belastet, wobei die **progressive Besteuerung der Einkommen das wichtigste Mittel** ist. Progressiv bedeutet hier, daß die Belastung nach der Leistungsfähigkeit überproportional zunimmt – Bezieher hoher Einkommen zahlen nicht nur deshalb mehr, weil sie absolut höhere Einnahmen haben, sondern weil der Steuersatz mit wachsenden Einkünften zusätzlich steigt.

Redistribution
(oder Umverteilung) bezeichnet den für die modernen Sozialstaaten typischen Vorgang der Belastung hoher Einkommen und Vermögen mit dem Ziel, aus diesen Einnahmen Haushalte ohne oder mit geringen Einkommen zu unterstützen. Redistributive Maßnahmen führen somit zu einer Angleichung („Nivellierung") von Einkommen.

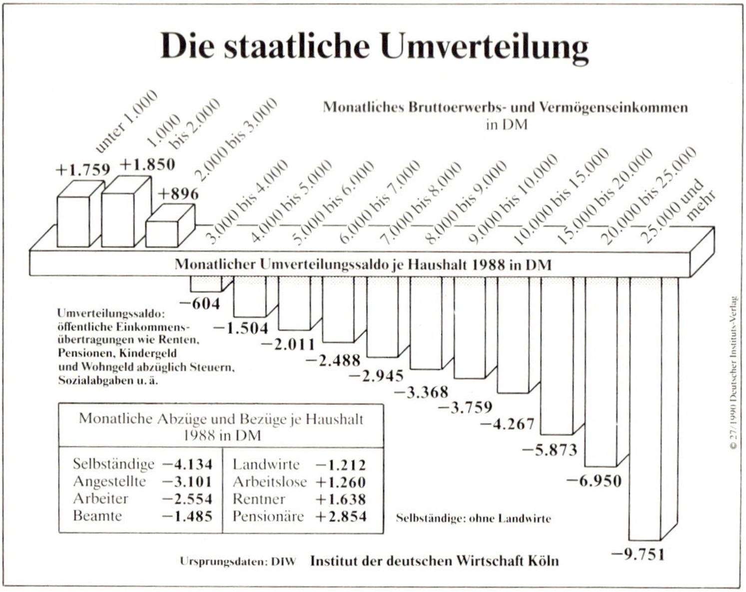

Quelle: iwd 27/1990.

Diese grafische Darstellung macht sichtbar, daß die links angeführten Haushalte mit niedrigen Einkommen monatliche Zuwendungen seitens des Staates erhalten, während die weiter rechts dargestellten Haushalte Abzüge hinnehmen müssen, die um so größer sind, je höher die Einkommen sind. Beispiel: Haushalte mit einem Bruttomonatseinkommen zwischen 1 000 und 2 000 DM erhalten im Durchschnitt monatlich 1 850 DM staatliche Zuwendungen. Haushalte mit einem Bruttoeinkommen zwischen 10 000 bis 15 000 DM müssen monatlich im Schnitt 4 267 DM abführen.

Probleme der Umverteilung

Auch wenn die staatliche Pflicht, Arme zu fördern, den Rang eines Verfassungsgebots hat (Art. 20 Abs. 1 Grundgesetz: „Die Bundesrepublik Deutschland ist ein . . . sozialer Bundesstaat"), bleibt es eine sich immer wieder neu stellende Aufgabe zu prüfen, ob

- diese Um- bzw. Sekundärverteilung den geltenden Gerechtigkeitsvorstellungen entspricht – und diese ändern sich im Zeitablauf, nicht zuletzt als Folge steigender Einkommen und Vermögen,
- eine sehr drastische Umverteilung, die sich im Ergebnis einer Gleichverteilung annähert, die Leistungsmotivation der Arbeitenden mindert – wozu Arbeitsanstrengung, wenn man doch nichts davon hat?

Letzteres Problem stellt sich deshalb, weil nur **umverteilt werden kann, was vorher von Menschen an Werten geschaffen** worden war. Je größer die Wertschöpfung – oder das Bruttosozialprodukt –, desto größer sind die tatsächlichen Möglichkeiten, den Bedürftigen zu helfen. Auch wenn dabei der Anteil der sozialen Aufwendungen am gesamten Sozialprodukt sinken mag – was als Folge der strengeren Ausgestaltung der Sozialgesetzgebung als Folge der Bonner Wende von 1982 so geschehen war –, so wuchs doch der Ausbau des Sozialstaats lange Zeit mit dem Anstieg der volkswirtschaftlichen Wertschöpfung.

Arbeits- und Vermögenseinkommen

Nicht nur Arbeitnehmergehälter und Unternehmerlohn sind Bestandteile der regelmäßigen Einkünfte, deren Höhe über Armut und Reichtum in Marktwirtschaften entscheidet. Einkommen kann man „arbeitsfrei" auch dadurch erzielen, daß man ein vorhandenes Vermögen zins- und dividendenbringend anlegt oder gewinnsteigernd als „Produktivkapital" (Maschinen, Fabrikanlagen) in Betrieben einsetzt.

Damit sind jedoch erhebliche **Ungleichheiten in der Einkommens- und Vermögensverteilung vorprogrammiert:** Je höher die Jahreseinkommen sind, desto mehr kann gespart werden. Ersparnisse bringen ihrerseits Zinseinnahmen, die erneut das Einkommen vergrößern und damit weiteres Vermögen schaffen. Der biblische Satz, „wer hat, dem wird gegeben", findet auch hier seine Erfüllung.

Betrachtet man die Einkommensverteilung in (West-)Deutschland und unterscheidet zwischen dem durchschnittlichen Jahreseinkommen eines Haushalts, der im unteren Drittel der Einkommensbezieher war (1989 = 23 780 DM/Jahr), und dem des oberen Drittels (DM 84 580/Jahr), so wird sehr bald die **unterschiedliche Sparfähigkeit** deutlich. Die Haushalte mit dem niedrigen Einkommen müssen dieses fast in voller Höhe für die Deckung ihres Lebensunterhalts einschließlich der Wohnungsmieten verausgaben, während überhaupt erst die Bezieher hoher Einkommen im größeren Umfang sparfähig werden.

Um das an einem Beispiel zu verdeutlichen: Es wird angenommen, daß der Durchschnittshaushalt des oberen Drittels der Einkommensbezieher (Jahreseinkommen DM 84 580) ca. 20% jährlich sparen kann, also etwa 17 000

DM/Jahr. Legt er diesen Betrag mit einer jährlichen Verzinsung von 8% fest an, so wächst dieser Betrag mit Zins und Zinseszins innerhalb von 11 Jahren auf über DM 300 000. Letzteres Vermögen bringt einen jährlichen Zinsertrag von über DM 24 000, wenn weiterhin 8% Zinsen im Jahr angenommen werden. Dieser Vermögensertrag erreicht dieselbe Höhe wie das jährliche Arbeitseinkommen des schlecht verdienenden Drittels aller Haushalte.

Die gesamtwirtschaftliche Größe und Entwicklung der Einkommensbestandteile zeigt die folgende Tabelle:

Einkommensentwicklung
Beträge gerundet in Mrd. DM

Jahr	Nettolöhne	Gewinn- und Vermögenseinkommen	Empfangene Übertragungen	Verfügbare Einkommen	Gewinne in % der verfügbaren Einkommen
1970	239	112	78	423	26
1975	376	157	163	696	23
1980	531	221	223	975	23
1985	600	326	262	1 188	27
1990	779	411	327	1 516	27

Quelle: Monatsberichte der Deutschen Bundesbank, Juni 1991, S. 73, und eigene Berechnungen.

Entwicklung der Lohnquote

Eine der zentralen Verteilungsgrößen ist die **„Lohnquote“.** Diese Quote ändert sich im Zeitablauf als Folge der gesamtwirtschaftlichen Entwicklung und des Beitrags der Arbeit an der Erstellung des Volkseinkommens. Generell läßt sich feststellen, daß der Anteil der Arbeit in der Wachstumsphase der Volkswirtschaft sinkt, weil die zwischen Gewerkschaften und Arbeitgebern ausgehandelten Lohneinkommen der Gewinnentwicklung grundsätzlich hinterherhinken. Im Konjunkturrückgang dagegen steigen die Lohneinkommen im Verhältnis zum (sinkenden) Volkseinkommen, weil zuerst die Gewinne zurückgehen, bevor die Unternehmer Arbeiter aus festen Arbeitsverhältnissen entlassen können. Zudem lassen sich Tariflöhne – im Gegensatz zu den Gewinnen – nicht senken; sie müssen auch bei schlechter Ertragslage in unveränderter Höhe weitergezahlt werden.

Der Sachverständigenrat gibt in seinen Jahresgutachten regelmäßig Rechenschaft über den zeitlichen Ablauf der „bereinigten Lohnquote“, die er zu einer **„Arbeitseinkommensquote“** weiterentwickelt hatte. Dabei wollte der Sachverständigenrat berücksichtigen, daß nicht nur die unselbständigen Arbeitnehmer Lohneinkommen beziehen, sondern in gewissem Um-

Bedeutung der Altersvorsorge

Das Sozialversicherungsrecht behandelt die Selbständigen- und die Arbeitnehmerhaushalte durchaus unterschiedlich, was dazu führt, daß die Vergleiche der Einkommensverteilung nicht ganz exakt sind. So wird ein großer Unterschied zwischen dem Brutto- und dem verfügbaren Einkommen der Haushalte der Unselbständigen (Arbeiter, Angestellte, in geringerem Umfang der Beamten) ausgewiesen, weil diese Haushalte der Sozialversicherungspflicht unterliegen. Damit werden die Hauptrisiken – Altersvorsorge, Krankheit, Arbeitslosigkeit – abgedeckt, wobei die anteilig von den Unternehmen und den Arbeitnehmern aufzubringenden Beiträge relativ kontinuierlich stiegen: Mußten Arbeitnehmer 1950 19,8% ihrer geringen Einkommen an die Versicherungsträger abführen (davon übernahmen die Unternehmen die Hälfte, also 9,9%), so hatten sie 1960 23,8%, 1970 26,5%, 1980 32,4% und 1990 35,6% ihrer im Laufe der Jahre beachtlich gestiegenen Einkommen für den sozialen Schutz zu bezahlen. **Als Folge der deutschen Einheit kamen auf die Sozialversicherungsträger zusätzliche Lasten hinzu** – insbesondere die Steigerung der Renten in den neuen Bundesländern und die Finanzierung der Massenarbeitslosigkeit als Folge der dortigen Strukturzusammenbrüche –, so daß der Prozentsatz der Abführungen per 1.4.1991 auf insgesamt 36,75% stieg. Nach den derzeitigen Plänen wird 1993 eine Gesamtleistung von 39,9% zu erbringen sein. Entsprechend stieg die soziale Last. Untersuchungen des DIW haben ergeben, daß die Gesamtbelastung der Lohneinkommen der Arbeiter und Angestellten durch Sozialabgaben und Steuern 1988 bei 48 bis 49% angelangt war. (Wirtschaftswoche, Nr. 25 v. 15.6.1990.)

Andererseits **erwerben die Arbeitnehmer mit diesen Aufwendungen Ansprüche,** die man insbesondere bei den Leistungen für die Altersvorsorge als vermögensähnlich bezeichnen kann: Ähnlich wie die Zinseinnahmen auf ein angespartes Vermögen erhalten die Arbeiter als spätere Rentner regelmäßige Zahlungen, die sogar kontinuierlich an die Einkommensentwicklung angepaßt werden. Bei den Selbständigen fehlt dieser Abzug von Sozialausgaben, so daß ihre verfügbaren Einkommen höher sind; sie müssen sich jedoch freiwillig versichern bzw. ein Vermögen als Alterssicherung aufbauen.

Auf die Grenzen der Aussagefähigkeit von Statistiken muß in diesem Zusammenhang besonders hingewiesen werden: Es handelt sich bei allen Angaben um **Durchschnittswerte,** die – gerade in der Gruppe der Selbständigen – erheblich um den Mittelpunkt streuen können.

Problematik der Verteilungsstatistik

In der Gruppe der Selbständigen kann es einen Künstler bzw. einen Würstchenverkäufer geben, der deutlich weniger verdient als der angestellte Chef eines Großunternehmens mit Bruttoeinkommen von einer Million DM. Letzterer ist in derselben Gruppe wie der sprichwörtliche „kleine“ Angestellte, der als Alleinverdiener mit DM 3 000 brutto seine fünfköpfige Familie ernähren muß. Die grundsätzlich vernünftige Aufteilung in Haushalte bringt Vergleichsprobleme, je nachdem, wie viele Personen zu dem Haushalt gehören und wie viele Personen des Haushalts über eigene Einkommen verfügen. Das durchschnittliche verfügbare Einkommen eines Beamtenhaushalts umfaßt das kinderlose Lehrerehepaar mit einem Jahresbruttoeinkommen von 120 000 DM genauso wie den alleinverdienenden Postschaffner, der mit 30 000 DM/Jahr noch für Frau und zwei Kinder aufkommen muß. Um jedoch zu überschaubaren Aussagen zu kommen, ist es unerläßlich, Gruppen von Einkommenbeziehern zu bilden, typische Einkommenssituationen (Löhne, Gewinne) festzuhalten und möglichst sinnvolle Durchschnitte zu ermitteln. Der Versuch, die Haushaltseinkommen auf die Mitglieder umzurechnen, könnte dafür ein Weg sein.

„Arme" Haushalte

Besonders schwierig ist die Feststellung wirtschaftlicher Not, weil die eigentlichen „armen" Haushalte keine eigene Kategorie bilden. Sie sind in der Statistik hauptsächlich in der Gruppe der Arbeiterhaushalte zu finden; hier sind auch diejenigen enthalten, die nur noch Arbeitslosenunterstützung und -hilfe beziehen. Auch bei den Sozialrentnern finden sich viele Haushalte, für die wegen der Kleinstrenten Sozialunterstützung erforderlich ist, bzw. wo ein Pflegeheimaufenthalt mit monatlichen Pflegekosten von derzeit durchschnittlich 3 500 DM (DIW-Wochenbericht 6/1991, S. 44) die Möglichkeiten des Rentners bzw. der Rentnerin bei weitem übersteigt, so daß auch hier die Sozialhilfe einspringen muß.

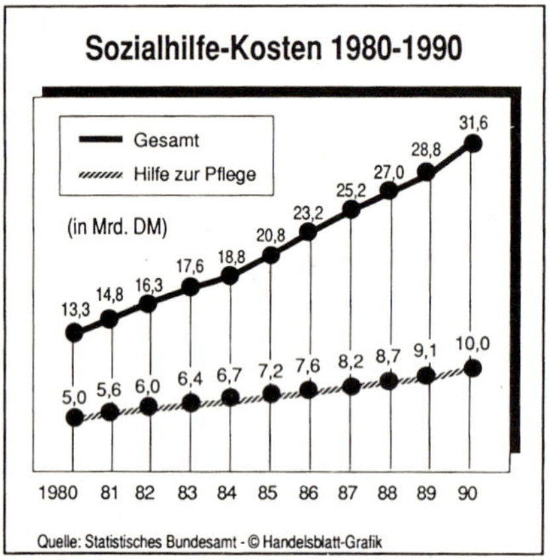

Handelsblatt v. 1.10.1991.

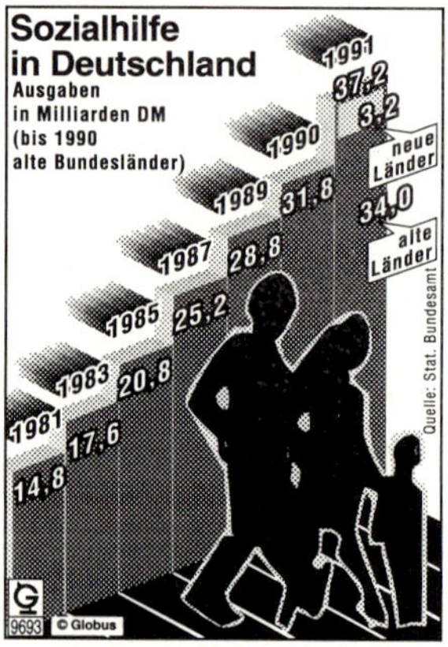

Sozialhilfe und Arbeitslosigkeit

1989 betrug die Zahl dieser armen, also auf laufende Hilfe zum Lebensunterhalt angewiesenen Personen über 3,6 Millionen; darunter waren knapp 3 Mio. Deutsche und 670 000 Ausländer. 1970 gab es nur etwa 1,5 Mio. Sozialhilfeempfänger; diese Zahl stieg bis 1980 um 650 000, also 44%, auf 2,1 Mio. Berechtigte. Die kritische wirtschaftliche Lage in der ersten Hälfte der 80er Jahre, insbesondere die stark angestiegene Arbeitslosigkeit und die sich verfestigende Langzeitarbeitslosigkeit, ließ die Zahl der Sozialhilfeempfänger bis 1989 um weitere eineinhalb Millionen (+ 69%) auf die oben genannte Zahl wachsen.

Wandel in den Familien

Besondere Bedeutung im Rahmen der Sozialhilfegewährung erlangten als Folge wachsender Lebenserwartung die Kosten für die **Pflege hilfsbedürftiger älterer Menschen** mit chronischen Erkrankungen. Die Aufwendungen für diesen Zweck betrugen Anfang der 90er Jahre etwa 10 Mrd. DM, also ein Drittel der gesamten Sozialhilfeaufwendungen. In diesen Werten spiegelt sich ein gesellschaftlicher Wandel wider, auf den die Sozialpolitik in Deutschland unabweisbar reagieren muß: Wurden früher ältere Menschen als Teil einer größeren Familie in ähnlicher Weise versorgt und gepflegt wie es heute grundsätzlich noch mit der familiengestützten Betreuung von Kindern geschieht (fast ausschließlich durch nicht bezahlte häusliche Arbeit von Frauen, die dafür weder ein unmittelbares Gehalt noch einen Rentenanspruch erwerben), so wird zunehmend die Betreuung älterer, pflegebedürftiger Menschen aus den Familien herausgelagert und buchstäblich „vergesellschaftet". Der Grund dafür liegt ganz wesentlich darin, daß die Familie immer weniger als wirtschaftliche Einheit funktioniert, die dem älteren Familienangehörigen das Recht auf das „Altenteil" gewährt, wie es das bäuerliche Eigentums- und Erbrecht als Selbstverständlichkeit kannte. Frauen arbeiten zunehmend beruflich „aus"-häusig, so daß die traditionelle Hausfrauenarbeit mit Einschluß der Kinder- und Altenpflege von ihnen nicht mehr als Hauptbeschäftigung geleistet werden kann. Hinzu kommt die wachsende Zahl von Einpersonenhaushalten, bei denen bei Erreichen hohen Lebensalters eine familieninterne Pflege schon rein definitorisch unmöglich ist.

Pflegeversicherung

Es überrascht daher nicht, daß derzeit mit großer Intensität Modelle einer **geeigneten Pflegeversicherung** in Deutschland diskutiert werden. Es geht hierbei um nichts geringeres als die „fünfte" gesetzliche Sozialversicherung nach der Absicherung bei Arbeitslosigkeit, Alter, Unfall und Krankheit. Strittig ist derzeit die Ausgestaltung der Absicherung des Pflegefallrisikos. Sozialminister Blüm fordert dafür ein **„Umlageverfahren"** nach dem Muster der Krankenversicherung; jedes Mitglied der gesetzlichen Krankenversicherung müßte eine Pflegefallversicherung abschließen, wobei sich wie bei den sonstigen Sozialversicherungen Arbeitgeber und -nehmer die Kosten teilten.

Kritisch wird vermerkt, daß damit Lohnnebenkosten und Lohnkostenbelastung des Standortes Deutschland noch weiter steigen würden. Zudem barg das Blümsche Modell aus der Sicht der Kritiker die Gefahr, daß es – wie bei der Problematik der Leistungen der Krankenversicherung generell – eine Anspruchsinflation nach sich ziehen könnte, die nicht mehr zu finanzieren wäre.

Andere Modelle, die insbesondere die Arbeitgeber vertreten, versuchen, das Pflegefallrisiko im **„Kapitaldeckungsverfahren"** abzusichern. Nach diesem Verfahren würde jeder verpflichtet werden, sich eine – meist private – Versicherung zu suchen. Aus den angesparten Kapitalbeiträgen würden dann – ähnlich wie bei der Abdeckung des Unfallrisikos beim Autoverkehr – Unterstützungsleistungen beim Eintritt des Pflegefalls geleistet werden.

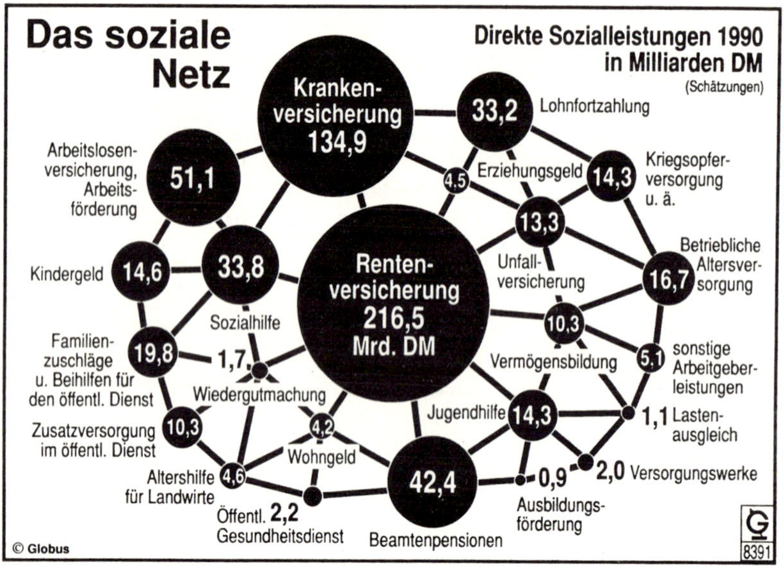
Das soziale Netz
Direkte Sozialleistungen 1990 in Milliarden DM
(Schätzungen)
Kranken-versicherung 134,9
33,2 Lohnfortzahlung
Arbeitslosen-versicherung, Arbeits-förderung 51,1
4,5 Erziehungsgeld
14,3 Kriegsopfer-versorgung u. ä.
13,3
Unfall-versicherung
16,7 Betriebliche Altersver-sorgung
Kindergeld 14,6
33,8 Sozialhilfe
Renten-versicherung 216,5 Mrd. DM
10,3
Familien-zuschläge u. Beihilfen für den öffentl. Dienst 19,8
1,7 Wiedergutmachung
Vermögensbildung
5,1 sonstige Arbeitgeber-leistungen
Jugendhilfe 14,3
1,1 Lasten-ausgleich
Zusatzversorgung im öffentl. Dienst 10,3
4,2 Wohngeld
42,4 Beamtenpensionen
0,9 Ausbildungs-förderung
2,0 Versorgungswerke
Altershilfe für Landwirte 4,6
Öffentl. 2,2 Gesundheitsdienst
© Globus
8391

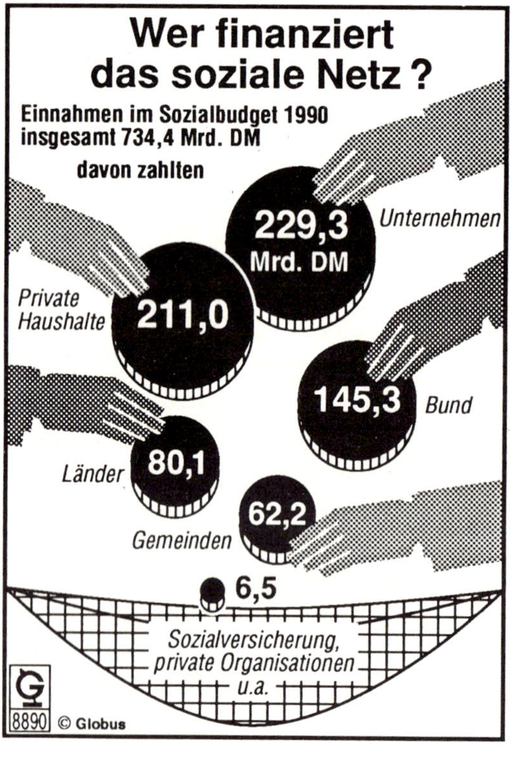
Wer finanziert das soziale Netz ?
Einnahmen im Sozialbudget 1990
insgesamt 734,4 Mrd. DM
davon zahlten
229,3 Mrd. DM Unternehmen
Private Haushalte 211,0
145,3 Bund
Länder 80,1
62,2 Gemeinden
6,5
Sozialversicherung, private Organisationen u.a.
8890 © Globus

3. Wachsende Geldvermögen führen zu entsprechend hohen Erbschaften. Damit haben diejenigen einen uneinholbaren Vorsprung, die das Glück hatten, in eine wohlhabende Familie hineingeboren zu sein. Schätzungen zufolge werden im nächsten Jahrzehnt mehr als eine Billion DM an Erben weitergegeben. Das ist im gewissen Sinne auch die Folge von mehr als vier Jahrzehnten Frieden in Europa, was die in diesem Jahrhundert in Deutschland schon zweimal eingetretene Entwertung fast aller Vermögen verhinderte.
4. Geldvermögen lassen sich durch Kapitalanlage in eine Beteiligung am Produktivvermögen (Fabriken, Anlagen, Maschinen usw.) umsetzen und eröffnen damit die Möglichkeit, an den in letzter Zeit stark steigenden Gewinneinkommen beteiligt zu werden. Auch wenn diese als Folge einer Neuberechnung des Sozialprodukts niedriger als gedacht ausgefallen sind, haben sie mit knapp 200 Mrd. DM im Jahre 1990 eine neue Rekordmarke erreicht.
5. Eine Umverteilung durch die Vermögenssteuer und die Erbschaftssteuer findet wegen der niedrigen Steuersätze – die ja zudem wegen der Eigentumsgarantie des Grundgesetzes (Art. 14) nicht so hoch sein dürfen, daß sie wie eine Enteignung auf kaltem Wege wirken – praktisch nicht statt.

Die politische Folge dieser Entwicklung ist die Herausbildung von Unterschieden, die gesellschaftspolitisch als Einstieg in die **„Zwei-Drittel-Gesellschaft"** bezeichnet wurden: Zwei Drittel zunehmend reicher werdenden steht ein Drittel relativ und absolut verarmter Menschen gegenüber.

„Relative" Armut

Diese Spaltung der Gesellschaft ist weitgehend durch die Arbeitsteiligkeit einer immer komplizierter werdenden Produktion verursacht. Sie bringt bislang unvorstellbaren Massenwohlstand für die Leistungsträger, für die Leistungsgeschwächten im scharfen Kontrast dazu leicht den Absturz in die Armut. Armut hat es in allen Phasen der Menschheitsgeschichte gegeben – wenn hier von Armut gesprochen wird, dann ist insbesondere die „Relativität" dieser Erscheinung gemeint. Arm ist, wer im Verhältnis vom vorherrschenden gesellschaftlichen Wohlstandsniveau so stark abfällt, daß er am allgemeinen Leben praktisch nicht mehr teilnehmen kann. Diese Teilhabe ist einem gesellschaftlichen Wandel unterworfen: Das Durchschnittseinkommen einer Arbeiterfamilie in der Weimarer Republik lag deutlich unter dem realen Einkommen eines Sozialhilfeempfängerhaushalts der 80er Jahre. Das Einkommen eines deutschen Arbeitslosen liegt deutlich über dem Lohn eines russischen Arbeiters. Armut wird aber immer „hier und heute" wahrgenommen. Vergleiche mit vergangenen Jahren und anderen Ländern bedeuten wenig. Letztere spielen allenfalls eine Rolle, wenn bei zu großen Unterschieden **armutsbedingte Wanderungen in die reichen Länder** stattfinden.

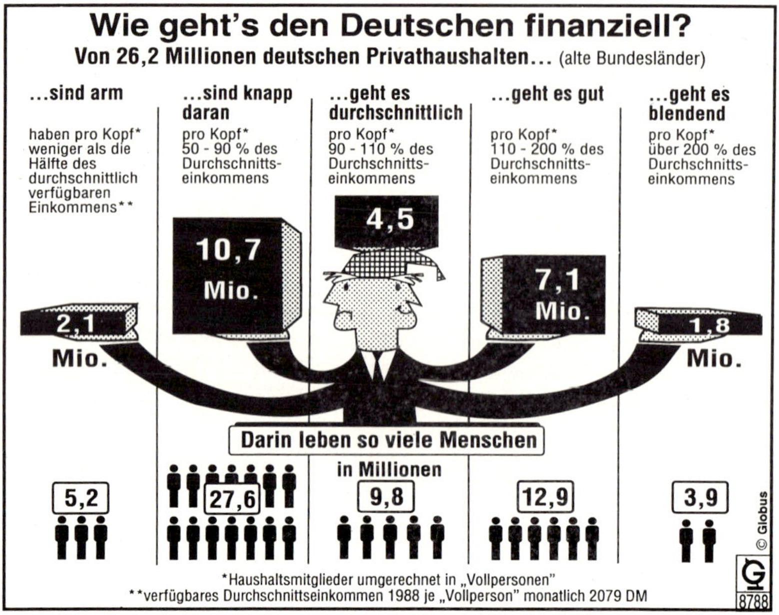

Diese **Relativitätskomponente der Armut** macht zudem deutlich, daß in Marktwirtschaften auch bei (oder wegen?) immer weiter wachsenden allgemeinen Wohlstands immer wieder Armut auftreten wird und sozialpolitisch bewältigt werden muß. Arm ist, wer beispielsweise weniger verdient als die Hälfte des Durchschnitts; der Durchschnitt wird sich in einer leistungsorientierten Gesellschaft weiter nach oben verändern und damit immer wieder Menschen hervorbringen, die diese mit nach oben wandernden 50% nicht erreichen und damit in die Kategorie Armut fallen.

Kontrovers wird der Umfang der zur Armutsvermeidung erforderlichen Umverteilung von den Wohlhabenden zu den Ärmeren in einer Marktwirtschaft sein. Solange der allgemeine Wohlstand nur durch Leistung erbracht wird, **dürfen Umverteilungsmaßnahmen Leistung nicht entmutigen bzw. behindern.** Eine derartige Entmutigung wird – wie skandinavische Beispiele nahelegen – in zu hohen Steuern und Sozialabgaben gesehen. Die Grenze jedoch, von der ab die Gesamtbelastung aus Steuerlast und Sozialabgaben in Leistungsverweigerung umschlägt, ist theoretisch nicht bestimmbar, so daß es Aufgabe der Politik ist herauszufinden, von wann an die Leistungsbereitschaft beeinträchtigt wird.

Andererseits ist jeweils neu zu bestimmen, welche Mindestausstattung jeder Haushalt haben soll. Angesichts allgemeiner Wohlstandssteigerung wird diese Grundversorgung wachsen. Steigt die Zahl der hilfsbedürftigen

Haushalte, z.B. wegen anhaltender Dauerarbeitslosigkeit, müssen die Arbeitenden immer mehr abgeben, um Renten, Sozialhilfen, Familienunterstützungen zu finanzieren.

Sozialabgaben sind Teil der Produktionskosten

Angesichts des mehr als hundert Jahre alten Systems sozialen Ausgleichs in Deutschland werden die Sozialaufwendungen zur Hälfte von den Arbeitnehmern und den Unternehmern gezahlt. Für letztere sind die Sozialausgaben ein Teil der Produktionskosten, der als sog. Lohnnebenkosten in der Kostenrechnung und der Preiskalkulation erscheint. Die Unternehmen sind gezwungen, für alle ihre Kosten Erstattung am Markt zu finden. Sie werden daher versuchen, die steigenden Sozialaufwendungen durch Preiserhöhungen auszugleichen. Das heißt jedoch, daß die **Kosten des Sozialstaats über die Preise letztlich von der Gesamtheit aller Endverbraucher getragen** werden.

Abbau von Arbeitsplätzen

Die Analyse der wirtschaftlichen Wirkungen des Sozialstaats ist damit noch nicht abgeschlossen. Da die betrieblichen Sozialkosten als Zuschlag zu den Löhnen kalkuliert werden, verteuern sie den Einsatz menschlicher Arbeit in den Unternehmen. Daraus entwickelte sich der Anreiz, die teurer gewordene Arbeit so weit wie möglich durch Maschinen zu ersetzen. Volkswirtschaftlich bedeutet das den Abbau von Arbeitsplätzen, weil Menschen durch Sachkapital ersetzt und arbeitslos werden. Müssen immer weniger Beschäftigte für immer mehr Arbeitslose aufkommen, führt kein Weg an Beitragserhöhungen vorbei. Damit steigen die Sozialkosten weiter, und der Druck auf zusätzlichen Personalabbau durch „sozialkostenfreie" Maschinen bzw. Verlagerung der Produktion ins Ausland nimmt zu.

Pläne, die Abführung von Sozialabgaben von der Zahl der im Betrieb Beschäftigten zu lösen, haben hier ihre Wurzel. Das dafür vorgeschlagene Mittel einer **„Maschinensteuer"** wurde jedoch bislang von der Bundesregierung mit Hinweis auf davon ausgehende nachteilige Wirkungen (Verteuerung des Sachkapitaleinsatzes und damit Behinderung der notwendigen Umstrukturierung und Modernisierung der deutschen Volkswirtschaft) abgelehnt.

Nicht nur die Unternehmen klagen über die wachsenden Soziallasten – auch für die Arbeitnehmerhaushalte wird die anteilig zu tragende Last immer schwerer. Das erklärt das **Wachstum der Schattenwirtschaft:** Verschiedenste wirtschaftliche Aktivitäten bis hin zu systematischer Schwarzarbeit gehen am offiziellen System der sozialen Sicherung und der Besteuerung vorbei. Auch hier wirkt der Ausstieg erschwerend für die im sozialen System Verbleibenden: Höhere Beiträge müssen her, um die Ausfälle auszugleichen, was seinerseits zusätzlichen Ausstieg anregt. (vgl. hierzu Kapitel 3.2.)

Angehörige der Schattenwirtschaft erhalten keine offiziell registrierten Einkommen, so daß sie auch keine Sozialabgaben bezahlen müssen, aber auch keine entsprechenden Versicherungsleistungen empfangen. Sie sind nur zu den sozialen Leistungen berechtigt, die als „Netz unter dem sozialen Netz“ angeboten werden: Die Sozialhilfe in der Form der „Hilfe zum Lebensunterhalt“ und als „Hilfe in besonderen Lebenslagen“. Darauf haben sie einen vom Bundessozialhilfegesetz verbrieften Rechtsanspruch. Andererseits sind sie (oder engere Angehörige) grundsätzlich zur Zurückzahlung der empfangenen Zuwendungen verpflichtet (auch wenn dieser Anspruch häufig nicht durchgesetzt werden kann). Sie sind weiterhin verpflichtet, alles in ihrer Kraft Stehende zu tun, um aus ihrer Notlage herauszukommen. Sie sind auch verpflichtet, gemeinwohlorientierte Arbeit, die ihnen das Sozialamt nachweist, auszuüben.

Sozialstaat als Wohlfahrtsstaat

Soziale Hilfe für Bedürftige wird in Deutschland nach dem Grundsatz geleistet, der unter der Bezeichnung **„Subsidiaritätsprinzip“** seit dem 19. Jahrhundert bekannt ist: In Übernahme der liberalen Konzeption vom selbst verantwortlichen Individuum, das seine Lebensplanung nach eigenen Interessen verfolgt, hat jeder für sich selbst und seine Angehörigen zu sorgen. Die Gemeinschaft soll nur insoweit eingreifen, wie eine Eigenversorgung nicht möglich ist. **Das unterscheidet die soziale Marktwirtschaft von einem Wohlfahrtsstaat** traditioneller skandinavischer Prägung, der den Anspruch erhebt, in Durchsetzung eines Gleichheitsanspruchs jedem die Sorge um die Existenz- und Zukunftssicherung weitgehend abzunehmen – also auch denen, die das weder wollen noch benötigen. Der Wohlfahrtsstaat muß in Erfüllung seiner weitreichenden Aufgaben besonders intensiv in die

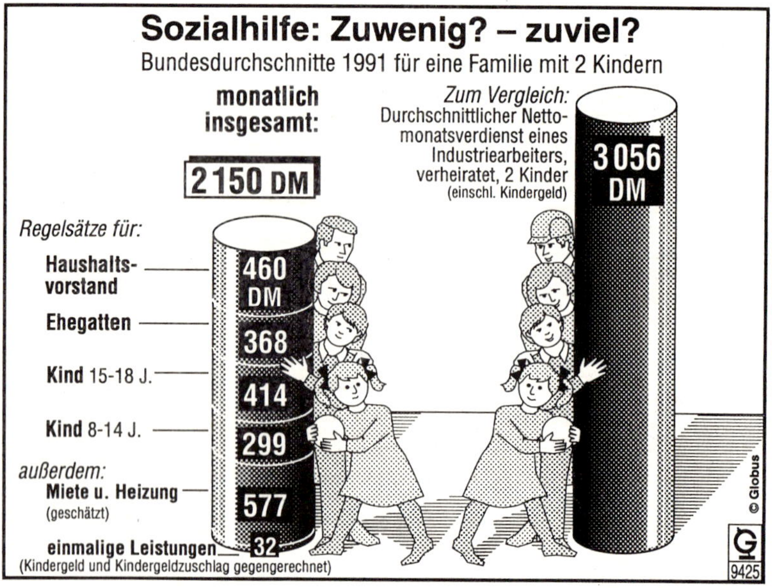

Lebensgestaltung und die wirtschaftliche Leistungsfähigkeit seiner Bürger eingreifen, um die umfassende Um- und Gleichverteilung der materiellen Ausstattung seiner Bevölkerung zu erreichen. Dementsprechend erreichen die einkommenbezogenen Steuern und die Sozialabgaben in Wohlfahrtsstaaten eine Höhe, von der die als hoch empfundene Sozialleistungsquote in Deutschland noch weit entfernt ist.

Wohlfahrtsstaaten, aber auch die soziale Marktwirtschaft, können mit zunehmendem Umverteilungsanspruch in eine kritische Lage hineingeraten: Je „sozialer" man sein will und damit die arbeitsfreien Sozialeinkommen anhebt, desto geringer werden die Einkommensunterschiede zu den Werktätigen, die als nicht gelernte Arbeitskräfte („Hilfsarbeiter") nur wenig verdienen. Modellrechnungen zeigten für die Bundesrepublik, daß die **Sozialhilfeeinkommen dicht an den Nettoverdienst eines Hilfsarbeiters heranreichen.** Das gilt insbesondere auch deshalb, weil die Sozialhilfe neben den Barzahlungen zahlreiche ergänzende Leistungen zuläßt – die Übernahme der Mietkosten, Kleider-, Hausrat-, Brennstoff-, Möbelhilfen usw. Es läßt sich nicht verhindern, daß Bezieher niedriger Arbeitseinkommen hier Vergleiche anstellen und sich fragen, ob es nicht wirtschaftlicher wäre, die Arbeit sein zu lassen, Sozialhilfe zu beanspruchen und das Einkommen mit gelegentlicher steuer- und sozialversicherungsfreier Schwarzarbeit aufzubessern?

Gegenteilige Verhaltensweisen sind weit verbreitet bei älteren Leuten, die auch dann Sozialhilfeansprüche zurückweisen, wenn diese ihnen gesetzlich ohne Belastung ihrer Kinder zustünden. Es gilt diesen Menschen als unehrenhaft, nach einem langen arbeitsreichen Leben im Alter zur Sozialhilfe gehen zu müssen. Politisch ist dieses Problem, das nach Schätzungen die Hälfte aller anspruchsberechtigten Rentnerhaushalte umfassen soll, durch Maßnahmen gegen die **„verschämte Altersarmut"** anzugehen.

Die sozio-ökonomische Sichtweise, also die gleichzeitige Analyse von volkswirtschaftlichen und gesellschaftlichen Zusammenhängen, läßt erkennen, daß der oben angesprochene Widerspruch zwischen Leistungsfähigkeit und Sozialansprüchen in längerer Sicht nicht besteht. Dafür sprechen zwei Gründe:

Soziale Sicherheit bringt Leistungsbereitschaft

1. Länder mit gravierender sozialer Ungleichheit weisen **leistungshemmenden sozialen Sprengstoff** auf. Arme, um jede Lebensperspektive gebrachte Menschen holen sich gewaltsam, was ihnen Macht und Gesetze der Reichen vorenthalten. Wachsende Kriminalität und innere Aufrüstung behindern die Wohlstandsmehrung – unabhängig davon, daß die Reichen ihren Luxus vielfach nur in teuer bewachten Ghettos genießen können.

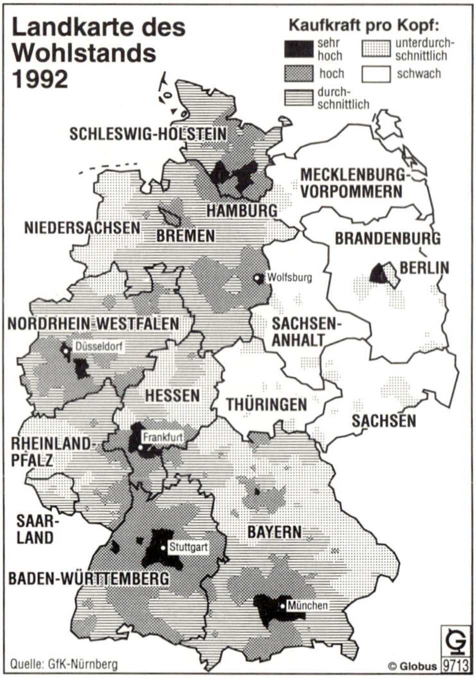
Landkarte des Wohlstands 1992
Kaufkraft pro Kopf:
sehr hoch
unterdurchschnittlich
hoch
schwach
durchschnittlich
SCHLESWIG-HOLSTEIN
MECKLENBURG-VORPOMMERN
HAMBURG
NIEDERSACHSEN
BREMEN
BRANDENBURG
BERLIN
Wolfsburg
NORDRHEIN-WESTFALEN
SACHSEN-ANHALT
Düsseldorf
HESSEN
THÜRINGEN
SACHSEN
RHEINLAND-PFALZ
Frankfurt
SAARLAND
BAYERN
Stuttgart
BADEN-WÜRTTEMBERG
München
Quelle: GfK-Nürnberg
© Globus 9713

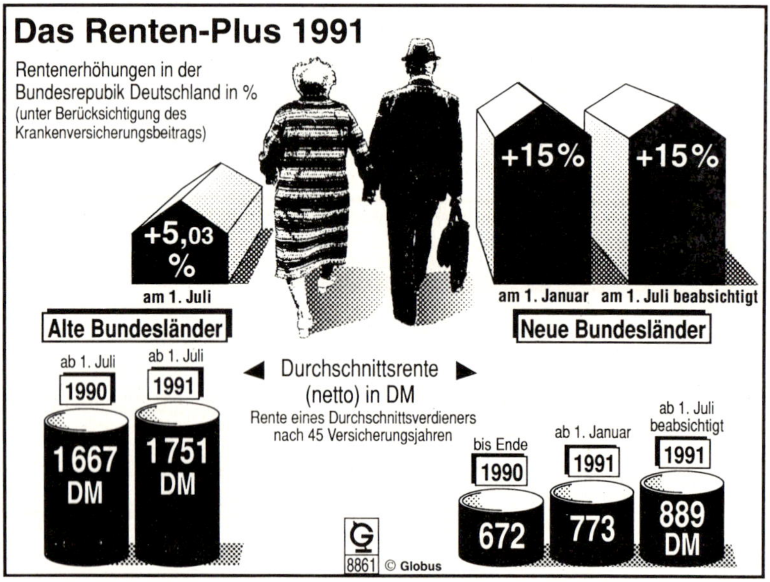
Das Renten-Plus 1991
Rentenerhöhungen in der Bundesrepubik Deutschland in %
(unter Berücksichtigung des Krankenversicherungsbeitrags)
+5,03 %
am 1. Juli
Alte Bundesländer
+15%
+15%
am 1. Januar
am 1. Juli beabsichtigt
Neue Bundesländer
ab 1. Juli 1990
ab 1. Juli 1991
Durchschnittsrente (netto) in DM
Rente eines Durchschnittsverdieners nach 45 Versicherungsjahren
1 667 DM
1 751 DM
bis Ende 1990
ab 1. Januar 1991
ab 1. Juli beabsichtigt 1991
672
773
889 DM
8861 © Globus

2. Die Leistungsfähigkeit und internationale Wettbewerbsfähigkeit von Volkswirtschaften hängen u.a. davon ab, wie schnell diese Wirtschaftsgesellschaften technischen Fortschritt in neue Produktionsverfahren und die Herstellung neuartiger Produkte umsetzen. Je größer der soziale Schutz und die Sicherung vor Verelendung infolge von Rationalisierungsmaßnahmen, desto größer ist die **Bereitschaft, sich kollektiv den technologischen Herausforderungen zu stellen.** (Das im Gegensatz zur Zeit der „Maschinenstürmer" vor zweihundert Jahren, als die Menschen die existenzvernichtenden Spinnmaschinen und mechanischen Webstühle zerstörten.)

Abschließend soll die **Situation im wiedervereinten Deutschland** betrachtet werden. Durch den nach Art. 23 des Grundgesetzes vollzogenen Beitritt der ehemaligen DDR zur Bundesrepublik gilt mit einer Reihe von Übergangsbestimmungen die oben dargestellte Sozial- und Verteilungspolitik im gesamten Staatsgebiet. Betrachtet man die deutsche „Wohlstandskarte", so wird der Unterschied in der Kaufkraft der Bevölkerung deutlich erkennbar: Das Beitrittsgebiet ist wohlstandspolitisch eine weiße Fläche!

Gleiche Einkommen durch gleiche Leistung

Der Weg zum Ausgleich der Einkommensunterschiede geht langfristig nur **über erhöhte wirtschaftliche Leistung in den neuen Bundesländern.** Kurzfristig können Einkommensübertragungen von den reichen in die armen Länder helfen; das war zu Beginn der 90er Jahre deutlich erkennbar in den Renten- und Lohnerhöhungen im Beitrittsgebiet, denen keine entsprechende Steigerung der gesamtwirtschaftlichen Leistung gegenüberstand. Im Gegenteil, die problematische Ungleichverteilung zwischen Ost und West vergrößerte sich mit Produktionsrückgang und wachsender Arbeitslosigkeit in den neuen Ländern weiter. Wie in Westdeutschland waren auch in Ostdeutschland die von Arbeitslosigkeit betroffenen Haushalte diejenigen mit den geringsten Chancen, Einkommen zu erzielen, aus denen sich ein Vermögensaufbau finanzieren ließ.

Bei den Alterseinkommen ist die **unterschiedliche Höhe der Renten Ost und Renten West deutlich sichtbar;** deshalb versuchte die Bundesregierung, durch besonders hohe prozentuale Steigerungen bei den Ostrenten die Defizite einzuebnen. Anfang der 90er Jahre waren dennoch die Renten im Osten Deutschlands durchschnittlich nur halb so hoch wie im Westen.

Größere Angleichung bei Familieneinkommen

Gelegentlich ist die tatsächliche Einkommenssituation im Ost-West-Vergleich besser als ihr Ruf. So stellte der Vorsitzende der Gewerkschaft Handel, Banken, Versicherungen, Manfred Müller, nach der im April 1991 vereinbarten schrittweisen Angleichung der Einzelhandelsgehälter im Ostteil Berlins an die Westgehälter fest, daß die Menschen im Ostteil „vom Familieneinkommen her mit dem Westen gleichgezogen" hätten (Der Tagesspiegel v. 10.4.1991). Der Anstieg der Gehälter auf 75% der Westgehälter ab 1.1.1992 bedeutete bei deutlich niedrigeren Mieten im Ostteil, daß die nach Mietzahlung verfügbaren Einkommen bei den Einzelhandelsverkäuferinnen im Osten sich nicht von denen im Westen unterschieden.

Literaturhinweise
Heinz-Dieter Hardes, Fritz Rahmeyer, Alfons Schmid, Volkswirtschaftslehre. Eine problemorientierte Einführung, 17. Aufl., Tübingen 1990, Kap. 4, Einkommensverteilung.
Dietmar Kath, Sozialpolitik, in: Vahlens Kompendium der Wirtschaftstheorie und Wirtschaftspolitik, Bd. 2, 4. Aufl., München 1990.
Heinz Lampert, Die Wirtschafts- und Sozialordnung der Bundesrepublik Deutschland, 10. Aufl., München 1990.
Sachverständigenrat zur Begutachtung der gesamtwirtschaftlichen Entwicklung, Jahresgutachten. In den Jahresgutachten des Sachverständigenrates wird regelmäßig über die Entwicklung der Verteilungsrelationen berichtet.
Josua Werner, Verteilungspolitik, Stuttgart 1979.

Michael Tolksdorf

3. Wirtschaftskrise und Arbeitslosigkeit

3.1. Die „Arbeits"-Gesellschaft ohne Arbeit – Massenarbeitslosigkeit als Dauerschicksal?

In der Wochenzeitschrift „Die Zeit" vom 26.11.1982 stellte der liberale Sozial- und Wirtschaftswissenschaftler Ralf Dahrendorf kategorisch fest: „Die Arbeitsgesellschaft ist am Ende!" Infolge des Einsatzes neuer technischer Verfahren gehe unserer Gesellschaft genau das aus, was sie wesentlich präge: Arbeit. Arbeiter brauche sie immer weniger, denn höchst leistungsfähige Maschinen würden die Produktionsarbeit von den Menschen übernehmen. Und da die meisten Haushalte reichlich mit Haushaltsgeräten, Autos, Häusern und Wohnungen ausgestattet seien, bestünde zudem wenig Bedarf an wachsender Produktion. Womit also soll man Arbeitnehmer noch beschäftigen können?

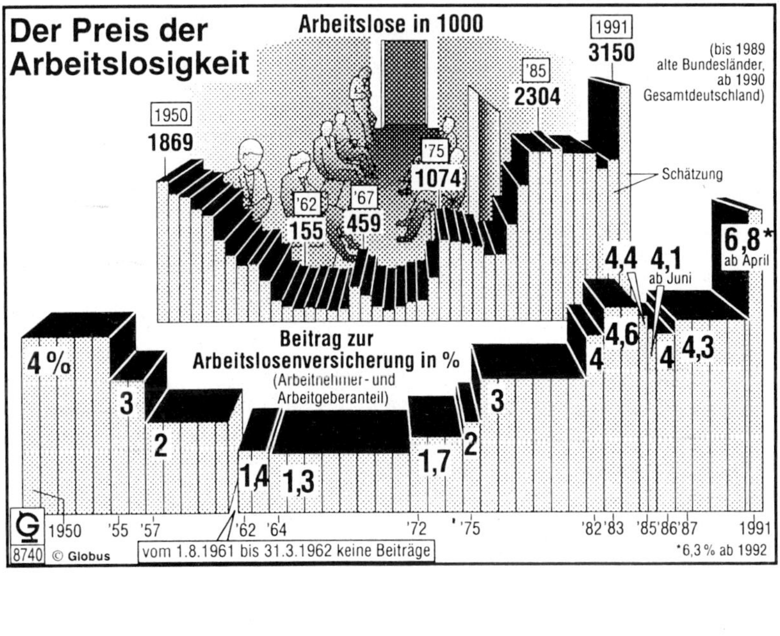

„Scherentheorie": Produktivität wächst stärker als Sozialprodukt

Ralf Dahrendorf hat provozierend ausgesprochen, was seit einer Reihe von Jahren in der Bundesrepublik unter dem Begriff **„Scherentheorie"** diskutiert wird. Die „Schere" zwischen **Wachstum des Bruttosozialprodukts** und der **Arbeitsproduktivität weite sich aus.** Die Arbeitsproduktivität, also die Leistung je eingesetzter Arbeitskraft, steige als Folge der technischen Neuerungen stärker als die absetzbaren Warenmengen.

Bruttosozialprodukt
Das Bruttosozialprodukt (BSP) ist die gesamte Wertschöpfung einer Volkswirtschaft innerhalb eines Zeitraumes (häufig: ein Jahr), gemessen am Marktwert der Waren und Dienste. Von den Produktionswerten werden zur Vermeidung von Doppelzählungen die Vorleistungen abgezogen. So wird z.B. der Wert des Stahls in einem Auto nicht zweimal (bei der Produktion in der Automobilfabrik und im Stahlwerk) erfaßt. Vielmehr hat die Automobilfabrik den Wert des eingesetzten Stahls bei der Ermittlung ihrer Wertschöpfung als Vorleistung abzuziehen. Das BSP gilt als allgemeinster Maßstab für die wirtschaftliche Leistungsfähigkeit einer Volkswirtschaft.

Produktivität
ist eine Kennziffer, die das wirtschaftliche Ergebnis in Beziehung setzt zu den Faktoren, die das Ergebnis hergestellt haben. Beispielsweise bedeutet Arbeitsproduktivität als volkswirtschaftlicher Begriff, daß das Sozialprodukt auf die Zahl aller eingesetzten Arbeitskräfte bezogen wird. Das beantwortet die Frage, wie groß der produktive Beitrag eines jeden Beschäftigten ist. Produktivitätsanstieg heißt, daß sich die Wertschöpfung in bezug auf den Arbeitseinsatz erhöht. Oder umgerechnet: Ein angestrebtes Resultat kann mit einer geringeren Einsatzmenge von Arbeit hergestellt werden.

Wie die folgende Tabelle zeigt, ist im betrachteten Zeitraum von drei Jahrzehnten in der alten Bundesrepublik die Wertschöpfung real gestiegen, wobei die durchschnittlichen jährlichen Raten konjunkturell unterschiedlich waren. Im Zeitraum von 1980–1984, in dem als Folge des sog. „zweiten Ölpreisschocks“ und des „Zusammenbruchs der Weltkonjunktur“ der größte Wachstumseinbruch der Nachkriegszeit zu verzeichnen war, war die Wertschöpfung sogar geschrumpft (negatives Vorzeichen). Die Arbeitsproduktivität dagegen stieg in der gesamten Zeit an. Ihr Zuwachs war häufig größer als das Wachstum der Wertschöpfung bzw. der Produktion.

Als Konsequenz öffnete sich häufig eine für die Beschäftigung „negative“ Schere: Die Leistungsfähigkeit der eingesetzten Arbeit wuchs stärker als die in den Augen der Unternehmer absetzbare Produktion. Dadurch entstand ein ständiger **Druck auf die Zahl der Beschäftigten** – auch ohne unmittelbare Entlassungen in der Form eines langsamen Abschmelzens der Belegschaften, z.B. indem nicht alle Abgänge in gleicher Zahl durch Neueinstellungen ersetzt wurden. Gesamtwirtschaftlich zeigte sich das in einem nicht mehr abbaubaren Bestand an Arbeitslosigkeit.

Diese Erfahrung kommt für die Bundesrepublik später als in den vergleichbaren westlichen industrialisierten Ländern. Als Ergebnis der Kriegs- und unmittelbaren Nachkriegszeit bestand ein außergewöhnlich großer Nachholbedarf für die gesamte Bevölkerung unseres Landes.

Interessant als Grundlage für weitere Bemühungen, das Phänomen der Arbeitslosigkeit zu erklären und dementsprechende Therapien zu entwickeln, ist die nach einem amerikanischen Wirtschaftswissenschaftler benannte „Okun-Kurve". Diese stellt einen statistisch aufzeigbaren **Zusammenhang zwischen der Arbeitslosenquote und der Kapazitätsauslastung** dar: Je höher die Kapazitäten einer Volkswirtschaft ausgelastet sind, desto geringer ist die Arbeitslosigkeit. Fällt die Kapazitätsauslastung als Folge abnehmender wirtschaftlicher Aktivität – z.B. wegen allseits gesättigter Nachfrage –, dann steigt die Arbeitslosigkeit.

Bemerkenswert dabei ist, daß danach **Vollbeschäftigung bestenfalls im glücklichen Jahr der Vollauslastung der Produktionsanlagen erwartet** werden kann – wenn überhaupt. Denn schon eine 90prozentige Auslastung der Kapazitäten stellt eine selten erreichte Nutzung des gesamten Produktionspotentials einer Volkswirtschaft dar; da dieser Wert als Durchschnitt gilt, müßten dementsprechend zahlreiche Branchen bei völliger Auslastung produzieren.

Kapazitätsauslastung und Arbeitslosigkeit

Tatsächlich war die konjunkturelle Abschwungsphase von 1971–1975 durch zunehmende Arbeitslosigkeit und fallende Auslastungen charakterisiert, was dem vorab vermuteten Reaktionszusammenhang entsprach. Der unter Hinnahme einer Staatsverschuldung von Hunderten von Milliarden D-Mark wirtschaftspolitisch veranlaßte Aufschwung der zweiten Hälfte der 70er Jahre „schaffte" denselben Weg nach oben nicht mehr. Die Produktion nahm um sieben Prozentpunkte (1975: 78% Auslastung; 1979: 85% Auslastung) zu, während die Arbeitslosigkeit nicht einmal um einen Prozentpunkt gesenkt werden konnte. Die weltweite Krise in der ersten Hälfte der 80er Jahre bewirkte einen dramatischen weiteren Abschwung vom Vollbeschäftigungsziel, was sich auch durch eine von 1983 bis in die 90er Jahre andauernde, ununterbrochene Wachstumsphase nicht korrigieren ließ: Der Wirtschaftsaufschwung brachte 1983 noch einen Zuwachs an Arbeitslosigkeit („Spät"-Indikator – trotz Aufschwung noch Zunahme der Entlassungen), und fünf weitere Jahre lang verharrte die Arbeitslosigkeit auf demselben Niveau, um 9%. Erst nach 1988 bei weiterer Ausweitung der Produktion durch noch bessere Auslastung gelang eine knappe Reduzierung der Arbeitslosenquote – dank der Zusatznachfrage der DDR-Bevölkerung im Jahre 1990. Ohne diese Sonderentwicklung hätte damit gerechnet werden müssen, daß das Wachstum in der Bundesrepublik sich dem der EG-Partner angepaßt hätte. Und das wies bei steigender Arbeitslosigkeit nach unten.

Irritierend ist dabei die weitere Entfernung der Okun-Kurve vom Urspung des Koordinatensystems weg. Das heißt nichts anderes, als daß sich Vollbeschäftigung immer weniger allein durch Produktionswachstum wieder herstellen läßt. Würde diese Kurve auch für die Zukunft gelten, dann müßte Deutschland einen **andauernden Sockel von sechs, oder vielleicht zehn**

Prozent Arbeitslosigkeit auch dann hinnehmen, wenn die Konjunkturentwicklung auf dem Höhepunkt steht. An die im Konjunkturabschwung zu erwartenden Werte soll hier nicht einmal gedacht werden.

Jugendarbeitslosigkeit

Ergänzend soll darauf hingewiesen werden, daß sich die Arbeitslosenstatistik je nach Erkenntnisziel noch weiter aufgliedern läßt. Besonders wichtig für jede Volkswirtschaft ist der Nachweis, daß und in welchem Umfang nachwachsende Generationen in den Arbeitsmarkt integriert werden können. Daher gilt die Jugendarbeitslosigkeit als eine wichtige Kennziffer. Betrachtet man die hier vorgestellte Entwicklung für ein Bundesland (bei Übertragbarkeit der Ergebnisse auf die Gesamtwirtschaft), so fällt auf, daß sich der Anteil der arbeitslosen Jugendlichen an der Gesamtzahl aller Beschäftigungslosen in den letzten Jahren verringert hat. In absoluten Werten ist er noch stärker gefallen: Betrug er auf dem Höhepunkt der Jugendarbeitslosigkeit (bis zum 25. Lebensjahr) 1983 noch 623.000 für die Bundesrepublik, so fiel die Zahl 1989 auf 324.000. Der Rückgang setzte sich zu Beginn der 90er Jahre fort. Im vereinten Deutschland werden sich die Zahlen negativ verändern, weil die ostdeutschen Jugendlichen angesichts der hohen Arbeitslosigkeit in den neuen Bundesländern stärker vom Arbeitsplatzverlust oder dem Nichteintritt in den Arbeitsmarkt betroffen sind.

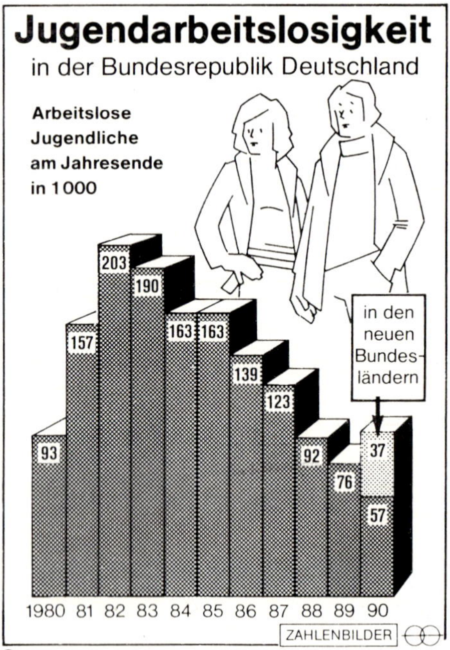

 0 258 310

Offene Stellen

Dennoch ist es für die Analysen unzureichend, den Arbeitsmarkt nur aus der Sicht der Arbeitslosigkeit zu betrachten. Es ist vielmehr wichtig, auch die „Angebotsseite“, also den Zugang oder Abgang an Erwerbspersonen, zu betrachten. Zum Arbeitsmarkt gehören zudem die nicht besetzten Stellen, aus deren Entwicklung die Wirtschaftspolitiker Erkenntnisse über die Lage am Arbeitsmarkt und notwendige Eingriffe ableiten können.

Zugänge und Abgänge

Sehr wichtig sind ebenfalls die Daten über die Zu- und Abgänge aus der Arbeitslosigkeit; so muß dem Eindruck entgegengewirkt werden, daß die gemeldeten Arbeitslosen das ganze Jahr über ohne Beschäftigung waren. Vielmehr registriert die Bundesanstalt für Arbeit jede Bewegung, so daß es in der Masse der Fälle vorkommt, daß Leute nur wenige Wochen zwischen der Aufgabe eines Arbeitsplatzes und der Aufnahme des neuen als arbeitslos registriert waren. Jährlich gab es in der alten Bundesrepublik etwa **vier Millionen Fälle von entstehender und entsprechend überwundener Arbeitslosigkeit** als Folge eigener Stellensuche oder Vermittlung durch das Arbeitsamt. Eine Ausnahme von dieser Regel machen nur – wie der Name bereits sagt – die Dauerarbeitslosen. Hier ist eine Weitervermittlung bei Zunahme von Lebensalter und beruflicher Dequalifikation sehr schwierig und erfordert dementsprechend einzelfallbezogene Qualifizierungs- und Berufswiedereinstiegsprojekte.

Die Arbeitsmarktdaten der Bundesanstalt für Arbeit in der Aufbereitung durch den Sachverständigenrat (Jahresgutachten 1990/91):

Arbeitsmarkt in Westdeutschland
Jahresdurchschnitte
(alle Zahlenangaben in Millionen)

Jahr	Abhängig Beschäft.	Selbständige	Arbeitslose	Kurzarbeiter	Offene Stellen	Arbeitslosenquote (in %)
1960	20,3	6,0	0,3	0,00	0,47	1,3
1965	21,8	5,1	0,1	0,00	0,65	0,7
1970	22,2	4,4	0,1	0,01	0,8	0,7
1975	22,5	3,6	1,1	0,77	0,24	4,6
1980	23,9	3,2	0,9	0,14	0,31	3,6
1985	23,6	3,0	2,3	0,24	0,11	8,9
1986	23,9	3,1	2,2	0,2	0,15	8,5
1987	24,1	3,0	2,2	0,28	0,17	8,5
1988	24,4	3,0	2,2	0,21	0,19	8,4
1989	24,8	3,0	2,0	0,11	0,25	7,6
1990	25,4	3,0	1,9	0,06	0,32	6,9

Betrachtet man die angegebenen Werte in ihrem zeitlichen Ablauf, so fällt auf, daß sich **Zunahme von Beschäftigung und Rückgang der Arbeitslosigkeit nicht mehr entsprechen.** Als Beispiel: Gegenüber 1983 ist im Jahre 1990 die Zahl der abhängig Beschäftigten um etwa zwei Millionen angestiegen; die Arbeitslosigkeit, die 1983 bei 2,3 Millionen lag und damit nur geringfügig höher war, ist damit nicht etwa verschwunden. Sie liegt weiterhin bei 1,9 Millionen.

Zur Erklärung für diese paradoxe Entwicklung ist die Angebotsseite des Arbeitsmarkts heranzuziehen. Einfach gesagt: In Deutschland (West) hat sich die Zahl derjenigen, die neu Arbeit nachfragen, drastisch erhöht. Damit war der Arbeitsplatzaufbau gerade geeignet, die Arbeitslosenzahl etwas zu verringern.

Zusätzliche Arbeitskräfte

Woher kamen die zusätzlichen Arbeitskräfte? Der Sachverständigenrat stellte insbesondere für 1990 die hohe Zuwanderung von **Übersiedlern** und **Aussiedlern** heraus. Diese traf auf ein großes Angebot von **Jugendlichen,** die auf den Arbeitsmarkt strömten, sowie die spürbare Veränderung im **Erwerbsverhalten von Frauen.** Letztere drängen zunehmend mit derselben Selbstverständlichkeit in Beschäftigungspositionen mit eigenem Einkommen und beruflicher Selbstverwirklichung wie es für junge Männer unbestrittene Tradition ist.

Stille Reserve

Das geänderte Erwerbsverhalten von Frauen schließt nicht aus, daß es immer wieder Unterbrechungen beruflicher Karrieren durch gewollte oder faktisch erzwungene Familienphasen (insbesondere Kinderbetreuung) gibt. Wenn diese Phasen längere Jahre andauern und die Rückkehr in den Beruf erst in höherem Lebensalter geplant ist, erscheinen diese Frauen (in ganz kleinem Umfang auch Männer) nicht mehr in der Beschäftigtenstatistik, weil sie auch nach eigenem Verständnis nicht als arbeitslos gelten. (Dieser Sachverhalt mißt Tätigkeit an der Einkommenserzielung. Arbeit in der Erziehung von Kindern mit großem gesellschaftlichem Nutzen und ebensolcher Arbeitsanspannung und -belastung gilt nicht als „Arbeit" im Sinne der oben definierten Erwerbsarbeit.) Dieser Personenkreis gilt als „stille Reserve". Er kann bei guter Arbeitsmarktlage, interessantem Verdienst und Einrichtung von Kinderbetreuungsmöglichkeiten durchaus wieder für den Arbeitsmarkt zurückgewonnen werden. **Ausweitung der Beschäftigung ist daher Reaktivierung von Teilen der stillen Reserve** und dementsprechend nicht Wiedereingliederung von gemeldeten Arbeitslosen.

Teilzeitarbeit

Auf das Konto gewandelter Lebensplanungen – mehr Zeit gewinnen für andere Zwecke als Einkommenserzielung – geht auch der Anstieg der Teilzeitarbeit in Deutschland. Die Zahlen in der grafischen Darstellung wurden nur für Westdeutschland ermittelt. Sie werden strukturell später für Gesamtdeutschland gelten. Ähnliche Erfahrungen mit „Part-time Jobs" kennen wir aus vielen anderen westlichen Industriestaaten. Neueste Erkenntnisse weisen darauf hin, daß es in den alten Bundesländern über fünf Millionen Teilzeitarbeitsverhältnisse gibt, wenn man die geringfügigen Beschäftigungen mit geringem Monatsverdienst und wenigen Arbeitsstunden mit einbezieht.

Stille Reserve
bezeichnet diejenigen Arbeitskräfte, die nicht beschäftigt, aber auch nicht als arbeitslos gemeldet sind. Die „klassische" stille Reserve sind die verheirateten Frauen mittlerer Jahrgänge, die bei attraktiven Marktbedingungen zur Arbeitsaufnahme veranlaßt werden. Darüber hinaus gehört jeder zur Stillen Reserve, der auf eigene Faust eine Arbeit sucht, also nicht beim Arbeitsamt registriert ist (aktiver Teil der Stillen Reserve). Als inaktiver Teil gelten diejenigen Arbeitsfähigen, die aufgrund ihrer Überzeugung, daß sie keinen Arbeitsplatz finden werden, von vornherein auf die Suche verzichten. Die Bundesanstalt für Arbeit schätzt die Stille Reserve derzeit auf etwas mehr als die Hälfte der registrierten Arbeitslosen: Also eine Reserve von 1,3 Mio. Arbeitskräften bei 2,3 Mio. registrierten Arbeitslosen.

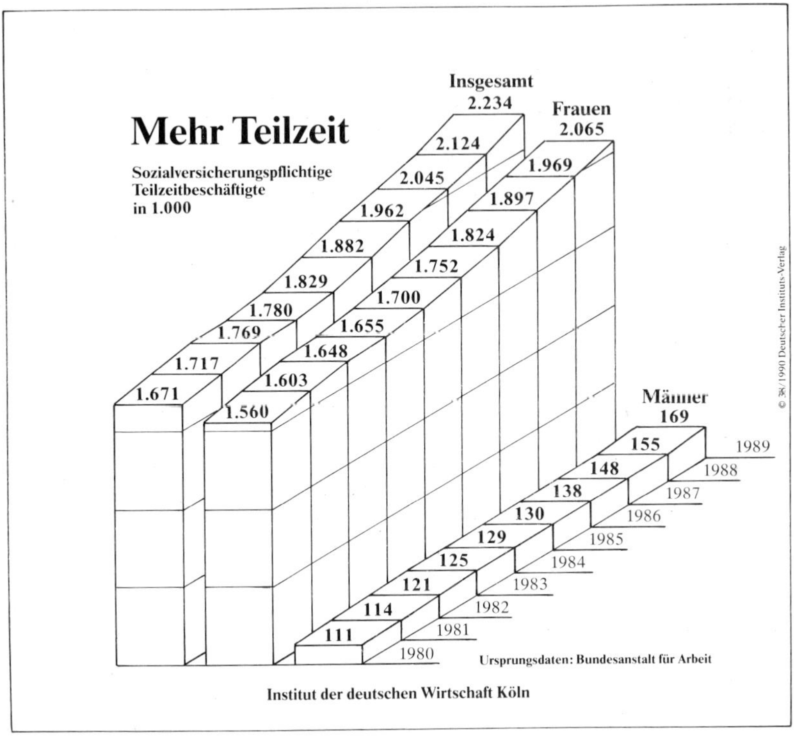

iwd 38/1990.

Wenn man davon ausgeht, daß zwei Teilzeitarbeitsverhältnisse im Schnitt so viele Wochenstunden umfassen wie eine Vollzeitstelle, so ergibt sich aus der Expansion der Teilzeit eine nicht zu unterschätzende Entlastung der Arbeitsmärkte.

Arbeitslosigkeit in den neuen Bundesländern

Besondere arbeitsmarktpolitische Probleme existierten Anfang der 90er Jahre in den neuen Bundesländern und im Ostteil von Berlin. Als Folge des Eintritts in weltweite Konkurrenzverhältnisse seit dem 1.7.1990, dem Tag der Wirtschafts-, Währungs- und Sozialunion, stand die ostdeutsche Wirtschaft mitten in einem totalen **Strukturwandel, der zum Abbau nicht wettbewerblicher Arbeitsplätze** führte. Zwölf Monate später, im Juli 1991, überstieg die Zahl der gemeldeten Arbeitslosen erstmals die Millionengrenze: Nach Auslaufen von „Warteschleifen" im öffentlichen Dienst sowie Kurzarbeiter- und Kündigungsschutzregelungen wurde der Umfang der Beschäftigungseinbrüche deutlich sichtbar. So ging zwar die Zahl der Kurzarbeiter per 1.7.1991 um 283.000 zurück, während die nun offiziell gemeldeten Arbeitslosen gegenüber dem Juni 1991 um 226.100 auf 1,07 Millionen stiegen. Vielfach handelte es sich hierbei nur um die „Umbuchung" von „Null-Stunden-Kurzarbeitern" in amtlich registrierte Arbeitslosigkeit.

Andererseits lief danach der westdeutsche Arbeitsmarkt auf vollen Touren. Am 1.7.1991 wurde erstmals in der westdeutschen Nachkriegsgeschichte die Grenze von 29 Millionen Erwerbstätigen (Selbständige und abhängig Beschäftigte) überschritten, wobei ca. 400.000 sog. Pendler aus den neuen Bundesländern nicht einmal enthalten waren, die zusätzlich in der alten Bundesrepublik beschäftigt wurden. Viele Betroffene hatten die Empfindung, daß sie in Ostdeutschland „abgehängt" wurden.

Abgehängt

HANDELSBLATT: Pielert

Handelsblatt v. 5./6.4.1991.

Die Kompliziertheit der Übergangsphase der ostdeutschen Wirtschaft wird deutlich, wenn man die Produktionseinbrüche in den wichtigen Branchen der dortigen Industrie betrachtet. Und wenn auch wirtschaftliches Wachstum nur bedingt zu Arbeitsplatzaufbau führt, so **verursacht doch der Zusammenbruch von Produktionen mit Sicherheit den Wegfall von Arbeitsplätzen und das Anwachsen von Kurzarbeit.**

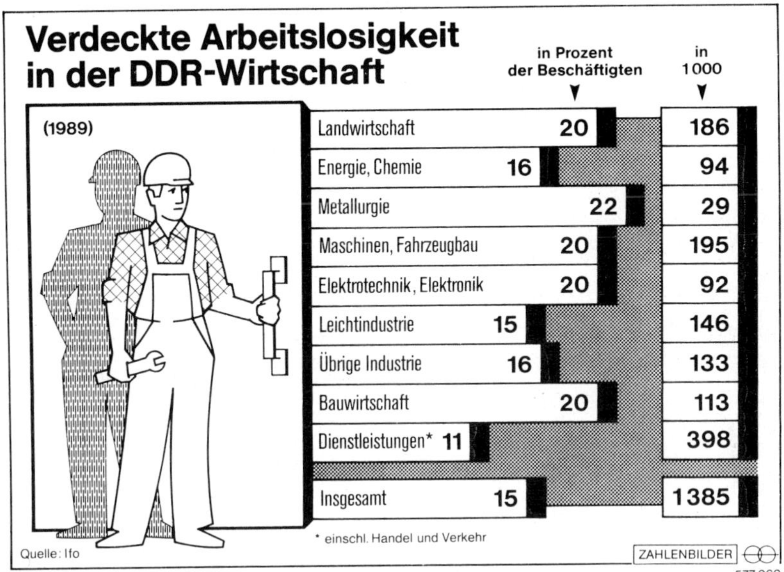

 577 060

Verdeckte Arbeitslosigkeit

Erschwerend kam hinzu, daß die DDR-Wirtschaft mit einer extrem großen verdeckten Arbeitslosigkeit in die Einheit hineingegangen war. Das planwirtschaftliche Prinzip der Beschäftigungsgarantie um jeden Preis hatte im Laufe der Jahre zu einer beträchtlichen Überbesetzung von Arbeitsplätzen geführt. Das wurde möglich durch das „sozialistische Eigentum" an den Produktionsmitteln, wodurch die Betriebe gezwungen werden konnten, die politisch geforderten Beschäftigungsgarantien zu gewährleisten. Wirtschaftlich wurde die verdeckte Arbeitslosigkeit durch geringe Reallöhne, Ausbeutung und Zerstörung der natürlichen Umwelt, Verzicht auf Modernisierungsinvestitionen und Zerfall der Städte finanziert. Somit erhielten alle geringere Einkommen, dafür dann aber auch jeder. Als auch dieses in den letzten Jahren der DDR zu Problemen führte, weil das reale Warenangebot auch für diese reduzierten Einkommen zu gering war, wurde Einkommen abgeschöpft, indem man langlebige Gebrauchsgüter und Lebensmittel gehobenen Bedarfs besonders verteuerte.

Die Zeit, Nr. 14 v. 30.3.1990.

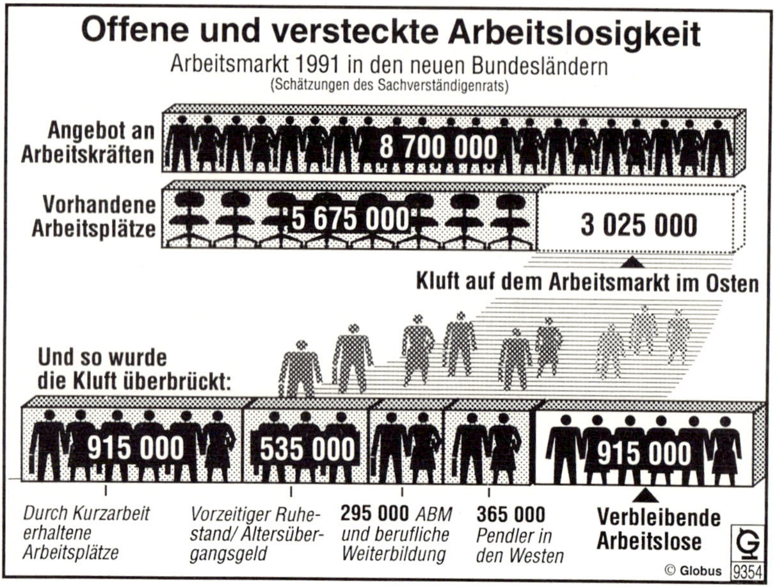
Offene und versteckte Arbeitslosigkeit
Arbeitsmarkt 1991 in den neuen Bundesländern
(Schätzungen des Sachverständigenrats)
Angebot an Arbeitskräften
8 700 000
Vorhandene Arbeitsplätze
5 675 000
3 025 000
Kluft auf dem Arbeitsmarkt im Osten
Und so wurde die Kluft überbrückt:
915 000
535 000
915 000
Durch Kurzarbeit erhaltene Arbeitsplätze
Vorzeitiger Ruhestand/ Altersübergangsgeld
295 000 ABM und berufliche Weiterbildung
365 000 Pendler in den Westen
Verbleibende Arbeitslose
© Globus 9354

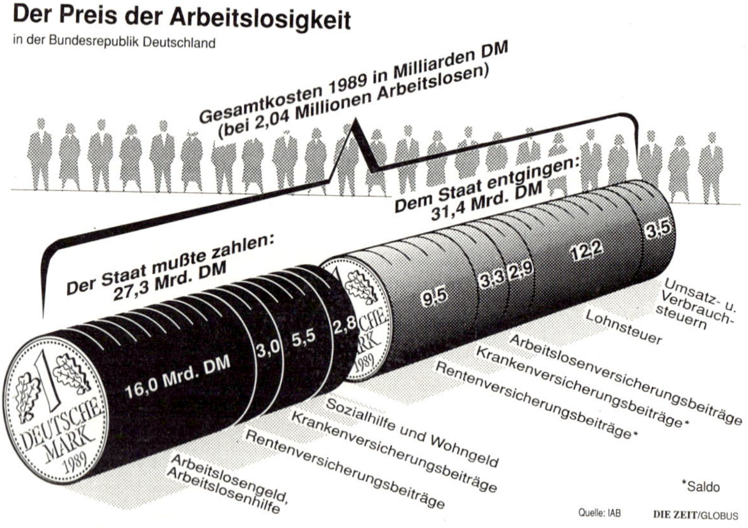
Der Preis der Arbeitslosigkeit
in der Bundesrepublik Deutschland
Gesamtkosten 1989 in Milliarden DM
(bei 2,04 Millionen Arbeitslosen)
Der Staat mußte zahlen:
27,3 Mrd. DM
Dem Staat entgingen:
31,4 Mrd. DM
16,0 Mrd. DM
3,0
5,5
2,8
9,5
3,3
2,9
12,2
3,5
Arbeitslosengeld, Arbeitslosenhilfe
Rentenversicherungsbeiträge
Krankenversicherungsbeiträge
Sozialhilfe und Wohngeld
Rentenversicherungsbeiträge*
Krankenversicherungsbeiträge*
Arbeitslosenversicherungsbeiträge
Lohnsteuer
Umsatz- u. Verbrauchsteuern
*Saldo
Quelle: IAB
DIE ZEIT/GLOBUS

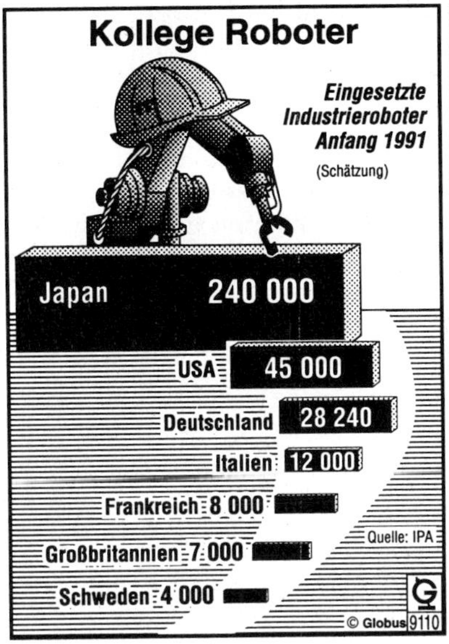

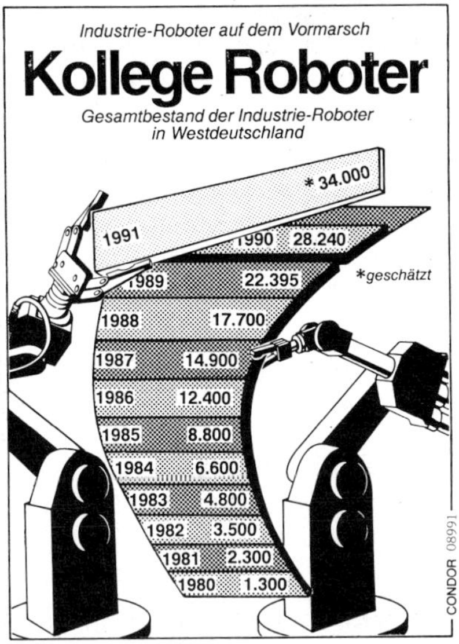

Rationalisierungsschub durch Lohnerhöhungen

Einen Anstieg der Arbeitsproduktivität finden wir in allen industrialisierten Ländern. Dieser wird als problemlos empfunden, wenn Arbeitskräfte knapp sind. Dann ist Produktivitätsfortschritt sogar besonders erwünscht, weil er knappe Arbeitskräfte möglichst ertragreich einsetzt und Behinderungen der Produktion wegen Fehlens von Arbeitern verhindert. Folgerichtig war die Politik der Industriegewerkschaft Metall in der Bundesrepublik in den 50er und 60er Jahren darauf ausgerichtet, die **Löhne besonders stark anzuheben, damit die Unternehmer mehr in Produktivitätsfortschritt investierten.** Damit sollte die Leistungsfähigkeit der eingesetzten Arbeit weiter gesteigert und die Grundlage erneuter realer Lohnerhöhungen gelegt werden **(„Rationalisierungspeitsche“).**

Beschäftigungsfördernde Erweiterungsinvestitionen

Das unterstreicht die **zentrale Bedeutung der unternehmerischen Sachkapitalinvestitionen.** Deren doppelter Charakter besteht darin, daß

- Investitionen die Produktionsmittel erweitern; neue Fabriken werden gebaut und neue Maschinen eingerichtet **(„Erweiterungsinvestition“).** Unmittelbare Folge ist ein Wachstum der Beschäftigung;
- Investitionen gleichzeitig – in der Praxis kaum unterscheidbar – der Verbesserung der Produktionsverfahren dienen. Mit moderneren Maschinen erzielt man bei geringerem Arbeits- und Energieeinsatz einen höheren Ausstoß **(„Rationalisierungsinvestitionen“).**

Beschäftigungsproblematische Rationalisierungsinvestitionen

Nur diese **Rationalisierungsinvestitionen verursachen das Problem,** weil sie den Anstieg der Leistungsfähigkeit (immer erwünscht) mit einem Einsparen von Arbeitskräften (grundsätzlich auch erwünscht, nur eben nicht, wenn bereits Beschäftigungsprobleme bestehen) verbinden.

Was die Abhängigkeit der Arbeitsplatzsicherheit von der Investitionstätigkeit betrifft, so zeigten Beobachtungen in vergangenen Jahren, daß ein **Rückgang der Investitionen Beschäftigungschancen tatsächlich verringerte;** ein Anstieg der Investitionen schaffte zwar grundsätzlich neue Arbeitsplätze; wegen des Rationalisierungseffektes aber in geringerem Umfang.

Arbeitsplätze durch Investitionen ist nur ein anderer Ausdruck für die Antwort auf die Frage, wie teuer es denn sei, einen Arbeitsplatz zu schaffen. Das Problem ist hierbei erst einmal die Definition dessen, was ein Arbeitsplatz in einem konkreten Betrieb tatsächlich ist – kann man diesen „Platz“ sehen und anfassen?

Was ist ein „Arbeitsplatz“?

Leider nein; wie bei dem, was ein „Markt“ ist, handelt es sich bei einem Arbeitsplatz um eine abstrakte Größe – um eine Beschäftigungsposition, die in einem Unternehmen gewinnbringend eingenommen werden kann. Die „Vernichtung von Arbeitsplätzen“ findet daher hauptsächlich dadurch statt, daß Änderungen der Marktverhältnisse – z.B. Preisverfall für eine bestimmte Produktlinie – eine für den Betrieb lohnende Beschäftigung nicht mehr gewährleisten. Die somit nicht mehr gewinnerzielend einsetzbaren Arbeitskräfte werden entlassen, damit die Kosten gesenkt und Chancen für wettbewerbliche Preissenkungen auf das Marktniveau wahrgenommen werden können.

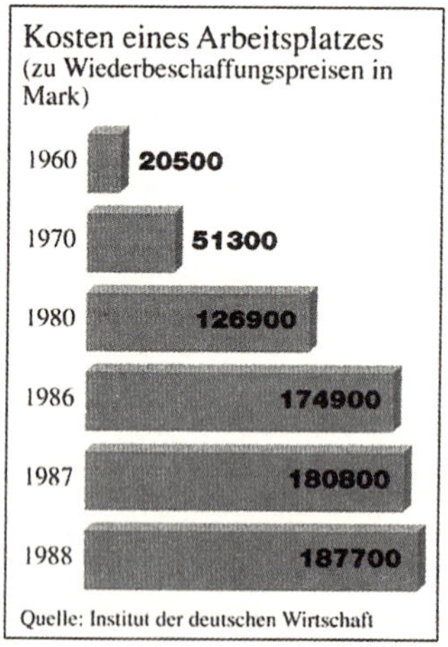

Wirtschaftswoche, Nr. 24 v. 8.6.1990.

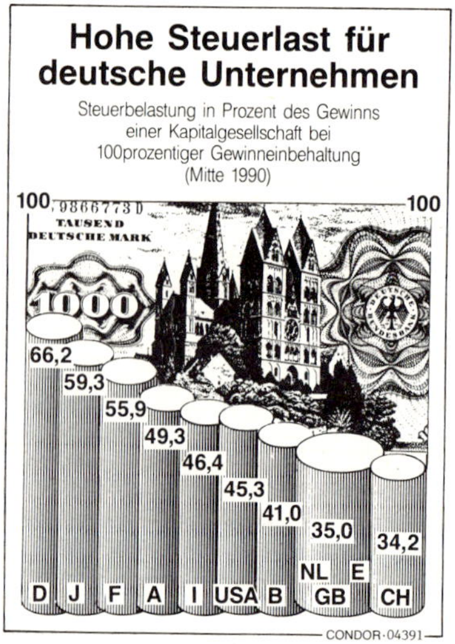

Der Aufbau dieser Arbeitsplätze bzw. Beschäftigungsmöglichkeiten in Unternehmen, die sich am Markt behaupten müssen, ist immer kostspieliger geworden. Mußte die Privatwirtschaft 1960 im Durchschnitt 20.500 DM aufwenden, so knapp drei Jahrzehnte später etwa das Neunfache – wobei die Aufwendungen je nach Kapitalintensität der branchenweise unterschiedlichen Produktionsverfahren sehr stark streuen. Unternehmen, die nur noch Verluste machen, werden Schwierigkeiten haben, auf Dauer in moderne Arbeitsplätze als Grundlage ihres Überlebens am Markt investieren zu können.

Wegen dieser Beziehungen sind die wirtschaftspolitischen Maßnahmen der Bundesregierung darauf ausgerichtet, Investitionsanreize zu vermitteln. Investitionen in Sachkapital werden mit dem Ziel des Arbeitsplatzaufbaus attraktiver gemacht – lohnender jedenfalls als die Investitionen in Wertpapieren („Finanzinvestitionen"). Mittel dazu sind

- Zinssenkungen, damit bei niedrigen Zinsen die Wertpapieranlage weniger lohnt und die Kredite für Maschinen und Anlagen billiger werden;
- verbesserte Absatz- und Ertragsaussichten der Unternehmen, damit diese eher wagen, wieder mehr zu investieren.

Investitionsstimulierung zwecks Arbeitsplatzaufbau

Hier wird ein besonderes Dilemma erkennbar: Wenn die Investitionen tatsächlich am Ertrag „hängen", dann ist der **Arbeitsplatzaufbau nur zu erreichen, wenn es den Unternehmen besser geht, sie also deutliche Gewinnsteigerungen erzielen.** Die Notwendigkeit investitionsstimulierender Gewinnerhöhungen besteht aber hauptsächlich dann, wenn Wirtschaftskrisen mit Beschäftigungseinbrüchen auftreten, es insbesondere den Arbeitnehmerhaushalten schlechter geht. Jede Regierung, die glaubt, „Rendite-Lücken" abbauen zu müssen, damit aus Investitionen größere Gewinne sprudeln, wird als „unsozial" kritisiert werden. „Umverteilung von unten nach oben" ist dann der griffige Vorwurf, der auch Versuche trifft, die Unternehmenssteuern zu senken.

Praktische Alternativen zu dieser Politik in Marktwirtschaften mit privatem Produktionsmitteleigentum gibt es jedoch nicht. Es sei denn, man führt Investitionszwang und -kontrollen ein oder läßt den Staat mit Beschäftigungsprogrammen (öffentliche Aufträge zur Nachfragesteigerung) einspringen. Ersteres bedingt aber den Aufbau einer an sich nicht produktiven Überwachungsbürokratie, letzteres zwingt entweder zu höheren Steuerbelastungen, die ihrerseits die Erträge und die Nachfrage investitionsdämpfend senken, oder erfordert höhere Staatsverschuldung.

Noch ist das zentrale Problem ungelöst: Wenn die Investitionen hauptsächlich wegen ihrer Rationalisierungswirkung getätigt werden, dann vernichten sie doch Arbeitsplätze! Hierzu hat eine Debatte in der Bundesrepublik stattgefunden, in der die Unternehmen und die Regierungsparteien CDU und FDP den Gewerkschaften nachzuweisen versuchten, daß **Produktivitätszunahme sogar Arbeitsplätze schaffe.**

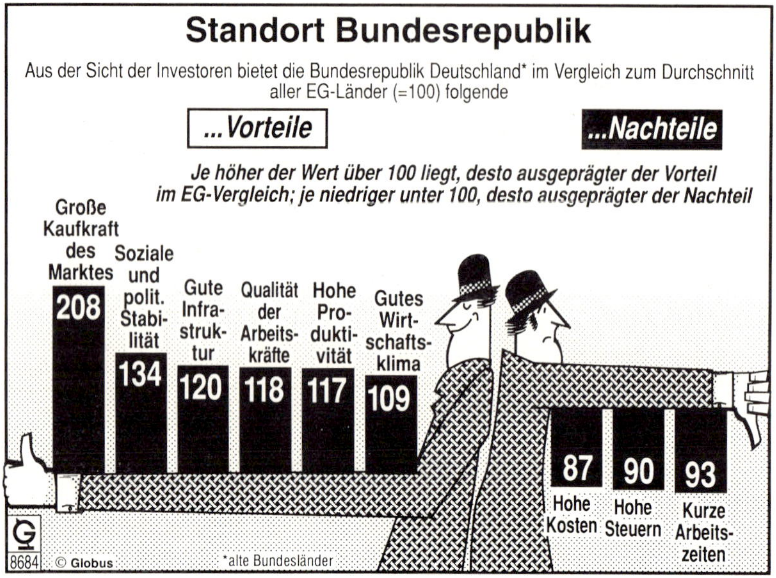

Erfolg im internationalen Wettbewerb sichert Beschäftigung

Begründet wird diese auf den ersten Blick verblüffende These mit dem Hinweis auf die **internationale Wettbewerbssituation.** Jedes Unternehmen, das im internationalen Wettbewerb zurückfalle, weil es auf die Einführung neuer Techniken verzichte, müsse über kurz oder lang Arbeitnehmer entlassen. Länder mit hoher Wettbewerbsfähigkeit und reger Investitionstätigkeit seien diejenigen mit den geringeren Arbeitslosenquoten (Siehe dazu Kapitel 1.4.).

„High-Tech“ – Vorsprünge sichern Wettbewerbsfähigkeit

Besondere Bedeutung soll die modernste Technologie, die **„High-Tech“-Verfahren und -Produkte,** haben. Hoher Leistungsstand bei diesen als Zukunftstechniken angesehenen Produkten und Verfahren könnte mithelfen, Arbeitslosigkeit zu überwinden. Wenn also die Roboter „aufmarschieren“, dann signalisiert das für die „High-Tech“-Vertreter wachsende Leistungskraft und Beschäftigung, nicht dagegen Arbeitslosigkeit.

Verständlicherweise kann dieser Glaube an die Problemlösung durch neue Techniken nicht jeden überzeugen:

Wettbewerbsvorsprünge sind kurzfristig für die Volkswirtschaft mit hohem Produktivitätsniveau eine Voraussetzung für hohe Beschäftigung; gleichzeitig werden in den Volkswirtschaften mit geringeren technischen Leistungen die Produktion und Beschäftigung zurückgefahren. Wenn mehr deutsche und japanische Autos gekauft werden, geht das z.B. zu Lasten der Produktionen in Frankreich und England. Ähnliches gilt für jedes einzelne Unternehmen, das Produktivitätsgewinne erzielt; **seine Mehrbeschäftigung steht der Minderbeschäftigung in zurückgefallenen Betrieben gegenüber.**

Hälfte, verdient der Schwarzarbeiter das Doppelte."[4] Wie das zustande kommt, verdeutlicht die Abbildung auf S. 350. **Solche Verlockungen werden durch die Risiken nicht aufgewogen, die für beide Seiten mit der Schwarzarbeit verbunden sind.** Sie liegen – von der Strafbarkeit abgesehen – vor allem im Fehlen von Gewährleistungsansprüchen bei Mängeln für den Auftraggeber und im fehlenden Versicherungsschutz für den Ausführenden.

Umfang

Über den Umfang der Untergrundwirtschaft gehen die Schätzungen weit auseinander. Sie ergeben je nach Berechnungsmethode für die Bundesrepublik in den 80er Jahren Spannweiten von 10 bis über 30% des regulären Sozialprodukts.[5] Die ertappten Schwarzarbeiter (Abbildung S. 352) sind lediglich die Spitze eines daraus nicht errechenbaren Eisberges. Man erkennt daran bestenfalls einige Schwerpunkte der illegalen Beschäftigung, die im Bereich der „Leiharbeit" durchaus gut organisiert ist und offenbar im Baugewerbe konzentriert auftritt. Kostet doch ein „schwarz" errichtetes Bauwerk nur etwa ein Drittel des regulären Preises. Die Graphik beschränkt sich allerdings auf das Handwerk, in dem nach Meinung der Innungen 10–20% der Umsätze außerhalb der Handwerksbetriebe schwarz erbracht werden, sie läßt z.B. den Gaststättenbereich, den Handel, die Heimarbeit ohne Steuerkarte, die vielen sonstigen „Geschäfte ohne Rechnung" oder auch das Taxigewerbe außer acht. Allein hier ergaben Stichproben in Berlin, daß 1983 26 von 100 Taxifahrern gemeldete Arbeitslose mit und ohne Unterstützungsanspruch waren.[6] Legt man die Schätzungen des internationalen Arbeitsamtes zugrunde, wonach die Zahl der Schwarzarbeiter in der Bundesrepublik 8–10% aller Beschäftigten erreicht, so wären dies ca. 2 Millionen Menschen, die ganz oder teilweise von der Schattenwirtschaft leben. Dies entspricht rein rechnerisch der Arbeitslosenzahl in den westlichen Bundesländern, womit nicht gesagt werden soll, daß es sich um ebendiesen Personenkreis handelt, obwohl sicher **durch die Schwarzarbeit mancher, der keinen Arbeitsplatz hat, Beschäftigung und Einkommen findet** (vgl. Kasten S. 358). Die **Bedeutung der Schattenwirtschaft für den Arbeitsmarkt** ist denn auch ein zentraler Punkt in der Kontroverse über diesen Bereich.

Unterbinden?

Die Handwerkskammern, Innungen, Gewerkschaften und auch das Bundesministerium für Arbeit und Sozialordnung fordern eine wirkungsvollere und konsequente **Unterbindung der Schwarzarbeit,** sofern sie nicht sogar darüber hinaus in der zunehmenden Eigenproduktion der Haushalte ei-

[4] Hermann Bott, „Es ist unglaublich, was da läuft" – Schwarzarbeit in der Bundesrepublik. In: Stephan Burgdorff (Hrsg.), Wirtschaft im Untergrund, Reinbek 1983, S. 62.
[5] Zu einzelnen Ergebnissen und Berechnungsversuchen vgl. Wirtschaftswoche, Nr. 11 v. 9.3.1984, S. 48. Dieter Cassel, a.a.O., S. 349 ff.
[6] Der Tagesspiegel v. 5.1.1984.

Nachteile illegaler Beschäftigung

Wir haben ein gut funktionierendes System der sozialen Sicherung. Es kann nur dann aufrechterhalten werden, wenn alle dazu ihren gerechten Beitrag leisten. Illegale Beschäftigung entzieht diesem System geschuldete Beiträge, verschafft dem einzelnen finanzielle Vorteile auf Kosten anderer und verstößt damit gegen die Grundregeln der Solidargemeinschaft aller Versicherten.

Wie hoch der Schaden durch illegale Beschäftigung in all ihren Erscheinungsformen genau ist, kann nicht auf Mark und Pfennig nachgewiesen werden, weil sich illegale Beschäftigung ihrem Wesen nach einer exakten Erfassung entzieht. Es gibt aber Berechnungen, die zeigen, daß 10 000 illegale Beschäftigungsverhältnisse 300 Millionen DM Mindereinnahmen an Steuern und Sozialversicherungsbeiträgen bedeuten.

Jeder einzelne kann sich ausrechnen, wie hoch der Gesamtschaden ist, der durch illegale Beschäftigung entsteht. Das ist aber noch nicht alles:

– Durch illegale Beschäftigung werden bestehende „legale" Arbeitsplätze gefährdet, und die Schaffung dringend notwendiger neuer Arbeitsplätze wird behindert. Illegale Beschäftigung und Schwarzarbeit verursachen und fördern Arbeitslosigkeit.

– Illegale Beschäftigung gefährdet die soziale Sicherung der Arbeitnehmer, weil dadurch die Vorschriften zur Kranken-, Unfall- und Rentenversicherung umgangen werden. Das beeinträchtigt die Leistungsansprüche des einzelnen und schädigt die Gemeinschaft aller Versicherten.

– Wer schwarzarbeitet, ist trotz augenblicklicher Vorteile auf Dauer und für die Zukunft fast immer benachteiligt, weil er zu schlechteren Lohn- und Arbeitsbedingungen tätig ist.

– Illegale Beschäftigung bietet im Zweifelsfalle keine Ersatz- und Garantieansprüche. Die Folgen können fruchtlose Auseinandersetzungen und vielfältige Nachteile für den Auftraggeber sein.

– Illegale Beschäftigung verzerrt den Wettbewerb. Unternehmen, die legale Arbeit ausführen und sich an die Gesetze halten, sind gegenüber illegal arbeitenden Konkurrenten oft im Nachteil.

Diese Beispiele zeigen deutlich, daß die Beteiligung an illegaler Beschäftigung und Schwarzarbeit Gefahren mit sich bringt. Illegale Beschäftigung und Schwarzarbeit sind keine Kavaliersdelikte. Sie verstoßen gegen die Grundregeln der Solidargemeinschaft aller Versicherten, vergrößern die Arbeitslosigkeit, schädigen Staat und Wirtschaft und schmälern ihre Leistungskraft. An diesen schädlichen Auswirkungen auf die Sozial-, Arbeitsmarkt- und Gesellschaftspolitik wird deutlich, daß die wirksame Bekämpfung der illegalen Beschäftigung eine wichtige Aufgabe ist.

Entnommen: Der Bundesminister für Arbeit und Sozialordnung, Illegale Beschäftigung und Schwarzarbeit schaden uns allen, Bonn 1985, S. 6 f.

ne Gefährdung der Beschäftigung im Dienstleistungsbereich sehen, denn im industriellen Sektor spielt das Phänomen der Schattenwirtschaft kaum eine Rolle. Im Gegenteil: Dieser profitiert von dem wachsenden Heimwerkerbedarf. Nach Schätzungen des Zentralverbandes des Deutschen Handwerks könnten allein rd. 400 000 Handwerker zusätzlich „regulär" beschäftigt werden, wenn die Schwarzarbeit „weiß" würde. **Es entstünden mithin nicht nur mehr Arbeitsplätze bei entsprechender Verringerung der Arbeitslosigkeit, auch die Zahl der Konkurse im Dienstleistungsbereich könnte vermindert und die Einnahmen des Staates und der Sozialversicherungen gesteigert werden.**

Zweifel

Man wird dieser Argumentation insofern zustimmen müssen, als ohne jede Schwarzarbeit (vor allem im Bausektor) wahrscheinlich mehr reguläre Dienstleistungen in Anspruch genommen würden. Gewiß aber nicht in dem Umfang, wie er von den Interessenverbänden aus den geschätzten Schwarzmarkt-Umsätzen errechnet wird. **Denn viele Leistungen der Untergrundwirtschaft werden ja nur deshalb nachgefragt, weil sie preiswert sind. Wer z.B. als Facharbeiter drei Stunden arbeiten muß, um netto soviel zu verdienen, wie er brutto für eine reguläre Handwerksstunde bezahlen muß, der wird es sich vermutlich mehrfach überlegen, ob er sein Bad fliesen oder renovieren läßt.** Viele würden es ganz lassen oder zur Selbsthilfe schreiten, wenn es keine „Geschäfte ohne Rechnung" gäbe. Außerdem würde bei einem Ausschluß der Schwarzarbeit und „regulärer" Finanzierung des Dienstleistungsvolumens der Schattenwirtschaft ein erheblich größerer Teil des Haushaltsbudgets für Dienstleistungen erforderlich, so daß andere Ausgaben zurückgehen würden mit

Mehr Schwarzarbeit und Leistungsmißbrauch

Bundesanstalt für Arbeit: 1990 mindestens 164 Mill. DM Schaden

Nürnberg (AP). Illegale Beschäftigung und der Mißbrauch von Sozialleistungen haben im vergangenen Jahr in den alten Bundesländern einen volkswirtschaftlichen Schaden von mindestens 164 Mill. DM verursacht. Das gab gestern die Bundesanstalt für Arbeit in Nürnberg bekannt. Die Arbeitsämter hätten 315 000 Verdachtsfällen nachgehen müssen, rund 8,5 Prozent mehr als 1989.

Der größte Anteil der Rechtsverstöße entfalle auf den ungesetzlichen Bezug von Arbeitslosengeld, Arbeitslosenhilfe und Kindergeld. Hier fiel der Anstieg mit 10,5 Prozent den Angaben zufolge überdurchschnittlich hoch aus. Zwei Drittel der 300 900 erledigten Verfahren wurden mit Verwarnung, Geldbuße oder Anzeige abgeschlossen. Die Arbeitsämter verhängten Geldstrafen in Höhe von 30 Mill. DM. Auch Ausländer wurden im vergangenen Jahr wieder verstärkt illegal beschäftigt. In 28 800 Fällen gingen die Behörden Hinweisen nach. Davon wurden 16 000 geahndet und 2700 wegen des Verdachts auf eine Straftat an den Staatsanwalt weitergeleitet. Einen Rückgang um 4,5 Prozent stellte die Bundesanstalt für Arbeit lediglich bei der unerlaubten Arbeitnehmerüberlassung fest.

Die Nürnberger Behörde wies darauf hin, daß illegale Beschäftigung und Leistungsmißbrauch von der Jahresmitte an erheblich erschwert würden, wenn die gesetzliche Regelung über den Sozialversicherungsausweis in Kraft trete. Dieser Ausweis muß dann bei Arbeitsbeginn dem Arbeitgeber vorgelegt und bei Erhalt von Sozialleistungen beim Arbeitsamt vorgelegt werden.

Der Tagesspiegel v. 27.3.1991.

Schattenwirtschaft und Arbeitsmarkt

„... Auch muß die Vermutung, daß bei einer Verringerung der Schattenwirtschaft einer Ausweitung der Beschäftigung im regulären Sektor stattgegeben wird, bezweifelt werden. Zumindest ist dies fraglich, bestehen doch etwa im Handwerk schon Kapazitätsengpässe und lange Wartezeiten. Außerdem ist entscheidend, ob die Schwarzarbeiter Arbeitslose sind oder Doppelbeschäftigte, da die Qualifikationsstruktur der Arbeitslosen meist gar nicht (unbedingt) auf die Nachfrage nach zusätzlichen Arbeitskräften paßt (Facharbeitermangel). Umgekehrt darf vermutet werden, daß die in der regulären Wirtschaft angebotenen Jobs gerade nicht die sind, die das Gros der Arbeitslosen nachfragt. ...

Sofern es Personen gibt, die überwiegend ihren Lebensunterhalt in der Schattenwirtschaft erarbeiten, ob sie nun offiziell arbeitslos registriert sind oder nicht, ist beim Versuch der Eindämmung von Schattenwirtschaft damit zu rechnen, daß sich die Arbeitslosigkeit erhöht. Entsprechende Belastungen für die Versichertengemeinschaft und den Staat sind die Folge, und es muß mit verschärften Lohnkonflikten aufgrund des zunehmenden Konkurrenzdrucks um Arbeitsplätze gerechnet werden.

Klaus Gretschmann, Wohlfahrtsaspekte schattenwirtschaftlicher Aktivitäten. In: Gretschmann u.a. (Hrsg.), Schattenwirtschaft, S. 118/119. Vgl. Literaturhinweise.

Sachverständigenrat zur Begutachtung der gesamtwirtschaftlichen Entwicklung. Jahresgutachten 1980/81, Ziffer 296 (Auszüge)

Auf die Widerstände der Bürger stößt der Staat ... auch wegen der drückender werdenden Steuer- und Abgabenlast und der immer zahlreicheren und komplizierteren Gesetze und Verordnungen. In der Bundesrepublik könnte sich wie in anderen Ländern eine Entfremdung zwischen Bürgern und Staat bemerkbar machen, die ihre wirtschaftliche Ausformung in der sog. Schattenwirtschaft findet ...

Die offizielle arbeitsteilige Wirtschaft weist sicher Unvollkommenheiten auf, die in manchen Fällen durch die Schattenwirtschaft gemindert werden mögen. Denn diese produziert ohne die Verzerrungen, die sich aus den staatlichen Abgaben und einem Übermaß an Regulationen ergeben. Das dürfte in einzelnen Bereichen eine durchaus effiziente Nutzung von Arbeit und Kapital erlauben, wegen der hohen Anreize möglicherweise sogar eine sehr effiziente ...

Daß diese Form des Wirtschaftens dem sozialen Frieden eher dient als schadet, hat anscheinend zu einer gewissen Toleranz gegenüber der Schattenwirtschaft geführt. Es wäre wohl auch kein angemessener Weg, sie mit scharfen Kontrollen zu bekämpfen. Das würde den Widerstand gegen den Staat nur vergrößern. Besser ist es, darauf zu sehen, daß Regeln festgelegt werden, im Abgabenbereich ebenso wie anderwärtig, die die Bürger als fair ansehen können ...

Sollte sich unter den Bürgern die Haltung ausbreiten, das Ausweichen in die Schattenwirtschaft als etwas Selbstverständliches anzusehen, so wäre Gefahr im Verzuge.

entsprechend negativen Beschäftigungseffekten in den davon betroffenen Bereichen. Schließlich sind rigorose Kontrollen äußerst kostspielig, beheben nicht die Ursache der Schwarzarbeit, sondern kurieren bestenfalls am Symptom und bleiben im Hinblick auf den Erfolg fraglich. So gibt es denn auch durchaus plausible Argumente für die These, daß ein Zurückdrängen der Schattenwirtschaft keine positiven Arbeitsmarkteffekte hat und unter Umständen die Arbeitslosigkeit sogar erhöht (vgl. Kasten). Außerdem muß bedacht werden, daß der überwiegende Teil der schwarzwirtschaftlichen Leistung von Unternehmen erbracht wird, die (auch) im regulären Sektor tätig sind. Karmann schätzt ihren Anteil auf 80%, „während der ‚klassische' Schwarzarbeiter als Freizeitunternehmer nach Dienstschluß eher die Minderheit bildet".[7)]

Tolerieren

Es nimmt daher auch nicht wunder, daß, abgesehen von bestimmten schlimmen Auswüchsen im Bereich der illegalen Leiharbeit von Ausländern oder Asylanten, die Schattenwirtschaft auch positive Wertungen erfährt oder daß sie zumindest toleriert wird. Die Stellungnahme des Sachverständigenrats geht in diese Richtung, wenn er (1980) betont, daß „diese Form des Wirtschaftens dem sozialen Frieden eher dient als schadet" (vgl. Kasten S. 358). Der Ökonom Milton Friedman hält die Schattenwirtschaft sogar für eine Art „Sicherheitsventil" des Arbeitsmarkts, und viele Wirtschaftswissenschaftler stimmen darin überein, daß die **Schattenwirtschaft das Resultat einer übermäßigen Belastung der regulären Arbeit mit staatlichen Abgaben und weiteren Lohnnebenkosten sei,** einer Art „Strafsteuer" auf legale Arbeit, wobei die Vielzahl der bestehenden Reglementierungen für die offizielle Ausübung einer Handwerkertätigkeit ein übriges zur Förderung der davon „befreiten" Untergrundwirtschaft beiträgt.

Arbeit zu teuer?

In der Tat sind die **Personalnebenkosten, also die vom Arbeitgeber neben dem Brutto-Lohn für tatsächlich erbrachte Arbeit zu leistenden Zahlungen** für Urlaub, Krankheit, Rentenversicherung etc. deutlich schneller gewachsen als das direkte Arbeitsentgelt (vgl. Abbildung S. 360).[8)] Während die Stundenlöhne in der Bundesrepublik von 1970–1989 um 211% stiegen, erhöhten sich die Personalzusatzkosten im gleichen Zeitraum um 411%, d.h. also fast doppelt so schnell. Die reguläre Arbeit wurde also erheblich teurer, ohne daß der Dienstleistungsbereich dies durch eine der Industrie vergleichbare Rationalisierung kompensieren konnte. Sie wurde auch teurer als es sich im Anstieg der Netto-Einkommen beim Arbeitnehmer selbst bemerkbar machte. Die Existenz der Schattenwirtschaft, die von

7) Alexander Karmann (vgl. Literaturhinweise), S. 201.

8) Die Graphik bezieht sich auf das produzierende Gewerbe. Die Abweichungen zum Dienstleistungsbereich sind jedoch nicht so gravierend, daß die Tendenz dort anders wäre, zumal der Dienstleistungsbereich arbeitsintensiver ist.

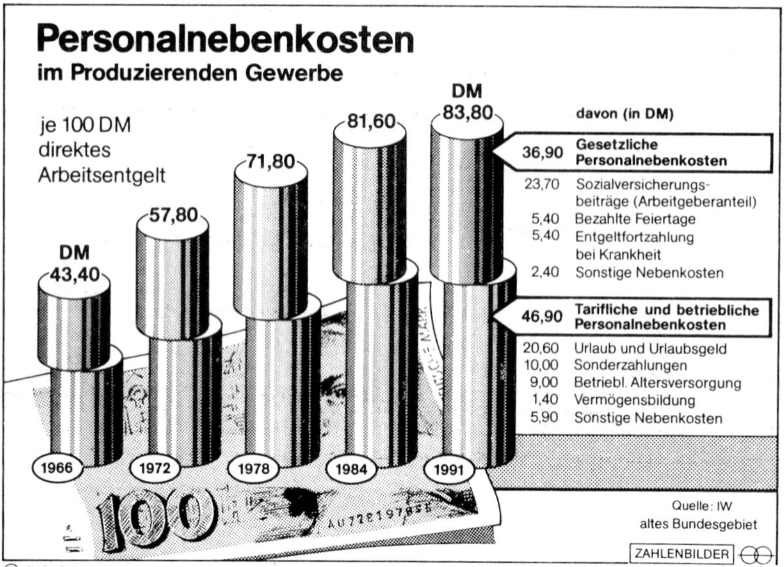

287 310

solchen Personalnebenkosten und Steuern „frei" ist, scheint also die These von „neo-klassischen" Ökonomen zu bestätigen, **daß es genug Arbeit gäbe, wenn sie nur billiger wäre** (vgl. hierzu das Kapitel „Weniger Lohn – Mehr Arbeit"?).

Reduktion der Lohnkosten?

Es ist aber angesichts der Beträge, um die es geht, sicher illusionär, anzunehmen, man könne die Lohnnebenkosten auch nur annähernd in dem Maße abbauen, wie es zur „Austrocknung" der Schwarzarbeit bei entsprechender Ausdehnung der offiziellen privaten Dienstleistungen nötig wäre. Weder die Steuern und Sozialabgaben, noch die inzwischen tariflich verankerten Leistungen der Betriebe könnten ohne eine „Kapitulation" der Gewerkschaften so verringert werden, daß die bestehende Preisspanne zwischen Schwarzarbeit und regulärem Angebot hinreichend vermindert wird. Im Gegenteil: Die Kostenexplosion im Gesundheitswesen und die anstehende Rentenlast werden zu weiteren Belastungen führen.

Steuern/Abgaben

Werden diese Lasten weiterhin vorrangig an das Arbeitseinkommen gekoppelt (Lohnsteuer/Sozialabgaben), so besteht die Gefahr, daß die dadurch verteuerte Arbeit vermehrt der Rationalisierung zum Opfer fällt und im legalen Dienstleistungsgewerbe immer weniger bezahlbar wird. **Damit würde die Tendenz zur Schattenwirtschaft verstärkt und ein gefährlicher Kreislauf in Gang gesetzt, da dann immer weniger regulär Beschäftigte immer mehr Lasten zu tragen hätten, ihre Arbeit also noch teurer würde. Eine stärkere Lastverlagerung auf die indirekten Steu-**

ern, z.B. die Mehrwertsteuer, ist daher arbeitsmarktpolitisch geboten. Ihre Belastung ist insofern „neutral“, als sie nicht den Faktor Arbeit einseitig verteuert, sondern die Wertschöpfung insgesamt trifft, unabhängig davon, ob diese von Menschen oder Maschinen stammt. Sie hätte zudem den Vorteil, daß davon auch die „lohnsteuerfreien“ Einkommen aus der Untergrundwirtschaft getroffen werden, wenn diese wieder für Güter und Leistungen ausgegeben werden, die der Mehrwertsteuer unterliegen. Auch der Plan einer **steuerfinanzierten Grundrente** bei im übrigen privater Vorsorge für eine darüber hinausgehende Altersversorgung hat unter Arbeitsmarktaspekten und im Hinblick auf die Schattenwirtschaft Vorteile. Die Lohnnebenkosten im Bereich der Sozialabgaben gingen zurück. Gegen diesen Plan gibt es jedoch eine ganze Reihe anderer Bedenken (vgl. S. 287 ff.). Auch ein **Abbau überholter Reglementierungen** im Handwerk (Zulassungsbeschränkungen) und im Handel (Ladenschluß) könnte helfen, mehr reguläre Arbeit zu schaffen.

Fazit

Das Problem der Untergrundwirtschaft wäre zweifellos am elegantesten zu lösen, wenn es gelänge, genügend hochproduktive Arbeitsplätze zu schaffen, die eine gut bezahlte, sichere und reguläre Beschäftigungsmöglichkeit für entsprechend qualifizierte Arbeitnehmer bieten: „Wer ans Licht gelassen wird, verzichtet gerne auf Schatten.“[9] Bei Vollbeschäftigung, wie z.B. in den 60er Jahren, war die Schattenwirtschaft (noch) kein Thema, obwohl es sie natürlich auch gab. Vollbeschäftigung ist jedoch – zumindest in den nächsten Jahren – nicht erreichbar. **Ein Fazit zur Schattenwirtschaft muß daher ambivalent bleiben.** Sie hat sicherlich eine „Ventilfunktion“, indem sie manchen Arbeitslosen, der keine oder nur geringe Arbeitslosenhilfe erhält, mit Arbeit und Einkommen versorgt. Insoweit entlastet sie sogar den Staatshaushalt, da vermutlich nicht jeder Schwarzarbeiter auch noch Sozialhilfe beansprucht, ganz abgesehen davon, daß eine Tätigkeit in der Schattenwirtschaft immer noch weit besser ist als die Hoffnungslosigkeit, die aus Untätigkeit und dem Gefühl des Überflüssigseins erwächst. Unter diesem Aspekt stellt die Schattenwirtschaft in den neuen Bundesländern eine in ihrer Dimension zwar unbekannte, in ihrer sozialen Wirkung aber gewiß nicht zu unterschätzende Möglichkeit dar, auf die mit dem unvermeidlichen Strukturwandel verbundene Arbeitslosigkeit wenigstens teilweise ausweichend zu reagieren, d.h. als Schwarzarbeiter oder als „Pendler“ in den Grenzregionen zu den alten Bundesländern tätig zu werden, wobei letzteres durchaus legal geschehen kann. Von den Möglichkeiten der Schattenwirtschaft wird aber stets nur ein Teil der Arbeitslosen profitieren können, dessen Fertigkeiten (z.B. Handwerk, Reparatur, Baugewerbe) am „Markt“ der Schattenwirtschaft gefragt ist.

[9] Dieter Cassel/Anja Caspers, Was ist Schattenwirtschaft? Begriff und Erscheinungsformen der Second Economy. In: Wist, Zeitschrift für Ausbildung und Hochschulkontakt 1/1984, S. 7.

Die Nachteile der Schwarzarbeit im Hinblick auf die damit verbundene **Hinterziehung von Steuern und Sozialabgaben** sind unübersehbar, sollten aber auch nicht überschätzt werden, zumal ja ein großer Teil der im Untergrund verdienten Gelder wieder in den besteuerten offiziellen Kreislauf zurückfließt.[10] Die Steuerausfälle – Klaus Gretschmann beziffert sie mit ca. 2–3 Mrd. DM gegenüber offiziell genannten 10 Mrd. – dürften in jedem Fall niedriger sein als die Mindereinnahmen des Staates infolge der weit verbreiteten Steuerhinterziehung bei Zinseinkünften, die 1990 auf rd. 7 Mrd. DM geschätzt werden, ohne dadurch ein Fehlverhalten mit einem anderen „entschuldigen" zu wollen. Es besteht allerdings die Gefahr, daß eine anhaltend hohe oder wachsende Arbeitslosigkeit und eine zunehmende Verteuerung der regulären Arbeit ein „Abdriften" in die Untergrundwirtschaft so sehr fördern, daß das ohnehin gestörte Gleichgewicht zwischen der offiziellen und der inoffiziellen Wirtschaft ernsthaft bedroht wird.

Literaturhinweise

Der Bundesminister für Arbeit und Sozialordnung (Hrsg.), Illegale Beschäftigung und Schwarzarbeit schaden uns allen, Bonn 1985. (Die Broschüre enthält u.a. die wichtigsten Gesetze und Verordnungen im Bereich der illegalen Beschäftigung in Auszügen).

Stephan Burgdorff (Hrsg.), Wirtschaft im Untergrund, Reinbek 1983.

Dieter Cassel, Schattenwirtschaft – eine Wachstumsbranche? In: List-Forum, Bd. 11 (1981/82), S. 343–363.

Klaus Gretschmann/Rolf G. Heinze/Bernd Mettelsiefen (Hrsg.), Schattenwirtschaft – Wirtschafts- und sozialwissenschaftliche Aspekte, internationale Erfahrungen, Göttingen 1984. (Dort umfassende weitere Literaturangaben.)

Peter Gross, Peter Friedrich (Hrsg.), Positive Wirkungen der Schattenwirtschaft?, Baden-Baden 1988.

Alexander Karmann, Schattenwirtschaft und ihre Ursachen. In: Zeitschrift für Wirtschafts- und Sozialwissenschaften (110) 1990, S. 185–206.

Hans-Joachim Niessen, Rainer Ollmann, Schattenwirtschaft in der Bundesrepublik, Opladen 1987.

Wolf Schäfer (Hrsg.), Schattenökonomie. Theoretische Grundlagen und wirtschaftspolitische Konsequenzen, Göttingen 1984.

Hannelore Weck/Werner W. Pommerehne/Bruno S. Frey, Schattenwirtschaft, München 1983.

Peter Czada

[10] Ein dadurch begründeter „Steuerausfall von Null" ist jedoch mit Sicherheit falsch, denn dem Staat entgeht ja mindestens eine sonst besteuerte Umsatz- und Einkommens-„Runde". Detaillierter zu dieser Frage: Bernd Mettelsiefen, Besteuerung und Schattenwirtschaft. In: Klaus Gretschmann u.a. (Hrsg.), Schattenwirtschaft, S. 66 ff. (vgl. Literaturhinweise).

3.3. Senkung der Löhne und Kürzung der Arbeitszeiten – Rezepte für andauernde Vollbeschäftigung?

„Für Arbeit gilt nichts anderes als für Bananen, Eisenbahnfahrkarten und Teppichböden: Wenn der Preis steigt, dann geht die Nachfrage zurück ... Wenn Arbeitslosigkeit entsteht, dann sind immer die Arbeitskosten zu hoch." (Die Zeit v. 30.5.1986) Diese Worte von Wolfram Engels, dem Herausgeber der „Wirtschaftswoche" und Wortführer des liberal-konservativen „Kronberger Kreises", bringen das Problem auf den Punkt: **Die herrschende Arbeitslosigkeit ist die Folge zu stark gestiegener Löhne.** Unternehmer, die um den Preis ihres wirtschaftlichen Überlebens gezwungen sind, zu möglichst niedrigen Kosten zu produzieren, ersetzen die zu teuer gewordene Arbeit durch billigeres Sachkapital. Maschinen verdrängen so die menschliche Arbeit – trotz wirtschaftlichen Wachstums bleibt damit ein Millionenheer von Arbeitslosen. Da diese **Gesetzmäßigkeiten von Marktwirtschaften** an nationalen Grenzen nicht haltmachen, beobachten wir chronische Arbeitslosigkeit auch bei den Nachbarn. Es gibt kaum ein industrialisiertes westliches Land, das nicht noch höhere Arbeitslosenquoten aufweist als die Bundesrepublik.

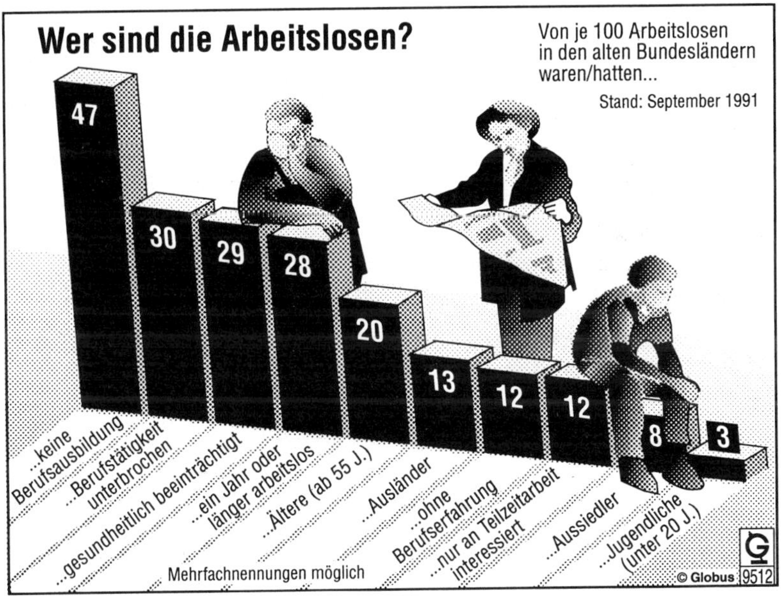

Höhere Nachfrage durch niedrige Preise

Die These von Wolfram Engels entspricht der allgemeinen wirtschaftlichen Erfahrung. Sind nicht alle unverkäuflichen Waren – seien es Lebensmittel, technische Produkte und handwerkliche Dienstleistungen – Folge von zu hohen Preisen? Gelingt es nicht jedem Kaufmann, auch größere Mengen eines Produkts zu verkaufen, wenn er es als Sonderangebot billiger anbietet? Es ist daher naheliegend, diese Erfahrungen über die Beziehungen von Preishöhe und Nachfrage auf den **Arbeitsmarkt** zu übertragen.

Arbeitslosigkeit durch „Marktstörungen"

Tatsächlich argumentiert und berät die herrschende Wirtschaftswissenschaft im Kern auf diese Weise. So stellt beispielsweise der ehemalige Harvard-Professor G. Haberler in einem Beitrag für das renommierte „American Enterprise Institute", Washington, Juli 1986, die **Arbeitslosigkeit als Folge von „Marktstörungen"** dar: Wegen der Starrheiten aufgrund von Tarifverträgen und Arbeitsgesetzgebung, wegen zu ausgedehnter Sozialleistungen im Falle von Arbeitslosigkeit und wegen zu großer Tariflohnsteigerungen seien die Löhne zu hoch für Vollbeschäftigung („wages are too high for full employment"). Diese Art von Arbeitslosigkeit lasse sich nach Ansicht Haberlers auch nicht durch staatlich finanzierte Arbeitsbeschaffungsmaßnahmen beseitigen, weil diese nur Staatsverschuldung und Inflation in die Höhe trieben.

Arbeitslosigkeit wegen zu hoher Löhne

In der Bundesrepublik vertritt der **„Sachverständigenrat zur Begutachtung der gesamtwirtschaftlichen Entwicklung"**, die „fünf Weisen", eine ähnliche Vorstellung. In seinem Jahresgutachten 1985/86 rät er zu „maßvollen" Tariflohnerhöhungen: Es „bestehen gute Chancen, daß die Beschäftigung bei maßvollen Tarifabschlüssen kräftig wächst und die Lohnsumme stärker zunimmt als bei einer Lohnpolitik mit höheren Tariflohnsteigerungen". Hier wird konsequent marktwirtschaftlich argumentiert: Ein Kaufmann, der in richtiger Einschätzung der Marktlage seine Preise nur

> **Arbeitslosigkeit**
> Störung des Geschehens in der Marktwirtschaft, bei der angebotene Arbeitsleistungen beim herrschenden Lohnniveau nicht nachgefragt werden.
> Arbeitslosigkeit tritt auf als
> - „konjunkturelle": Folge gesamtwirtschaftlicher Nachfrageeinbrüche, welche produktive Beschäftigung verhindern;
> - „saisonale": Folge fehlender Beschäftigungsmöglichkeiten aufgrund des jahreszeitlichen Wandels;
> - „strukturelle": Folge der Veränderungen in der Nachfrage und den Produktionsbedingungen sowie des technischen Wandels in der Volkswirtschaft. Industrien mit zurückgehender Bedeutung setzen Arbeitskräfte frei, ohne daß gleichzeitig die Mehrnachfrage durch die Wachstumsindustrien einen Ausgleich herbeiführt;
> - „friktionelle": Folge kurzfristiger Anpassungsschwierigkeiten, z.B. beim Wechsel von einem Arbeitsplatz zum anderen.

gering anhebt oder gar senkt, kann neue Käuferschichten mobilisieren und damit seinen Umsatz überdurchschnittlich steigern. Dieser Gedanke wird auf den Arbeitsmarkt übertragen: **Weniger Lohnanstieg fördert den „Absatz“ von Arbeitskräften** – die Beschäftigung wächst! Umgekehrt steigt die Arbeitslosigkeit, wenn die Löhne in die Höhe schnellen.

Inflation wegen zu hoher Löhne

Die Beweisführung des Sachverständigenrates wird dabei der konjunkturellen Lage angepaßt. Als zu Beginn der 90er Jahre die Beschäftigung im westlichen Deutschland immer stärker wuchs, war ein unmittelbarer Zusammenhang zwischen Lohnhöhe und Arbeitslosigkeit nicht mehr sinnvoll herzustellen. In dieser Lage warnten die fünf Weisen vor den inflationären Wirkungen der durch die starken Lohnsprünge gestiegenen Kosten und damit Preisforderungen. Man sprach im Gutachten 1990/91 von einem „Stabilisierungskonflikt“ zwischen Lohn- und Geldpolitik: Steigen die Löhne und damit die Preise zu stark, muß man durch Geldverknappung versuchen, die Inflation in Schach zu halten.

Insofern steht die Lohnpolitik immer unter Beschuß: Mal erhöht sie die Löhne mit dem Ergebnis, daß Arbeitslosigkeit entsteht, mal mit der Folge, daß die Preise klettern. In jedem Fall erfolgt der Appell, die Löhne möchten nur maßvoll steigen, wobei es nicht möglich war, wissenschaftlich die präzise und konfliktfreie Steigerungsrate zu finden.

Lohn- und Lohnformen
Lohn ist die Bezeichnung für alle Formen des Arbeitsentgelts (Als „Gehalt, Honorar, Gage“ bei bestimmten Berufsgruppen). Vor Abzug der gesetzlichen Abgaben (Steuern, Sozialversicherung) redet man von Brutto-, nach Abzug von Nettolohn.
Drei Lohnformen werden unterschieden:
- „Zeit“-Lohn als Bezahlung der Anwesenheit. Häufig bei Angestellten, bei denen die Arbeit nicht unmittelbar auf eine bestimmte Tätigkeit, einen Verwaltungsvorgang z.B., bezogen werden kann;
- „Akkord“-Lohn als Stücklohn; die erbrachte Leistung, z.B. Bearbeitung eines Werkstücks, wird bezahlt;
- „Prämien“-Lohn als Zwischenform; Leistung über einem Durchschnitt führt teilweise zu zusätzlichem Lohn.

Tariflöhne
sind die „Eck“- bzw. Mindestlöhne, die von Arbeitgebern und Gewerkschaften im Rahmen gemeinsamer („kollektiver“, also für alle vertretenen Unternehmen und Arbeitskräfte geltender) Verhandlungen vereinbart werden. Die Tariflöhne dürfen von den Beteiligten nicht unterschritten werden.
Zulagen zum Tariflohn – meist mit dem Ziel, knappe Arbeitskräfte von den Konkurrenten weg an das eigene Unternehmen zu ziehen – sind gestattet. Diese Zulagen machen das gesamte Lohngefüge flexibler; sie sind Ausdruck einer höheren Wertschöpfung, die Arbeitskräfte im betreffenden Unternehmen erwirtschaften.

Differenzierte Arbeitsmärkte

Ebenso, wie es nicht „den" Markt für „das" Produkt in unserer Wirtschaft gibt, sondern zahlreiche Teilmärkte für viele differenzierte Arten von Gütern und Diensten, gibt es auch nicht „den" Arbeitsmarkt. Er ist in zahlreiche regionale, berufliche und qualifikatorische **Teilmärkte** aufgeteilt. Ein arbeitsloser Werftarbeiter in Bremen wird den freien Arbeitsplatz für eine Kita-Erzieherin in Berlin nicht wahrnehmen können. Man wird daher überprüfen müssen, wie sich die Anforderungen an die Arbeitskräfte im Zeitablauf ändern und ob die Arbeitssuchenden sowohl in der Lohnhöhe als auch in der Qualifikation den Anforderungen entsprechen. **Trotz Massenarbeitslosigkeit können berufserfahrene Facharbeiter beim herrschenden Lohnsatz knapp und begehrt sein, so daß ihr Fehlen die Produktion behindert.** Betrachtet man dagegen die Arbeitslosen, die zur selben Zeit eine Stellung suchen, so finden sich überdurchschnittlich viele Unqualifizierte bzw. nur begrenzt Einsatzfähige.

Lohnanstieg durch Sockelbeträge?

An dieser Stelle entsteht das besondere Dilemma einer sozialverpflichteten Lohnpolitik: Gerade die Unqualifizierten werden die eher schlecht bezahlten Arbeitsplätze einnehmen. Fordern die Gewerkschaften prozentuale Lohnerhöhungen, so steigen zwar deren Löhne, aber die Schere zwischen gut und schlecht Verdienenden weitet sich immer stärker aus. 5% Lohnerhöhung von einem Monatslohn von 1600 DM oder von 3800 DM sind ein beachtlicher Unterschied von immerhin 110 DM, die der Besserverdienende mehr erhält. Daher sind die Gewerkschaften bemüht, durch **„Sockelbeträge"** die gleiche absolute Steigerung für möglichst viele Lohnempfänger durchzusetzen. Statt einer Lohnerhöhung von 80 DM (5% von 1600 DM) bzw. 190 DM (5% von 3800 DM) würden bei einem Sockel alle z.B. 140 DM mehr erhalten.

Damit wird jedoch die unqualifizierte Arbeit „relativ" teurer, denn 140 DM Steigerung entsprechen einem Anstieg von 8,75% bei einem Ausgangslohn von 1600 DM, jedoch nur 3,7% bei 3800 DM Gehalt. Diese zusätzliche relative Verteuerung gerade der unqualifizierten, also leicht durch Maschinen zu ersetzenden, Arbeit wird vielfach als die Hauptursache für die trostlose Lage der „Fußkranken" des Arbeitsmarktes angesehen. Die überproportionalen Lohnerhöhungen sind sicher erfreulich für die Hilfsarbeiter und die angelernten Arbeiter, die ihren Arbeitsplatz behalten, aber schädlich für alle diejenigen, die nicht mehr in eine Stellung zurückfinden, weil sie **im Verhältnis zu ihrer Wertschöpfung für die Unternehmen zu teuer geworden sind.**

Lohndifferenzierung nach Qualifikation

Auch hier wird markttechnisch argumentiert: Eine Ware, die im Verhältnis zu ihrem Wert zu kostspielig geworden ist, wird verschmäht! Marktwirtschaftlich folgerichtig ist danach die Empfehlung des Sachverständigenrates in seinem Gutachten 1985/86: „Das globale Ungleichgewicht auf dem Arbeitsmarkt überdeckt die recht unterschiedlichen Marktlagen auf den regionalen, sektoralen und tätigkeitsbezogenen Arbeitsmärkten. Auch dem

Umfassende Arbeitsmarktpolitik

Es ist auf Dauer wenig hilfreich, wenn eine Seite der anderen die Fehler vorrechnet und damit Schuld für wirtschaftlichen Niedergang verteilt; wichtiger wäre, die Weichen richtig zu stellen. Bemerkenswert war insofern die Position, die der langjährige Staatssekretär im Bundeswirtschaftsministerium, Otto Schlecht, vertrat (Wirtschaftswoche, Nr. 32 v. 2.8.1991). Zwar teilte dieser die Bedenken bei zu starken Lohnsteigerungen, verwies aber auf die Produktivitätsseite: Wenn man die Produktivitätszuwächse durch radikale Modernisierung der Produktionsanlagen steigerte, dann ließen sich diese Lohnschritte auch verantworten. Der Staat würde daher befristet die **Produktivität in den neuen Ländern fördern.** Ergänzt werden sollte diese Politik durch

- **flexible und differenzierte Lohnsteigerungen,** z.B. durch „Öffnungsklauseln" für bedrohte Betriebe, die dann die hochprozentigen Lohnsteigerungen nicht in vollem Umfang mitmachen müssen, und durch Einführung ertragsabhängiger Lohnbestandteile. Diese würden – ähnlich wie gewinnbezogene Jahreszahlungen im Westen – nur ausgezahlt, wenn Leistung und Ertragslage es rechtfertigten;
- **Einführung von „Investiv-Löhnen"** nach dem Muster der westdeutschen Vermögensbildungsmodelle. Die Folge wäre, daß ein Teil der Lohnerhöhungen nicht ausgezahlt, sondern dem Unternehmen als Kredit für Investitionen zur Verfügung gestellt wird;
- **Korrekturen der Arbeitsmarktordnung,** indem der Staat nicht erklärt, daß die Tarifverträge für alle kleineren und mittleren Betriebe verbindlich seien;
- regelmäßigen **wirtschaftspolitischen Dialog** zwischen Regierung und Sozialpartnern, um die Politik aufeinander abzustimmen.

Ähnliche Vorschläge unterbreitete der wissenschaftliche Beirat beim Bundeswirtschaftsministerium. Von den Gewerkschaften wurden diese Überlegungen umgehend als unzweckmäßig zurückgewiesen.

Mitte 1991 rückte als weiteres Mittel das der sog. **Lohnsubventionierung** in die öffentliche Diskussion in Deutschland. Der Grundgedanke besteht darin, daß der Staat angesichts der Produktivitätsrückstände – zeitweilig – global den Teil der Lohnkosten übernimmt, der noch nicht durch wertschaffende Arbeit erwirtschaftet wurde. Damit kann das Unternehmen überleben, und der Staat kann – angesichts der Kosten von fast 30 000 DM/Jahr, die ein Arbeitsloser verursacht – seinerseits Geld sparen.

Bislang wurden Lohnsubventionen nicht angewandt. Man befürchtete, daß die Tarifparteien diese Subventionen voll abschöpfen würden – wozu Zurückhaltung bei den Abschlüssen, wenn der Staat die Differenz zur Wertschöpfung zuzahlt? Zudem würden auch rentable Arbeitsplätze mitsubventioniert werden (Mitnahmeeffekte). Beide Wirkungen ließen diese Subventionen zu einem unkalkulierbaren Milliardenpoker werden, der erneut die Vollbeschäftigungsverantwortung einseitig der Regierung aufbürdete.

Lohnsubventionen: Der Rat aus Berkeley

Düster werden die Aussichten für die neuen Länder auch in den USA eingeschätzt. In einer umfangreichen Studie konstatiert Janet Yellen von der University of California in Berkeley, daß in Ostdeutschland „eine der tiefsten und schärfsten Depressionen in der europäischen Geschichte" stattfindet. Weiter angeheizt wird die Depression durch die hohen Lohnsteigerungen, die zu „hohen Abwanderungen und zunehmender Arbeitslosigkeit" führen werden.

Als Ausweg empfiehlt die US-Wissenschaftlerin eine direkte Subventionierung der Löhne: Bis zu 75 Prozent ihrer Verdienste sollen die Arbeitnehmer von Vater Staat direkt erhalten. Unter den gegenwärtigen Bedingungen sind nach der US-Analyse nur acht Prozent der Unternehmen in Ostdeutschland wettbewerbsfähig. Bei einer großzügigen Subventionierung in dem empfohlenen Ausmaß bekämen 80 Prozent der Unternehmen eine Chance, mitzuhalten.

Die bundesdeutschen Wirtschaftswissenschaftler stehen den Empfehlungen aus Berkeley reserviert gegenüber. Auf der Mitgliederversammlung der wirtschaftswissenschaftlichen Forschungsinstitute, die kürzlich in Bonn stattfand, sprachen sich deren Präsidenten einhellig gegen die amerikanische Empfehlung aus. So wird bezweifelt, daß eine direkte Lohnsubventionierung mit dem komplizierten bundesdeutschen Arbeits- und Tarifrecht vereinbar ist. Lutz Hoffmann, der Leiter des Deutschen Instituts für Wirtschaftsforschung in Berlin, befürchtet zudem, daß bei direkter Subventionierung der Lohnkosten „... alle Schleusen brechen und ein weiterer Lohnauftrieb einsetzt". Andere Wirtschaftsforscher räumen ein, daß in der Anfangsphase dieser Weg grundsätzlich gangbar gewesen wäre. Mittlerweile, so Erhard Kantzenbach, der Präsident des Hamburger HWWA-Instituts für Wirtschaftsforschung, „... ist der Zug abgefahren". CA

Wirtschaftswoche, Nr. 22 v. 24.5.1991.

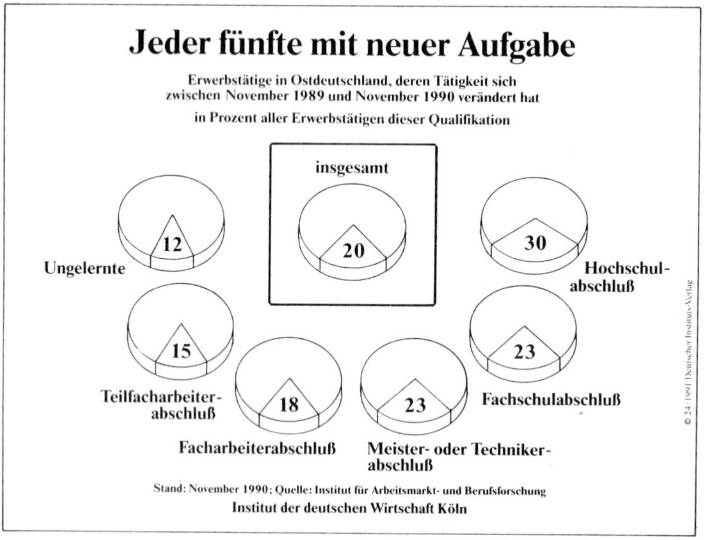

iwd 24/1991.

Andere Autoren sahen angesichts dramatischer Zuspitzungen in der ehemaligen DDR keine andere Alternative als diese Notbremse gegen den freien Fall in die Katastrophe.

Deutlich herausgestellt werden muß die bemerkenswerte Bereitschaft der Bevölkerung in den neuen Bundesländern, ihre eigenen beruflichen Qualifikationen zu hinterfragen und neu zu definieren – wozu auch die Aufnahme neuer Beschäftigungen gehört.

Der Vollständigkeit halber sei erwähnt, daß es einen vollständig marktwirtschaftlich organisierten Arbeitsmarkt mit freier Lohnbildung und Fehlen jeglicher sozialer Sicherung auch in der Bundesrepublik gibt: Die Schwarzarbeit (vgl. Kapitel 3.2.). Hier sind genaue Angaben aus naheliegenden Gründen unmöglich: Schätzungen schreiben dieser sog. Schattenwirtschaft einen Anteil bis zu einem Viertel der „offiziellen" Wirtschaft – mit steigender Tendenz – zu. Chancen hat dieser Markt, weil er für die unmittelbar Beteiligten sehr profitabel ist; **auf Kosten des Staates und der Sozialversicherungsträger** einigt man sich irgendwo „in der Mitte" zwischen dem Stundenlohn bei versteuerter Beschäftigung und dem vom Unternehmer in Rechnung gestellten Lohnsatz.

„ABM"-Maßnahmen

Zusätzlich existiert ein vollständig reglementierter „zweiter Arbeitsmarkt" als **Folge staatlicher Arbeitsbeschaffungsmaßnahmen** (ABM). Hier werden unter sehr eingeschränkten Bedingungen (so soll ABM-Beschäftigung keinen Ersatz von „regulären" Arbeitsplätzen darstellen) Arbeitslose auf Staatskosten zeitweise beschäftigt. Ein „Markt" liegt hier nicht vor; alle Bedingungen („wer wird mit welchen Vertragsinhalten wie lange beschäftigt?") werden durch den Staat bestimmt.

Arbeitsbeschaffungsmaßnahmen
werden auf gesetzlicher Grundlage von den Arbeitsämtern ergriffen, um „zusätzliche" Arbeitsplätze, insbesondere für schwervermittelbare Arbeitslose (Langzeitarbeitslose, Behinderte, Ältere, arbeitslose Jugendliche ohne Ausbildung), einzurichten.
An diesen „ABM"-Maßnahmen ist die private Wirtschaft beteiligt, der für die Beschäftigung dieser schwer Vermittelbaren ein Zuschuß des Arbeitsamtes gezahlt wird; aber auch der öffentliche Dienst, für den im Grundsatz gilt, daß „ABM"-Beschäftigte keine Arbeit ausführen sollen, die zu den Regelaufgaben des Staates gehören und somit durch planmäßige Beschäftigte zu erfüllen sind. „ABM"-Beschäftigte sollen keine Regel-Stelleninhaber verdrängen.

Wenden wir uns jetzt der kritischen Überprüfung der These zu, daß die Löhne allein für das Ausmaß der Arbeitslosigkeit in unserer Marktwirtschaft verantwortlich seien.

„Teil"-Märkte

Die Feststellung der klassischen Wirtschaftstheorie, wonach die Höhe der Preise den Umfang der absetzbaren Menge auf Märkten bestimmt, **gilt grundsätzlich nur für den jeweils betrachteten „Teil"-Markt** (oder„Partial"-Markt, wie ihn die Theorie häufig nennt). Mit anderen Worten, der Butterabsatz wird steigen, wenn der Butterpreis sinkt. Die Ware Butter wird somit auf dem Teilmarkt für Butter gehandelt; dieser Markt ist in den Gesamtmarkt für Lebensmittel eingebettet, und dieser wiederum in volkswirtschaftlicher Betrachtung in die Summe aller Märkte, auf denen Produkte gehandelt werden.

Bedingungen auf dem „Gesamt"-Markt sind anders

Was folgt aus diesen Feststellungen? Ist der Preis-Mengen-Zusammenhang auf dem Teilmarkt noch plausibel („Niedriger Preis führt zu Mehrabsatz"), so wird das nicht mehr eindeutig belegbar, wenn man sich die Summe der Märkte ansieht: Wächst der Verkauf von Butter bei Preissenkungen, wenn gleichzeitig die Preise aller anderen Lebensmittel ebenfalls sinken? Das jedoch wäre die Situation, die mit den Arbeitsmärkten vergleichbar ist. Wir haben zwar auch **auf den Arbeitsmärkten eine sehr große Zahl von regionalen und berufsbezogenen Teilmärkten**; die Aussage, daß niedrigere Löhne für Mehrbeschäftigung sorgen, soll jedoch für den **Gesamtarbeitsmarkt** gelten. Damit werden die Wirkungen nicht mehr so leicht absehbar, wie es das einfache Preis-Absatz-Modell für Partialmärkte unterstellt.

Wirkungen von Lohnsenkungen auf „Teil"- und „Gesamt"-Markt

Ein Beispiel: Für bestimmte Beschäftigungen können angelernte und Facharbeiter eingesetzt werden. Senkt man die Löhne der angelernten Arbeiter, so kann man erwarten, daß diese die teureren Facharbeiter verdrängen. **Lohnsenkung führt in diesem Fall zu Mehrbeschäftigung bei den Angelernten.** (Wenn auch um den Preis der Verdrängung der Facharbeiter, womit ja die gesamtwirtschaftliche Arbeitslosigkeit nicht bekämpft wird.) Sinken jedoch die Löhne auf beiden Teilmärkten, so werden die angelernten Arbeiter im Verhältnis zu den Facharbeitern nicht billiger, so daß die zusätzliche Beschäftigung ausbleibt. **Lohnsenkungen wären hier also erfolglos.**

Insofern sind in volkswirtschaftlicher Sicht Lohnsenkungen kein geeignetes Mittel, die Arbeitslosigkeit insgesamt zu beseitigen. Lohnsenkungen auf einzelnen Arbeits-Teil-Märkten sind jedoch ein denkbares Mittel, um Arbeitsplätze umzuschichten. Mehrbeschäftigung bei den billigeren Arbeitskräften führt dann aber zu verstärkter Arbeitslosigkeit bei den Berufen, die relativ teuer geworden sind.

Wiederbeschäftigung durch Markt-„Ausweitung"

Diese Aussage muß allerdings relativiert werden. Gehen wir dafür zum Beispiel des Lebensmittelmarktes zurück. Sinkende Preise für alle Lebensmittel können dazu führen, daß man insgesamt reichlicher Nahrung zu sich nimmt. Insofern wächst der Lebensmittelabsatz, weil sich – wie die Wirtschaftstheorie sagt – die **„Märkte ausweiten".** Diese Wirkung ist jedoch deutlich schwächer als der oben angesprochene „Partialmarkt"-Effekt. Dazu ein theoretisches Beispiel: Wenn Butter um 10% billiger wird (bei unveränderten Preisen der anderen Speisefette), wird sie erheblich mehr, sagen

ARBEITSPRODUKTIVITÄT Westdeutsche weiter vorn

Westdeutschland steht auf Platz sechs einer Weltrangliste der Arbeitsproduktivität. Nur in Singapur, der Schweiz, Japan, Taiwan und Belgien sind die Mitarbeiter bei der Herstellung moderner Industrieerzeugnisse noch produktiver. Die alte Bundesrepublik liegt damit knapp vor den USA und Südkorea sowie beträchtlich vor Frankreich, Irland, Großbritannien und Spanien. Denn die hohen Lohn- und Lohnnebenkosten werden durch die gute Ausbildung und Arbeitsmotivation der deutschen Mitarbeiter weitgehend ausgeglichen.

Das geht aus einer vom Beri-Institut in Genf veröffentlichten Analyse der Arbeitskräfte-Produktivität in 50 Ländern hervor. Sie wird als Entscheidungshilfe für die oft schwierige Standortwahl international tätiger Unternehmen jährlich neu ermittelt. Beri bewertet in seiner Rangliste die Auswirkungen der nationalen Sozial- und Mitbestimmungsgesetze auf die Produktionskosten, die Lohnkosten im Verhältnis zur Produktivität, die durch Streiks und Fehlzeiten verursachten Ausfälle sowie das Ausbildungsniveau der Arbeitskräfte.

Von 1984 bis zum vorigen Jahr lagen die Westdeutschen auf Platz acht der Weltrangliste. Sie verbesserten sich von 62 Punkten 1984 auf jetzt 67 Punkte auf einer im Idealfall bis 100 reichenden Skala und überholten Südkorea, das von 69 auf 61 abstieg. Der Abstand zu Japan (73) und der Schweiz (77) hat sich seit 1984 kaum geändert. Bemerkenswerte Verbesserungen von 57 Punkten 1984 auf 64 Punkte 1991 konstatiert Beri für die Vereinigten Staaten. Diese liegen jetzt nur noch knapp hinter der Bundesrepublik Deutschland. Die Schlußlichter auf Beris Weltrangliste bilden China mit 34 und die Sowjetunion mit 33 Punkten. HAK

Wirtschaftswoche, Nr. 21 v. 17.5.1991.

wir um 15%, nachgefragt. Wenn alle Fette um 10% billiger werden, werden wir dennoch nicht in gleichem Umfang mehr Fette konsumieren. Vielleicht steigt der Gesamtabsatz um 2%.

Diese Erkenntnis läßt sich auf den Arbeitsmarkt übertragen. **Verbilligung der Arbeit allgemein kann dazu führen, daß sich die menschliche Arbeit im Produktionsprozeß besser gegen das Sachkapital (Maschinen im weitesten Sinne) durchsetzen kann.** Sofern einzelne Betriebe die Möglichkeit haben, Produktion mit mehr Arbeitseinsatz durchzuführen, können dort niedrige Löhne einen überdurchschnittlichen Arbeitskräfteeinsatz anregen. **Man darf sich hier allerdings keinen Illusionen hingeben:** Der jahrzehntelange Prozeß der Mechanisierung, Rationalisierung und Automatisierung der Produktionen hat den Anteil der Lohnkosten an der Gesamtfertigung immer weiter zurückgehen lassen. Selbst drastische Lohnsenkungen würden nicht mehr dazu führen, daß die Produktion von Stahl, Autos, Haushaltsgeräten, chemischen Produkten usw. wieder auf arbeitsintensive Fertigung umgestellt würde. Der **Zwang,** die **modernsten Produktionsverfahren** einzusetzen, um im **weltweiten Konkurrenzprozeß** mithalten zu können, besteht für die Unternehmen in der Bundesrepublik

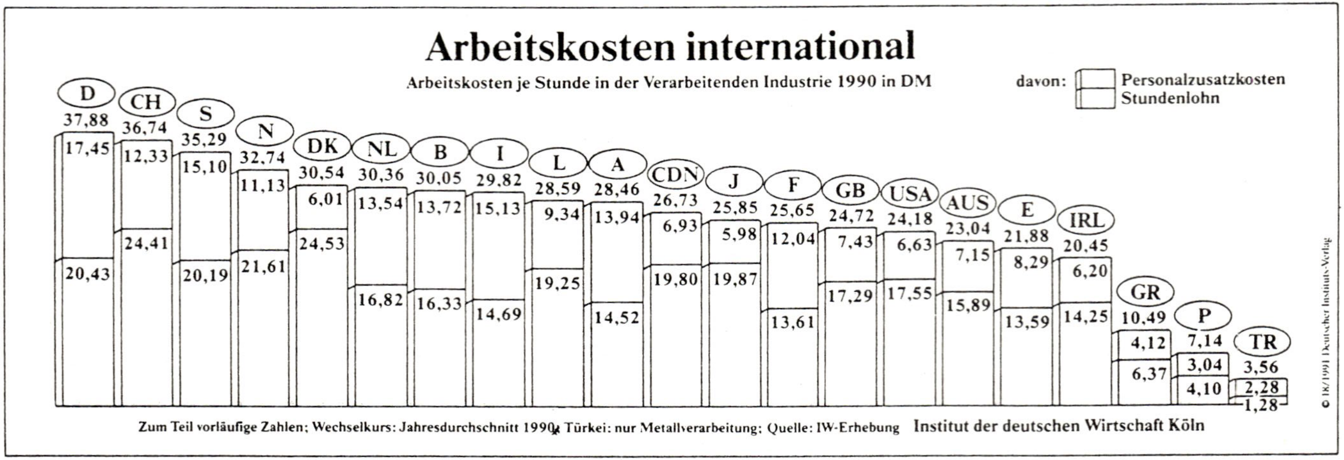
Arbeitskosten international
Arbeitskosten je Stunde in der Verarbeitenden Industrie 1990 in DM
davon: Personalzusatzkosten
Stundenlohn
D 37,88 17,45 20,43
CH 36,74 12,33 24,41
S 35,29 15,10 20,19
N 32,74 11,13 21,61
DK 30,54 6,01 24,53
NL 30,36 13,54 16,82
B 30,05 13,72 16,33
I 29,82 15,13 14,69
L 28,59 9,34 19,25
A 28,46 13,94 14,52
CDN 26,73 6,93 19,80
J 25,85 5,98 19,87
F 25,65 12,04 13,61
GB 24,72 7,43 17,29
USA 24,18 6,63 17,55
AUS 23,04 7,15 15,89
E 21,88 8,29 13,59
IRL 20,45 6,20 14,25
GR 10,49 4,12 6,37
P 7,14 3,04 4,10
TR 3,56 2,28 1,28
Zum Teil vorläufige Zahlen; Wechselkurs: Jahresdurchschnitt 1990; * Türkei: nur Metallverarbeitung; Quelle: IW-Erhebung
Institut der deutschen Wirtschaft Köln
© 18/1991 Deutscher Instituts-Verlag

iwd 18/1991.

unabhängig davon, ob die Löhne um 10% höher oder niedriger sind. Bestenfalls der Zeitpunkt für die Einführung neuester Produktionsmethoden mag sich um ein paar Monate ändern. Der Druck, mit den Weltmarktkonkurrenten in jeder Hinsicht mitzuhalten, **kann durch einen Lohnabschlag nicht wesentlich gemindert werden.**

Wissenschaft kann „Vollbeschäftigungslöhne" nicht bestimmen

Allgemeine Lohnsenkungen sind also kein geeignetes Mittel, Massenarbeitslosigkeit zu beseitigen, obwohl die herrschende Wirtschaftswissenschaft das vielfach nahelegt. Daher ist bezeichnend, wenn der Sachverständigenrat resignierend sagt: „Welche Lohnsteigerungen mit dem Ziel vereinbar sind, die Beschäftigungsmöglichkeiten zu verbessern, müssen die Tarifparteien letztlich selbst am Markt herausfinden."[2] Die **Wirtschaftswissenschaft ist also nicht in der Lage anzugeben, welche Löhne Vollbeschäftigung herbeiführen** – obwohl doch die Lohnhöhe der ausschlaggebende Faktor sein soll.

Um allerdings kein Mißverständnis aufkommen zu lassen: Es ist für eine intensiv in die Weltwirtschaft eingebundene Volkswirtschaft wie die der Bundesrepublik sinnvoll, angesichts der Weltmarktpreise für Rohstoffe und Fertigprodukte sowie des Standes der Wechselkurse darauf zu achten, daß die Unternehmen wettbewerbsfähig bleiben. Die vom Sachverständigenrat geforderten „maßvollen" Lohnanhebungen sind angesichts der Weltmarktverflechtungen geeignet, die Arbeitslosigkeit nicht noch weiter zu verschärfen. **Die Tarifpartner bleiben also weiterhin in der Pflicht,** gemeinsam die Arbeitslosigkeit zu überwinden, wenn sie über Löhne und Arbeitsbedingungen verhandeln.

„Klassische" Vollbeschäftigungslehre

Es gibt noch weitere Zweifel an der These, daß die Senkung des Lohnniveaus zur Vollbeschäftigung führt. Die entsprechende Aussage der klassischen Wirtschaftslehre geht mit ihren modernen Befürwortern davon aus, daß in der Marktwirtschaft eine Tendenz zur Vollbeschäftigung angelegt sei – wenn sich nur jeder „rational" verhalte und freie Preisbewegungen gesichert seien. Die Begründung für diese These liegt in der Annahme, daß der Wert jeder Produktion von Gütern und Diensten gleichzeitig Entstehung von Gewinn- und Lohneinkommen sei. Damit sei der volkswirtschaftliche Wert des Güterangebots gleich der volkswirtschaftlichen Nachfrage nach Konsum- und Investitionsgütern; denn das, was die Haushalte der Unternehmer, Arbeitnehmer und Rentner sparten, gehe als Sparanlagen an den Kapitalmarkt und werde von Unternehmen für die Finanzierung von Investitionen nachgefragt. Wenn dementsprechend Angebot und Nachfrage sich volkswirtschaftlich ausglichen, so könne es auf Dauer keine Überproduktion geben, die Menschen arbeitslos mache. Somit fände jeder, der arbeiten wolle, zum Marktlohn auch seine Beschäftigung.

2) Sachverständigenrat, Gutachten 1982/83, S. 141.

Flexible Löhne erleichtern die Anpassung

Voraussetzung ist, daß die Preise völlig beweglich sind. Denn Überangebot auf einem Markt soll dort zu Preisverfall führen, damit sich die Unternehmer den Märkten zuwenden, auf denen wegen der wachsenden Nachfrage steigende Preise und Gewinne erzielt werden. Beweglich nach oben und unten müssen auch die Löhne sein; **Lohnänderungen sollen die Arbeitnehmer anregen, sich aus sterbenden Wirtschaftszweigen weg- und den Wachstumsindustrien** zuzuwenden. Starre Tariflöhne hindern diese Bewegungen; sie lassen damit Beschäftigte in Branchen ohne Zukunft, so daß Arbeitslosigkeit entsteht, wenn sich dort die Konkurse häufen.

Risikoschutz durch Verzicht auf Sachinvestitionen

Bringt uns volle Lohnflexibilität die Vollbeschäftigung zurück? Die moderne Wirtschaftstheorie, die auf den Engländer John M. Keynes zurückgeht, meldet hier erhebliche Zweifel an. Und zwar aus folgenden Gründen: Keynes und seine Zeitgenossen in den 30er Jahren dieses Jahrhunderts beobachteten, daß sich Unternehmer und Haushalte in bezug auf ihre Geldverwendung anders verhielten, als es die klassische Volkswirtschaftslehre angenommen hatte. **Insbesondere zu Zeiten wirtschaftlicher Unsicherheit** (Beschäftigungskrisen, Unsicherheiten bei den Wechselkursen und auf Exportmärkten, komplizierte technische Veränderungen mit nicht genau bestimmbaren Marktfolgen usw.) **neigten die Handlungsträger dazu, sich gegen Risiken abzusichern.** Diese Sicherung bestand im wesentlichen darin, sich nicht in Investitionsprojekten festzulegen, aus denen man nicht mehr herauskommt, wenn etwas schief läuft. Besser war, möglichst „liquide“ zu bleiben, also sein Vermögen in sofort einsetzbarer Form festzuhalten. Das konnte in der Gestalt von Bargeld oder täglich fälligen Guthaben bei Banken sein, oder auch in sog. „Schuldtiteln“ der öffentlichen Hand, also verzinsten Staatsanleihen, die man von Tag zu Tag an der Börse verkaufen und zu Bargeld machen konnte. Die Konsequenz: „Wann immer feinfühlige Investoren und Sparer mit ... Unwägbarkeiten rechnen müssen, verändern sie ihr Verhalten. Die einen machen Kasse, die anderen verzichten ... auf arbeitsschaffende Investitionen ... Investitionskapital wird in Finanzkapital verwandelt – ohne jede Auswirkung auf Volkseinkommen und Beschäftigung.“[3]

Chancen durch Deregulierung

Rund ein Zehntel der gegenwärtigen Arbeitslosen könnte einen neuen Arbeitsplatz finden, wenn durch gesetzliche und tarifpolitische Maßnahmen der Arbeitsmarkt weiter dereguliert werden würde. Laut Umfrage des Ifo-Instituts für Wirtschaftsforschung jedenfalls versprechen sich die Unternehmen des verarbeitenden Gewerbes und des Handels 230 000 zusätzliche Arbeitsplätze, wenn mehr Zeitverträge, verringerter Kündigungsschutz und flexiblere Löhne möglich wären.

Wirtschaftswoche, Nr. 37 v. 5.9.1986.

[3] Wilhelm Hankel, in: Wirtschaftswoche, Nr. 39 v. 19.9.1986.

Wilhelm Hankel sprach an derselben Stelle vom **„monetären Wartesaal".** Die Unternehmer warten bessere und sichere Zeiten ab, indem sie Geld halten. Damit fällt aber, gesamtwirtschaftlich gesehen, Nachfrage aus: Man benötigt nicht mehr so viele Arbeiter zur Produktion. Arbeitslosigkeit entsteht oder verstärkt sich. **„Je unsicherer die Zeiten werden, desto sicherer ist es, in irgendeiner Form monetär zu überwintern. Nur wird dadurch die Krise aufgrund der ausfallenden Nachfrage nach produktiven Investitionsgütern zu einer Dauererscheinung – und mit ihr die Arbeitslosigkeit."**

Arbeitslosigkeit „systembedingt"

Die Überlegungen beinhalten eine radikale Kritik an der Fähigkeit der Marktwirtschaft, aus eigener Kraft zur Vollbeschäftigung zurückzufinden. **„Mut zum Markt" würde nach Keynes nicht ausreichen, um die im System angelegten Lücken zu schließen.** Es hätte gezielte staatliche Politik hinzuzutreten: Zuerst, um durch „vertrauensbildende" Maßnahmen die wirtschaftliche Zukunft für die Investoren berechenbarer zu machen. Danach, um durch eigenes wirtschaftliches Handeln die gesamtwirtschaftliche Nachfrage auszudehnen, damit die für die Arbeitslosigkeit verantwortliche Nachfragelücke geschlossen wird.

Die Themenstellung „Weniger Lohn – mehr Arbeit?" hat auch eine **politische Dimension, wenn man die Schutzrechte der Arbeitnehmer** (Kündigungsschutz, Krankheits- und Altersvorsorge usw.) **betrachtet.** Wolfram Engels vom liberal-konservativen „Kronberger Kreis", von dem das Eingangszitat stammt, argumentiert kostentheoretisch korrekt, wenn er diese Rechte in Lohnkostenbestandteile umrechnet, wie es oben mit den Lohnnebenkosten dargestellt wurde. **Schutzrechte kosten Geld; sie erhöhen die Lohnsumme** und wirken, so die These, der Vollbeschäftigung entgegen. Ist diese Behauptung schlüssig?

Schutzrechte als Kostenfaktor

Sie wird in Konkurrenzsituationen mit ausländischen Anbietern grundsätzlich zutreffen. Wenn das deutsche Unternehmen annahmegemäß von besonders hohen Nebenkosten des Arbeitskräfteeinsatzes belastet ist, wird es teurer anbieten müssen und damit Aufträge verlieren mit Beschäftigungsabbau als möglicher Folge. Es kann **daher sinnvoll sein, bei kritischer Beschäftigungslage und schwierigen Weltmarktverhältnissen** (Wechselkursrisiken, Konkurrenz durch Schwellenländer) **auf eine Ausweitung kostenträchtiger Schutzrechte zu verzichten.**

Schutzrechte erhöhen Arbeitsmotivation

Andererseits können Schutzrechte eine produktivitätserhöhende Motivation bei den Arbeitnehmern anregen. Verursacht nicht erfahrungsgemäß eine sozial abgesicherte Arbeitnehmerschaft mit wichtigen Mitbestimmungsrechten weniger Streiks, Fehlzeiten und Produktionsausfälle als eine billige Belegschaft ohne Schutz und Mitwirkung? Trifft es zu, daß in mitbestimmungsstarken Groß- und Mittelbetrieben der deutschen Wirtschaft (Daimler-Benz, VW, Siemens) die Löhne sogar deutlich über dem Tariflohnniveau liegen und dennoch höchste Gewinne erzielt werden? Sind nicht trotz der den Wert des Aktienkapitals angeblich senkenden gewerkschaftlichen Mitbestimmungsrechte die Kurse der Aktien gerade dieser Unternehmen außerordentlich hoch, was nach der marktwirtschaftlichen Logik doch dafür spricht, daß sie von Kapitalanlegern sehr begehrt sind? Ähnliche Beispiele aus Schweden und Japan zeigen, daß konfliktfreie „industrielle Beziehungen", das Verhältnis von Unternehmensleitung und Betriebsräten, verbunden mit einem erhaltenswerten Stand der sozialen Sicherung, die Produktivität erhöhen. Damit sind sie den eher frühkapitalistisch anmutenden „Heuer-und-Feuer"-Beziehungen zwischen Chef und Arbeiter überlegen.

Balance von Marktwirtschaft und Schutzrechten

Ein hohes Lohnniveau, verbunden mit Schutz vor Not, willkürlicher Entlassung, Krankheit und Armut im Alter kann wie eine Investition in die Produktionsbedingungen am Arbeitsplatz wirken und die Leistungsfähigkeit auch im Eigentümerinteresse steigern. Gesucht wird daher die **„zeitgemäße Balance, die die Vorzüge der Marktwirtschaft mit jenen sozialstaatlicher Regelungen und industrieller Beziehungen verbindet."**[4] Die Behauptung, daß sozialer Schutz Massenarbeitslosigkeit verursacht, findet somit keine Bestätigung. Damit ist umgekehrt der Vorschlag, durch Beseitigung arbeitsrechtlicher und tariflicher Absicherung zur Vollbeschäftigung zurückzufinden, kein geeignetes Mittel.

Schutzansprüche von Unternehmen

Der Vollständigkeit halber sei hier angemerkt, daß **die Unternehmer selbst auch „Sicherheit" anstreben** und dieses als Beitrag zu höherer Leistungsfähigkeit darstellen. **Nur die Form ist eine andere:** Unternehmer versuchen, die Wirkungen des Wettbewerbs zu mildern. Mittel dazu sind Kooperationsbeziehungen untereinander, Meinungsaustausch auf Verbandstreffen, die kapitalmäßige Verflechtung, der Austausch von Aufsichtsräten – direkt oder über die Hausbanken, Verhaltensabstimmungen auch jenseits der kartellrechtlich zulässigen Grenze, Bildung „strategischer Allianzen" und erlaubter Kartelle, Schaffung von Gemeinschaftsunternehmen, gemeinsame Forschungsarbeiten, Auftragssteuerungen in der Bauwirtschaft zur Regelung von Anschlußaufträgen bei den Beteiligten, usw. Es ist unbestritten, daß es hier Formen der Absicherung gibt, durch die die Märkte leistungsfähiger werden als bei völlig unkoordinierter Konkurrenz. Politisch und rechtlich gibt es das gewichtige Problem, die positiven von den wirtschaftlich schädlichen Formen zu unterscheiden. **Für die Funktionsweise von Marktwirtschaften jedoch sind diese „Schutzansprüche" der Unternehmer grundsätzlich nicht anders zu beurteilen als die Schutzrechte der Arbeitnehmer.**

Kürzere Arbeitszeit – weniger Arbeitslose

Als weiteres Mittel zur Überwindung von Arbeitslosigkeit wird die Verkürzung der Arbeitszeiten eingesetzt. Diese Politik scheint deshalb vernünftig zu sein, weil die steigende Produktivität der Arbeit auf der einen, die begrenzte Aufnahmefähigkeit der Märkte auf der anderen Seite nahelegen, die Wachstumsraten der Produktion gering zu halten. Das heißt andererseits aber, daß man bei gering wachsender Gütererzeugung immer weniger

[4] Egon Matzner in: Die Zeit v. 30.5.1986.

Menschen benötigt, mit dem zunehmend leistungsstärkeren Sachkapital (Maschinen, Anlagen) zusammen die benötigten Waren herzustellen. Diese rein ökonomischen Zusammenhänge finden ihre gesellschaftspolitische Unterstützung durch die Forderung, mehr Lebenszeit für selbstbestimmte Tätigkeit zu gewinnen – was ohne Einbrüche im gewohnten Lebensstandard nur möglich sei, wenn die Arbeitsproduktivität weiter wächst.

Für die Industrie der alten Bundesländer ergab sich das folgende Bild:

Jahr	Bruttowertschöpfung in Mrd. DM	Abhängig Beschäftigte, in Mio. Arbeitskräften	Eingesetzte Arbeitskräfte je 1 Mio. DM Wertschöpfung
1970	259,2	8,88	34,2
1975	354,1	7,91	22,3
1980	482,8	7,66	15,9
1985	583,5	6,94	11,9
1986	620,4	7,06	11,4
1987	624,7	7,06	11,3
1988	652,4	7,04	10,8
1989	697,8	7,20	10,3
1990	752,6	7,40	9,8

Quelle: Monatsberichte der Deutschen Bundesbank. Die Zahlen ab 1988 sind vorläufig.

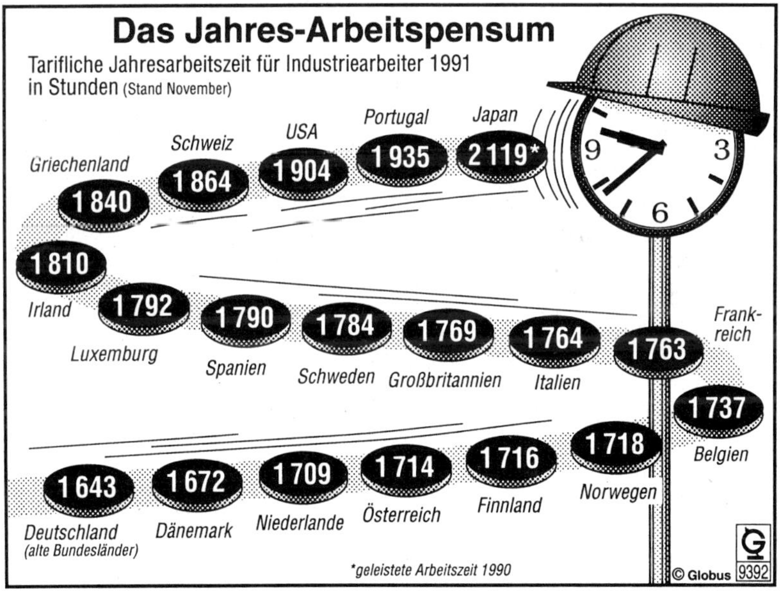

In der Tarifrunde 1984 forderten die Gewerkschaften erstmals mit der ausdrücklichen Begründung, **Massenarbeitslosigkeit zu bekämpfen, die Verkürzung der tariflichen Wochenarbeitszeit** von 40 auf 35 Stunden. Die Arbeitgeber verlangten mit gleichartiger Begründung, die Arbeitszeiten der Beschäftigten stärker den betrieblichen Bedürfnissen anpassen zu dürfen (**„Flexibilisierung“**). Diese Forderungen wurden wechselseitig abgelehnt; die Unternehmer führten die hohen Kosten der Arbeitszeitverkürzungen an; die Gewerkschaften sahen in der Flexibilisierungsforderung den Versuch, einheitliche Arbeitsverhältnisse abzuschaffen und damit die Arbeiterschaft zu spalten.

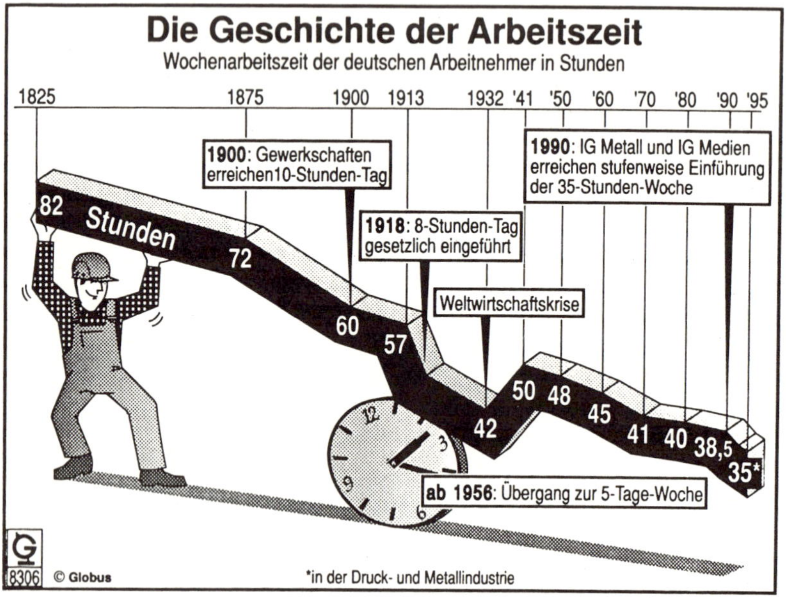

Löhne – Einkommen – Arbeitszeit

Zur Verdeutlichung der im Text verwendeten Begriffe:
Löhne sind die Arbeitsentgelte **pro Arbeitsstunde.** Diese werden nach dem Tarifvertragsgesetz zwischen den Tarifpartnern Gewerkschaften und Arbeitgeberverband ausgehandelt und gelten als Mindestlohnsatz für alle Beteiligten.
Einkommen ist die auf einen Kalenderzeitraum bezogene Entlohnung des Arbeitnehmers. Sie ist das Produkt aus **Lohn** und der pro Zeitraum gearbeiteten **Stunden.**
Eine Lohn**erhöhung** kann also die Einkommen **unverändert** lassen, wenn eine gleichgerichtete Verringerung der Arbeitsstunden pro Zeitraum (Woche, Monat, Jahr) vereinbart wird.

Wegen der ausgeprägt kontroversen Standpunkte wurden 1984 erst nach längerem Arbeitskampf Tarifabschlüsse vereinbart: In der Metall- und Druckindustrie wurde die durchschnittliche Wochenarbeitszeit auf 38,5 Stunden verkürzt. Dafür setzten die Tarifparteien einen „Lohnausgleich" von 3,9% an. Darüber hinaus wurden Lohnerhöhungen von 2,5–3% (1984) und zusätzlich von 2% (1985) beschlossen. In der Tarifrunde 1987 einigte man sich auf weitere Arbeitszeitverkürzungen.

1995: 35-Stunden-Woche

Einen weiteren Durchbruch brachten die Metalltarifabschlüsse 1990: Gewerkschaften und Arbeitgeber einigten sich auf einen Manteltarifvertrag, der die wöchentliche Arbeitszeit ab 1993 auf 36 und **1995 auf 35 Stunden verkürzt.** Als „Notklausel" wurde vorgesehen, daß diese Verkürzungen noch einmal gemeinsam überprüft werden können, falls es die gesamtwirtschaftliche Lage und die „Beschäftigungssituation in der Metall- und Elektroindustrie, die Entwicklung im Zusammenwachsen der beiden deutschen Staaten und die Entwicklung der Arbeitszeiten in den Ländern der europäischen Gemeinschaft" nahelegen.

Einen Durchbruch in Richtung auf **größere Flexibilisierung** gab es im Beschluß, 18% der Belegschaft (einschließlich der leitenden Angestellten) trotz der Regelarbeitszeit von 37,5 Stunden freiwillig bis zu 40 Stunden bei Freizeit- oder Lohnausgleich arbeiten zu lassen.

Übertragung auf ehemalige DDR

Zur selben Zeit wurden über 10%ige Arbeitszeitverkürzungen in die Tarifverträge in den neuen Bundesländern aufgenommen. Die wöchentliche Regelarbeitszeit in der DDR von über 43 Stunden (Verkürzungen aus sozialen Gründen waren gebräuchlich) ist damit binnen Jahresfrist deutlich unterschritten worden. Ähnlich wie bei den Löhnen werden auch bei den Arbeitszeiten Anpassungsschritte in Richtung auf gleiche Arbeitszeiten in West und Ost gegangen.

Das Ziel, durch „Verknappung" der zu erbringenden Arbeit neue Arbeitsplätze zu schaffen, verfolgten auch die Abschlüsse in der Bau-, Textil-, Bekleidungs- und Versicherungswirtschaft sowie im Bereich Nahrung, Genußmittel, Gaststätten. **Hier wurde eine Verkürzung der Lebensarbeitszeit durch frühere Verrentung angestrebt.** Nach Auffassung des Sachverständigenrates[5] kam in diesen Wirtschaftsbereichen die Einigung ohne nennenswerte Arbeitskämpfe deshalb zustande, weil man sich auf Kosten eines Dritten verständigen konnte: Die Bundesanstalt für Arbeit ist nämlich verpflichtet, die Kosten dieser sog. **„Vorruhestandsregelungen"** teilweise zu übernehmen.

[5] Sachverständigenrat zur Begutachtung der gesamtwirtschaftlichen Entwicklung, Gutachten 1984/85, S. 78.

Vorruhestand

ist eine arbeitsmarktpolitische Maßnahme, die darauf abzielt, ältere Arbeitnehmer vor Erreichen des eigentlichen Rentenalters aus der Produktion zu nehmen und gleichzeitig dafür einen arbeitslos gemeldeten Arbeiter oder einen Jugendlichen, der nach Ausbildungsschluß keinen Arbeitsplatz gefunden hat, einzustellen.
Um den Vorruhestand für den ausscheidenden Arbeitnehmer attraktiv zu machen, wird diesem ein Vorruhestandsgeld von etwa zwei Dritteln seines monatlichen Bruttoeinkommens gezahlt. Dieses Vorruhestandsgeld ist steuer- und abgabenpflichtig; wegen der niedrigen Bemessungshöhe sinkt das Nettoeinkommen dann auf etwa 70% des vorherigen Nettoeinkommens.
Die Bundesanstalt für Arbeit leistet den Unternehmen, die in den Vorruhestand entlassen, einen Beitrag von 65% des Bruttolohns und von 35% der darauf zu entrichtenden Sozialabgaben.
Sonderregelungen gelten für kleine und wirtschaftlich gefährdete Betriebe.

Arten von Arbeitszeitverkürzungen

Neben diesen beiden Formen von Arbeitszeitverkürzungen gibt es Arten, die schon seit vielen Jahren praktiziert oder zur Zeit geprüft werden:

- Verlängerung der **Urlaubszeiten;**
- **Ausdehnung der Ausbildungszeiten** mit der Folge, daß der Eintritt in das Arbeitsleben um Jahre hinausgeschoben wird;
- **Vorverlegung des Rentenalters** von 65 (bzw. 60 für Frauen) mit der Einräumung einer Option, z.B. „schon" mit 58 „auf Rente zu gehen";
- **Teilnahme an Qualifizierungsprojekten.** Diese sind insofern eine Verkürzung der Lebensarbeitszeit, weil die Qualifizierungszeiten am Ende des Arbeitslebens nicht nachgearbeitet werden;
- Ausweitung von **Teilzeitbeschäftigungen;**
- Einführung sog. **„Sabbatjahre"** z.B. für Bildungsberufe.

Tatsächlicher Rückgang der Arbeitszeit

Es gibt keine Möglichkeit, die Gesamtsumme aller die Arbeitszeit verkürzenden freiwilligen oder tarifrechtlich verbindlichen Einzelmaßnahmen in einer einzigen Kennziffer darzustellen; dazu wirken die Projekte zu unterschiedlich (Wochen-, Jahres-, Lebensarbeitszeit). Andererseits lassen viele Einzelbeispiele erkennen, daß schon seit vielen Jahren erhebliche Reduzierungen vorgenommen wurden.

Mängel der „Vorruhestands"-Praxis

Im aktuellen **Streit um das geeignetere Rezept** scheinen die Gewerkschaften mit ihrem **Einstieg in die 35-Stunden-Woche** die besseren Argumente zu haben. Sie behaupten, daß 100 000 neue Arbeitsplätze geschaffen wurden, gegen heftigen Protest aus Unternehmerkreisen, die der Wochenarbeitszeitverkürzung keine Erfolge zugestehen. Der von der Bundesregierung besonders befürwortete **Vorruhestand habe nach Schätzung von Fachleuten deutlich geringere Wirkung** im selben Zeitraum, nur etwa 25 000 Arbeitsplätze, gezeigt.

Nach diesen Überlegungen ist es unmittelbar einsichtig, daß **gezielte Arbeitszeitverkürzungen vernünftige Schritte** in die richtige Richtung darstellen können. Ist nicht, wie Willy Brandt in der „Zeit" vom 9.7.1982 feststellte, Arbeitszeitverkürzung schon seit einem Jahrhundert das Mittel gewesen, den Wert der knapper gewordenen Arbeit zu steigern, also die realen Einkommen über die Hungerlöhne des 19. Jahrhunderts anzuheben, und gleichzeitig Lebenszeit freizumachen für selbstbestimmtes Handeln praktisch aller Arbeitnehmer? Sollte nicht, so will ich diese Auffassung ergänzen, die Zweiteilung unserer Gesellschaft verhindert werden: Die **Aufteilung in die wohlhabenden Inhaber von Arbeitsplätzen und diejenigen Mitbürger, die aus dem System herausfallen,** die chronisch ohne feste Beschäftigung und damit ohne diejenigen Lebenschancen sind, die mit regelmäßigem Einkommen, Einbindung in eine Kollegenschaft und den Erfolgserlebnissen erfahrener Berufsausübung verbunden sind? **Arbeitszeitverkürzung ließe alle weniger arbeiten, dafür aber dann „alle"!**

Arbeitszeitverkürzung angesichts hoher Arbeitslosigkeit sinnvolle Maßnahme

Hier gilt es jedoch, Milchmädchenrechnungen zurückzuweisen. Es wäre fehlerhaft, bei einer – angenommenen – 10%igen Arbeitslosenquote eine pauschale 10%ige Arbeitszeitverkürzung zu verfügen. Rein rechnerisch müßte dann ja Vollbeschäftigung herrschen. Und tatsächlich wurde in der politischen Diskussion um die Arbeitszeitverkürzungen gelegentlich von den Befürwortern auf diese Weise argumentiert. Gelegentlich wurde auch abgemildert gesagt, daß Unternehmen versuchten, durch **Intensivierung der Arbeit** einen **Teil der Wirkungen aufzufangen** und – annahmegemäß – eine 10%ige Zeitkürzung mit einer nur 5%igen Mehrbeschäftigung zu begleiten.

Intensivierung der Arbeit bei Arbeitszeitverkürzung

Gerade dieses Argument schien plausibel zu sein; wenn die tägliche Arbeitszeit in der 35-Stunden-Woche gegenüber der heutigen Arbeitszeitregelung um eine Stunde gekürzt wird, dann fiele doch buchstäblich die letzte, leistungsschwächste Stunde weg. Die Durchschnittsleistung der Arbeitsstunde stiege allein aus diesem Grund. Ähnliche Erfahrungen machten Inhaberinnen und Inhaber von Teilzeitarbeitsplätzen: in vielen Bereichen wird von intensiver und leistungsstarker 4stündiger täglicher Arbeit berichtet, so daß zwei frische Halbtagskräfte mehr zu leisten imstande seien als eine Arbeitskraft, die den ganzen Tag tätig wäre.

Teure Arbeit wird durch Sachkapital ersetzt

Es kommt hinzu, daß Unternehmen aufgrund harten Wettbewerbs bemüht sind, die knapper und **im Umfang des vereinbarten Lohnausgleichs teurer gewordene Arbeit durch mehr Sachkapital** (Maschinen, Anlagen) **zu ersetzen.** Ein derartiger Rationalisierungsvorgang wäre voraussichtlich ohnehin gekommen; er könnte allerdings **durch die Arbeitszeitverkürzungen beschleunigt werden.** In einem solchen Fall wäre denkbar, daß keine neuen Arbeitskräfte eingestellt werden. So etwa argumentieren die Unternehmensvertreter.

Internationale Konkurrenz bei den Arbeitszeiten

Diese Beweisführung ist durchaus plausibel angesichts der zunehmenden europäische Integration und damit des Wettbewerbs der Länder untereinander in ihrer Eigenschaft als Investitionsstandorte. Die Verfügbarkeit von Arbeitskräften am Arbeitsplatz kann ein Wettbewerbsmittel werden; damit wären Länder mit kurzen Anwesenheitszeiten benachteiligt. Um diesen Nachteil auszugleichen, muß man die Produktivität der Arbeit besonders erhöhen. Und das kann bedeuten, daß Arbeit durch Kapital – Maschinen fordern keine Verkürzung ihrer Einsatzzeiten! – ersetzt wird.

Es sei auch davor gewarnt, einen „Arbeitsplatz" als eine materiell greifbare räumliche Einheit anzusehen. Die Unternehmen bestehen vielmehr aus einem System unterschiedlichster Anlagengegenstände, die mit einer veränderbaren Zahl von Arbeitskräften produktiv einzusetzen sind. Insofern **bestehen Gestaltungsspielräume, die bei fehlender Akzeptanz von Arbeitszeitverkürzungen zu kollektiven Abwehrreaktionen bei den Unternehmern – Ausweitung von Überstunden, beschleunigte Einführung arbeitssparenden Sachkapitals, Produktionsstättenaufbau im Ausland** – führen können. Entsprechend geringer wären die arbeitsplatzschaffenden Wirkungen.

Lohnausgleich

ist die Erhöhung der Stundenlöhne, die bei Arbeitszeitverkürzungen die (Wochen-, Monats-)Einkommen in etwa auf dem alten Stand lassen soll. Ein **voller Lohnausgleich** liegt vor, wenn bei einer Kürzung der Arbeitszeit der Lohnsatz pro geleisteter Stunde um so viel gesteigert wird, daß das Produkt aus höherem Lohn und verkürzter Arbeit genau dasselbe Wocheneinkommen bringt, das vorher bei längerer Arbeitszeit und niedrigeren Löhnen verdient wurde.
Neben dem Problem, geeignete zusätzliche Fachkräfte finden zu können, ist der Umfang des Lohnausgleichs der wichtigste Streitpunkt in den Tarifverhandlungen um Arbeitszeitverkürzungen.
Bei einer Arbeitszeitverkürzung um eine Wochenstunde auf annahmegemäß 39 Stunden beträgt der Lohnausgleich 2,564%. Um diesen Beitrag muß der Stundenlohn steigen, damit dasselbe Wocheneinkommen erzielt wird wie vorher. Bei sofortiger Einführung der 35-Stunden-Woche läge der volle Lohnausgleich bei einer Lohnerhöhung von 14,3%.

Welche Bedingungen müßten gegeben sein, damit Arbeitszeitverkürzungen tatsächlich neue Arbeitsplätze schaffen, d.h. mehr Arbeitnehmer in den Betrieben zum Einsatz bringen?

Um diese Frage zu beantworten, müssen die **Kostenänderungen** analysiert werden, die sich für die Unternehmen ergeben. Hier kommt es ganz wesentlich darauf an, **in welchem Umfang ein „Lohnausgleich" durch Erhöhung der Lohnsätze vereinbart** wird:

- **Keine Mehrkosten** entstehen bei Arbeitszeitverkürzungen **ohne Lohnausgleich.** Der bisherige Stundenlohn wird weitergezahlt; der Wochenlohn sinkt im Umfang der weniger gearbeiteten Stunden. Einkommenserhöhungen würden nur dann auftreten, wenn weiterhin die bisherige Arbeitszeit geleistet und die Verkürzungszeit als teurer bezahlte Überstunden gearbeitet wird.

- **Ausdehnung der Überstunden** verhindert jedoch die angestrebten Neueinstellungen; es überrascht daher nicht, daß die Gewerkschaften die geleistete Mehrarbeit als Umgehung ihrer Forderung nach Schaffung neuer Arbeitsplätze ansehen müssen.

- Es ist eine „mittlere" Variante denkbar: **Stundenlohnerhöhungen im Umfang der gestiegenen Produktivität.** Dabei können Monats- bzw. Wocheneinkommen entstehen, die wegen verkürzter Arbeitszeit dennoch unter den bisherigen Einkommen liegen. Produktivitätsorientierte Lohnerhöhungen haben den Vorteil, daß sie keine inflationsfördernde Wirkung haben: Die Arbeiter erhalten im Umfang ihrer gesteigerten Wertschöpfung höhere Löhne – mehr Nachfrage, aber auch gestiegene Produktion träfen auf die Märkte.

- Wird den Gewerkschaften ein **„voller Lohnausgleich"** zugestanden, dann erhöhen sich die Produktionskosten unmittelbar. Ausgehend von einer 40-Stunden-Woche entspricht ein voller Lohnausgleich für die 35-Stunden-Woche einer Lohnerhöhung von 14,3%. Mit anderen Worten: Die Stundenlöhne müßten um 14,3% steigen, damit bei einer auf 35 Stunden verkürzten Arbeitszeit dasselbe Einkommen wie vorher erreicht wird. In der 1984er Lohnrunde wurde die Arbeitszeit bei vollem Lohnausgleich um 1,5 Stunden verringert; das entspricht dem eingangs erwähnten „Lohnausgleich" (also der generellen Erhöhung der Stundenlöhne) von 3,9%.

Nur voller Lohnausgleich sichert Zustimmung der Gewerkschafter

Warum fordern die Gewerkschaften aber den kostenintensiven vollen Lohnausgleich, wenn doch ihr Ziel maximale Beschäftigungsausdehnung ist? Die Antwort: Bei den Mitgliedern ist eine **Arbeitszeitverkürzung weniger populär** („man hat ja seinen Arbeitsplatz") **als eine Lohnerhöhung.** Eine Verkürzung der Arbeitszeit wird nur dann allgemein akzeptiert, wenn wenigstens keine Lohnsenkung bevorsteht.

Da das offen nicht dargelegt werden kann, argumentieren die Gewerkschaften wie folgt: Mehr Beschäftigung setze voraus, daß die Unternehmer keine Absatzeinbußen erlitten. Wenn wegen **unzureichenden Lohnausgleichs** die Monatseinkommen sänken, **dann verringerte sich die gesamtwirtschaftliche Nachfrage,** womit die Produktion schrumpfe. Im Interesse aller – gerade auch der Unternehmer und ihrer Absatzchancen – müsse daher der volle Lohnausgleich gefordert werden.

Kritisch ist auch einzuwenden, daß die mit der Nachfrage begründete Forderung nach vollem Lohnausgleich vergißt, daß neue Mitarbeiter eingestellt werden. Deren **Einkommen stärkt ja die gesamtwirtschaftliche Nachfrage,** so daß Einbrüche unwahrscheinlich sind. Die an diesem Hinweis geübte Kritik, der Zuwachs an kaufkräftiger Nachfrage wäre geringer, da mit der Beschäftigung der bisher Arbeitslosen deren Unterstützungseinkommen wegfielen, kann ebenfalls nicht überzeugen: Indem die öffentliche Hand mit Wegfall der Zuschüsse der Bundesanstalt für Arbeit Mittel freibekommt, könnte sie bei aufgeklärter Politik mit diesem ersparten Geld z.B. arbeitsintensive Umweltschutzinvestitionen finanzieren.

Betriebliche Bedingungen entscheiden über Umfang der Neueinstellungen

Wie bei der Behandlung der Problematik, ob Lohnerhöhungen Arbeitslosigkeit verursachen, **kommt man auch bei der Diskussion um die Arbeitszeitverkürzung an der Behandlung betrieblicher Probleme nicht vorbei.** Für die einstellenden Unternehmen sind Arbeitszeitverkürzungen Kostensteigerungen, die sie auf den Binnen- und Exportmärkten durch gesteigerte Produktivität ausgleichen müssen. Der erzielte Produktivitätszuwachs kann nur einmal an die Arbeitnehmer (und gewinnmehrend an die Unternehmer) verteilt werden: Entweder als höheres Einkommen oder als kürzere Arbeitszeit. Oder, selbstverständlich, als Kombination aus beiden.

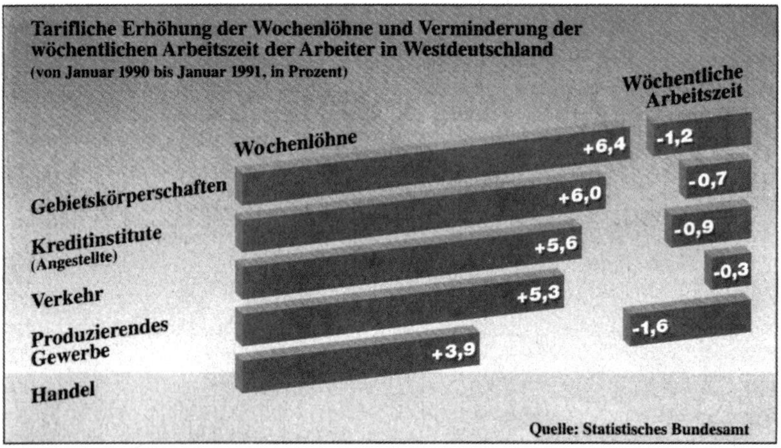

Wirtschaftswoche, Nr. 22 v. 24.5.1991.

Die **Kombination von Lohnerhöhung und Arbeitszeitverkürzung** prägte die Tarifrunden zu Beginn der 90er Jahre. Diese wurden zwar im westlichen Deutschland ausgehandelt, werden aber angesichts der Übertragungsregelungen im Hinblick auf einheitliche Tarife in Deutschland schrittweise in den neuen Bundesländern übernommen. Deutlich wird der Zusammenhang von Lohnerhöhung und Arbeitszeitverkürzung bei der Betrachtung der Metalltarife im Dreijahreszeitraum von 1987–1989. Arbeitszeitverkürzungen sind danach nichts anderes als eine Form, Lohnerhöhungen „auszuzahlen“! Die tariflichen Stundenlöhne wurden innerhalb von drei Jahren um 12,8% angehoben, wobei Leitschnur der Erhöhungen die Steigerung der Arbeitsproduktivität in der Metallindustrie war. Die vereinbarten Arbeitszeitverkürzungen wurden rechnerisch als Gehaltserhöhung abgebucht mit der Folge, daß die Wochenverdienste nicht gleichfalls um 12,8% stiegen, sondern um 4,1% weniger, nämlich nur noch um 8,4%. Im Dreijahreszeitraum waren die Lebenshaltungskosten um 5,4% gestiegen, so daß schließlich nur noch 2,9% als tatsächliche Erhöhung der Einkommen bei den Arbeitnehmerhaushalten angekommen waren. Das sind jährlich knapp 1% reale Steigerung des Lebensstandards – Werte, die sich gar nicht mehr als dramatische Wohlstandssteigerungen deuten lassen.

Andererseits wurden im betrachteten Dreijahreszeitraum knapp **600 000 neue Arbeitsplätze geschaffen**; es gelang damit, die Arbeitslosigkeit geringfügig abzubauen.

Gründe für Flexibilisierung der Arbeitszeiten

Die Kehrseite der Medaille einer verkürzten Arbeitszeit ist die weitere Verbreitung der Flexibilisierung der Arbeitszeiten. Es gibt immer seltener den „Normalarbeitstag" von 7–16 Uhr von Montag bis Freitag. Die Gründe dafür liegen auf der Hand: Die Unternehmen mußten trotz steigender Löhne und sinkender Arbeitszeiten wettbewerbsfähig bleiben, und das gelang nur durch Investitionen in verbesserte Produktionsanlagen. Diese meist sehr aufwendigen Anlagen verursachen hohe regelmäßige Kosten, z.B. die Zinsen für die Kredite, die zu ihrer Finanzierung aufgenommen werden mußten. Daher versuchen die Unternehmen, diese Anlagen möglichst lange Zeit produktiv einzusetzen; es wäre aus Sicht der Unternehmer unsinnig, die Maschinen in der Woche nur 35 Stunden lang (das sind gut 20% der wöchentlichen 168 Stunden) einzusetzen.

Daher wurden Arbeitszeitverkürzungen mit der Flexibilisierung der Arbeitszeiten verknüpft, so daß ein Mehrschichtenbetrieb und der Wiedereinstieg in die Arbeit am Wochenende durchgesetzt wurde. Damit weiteten sich die Betriebszeiten der Anlagen erheblich aus. Die Zinskosten wurden auf längere Einsatzzeiten verteilt, so daß die Kosten pro "Kapitalstunde" sanken. Diesen Gewinn konnte man an die Arbeitnehmer in Form steigender Löhne und kürzerer Arbeitszeiten weitergeben.

Flexibilisierung
der Arbeitszeiten bezeichnet zwei Tatbestände:
- Angebot individueller Arbeitszeitregelung für Arbeitnehmer, die unter Hinnahme einer Einkommensminderung weniger als einen vollen Arbeitstag lang tätig sein wollen;
- die bewegliche Handhabung aller Arbeitszeiten im Betrieb, wobei der Umfang der zu leistenden Zeiten fixiert ist (und damit auch die Höhe der Einkommen), die tatsächliche Beschäftigung aber innerhalb bestimmter Rahmenbedingungen auszuhandeln ist.

In der aktuellen Diskussion um die Flexibilisierung, wie sie von den Unternehmen vorangetrieben wird, ist die zweite Variante gemeint. Anpaßbare Arbeitszeitregelungen gelten als betriebsfreundlicher als starre und einheitliche; sie setzen aber erhebliche organisatorische Anstrengungen voraus, damit die Betriebsabläufe nicht gestört werden.

Voller Lohnausgleich und zusätzliche Lohnerhöhungen als Ergebnis besserer Sachkapitalnutzung

So begründete – um ein Beispiel zu nennen – die Automobilfabrik BMW die wöchentliche Arbeitszeitverkürzung: Man könnte „statt bisher zwei Schichten zu je acht Stunden an fünf Wochentagen ... künftig zwei Neunstunden-Schichten an sechs Tagen (fahren). Die Arbeitszeit des einzelnen Mitarbeiters würde sich dennoch von 40 auf 36 Stunden wöchentlich vermindern – die Betriebszeit aber von 80 auf 108 Stunden verlängern. Die 35-Stunden-Woche nach Gewerkschaftsrezept brächte dagegen einen Rückgang der Betriebszeit auf 70 Stunden (Die Zeit v. 17.2.1986).

Die Verlängerung der Maschinenlaufzeiten – bzw. die Flexibilisierung von Ladenöffnungszeiten – konnte angesichts verringerter Arbeitszeiten nicht mehr von der vorhandenen Belegschaft betrieben werden. In vielen Fällen wurden daher **Neueinstellungen erforderlich.** Diese **positiven Beschäftigungswirkungen** waren sehr häufig die Ursache dafür, daß die Gewerkschaften in den für sie sauren Apfel der Wochenendarbeit und der Aufgabe von Regelarbeitszeiten gebissen hatten.

In den alten Bundesländern wurde 1990 in den Betrieben und Verwaltungen im Durchschnitt 58,2 Stunden in der Woche trotz allgemein zurückgehender Arbeitszeiten gearbeitet. Damit lag die Betriebszeit um mehr als 50% über der durchschnittlichen Wochenarbeitszeit der Beschäftigten. Es gelang damit im großen und ganzen, die **verkürzten Arbeitszeiten durch steigende Leistung ohne nennenswerte Inflation zu finanzieren und gleichzeitig die Zahl der Arbeitsplätze um Hunderttausende auszuweiten.**

Literaturhinweise

Heinz-D. Hardes, Fritz Rahmeyer, Alfons Schmid, Volkswirtschaftslehre. Eine problemorientierte Einführung, 17. Aufl., Tübingen 1990.

Jürgen Kromphardt, Arbeitslosigkeit und Inflation, Göttingen 1987.

Sachverständigenrat zur Begutachtung der gesamtwirtschaftlichen Entwicklung, Jahresgutachten (Der SVR analysiert regelmäßig die Zusammenhänge zwischen Beschäftigung und Lohnhöhe. Zudem informiert er über die aktuellen tarifpolitischen Entwicklungen).

H. Seifert, R. Weizmüller, Arbeitszeitverkürzung und Verteilung. WSI-Mitteilungen, 36. Jg. (1983), S. 218 ff.

Michael Tolksdorf

3.4. „Ausländer raus!" – Mehr Arbeit für Deutsche?

Differenzierung nötig

Die öffentliche Diskussion über Ausländerfragen wird selten differenziert geführt. Fehlinformationen und Vorurteile erschweren häufig das klärende Gespräch, machen es mitunter sogar unmöglich. Insbesondere die Vermischung **unterschiedlicher** Aspekte trägt nicht dazu bei, zu einem abwägenden und zutreffenden Urteil zu gelangen. Die soziale und wirtschaftliche Situation der seit Jahren und Jahrzehnten legal hier lebenden und erwerbstätigen Ausländer, darunter aus den Ländern der Europäischen Gemeinschaft, und die Lebenslagen der Asylbewerber und Asylanten sind jeweils grundverschieden. Von diesen Gruppen sind wiederum die – deutschstämmigen – Aussiedler aus Osteuropa zu unterscheiden. Da es „den" Ausländer also nicht gibt, müssen die jeweiligen Lagen unterschiedlich beurteilt werden. Nur eine nach Ursachen und Folgen differenzierte Betrachtung kann die richtigen politischen Antworten auf die vielfältigen Probleme geben.

Ausländerpolitik

In der Bundesrepublik Deutschland war die Ausländerpolitik bis Mitte der 70er Jahre ein Resultat der Arbeitsmarktpolitik. Sie erfüllte vor allem die Arbeitsmarktbedürfnisse eines auf Wachstum angelegten Wirtschaftssystems. Die Bundesregierung reagierte auf die Weltwirtschaftsrezession u.a.

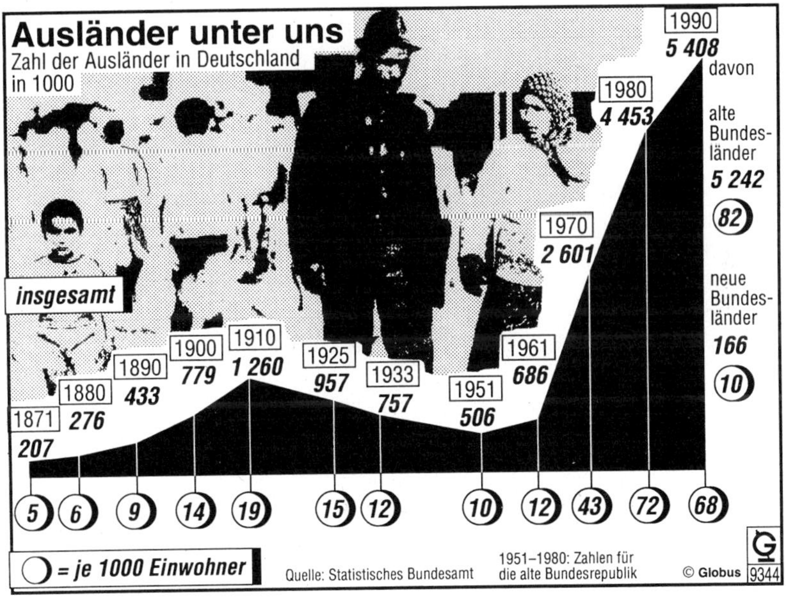

Jeder Vierte aus der EG

In den elf alten Bundesländern lebten Anfang 1990 über 4,8 Millionen Ausländer. Ihr Anteil an der Gesamtbevölkerung betrug 7,8 Prozent. Damit hat die ausländische Bevölkerung seit dem Erlaß des Anwerbe-Stopps im Jahr 1973 um etwa 880.000 Personen oder gut 22 Prozent zugenommen. Mehr als drei Viertel wohnen in Nordrhein-Westfalen, Baden-Württemberg, Hessen und Bayern. Dabei sind die Türken mit 1,6 Millionen Personen unter den im ehemaligen Bundesgebiet ansässigen Ausländern am stärksten vertreten. Bürger eines EG-Landes waren gut 27 Prozent aller hier lebenden Ausländer – 1970 waren es noch 50 Prozent. Rund 1,7 Millionen ausländische Arbeitnehmer gingen einer sozialversicherungspflichtigen Beschäftigung nach. Zum Vergleich: Auf dem Gebiet der ehemaligen DDR entsprachen 1990 die rund 191.000 Ausländer einem Bevölkerungsanteil von 1,2 Prozent – darunter waren 60.000 Vietnamesen und 52.000 Polen.

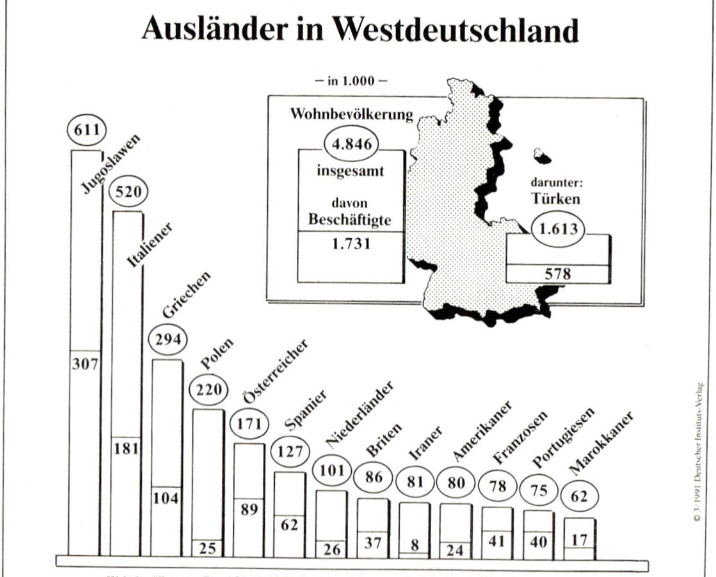

Wohnbevölkerung: Stand 31.12.1989; Sozialversicherungspflichtig Beschäftigte: Stand 30.9.1989; Briten einschließlich Nordiren; Amerikaner ohne Mittel- und Südamerikaner;
Quellen: Statistisches Bundesamt, Bundesanstalt für Arbeit Institut der deutschen Wirtschaft Köln

iwd v. 17.1.1991.

gen das Ihre zur Behebung des Wohnungsmangels bei: Schon 135 000 deutsche Türken haben einen Bausparvertrag.

Andere verstärken den selbständigen Mittelstand: Rund 140 000 ausländische Unternehmer gibt es im Land. Ihren Umsatz schätzt Faruk Sen, Volkswirtschafts-Professor und Leiter des Essener Zentrums für Türkeistudien, auf 100 Milliarden Mark pro Jahr, die jährlichen Investitionen auf über 20 Milliarden.

Nach Sens Untersuchungen zieht es jetzt viele von ihnen nach Ostdeutschland. Mehr als 15 000 türkische Unternehmer haben nach einer Hochrechnung Sens bereits ihre Fühler nach Osten ausgestreckt – werden nun aber oft von der Gewaltwelle abgeschreckt. Aber auch die westdeutschen Türken helfen dem Osten. Sen: „Sie steuern per Solidaritätsbeitrag rund 450 Millionen Mark zum Aufbau bei." ...

Zuwanderer: Gewinn für Staats- und Sozialkassen 1991	Milliarden Mark
Steuern und Sozialabgaben der Zuwanderer	**29**
Einkommensgewinne von Deutschen durch Zuwanderer, dadurch höhere Steuern und Sozialabgaben	**25**
Einsparung an Sozialabgaben durch Mehrbeschäftigung	**3**
Öffentliche Zuwendungen an Zuwanderer	**– 16**
Gewinn für öffentliche Kassen	**41**
Quelle: RWI, Berechnung für Zuwanderer der Jahre 1988–1991	

Nr. 44, 25.10.1991 Wirtschaftswoche Hans-Peter Canibol/Harald Schumacher/Roland Stimpel

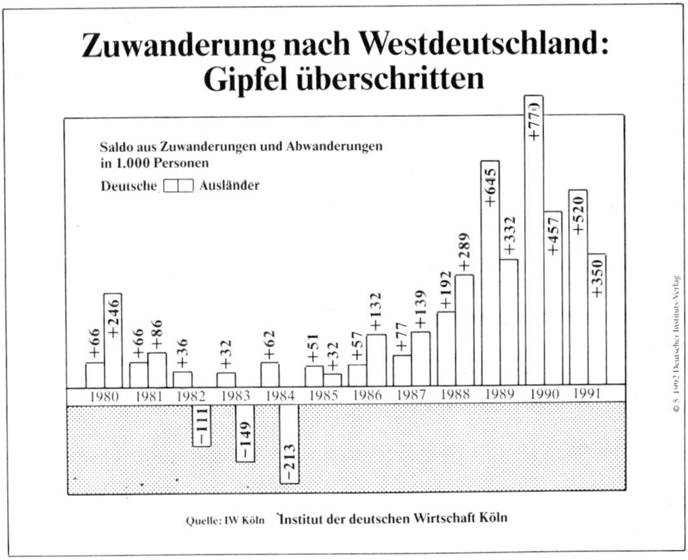

Wie hat sich der Anteil der ausländischen Wohnbevölkerung seit 1973 nach dem Anwerbestopp entwickelt? Aus der Abbildung auf der S. 402 geht hervor, daß

- die ausländische Wohnbevölkerung im Zeitraum 1975–78 leicht abnahm, anschließend bis 1982 zunahm und 1990 ihren bisherigen Höchststand erreichte;
- die türkische Wohnbevölkerung bis 1982 stark zunahm, dann bis 1985 zurückging, seither wieder steigt;

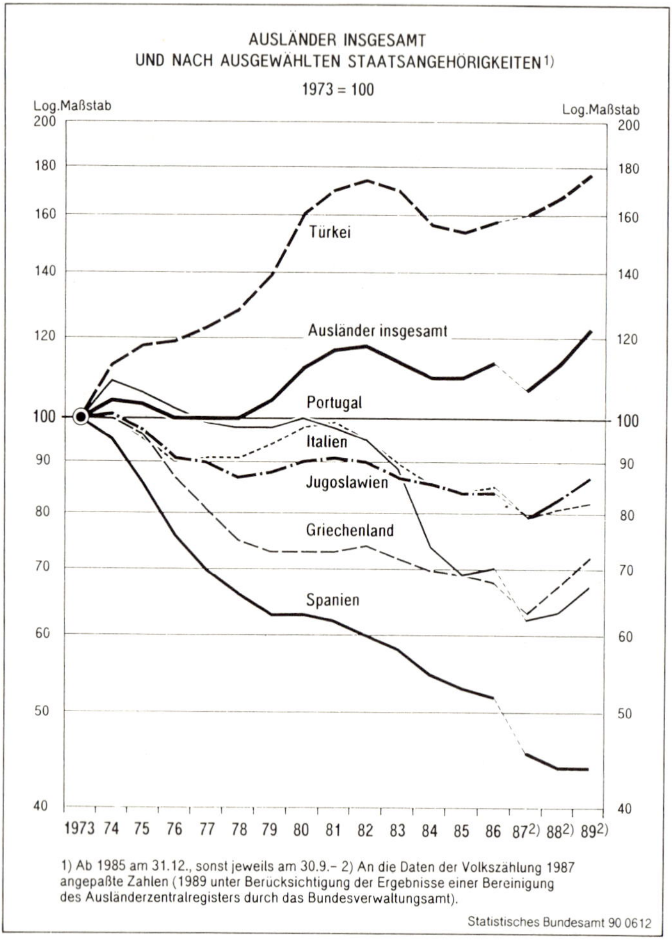

Quelle: Statistisches Bundesamt, Wirtschaft und Statistik H. 8, 1990.

- alle anderen ausländischen Bevölkerungsgruppen im Zeitraum 1973–87 ab- und in den letzten Jahren leicht zunahmen.

Die Zunahme der türkischen Wohnbevölkerung nach dem Anwerbestopp von 1973 erklärt sich mit den Zuwanderungen von Familienangehörigen und dem Geburtenüberschuß. Die zunächst rückläufige Zahl der ausländischen Wohnbevölkerung nach 1982 ist damit zu erklären, daß mehr Ausländer in ihre Heimatländer zurückkehrten, als in die Bundesrepublik zuwanderten (s. Abbildung S. 401). Das gilt vor allem für die Türken. Der Wanderungssaldo (Differenz zwischen Zu- und Abwanderungen) der türkischen Wohnbevölkerung war zwischen 1982–85 ständig negativ.

Ausländische Wohnbevölkerung und ausländische Arbeitnehmer, Asylbewerber

Jahr	Ausl. Wohnbevölkerung in 1000	% der Bevölkerung	Wanderungssaldo[1]	Ausl. Arbeitnehmer in 1000	% der Arbeitnehmer	Asylbewerber in 1000	davon anerkannt in v.H.
1954	481,9	0,93	+ 18 022	72,0	0,4		
1955	484,8	0,93	+ 24 820	79,6	0,4		
1961	686,2	1,22	+ 229 545	548,9	2,5		
1967	1 806,7	3,05	− 197 567	991,2	4,7		
1968	1 924,2	3,23	+ 256 936	1 089,8	5,2		
1969	2 381,1	3,96	+ 540 902	1 501,4	7,0		
1970	2 976,5	4,91	+ 541 580	1 948,9	9,0	8,6	77,3
1971	3 438,7	5,61	+ 370 480	2 240,7	10,3	5,4	75,3
1972	3 526,6	5,72	+ 272 711	2 359,3	10,8	5,3	52,0
1973	3 966,2	6,40	+ 342 299	2 595,0	11,9	5,9	52,1
1974	4 127,4	6,65	− 41 871	2 286,6	10,9	9,4	45,8
1975	4 089,6	6,61	− 234 010	2 038,7	10,1	9,6	35,7
1976	3 948,3	6,42	− 128 135	1 920,8	9,5	11,1	27,9
1977	3 948,3	6,43	− 29 248	1 869,4	9,3	16,4	10,2
1978	3 981,4	6,49	+ 50 364	1 864,0	9,1	33,1	13,9
1979	4 143,8	6,75	+ 179 179	1 947,4	9,3	51,5	18,6
1980	4 453,3	7,23	+ 245 591	2 015,5	9,5	107,8	15,2
1981	4 629,7	7,51	+ 85 614	1 917,2	9,1	49,4	12,6
1982	4 666,9	7,57	− 111 586	1 808,9	8,8	37,4	15,0
1983	4 534,9	7,38	− 151 661	1 713,6	8,4	19,7	18,4
1984	4 363,6	7,13	− 213 900	1 592,6	7,8	35,3	36,5
1985	4 378,9	7,14	+ 31 500	1 568,1	7,5	73,8	39,5
1986	4 512,6	7,4	+ 131 528	1 591,5	7,6	99,7	16,0
1987	4 240,5	7,4	+ 139 137	1 588,6	7,5	57,4	9,4
1988	4 489,1	7,3	+ 289 461	1 624,1	7,6	103,1	8,6
1989	4 845,9	7,7	+ 332 464	1 689,2	7,8	121,3	5,0
1990	5 242,0	8,2	+ 457 000	1 740,0	7,9	193,1	4,5

[1] Zuzüge minus Fortzüge

Quelle: Statistisches Jahrbuch für die Bundesrepublik; Statistisches Bundesamt, Wirtschaft und Statistik, versch. Jge.; Zahlen der Asylbewerber s. Struck, M., Ausländer – Unsere Sündenböcke? Friedrich-Ebert-Stiftung, Bonn 1986, S. 69. Daten für 1988 und 1989 aus: Wirtschaft und Statistik H. 8, 1990.

Städte mit hohem Ausländeranteil am 31. Dezember 1987

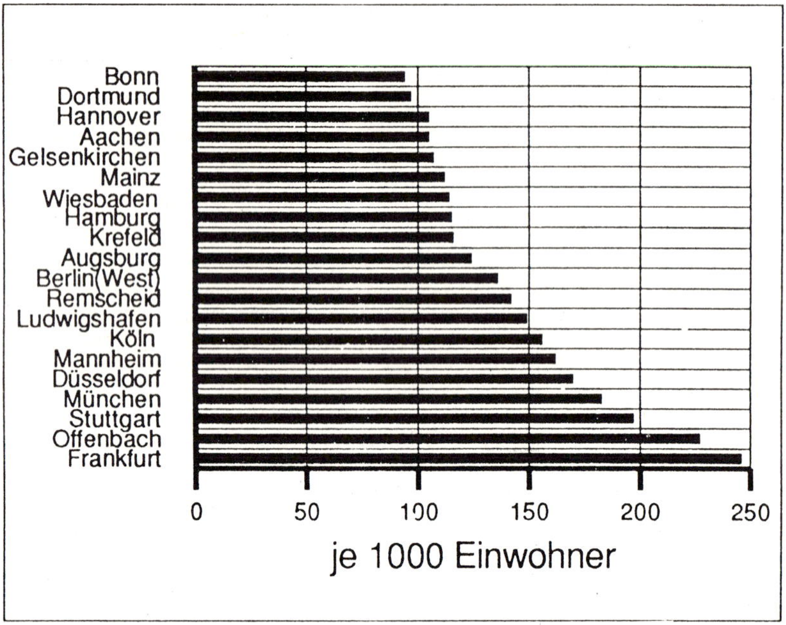

Quelle: Statistisches Bundesamt
Aus: Daten und Fakten zur Ausländersituation. Mitteilungen der Beauftragten der Bundesregierung für die Integration der ausländischen Arbeitnehmer und ihrer Familien. 9. Auflage, Bonn Mai 1988, S. 14

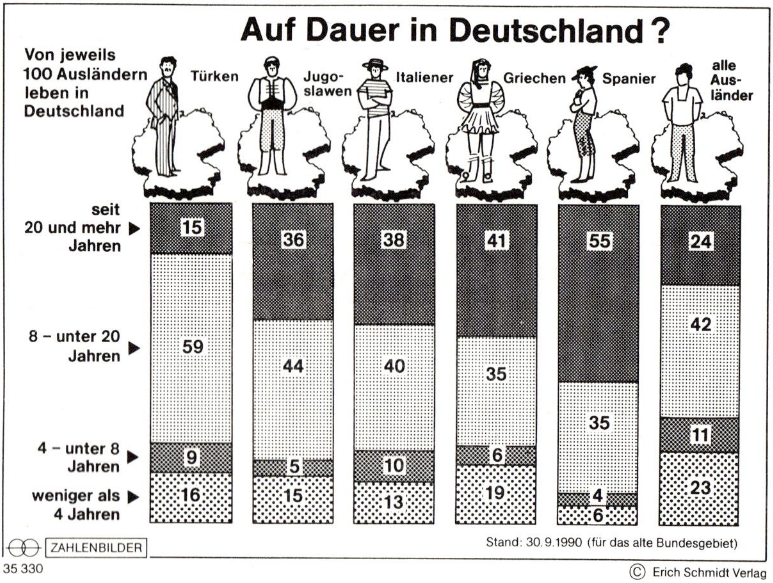

35 330
© Erich Schmidt Verlag

In der DDR lebten am 31. Dez. 1989 rund 191 Tsd. Ausländer[4]. Ihr Anteil an der Gesamtbevölkerung (16,4 Mill.) betrug 1,2%. Von den 191 Tsd. Ausländern waren 70% Männer. Mit 60 Tsd. (31%) waren Vietnamesen und 52 Tsd. (27%) Polen die größten Ausländergruppen. Auch in der DDR lebten die Ausländer regional konzentriert: 66% hatten ihren Wohnsitz in Chemnitz, Dresden, Leipzig, Halle, Cottbus und in Berlin (Ost).

Im vereinten Deutschland leben ca. 5 Mill. Ausländer einschließlich der Asylanten. Der Ausländeranteil beträgt demnach 6,5% (s. Abbildung S. 395 und Tabelle S. 403 mit den Vergleichsdaten). Die Bevölkerungsprognose für Deutschland bis 2040 schätzt den Anteil der ausländischen Bevölkerung auf 7,9% bei einer abnehmenden Gesamtbevölkerung (2040 ca. 62 Mill., s. hierzu den Beitrag 2.3).

Ausländer in Ballungsgebieten

Die überwiegende Mehrheit der ausländischen Einwohner lebt in den industriellen Ballungszentren: ca. 1,5 Mill. (30% der Ausländer im Jahre 1989) in Nordrhein-Westfalen, 970 Tsd. in Baden-Württemberg. **Die Konzentration der ausländischen Bevölkerung** auf die Ballungsgebiete, die nach 1973 weiter zugenommen hat, erschwert die gesellschaftliche Integration. In Frankfurt/Main, Offenbach, Stuttgart, München, Düsseldorf, Mannheim, Köln waren über 15% der Einwohner Ausländer (s. Abbildung).

Die hohe Konzentration der Ausländer in den Ballungsgebieten macht die Wohnsituation, die Beziehungen zur sozialen Umwelt, die Schul- und Berufsausbildung der Kinder zu dringenden und schwer lösbaren Problemen. Daran dachte noch niemand in den Jahren 1961–1973, als ein schnell wachsender Zustrom der ausländischen Arbeitnehmer einsetzte. Weder Politiker, noch die anwerbenden Arbeitgeber, noch die betroffenen Ausländer selber dachten, daß aus einem Arbeitsverhältnis ein langer, sogar unbegrenzter Aufenthalt – ein Leben im Ausland – werden würde. 1988 lebten 81% der Ausländer mehr als 5 Jahre, davon 60% über 10 Jahre und 13% über 20 Jahre in der Bundesrepublik. Ein Großteil der Ausländer sind demnach faktisch Einwanderer. Die Länge der Aufenthaltsdauer führte dazu, daß sich die ökonomischen, sozialen und politischen Bindungen verfestigten. Die Unterschiede in den Wertvorstellungen, kulturellen Eigenarten und Verhaltensnormen wirken sich zwar integrationserschwerend aus, aber diese Unterschiede sind bereits in der zweiten Generation der Ausländer weniger ausgeprägt. Das trifft auch für die türkischen Kinder zu. Die hier geborenen Kinder machen 67% der 1,02 Mill. ausländischen Kinder unter 16 Jahren aus. Knapp die Hälfte der Kinder dieser Altersgruppen sind türkische Kinder. Von ihnen wurden 71% hier geboren. Sie gehen hier in die Schule. Das ist ein wesentlicher Faktor ihrer sozialen Anpassung.

[4] Quelle: Statistisches Bundesamt, Wirtschaft und Statistik H. 8, 1990.

Wohnsituation der Ausländer

Die **Wohnverhältnisse** der Ausländer hemmen jedoch die gesellschaftliche Integration. 45% der ausländischen Bevölkerung leben in einem Wohnbezirk mit hoher Ausländerkonzentration, aber nur 9% bevorzugen ein Zusammenleben mit Ausländern im Wohnviertel (s. Repräsentativuntersuchung 1985 des Forschungsinstituts der Friedrich-Ebert-Stiftung). 23% wünschen, im Wohnviertel mit Deutschen zu leben, und 68% ist es gleichgültig. Über 90% der Ausländer leben in einer Mietwohnung mit einer durchschnittlichen Belegung von 3,6 Personen und 6,6% in einer Gemeinschaftsunterkunft. Bei der letzten Wohnungssuche hatten 44% der Ausländer Schwierigkeiten. Die häufigsten Schwierigkeiten sind: Vermieter lehnen Ausländer ab (24%), Wohnungen sind zu teuer (21%), Vermieter lehnen Familien mit Kindern ab (14%).

Altersaufbau der ausländischen Arbeitnehmer

Ein weiteres Merkmal der ausländischen Bevölkerung ist ihre untypische **Altersstruktur**. Sie unterscheidet sich sehr stark vom Altersaufbau der deutschen Bevölkerung. Der überwiegende Teil, ca. drei Viertel der Ausländer, ist im erwerbsfähigen Alter, 1989 waren 74% der ausländischen Bevölkerung zwischen 15–65 Jahre, 24% unter 15 und nur 2,4% (17% der deutschen Bevölkerung) über 65 Jahre alt. Vergleicht man die Altersstruktur der deutschen und ausländischen Erwerbspersonen, stellt man fest, daß die ausländischen Erwerbstätigen die schwachen Jahrgänge der deutschen Arbeitnehmer ergänzen.

Arbeitskräftebedarf und ausländische Arbeitskräfte

Betrachten wir nun Bedeutung und Probleme der **Ausländerbeschäftigung**.

Das stetige und hohe Wirtschaftswachstum in der Bundesrepublik führte zu Beginn der 60er Jahre zur Vollbeschäftigung. Nach dem Mauerbau 1961 entfiel der Zustrom der Arbeitskräfte aus der DDR. Die hohe Erwerbstätigkeit der Frauen in den Nachkriegsjahren ging im Verlauf der Verbesserung der Wirtschaftslage zurück. **Der Arbeitskräftebedarf der wachsenden Wirtschaft** konnte mit dem inländischen Arbeitsangebot nicht mehr gedeckt werden, weil

- die geburtenschwachen Nachkriegsjahrgänge ins Erwerbsleben eintraten,
- die Arbeitszeit verkürzt wurde,
- die Ausbildung länger dauerte,
- der Aufbau der Bundeswehr ca. 0,5 Mill. Erwerbspersonen dem Arbeitsmarkt entzog.

Die aufgezählten Gründe führten dazu, daß die Zahl der einheimischen Erwerbstätigen im Zeitraum 1960–1973 um 2,3 Mill. zurückging. Genau in diesem Zeitraum stieg die Zahl der ausländischen Arbeitskräfte rapide an (s. Tabelle S. 403). Dazu kam der besondere Arbeitskräftebedarf, der dadurch entstand, daß deutsche Arbeitnehmer mit steigendem Wohlstand nicht bereit waren, bestimmte Tätigkeiten (beispielsweise im Bergbau, Gießereien, Kunststoffverarbeitung, Bauhauptgewerbe, Landwirtschaft,

Stadtreinigungsbetriebe) auszuüben. Die Arbeitsplätze am unteren Ende der „Arbeitsplatzhierarchie“ konnten also in der Regel nicht besetzt werden. Wie sehr der Arbeitskräftemangel die Produktion behinderte, veranschaulicht die Abbildung auf S. 407. Bis auf 40% der Produktionsbehinderungsfälle waren auf den Arbeitskräftemangel zurückzuführen. In den 60er Jahren bis zum Anwerbestopp deckte die deutsche Wirtschaft den Arbeitskräftebedarf durch die Einbeziehung der ausländischen Arbeitskräfte.

Wie hat die Anwerbung der ausländischen Arbeiter begonnen? Wie wurde sie durchgeführt? Wie kam es zur Wende von 1973?

Anwerbeentscheidung und -verfahren

Bereits Mitte der 50er Jahre zeigten die Unternehmen Interesse an der Anwerbung ausländischer Arbeitnehmer. Die Arbeitgeber sahen den Arbeitskräftemangel voraus. Die deutschen Gewerkschaften jedoch mußten befürchten, daß die ausländischen Arbeiter die Rolle des Lohndrückers einnehmen würden. Sie forderten deshalb die sozial- und arbeitsrechtliche

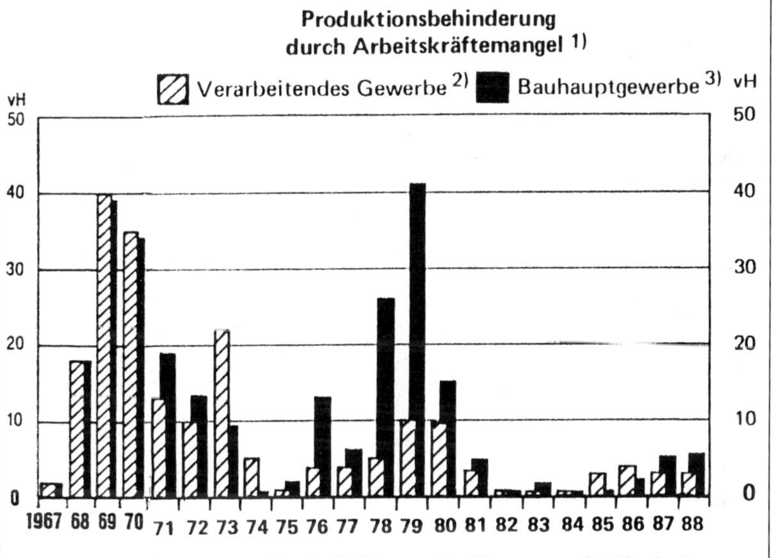

1) Prozentanteile der Meldungen der Firmen zum Ifo-Konjunkturtest über Produktionsbehinderungen durch Mangel an Arbeitskräften. – 2) Ohne chemische Industrie und ohne Nahrungs- und Genußmittelgewerbe; Durchschnitt der Monate Januar, Mai und September; 1980 bis 1987: Januar, April, Juli und Oktober; 1988: Januar, April und Juli. – 3) Durchschnitt Mai bis Oktober; 1988: Mai bis September.

SR 88 0771

Quelle: Ifo

Quelle: Jahresgutachten des Sachverständigenrates, versch. Jahrgänge.

Ausländische Arbeitnehmer

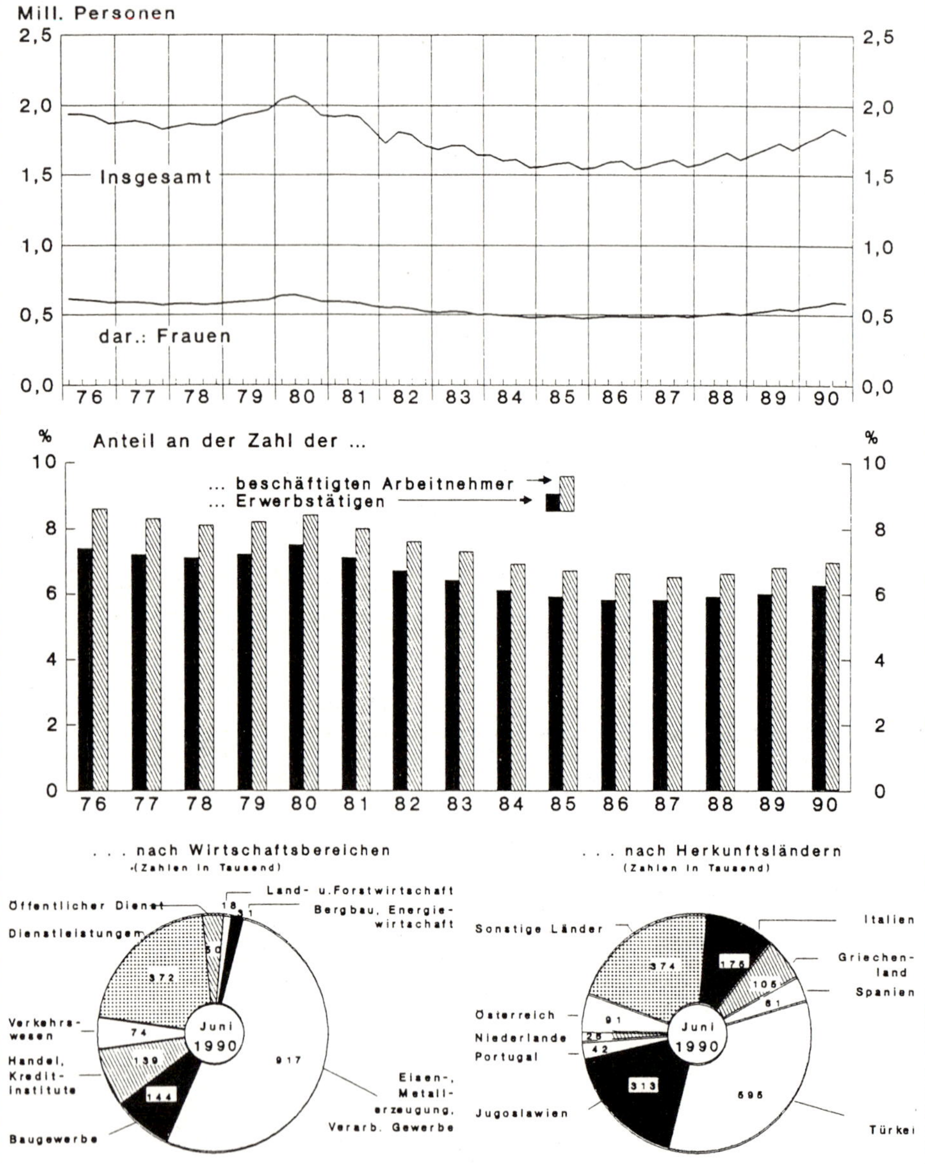

ifo Institut für Wirtschaftsforschung

kann man aber nicht nach Hause schicken. Denn ca. 500 Tsd., nahezu ein Drittel der ausländischen Arbeitnehmer, stammen aus den EG-Ländern, einschließlich Spanien und Portugal. Diese Arbeitnehmer genießen Freizügigkeit innerhalb der EG. 160 Tsd., ca. 10% der ausländischen Arbeitnehmer, kommen aus den westlichen Industrieländern außerhalb der EG (darunter ca. 90 Tsd. Österreicher) und Ostblockländern (s. Kasten S. 396). Es bleiben also ca. 1,0 Mio. ausländische Arbeitnehmer (darunter 562 Tsd. türkische und 301 Tsd. jugoslawische Arbeitnehmer) übrig, die mit der Forderung „Ausländer raus" gemeint sein könnten. Wenn diese alle gingen, blieben – nur arithmetisch gesehen – immer noch 950 Tsd. Deutsche arbeitslos.

Allein die Kenntnis dieser Zahlen müßte genügen, die Unsinnigkeit der Parole „Ausländer raus" zu erkennen.

Viel wichtiger sind aber folgende Tatbestände:

- Die **Aufenthaltsdauer** über 8 Jahre bei einem ungekündigten Arbeitsverhältnis ermöglicht ein gewisses Maß an Aufenthaltsrechtssicherheit, so daß auch die Nicht-EG-Ausländer nicht ohne weiteres „nach Hause geschickt" werden können. Die nicht übersehbaren weitreichenden politischen Nachteile einer solchen Absicht würden den sehr zweifelhaften ökonomischen Nutzen bei weitem übersteigen. Keine Bundesregierung würde sich dazu bereit finden. Die Abschiebung der einst angeworbenen ausländischen Arbeitnehmer ist politisch nicht realisierbar.
- Inzwischen gibt es **bestimmte Arbeitsplätze, die „ausländerspezifisch" sind**. Sie könnten nicht oder sehr schwer wieder besetzt werden, wenn es nicht ausländische Arbeitskräfte gäbe. Die Arbeitsbedingungen in diesen Wirtschaftszweigen werden von den Deutschen als unattraktiv und unakzeptabel beurteilt.
- **Der Wegfall von ausländischen Arbeitskräften würde die Ursache der Arbeitslosigkeit nicht beseitigen**. Da die Ursachen der Beschäftigungskrise nicht in der Ausländerbeschäftigung liegen (s. Beitrag 3.1.), kann auch ihre Lösung nicht darin bestehen, daß man die Ausländer zum Sündenbock erklärt. Vielmehr ist es richtig, daß die Ausländer ein flexibles Arbeitsangebot darstellen, von der Arbeitslosigkeit stärker betroffen sind und in der schlechten Arbeitsmarktsituation zurückkehren (Es gibt heute gegenüber 1973 ca. 850 Tsd. weniger ausländische Arbeitnehmer). Damit entlasten sie den Arbeitsmarkt in der Wirtschaftskrise.

Fazit

Wir können also festhalten, daß eine Zwangsrückführung **weder ökonomisch nützlich noch politisch durchführbar und auch nicht beabsichtigt ist**. Deshalb ist es nicht verwunderlich, daß heute Maßnahmen für die Integration der Ausländer in die deutsche Gesellschaft an Bedeutung gewinnen. Dabei stehen Fördermaßnahmen für die ausländischen Kinder im Vordergrund: schulische und berufliche Qualifikation, die Rechtssicherheit in Fragen des Aufenthalts- und Arbeitsrechts sollen die Integration der aus-

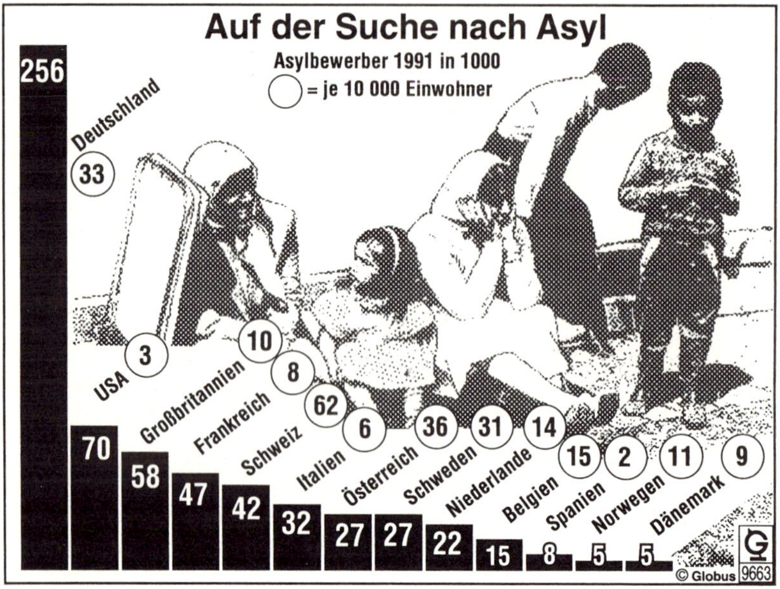

Auf der Suche nach Asyl
Asylbewerber 1991 in 1000
= je 10 000 Einwohner
256
Deutschland
33
USA
3
70
Großbritannien
10
58
Frankreich
8
47
Schweiz
62
42
Italien
6
32
Österreich
36
27
Schweden
31
27
Niederlande
14
22
Belgien
15
15
Spanien
2
8
Norwegen
11
5
Dänemark
9
5
© Globus 9663

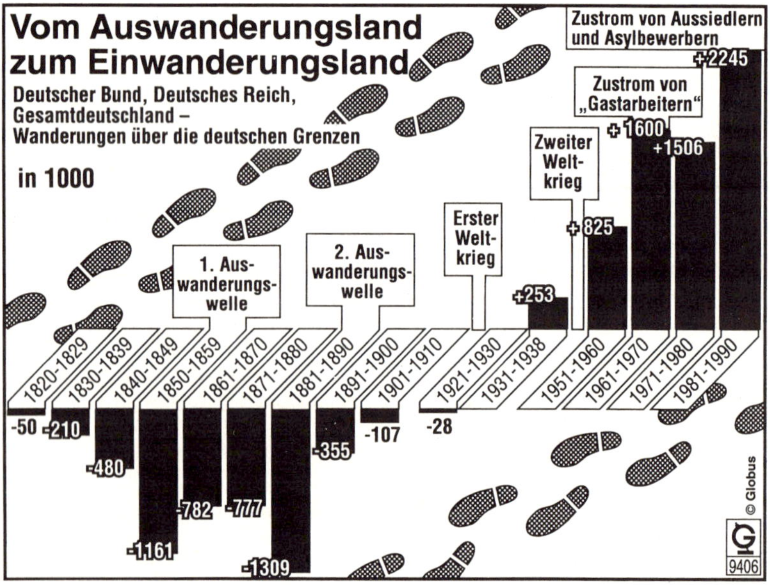

Vom Auswanderungsland zum Einwanderungsland
Deutscher Bund, Deutsches Reich, Gesamtdeutschland – Wanderungen über die deutschen Grenzen
in 1000
1. Auswanderungswelle
2. Auswanderungswelle
Erster Weltkrieg
Zweiter Weltkrieg
Zustrom von „Gastarbeitern"
Zustrom von Aussiedlern und Asylbewerbern
1820-1829
1830-1839
1840-1849
1850-1859
1861-1870
1871-1880
1881-1890
1891-1900
1901-1910
1921-1930
1931-1938
1951-1960
1961-1970
1971-1980
1981-1990
-50
-210
-480
-1161
-782
-777
-1309
-355
-107
-28
+253
+825
+1600
+1506
+2245
© Globus
9406

ländischen Jugendlichen erleichtern. Die berufliche Qualifikation der ausländischen Kinder ist auch aus einem wirtschaftlichen Grund wichtig. Um die Jahrhundertwende wird der Bedarf an qualifizierten jungen Berufsanfängern höher als das Angebot sein. Deshalb müßte sich die Ausbildungspolitik verstärkt darum bemühen, möglichst viele ausländische Jugendliche beruflich zu qualifizieren.

Wachsendes Ausbildungspotential

Ausländische Lehrlinge in der Bundesrepublik

	1985	1987	1989
Insgesamt	51.396	63.625	83.646
darunter:			
Türken	21.664	27.675	37.709
Jugoslawen	6.435	8.375	13.120
Italiener	6.825	8.271	9.685
Griechen	3.272	3.825	4.586
Spanier	2.973	3.109	3.119
Portugiesen	1.429	1.841	2.038
Ausländische Lehrlinge			
in Prozent der 15- bis 18jährigen Ausländer	24,1	26,8	32,4
in Prozent aller Ausländer	2,8	3,7	5,4

Quelle: Bundesministerium für Bildung und Wissenschaft

Was ist heute der erkennbare **Grundsatz der Ausländerpolitik?** Die Zuzugsbeschränkung betrachtet die Bundesregierung als Rahmenbedingung einer erfolgversprechenden Integrationspolitik. Die Lösung der Probleme der bereits hier lebenden Ausländer sei vorrangig. Sie solle nicht zusätzlich erschwert werden. Die Bundesländer sind sich aber über die Durchführung dieser Politik nicht einig. Die öffentliche Diskussion über die Ausländerbeschäftigung und Ausländerpolitik ist nur sinnvoll zu führen, wenn man sich von „liebgewonnenen Vorurteilen" und politisch mißbrauchten Ängsten freimacht.

Das Problem der Arbeitsemigration aus den osteuropäischen Ländern, die Probleme der Asylanten und der Aussiedler, die gesellschaftliche Integration der seit langen Jahren in der Bundesrepublik lebenden und arbeitenden ausländischen Mitbürger lassen sich im vereinten Deutschland und in der Europäischen Gemeinschaft nur mit einer Politik, die auf die Gestaltung einer gemeinsamen Zukunft ausgerichtet ist, lösen. Das Abwehren und Ausgrenzen allein löst kein Problem und ist auch keine Ursachentherapie.

Das auf gegenseitiger Akzeptanz und Toleranz beruhende Zusammenleben zwischen den Deutschen und Ausländern kann nur durch die vertrauensbildende Politik und durch die gesellschaftliche Anerkennung der ausländischen Bevölkerung verwirklicht werden.

Literaturhinweise

Detlef Bischoff, Werner Teubner, Zwischen Einbürgerung und Rückkehr. Ausländerpolitik und Ausländerrecht in der Bundesrepublik Deutschland, Berlin 1991.

Heiner Geißler (Hrsg.), Ausländer in Deutschland – für eine gemeinsame Zukunft, München 1983.

Klaus Höpfner, Ökonomische Alternativen zur Ausländerbeschäftigung, Kommission für wirtschaftlichen und sozialen Wandel Bd. 105, Göttingen 1975.

Heiko Körner/Ursula Mehrländer (Hrsg.), Die „neue" Ausländerpolitik in Europa, Erfahrungen in den Aufnahme- und Entsenderländern, Bonn 1986.

Ursula Mehrländer, Soziale Aspekte der Ausländerbeschäftigung, Bonn 1974.

Mitteilungen der Beauftragten der Bundesregierung für die Integration der ausländischen Arbeitnehmer und ihrer Familienangehörigen, Bonn (div. Hefte).

Hans-Peter Pammesberger, Ausländerbeschäftigung als dauerhafter Angebotsfaktor auf dem Arbeitsmarkt der Bundesrepublik Deutschland, Hamburg 1986.

Johannes Chr. Papelekas (Hrsg.), Die Ausländerfrage, Herford 1983.

Alparslan Yenal

3.5. Steigende Preise, sinkender Geldwert – droht Inflation?

Zentrale Rolle der Geldwertstabilität

Es gibt ein wirtschaftspolitisches Ziel, das in Deutschland mehrheitlich als das wichtigste angesehen wird: die Geldwertstabilität. Zwei entscheidende Wirtschaftsgesetze nennen diese an erster Stelle und verpflichten Bundesregierung und Bundesbank, dieses Ziel bei der Erfüllung ihrer Aufgaben besonders zu beachten:

- Das **Gesetz zur Förderung der Stabilität und des Wachstums** der Wirtschaft (sog. „Stabilitätsgesetz") verpflichtet Bund und Länder, eine marktwirtschaftliche Politik zu betreiben, die zur „Stabilität des Preisniveaus" beiträgt, und
- das **Gesetz über die Deutsche Bundesbank** weist der Bank in § 3 die Aufgabe zu, „die Währung zu sichern", wobei dieses Ziel für die Bundesbank unabdingbar ist: Auch wenn sie die Wirtschaftspolitik der Regierung unterstützen soll, ist sie doch unabhängig von Weisungen der Regierung (§ 12 Bundesbankgesetz) bei der Ausübung ihres gesetzlichen Auftrags der Geldwertsicherung. Sie läßt sich daher gern als „Hüterin der Währung" titulieren.

. . . und beschützt mich vor der Inflation Kölner Stadt-Anzeiger

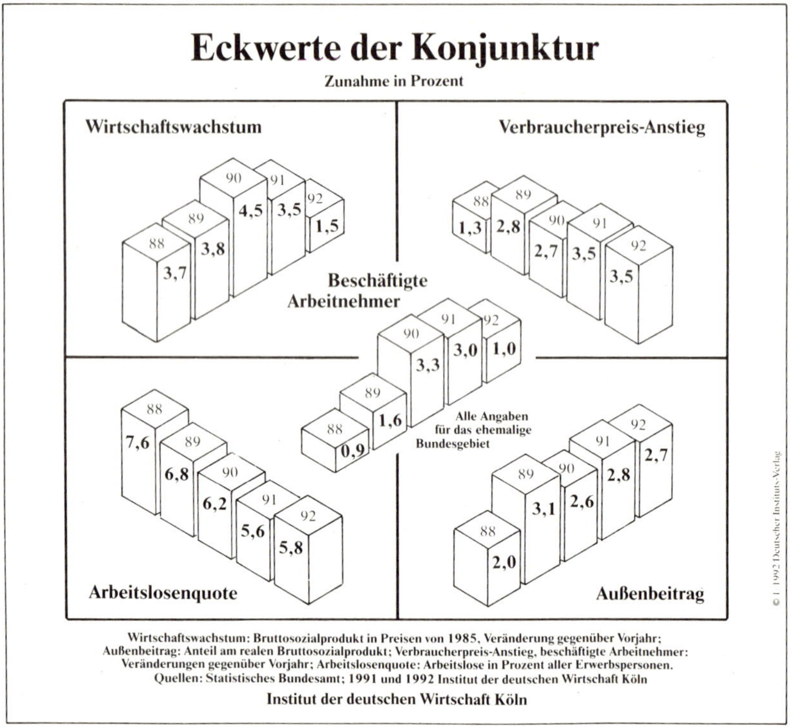

iwd 1/1992.

Der besondere Stellenwert antiinflatorischer Politik in Deutschland wird vielfach mit den traumatischen Erfahrungen während der großen Inflation des Jahres 1923, die eine Folge des ersten Weltkrieges war, begründet und gelegentlich belächelt. Da es jedoch nicht mehr sehr viele Menschen in Entscheidungspositionen gibt, die diese Inflation und die von ihr verursachte vollständige Geld- und Geldvermögensentwertung miterlebt haben, müssen weitergehende wirtschaftliche Gründe angeführt werden, um den hervorgehobenen Stellenwert der Geldwertsicherung zu begründen.

Bedeutung der Geldwertstabilität

Es wird meist darauf hingewiesen, daß Geldwertstabilität geeignet sei,

- **Planungssicherheit** für investierende Unternehmen zu schaffen;
- erworbene **Geldvermögen** vor Entwertung zu schützen, was Anreiz schafft, derartige Vermögen zu erarbeiten und zu erhalten;

– die Gläubiger davor zu bewahren, ihre gewährten **Kredite** entwertet zurückzuerhalten – was eine wesentliche Grundlage dafür ist, daß funktionierende Kreditbeziehungen überhaupt entstehen können;

– das **Zinsniveau** niedrig zu halten und damit die Kosten für Investitionen, wodurch wirtschaftliches Wachstum und Arbeitsplatzaufbau gelingen kann;

– die **Spartätigkeit** anzuregen, wodurch nicht konsumierte Mittel bereitstehen, in Zukunftsinvestitionen eingesetzt zu werden und damit die Volkswirtschaft zu entwickeln;

– die Bezieher von vertraglich festgelegten **Einkommen** (Lohnarbeiter, Rentner) vor einer Entwertung ihrer Löhne zu bewahren und damit die Notwendigkeit immer höherer Lohnforderungen zum Ausgleich inflationsbedingter Entwertungen zu vermeiden.

Bündel wirtschaftspolitischer Ziele

Neben dem Ziel der Geldwertstabilität – oder umgekehrt gesagt: einer Inflationsrate bzw. dem Anstieg der Verbraucherpreise von Null – sind weitere zentrale wirtschaftspolitische Zielvorgaben eine hohe Beschäftigung (bzw. geringe Arbeitslosigkeit), ein angemessenes Wirtschaftswachstum sowie ein Gleichgewicht des Leistungsaustauschs mit dem Ausland. Da diese Ziele nur schwer gleichzeitig zu erreichen sind, spricht man vielfach vom sog. **„magischen Viereck“**. Für das Thema der Geldwertsicherung bedeutet das einen nie ganz aufhebbaren **Widerspruch** zwischen dem Ziel der erfolgreichen Bekämpfung von Arbeitslosigkeit auf der einen und von Inflation auf der anderen Seite. Ein Widerspruch liegt deshalb vor, weil das Ziel der Vollbeschäftigung Maßnahmen fordert, die die Volkswirtschaft beleben, während das Ziel der Geldwertstabilität eher Bremsvorgänge erzwingt, um preissteigernde Aktivitäten zu kontrollieren.

Inflationszyklen

Die Inflation als Konjunkturphänomen führte daher in Deutschland in den letzten Jahrzehnten zu ausgeprägten „Inflationszyklen“; es gab Jahre mit sehr niedrigen, sogar negativen Inflationsraten (der Geldwert stieg in der betreffenden Zeit); andererseits sind Jahre mit für „deutsche Verhältnisse“ hohen Inflationsraten von über sieben Prozent Geldentwertung pro Jahr nachweisbar. Betrachtet man den gesamten Zeitraum seit Einführung der D-Mark (1948), so ist der Geldwertverlust die vorherrschende, nur selten durch Abflachung gemilderte Tendenz.

Der Anstieg der Verbraucherpreise ist auch bei den wesentlichen Handelspartnern der deutschen Volkswirtschaft zu beobachten. Im Verhältnis zu diesen Nachbarn war die Bundesrepublik fast noch eine „Insel der Seligen“, weil bei ihr die Preissteigerungsraten am geringsten waren. Ausnahmen von dieser Praxis gab es erst 1991, als Frankreich eine größere Geldwertstabilität gelang. Bemerkenswert ist dennoch, daß die extremen Inflationsraten zu Beginn der 80er Jahre von allen Beteiligten im Verlaufe des

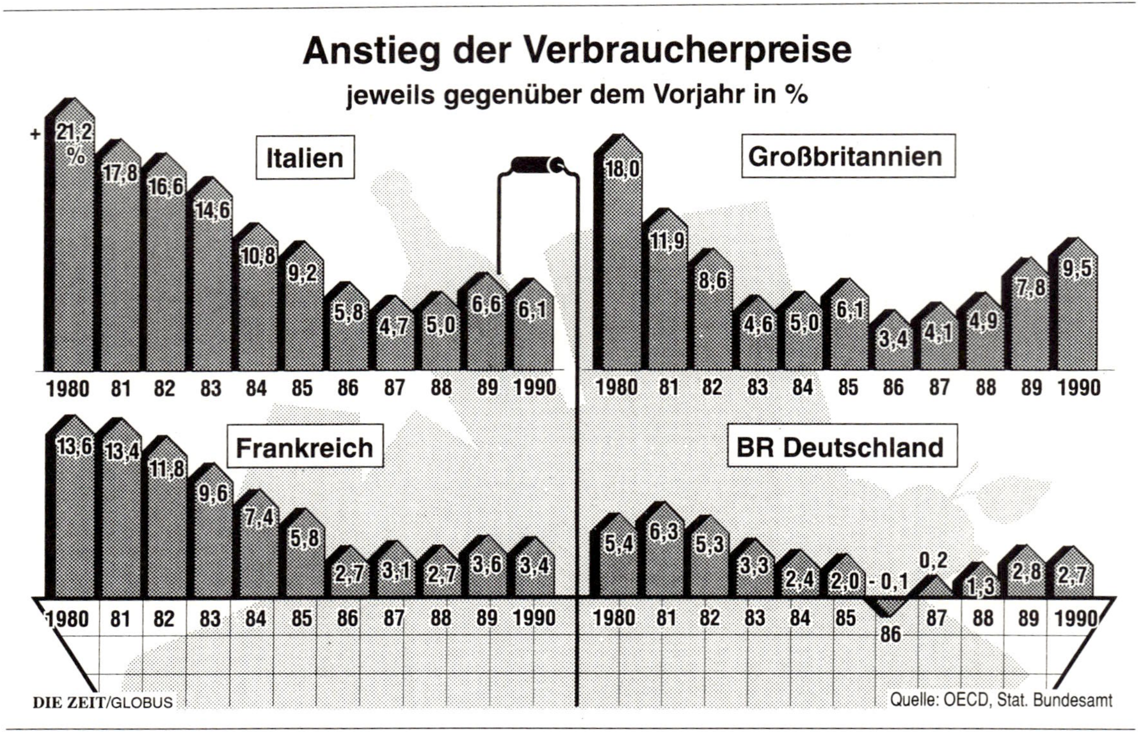

Die Zeit v. 14.6.1991.

Jahrzehnts deutlich heruntergefahren werden konnten. Das lag einmal an glücklichen außenwirtschaftlichen Bedingungen: Es gab keine Ölpreisschocks nach dem Muster der dramatischen Preissteigerungen 1973 und 1978 – 1980; die Preiserhöhung anläßlich des vergleichsweise kurzen Golfkriegs von 1991 war eher mäßig und war zudem schrittweise 1990 vorweggenommen worden, so daß sie nicht wie ein Schock wirkte. Zum anderen Mal war es **Folge einer von allen EG-Partnern durchgeführten Stabilitätspolitik**.

Nach diesem ersten Blick auf die Erscheinungsformen des Phänomens „Inflation" ist nach einer genaueren Begriffsbestimmung zu fragen. Offensichtlich hängen die Probleme der Beschäftigung, der Güterproduktion, der außenwirtschaftlichen Verflechtung mit der Entwicklung des Geldwerts zusammen; mit der Verknüpfung zum „magischen Viereck" geht die Wirtschaftspolitik davon aus, daß Beziehungen zwischen diesen gesamtwirtschaftlichen Größen bestehen.

„Offene" ...

Dennoch ist **Inflation in erster Linie ein Geldproblem:** Bei Inflation steigen die Preise, weil in der Volkswirtschaft zu viel Geld zur Verfügung steht. Um zu entscheiden, ob die Geldmenge zu groß ist, muß man sie zu einem vorhandenen realen Warenangebot in Beziehung setzen; hat sich jenes mengenmäßig nicht geändert, können Geldmengenausweitungen zu Preissteigerungen führen. Das jedenfalls besagt die einfachste Inflationstheorie, die einen proportionalen Zusammenhang zwischen Geldmenge und Warenan-

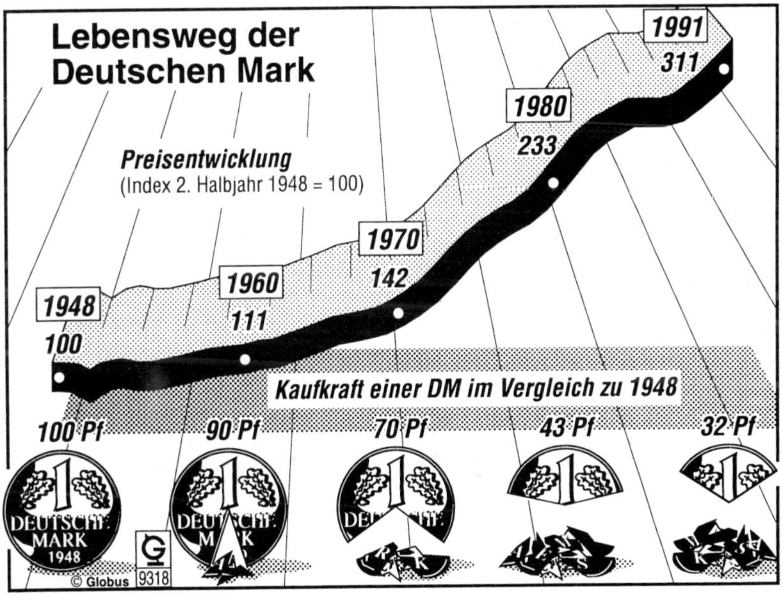

gebot einerseits und Inflation andererseits konstruiert: Erhöht die Zentralbank die Geldmenge um 10 %, ohne daß sich etwas bei der Güterversorgung ändert, dann steigen die Preise gleichfalls um 10 %. Hier spräche man zudem von „offener“ Inflation, weil ihre hauptsächliche Eigenschaft – steigende Preise bzw. sinkender Geldwert – offen erkennbar ist.

und „verdeckte“ Inflation

Inflation kann auch „verdeckt“ sein, wenn durch staatliche Eingriffe die Preise niedrig gehalten werden, obwohl die Geldmenge im Verhältnis zum Warenangebot gestiegen ist. Hier ändern sich die Symptome – die Inflation findet in den Geldtaschen der Verbraucher statt, die über viel wertloses Bargeld verfügen und ständig auf der Jagd nach Waren sind. „Schwarze“ Märkte entstehen, wo es bei Umgehung staatlicher Preiskontrollen die tatsächlichen Preise gibt, die Angebot und Nachfrage bei einem Vielfachen der Festpreise zum Ausgleich bringen.

Ob offene oder verdeckte Inflation mit parallelen Schwarzmärkten – bei Inflation steigen die Preise auf breiter Front, wenn auch in durchaus unterschiedlichen Raten. Es stellt sich daher das Problem, die **Inflation korrekt zu messen**. Angesichts von Hunderttausenden von verschiedenen Produkten gäbe es wenig Sinn, unübersichtliche Preisänderungsreihen aufzustellen, um damit die Inflation zu beschreiben. Überschaubarkeit erreicht man nur, wenn man alle Preiseinflüsse in wenigen charakteristischen Preisangaben oder „Preisindizes“ (Mehrzahl von „Preisindex“) ausdrückt. Dazu kann man bestimmte Produktgruppen bilden und deren Preisänderungen aufzeichnen – z.B. den Index der Wohnungsmieten oder der Industrieprodukte.

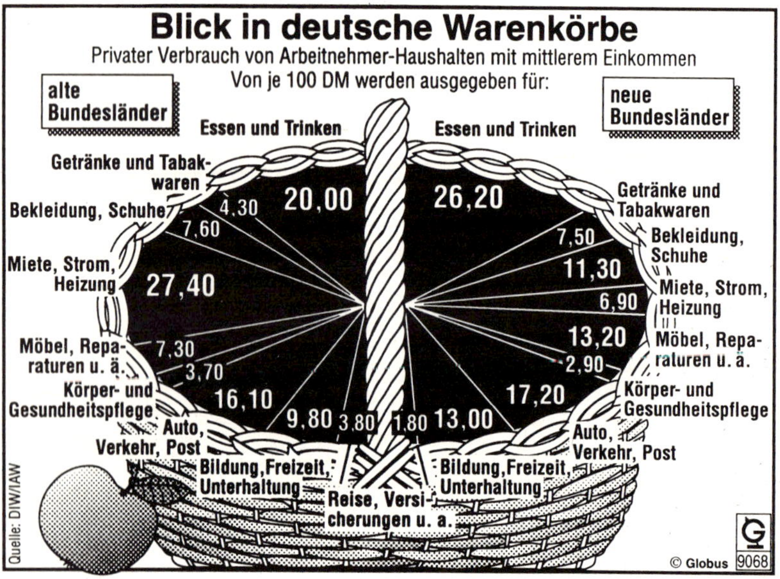

Umfassend wird die Inflation dargestellt in der **Veränderung des Preisindex für die Lebenshaltung,** der alle relevanten Preisgrößen erfaßt. Die Entscheidung jedoch, welche Produkte zur Lebenshaltung gehören und in welchem Umfang sie von der Verbraucherschaft erworben werden – letzteres ist bedeutsam für die Gewichtung, die den einzelnen Produkten zukommt –, kann nur anhand von Marktbeobachtungen vorgenommen werden. Tausende von Haushalten werden daher regelmäßig danach befragt, welche Produkte sie in welchen Mengen kaufen. Mit diesen Daten gelingt es, einen **typischen „Warenkorb" zu bilden,** der alle tatsächlich nachgefragten Güter und Dienste enthält. Verfolgt man nun die Preise dieser im Warenkorb befindlichen Waren, so kann man im Zeitablauf die Entwicklung der Lebenshaltungskosten feststellen. Steigen diese z.B. innerhalb eines Jahres um 4 %, so wird dieser Anstieg der Lebenshaltungskosten als die maßgebliche Geldentwertungs- oder Inflationsrate bezeichnet.

Preisindizes als Maßstab

Auch hier lassen sich sinnvolle Unterscheidungen treffen: Der durchschnittliche Haushalt in Deutschland ist ein Haushalt von Arbeitnehmern, der aus vier Personen besteht. Der **Anstieg der Lebenshaltungskosten bei diesem 4-Personen-Arbeitnehmer-Haushalt ist die durchschnittliche Inflationsrate.** Darüber hinaus werden die Lebenshaltungskosten von Rentnerhaushalten, von Selbständigen- und von überdurchschnittlich verdienenden Beamtenhaushalten ermittelt.

Warenkörbe national verschieden

Warenkörbe sind allerdings keine unveränderliche statische Größe. Im Gegenteil, sie ändern sich mit dem Aufkommen neuer Güter und Dienste und gewandelter Ansprüche der Nachfrager. Sie sind zudem je nach Volkswirtschaft angesichts unterschiedlicher historischer Erfahrungen unterschiedlich – so hatten die Haushalte in den alten und neuen Bundesländern am Beginn der wirtschaftlichen Einheit durchaus unterschiedliche Nachfragegewohnheiten. Warenkörbe werden daher von Zeit zu Zeit den neuen Bedingungen angepaßt, wobei sich üblicherweise Brüche in den Zeitreihen der Inflationsraten ergeben. Vielfach sinken die nachweisbaren Inflationswerte, wenn die neuen, den tatsächlichen Nachfrageverhältnissen entsprechenden Körbe entwickelt werden, weil die gängigen, im Massenangebot befindlichen Waren stärker berücksichtigt werden als vergangene, selten und damit vielfach teurer angebotene Produkte.

Soziale Folgen der Inflation

Auskünfte über die Warenkörbe und die Betroffenheit der verschiedenen Arten von Haushalten geben auch Auskunft über die Schäden, die Inflation den unterschiedlichen Haushaltstypen zufügt. Verteuern sich beispielsweise Mieten und Nahrungsmittel überdurchschnittlich, so sind diejenigen Haushalte die leidtragenden, die relativ große Anteile ihrer Einkommen dafür verwenden – also meist kinderreiche und Rentnerhaushalte.

Preisanpassungen für ostdeutsche Produkte

Ein besonderes Problem – wenn auch voraussichtlich nur übergangsweise – stellt die Entwicklung der Verbraucherpreise in Ostdeutschland dar. Die Gründe dafür liegen in der dramatischen **Umgestaltung eines Preissystems** auf marktwirtschaftliche Bedingungen mit der Folge, daß die tradi-

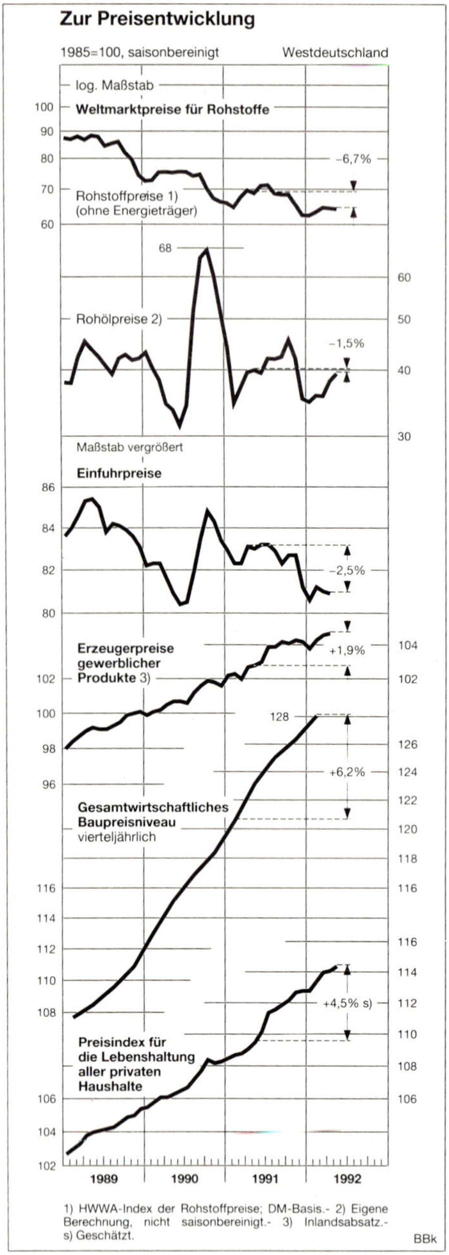

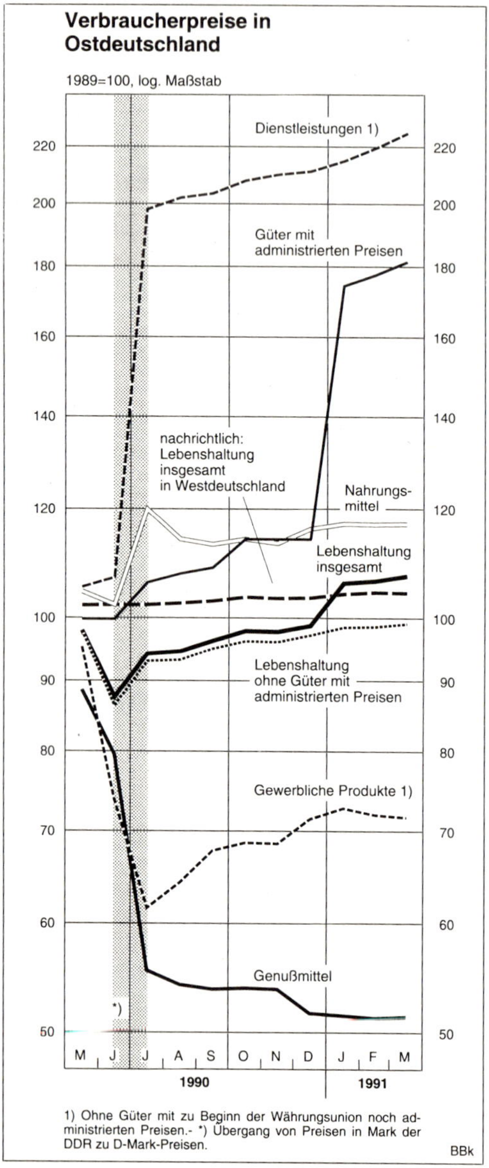

Monatsberichte der Deutschen Bundesbank, Mai 1991, Juni 1992.

tionellen staatlichen Preisregulierungen als Prinzip der Endverbraucherpreisfestlegung nicht mehr bestehen. Das führte zu einer Umstrukturierung aller Preise, wobei die Preise, bei denen die ehemalige DDR-Regierung aus sozialpolitischen Erwägungen erhebliche Subventionen geleistet hatte (Grundnahrungsmittel, Mieten, Energie) erheblich stiegen (teilweise um das Vierfache bei den Mieten). Andere Preise, die als Waren des gehobenen Bedarfs bzw. als ausgesprochene Luxusprodukte angesehen wurden (bestimmte Nahrungsmittel, Textilien und Industrieprodukte – Autos! –) und daher besonders hoch mit Verbrauchssteuern belastet waren, wurden erheblich billiger. Das Problem eines derartigen Umbaus des gesamten Preisgefüges stellt die erhebliche Verunsicherung der betroffenen Haushalte dar. Diese mußten seit der Wirtschafts-, Währungs- und Sozialunion (1.7.1990) mit neuem Geld, neuen Gehältern und neuen Preisrelationen auskommen und Erfahrungen über ihren tatsächlichen Lebensstandard sammeln. **Diese totale Umwälzung aller bisherigen Lebenserfahrungen führte zu erheblichen Verunsicherungen.** Hinzu kam die Erfahrung, daß in derartigen Situationen die Realität nur teilweise wahrgenommen wird; Waren mit Preissenkungen werden als gegeben akzeptiert, während die entsprechenden dramatischen Preissprünge bei Gütern des täglichen Bedarfs – insbesondere die Mieten – zu erheblichen Armutsängsten führen.

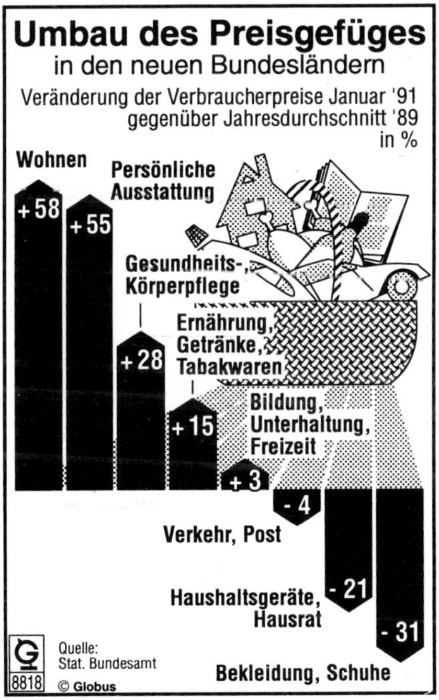

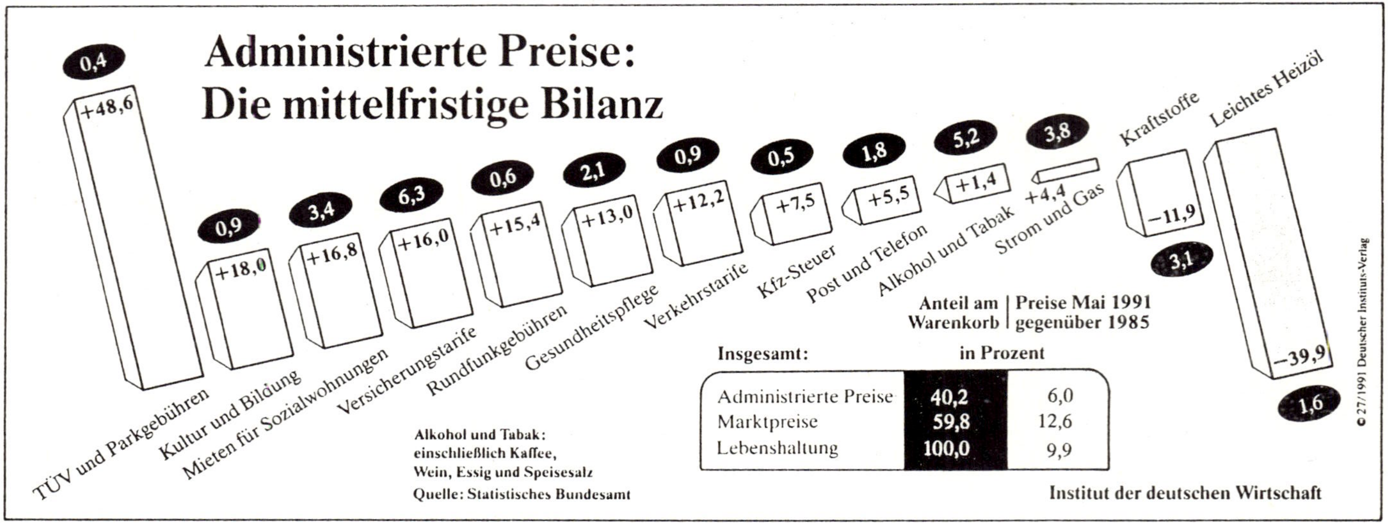
Administrierte Preise:
Die mittelfristige Bilanz
0,4
+48,6
TÜV und Parkgebühren
0,9
+18,0
Kultur und Bildung
3,4
+16,8
Mieten für Sozialwohnungen
6,3
+16,0
Versicherungstarife
0,6
+15,4
Rundfunkgebühren
2,1
+13,0
Gesundheitspflege
0,9
+12,2
Verkehrstarife
0,5
+7,5
Kfz-Steuer
1,8
+5,5
Post und Telefon
5,2
+1,4
Alkohol und Tabak
3,8
+4,4
Strom und Gas
Kraftstoffe
−11,9
3,1
Leichtes Heizöl
−39,9
1,6
Anteil am Warenkorb | Preise Mai 1991 gegenüber 1985
Insgesamt:
in Prozent
Administrierte Preise 40,2 6,0
Marktpreise 59,8 12,6
Lebenshaltung 100,0 9,9
Alkohol und Tabak: einschließlich Kaffee, Wein, Essig und Speisesalz
Quelle: Statistisches Bundesamt
Institut der deutschen Wirtschaft
© 27/1991 Deutscher Instituts-Verlag

iwd 27/1991.

Erschwerend kam hinzu, daß der Handel in der damaligen DDR Warenbestände unmittelbar vor dem 1.7.1990 in einer breit angelegten Aktion nach dem Motto „DDR-Schlußverkauf“ buchstäblich verramschte, um die Läger für die neuen Westprodukte ab dem 1.7.1990 frei zu bekommen. Diese Preiseinbrüche stellten später die Grundlage für die Ermittlung der monatlichen Preisveränderungen dar. Das Ergebnis war, daß die Menschen in den neuen Bundesländern in den ersten Monaten der Einheit mit Preissteigerungsraten von über 10% konfrontiert waren – gemessen an den „DDR-Ausstiegs-“ und den heruntersubventionierten Preisen. Das mußte ihnen das Gefühl vermitteln, die Benachteiligten der Einheit zu sein.

Staatliche Preisbeeinflussung

Ein weiteres besonderes Problem stellen die Produkte dar, für die der Staat die Preisbildung direkt festlegt oder teilweise bestimmt. Es sind dies die **„administrierten“ Preise**; betroffen sind davon Energieprodukte, Sozialmieten, Versicherungen, Postleistungen, Rundfunk und sonstige staatliche Dienste. Diese administrierten Produkte machen etwa 40% des Warenkorbes aus. Im Zeitraum 1985 bis Mitte 1991 sind die administrierten Preise durchschnittlich nur 6% teurer geworden (gegenüber den Marktpreisen, die um 12,6% anzogen). Das lag allerdings nicht an besonderer Preisdisziplin des Staates, sondern an den niedrigen Weltmarktpreisen für Energie. Gleichfalls unterdurchschnittlich stiegen die Preise für Agrarprodukte; allerdings befanden diese sich weit über Weltmarktniveau, so daß der unterdurchschnittliche Preiszuwachs keine sonderliche Entlastung der Haushalte darstellte.

Die Darstellung auf S. 426 zeigt wichtige Produktgruppen mit administrierten Preisen. Ihr Anteil im Warenkorb ist über den Säulen angegeben; in den Säulen die Preissteigerung im Beobachtungszeitraum 1985 – 1991.

Inflationäre Wirkungen von Steuererhöhungen

Die Bedeutung des Staates für die Preisentwicklung in Marktwirtschaften ist somit erheblich. Ebenso wie der Staat „scheinbar“ die Inflation durch Preisfestsetzungen und allgemeine Preisstopps verdrängen kann, können staatliche Maßnahmen auch Inflationsraten nach oben treiben, obwohl „Geldentwertung“ im strengen Sinn nicht vorliegt. Das kommt beispielsweise bei einer Umgestaltung des Steuersystems vor: Wenn der Staat eine Milliarde D-Mark mehr einnehmen will, kann er das durch eine Erhöhung der Einkommensteuer tun – wobei es keine unmittelbaren Preiseinflüsse gibt. Der Staat kann aber auch die **Mehrwertsteuer steigern, die direkt auf die Preise aufgeschlagen wird. Dadurch würde die Inflationsrate unmittelbar nach oben gehen.**

Dieses Phänomen zeigte sich Mitte 1991, als u.a. die Mineralölsteuer erheblich angehoben wurde, um die „Kosten der Einheit“ zu finanzieren. Da diese Steuer eine Verbrauchsteuer ist, verteuerte sie direkt den Endverbraucherpreis des Produktes. Das machte sich gesamtwirtschaftlich unmittelbar als Preissteigerung, also als Inflation, bemerkbar.

Betrachtet man die wirtschaftlichen Zusammenhänge näher, so muß man daran **zweifeln, daß hier tatsächlich eine Geldentwertung vorliegt.** Im Kaufpreis für einen Liter Benzin, der jetzt um den Verbrauchsteueranteil gesteigert wurde, wird nicht nur der Treibstoff, sondern gleichzeitig anteilig eine Verkehrswegeinvestition in den neuen Bundesländern bezahlt; letzteres allerdings aus Sicht des Verbrauchers gezwungenermaßen – das macht nun einmal den Charakter von Steuern als Zwangsabgaben auf gesetzlicher Grundlage aus. Dennoch entspricht dem gestiegenen Preis eine erhöhte Leistung z.B. in Form eines Verkehrswegeausbaus.

Umverteilung durch Inflation

Gerade das letztgenannte Beispiel weist darauf hin, daß sich **Inflationen in größeren Umverteilungszusammenhängen abspielen.** Betrachtet man Geld als Anspruch auf Teile des Sozialprodukts, dann erhält derjenige größere Anteile, der über mehr Geld verfügt. Will die Bundesregierung Investitionen in die deutsche Einheit vornehmen, muß sie entsprechend die private Verfügung über die dafür benötigten Teile des Sozialprodukts zurückdrängen. Das kann durch Erhöhung der Verbrauchssteuern geschehen; diese verteuern die Produkte, so daß die Privaten mit nominal unveränderten Einkommen weniger kaufen können. Damit kann die Regierung mit den Steuereinnahmen über diese Ressourcen verfügen: **Die Umverteilung von privater zu staatlicher Nutzung ist über die Preiserhöhungen vorgenommen worden.**

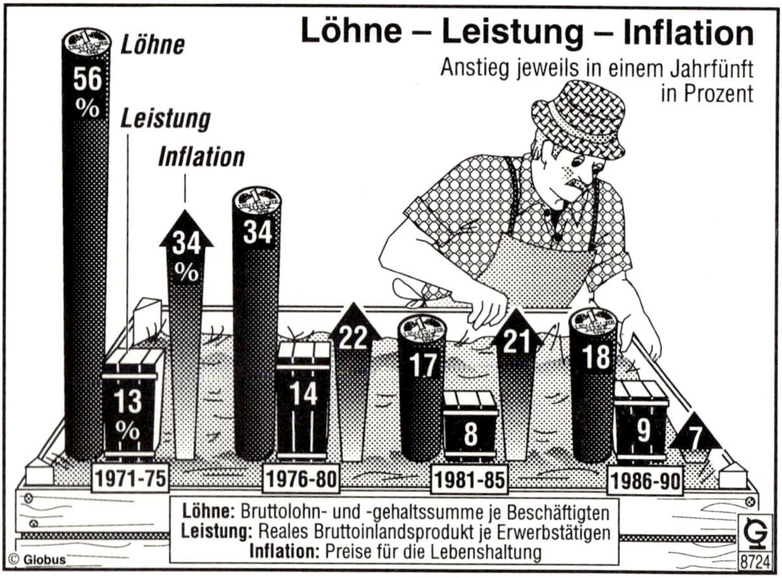

Es ginge auch anders: Hätte die Bundesregierung die Einkommensteuern erhöht, würden die Haushalte nach Steuererhebung über kleinere Einkommen verfügen, womit sie gleichfalls nur einen geringeren Teil des Sozialprodukts erwerben könnten. Hier fände die Umverteilung ohne Preiserhöhungen statt; der Staat nimmt mehr Geld ein und verfügt über einen größeren Teil des Sozialprodukts, weil er private Nutzung durch Einkommensabsenkung inflationsneutral verdrängt. Dieser Weg wurde gleichfalls Mitte 1991 durch die Einführung einer Solidaritätsabgabe auf die Einkommensteuer gewählt.

Es wäre auch möglich, daß die privaten Haushalte von sich aus auf bestimmte Konsumanteile verzichten und dem Staat diese Ersparnis als Kredit zur Verfügung stellen. Damit könnten die Investitionen in der ehemaligen DDR inflationsneutral finanziert werden. Die kreditgebenden Haushalte hätten zudem – anders als bei jeder Steuer – noch einen Vermögensanspruch gegenüber dem Staat. Wie auch immer die Finanzierung erfolgt: **Wirtschaftlich handelt es sich um einen praktischen Verwendungsverzicht zugunsten des politisch vorgegebenen Aufbauziels.** Inflationär wirkt nur die Finanzierung über preiserhöhende Verbrauchssteuern.

Konflikt zwischen Konsum und Investition

Umverteilungskonflikte sind auch denkbar zwischen privatem Konsum und privaten Investitionen: Investitionen sind nicht-konsumierte Teile des Sozialprodukts. Die Unternehmen können über diese Ressourcen verfügen, indem sie die Preise der Konsumgüter erhöhen. Damit können die Verbraucher bei gleichen Einkommen weniger Waren real für sich verwenden. Man sagte deshalb, daß die Konsumenten durch die Preissteigerungen bzw. Geldentwertung (= Inflation) zwangsweise gespart und mit diesen Ersparnissen letztlich die Investitionen finanziert haben. Nur haben sie nichts davon, weil sich durch Bezahlung erhöhter Preise bei den Verbrauchern keine Vermögen bilden. Diese entstehen bei den Unternehmern.

Diese Erfahrung führte zu Vermögensbildungsmodellen, die das hauptsächliche Ziel hatten, den Konsum ohne die Notwendigkeit von Preiserhöhungen einzuschränken. Mittel dazu wäre Ersparnisbildung, die den Unternehmen als Kredit zur Verfügung gestellt wird. Durch den Konsumverzicht der Ersparnis erhöhen sich die Preise nicht mehr; andererseits erhalten die Haushalte einen Anspruch gegen die kreditnehmenden Unternehmer, der ihr Vermögen mehrt. 1991 wurde daher angeregt, **Löhne zu einem geringen Teil als „Investivlöhne"** zu gewähren. Das bedeutete, daß dieser Teil des Lohns nicht ausgezahlt wird, sondern dem Unternehmen für Investitionen als Darlehen zur Verfügung gestellt wird. Damit sollte das Überleben von Betrieben gesichert werden, ohne daß die Arbeitnehmer auf Dauer Lohnverzicht zu üben hätten.

Gleichschritt von Reallohn und Produktivität

Über die Inflation erfolgte in den vergangenen Jahren ebenfalls die **Anpassung der realen Löhne an die tatsächlichen Leistungssteigerungen.** Die nominalen, oder „Geld"-Löhne, stiegen fast immer sehr viel stärker an als die Produktivität bzw. die Leistung der Arbeitnehmer. Betrachtet man

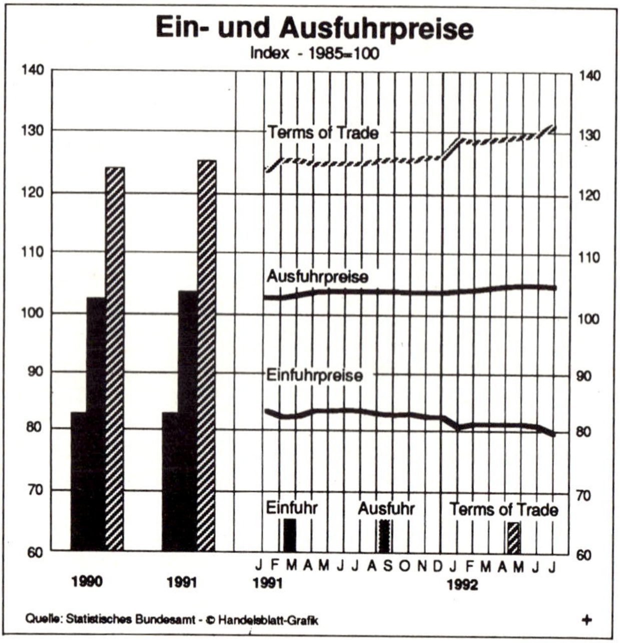

Handelsblatt v. 1.9.1992.

Importierte Stabilität: Preisanstieg in den alten Bundesländern
(in Prozent gegenüber Vorjahr)

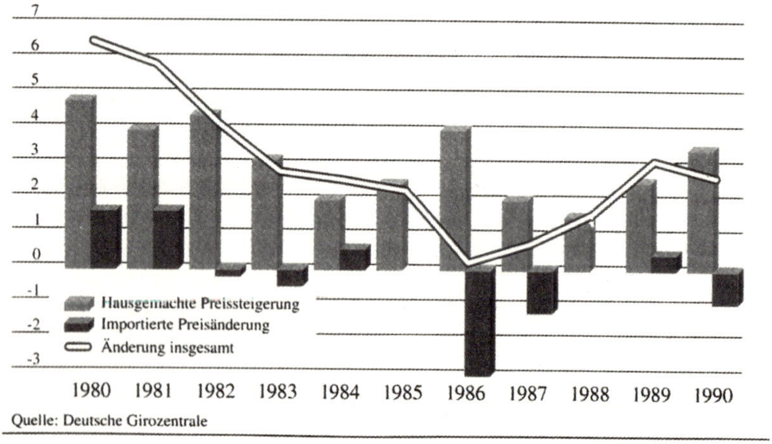

Wirtschaftswoche, Nr. 9 v. 22.2.1991.

den gesamten Zeitraum von 1970 bis 1990, so stellt man fest, daß die Geldlöhne insgesamt um 125% stiegen. Da sich andererseits zur selben Zeit die Inflationsraten auf 84% aufaddierten, wurden die realen Löhne entsprechend weniger, nämlich nur um 41%, gesteigert. Dieser Wert entspricht der Produktivitätserhöhung, die in derselben Zeit (+ 44%) erreicht werden konnte. Damit ist der **Verteilungskonflikt zwischen Lohn- und Gewinneinkommen** ohne deutliche Gewinner und Verlierer ausgegangen. Über den langen Zeitraum von 20 Jahren haben die Arbeitskräfte nur so viel mehr erhalten, wie sie auch real mehr produziert haben. Damit konnten sie keine Umverteilung des Sozialprodukts zu ihren Gunsten erreichen. Bewerkstelligt wurde diese Anpassung von realem Lohn und realer Wertschöpfung über die Inflation, die die Geldlöhne entsprechend wertmäßig verringerte.

Internationale Umverteilung

Auch in internationalen Zusammenhängen findet Umverteilung zwischen den Volkswirtschaften über Preisänderungen statt. Maßgebliche Kennziffer hierfür sind die sog. „Terms of Trade", die das Verhältnis der Export- zu den Importpreisen darstellen. Steigende Terms of Trade bedeuten, daß sich die Preise der Ausfuhrgüter der betreffenden Volkswirtschaft stärker erhöhen als die Einfuhrpreise. Diese kann damit im internationalen Gütertausch größere Mengen fremder Produkte für eigene Waren erwerben.

Für die fremden Volkswirtschaften sieht das genau umgekehrt aus: Diese müssen immer mehr von ihren eigenen Produkten anbieten, um angesichts steigender Preise die von ihnen benötigten Industrieprodukte kaufen zu können. Zu erinnern ist dabei insbesondere an die Situation der Entwicklungsländer, die als Rohstoffanbieter Opfer der inflationären Tendenzen in den Industriestaaten waren: Die Rohstoffpreise gingen zurück, während die Preise der Fertigwaren regelmäßig nach oben stiegen. Dadurch mußten die Entwicklungsländer immer größere Mengen ihrer Produkte für die von ihnen benötigten Maschinen, Traktoren und Ersatzteile anbieten, wodurch weltweit die **Wertschöpfung zugunsten der reicheren, entwickelten Länder umverteilt wurde, während die Staaten der 3. Welt weiter verarmten.**

Importierte Inflation bzw. Stabilität

Für die Bundesrepublik war diese Situation nicht unangenehm, betrachtet man nämlich die Preisentwicklung in den 80er Jahren, so kann man feststellen, daß die „hausgemachte" Inflation deutlich höher war als die importierten Preissteigerungen. Es gab sogar mehrere Jahre, in denen Deutschland durch Preissenkungen für Importprodukte die Inflationsrate im eigenen Land deutlich verringern konnte. 1986 glichen sich beispielsweise die heimischen Preissteigerungen mit den außenwirtschaftlichen Preissenkungen aus, so daß eine Inflationsrate etwa von Null erzielt wurde.

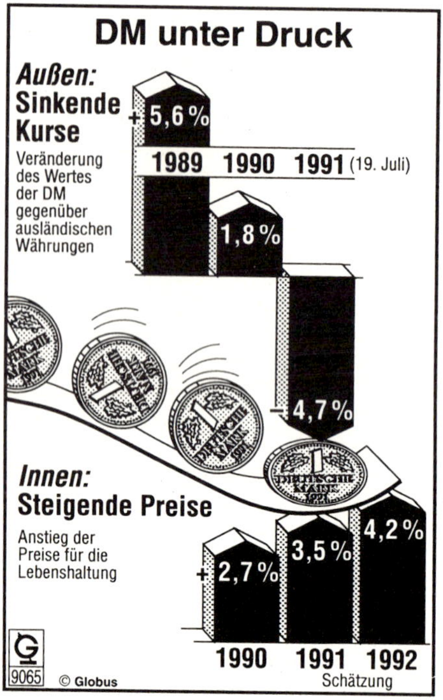

Inflation senkt die Wechselkurse

Wichtig ist hierfür der Außenwert des Geldes, der durch die Wechselkurse zu anderen Währungen bestimmt wird. Steigender Außenwert erscheint als Aufwertung. Aufgrund der Höherbewertung der D-Mark im internationalen Wertgefüge können Waren auf den Weltmärkten billiger (gemessen in DM) bezogen werden. Damit erhöht sich die reale Güterausstattung (der Lebensstandard) im Inland.

Das gilt aber auch in umgekehrter Richtung: Sinkt der Geldwert im Inland aufgrund inflationärer Tendenzen und wird die D-Mark international schwächer eingeschätzt (sinkender DM-Kurs gegenüber dem US-Dollar z.B. wegen politischer Krisen), dann kommt die D-Mark erheblich „unter Druck". Steigende Importpreise aufgrund fallenden Außenwertes der Mark werden die Inflation in Deutschland zusätzlich beschleunigen.

Inflationäre Kreisläufe

Welche Ursachen die Inflation im einzelnen auch immer haben mag – ob „hausgemacht" oder importiert –, sie kann sehr schnell zu Kreisläufen führen, die sie weiter anheizt. **Der wichtigste und umstrittenste Kreislauf ist die sog. „Lohn-Preis-Spirale":** Weil die Löhne gestiegen sind – und damit die Produktionskosten der Unternehmen –, werden die Preise angehoben.

Damit versuchen die Unternehmen, die geplanten Gewinne weiterhin zu beziehen. Diese Preissteigerungen – ob Folge vorangegangener Lohnerhöhungen oder Ergebnis der außenwirtschaftlichen Verflechtung – sind ihrerseits Anlaß für die Gewerkschaften, in der nächsten Tarifrunde einen Ausgleich zu fordern. Die Inflation war ja nichts anderes als die Senkung der Reallöhne. Damit hätte sie eine „Preis-Lohn-Spirale“ in Gang gesetzt.

Verantwortung der Tarifpartner

Es muß allerdings davor gewarnt werden, diese „Spiralen“ zu sehr als unbeeinflußbare ökonomische Mechanik zu betrachten. Denn ob die Preis- bzw. Lohnerhöhungen gelingen, entscheidet sich letztlich am Güter- und Arbeitsmarkt. Dabei übernimmt der Staat eine wichtige Verantwortung. Sorgt er bedingungslos für Vollbeschäftigung, wird diese Spirale steigender Preise und Löhne in Gang gesetzt werden: Im Rahmen seiner Vollbeschäftigungsgarantie müßte der Staat jede Preiserhöhung hinnehmen, um den Unternehmen den Absatz zu garantieren, den sie für Vollbeschäftigung und die Überwälzung jeglicher Lohnerhöhungen benötigen. Je stärker die Tarifpartner in die Verantwortung eingebunden werden, also bei falscher Lohn- und Preispolitik selbst Opfer von Arbeitslosigkeit und Absatzeinbrüchen werden, desto eher ist eine Tarifpolitik zu erwarten, die das gegenseitige Hochschaukeln von Preisen und Löhnen vermeidet.

Inflationsursachen ...

Nach Darstellung aktueller Erscheinungsformen und einiger Wirkungen von Inflation sollen die Ursachen der inflatorischen Preissteigerungen systematisch dargestellt werden. Obwohl es Inflation buchstäblich seit Menschengedenken gibt – auch die Bibel spricht bereits im Alten Testament von Zeiten der Teuerung –, besteht in den Wirtschaftswissenschaften keineswegs Einigkeit darüber, wie nun die Inflation zu erklären sei. Das hat die Konsequenz, daß es dementsprechend auch keine in jeder Hinsicht einvernehmliche Politik der Geldwertstabilisierung gibt.

Unstrittig ist, daß Inflation ein gesamtwirtschaftlicher geldwirtschaftlicher („monetärer“) Vorgang ist, der mit der Konjunkturentwicklung, dem wirtschaftlichen Wachstum und dementsprechend der Beschäftigung verbunden ist. **Die Beeinflussung dieser Faktoren ist dabei wechselseitig**; hohe Wachstumsraten der Nachfrage können das Produktionspotential einer Volkswirtschaft überfordern – als Folge steigen die Preise. Preissteigerungen ihrerseits können zu Zinssteigerungen führen – wer verleiht sein Geld bei 10% Inflation zu 3% Zinsen?; er bekäme sein Geld entwertet zurück! –, was die Kreditkosten für Investitionen so verteuert, daß diese nicht mehr vorgenommen werden. Damit ginge das wirtschaftliche Wachstum und der Umfang der Beschäftigung zurück.

Diese wechselseitige Beeinflussung wirkt entsprechend auf die Inflationspolitik; die Bundesbank muß den schwierigen Dressurakt meistern, die Preise („Inflation“) zu bändigen, ohne dabei die Zahl der Arbeitslosen („Konjunktur“) zu erhöhen.

Schwieriger Dressurakt HANDELSBLATT: Pielert

Handelsblatt v. 6.8.1991.

Kontrovers ist, ob die Inflation

... Nachfragesog ...

a. das **Ergebnis gestörter Gütermärkte** ist: Die Privaten und/oder der Staat seien maßlos in ihren Ansprüchen an das Sozialprodukt. Dieser Nachfragesog führte angesichts knappen Angebots zu Preissteigerungen. Diese Preiserhöhungen entwerteten die Geldeinkommen der Privaten, aber auch des Staates. Sie senkten insofern die reale Kaufkraft auf das Maß, das durch das tatsächliche Marktangebot gegeben wäre.

... Angebotsdruck ...

Störung der Gütermärkte gäbe es nicht nur durch den Nachfragesog, sondern durchaus auch durch den Druck der Angebotsseite des Marktes, durch die Unternehmen. Diese wollten nämlich ihre geplanten Gewinne am Markt erzielen, was nur bei Preiserhöhungen möglich sei. Oder sie wollten ihnen aufgezwungene Lohnerhöhungen in den Preisen auf die Nachfrager abwälzen. Beides gelänge nur, wenn sie ausreichend Macht am Markt hätten. Und diese wird – nicht zuletzt als Ergebnis langer Konzentrationsprozesse und internen Wachstums der Unternehmen zu großen Einheiten hin – für die meisten Märkte unterstellt.

Die Geldversorgung passe sich nach Auffassung dieser Theorien an die realen wirtschaftlichen Verhältnisse an. Die Notenbanken „finanzierten" somit die Inflation nachträglich, ohne sie jedoch verursacht zu haben.

... Geldmengenaufblähung ...

b. das **Ergebnis eines aufgeblähten Geldangebots** als Folge zu großen Geldmengenwachstums sei. Die erhöhte Geldmenge erscheine dann in den Taschen von Privatwirtschaft und Staat – und die meinen, wohlhabender geworden zu sein, und gäben das Geld fleißig aus. Damit eröffneten sie den Unternehmen Preiserhöhungsspielräume, die diese ebenso eifrig wahrnähmen.

3.6. Staatsverschuldung – und keine Ende?

Ängste

Schulden, zumal solche des Staates, gelten in Deutschland noch mehr als in vielen anderen Ländern als Zeichen einer unsoliden und unseriösen Finanzierung. Dies hat neben manch anderen Gründen vor allem historische Ursachen. Denn in nur knapp dreißig Jahren dieses Jahrhunderts erlebten die Deutschen zweimal die völlige Zerrüttung der Staatsfinanzen durch eine hemmungslose, kriegsbedingte Staatsverschuldung mit der Folge einer nahezu völligen Entwertung aller in Form von Geldvermögen angesammelten Ersparnisse. Es ist kein Wunder, wenn die von Jahr zu Jahr unablässig steigende Staatsverschuldung alte Ängste und neue Besorgnis wachruft.

Verwirrung

Die Sorge erhält zusätzliche Nahrung, wenn der Bundesbürger liest, daß die Staatsverschuldung zum Ende des Jahres 1992 mit voraussichtlich 1 350 Mrd. DM die Billionengrenze überschritten hat, so daß Pressemitteilungen – rein rechnerisch – korrekt sind, wonach im Durchschnitt jeder Einwohner der alten und neuen Bundesländer inzwischen mit über 16 000 DM „durch den Staat" verschuldet sei. Nicht nur die Höhe der Verschuldung, sondern auch das Tempo ihrer Zunahme ist dabei beunruhigend. Waren es 1970 erst 126 Mrd. DM, so standen 1980 schon 469 Mrd. DM zu Buche,

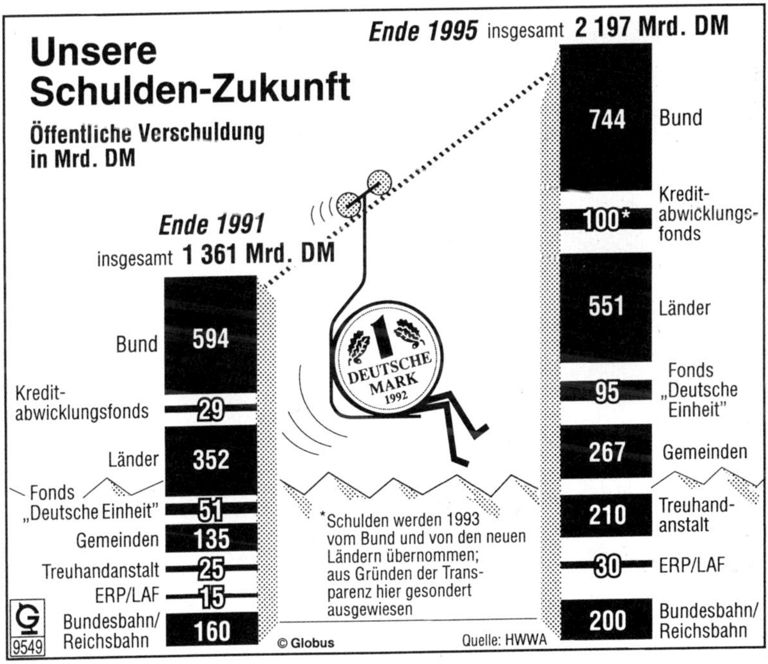

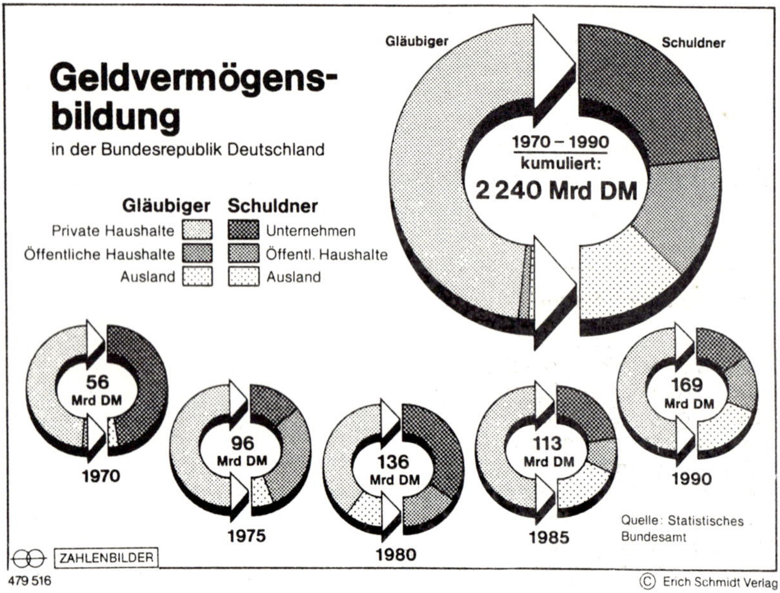

Kreditnehmer und Gläubiger der Staatsschuld in der Bundesrepublik
Stand: Ende 1990

Kreditnehmer (Schuldner)	Mrd. DM	v.H.	Kreditgeber (Gläubiger)	Mrd. DM	v.H.
Bund	542,2	51,5	Kreditinstitute	583,7	55,5
Länder	328,5	31,2	Bundesbank	12,7	1,2
Gemeinden	124,9	11,9	Sozialversicherungen	6,6	0,6
Fonds „Deutsche Einheit"	19,8	1,9	Sonstige „Nicht-banken"[2]	225,7	21,4
Kreditabwicklungs-fonds[1]	27,6	2,6	Ausland	223,8	21,3
ERP-Sonder-vermögen	9,5	0,9			
Schulden insges.	1 052,5	100,0	Forderungen insges.	1 052,5	100,0

[1] Vorläufiger Stand der Verschuldung der ehemaligen DDR

[2] Vorwiegend private Haushalte und Unternehmen (als Restgröße ermittelt)
Quelle: Monatsberichte d. Deutschen Bundesbank, Mai 1991

…hr als verdoppelten …ergewöhnlichem … Anstieg der Ver- … Es entsteht daher …ld je **zurückgezahlt** …r der Bundesrepublik …n.

die sich in den folgender
und im Zusammenhan
Maße stiegen. Schät
schuldung auf etwa
die verständliche
werden soll, und
durch die Staa

…rter Schuld und schuldig so- …chulden"; weder das englische …halten zugleich den moralischen …té". Es wäre eine reizvolle Aufga- …begriffs daraufhin zu untersuchen, …indungen bestehen; sicher ist, daß …bürgerlichen Kreisen die abschätzige …m besitzt, die der unvoreingenomme- …eln, wie sie im geschäftlichen Alltag der …ist, oft genug hemmend im Wege steht.

…eldes, Reinbek 1966, S. 113.

…anders lesen, wenn etwa die Deutsche Bun- … das „Geldvermögen" der westdeutschen priva- …990 auf schätzungsweise 2 970 Mrd. DM oder rd. …aushalt beläuft[2], darunter natürlich auch die Bundesan- …mmunalobligationen, vor allem aber auch die Spareinlagen, … Kreditinstituten an den Staat weiterverliehen wurden. **Die be- …nen Schulden des Staates erscheinen nun also als erfreuliches …mögen der Bürger in Form von zinstragenden Forderungen an den Staat.** Von dieser Erkenntnis, daß Schulden und Forderungen stets in gleicher Höhe entstehen (vgl. die Abbildung S. 440), ist es dann nur noch ein kleiner Schritt zu der gleichermaßen zweifelhaften und verwirrenden These, daß im Falle der Staatsschuld „die Gesellschaft bei sich selbst borgt und an sich selbst Zinsen zahlt", so daß sie eigentlich weder reicher noch ärmer wird.

[1] Nach Angaben des Präsidenten der Hamburger Landeszentralbank, Wilhelm Nölling, in einem Vortrag v. 22.1.92. Abgedruckt in: Deutsche Bundesbank, Auszüge aus Presseartikeln 7/1992, S. 12.

[2] Monatsberichte der Deutschen Bundesbank, Mai 1991, S. 21. Das Geldvermögen der ostdeutschen privaten Haushalte wird von der Bundesbank auf rd. 130 Mrd. DM, d.h. knapp 20 000 DM pro Haushalt geschätzt.

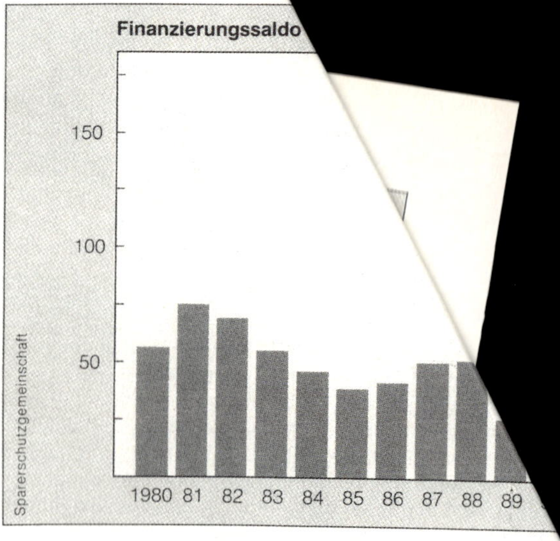

Gebietskörperschaften: Bund, Länder und Gemeinden, einsc
und Sondervermögen (Lastenausgleichsfonds, ERP-Sonderverm
„Deutsche Einheit" und Kreditabwicklungsfonds nach Abgrenzun
nanzstatistik. 1991 und 1992 Schätzwerte).
Gemeinschaft zum Schutz der deutschen Sparer, Jahresbericht
S. 33.

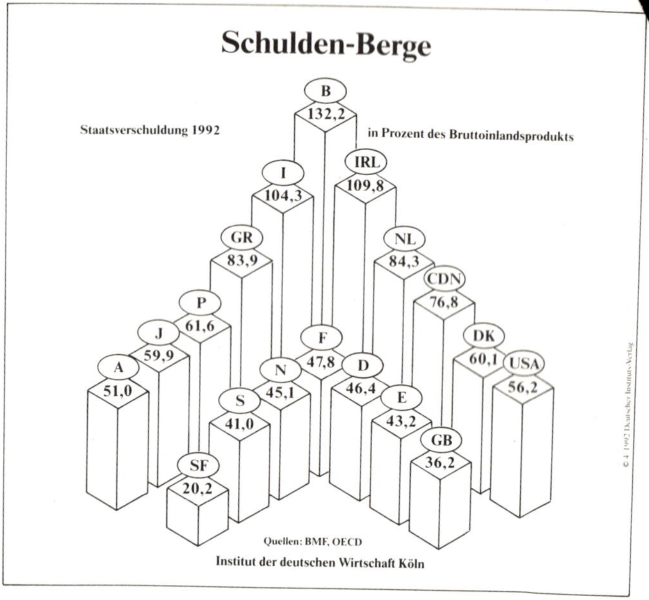

An Gründen zur Verunsicherung herrscht also kein Mangel, und auch die Ökonomen sind im Urteil über die Staatsschuld keineswegs einer Meinung. Warum sich der Staat überhaupt verschuldet, ob und wann eine Staatsverschuldung unsolide ist, wie es mit der Rückzahlbarkeit steht und wo die Verschuldungsgrenzen liegen, soll im folgenden zunächst ansatzweise erörtert werden, ehe wir uns den aktuellen Fragen der durch die deutsche Einheit verursachten zusätzlichen Verschuldung zuwenden.

Fragen

Kreditfinanzierung

Der Staat verschuldet sich, wenn seine Ausgaben die sog. „ordentlichen" Einnahmen, die hauptsächlich aus Steuern und Abgaben bestehen[3], übersteigen. Während diese Einnahmen direkt oder indirekt aus dem jeweiligen Volkseinkommen **zwangsweise** an den Staat abgeführt werden, deckt er darüber hinausgehende Fehlbeträge aus Krediten, die entweder aus der Ersparnis der Volkswirtschaft, aus Notenbankkrediten oder aus dem Ausland stammen. In der Regel wird, von Überbrückungskrediten der Notenbank abgesehen, die Staatsschuld am Kapitalmarkt bei privaten Anlegern und vor allem bei Banken untergebracht. Diese haben in der Bundesrepublik rd. 55% der Staatsschulden finanziert (vgl. Tabelle S. 440).

Im Gegensatz zu den Steuern basiert die Staatsschuld auf einer **freiwilligen Geldhingabe,** von der sich die Geldgeber Zinsen, Sicherheit und eine fest terminierte Rückzahlung versprechen. **Unter politischen und finanzpolitischen Aspekten ist daher die Kreditfinanzierung für den Staat anstelle einer sonst erforderlichen Steuererhöhung sehr verlockend:** Vermeidet er doch den zu befürchtenden Steuerwiderstand und den Einkommensentzug, indem er sich aus den Jahr für Jahr neu gebildeten Ersparnissen Mittel für seine Zwecke verschafft. Übersteigt die jährliche Kreditaufnahme die gleichzeitig erfolgende Tilgung bereits bestehender Schulden, so erhöht sich durch diese **Netto-Verschuldung** der Schuldenstand. Über Ausmaß und Tempo dieser Entwicklung in der Bundesrepublik informieren die Abbildung S. 442 und die Tabelle S. 454. **Die Staatsschuld ist demnach alljährlich mit wechselnder, zuletzt deutlich erhöhter Geschwindigkeit gestiegen; ein Ende ist nicht in Sicht.**

Meinungswandel

Die ökonomische und finanzwissenschaftliche Beurteilung der Staatsverschuldung unterlag in der Vergangenheit einem beachtlichen und vielfältigen Wandel, der auch in den darauf bezogenen Artikeln der deutschen Verfassungen seit 1871 zum Ausdruck kommt (vgl. Kasten S. 444). Der grundsätzliche Streit über die Vor- und Nachteile öffentlicher Schulden und die Frage nach ihren Grenzen reicht freilich noch weiter zurück.

[3] Zu den (ordentlichen) Einnahmen zählen auch noch die Erwerbseinkünfte des Staates z.B. aus Grund- und Unternehmensbesitz. Sie sind im heutigen Steuerstaat weitgehend bedeutungslos geworden.

Pro und Contra

So befürwortete etwa der **Kameralismus,** die Staats- und Wirtschaftslehre des absoluten Fürstenstaats, Staatsschulden generell, da mit ihrer Hilfe höhere Staatsausgaben möglich seien, die der Volkswirtschaft nützen und ihre Produktivkraft steigern. Der Staat wird als Unternehmer begriffen, dessen Ausgaben z.B. für Kanäle, Manufakturen oder für die Landwirtschaft den Volkswohlstand mehren, so daß dann auch die Staatsschuld aus höheren Erträgen bedient werden kann. Diese Auffassung vom **produktiven Staatskredit** verhinderte freilich nicht, daß es zu häufigen Staatsbankrotten namentlich im Gefolge von Kriegen oder verschwenderischer Haushaltsführung kam.

Der staatsfeindliche **Liberalismus** des 19. Jahrhunderts verfiel in das andere Extrem. Er sah die Staatsausgaben grundsätzlich als **unproduktiv, d.h. rein konsumtiv** an und hielt ihre möglichst knappe Finanzierung allein

Die Staatsschuld im Wandel der deutschen Verfassungen

Reichsverfassung von 1871

Artikel 73 In Fällen eines **außerordentlichen Bedürfnisses** kann im Wege der Reichsgesetzgebung die Aufnahme einer Anleihe sowie die Übernahme einer Garantie zu Lasten des Reiches erfolgen.

Weimarer Verfassung von 1919

Artikel 87 Im Wege des Kredits dürfen Geldmittel nur bei **außerordentlichem Bedarf und in der Regel nur für Ausgaben zu werbenden Zwecken** beschafft werden. Eine solche Beschaffung sowie die Übernahme einer Sicherheitsleistung zu Lasten des Reichs dürfen nur auf Grund eines Reichsgesetzes erfolgen.

Grundgesetz der Bundesrepublik Deutschland von 1949

Artikel 115 **(alte Fassung** bis 1969)
Im Wege des Kredites dürfen Geldmittel nur bei **außerordentlichem Bedarf und in der Regel nur für Ausgaben zu werbenden Zwecken** und nur auf Grund eines Bundesgesetzes beschafft werden. ...

Artikel 115 **(jetzige Fassung** seit 1969)
(1) Die Aufnahme von Krediten sowie die Übernahme von Bürgschaften, Garantien oder sonstigen Gewährleistungen, die zu Ausgaben in künftigen Rechnungsjahren führen können, bedürfen einer der Höhe nach bestimmten oder bestimmbaren Ermächtigung durch Bundesgesetz. **Die Einnahmen aus Krediten dürfen die Summe der im Haushaltsplan veranschlagten Ausgaben für Investitionen nicht überschreiten; Ausnahmen sind nur zulässig zur Abwehr einer Störung des gesamtwirtschaftlichen Gleichgewichts.** Das Nähere wird durch Bundesgesetz geregelt.

aus Steuern für zulässig, damit die privaten Ersparnisse ausschließlich wachstumsfördernden privaten Investitionszwecken zugute kommen sollten.

Deckungs grundsätze

Erst mit dem verstärkten Eingreifen des Staates in die Wirtschaft im Zuge des **Interventionismus** oder „Neo-Merkantilismus" am Ende des 19. Jahrhunderts änderte sich diese Auffassung erneut. Carl Dietzel und Adolph Wagner begründeten eine differenziertere Sicht der Staatstätigkeit, die sich bis heute in der Unterscheidung von **staatlichen Konsumausgaben (Staatsverbrauch)** und **Investitionsausgaben** erhalten hat, obwohl eine exakte Trennung durchaus Schwierigkeiten bereitet. Laufende, periodisch wiederkehrende Ausgaben ohne produktionsfördernde Wirkung (z.B. Beamtengehälter) sollten demnach als sog. „ordentliche" Ausgaben aus „ordentlichen" Einnahmen, d.h. vor allem aus Steuern, finanziert werden. Dagegen konnten unregelmäßig anfallende „außergewöhnliche" Ausgaben für investive Zwecke (Straßen, Schulen etc.) auch aus Krediten gedeckt werden.

Diese Aspekte der Außerordentlichkeit und der „werbenden Zwecke" – eine altertümliche Formulierung für die Produktivität bzw. Rentabilität einer Geldanlage – blieben in allen Verfassungstexten von 1871 bis 1969 für die Kreditaufnahme verbindlich, verhinderten aber nicht, daß der Staat in beiden Weltkriegen durch hemmungslose Kreditaufnahme und Geldvermehrung das Geld- und Kreditwesen ruinierte und die Sparer durch Inflation enteignete (vgl. Kasten S. 446). Die kriegsbedingte Verschuldung verstieß freilich u.a. auch eklatant gegen die Bindung der Staatsschuld an produktionsfördernde, investive Zwecke, zu denen Rüstungs- und Kriegsausgaben gewiß nicht zu rechnen sind. Die Folgen zweier verlorener Kriege erlauben also **keine angsterzeugenden Parallelen** zur heutigen Staatsverschuldung, ohne daß diese deswegen schon als unproblematisch anzusehen ist, zumal sie im Zusammenhang mit der deutschen Einheit seit 1990 sprunghaft gewachsen ist (vgl. Abbildung S. 442).

Kritik

Obwohl die erwähnten Deckungsgrundsätze plausibel erschienen, blieben sie nicht unbestritten. Sowohl der Begriff **„außerordentlicher Bedarf"** als auch die These von der Unbedenklichkeit der Staatsverschuldung für produktive, **„werbende" Zwecke** sind zweifelhaft. Die ursprüngliche Begründung ging davon aus, daß investive Ausgaben des Staates im Gegensatz zu den Gehaltszahlungen nicht regelmäßig, sondern nur gelegentlich erfolgen. Dies mag für kleine Gebietskörperschaften, z.B. für eine Gemeinde, durchaus noch zutreffend sein. Eine Gemeinde, die z.B. eine Schule baut, wiederholt diese Investition nicht Jahr für Jahr. Wollte sie sie aus „ordentlichen" Einnahmen finanzieren, so müßte sie entweder die Steuern plötzlich und ruckartig erhöhen, um sie später gegebenenfalls wieder zu senken, was weder möglich noch sinnvoll ist, oder sie müßte so lange sparen, bis sie das erforderliche Geld aus Steuerüberschüssen angesammelt hat, wodurch der Schulbau vorerst unterbleiben würde. Die Kreditfinanzierung bietet sich also geradezu an, denn dadurch wird die Investition sofort möglich, während die Etatbelastung durch die Verzinsung und allmähliche Tilgung gleichmäßig ansteigt und aus künftigen Steuereinnahmen gedeckt werden kann. Die späteren Steuerzahler tragen dann ihren Teil zur Finanzierung einer öffentlichen Einrichtung in dem Maße bei, wie sie diese selbst nutzen.[4)]

Lastverteilung? Die Kreditfinanzierung ermöglicht offenbar in diesem Fall eine **gleichmäßige Lastverteilung auf die Zukunft,** ein weiteres, häufig angeführtes Argument zugunsten der Schuldenaufnahme für zukunftswirksame Investitionen des Staates. Dies Argument gilt jedoch streng genommen nur bei einmaligen bzw. unregelmäßig anfallenden Investitionen. Wenn aber etwa die

Kriegsschulden und Inflation

Erster Weltkrieg. Der „außerordentliche" Finanzbedarf wurde nahezu ausschließlich über Kredite gedeckt, die man aus Reparationen der Besiegten zu tilgen hoffte. Dies lief so ab, daß sich der Staat zunächst bei der weisungsgebundenen Reichsbank kurzfristig („schwebend") verschuldete, die zu diesem Zweck von jeder Goldbindung ihrer Geldausgabe befreit wurde. Das vom Staat für Militärzwecke verausgabte Geld wurde sodann durch Kriegsanleihen wieder „abgeschöpft" und an die Reichsbank zurückgezahlt. Im Endstadium des Krieges wuchs auch die Notenbankschuld permanent an. Kriegsverlust und wachsende Ausgaben durch Kriegsfolgen erlaubten keine Tilgung, brachten vielmehr die Fortsetzung der „Staatsfinanzierung durch die Notenpresse" bis zur totalen Geldentwertung in der Hochinflation von 1922/23, die den Staat praktisch entschuldete und die Anleihezeichner und Sparer ruinierte.

Zweiter Weltkrieg. Der Finanzbedarf wurde z.T. durch Steuererhöhungen, im wesentlichen aber erneut durch Kredite gedeckt, wobei eine geheime durch die Notenbank finanzierte Rüstungspolitik bereits ab 1934 mit Hilfe der sog. Mefo-Wechsel betrieben worden war. Da im Zweiten Weltkrieg mit einer erneuten freiwilligen Kriegsanleihezeichnung kaum zu rechnen war, erfolgte die Staatsverschuldung diesmal „geräuschlos": Sparkassen, Banken und Versicherungen mußten ihre Geldeinlagen in Staatsanleihen anlegen. Den Ersparnissen der Überlebenden standen also am Ende des Krieges nur wertlose Schuldscheine eines bankrotten Reichs gegenüber. Die aufgeblähte Bar- und Spargeldmenge traf auf ein katastrophal vermindertes Güterangebot. Der inflationäre Geldüberhang wurde durch die alliierte Währungsreform (1948) drastisch gekappt.

[4)] Hier ergeben sich Parallelen zur privaten Kreditfinanzierung eines Hauses, das man in der Regel ohne Kredit aus eigenen Ersparnissen erst bauen könnte, wenn man es nicht mehr lange benötigt, so daß es den erfreuten Erben lastenfrei zufällt.

Gemeinde jedes Jahr einen ähnlich hohen Finanzbedarf z.B. für Kläranlagen, Schwimmbäder, Wasserwerke etc. hat, oder wenn man die laufenden öffentlichen Investitionsausgaben im gesamten Staatsgebiet betrachtet, **dann wird aus dem außerordentlichen Bedarf rasch ein regelmäßig anfallender Etatposten,** der bei fortdauerndem Bedarf ebensogut aus Steuern finanziert werden könnte, da er Jahr für Jahr wiederkehrend auftritt. **Es ist daher kein Zufall, daß der Begriff des „außerordentlichen Bedarfs"** im Zusammenhang mit der Kreditfinanzierung bei der Novellierung des Grundgesetzartikels 115 im Jahre 1969 **in der Versenkung verschwand.** Zur ebenso komplizierten wie reizvollen Frage der Lastverteilung finden sich einige Anmerkungen im nachfolgenden Kasten.

Öffentliche Schuld und Lastverteilung

1. Im Falle gleichbleibender, regelmäßig wiederkehrender staatlicher Investitionsausgaben bewirkt eine Kreditfinanzierung lediglich in der Anlaufphase eine **finanzielle Entlastung** der Steuerzahler und eine Belastung künftiger Generationen durch den steigenden Schuldendienst. Eine ausschließliche Steuerfinanzierung würde zwar jeder Steuerzahlergeneration die „Last" der künftigen Nutzer der öffentlichen Einrichtungen aufbürden, sie wären dafür jedoch von den Finanzierungslasten für frühere Investitionen, die sie selbst nutzen, frei.
2. Eine **reale Lastverteilung** auf die Zukunft ist volkswirtschaftlich ohnehin nur im Ausnahmefall möglich. Wird unter „realer" Last der Umstand verstanden, daß eine staatliche Investition (z.B. ein Schulbau) im Augenblick der Realisierung den gleichzeitigen Verzicht auf eine andere Verwendung der Ressourcen (z.B. für ein Wohnhaus) bedingt, dann ist eine Verlagerung dieser „Last" auf die Zukunft nur möglich, wenn sich der Staat das Geld und die Ressourcen aus dem Ausland besorgt, so daß spätere Generationen durch einen entsprechenden Exportüberschuß von Gütern den realen Verzicht tragen, um die Auslandsschuld abzutragen.
3. Die **personelle Lastverteilung** durch den öffentlichen Kredit ist ein weiterer reizvoller Aspekt. Geht man davon aus, daß die Kredite meist von wohlhabenderen Bürgern aus Ersparnissen aufgebracht werden und ihnen als zinstragende Vermögenswerte verbleiben, während die Masse der Steuern von Normalverdienern stammt, die dafür ihren Konsum reduzieren müssen, so folgt daraus, daß die steuerfinanzierte Zinslast der öffentlichen Schulden in erster Linie die weniger Wohlhabenden trifft. Ob dies bei einer reinen Steuerfinanzierung anders wäre, steht freilich dahin, und die Geldgeber würden ja auch dann Zinsen erhalten, wenn sie ihr Geld nicht an den Staat, sondern an private Investoren verleihen.

Kredit und Investition

Während der Begriff des „außerordentlichen Bedarfs" angesichts der längst zur Regel gewordenen jährlichen Neuverschuldung des Staates nicht mehr in der Verfassung steht, findet sich dort nach wie vor die „Objektbindung" der Kredite an die Investitionen: **„Die Einnahmen aus Krediten dürfen die Summe der im Haushaltsplan veranschlagten Ausgaben für Investitionen nicht überschreiten"** (Art. 115 GG, vgl. Kasten S. 444). Ehe wir uns der modernen situationsorientierten Begründung des Kredits zuwenden, soll die Sinnhaftigkeit dieser Vorschrift geprüft werden. Sie ersetzt offenkundig die bis 1969 verwendete Formulierung der „werbenden Zwecke". **Die Staatsschuld wird insoweit der Kreditaufnahme privater Unternehmen gleichgestellt,** deren kreditfinanziertes Produktivvermögen für den Gläubiger eine doppelte Funktion hat: Es sichert als realer Vermögenswert seine Forderungen und es ist die Quelle von Erträgen, aus denen die Zinsen und Tilgungen aufgebracht werden. **Beide Aspekte sind auf die Staatsverschuldung aber nur begrenzt oder in dieser Form überhaupt nicht anwendbar:**

Fehlende direkte Rentabilität

Nur der allerkleinste Teil staatlicher Investitionen ist im betriebswirtschaftlichen Sinn „rentabel", so daß aus ihren direkten Erträgen die Schulden finanziert werden können. Im Gegenteil: Der Staat soll ja gerade dort investieren, wo eine private, „kapitalistische", d.h. ertragsorientierte Tätigkeit nicht möglich oder nicht erwünscht ist. Eine staatliche Schule oder Universität finanziert sich eben nicht aus dem Verkauf ihrer Dienste an die Schüler und Studenten, und eine Straße wird nicht nur dort gebaut, wo sie sich rentiert, indem sie nur denen zur Benutzung überlassen wird, die dafür jedesmal kostendeckende Preise zahlen.[5] **Das staatliche Investiv-Vermögen (Straßen, Gebäude, Leuchttürme, Parkanlagen etc.) ist also weder direkt rentabel** im Sinne einer „sich selbst finanzierenden Geldanlage" in Form von privatem Produktivvermögen **noch eignet es sich als Sicherheit für die Staatsgläubiger,** um etwa im Falle der Zahlungsunfähigkeit des Staates zwangsversteigert und zu Geld gemacht zu werden, wenn wir von gelegentlichen (umstrittenen) Privatisierungen absehen.

Trotzdem Kreditsicherheit

Es wäre jedoch falsch, daraus den Schluß zu ziehen, daß die Staatsschuld ungesichert und für den Gläubiger riskant sei. Sehen wir von dem Fall destruktiver Kreditfinanzierung (verlorener) Kriege ab, so **resultiert die Sicherheit der Verzinsung der Staatsschuld aus dem regelmäßig fließenden Steueraufkommen,** das weit weniger gefährdet ist als die marktabhängigen Erträge einzelner Unternehmen. Besitzt doch der Staat im Gegensatz zu den Unternehmen die beneidenswerte Macht, ohne direkte Gegenleistung Steuereinnahmen zu erzwingen, aus denen u.a. die Zinsen für die Anleihen gezahlt werden. **Daß auch die Tilgung gesichert ist, obwohl der Staat seine Schulden insgesamt nicht zurückzahlt, sondern laufend erhöht, soll gesondert gezeigt werden** (vgl. S. 451 ff.).

[5] Die Verlockung ist allerdings auch für den Staat groß. Man denke nur an die Autobahngebühren in vielen Ländern und an die Diskussion um ihre Einführung zur Finanzierung des Autobahnbaus in den neuen Bundesländern.

Das Fehlen direkter Erträge öffentlicher Investitionen heißt zudem nicht, daß sie gesamtwirtschaftlich unrentabel sind. Sie sind vielmehr in dem Sinne „umwegrentabel“, als sie etwa im Bereich von Bildung, Forschung, Infrastruktur, Rechtssicherung etc. die Voraussetzungen für eine (bessere) wirtschaftliche Entwicklung schaffen, aus der wiederum (höhere) Einkommen, Erträge und damit Steuern fließen. Diese Voraussetzungen schaffen aber nicht nur die Investitionen, sondern mindestens ebenso die Menschen, die als Lehrer, Forscher und öffentliche Bedienstete tätig sind und dafür Gehalt beziehen. **Da die laufenden Gehaltszahlungen mithin nicht mehr oder weniger produktiv sind als die Ausgaben für das Schulgebäude oder die Kanalisation, ist die Bindung der Kreditfinanzierung an die öffentlichen Investitionen ein im Grunde überholtes und unbrauchbares Kriterium, das ebenso gestrichen werden könnte wie der Begriff der Außerordentlichkeit.**

Umwegrentabel

Welche Rechtfertigung öffentlicher Kredite außer ihrer Üblichkeit und Bequemlichkeit bleibt nun eigentlich noch übrig, und wo vor allem liegen die Grenzen der Verschuldung und ihre Gefahren?

Der konjunkturpolitische Ansatz

Spätestens seit der Weltwirtschaftskrise der 30er Jahre wird vom Staat nicht nur die Versorgung mit öffentlichen Einrichtungen, sondern auch die **Sicherung von Wachstum und Beschäftigung** erwartet. In diesem Zusammenhang erwuchs der Staatsverschuldung eine ganz neue Aufgabe: Der Ausfall privater Nachfrage, der als Krisenursache galt, sollte durch zusätzliche Staatsausgaben kompensiert werden. Diese durften nicht aus Steuern finanziert werden, weil das die private Nachfrage weiter gedrosselt hätte, sondern durch zusätzliche Kreditaufnahme aus ungenutzten Ersparnissen oder auch durch Notenbankkredite. Bei wiedergewonnener Vollbeschäftigung könnte der Staat aus erhöhten Steuereinnahmen die Kredite tilgen, falls nicht sogar zur Sicherung einer dauerhaften Beschäftigung bei generell nachlassendem Wachstum („säkulare Stagnation“) eine ständige Netto-Verschuldung nötig würde. Dieser Ansatz der sog. „Nachfragepolitik“, die an anderer Stelle näher behandelt wird, findet u.a. im novellierten Artikel 115 GG Berücksichtigung, indem dort **Kreditausweitungen „zur Abwehr einer Störung des gesamtwirtschaftlichen Gleichgewichts“** ausdrücklich erwähnt werden. **Damit tritt an die Stelle des Objektbezuges der Kreditaufnahme deren Situationsbezogenheit.**

Ständige Kreditexpansion

Hier geht es nicht um eine kritische Würdigung des nachfragepolitischen Konzepts, sondern lediglich um die Frage der Verschuldungsexpansion, die in der Tat in den Jahren der Vollbeschäftigung niedriger ausfiel als in Zeiten hoher Arbeitslosigkeit. Ein Verschuldungsabbau fand freilich auch in den „guten Jahren“ nicht statt. Dafür erhöhte sich das Staatsdefizit nach 1974 sprunghaft (vgl. Tabelle S. 454), ohne die seit dieser Zeit bestehende hohe Dauerarbeitslosigkeit verhindern zu können. **Die Konsequenz dieser Entwicklung war eine ständige Erhöhung der Zinsbelastung der öffentlichen Haushalte. In ihr findet die Staatsverschuldung ihre spürbarste und entscheidende Grenze.**

Modellrechnung zur Staatsverschuldung*)

Jahr	Netto-Sozial-Produkt (= Volks-Einkommen) Nominal	Erspar-nis	Staatseinnahmen aus Steuern	Staatseinnahmen aus Netto-Kredit-aufnahme	Staatseinnahmen insge-samt	Staats-schulden insgesamt	Zinsen auf Staats-schuld (Zins = 6%)	Anteil in % Zinsen an den Staats-einnahmen/-ausgaben	Anteil in % Staats-schuld am Sozial-produkt
	1	2	3	4	5	6	7	8	9
1	100,0	10,0	25,0	3,0	28,0	3,0	0,18	0,6	3,0
2	107,5	10,8	26,9	3,2	30,1	6,2	0,37	1,2	5,6
3	115,6	11,6	28,9	3,5	32,4	9,7	0,58	1,8	8,4
4	124,3	12,4	31,1	3,7	34,8	13,4	0,80	2,3	10,8
5	133,6	13,4	33,4	4,0	37,4	17,4	1,04	2,8	13,0
10	191,7	19,2	47,9	5,8	53,7	42,6	2,6	4,8	22,2
20	395,1	39,5	98,8	11,9	110,7	130,0	7,8	7,0	32,9
30	814,4	81,4	203,6	24,4	228,0	310,2	18,6	8,2	38,0
n							Maximaler Endwert:	8,6	40,0

*) Angenommene Werte in Mrd. DM

Als Fazit unserer Überlegungen ergibt sich, daß sich der Staat entgegen der landläufigen Meinung in einer wachsenden Wirtschaft in Grenzen weiter verschulden kann, ohne dadurch in Tilgungs- und Verzinsungsprobleme geraten zu müssen. Entscheidend ist also nicht das „ob", sondern das „wieviel" einer wachsenden Staatsschuld.

Fazit

Zur Frage der Tilgung und Zinsbelastung staatlicher Schulden

Zu einfach machen es sich die Vertreter der These, die Last kreditfinanzierter öffentlicher Ausgaben träfe irgendwann einmal den Steuerzahler, wenn nämlich die Schulden in der Zukunft einmal getilgt werden müßten. Zukünftige Generationen trügen von Anfang an die Belastung, die angehäufte Staatsschuld tilgen zu müssen. Diese Behauptung ist schon deshalb nicht haltbar, da es für den Staat keine Notwendigkeit gibt, seinen Schuldenstand zu reduzieren. Wenn eine konkrete Schuld bei Fälligkeit getilgt wird, kann sie gleichzeitig durch erneute Kreditaufnahme in gleicher Höhe ausgeglichen werden. Nicht die Tilgung schafft zukünftige Steuerverpflichtungen, sondern die Zinsbelastung.

Otto Ebnet, Kapitel: Die öffentlichen Ausgaben und Einnahmen. In: Volker Arnold, Ott-Erich Geske (Hrsg.), Öffentliche Finanzwirtschaft, München 1988, S. 211.

Die Entwicklung der Verschuldung

Während in den ersten zwanzig Jahren der Bundesrepublik die Staatsschulden nur auf insgesamt 126 Mrd. DM anwuchsen und die öffentlichen Haushalte zeitweilig sogar Einnahmenüberschüsse aufwiesen,[9] stiegen sie in den zwölf Jahren von 1970 bis 1982 mit einer durchschnittlichen jährlichen Wachstumsrate von 14% um 450 Mrd. DM. Das Bruttosozialprodukt wuchs im gleichen Zeitraum (nominal) lediglich um knapp 7% pro Jahr mit fallender Tendenz, so daß bei im wesentlichen unveränderter Steuerquote die Zinslast der öffentlichen Haushalte mit zeitlicher Verzögerung von unter 4% (zu Beginn der 80er Jahre) auf 9% in der zweiten Hälfte der 80er Jahre zunahm. Im Bundeshaushalt sind die Zinsausgaben inzwischen sogar schneller als erwartet auf fast 13% der Ausgaben und 17% der Steuereinnahmen (1991) gestiegen, da sich die Verschuldung des Bundes überdurchschnittlich vergrößerte, während im Gegensatz dazu die Gemeinden wegen strengerer Verschuldungsgrenzen nur geringere Zuwächse aufwiesen (vgl. Tabelle).

Die starke Schuldenexpansion der 70er und frühen 80er Jahre stand im Zusammenhang mit der krisenhaften Wirtschaftsentwicklung, die durch zwei empfindliche Konjunktureinbrüche im Gefolge der beiden Ölpreis-

[9] Sie bildeten in den Jahren 1952–1955 die Quelle für den „Juliusturm" des damaligen Finanzministers Schaeffer.

schocks (1974/75 u. 1980/81) gekennzeichnet war. Der Staat reagierte in dieser Zeit mit expansiver Haushaltspolitik, die zur Verminderung der Arbeitslosigkeit bewußt kreditfinanzierte Ausgabenerhöhungen einsetzte. Allein im Krisenjahr 1975 erhöhte der Bund seine Verschuldung um 50%! Der Erfolg dieser **nachfrageorientierten Politik** blieb jedoch hinter den damit verbundenen Erwartungen zurück. Die Arbeitslosigkeit blieb hoch, und es gelang nicht, die zur Wirtschaftsbelebung gedachte Verschuldung in den Jahren des Konjunkturaufschwungs wieder deutlich zurückzuführen. Die Grenzen der nachfrageorientierten Konjunkturpolitik wurden immer spürbarer, die Haushaltsbelastungen wuchsen, so daß die Politik nun zunehmend dem **angebotsorientierten Konzept** folgte, das auf eine steuerliche „Konsolidierung" der Staatsschuld setzte (vgl. Schema), wie es auch vom Sachverständigenrat zur Begutachtung der gesamtwirtschaftlichen Entwicklung immer wieder gefordert worden war.

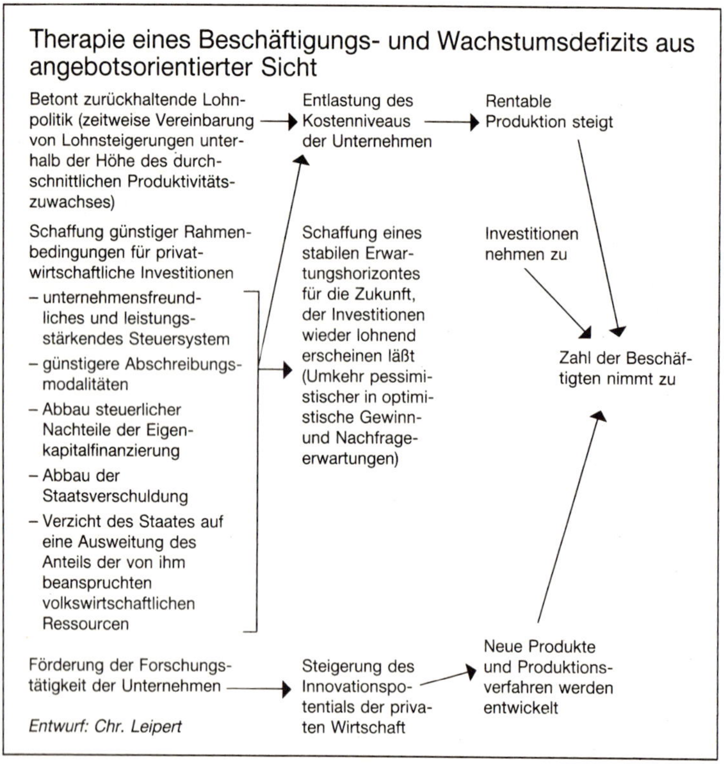

Entnommen: Informationen zur politischen Bildung 177, Wirtschaft 3: Konjunktur, Wachstum, Strukturwandel. Hrsg. v. d. Bundeszentrale f. politische Bildung, Neudruck 1990, S. 17.

Über die Notwendigkeit einer Konsolidierung der Staatsfinanzen bestand zu Beginn der 80er Jahre selbst bei den grundsätzlichen Befürwortern einer kreditfinanzierten Nachfragepolitik des Staats kein Zweifel mehr. Begünstigt durch eine positive Wirtschaftsentwicklung gelang es in den 80er Jahren, die Ausgabenquote wieder zurückzuführen und das jährliche Haushaltsdefizit in Relation zum Sozialprodukt deutlich zu verringern. Mit einer Neuverschuldung von rd. 26 Mrd. DM für sämtliche Gebietskörperschaften (Bund, Länder, Gemeinden) halbierte sich 1989 die Kreditaufnahme gegenüber den Vorjahren, die auch schon erheblich niedriger als in den 70er Jahren war. Der Zuwachs der Staatsschulden betrug damit 1989 nur noch 2,9% (vgl. Tabelle S. 454). **Das war ein beachtlicher Erfolg der Konsolidierungsbemühungen, bei denen es – wie erläutert – ja nicht um einen Abbau der Staatsschuld insgesamt, sondern um die Rückführung der Neuverschuldung auf ein gesamtwirtschaftlich akzeptables Maß geht.**

Konsolidierung

Für die finanziellen Anforderungen des unerwartet schnellen deutschen Einigungsprozesses war die Haushaltssituation der Bundesrepublik infolge der vorhergehenden Konsolidierung relativ gut gerüstet. Da sich das ganze Ausmaß der ökonomischen Misere der neuen Bundesländer erst allmählich herausstellte, ging die Bundesregierung zunächst noch von sehr optimistischen Prognosen für die Wirtschaftsentwicklung Ostdeutschlands und damit für den erforderlichen zusätzlichen Finanzierungsbedarf aus. Ein vom Presse- und Informationsamt der Bundesregierung in Auftrag gegebenes Gutachten bestätigte die 1990 von der Regierung vertretene These, daß es lediglich einer (kreditfinanzierten) „Anschubfinanzierung" bedürfe, um einen Wachstumsprozeß der ostdeutschen Wirtschaft in Gang zu setzen, der sich schließlich über höhere Steuereinnahmen selbst finanzieren würde. Dies Gutachten des Instituts der deutschen Wirtschaft,[10] das freilich im Gegensatz zu den Warnungen des Sachverständigenrats und zu den Prognosen anderer Institute stand, ging von zusätzlichen Haushaltsbelastungen der (westdeutschen) Gebietskörperschaften von insgesamt 107 Mrd. DM in den nächsten zehn Jahren (!) aus, die im wesentlichen durch Einsparungen finanziert werden sollten, so daß wegen der erwarteten wachstumsbedingten Mehreinnahmen des Staates sogar ein „Positivsaldo" von rd. 60 Mrd. DM entstehen würde, „mit dem sich weitere, jetzt noch nicht absehbare Haushaltsrisiken abdecken" ließen.[11] Bis Ende 1990 vertraten der Bundesfinanzminister und die Bundesregierung die Auffassung, daß der mit 115 Mrd. DM auf fünf Jahre angelegte „Fonds Deutsche Einheit", der zu 83% über zusätzliche Kredite und in Höhe von 20 Mrd. DM durch Einsparungen im Bundeshaushalt finanziert werden sollte, im wesentlichen ausreichen werde, um die deutsche Einheit ohne Steuererhöhungen zu finanzieren.

Unterschätzter Finanzbedarf der deutschen Einheit

[10] Institut der deutschen Wirtschaft, Wirtschaftliche und soziale Perspektiven der deutschen Einheit, 2. überarbeitete Auflage, Köln 1990.

[11] Ebda, S. 26.

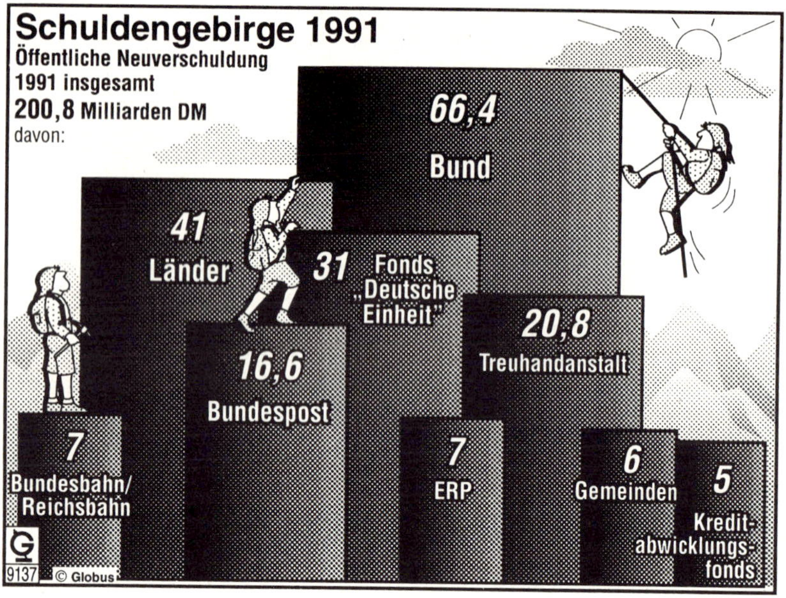
Schuldengebirge 1991
Öffentliche Neuverschuldung
1991 insgesamt
200,8 Milliarden DM
davon:
66,4
Bund
41
Länder
31
Fonds „Deutsche Einheit"
20,8
Treuhandanstalt
16,6
Bundespost
7
Bundesbahn/ Reichsbahn
7
ERP
6
Gemeinden
5
Kredit-abwicklungs-fonds
9137
© Globus

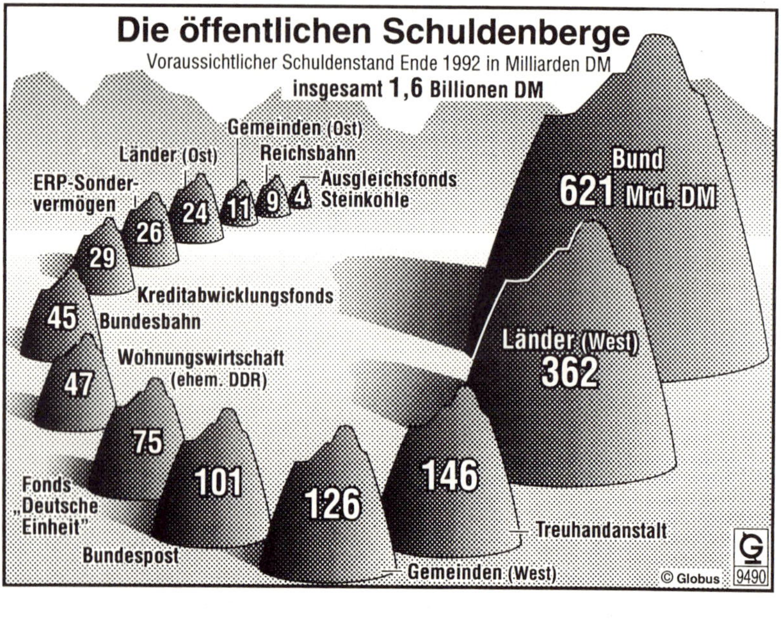
Die öffentlichen Schuldenberge
Voraussichtlicher Schuldenstand Ende 1992 in Milliarden DM
insgesamt 1,6 Billionen DM
Gemeinden (Ost)
Länder (Ost)
Reichsbahn
ERP-Sonder-vermögen
Ausgleichsfonds Steinkohle
24
11
9
4
26
29
Kreditabwicklungsfonds
45
Bundesbahn
Wohnungswirtschaft (ehem. DDR)
47
75
101
126
146
Bund
621 Mrd. DM
Länder (West)
362
Fonds „Deutsche Einheit"
Bundespost
Treuhandanstalt
Gemeinden (West)
© Globus
9490

Rekord-Defizite

Vergleicht man diese Prognose mit den öffentlichen Transferzahlungen von West- nach Ostdeutschland, die nach Angaben der Deutschen Bundesbank

1990: rd. 67 Mrd. DM,
1991: rd. 140 Mrd. DM und
1992: rd. 180 Mrd. DM

betragen, und die nach Ansicht von Experten in den nächsten Jahren eher noch höher werden, so wird das Ausmaß der Fehleinschätzung deutlich, der (nicht nur) die Bundesregierung unterlag, als sie Steuererhöhungen für nicht erforderlich und wachstumshemmend deklarierte. Erst im Frühjahr 1991 revidierte sie unter dem Druck der erforderlichen Finanzhilfen diese Haltung.[12] Obwohl die Steuereinnahmen in den alten Bundesländern stärker als erwartet zunahmen, weil die zusätzliche Güternachfrage aus den neuen Bundesländern die westdeutsche Konjunktur anheizte, stieg die öffentliche Netto-Neuverschuldung von 25 Mrd. DM (1989) auf 123 Mrd. DM (1990) an, wobei für 1991 trotz der Steuererhöhungen eine

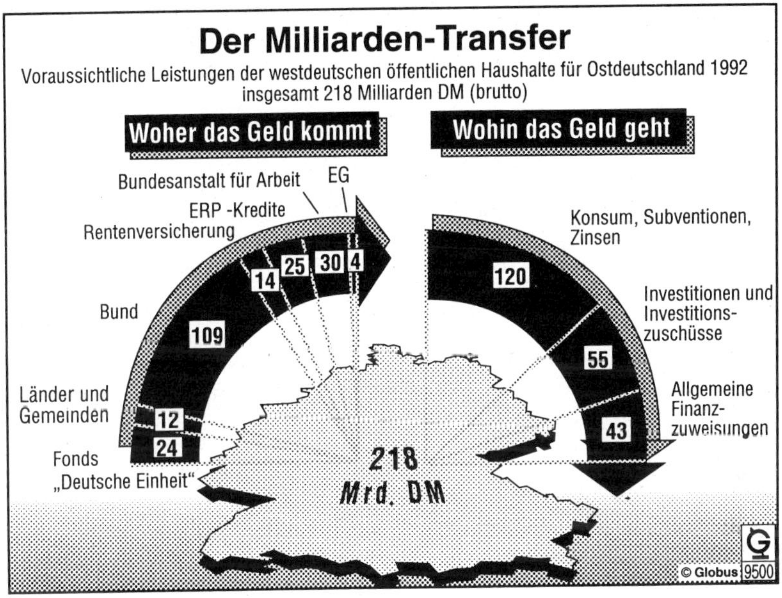

12) Die unvorhersehbare Belastung des Bundeshaushalts durch die Kostenbeteiligung am Golfkrieg (ca. 15 Mrd. DM) erleichterte den Argumentationswandel in der Steuerfrage. Da es sich hierbei jedoch um einmalige zusätzliche Ausgaben handelte, rechtfertigen sie – für sich genommen – keine zusätzlichen längerfristigen Steuererhöhungen.

Schulden: Belastung für den Kapitalmarkt
Öffentliche Neuverschuldung in Milliarden Mark

	1991	1992	1993	1994	1995
Bund (laut Finanzplanung)	66,4	50	45	30	25
Länder (West)	21,5	21	18,5	13,5	6
Länder (Ost)	19,5	16	23,5	30,5	37,5
Gemeinden (West)	2	1,5	2,5	2,5	0,5
Gemeinden (Ost)	3,5	8,5	11	16	15
ERP	7	7	7	4,5	4
Fonds Deutsche Einheit	30,9	24	15	5	0
Kreditabwicklungsfonds	5	2	0,5		
Sonstige Sondervermögen Bund	22	24	26	28	30
Staatliche Wohnungswirtschaft (Ost)	7	4	4,5	5	5,5
Treuhandanstalt	20,8	30	35	35	35
Summe	205,6	188	188,5	170	158,5

Quelle: Bundesministerium der Finanzen

Wirtschafts Woche

Wirtschaftswoche, Nr. 30 v. 19.7.1991.

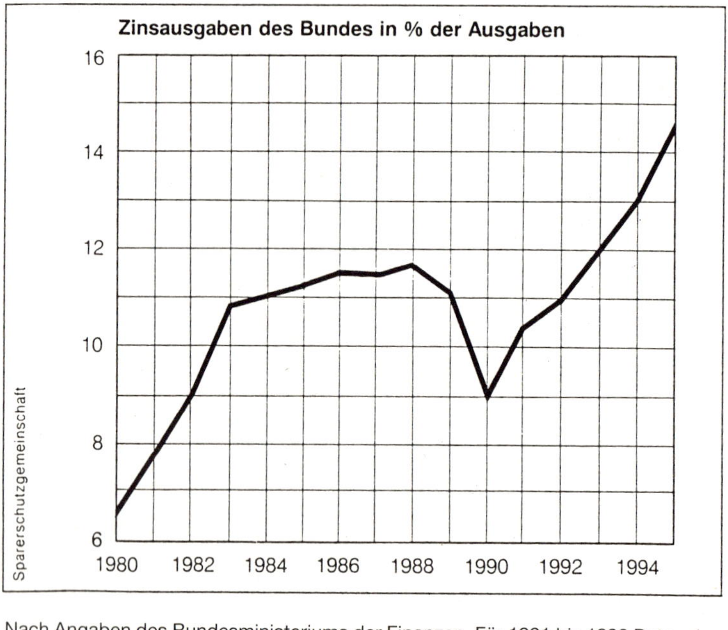

Nach Angaben des Bundesministeriums der Finanzen. Für 1991 bis 1993 Daten der mittelfristigen Finanzplanung. Ab 1994 Schätzung.

Gemeinschaft zum Schutz der deutschen Sparer, Jahresbericht 1990/91, S. 34.

weitere Steigerung der Kreditaufnahme erforderlich wurde, wenn man die „Schattenhaushalte“ (z.B. die Kreditaufnahme der Treuhandanstalt) mit einrechnet. Damit stieg der öffentliche Kreditbedarf von ca. 1% des Brutto-Sozialprodukts (1989) auf rd. 5% und damit auf etwa die Hälfte der von allen privaten Haushalten (Westdeutschlands) gebildeten neuen Ersparnisse. Allein die Treuhandanstalt mußte 1991 Kredite von über 20 Mrd. DM aufnehmen, die in den nächsten Jahren noch erheblich ansteigen und letztlich dem Bundeshaushalt zufallen werden. Erwiesen sich doch die ursprünglichen Schätzungen der erhofften Verkaufserlöse für das „Volkseigene Vermögen“ der DDR (rd. 600 Mrd. DM !) als völlig realitätsfern, zumal die Treuhandanstalt erhebliche Summen für Sanierungszwecke aufwenden muß, die bereits 1991 die Privatisierungserlöse der leichter verkäuflichen Objekte fast aufzehrten. In den offiziellen Angaben zur Verschuldung des Bundes sind auch die Verpflichtungszusagen für die GUS-Staaten im Rahmen des Truppenabzuges, die Risiken der Bürgschaften für Exporte in den ehemaligen „Ostblock“ und die Kredite von Bundesbahn und Bundespost für die erforderlichen hohen Investitionen in den neuen Länder nicht enthalten. Faßt man die wichtigsten dieser Positionen zusammen, so ergibt sich für 1991 ein öffentlicher Nettokreditbedarf von rd. 200 Mrd. DM (vgl. Abbildung S. 458).

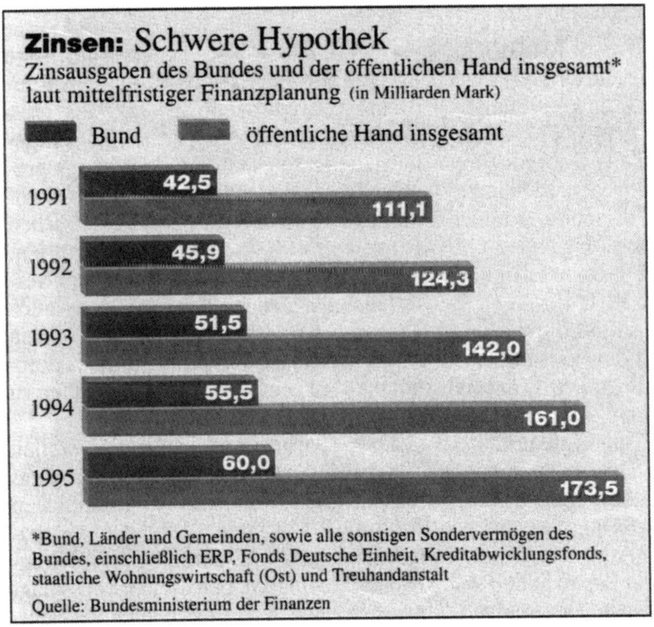

Wirtschaftswoche, Nr. 30 v. 19.7.1991.

Risiken und Grenzen der Verschuldung

Die außerordentlich hohe Neuverschuldung des Staates infolge des mit der deutschen Einheit entstandenen Finanzbedarfs erzeugt eine ganze Reihe berechtigter und unberechtigter Sorgen und Ängste im Hinblick auf die daraus resultierenden denkbaren Konsequenzen für die Finanzwirtschaft der öffentlichen Haushalte und der Situation der deutschen Volkswirtschaft. **Daß der zusätzliche Finanzbedarf zunächst nur durch vermehrte Kredite gedeckt werden konnte und mußte, ergibt sich daraus, daß eine als Alternative denkbare Steuererhöhung und/oder Ausgabenkürzungen in so kurzer Zeit weder beschlossen noch wirksam werden konnte, um die rasch erforderlichen Ausgaben zu finanzieren.** Wenn Staatskredite für einen „außerordentlichen Bedarf" zulässig und notwendig sind (vgl. die Verfassungsauszüge im Kasten S. 444), dann war diese Situation mit der unvorhersehbaren deutschen Einheit zweifellos gegeben. Eine vergleichbare staatliche Kreditaufnahme von ca. 5% des Brutto-Sozialprodukts hat es im übrigen auch schon 1975 gegeben, als es „nur" um die haushaltsmäßige Reaktion auf die Konsequenzen der ersten ölpreisbedingten Rezession ging. Im übrigen wurde ein Teil der für die Kreditfinanzierung erforderlichen Mittel dadurch freigesetzt bzw. umgelenkt, daß die deutschen Exportüberschüsse als Folge vermehrter Importe für den ostdeutschen Bedarf zurückgingen. Der hohe Überschuß in der deutschen Handels- und Leistungsbilanz der Jahre 1989/90 (rd. 80–100 Mrd. DM pro Jahr) ist inzwischen sogar einem Defizit gewichen. Dies ist unter dem Aspekt der erforderlichen Kreditfinanzierung durchaus positiv zu beurteilen, denn jeder Leistungsüberschuß einer Volkswirtschaft stellt eine Kreditgewährung an das Ausland dar. Die dafür sonst erforderlichen Mittel stehen nun für die inländische Kreditaufnahme zur Verfügung (vgl. Kasten).

Leistungsbilanz und Kreditgewährung

Infolge der deutschen Einheit und der damit gewachsenen Güternachfrage sind die bisher außerordentlich hohen Exportüberschüsse der Bundesrepublik durch vermehrte Importe abgebaut worden. Die deutsche Leistungsbilanz ist dadurch erstmals seit langer Zeit sogar ins Defizit geraten. Daß dies unter den hier behandelten Kreditfinanzierungsaspekten positiv zu beurteilen ist, erscheint erstaunlich. Es erklärt sich daraus, daß jeder Export, dem kein entsprechender Import gegenübersteht, stets bedeutet, daß das exportierende Land dem Ausland insoweit einen Kredit gewährt bzw. „Konsumverzicht" leistet. Dies gilt auch dann, wenn für den Exportüberschuß Devisen ins Land kommen, die ja lediglich eine Form von „Schuldscheinen" des Auslands darstellen, die erst eingelöst werden, wenn die Devisen dort wieder ausgegeben werden. Wenn daher jetzt die Importe steigen, kann die sonst erforderliche Kreditgewährung ans Ausland anderen inländischen Zwecken zugeführt werden. Die wachsenden Importe der Bundesrepublik tragen im übrigen dazu bei, daß die vermehrte Inlandsnachfrage nach Gütern in der vergrößerten Bundesrepublik weniger inflationär wirkt als dies ohne Importe möglich wäre.

Das heißt jedoch nicht, daß eine fortdauernde Verschuldung des Staates in den Größenordnungen der Jahre 1990/91 problemlos und unbedenklich wäre. Im Gegenteil. Wie unsere Modellüberlegungen zur Staatsverschuldung gezeigt haben, muß eine derartige über das Wachstum des Sozialprodukts hinausgehende Neuverschuldung des Staates in einigen Jahren so stark wachsende Zinsbelastung der öffentlichen Haushalte nach sich ziehen, daß dann erheblich größere Steuererhöhungen nötig würden, als das jetzt zur Vermeidung der Schuldenexpansion erforderlich ist. Der Sachverständigenrat kommt denn auch zu dem Ergebnis einer von 1991–1995 von 8% auf 11% steigenden „Zinslastquote" aller öffentlichen Haushalte, die weiter wachsen wird, wenn keine notwendigen Konsolidierungsmaßnahmen unternommen werden.[13] Der hohe Kreditbedarf des Staates führte im übrigen bereits 1990/91 dazu, daß die **Kreditzinsen in der Bundesrepublik auf Rekordhöhe stiegen.** Dies ist primär die Folge eines Mißverhältnisses zwischen der wachsenden Kreditnachfrage des Staates und dem langsamer steigenden Angebot von Ersparnissen, wobei die Bundesbank wegen der Inflationsgefahren einer im Zuge der deutschen Einheit stark erweiterten Geldmenge diese Zinstendenz noch durch eine restriktive Geldpolitik förderte. **Hohe Zinsen sind aber eine Barriere für die dringend erforderlichen privaten Investitionen in den neuen (und alten) Bundesländern.** Sofern der Staat dann wieder zinsverbilligende Investitionszulagen gewährt, vergrößert dies nur den „Teufelskreis", wenn dadurch auch wieder sein Kreditbedarf mit zinssteigender Tendenz wächst. **Da zudem ein sehr großer Teil der öffentlichen Finanzhilfen für Ostdeutschland konsumtiven und nicht investiven Zwecken dient, ergibt sich auch hieraus eine deutliche Grenze für eine weitere Kreditfinanzierung im neuerlichen Ausmaß.** Die mittelfristige Finanzplanung des Bundes geht denn auch von einer erhofften Reduktion des Haushaltsdefizits in den nächsten Jahren aus (vgl. Tabelle S. 460).

Einsparungen und höhere Steuern

Zur Überwindung der ökonomischen Krise und zur Verringerung der sozialen Härten des Strukturwandels in den neuen Bundesländern (vgl. Kapitel 1.2.), ist für die nächsten Jahre ein beträchtlicher Mittelzufluß von West nach Ost erforderlich, der freilich in dem Maße verringert werden kann, wie durch neue produktive Arbeitsplätze das ostdeutsche Sozialprodukt und damit auch Steuern und Abgaben zunehmen. Neue Arbeitsplätze erfordern hohe Investitionen[14], also die produktive Verwendung der neu gebildeten Ersparnisse zu einem Zinssatz, bei dem sich die Investitionen noch rentieren. Der Staat muß daher den Kapitalmarkt wieder entlasten und sich mit

[13] Sachverständigenrat zur Begutachtung der gesamtwirtschaftlichen Entwicklung, Jahresgutachten 1990/91, Tabelle 51: „Basismodell" zur voraussichtlichen Entwicklung der öffentlichen Haushalte.

[14] In den alten Bundesländern betrug das Brutto-Anlagevermögen je Erwerbstätiger in der Industrie 1989 rd. 170 000 DM. Handel und Dienstleistungen sind weniger kapitalintensiv und daher zunächst im Vordringen in den neuen Ländern.

Milliardenschulden befürchtet

Schuldenlawine auf 300 Mrd. DM geschätzt / Bund muß geradestehen

BONN (dpa). Aus der Bankrottwirtschaft der ehemaligen DDR läuft auf den Staat eine Schuldenlawine von mindestens 300 Mrd. DM bis Ende 1993, also in nur noch zweieinhalb Jahren, zu. Bis dahin würden bei der bundeseigenen Treuhandanstalt Zinsverpflichtungen von 50 Mrd. DM und beim Bund von zusätzlich 25 Mrd. DM auflaufen, teilte der Vorsitzende des Etat-Unterausschusses „Treuhandanstalt" im Bundestag, Christian Neuling, am Montag in Bonn mit. Dahinter stünden vor allem die Staatsschulden der Ex-DDR und die betrieblichen Altkredite. Wegen der schwieriger werdenden Privatisierung würden die Treuhand-Defizite von über 20 Mrd. 1991 auf 90 Mrd. DM bis Ende 1993 steigen.

Dazu erklärte Neuling in einer Zwischenbilanz: „Wenn man sich dieses alles so ansieht, dann müßte man eigentlich die Staatsspitze des SED-Regimes wegen betrügerischen Bankrotts des Staates anklagen. So desolat, so katastrophal hat das sicherlich im Herbst (1990) keiner voraussehen können." Es handele sich um „erhebliche Haushaltsrisiken für den Bund", räumte Neuling ein: Bei der 1994 anstehenden Neuverteilung des „Kreditabwicklungsfonds" auf Bund, Treuhand und neue Länder sei nämlich zu beachten, daß letztere ihren Anteil noch nicht voll tragen könnten und damit letztlich vorwiegend wieder der Bund belastet werde.

Die Abwicklung dieser hohen Belastungen für Staat und Kapitalmarkt liegt nach Angaben Neulings „im Bereich von 10 bis 20 Jahren". Die rund 300 Mrd. DM Risiken des Bundes bis Ende 1993 – noch nicht berücksichtigt seien die ökologischen Altlasten – setzen sich laut Neuling so zusammen: Mindestens 60 Mrd. DM Staats- und Auslandsverschuldung der Ex-DDR, die jetzt im Kreditabwicklungsfonds zusammengefaßt sind, 90 Mrd. DM Kreditermächtigung für die Treuhand (z. B. für Sanierungsaufwand), betriebliche Altkredite von etwa 100 Mrd., die laut Neuling voraussichtlich überwiegend bei der Treuhand hängen bleiben, und 50 Mrd. DM Kredite im Wohnungswesen.

Für 1991 und das zweite Halbjahr 1990 zusammen ergäben sich aus der Privatisierung 7 Mrd. DM Verluste für die Treuhand. Von den 43 Mrd. DM Ausgaben dieses Zeitraums entfielen nur 43 Prozent auf den Aufgabenkern „Privatisierung und Sanierung".

Der Tagesspiegel v. 25.6.1991.

Umverteilung erfordert Verzicht

Die einfache Tatsache, daß das Volkseinkommen einer Periode nur einmal für die in dieser Periode real erzeugten Güter und Leistungen ausgegeben bzw. verwendet werden kann, so daß eine Umverteilung des Einkommens an Nicht- oder weniger Verdienende ohne einen entsprechenden freiwilligen oder erzwungenen Verzicht anderer Einkommensbezieher letztlich unmöglich ist, wird oft ignoriert. Dies mag daran liegen, daß die Umverteilung in einer wachsenden Wirtschaft nicht unbedingt zu einem Rückgang der verfügbaren Einkommen führen muß, sondern lediglich zu einem Verzicht auf einen sonst möglichen größeren Einkommenszuwachs. Falls es allen Einkommensbeziehern gelingt, durch höhere Lohn-, Renten-, Subventions- und Preisforderungen die Einkommenseinbußen zu kompensieren, dann gilt die obige These dennoch, denn nun wird infolge der damit ausgelösten Inflation der reale Wert aller Einkommen und Ersparnisse reduziert. Das Sozialprodukt einer Periode kann eben nur einmal entweder konsumiert oder investiert werden.

seiner Kreditaufnahme zurückhalten. Da neue Investitionen zudem nicht nur Geld, sondern auch Zeit erfordern, bis sie selbst arbeitsmarktwirksam werden, ist auch im günstigsten Fall für Ostdeutschland mit einer sehr schwierigen und langen „Durststrecke“ zu rechnen, die einen erhöhten Finanztransfer an die privaten und öffentlichen Haushalte der neuen Bundesländer und an andere ehemalige „Ostblock-Staaten“ notwendig macht, wenn der dortige Demokratisierungsprozeß nicht an der wirtschaftlichen Misere scheitern soll. Diese Mittel müssen entweder durch Einsparungen bei den öffentlichen Ausgaben in den alten Bundesländern und/oder durch einen zusätzlichen „Konsumverzicht“ der Einkommensbezieher über höhere Abgaben aufgebracht werden, wobei der geforderte Subventionsabbau letztlich auch diesen Effekt hat, indem bisherige Zuwendungen verringert oder beseitigt werden (vgl. Berlin-Zulage).

Die heftig umstrittenen Abgabenerhöhungen, die zum Juli 1991 in Kraft traten und aufs Jahr gerechnet ca. 55 Mrd. DM Mehreinnahmen in die Staatskassen bringen sollen, sind ebenso wie die von Protesten begleiteten Bemühungen um einen Subventionsabbau unter dem Aspekt der Haushaltskonsolidierung im Grundsatz ohne Alternative. Umstritten bleibt, ob eine andere Form der Steuererhöhung verteilungsgerechter gewesen wäre.[15] Es ist allerdings bereits jetzt (Ende 1991) absehbar, daß die Konsolidierungsbemühungen des Staates über Steuererhöhungen und Ausgabenkürzungen unvermeidlich zu „Verteilungskämpfen“ führen, bei denen die betroffenen Gruppen versuchen werden, die Mehrbelastung in Form erhöhter Lohn- und Preisforderungen weiterzuwälzen. Soweit dadurch die Inflation zunimmt, werden letztlich alle „zur Kasse gebeten“, die entsprechende Kaufkraftverluste ihrer Einkommen und Ersparnisse hinnehmen müssen.

Literaturhinweise

Dieter Duwendag, Staatsverschuldung – Notwendigkeit und Gefahren, Baden-Baden 1982.

Wolfgang J. Mückl, Wie problematisch ist die Staatsverschuldung? In: Zuviel Staat? Die Grenzen der Staatstätigkeit. (= Kohlhammer Taschenbuch „Bürger im Staat“), Stuttgart 1982.

Manfred Piel/Diethard B. Simmert, Staatsverschuldung. (= Politik, kurz und aktuell, H. 35). Hrsg. v. d. Landeszentrale für politische Bildungsarbeit, Berlin 1981.

Diethard B. Simmert/K. D. Wagner (Hrsg.), Staatsverschuldung kontrovers, Köln 1981.

Peter Czada

[15] Vgl. hierzu: Steuerentlastung 1986/90 und Steuerbelastung 1991: Umverteilung der Einkommen von unten nach oben. In: Deutsches Institut für Wirtschaftsforschung, Wochenbericht 14/91, S. 178 ff.

4. Außenhandel, Währung und Entwicklung

4.1. Dollarstärke – Dollarschwäche. Grundzüge der internationalen Währungspolitik

Devisenkurse als Spiegelbild wirtschaftlicher Leistung

Die Devisenmärkte gelten als **„Spiegelbild der weltwirtschaftlichen Entwicklung“.** Kursänderungen auf diesen Märkten beschreiben danach die täglichen Änderungen in der wirtschaftlichen Leistungsfähigkeit der Welthandelspartner. Länder mit hoch bewerteter Währung sind demnach wirtschaftlich stärker, solche mit fallendem Wert ihrer Währungen entsprechend schwächer geworden. Anhaltender Kursverlust des eigenen Geldes gilt als Warnzeichen erster Ordnung.

Wechselkurs als Preis für eine Devise

Die Entwicklung der Dollarkurse seit Ende der 70er Jahre weist Phasen mit hohem, aber auch Phasen mit ausgesprochen niedrigem Wert des Dollars aus. Wirtschaftswissenschaftler, die über Devisenkurse diskutieren, sehen die Probleme vielfach als nicht sonderlich dramatisch an. Was ist denn schon der „Dollarkurs“? Im Grunde genommen **ein „Preis“ wie jeder andere.** Zwar nicht der Preis einer Ware, wie z.B. der eines Personalcomputers, sondern eben der Preis für ein ausländisches Zahlungsmittel. „Wie teuer ist ein US-Dollar“, müßte die Frage lauten; die Antwort wäre je nach der Stärke von Angebot und Nachfrage ein Preis von, sagen wir, 1,81 DM je Einheit dieser ausländischen Währung.

Die Kursentwicklung des US-Dollars seit 1970
(in Jahresmittelwerten)

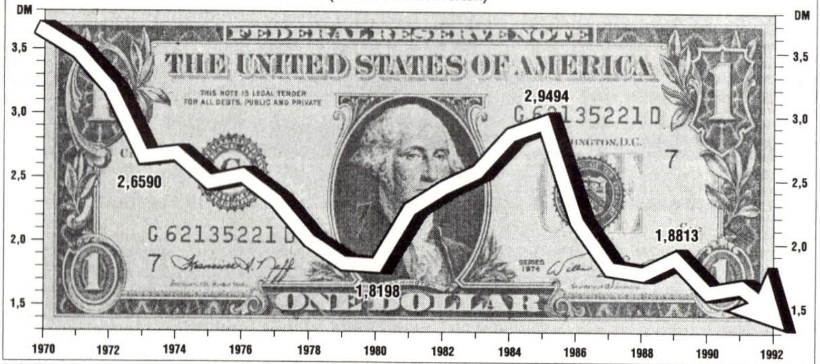

Quelle: Bundesbank

ZEIT-Graphik: Wolfgang Schliephack

Der Markt, auf dem Angebot und Nachfrage nach Devisen aufeinandertreffen, wird **„Devisenmarkt"** genannt. Es ist ein Ort am zentralen Bankplatz des jeweiligen Landes; in der Bundesrepublik in Frankfurt. Dort werden, meist unter Vermittlung von Vertretern großer Banken, Beträge in ausländischer Währung zum Kauf angeboten oder nachgefragt. Täglich wird der Devisenkurs ermittelt, bei dem die mengenmäßige Nachfrage und das Angebot an Devisen gleich sind. **Dieser Kurs wird amtlich festgestellt** („Fixing"); er ist dann maßgeblich für die zahlreichen Devisengeschäfte, die die Banken in ihren Filialen tätigen.

Tageskurse werden amtlich festgestellt

> **Devisen** sind Forderungen des Inlands an das Ausland, die auf fremde Währungen lauten. Meist handelt es sich dabei um Guthaben bei ausländischen Banken oder um Schecks und Wechsel, die auf fremde Währung lauten und im Ausland zahlbar sind.

Dabei müssen zwei Systeme der Bildung von Wechselkursen zwischen den zahlreichen Zahlungsmitteln, die es auf der Erde gibt, unterschieden werden:

Kurssysteme

- Es gibt das System **flexibler Wechselkurse:** Dieses besteht für die meisten Währungen, so z.B. auch für die Feststellung der Wertbeziehungen zwischen dem US-Dollar, dem japanischen Yen und der D-Mark. „Flexibel" können die Kurse zwischen den beteiligten Währungen täglich auf den Devisenmärkten je nach Angebot und Nachfrage erheblich schwanken.
- Es gibt aber auch Länder, die aufgrund internationaler Verträge vereinbart haben, daß die Wechselkurse zwischen ihren Währungen fixiert werden. Hier spricht man von **Festkurssystemen;** das wichtigste Festkurssystem ist das Europäische Währungssystem (EWS), das fast ausnahmslos für die Währungen der EG-Mitgliedsstaaten gilt. Tägliche Kursschwankungen werden hier auf maximal 2,25% nach oben und unten begrenzt. Dies gilt z.B. für den Kurs von D-Mark zu französischem Franc oder holländischem Gulden.

Beide Kurssysteme haben bestimmte Vor- und Nachteile; das EWS mit seiner eng begrenzten Schwankungsbreite sollte die Vorteile von Festkurssystemen (Sicherheit über die Wechselkurse bei allen Beteiligten; der Außenhandel wird dadurch gefördert) mit den Vorteilen der flexiblen Marktpreisbildung für die Währungskurse (Kurse spiegeln die tatsächliche wirtschaftliche Lage wider) verbinden. Verständlicherweise sind die Festkurssysteme „anspruchsvoller", was ihre Betreuung und Überwachung betrifft. Sie setzen voraus, daß sich alle beteiligten Notenbanken verpflichten, täglich die Kurse auf dem vereinbarten Niveau zu halten.

Wechselkursentwicklung wichtiger Währungen gegenüber der D-Mark

1) D-Mark je Währungseinheit - 2) D-Mark je 100 Yen - 3) Auf Basis des jeweiligen Leitkurses gegenüber der D-Mark - 4) Die Peseta und das Pfund Sterling nehmen am Wechselkursmechanismus mit einer Bandbreite von ± 6% teil.- Letzter Stand: 11.06.1992.

BBk

Monatsbericht der Deutschen Bundesbank, Juni 1991

Für die Importe bot Deutschland den ausländischen Lieferanten DM, die diese dann in heimische Währung umtauschten. Damit erschienen DM in großem Umfang auf den Devisenmärkten, was auf den Wechselkurs drückte. Andererseits gingen die Einnahmen der deutschen Exporteure zurück. Da diese ihre erwirtschafteten Dollars auf den Devisenmärkten anbieten, weil sie ihre heimische DM brauchen, fehlte entsprechend Nachfrage nach DM – ein weiterer Faktor, der die Mark schwächte.

Leistungsbilanzdefizit drückt den Wechselkurs

Der gesamte Leistungsaustausch einer Volkswirtschaft besteht nicht nur aus dem Warenhandel, sondern zusätzlich noch aus dem Kauf und Verkauf von Dienstleistungen (z.B. Tourismus, Versicherungen usw.) sowie von Übertragungen (z.B. Zahlungen an die EG zur Agrarmarktfinanzierung). Zusammengefaßt spricht man von der „Leistungsbilanz". Diese war 1991 für Deutschland erstmals seit einem Jahrzehnt im Defizit. Deutschland bezog somit mehr aus dem Ausland, als es dorthin zu liefern imstande war. Auch das ist ein Faktor, der den Außenwert der DM, den Wechselkurs, drückte.

Kapitalverkehr

ist die Summe der zwischenstaatlichen, grenzüberschreitenden Kreditbeziehungen, die lang- und kurzfristig, öffentlich oder privat sein können. Der Kauf von Wertpapieren des Inlandes durch Ausländer ist ein Kapitalimport; mit dem Wertpapierkauf stehen dem Inland Geldbeträge zur Verfügung, die bei Verkauf der Papiere an die Ausländer zurückgezahlt werden. Zwischenzeitlich haben die Auslandsgelder die Funktion eines Kredites, den das Ausland dem Inland eingeräumt hat.

Psychologische Einflußfaktoren

Zusätzlich zu den „harten" wirtschaftlichen Daten finden im täglichen Geschäft auf den Devisenmärkten auch psychologische Faktoren Eingang in die Kursbildung. Bei letzteren handelt es sich um **Vermutungen über die künftigen wirtschaftlichen, aber auch politischen Entwicklungen,** die dann in der täglichen Kursbildung vorweggenommen werden.

Der Tatbestand, daß jemand heute besser als die Masse der Marktteilnehmer zu wissen glaubt, was die Zukunft bringen wird, wird „Spekulation" genannt. Insofern ist in der **Kursbildung immer auch ein spekulatives Element vorhanden.** Dieses macht es sehr schwer, die Entwicklung der Devisenkurse vorherzusagen. Die Kurse folgen – zumal in kurzer Sicht – nicht eindeutig den bekannten und statistisch nachweisbaren wirtschaftlichen Sachverhalten, wie z.B. Exportüberschüssen und Kapitalimporten.

Als Beispiel seien hier die Argumente für die Kursschwankungen zwischen dem US-$ und der D-Mark auf den internationalen Devisenmärkten in der 30. Kalenderwoche des Jahres 1991 dargestellt. In dieser Woche gab es keine spektakulären Schwankungen; es ging täglich jeweils um einige Zehntelpfennige Kursunterschied. Die Tendenz bestand in dieser Woche in einer leichten Abschwächung der amerikanischen Währung.

Einflußfaktoren im Tagesmarktgeschehen

Für diese Schwächetendenzen wurden als Gründe genannt:

- der **Zinsabstand** zwischen Anlagen in den USA und in Deutschland sei zu gering;
- der **Weltwirtschaftsgipfel** der großen sieben westlichen Industriestaaten hätte positive Ergebnisse auch für die UdSSR gebracht, was gut für die DM sei;
- die **Arbeitslosenzahlen** in den USA seien gestiegen;
- das **Defizit im Handel** zwischen den USA und Japan sei nicht wie erwartet zurückgegangen;
- der amerikanische Finanzminister hätte in einem Zeitungsinterview **fallende Zinsen** in den USA angekündigt;
- die **Konjunkturlage** in den USA zeigte ein widersprüchliches Bild;
- die **„Inflationsdaten“** in den USA seien höher ausgefallen;
- das statistische Amt der USA hätte geringere **Auftragseingänge** gemeldet;
- die **Wachstumsaussichten** der USA seien für die 90er Jahre eher gering zu veranschlagen;
- das **Wachstum** des Sozialprodukts hätte im 2. Quartal 1991 nur 0,4% betragen, obwohl man mit 1% gerechnet hatte;
- die **Konjunkturaussichten** in Deutschland seien dagegen günstig einzuschätzen;
- die Bundesbank werde eine „Verschärfung“ der Geldpolitik zur **Inflationsbekämpfung** vornehmen;
- die erwartete **Geldmengenverknappung** werde die Zinsen steigen lassen und damit Geldanlagen in Deutschland profitabel machen;
- die belastende **Abwärtsfahrt der Wirtschaft** in den neuen Bundesländern hätte sich verlangsamt, die Talsohle würde bald durchschritten sein.

Andererseits könnte es keinen deutlichen Kursgewinn für die DM geben. Als Gründe wurden genannt:

- die **Anpassungskrise** der ehemaligen DDR sei noch längst nicht überstanden;
- das **Zinsurteil des Bundesverfassungsgerichts** würde mit der Besteuerung der Zinseinnahmen ausländische Anleger verprellen;
- die **Balkan-Krise** ermunterte internationale Anleger, ihr Geld im „sicheren Hafen“ der Währung der USA anzulegen; die DM als fast benachbarte europäische Währung sei krisengefährdet;
- dasselbe gelte für die **Wirtschaftskrise in der UdSSR;**
- die **Inflationsraten** in Deutschland seien zu hoch im Verhältnis zu den langjährigen Erwartungen; die Bundesbank selbst äußerte Sorgen über die künftige Stärke der DM, die sie als gefährdet ansah;
- der Wegfall der traditionellen **Leistungsbilanzüberschüsse** der (west)-deutschen Volkswirtschaft schwäche die Mark.

Abnehmender Mond HANDELSBLATT: Pielert

Handelsblatt v. 23.7.1991.

Das waren die verlautbarten Gründe für Kursschwankungen in einer Woche; die geringeren Wachstumsraten in den USA, die am Ende dieser Woche bekannt wurden, verursachten eine Kurseinbuße des US-$ von drei Zehntelpfennigen.

Auswirkungen von Kursschwankungen

Wie wirken diese Kursschwankungen auf die beteiligten Volkswirtschaften? Auch hier ergibt sich kein eindeutiges Bild, das es gestattete, die Wechselkursentwicklungen einfach als „gut" oder als „schlecht" zu qualifizieren. Es lassen sich jedoch einige Hinweise geben:

Der Kursanstieg des US-$ (d.h. die Kurseinbuße der DM) im ersten Halbjahr 1991 beispielsweise

- erleichterte der deutschen Exportwirtschaft die Exporte außerhalb der EG, weil dort vielfach in US-$ abgerechnet wird; deutsche Waren konnten billiger angeboten werden;
- verteuerte aber andererseits die Preise deutscher Importe (z.B. die in teureren Dollars abgerechneten Erdöleinfuhren), was die Inflationsrate erhöhte.

Andererseits wurden diese Wechselkurswirkungen völlig überlagert vom unerwarteten Nachfragesog aufgrund der nachgeholten Käufe in der ehemaligen DDR. Hier allerdings erwies sich die **außenwirtschaftliche Verflechtung als außerordentlich hilfreich:** Die Nachbarländer steigerten ihre Exporte nach Deutschland in so starkem Umfang, daß es kaum preissteigernde Verknappungen gab. Das erwies sich weltwirtschaftlich auch deshalb als vorteilhaft, weil die gesteigerte deutsche Nachfrage den Nachbarländern in ihren konjunkturellen Schwierigkeiten half. Sie konnten damit Wachstumseinbrüche und Phasen erhöhter Arbeitslosigkeit schneller überwinden – Deutschland wurde neben Japan in dieser Phase der weltwirtschaftlichen Entwicklung zur „Konjunkturlokomotive".

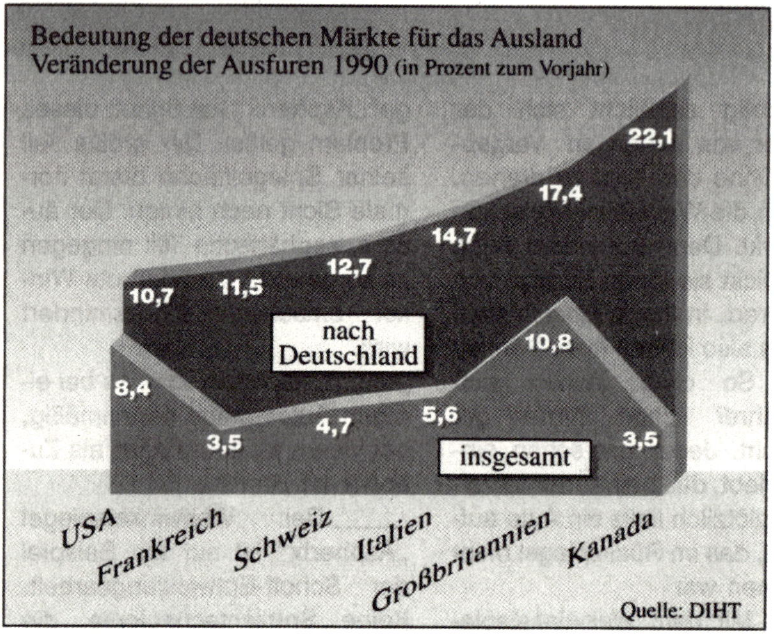

Wirtschaftswoche, Nr. 31 v. 26.7.1991.

Reserve-währungen

Wenn bisher vom Wechselkurs der DM gegenüber dem US-$ gesprochen wurde, so war das kein Zufall. Der amerikanische Dollar ist die mit Abstand wichtigste internationale „Reservewährung"; die deutsche Mark folgt hier auf Platz zwei, während der japanische Yen mit deutlichen Wachstumsraten die dritte Position einnimmt. Man spricht gelegentlich schon von einem **„tripolaren internationalen Währungssystem mit dem US-Dollar, der D-Mark und dem japanischen Yen im Mittelpunkt** ... In einem derartigen System wären die Währungen anderer Länder an eine dieser drei gebunden, während die drei ‚Kernwährungen' gegeneinander frei floaten würden." (George S. Tavlas, Yuzuru Ozeki, die Internationalisierung des Yen, in: Finanzierung und Entwicklung, Juni 1991, S. 2)

Damit wird die **Rangfolge der Währungen** sichtbar: Es gibt offenbar (wenige) nationale Zahlungsmittel, die gleichzeitig internationale Aufgaben wahrnehmen, und es gibt die Mehrheit, die weitgehend nur für binnenwirtschaftprivate Kreditnehmer brauchen, um einen Bankkredit zu erhalten, sind Währungsreserven in gutem und wertbeständigem Geld ein hervorragender Beweis für andauernde Zahlungsfähigkeit.

Funktionen internationalen Geldes

Zu internationalem Geld gehört jedoch noch mehr als nur die Aufgabe des **„Wertsicherungsmittels“.** Eine nationale Währung muß zudem noch **„Referenz- und Interventionsaufgaben“** im Weltmaßstab wahrnehmen. Dabei geht es darum, daß diese Währung ein akzeptierter Wertmaßstand ist, auf den man sich bei internationalen Verträgen bezieht. Das wäre der Fall, wenn bei einem Großprojekt zwischen Frankreich und Brasilien der Wert in D-Mark gemessen wird, obwohl Deutschland überhaupt nicht beteiligt ist (Referenzfunktion). Bei den Interventionen handelt es sich um Eingriffe nationaler Notenbanken auf den Devisenmärkten, um bestimmte Wechselkurse für ihre Währungen abzusichern. Das Geld, mit dem auf den internationalen Devisenmärkten eingegriffen (interveniert) wird, hätte die Rolle als Weltgeld übernommen. Letzteres ist angesichts der weltweit geringen Größe Deutschlands nur verständlich, wenn man die besondere Rolle der D-Mark in Europa betrachtet. Hier wurde sie wegen der geringen Inflationsraten insbesondere **innerhalb des Europäischen Währungssystems (EWS) zum Stabilitätsanker,** an dem sich alle anderen Währungen bestmöglichst orientierten. Damit gewann die D-Mark eine Schlüsselstellung in Europa; man sprach gar von einer „DM-Zone“.

Die Rolle als Reservewährung hat gewichtige Vor-, aber auch Nachteile:

- Das Land mit der Reservewährung kann internationale Schulden leichter bezahlen – nämlich mit eigenem Geld, das es selbst herstellen kann. Andere Länder müssen sich das Geld im Außenhandel erst verdienen;
- das Reserveland verdient an der Weltinflation. Je höher die Geldentwertung, desto geringer sind die Forderungen, die das Ausland mit seinen DM-Beständen in Deutschland stellen kann;
- das Reserveland hat es leichter, seinen Wechselkurs gegenüber den konkurrierenden Reservewährungen zu verteidigen: Fällt beispielsweise der DM-Kurs gegenüber dem US-$, dann kaufen andere Zentralbanken die D-Mark preiswert auf, um ihre Reservebestände damit aufzufüllen. Das stützt den DM-Kurs.

Unabhängig davon ist der **Umfang der an den Devisenmärkten gehandelten Geldmengen bei Weltgeld größer als bei nationalem Geld:** Es beteiligen sich an DM-Käufen und -Verkäufen zusätzlich zahlreiche Ausländer, die die D-Mark als internationales Geld für Handels- und Kreditgeschäfte verwenden. Es sind weiterhin Notenbanken auf dem Markt, die ihre Reservegelder umschichten. Daher können unerwartet große DM-Mengen auf den Devisenmärkten auftauchen, ohne daß sich das in erster Linie aus der wirtschaftlichen Entwicklung in Deutschland erklären ließe.

Einbrüche bei Vertrauensverlust

Problematisch wird die Rolle eines Landes mit internationalem Geld, wenn das Vertrauen der anderen Länder enttäuscht wird. Das geschieht, wenn man diesem Land **keine erfolgreiche Geldwertverteidigung mehr zutraut** oder wenn seine Rolle im internationalen Handel kontinuierlich abnimmt. Dann kann geschehen, daß DM-Bestände in großem Umfang angeboten werden, so daß der Wechselkurs der DM drastisch verfällt. Um sich hier zu helfen, müßte man in Deutschland die Zinsen kräftig anheben, um doch noch Anlagen in Deutschland für Ausländer lohnend zu machen. Die Folge derart erhöhter Zinsen ist die Verteuerung von Investitionen, was sich negativ auf die Beschäftigung auswirkt.

Diese letzten Ausführungen machen die Sorgen verständlich, die die Deutsche Bundesbank angesichts der Kosten der Einheit geäußert hatte. Die internationale Rolle der D-Mark sollte nicht durch höhere Geldentwertungsraten gefährdet werden.

Internationale Bedeutung des Yen

Der japanische Yen hat bislang die D-Mark als internationales Zahlungsmittel trotz der überlegenen Größe der japanischen Volkswirtschaft noch nicht überholen können. Die Gründe dafür werden von Tavlas/Ozeki u.a. darin gesehen, daß der japanische Kapitalmarkt stärker reglementiert und beschränkt wird als der deutsche. Ausländer haben damit keine ausreichenden Möglichkeiten, auf dem Kreditwege an das für sie wichtige internationale Geld „Yen" heranzukommen. Das mache es schwierig, „eine Handelsfinanzierung in Yen zu erhalten, womit die Verwendung des Yen als internationale Recheneinheit und Zahlungsmittel eingeschränkt wird." (Tavlas/Ozeki, S. 3) Zudem sind die japanischen Banken und Unternehmen bemüht, ihre Geschäfte in anderen Währungen durchzuführen: Man stellt die Exportrechnungen von vornherein in US-$ aus und verwendet diese Dollareinnahmen für internationale Kreditvergaben bzw. für den Aufbau japanischer Unternehmen im Ausland. Yen kommen auf diese Weise nicht ins Spiel. Dennoch: **Die zunehmende Öffnung des japanischen Finanzsystems läßt erwarten, daß die internationale Bedeutung des Yen zunehmen wird.**

Ergänzt werden soll, daß sich die mehr als 150 Länder, die derzeit Mitglieder des **Internationalen Währungsfonds (IWF)** – einer selbständigen, 1944 gegründeten Unterorganisation der Vereinten Nationen – sind, um kontinuierliche währungspolitische Zusammenarbeit bemühen.

Vereinbarung fester Wechselkurse

Der IWF beruhte auf einem System fester Wechselkurse; alle Währungen waren in Gold und in US-$, der unangefochtenen Leitwährung, definiert. Die so festgestellten Kurse wurden dann über Jahrzehnte mehr oder weniger erfolgreich von den jeweiligen Regierungen garantiert.

Übergang zu flexiblen Kursen

Der Übergang zu flexiblen, also teilweise heftig schwankenden, Wechselkursen begann erst zu Beginn der 70er Jahre; erhebliche Defizite der amerikanischen Handelsbilanz und die wachsende Verschuldung aufgrund des Vietnam-Krieges führten zu einer weltweiten „Dollarschwemme", die den

Wert des US-$ gegenüber einigen europäischen Währungen drastisch sinken ließ. Man konnte sich nicht mehr auf „Gleichgewichtskurse“, die politisch gestützt werden mußten, verständigen; vielmehr sollte der Devisenmarkt herausfinden, welchen Wechselkurs die verschiedenen Währungen annehmen.

Statt Konfrontation währungspolitische Kooperation

War damit zwar das **Festkurssystem des IWF zerbrochen, so setzte man dennoch die währungspolitische Zusammenarbeit fort.** Die Wechselkurse wurden vielfach gestützt und „geglättet“; die Mitgliedsstaaten halfen sich gegenseitig mit Krediten bei der Abwehr von Währungsspekulation und bei Ungleichgewichten der Zahlungsbilanz. Informationen über die Wirtschaftspolitik der Mitgliedsstaaten halfen dabei, die eigene Politik treffsicherer und kalkulierbarer zu machen. Kurz: Die Zeiten der Weimarer Republik, als jeder Staat seine Währungspolitik egoistisch gegen die Nachbarn betrieb, waren überwunden worden zugunsten von Zusammenarbeit, die gelegentlichen Streit nicht ausschloß, ihn aber sichtbar und damit politisch steuerbar machte.

Diese Wechselkurspolitik diente dabei letztlich allen Beteiligten; sie verhinderte größere Zusammenbrüche und damit auch heftige Störungen des Welthandels. Letztere hätten sich angesichts der allgemeinen Weltmarktverflechtung überall in Form von wachsender Arbeitslosigkeit, Inflation und Wohlstandseinbußen niedergeschlagen.

Internationales „Kunst“-Geld

Wichtig ist in diesem Zusammenhang der Versuch der IWF-Mitgliedsstaaten, gemeinsam ein internationales Kunstgeld einzuführen. Damit sollte **neues Geld als Währungsreserve geschaffen** werden, das von den Widersprüchen frei ist, gleichzeitig als nationales Geld verwendet zu werden.

Vorrang nationaler Interessen

Die Widersprüche nahmen in der Vergangenheit verschiedene Formen an. So hielt z.B. die amerikanische Notenbank den US-$ jahrelang knapp, um die Inflation in den USA zu bekämpfen, während er gleichzeitig in größeren Mengen als Weltgeld für den wachsenden Welthandel benötigt wurde, aber nicht zur Verfügung stand. In späteren Jahren weiteten die USA im Rahmen der Kriegsfinanzierung die $-Bestände drastisch aus. Dadurch war der US-$ auch weltweit zu reichlich vorhanden und verlor an Wert. Dadurch sanken die Währungsreserven der Staaten, die in der Vergangenheit umfangreiche $-Reserven erarbeitet hatten. Allgemein war der grundlegende Nachteil rein nationaler Zahlungsmittel bei der Verwendung als Weltgeld, daß die nationalen Währungsbehörden im Zweifel den nationalen Interessen bei der Geldversorgung den Vorrang vor den internationalen Bedürfnissen gaben.

Das zur Lösung dieses Problems geschaffene künstliche **internationale Geld des IWF heißt „Sonderziehungsrechte“ (SZR).** Es dient jedoch nur dem Zahlungsverkehr zwischen den Zentralbanken und ist, ähnlich wie das europäische Kunstgeld ECU, eine Korbwährung. Diese setzt sich aus verschiedenen nationalen Währungseinheiten zusammen. Das hat den Vorteil,

Komponenten der Weltwährungsreserven*)

Mrd US-$

Reserveart	Bestand am Jahresende			Veränderung insgesamt		transaktions-bedingt 1)		bewertungs-bedingt 2)	
	1989	1990	1991 p)	1990	1991 p)	1990	1991 p)	1990	1991 p)
Gold 3)	39,8	39,7	39,7	– 0,1	– 0,1	– 0,1	– 0,1	–	–
Sonderziehungsrechte	26,9	29,0	29,4	+ 2,0	+ 0,4	– 0,2	+ 0,3	+ 2,2	+ 0,2
IWF-Reservepositionen	33,5	33,8	37,0	+ 0,3	+ 3,2	– 2,4	+ 3,1	+ 2,7	+ 0,2
Guthaben in offizieller ECU	62,0	64,1	67,1	+ 2,1	+ 3,1	+ 3,3	+ 2,7	– 1,2	+ 0,3
– gegen Gold	37,5	37,8	36,0	+ 0,3	– 1,8	– 0,0	– 0,0	+ 0,3	– 1,8
– gegen US-Dollar	24,5	26,3	30,8	+ 1,7	+ 4,5	+ 3,3	+ 2,3	– 1,5	+ 2,2
– aus sehr kurzfristiger Finanzierung	–	–	0,4	–	+ 0,4	–	+ 0,4	–	– 0,0
Devisen 4)	654,5	780,8	816,4	+ 126,3	+ 35,5	+ 92,5	+ 34,4	+ 33,8	+ 1,1
US-Dollar 5)	386,1	429,9	455,2	+ 43,8	+ 25,3	+ 43,8	+ 25,3	–	–
D-Mark 5)	126,8	153,3	150,9	+ 26,4	– 2,3	+ 8,6	– 0,1	+ 17,9	– 2,2
Japanischer Yen 5)	53,6	73,2	86,3	+ 19,6	+ 13,0	+ 15,5	+ 7,3	+ 4,0	+ 5,7
Guthaben in privater ECU	20,4	36,9	38,6	+ 16,5	+ 1,6	+ 12,9	+ 2,2	+ 3,7	– 0,6
Pfund Sterling 5)	16,6	25,2	29,6	+ 8,6	+ 4,4	+ 4,9	+ 5,3	+ 3,7	– 0,9
Französischer Franc	8,7	17,1	27,3	+ 8,5	+ 10,2	+ 6,9	+ 10,4	+ 1,5	– 0,2
Schweizer Franken 5)	11,4	13,8	14,7	+ 2,4	+ 0,9	+ 0,2	+ 1,5	+ 2,2	– 0,6
Holländischer Gulden	6,7	8,0	8,9	+ 1,3	+ 0,9	+ 0,4	+ 1,0	+ 0,9	– 0,1
Sonstige und nicht identifizierte Anlagen	24,1	23,3	4,9	– 0,7	– 18,5	– 0,7	– 18,5	–	–
Reserven insgesamt	816,7	947,3	989,6	+ 130,5	+ 42,2	+ 93,0	+ 40,4	+ 37,5	+ 1,8

* Brutto-Währungsreserven aller IWF-Mitgliedsländer zuzüglich Schweiz und Taiwan. – **1** Bei den nicht auf Gold und Dollar lautenden Währungsreserven wurden die Veränderungen in Einheiten des jeweiligen Reservemediums zu Durchschnittskursen, die aus den Kursen der jeweiligen Bestandsstichtage ermittelt worden sind, in Dollar umgerechnet. Für die sonstigen und nicht identifizierten Anlagen wurden die transaktionsbedingten Veränderungen mit den Bestandsveränderungen gleichgesetzt. Bei den Guthaben in offizieller ECU wird die Veränderung der ihnen zugrundeliegenden Gold- und Dollarbestände gezeigt. – **2** Unterschiedsbetrag zwischen der Bestandsveränderung und der transaktionsbedingten Veränderung; enthält neben der wechselkursbedingten Bestandsveränderung auch die goldpreisbedingte Veränderung der auf Goldeinbringung in den EFWZ beruhenden ECU-Guthaben. – **3** Bewertet mit 42,22 US-$ je Unze Feingold. – **4** Einschl. Guthaben in privater ECU. – **5** Einschl. teilweise geschätzter Anlagen Taiwans. – **p** Vorläufig.
Differenzen in den Summen durch Runden der Zahlen.
Quellen: IWF, EFWZ und Ausschuß der EG-Notenbankgouverneure. BBk

Jahresbericht der Deutschen Bundesbank für 1991.

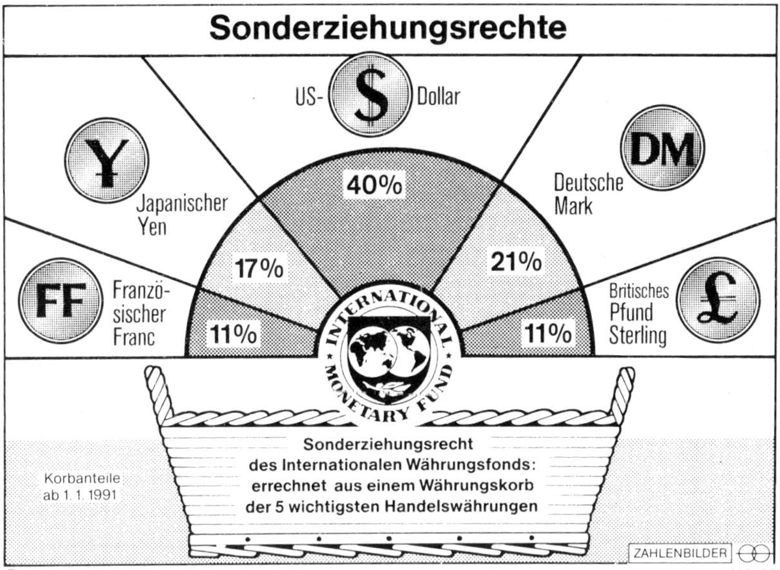

daß Währungsreserven in Form von SZR ein geringeres Abwertungsrisiko tragen, was sie einer reinen US-$- oder DM-Anlage überlegen macht. Wenn die DM abgewertet wird, hat man entsprechend den Aufwertungseffekt beim US-$.

ECU wie SZR sind wie Gold und die Devisen Teile der Währungsreserven der Länder dieser Erde. Das SZR des IWF ist gleichzeitig Geld und Kredit; die Notenbank, die SZR zur Bezahlung internationaler Verpflichtungen einsetzt, muß diese SZR innerhalb von fünf Jahren zu 70% in Gold oder Devisen zurückkaufen, also eine Art von Kredit abzahlen.

Die Anteile der nationalen Währungen wurden an der internationalen Bedeutung des Geldes (Größe des Sozialprodukts, Verwendung für internationale Zwecke) gemessen. Beim SZR spielt die D-Mark die zweitwichtigste, beim ECU die wichtigste Rolle.

Bezahlen können private Haushalte und Unternehmen allerdings weder mit SZR noch mit ECU. Bestände, die Banken in diesen Kunstgeldern halten, müssen vorher zum täglichen Wechselkurs in bekanntes nationales Geld umgetauscht werden.

Trotz aller nationalstaatlichen Besonderheiten und Interessengegensätze besteht schon seit vielen Jahren und Jahrzehnten ein Interesse an internationaler Zusammenarbeit. Die Zeiten fehlender Kooperation, ja feindseligen

Kampfes gegeneinander, der die Zeit zwischen dem ersten und dem zweiten Weltkrieg gekennzeichnet hatte, scheinen angesichts der damals gemachten Erfahrungen überwunden. Bezeichnend für die gegenwärtige weltpolitische und weltwirtschaftliche Lage ist vielmehr der 1991 im Zusammenhang mit dem Weltwirtschaftsgipfel geäußerte **Antrag der Sowjetunion auf Mitgliedschaft im Internationalen Währungsfonds.**

Integration der GUS in den Welthandel

Hier schließt sich ein bemerkenswerter Kreis – die UdSSR war nämlich 1944 Gründerstaat des IWF gewesen! Die Ost-West-Konfrontation der Nachkriegszeit hatte zum alsbaldigen Verlassen des IWF geführt. Die Wiederaufnahme in den IWF wäre nichts anderes als die volle Einbeziehung von Nachfolgestaaten der ehemaligen UdSSR in den marktwirtschaftlichen Welthandel.

Literaturhinweise

Jörn Altmann, Internationale Wirtschaftsbeziehungen. Eine praxisorientierte Einführung, Opladen 1983.

Hartmut Berg, Internationale Wirtschaftspolitik, Göttingen 1976.

Deutsche Bundesbank, Monatsberichte u. Statistische Beihefte zu den Monatsberichten der Deutschen Bundesbank. Reihe 3: Zahlungsbilanzstatistik.

Deutsche Bundesbank, Die Zahlungsbilanzstatistik der Bundesrepublik Deutschland. Inhalt, Aufbau und methodische Grundlagen. (= Sonderdrucke der Deutschen Bundesbank, Nr. 8), Frankfurt/M. 1987.

Werner Glastetter, Außenwirtschaftspolitik, 2. Aufl., Köln 1979.

Heinz-Dieter Hardes/Fritz Rahmeyer/Alfons Schmidt, Volkswirtschaftslehre. Eine problemorientierte Einführung, 17. Aufl., Tübingen 1990. (Kapitel 5 „Internationale Wirtschaftsbeziehungen").

Michael Tolksdorf

eine einheitliche Europa-Währung die einfachste Problemlösung, ganz abgesehen davon, daß sie die ökonomische und politische Zusammengehörigkeit der EG-Bürger besonders augenfällig machen würde. Eine gemeinsame Währung ist denn auch – gleichsam als „Krönung" – des seit 1979 bestehenden Europäischen Währungssystems (EWS) vorgesehen, dessen Funktionsweise, Zielsetzung und Entwicklung nun näher behandelt werden sollen.

Die ECU

Ein wichtiges Element des Europäischen Währungssystems ist die bereits erwähnte Europäische Währungseinheit ECU. Sie ist zunächst einmal nichts anderes als eine Recheneinheit zur Vereinheitlichung und Vereinfachung der Währungsvielfalt auf EG-Ebene, indem z.B. die Haushaltsmittel oder die Ausgaben im Agrarbereich usw. in ECU ausgewiesen werden. Insoweit ersetzt sie die früher gebräuchlichen und z.T. für verschiedene Politikbereiche divergierenden Europäischen Rechnungseinheiten (ERE). **Die ECU ist als ein „offener Währungskorb" definiert, der bestimmte feste Beträge jeder einzelnen Mitgliedswährung enthält,** wobei die Menge der im „Korb" befindlichen jeweiligen Landeswährung am wirtschaftlichen Gewicht des Mitgliedstaates orientiert ist (vgl. Kasten S. 494). Der Währungskorb, der insgesamt dem Wert einer ECU entspricht, setzt sich wie folgt zusammen:

Zusammensetzung des ECU-Währungskorbes

1 ECU entspricht der Summe der Gegenwerte aller nachstehender Währungsbeträge zum jeweiligen Wechselkurs

Landeswährung	ab 13.3.1979	ab 17.9.1984	ab 21.5.1989
Deutsche Mark (DM)	0,828	0,719	0,6242
Pfund Sterling (£)	0,0885	0,0878	0,08784
Französischer Franc (FF)	1,15	1,31	1,332
Italienische Lira (Lit)	109,00	140,00	151,80
Holländischer Gulden (hfl)	0,286	0,256	0,2198
Belgischer Franc (bfr)	3,66	3,71	3,301
Luxemburger Franc (lfr)	0,14	0,14	0,130
Dänische Krone (dkr)	0,217	0,219	0,1976
Irisches Pfund (Ir£)	0,00759	0,00871	0,008552
Griechische Drachmen (Dr)	–	1,15	1,440
Spanische Peseta (Pta)	–	–	6,885
Portugiesischer Escudo (Esc)	–	–	1,393

Erläuterung:
Um den Tageswert von 1 ECU z.B. in DM zu ermitteln, müssen alle im Währungskorb befindlichen festen Beträge nationaler europäischer Währungen zu ihrem jeweiligen Wechselkurs dieses Tages in DM umgerechnet und dann addiert werden. 1 ECU war z.B. am 1.2.1991 = 2,04899 DM, am 2.5.1991 = 2,05973 DM wert. Die DM hatte also in dieser Zeit – am ECU gemessen – leicht an Wert verloren.

Quelle: Statistische Beihefte zu den Monatsberichten der Deutschen Bundesbank, Reihe 5, Die Währungen der Welt, Mai 1991, S. 72 u. Tabelle 13.

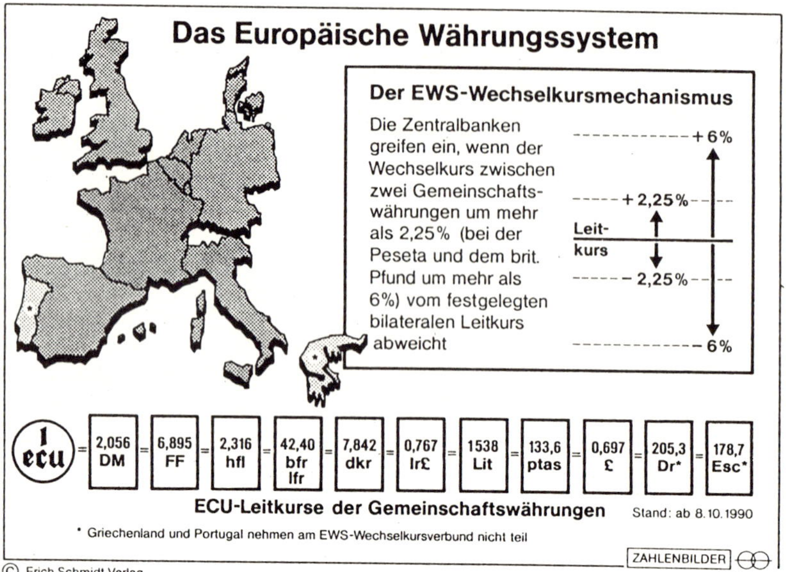

Zur geschäftlichen Verwendung des/der ECU

Obwohl es keine auf ECU lautenden Banknoten gibt (einige ECU-Münzen haben wegen ihrer hohen Abgabepreise nur Sammlerwert), findet die ECU im privaten und geschäftlichen Zahlungs- und Kreditbereich bereits Verwendung. So werden z.B. Außenhandelsgeschäfte auf ECU-Basis abgeschlossen, bei Banken können auf ECU lautende Konten eingerichtet, Schecks können auf ECU ausgestellt und auf ECU lautende Anleihen ausgegeben werden. Eine solche Anleihe wird vom Kreditgeber (Sparer) gegen Hingabe seiner eigenen Währung zum ECU-Gegenwert erworben und später bei Fälligkeit zum Kurswert der ECU wieder in einer gewünschten Währung ausgezahlt. Das gleiche gilt für die Zinsen. Eine solche Geldanlage ist dann vorteilhaft, wenn der Anleger eine eher abwertungsbedrohte Währung besitzt (z.B. italienische Lire). Für Bundesbürger war die Geldanlage in ECU bisher weniger interessant, da die D-Mark im EWS mehrfach aufwertete (vgl. Tabelle S. 503), so daß der ECU in D-Mark gerechnet an Wert verlor. Über die Bedeutung der ECU im internationalen Anleihegeschäft informiert die nachfolgende Tabelle.

Die wichtigsten Währungen bei internationalen Anleihen

Währung	Anteile in % 1987	1988	1989	Jan.–Aug. 1990
Dollar	38,8	41,2	52,0	37,8
Yen	13,7	8,4	8,3	11,8
Schweizer Franken	12,9	11,1	7,5	10,1
D-Mark	8,0	10,1	6,3	8,9
Pfund Sterling	7,8	9,4	7,1	8,9
ECU	4,0	4,9	4,9	8,4

Quelle: Kommission der EG, EG-Informationen 18/1990.

Der für neue EG-Mitglieder offene Korb hat sich also inzwischen zweimal durch die Einbeziehung Griechenlands (1984) und Spaniens sowie Portugals (1989) geändert. Dabei mußte den Statuten des EWS entsprechend die Zusammensetzung des Korbes so variiert werden, daß sein gesamter Gegenwert in jeweiliger Landeswährung unverändert blieb. **Diesen Gegenwert erhält man, wenn man alle im Korb enthaltenen Währungsbeträge zu ihrem jeweiligen Wechselkurs in eine Währung umrechnet.**

Wert der ECU

Dies erscheint zunächst sehr abstrakt und kompliziert. Es erleichtert das Verständnis, wenn man sich eine wirkliche Ansammlung von Münzen der verschiedenen Länder in solcher Zusammensetzung vorstellt: Also rund 62 Pfennige plus 151 Lire plus etwa 9 britische Pence und so fort. Diese gleichbleibende Ansammlung von Münzen kann zu ihrem jeweiligen Wechselkurs in ihrem Gegenwert in D-Mark oder in jede andere Währung umgerechnet werden. Kursschwankungen ändern den Wert des Korbes bzw. der ECU. Da nun aber immer nur einzelne europäische Währung abwerten und andere (dadurch) aufwerten, **sind die Wertschwankungen des Korbes selbst geringer als die Kursschwankungen der darin enthaltenen Einzelwährungen.** Dies ist der Hauptgrund für die wachsende Verwendung der ECU im privaten Handels- und Kreditverkehr: **Das Wechselkursrisiko wird vermindert, wenn man Zahlungen oder Kreditgewährung in ECU vereinbart und nicht in einzelnen europäischen Währungen** (vgl. Kasten S. 496).

Der Kursverbund

Die bloße Einführung einer Rechen- und Währungseinheit wie der ECU schließt Änderungen der Wechselkurse nicht aus, die sich ja weiterhin täglich an den Devisenbörsen aus Angebot und Nachfrage bilden. Der Grundgedanke des EWS ist es aber, diese innereuropäischen Kursveränderungen mit ihren geschilderten Nachteilen im Wege eines Wechselkursverbundes abzubauen. **Dieser Wechselkursverbund ist das eigentliche Kernstück des EWS.** Die ECU erfüllt dabei nur eine (wichtige) Hilfsfunktion, indem die einzelnen Mitgliedsstaaten ihre Währungen durch gemeinsamen Beschluß in ein festes Wertverhältnis zur ECU setzen. Sie legen sog. **Leitkurse** fest (vgl. Abbildung), aus denen sich dann die jeweiligen Mittelkurse der Währungen untereinander ableiten lassen.

Beispiel: Nach der Neufestsetzung im Oktober 1990 betragen die ECU-Leitkurse für französische Francs (FF) und Deutsche Mark (DM)

1 ECU = 6,89509 FF
1 ECU = 2,05586 DM.

6,89509 FF entsprechen also 2,05586 DM, woraus sich ein Mittelkurs („bilateraler Leitkurs“) des Franc von 100 FF = 29,816 DM ergibt (vgl. die Angaben im sog. Paritätengitter S. 498).

Intervention

Von diesen Mittelkursen dürfen die tatsächlichen Wechselkurse maximal um 2,25% (Portugal und Großbritannien: 6%) nach oben und unten abweichen. **Um dies zu garantieren, setzen die Notenbanken Höchst- und**

Bilaterale Leitkurse, Höchst- und Niedrigstkurse innerhalb der EWG

seit 8. Oktober 1990 **Stand: 14. Februar 1992**

Land Währung	100 bfrs/lfrs = ... WE	100 dkr = ... WE	100 DM = ... WE	100 FF = ... WE	1 £ = ... WE	1 Ir£ = ... WE	1000 Lit = ... WE	100 hfl = ... WE	100 Ptas = ... WE
Belgien/ Luxemburg bfr/lfr	- - -	553,00 540,723 528,70	2 109,50 2 062,55 2 016,55	628,970 614,977 601,295	64,6050 60,8451 57,3035	56,5115 55,2545 54,0250	28,193 27,5661 26,953	1 872,15 1 830,54 1 789,85	33,6930 31,7316 29,8850
Dänemark dkr	18,9143 18,4938 18,0831	- - -	390,16 381,443 373,00	116,32 113,732 111,20	11,9479 11,2526 10,5976	10,4511 10,2186 9,9913	5,214 5,09803 4,985	346,24 338,537 331,02	6,231 5,86837 5,526
Deutschland, Bundesrepublik DM	4,959 4,84837 4,740	26,810 26,2162 25,630	- - -	30,495 29,8164 29,150	3,132 2,95000 2,778	2,740 2,67894 2,619	1,3670 1,33651 1,3065	90,770 88,7526 86,780	1,633 1,53847 1,449
Frankreich FF	16,6310 16,2608 15,8990	89,925 87,9257 85,970	343,05 335,386 327,92	- - -	10,5055 9,89389 9,3180	9,1890 8,98480 8,7850	4,5845 4,48247 4,3830	304,44 297,661 291,04	5,4785 5,15981 4,8595
Groß- britannien £	1,74510 1,64352 1,54790	9,43610 8,88687 8,36970	35,9970 33,8984 31,9280	10,7320 10,1073 9,5190	- - -	0,964240 0,908116 0,855260	0,481050 0,453053 0,426690	31,9450 30,0853 28,3340	0,553740 0,521514 0,491160
Irland Ir£	1,8510 1,80981 1,7695	10,0087 9,78604 9,5683	38,1825 37,3281 36,4964	11,3830 11,1299 10,8825	1,1692 1,10118 1,0371	- - -	0,510246 0,498895 0,487799	33,8868 33,1293 32,3939	0,609772 0,574281 0,540858
Italien Lit	3 710,2 3 627,64 3 546,9	20 062,0 19 615,4 19 179,0	76 540,0 74 821,7 73 157,0	22 817,0 22 309,1 21 813,0	2 343,62 2 207,25 2 078,79	2 050,03 2 004,43 1 959,84	- - -	67 912,0 66 405,3 64 928,0	1 222,3 1 151,11 1 084,1
Niederlande hfl	5,5870 5,46286 5,3415	30,21 29,5389 28,8825	115,235 112,673 110,1675	34,36 33,5953 32,8475	3,5295 3,32389 3,1305	3,0870 3,01848 2,9510	1,540 1,50590 1,4725	- - -	1,8405 1,73345 1,6325
Spanien Pta	334,619 315,143 296,802	1 809,4 1 704,05 1 604,9	6 901,7 6 500,00 6 121,7	2 057,8 1 938,06 1 825,3	203,600 191,750 180,590	184,892 174,131 163,997	92,24 86,8726 81,82	6 125,3 5 768,83 5 433,1	- - -

Quelle: Statistische Beihefte zu den Monatsberichten der Deutschen Bundesbank, Reihe 5, Die Währungen der Welt, Febr. 1992, S. 50.
Erläuterung: Der jeweils in der Mitte stehende Wert ist der vereinbarte Leitkurs. Die oberen und unteren Zahlenangaben entsprechen den Höchst- bzw. Niedrigstkursen, kennzeichnen also die Bandbreite der zulässigen Kursschwankungen.

Niedrigstkurse fest, zu denen sie bereit sind, die jeweilige Währung in unbegrenztem Umfang abzugeben oder aufzukaufen (vgl. das „Paritätengitter"). Der Franc-Kurs kann dann z.B. nicht unter 100 FF = 29,15 DM fallen, da ja spätestens zu diesem Zeitpunkt sowohl die Deutsche Bundesbank „interveniert", indem sie Franc gegen D-Mark kauft und gleichzeitig die französische Notenbank eingreift, indem sie D-Mark gegen Franc verkauft.

An diesem Festkurssystem nimmt nach der Einbeziehung Portugals im Frühjahr 1992 nur Griechenland (noch) nicht teil, obwohl auch seine Währung im ECU enthalten ist und (fiktive) Leitkurse vereinbart wurden, die aber nicht durch Notenbank-Interventionen verteidigt werden, so daß der Wechselkurs der griechischen Drachme unbegrenzt schwanken kann. Bemerkenswert ist, daß zwar nicht alle EG-Mitglieder am Festkurssystem teilnehmen und auch Großbritannien erst seit dem Oktober 1990 „mitspielt", daß aber andererseits inzwischen die drei skandinavischen EFTA-Länder Norwegen, Schweden und Finnland, die (noch) nicht Mitglieder der EG sind, ihre Währungen an die ECU gebunden haben. Auch Österreich betreibt eine Währungspolitik, die durch relativ feste Kurse gegenüber der D-Mark und dem EWS gekennzeichnet ist.

Escudo tritt Währungssystem bei

Nach dem Schritt Portugals fehlt nur noch die griechische Drachme

LISSABON, 4. April (dpa/VWD). Der portugiesische Escudo wird dem Europäischen Währungssystem (EWS) beitreten. Diesen Beschluß gab Regierungschef Anibal Cavaco Silva am Freitag abend in Lissabon bekannt. Es handele sich um eine „historische Entscheidung, zu der wir heute glücklicherweise in der Lage sind", sagte Cavaco nach einer Kabinetts-Sondersitzung. Die Mitgliedschaft im EWS sei „ein entscheidender Schritt" für Portugal auf dem Weg zur Wirtschafts- und Währungsunion. Der offizielle Beschluß durch den EG-Währungsausschuß in Brüssel war für Sonnabend vorgesehen.

Der Escudo soll einen Leitkurs von 180 Escudos zum Ecu (Europäische Währungseinheit) und von 87,60 zur DM haben. Die Schwankungsbreite wird 6 Prozent in beide Richtungen betragen. Am Freitag war die portugiesische Währung mit 176,195 zum Ecu notiert worden. Cavaco verwies darauf, daß der Escudo seit etwa einem Jahr gegenüber den Währungen der fünf wichtigsten Außenwirtschaftspartner nahezu stabil geblieben sei.

Der EWS-Eintritt des Escudo kommt dennoch überraschend, weil sowohl die Inflation als auch das Zinsniveau höher liegen als in den europäischen Partnerländern. Allerdings zeigen beide Indikatoren seit Monaten im Zuge der Konjunkturabkühlung sinkende Tendenz. Die Jahresrate der Inflation betrug im Februar 8,0 Prozent. Bankenkredite mit 90 Tagen Laufzeit kosten etwa 22 Prozent. Für Kredite an private Vorzugskunden verlangen Geschäftsbanken derzeit rund 18 Prozent Zinsen. Damit fehlt im 1979 geschaffenen EWS nur noch die griechische Drachme.

Der Tagesspiegel v. 5.4.1992.

Notenbank-Kredite

Um die Interventionen der Notenbanken zu gewährleisten, wurde zwischen ihnen ein umfangreiches Kreditsystem geschaffen. Im Fall eines sinkenden Franc-Kurses benötigt z.B. die französische Notenbank D-Mark, um damit an der französischen Devisenbörse das Überangebot an Franc aufzukaufen und den Franc-Kurs zu „stützen". Solche D-Mark-Guthaben werden ihr im Bedarfsfall von der Deutschen Bundesbank kurzfristig unbegrenzt als Kredit zur Verfügung gestellt, wobei auch die von der Deutschen Bundesbank selbst eingesetzten D-Mark-Beträge zum Aufkauf von Franc als Währungskredit an Frankreich rechnen. Diese verzinslichen Kredite müssen in der Regel innerhalb von 45 Tagen zurückgezahlt werden. Daneben wurden jedoch auch längerfristige Kreditlinien vereinbart.

Probleme

Die Währungsintervention der Notenbanken zur Kursstützung weist gewisse Parallelen zur EG-Agrarpolitik auf, bei der ja auch viele landwirtschaftliche Erzeugnisse im Preis gestützt werden, indem sie zu bestimmten Interventionspreisen aufgekauft werden. Dort wie hier kann ein solches **Stützungssystem mit festen Preisen oder Kursen nur funktionieren, wenn es nicht zu einem dauerhaften Überangebot kommt. Im Währungsbe-**

Finnmark wird an Ecu gebunden

Schwankungsbreite soll 3 Prozent betragen / Keine Abwertung

HELSINKI, 4. Juni (dpa / VWD). Finnland bindet den Kurs seiner Währung an die EG-Währungseinheit Ecu. Mit dem am Dienstag in Helsinki von Ministerpräsident Aho bekanntgegebenen Regierungsbeschluß ist Finnland das dritte nordeuropäische Efta-Mitgliedsland, das sich währungspolitisch an die Gemeinschaft anlehnt. Gleichzeitig lehnte die Regierung ausdrücklich die Forderung der finnischen Industrie nach einer kräftigen Abwertung der Finnmark vor einer Ecu-Bindung ab. Die vorgesehene Schwankungbandbreite zum Ecu beträgt 3 Prozent. Die als Gesetzentwurf im Reichstag eingebrachte Vorlage soll bis Freitag abschließend behandelt werden und kann nach der als sicher geltenden Annahme am Montag in Kraft treten.

Der rechtsliberale Aho, der seit den Wahlen im Frühjahr eine rein bürgerliche Viererkoalition führt, begründete den Schritt seiner Regierung mit der zunehmenden wirtschaftlichen Integration in Europa und den nach der Anbindung zu erwartenden Stabilitätsvorteilen für die finnische Währung und einer erhofften Senkung des eigenen Zinsniveaus, wie sie in Norwegen und Schweden als Folge der Ecu-Anbindung verzeichnet wurde. Aho erklärte auf einer gemeinsamen Pressekonferenz mit Nationalbankpräsident Kullberg auf die Frage, ob nun auch mit einem Beitrittsgesuch Finnlands an Brüssel zu rechnen sei: „Wir setzen uns wie bisher für die Schaffung des Europäischen Wirtschaftsraumes durch EG und Efta ein."

In Brüssel begrüßten EG-Kommissionspräsident Delors und der dänische Vizepräsident Christophersen die finnische Entscheidung als „Schritt zu einem noch größeren Raum mit Geldwertstabilität". Sprecher der finnischen Industrie lehnten dagegen die Ecu-Anbindung ohne vorherige Abwertung der Finnmark scharf ab. Der Geschäftsführer des Industrieverbandes, Timo Relander, erklärte: „Diese Entscheidung paralysiert die gesamte Wirtschaft des Landes und macht die Industrie noch schwächer."

Der Tagesspiegel v. 5.6.1991.

orientierte Politik der Deutschen Bundesbank zwingt somit die übrigen Teilnehmer am Festkurssystem zu einem parallelen Verhalten, so daß sie in ihrer wirtschafts- und geldpolitischen Autonomie eingeschränkt werden. Diese Dominanz der Deutschen Bundesbank wird denn auch als einer der Gründe dafür genannt, daß sich z.B. Frankreich besonders intensiv für die angestrebte Vollendung der Europäischen Währungsunion einsetzt, in der schließlich für alle EG-Staaten eine gemeinsame zentrale Notenbank eine gemeinsame Währung ausgeben und kontrollieren soll, die dann als ECU die nationalen Währungen ersetzt.

Wirtschafts- und Währungsunion

Der Plan für eine solche **„Wirtschafts- und Währungsunion" (WWU) mit einer gemeinsamen zentralen europäischen Wirtschafts- und Währungspolitik und einer in allen EG-Staaten einheitlichen Währung** geht bereits auf das Jahr 1969 („Haager-Konferenz") zurück, als die EG schon einmal den Weg zur politischen Union in mehreren Etappen beschreiten wollte, an dessen Ende dann eine Europäische Regierung und – spätestens 1980 – eine Europäische Notenbank stehen sollten (vgl. das Schema S. 504). Dieses im sog. „Werner-Plan" entwickelte ehrgeizige Projekt scheiterte damals jedoch bereits in der ersten Stufe eines Wechselkursverbundes u.a. an den Währungs-Turbulenzen der ersten Ölpreiskrise (1972/74). In nur fünf Jahren kam es zu 15 Paritätsänderungen zwischen den europäischen Währungen, die sich damals dem als „Währungsschlange" bezeichneten Wechselkursverbund zeitweise angeschlossen hatten. **Das gegenwärtige, seit 1979 bestehende Europäische Währungssystem war dann der Versuch, zunächst einmal zu stabilen Wechselkursen zurückzufinden,** wobei damals die deutschen und französischen Regierungschefs Helmut Schmidt und Giscard d'Estaing die entscheidende Initiative ergriffen. Die Pläne zur Vollendung des Europäischen Binnenmarktes bis Ende 1992 (vgl. Kapitel 4.3.) und das Bestreben, eine europäische politische Union zu schaffen, haben seit 1988 dazu geführt, daß die Zielsetzungen und Ideen des „Werner-Plans" wieder aufgegriffen und im sog. „Delors-Bericht" vom 12.4.1989 weiterentwickelt wurden[5], der ebenfalls einen dreistufigen Weg zu einer gemeinsamen Europa-Währung vorsieht (vgl. Kasten). Bereits im Februar 1988 hatte der deutsche Außenminister, Hans Dietrich Genscher, ein Memorandum veröffentlicht, in dem es hieß: „Die Schaffung eines einheitlichen europäischen Währungsraums mit einer Europäischen Zentralbank ist eine ökonomisch notwendige Ergänzung des europäischen Binnenmarktes."[6] Auch der frühere Bundeskanzler Schmidt setzte sich im April 1988 engagiert für eine Europa-Währung ein, als er in der ZEIT forderte: „Wer einen europäischen Binnenmarkt will, muß auch eine gemeinsame Währung schaffen."[7]

[5] Ausschuß zur Prüfung der Wirtschafts- und Währungsunion. Bericht zur Wirtschafts- und Währungsunion in der Europäischen Gemeinschaft („Delors-Bericht"), 1989.

[6] „Memorandum für die Schaffung eines europäischen Währungsraums und einer Europäischen Zentralbank" von Hans-Dietrich Genscher. In: Deutsche Bundesbank, Auszüge aus Presseartikeln, 1.3.1988.

[7] Die Zeit v. 22.4.1988, S. 38.

Delors-Plan

Den Staats- und Regierungschefs der Europäischen Gemeinschaft lag auf dem Gipfeltreffen in Madrid (Juni 1989) ein Papier vor, das den Weg der zwölf Mitgliedsstaaten zu einer Währungsunion beschreibt. Erarbeitet wurde es von einer Expertengruppe unter der Leitung des EG-Kommissionspräsidenten Jacques Delors. Der nach ihm benannte Plan sieht drei Stufen vor, die zur Währungsunion führen sollen. In einem ersten Schritt, der Mitte 1990 vollzogen werden soll, ist vorgesehen, alle Währungen der Gemeinschaft in das Europäische Währungssystem aufzunehmen, also auch das englische Pfund, die griechische Drachme und den portugiesischen Escudo. Außerdem soll die Wirtschaftspolitik der Mitglieder stärker koordiniert werden. Für den Eintritt in die zweite Stufe sind Verträge nötig, die den schrittweisen Übergang nationaler Kompetenzen in der Geld-, Währungs- und Fiskalpolitik auf EG-Institutionen regeln. Die dritte Stufe schließlich sieht den Aufbau eines unabhängigen Zentralbankensystems als Voraussetzung für die Schaffung unverrückbarer Wechselkurse bzw. einer einheitlichen Währung vor. In Madrid haben sich die Teilnehmer prinzipiell auf den Vollzug des ersten Schrittes geeinigt, weitergehende Festlegungen aber lehnt vor allem Großbritannien ab.

H. M., Süddeutsche Zeitung, 28.6.1989

Eine Währung oder dreizehn?

Bei den intensiven Verhandlungen zur Vorbereitung der EG-Gipfelkonferenz in Maastricht, auf der im Dezember 1991 die entscheidende Weichenstellung für die künftige Europa-Währung erfolgte, standen z.T. noch sehr unterschiedliche Positionen und Konzepte zur Diskussion. So befürwortete die Mehrheit der Mitgliedsstaaten und die EG-Kommission die Schaffung einer **europäischen Einheitwährung**, die von einer noch zu errichtenden Europäischen Zentralbank ausgegeben und an die Stelle der bisherigen nationalen Währungen treten sollte. D.h. sämtliche jetzt noch auf D-Mark, Franc oder Gulden etc. lautenden Zahlungsmittel, Guthaben und Schulden sowie alle Preise und Löhne sollen nach dieser Konzeption zum Stichtag der Europäischen Währungsunion – entsprechend dem ECU-Gegenwert der jeweiligen Währungen – in auf ECU lautende Banknoten und Münzen bzw. Beträge umgewandelt werden. Demgegenüber vertrat Großbritannien die Forderung, daß von einer Europäischen Zentralbank eine auf ECU lautende **zusätzliche europäische Währung** ausgegeben werden sollte, die als sog. „Parallelwährung" europaweit als Zahlungsmittel verwendet werden sollte, um sich dann – im Erfolgsfall – allmählich gegenüber den weiter bestehenden nationalen Währungen durchzusetzen. Dieser Vorschlag, der die Währungsvielfalt zunächst noch erhöht hätte, erfordert einen weit geringeren Verzicht auf nationale Souveränitätsrechte und währungspolitische Kompetenzen und entsprach somit der traditionellen Distanz Großbritanniens gegenüber supranationalen europäischen Regelungen und Institutionen. Aber auch zwischen den Befürwortern einer einheitlichen Europa-Währung gab es Meinungsunterschiede über das Tempo, die Vorbedingungen und den Weg zur gemeinsamen Währung. Während z.B. Frankreich und Italien möglichst schnell eine Europäische Zentralbank schaffen wollten, die den Einigungsprozeß vorantreiben sollte, vertraten die Bundesrepublik Deutschland und die Niederlande die Auffassung, daß es zunächst zu einer sehr viel engeren wirtschafts- und währungspolitischen Übereinstimmung und Zusammenarbeit zwischen den EG-Staaten kommen müsse, ehe weitere institutionelle Schritte unternommen werden, die dann nicht mehr rückgängig zu machen sind.[8] Nach deutscher Auffassung, vor allem auch aus Sicht der Deutschen Bundesbank, ging es zunächst darum, eine europäische Stabilitätsgemeinschaft zu schaffen, die bestehenden Bandbreiten im EWS zu verringern und nur dann zu einer gemeinsamen Währung überzugehen, wenn diese die gleichen Stabilitätsbedingungen erfüllen würde, wie sie bislang für die D-Mark galten. Daraus ergab sich nicht nur die Forderung nach einer allein dem Ziel der Geldwertstabilität verpflichteten, regierungsunabhängigen Europäischen Zentralbank, sondern es ergaben sich auch Vorbehalte gegen die Einbeziehung solcher EG-Staaten in den Währungsverbund, deren Inflationsraten und Staatsdefizite als zu hoch anzusehen sind. Die deutsche Position entsprach damit der sog. „Krönungstheorie", wonach die Währungsunion nicht als ein Mittel, sondern als das Endziel einer auf Stabilität gerichteten wirtschafts- und währungspolitischen Integration angestrebt werden sollte.

Risiken und Vorbehalte

Angesichts der Tragweite der Entscheidungen über eine Europa-Währung sind politische und ökonomische Meinungsunterschiede und Kontroversen notwendig und unvermeidlich. Sie bedürfen einer sehr sorgfältigen Klärung und Lösung, **denn die gemeinsame Währung birgt nicht nur Chancen und ökonomische Vorteile** (vgl. oben S. 493 f.), sondern auch beträchtliche Risiken, auf die immer wieder und besonders nachdrücklich von Vertretern der Deutschen Bundesbank, aber auch vom Sachverständigenrat zur Begutachtung der gesamtwirtschaftlichen Entwicklung hingewiesen wurde. Die Befürchtungen gelten den möglichen Inflationsgefahren, denen jede Währung ausgesetzt ist, die aber aus deutscher Sicht größer werden könnten, wenn an die Stelle der bisher relativ stabilen D-Mark ein neues europäisches Geld tritt. Die Geldwertstabilität hat im Vergleich zu anderen europäischen Ländern in der Bundesrepublik einen besonders hohen Rang, der sich aus den schlimmen Erfahrungen zweier (kriegsbedingter) totaler Geldentwertungen in diesem Jahrhundert herleitet (vgl. Kasten S. 446). Die deutsche Notenbank hat daher nach dem zweiten Weltkrieg in der Bundesrepublik eine in anderen Ländern unbekannte politische Autonomie gegenüber der Regierung und einen gesetzlichen Auftrag zur Geldwertstabilisierung erhalten, der ihr in gewisser Hinsicht die Stellung einer „Nebenregierung" verschafft hat. Sie hat in der Vergangenheit mehrfach durch Kreditbeschränkungen und hohe Zinsen auch unter bewußter Inkaufnahme von Beschäftigungseinbrüchen das Ziel der Geldwertstabilität

[8] Hierzu und zum Folgenden: Helmut Hesse (Präs. d. Niedersächsischen Landeszentralbank), Probleme einer europäischen Währungsunion aus wissenschaftlicher Sicht. Vortrag. Abgedruckt in: Deutsche Bundesbank, Auszüge aus Presseartikeln, Nr. 44 v. 14.6.1991, S. 6 ff.

auch gegen die Tarifpartner und ausgabenfreudige Regierungen durchzusetzen gesucht, und sie betreibt auch jetzt angesichts der Inflationsgefahr im Zuge der deutschen Einheit eine außerordentlich restriktive Politik.

Stoppt Dänemark den Integrationsprozeß?

rg. – Das Nein in Dänemark zum Vertragswerk von Maastricht fiel äußerst knapp aus und kam insosfern überraschend, als der Unionsbegriff bereits in der einheitlichen Europäischen Akte von 1986, der das dänische Volk mit komfortabler Mehrheit zugestimmt hatte, enthalten ist. Doch was bedeutet nun dieses Abstimmungsergebnis für den europäischen Integrationsprozeß? Hat das Verdikt nur Folgen für Dänemark, oder werden die 23.000 Nein-Stimmen, die im Lande Hamlets den Ausschlag für das „Votum gegen Europa“ gegeben haben, die Vereinbarungen von Maastricht Makulatur werden lassen? Die Konfusion in Brüssel ist momentan ebenso groß wie die Konsternation. Denn rein juristisch betrachtet setzt die Inkraftsetzung der Europäischen Union die Ratifikation der Konvention durch sämtliche zwölf Gemeinschaftsländer voraus. Darüber lassen die Schlußbestimmungen des Vertrages (Artikel R) keinen Zweifel offen).

Prominente EG-Gegener auf dem politischen Parkett ... haben in öffentlichen Erklärungen denn auch prompt die Maastrichter Vereinbarungen für „tot“ erklärt. Eine solche Schlußfolgerung könnte sich aber als voreilig entpuppen, zumindest wenn die übrigen EG-Staaten den Vertrag über die Europäische Union bis Jahresende ratifizieren sollten. Hinzu kommt, daß am jüngsten deutsch-französischen Gipfel in La Rochelle sowohl Staatspräsident Mitterand wie auch Bundeskanzler Kohl die feste Entschlossenheit bekundeten, selbst bei einem allfälligen Ausscheren Kopenhagens vom vorgezeichneten Integrationsgrad nicht abzuweichen. Und maliziös fügte der Franzose noch an, daß mit oder ohne Dänemark die Europäische Union rasch zwölf bis fünfzehn Länder umfassen werde – ein klarer Wink mit dem Zaunpfahl an die beitrittwilligen Länder ...

... Was werden Dänemarks EG-Partner realistischerweise also tun? Grundsätzlich gibt es zwei Möglichkeiten der „Schadensbegrenzung“. Erstens kann über eine weitere Regierungskonferenz das Vertragswerk dahingehend modifiziert werden, daß die Europäische Union, wie eingangs erwähnt, zunächst nur durch elf Gemeinschaftsländer in Angriff genommen wird. Dänemark würde der Möglichkeit nicht beraubt, zu einem späteren Zeitpunkt die Konvention doch noch zu ratifizieren. Zweitens besteht die Möglichkeit, das Maastrichter Paket aufzuschnüren, gewisse Vertragsbedingungen zu ändern, die einem Mitglied Kopfschmerzen bereiten ...

Neue Zürcher Zeitung, 6. Juni 1992.

Mit dem Übergang zur gemeinsamen Währung verlieren die Notenbanken (Zentralbanken) der EG-Staaten, die in den Währungsverbund eintreten, ihre bisherigen geld- und währungspolitischen Kompetenzen, die dann auf eine Europäische Zentralbank (EZB) übergehen, die auch das künftige europäische Geld ausgeben wird. Die bisherigen nationalen Notenbanken werden dann zu Filialen dieser EZB, vergleichbar der Stellung der einzelnen Landeszentralbanken in der Bundesrepublik gegenüber der Deutschen Bundesbank. Die Europäische Zentralbank soll nach den Verträgen von Maastricht spätestens zum 1.7.1998 errichtet werden. Für die zweite Stufe der Währungsunion (ab 1994), in der es um eine verstärkte Konvergenz der europäischen Wirtschafts- und Währungsentwicklung geht, ist lediglich die Schaffung eines Europäischen Währungsinstituts (EWI) mit primär beratenden und koordinierenden Funktionen vorgesehen, das keine Weisungsbefugnis gegenüber den jetzt noch bestehenden Notenbanken haben wird. Unter dem maßgeblichen Einfluß der Deutschen Bundesbank ist für die künftige Europäische Zentralbank verbindlich vorgesehen, daß sie

Die Europäische Zentralbank

- ausschließlich dem Ziel der Geldwertstabilität der künftigen Gemeinschaftswährung verpflichtet sein soll;
- von Weisungen der Regierungen unabhängig ist und
- keine Kredite zur Finanzierung staatlicher Haushaltsdefizite gewähren darf.

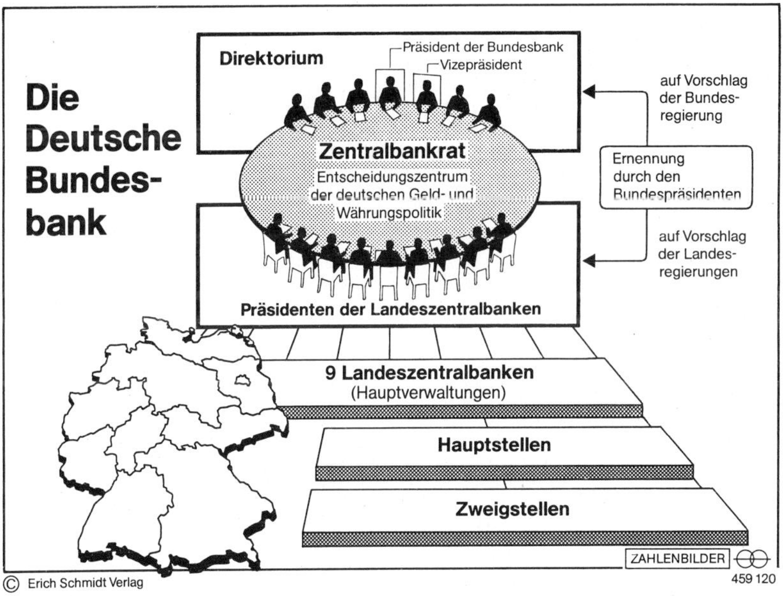

459 120

Die Konstruktion der künftigen EZB entspricht somit derjenigen der Deutschen Bundesbank (vgl. Kasten s. S. 512) und geht im strikten Verbot der Kreditgewährung an den Staat sogar noch über die begrenzten Finanzierungsmöglichkeiten des Bundesbankgesetzes hinaus. Auch der Aufbau einer künftigen EZB wird dem der Deutschen Bundesbank ähnlich sein, d.h. der Europäische Zentralbankrat wird sich wahrscheinlich aus den Präsidenten der bisherigen Notenbanken und von der EG nominierten Direktoriumsmitgliedern zusammensetzen. Die nationalen Notenbanken würden dann zu Hauptverwaltungen der EZB in den einzelnen Ländern, sie würden ihr Notenausgaberecht verlieren und ihre bisherigen Währungsreserven und Forderungen an die EZB übertragen.

EG-Notenbanken: Nur wenige sind wirklich unabhängig

Notenbank	Unabhängigkeit von Weisungen	Gesetzliches Ziel der Geldwertstabilität	Amtsdauer der Leitungsmitglieder	Kredite an Regierung
Deutsche Bundesbank	ja	ja	8 Jahre, keine Abberufung	nur sehr begrenzt
Bank of England	nein	nein	4 bis 5 Jahre, keine Abberufung	keine legale Begrenzung
Banque de France	nein	nein	unbestimmt, Abberufung jederzeit	Obergrenze für direkte Finanzierung
Banca d'Italia	nein	nein	unbestimmt, Abberufung jederzeit	keine Begrenzung bei gesetzlicher Ermächtigung
De Nederlandsche Bank	de facto	ja	7 Jahre, Abberufung erschwert	nur sehr begrenzt
Banque Nationale de Belgique	enge Kooperation erforderlich	nein	3 bis 6 Jahre, Abberufung erschwert	unbegrenzt
Central Bank of Ireland	weitgehend	ja	5 bis 7 Jahre, keine Abberufung	nach Ermessen der Bank
Danmarks Nationalbank	weitgehend	nein	unbestimmt, Abberufung erschwert	formales Abkommen über Begrenzung
Banco de España*	nein	nein	3 bis 4 Jahre, Abberufung jederzeit	unbegrenzt
Banco de Portugal**	teilweise	nein	5 Jahre, Abberufung möglich	nur sehr begrenzt
Bank von Griechenland	nein	nein	3 bis 4 Jahre, Abberufung jederzeit	weitreichende Möglichkeiten

* Änderung des Notenbankgesetzes in Richtung mehr Unabhängigkeit angekündigt
**Notenbankgesetz 1990 grundlegend geändert

Wirtschafts Woche

Entnommen: Wirtschaftswoche, Nr. 45 v. 1.11.1991.

Damit sind wesentliche Vorbedingungen geschaffen, die verhindern sollen, daß es durch die künftige EZB zu einer „Politik des billigen Geldes", d.h. zu einer stabilitätswidrigen Kreditfinanzierung durch eine übermäßige Ausweitung der Geldmenge kommt, oder daß das Ziel der Geldwertstabilität anderen Zielen (z.B. Vollbeschäftigung, Wirtschaftswachstum) untergeordnet wird. Dennoch gibt es im Hinblick auf die EZB fortbestehende Bedenken, die sich auch in öffentlich geäußerten Kontroversen zwischen Mitgliedern des Zentralbankrats der Deutschen Bundesbank niederschlagen. Kritik wird z.B. daran geübt, daß die bisher überwiegend weisungsgebundenen Notenbanken der übrigen EG-Länder (vgl. Übersicht S. 514) erst mit dem Übergang in die Währungsunion regierungsunabhängig werden sollen, während das Europäische Parlament, diesen Schritt schon für die zweite Stufe gefordert hatte. Auch in der Frage des Wechselkurses der gemeinsamen Europäischen Währung zu anderen Währungen wird beklagt, daß die künftige EZB hierin nicht souverän sein wird, sondern die Entscheidung beim Europäischen Rat, d.h. den Regierungs-Chefs liegen wird, die freilich auch jetzt diese Kompetenz in ihren Ländern wahrnehmen.

Pro und Contra

Aus Sicht der Bundesbürger, die bisher mit der D-Mark über eine sehr „harte" und relativ stabile Währung mit geringen Inflationsraten verfügen, sind die Sorgen vor einer möglicherweise weniger stabilen Europa-Währung verständlich, zumal die Bundesbürger (West) im Schnitt sehr hohe Geldvermögen besitzen (vgl. Kapitel 2.5.), die bei einer Inflation an Wert verlieren, während diejenigen, die keine Ersparnisse besitzen, dies gelassener betrachten können, sofern sie ihre Einkommen an die Inflation anpassen können. Daß sich bei Umfragen im Frühjahr 1992 mehr als 60% der Bundesbürger für die Beibehaltung der D-Mark und gegen eine Europa-Währung aussprachen, dürfte allerdings vorwiegend die Folge von Informationsmängeln in breiten Kreisen der Bevölkerung sein, da die Währungsunion erst dann (häufig negative) Schlagzeilen machte, als die Beschlüsse von Maastricht bekannt wurden, während die Diskussion der Details und näheren Umstände der Währungsunion sich vorwiegend in Fachkreisen und nicht in den Medien abspielt. Die Beschlüsse von Maastricht enthalten, wie gezeigt wurde, eine ganze Reihe von „Sicherungen" gegen eine übereilte und „unsolide" Währungsunion, sie werden aber auch in den nächsten Jahren nicht unumstritten bleiben, da es nach wie vor Meinungsunterschiede zwischen den Befürwortern und Skeptikern gibt:

Die Befürworter heben hervor, daß eine einheitliche Währung

- den europäischen Zahlungsverkehr verbilligt,
- das Wachstum fördert,
- Wechselkursrisiken ausschließt,

- die ECU als Gegenpol zu Dollar und Yen schafft,
- einen unumkehrbaren Zwang zu einer gemeinsamen Wirtschaftspolitik ausübt und damit
- die politische Union voranbringt,
- die „Hegemonie“ der D-Mark beseitigt und
- für jeden EG-Bürger ein sichtbares Zeichen der Zusammengehörigkeit darstellt.

Die Skeptiker und Gegner einer schnellen gemeinsamen Währung

- sehen eine gemeinsame Währung und eine Europäische Zentralbank erst dann als sinnvoll an, wenn die politische Union realisiert ist;
- befürchten eine weniger stabilitätsorientierte Geldpolitik in Europa im Vergleich zur Politik der Bundesbank;
- halten Wechselkursveränderungen, die jetzt noch möglich sind, für ein wichtiges Ventil, um unterschiedlichen wirtschaftlichen Entwicklungen in Teilen der EG Rechnung zu tragen (vgl. oben S. 492);
- halten eine weniger solide Haushaltspolitik der Mitgliedsländer für wahrscheinlich, da deren Konsequenzen für den Geldwert und die Währung

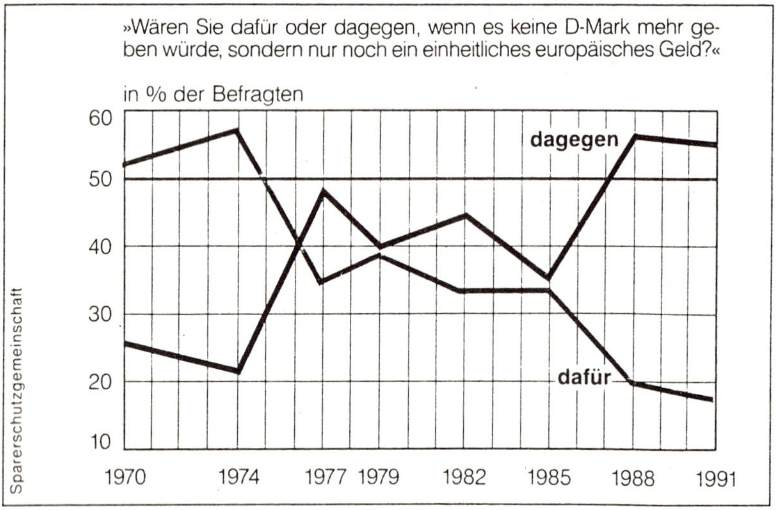

Gemeinschaft zum Schutz der deutschen Sparer, Jahresbericht 1990/91, S. 45.

Quelle: Allensbach-Archiv

nun nicht mehr allein auf das verursachende Land zurückfallen, sondern sich auf alle Beteiligten der Währungsunion verteilen;

- sehen bei der Entscheidung für die gemeinsame Währung eher politische als überzeugende ökonomische Motive;
- befürchten, daß die Einführung der gemeinsamen Währung Forderungen nach einem Sozialtransfer von den reichen in die armen EG-Länder verstärken wird, die in diesem Zusammenhang von den „Südstaaten" der EG auch bereits erhoben worden sind, ohne daß die Frage der gemeinsamen Währung mit dem Wohlstandsgefälle in der EG in einem ursächlichen Zusammenhang steht;
- halten den Einfluß und das Gewicht der deutschen Vertreter in einer künftigen Europäischen Zentralbank für zu gering.
- Besonders aus deutscher Sicht könnten weitere bisher in der Öffentlichkeit kaum diskutierte Bedenken auch noch daraus resultieren, daß mit dem Eintritt in die gemeinsame Währung die Währungsreserven der Deutschen Bundesbank, die für das Ansehen und die „Härte" der D-Mark durchaus bedeutsam sind, auf die EZB übergehen. Hierbei handelt es sich um Gold, Devisen und Auslandsforderungen im Gegenwert von rd. 100 Mrd. DM, die aus den bisherigen Zahlungsbilanzüberschüssen der alten Bundesländer stammen und die dann mit Ausnahme der wegfallenden innereuropäischen Guthaben allen künftigen Mitgliedstaaten der Währungsunion zur Verfügung stehen.
- Daß schließlich nationalistische Parteien aus der „Preisgabe" der gewohnten Landeswährung zugunsten eines europäischen Geldes bei einer besorgten und wenig informierten Wählerschaft Kapital zu schlagen suchen, wurde bereits bei den Landtagswahlen in Deutschland im Frühjahr 1992 deutlich.

Zur Problematik von Meinungsumfragen

Die Ergebnisse der vom Institut für Demoskopie in Allensbach durchgeführten Befragungen (Abbildung S. 516) stimmen mit anderen europäischen Umfragen (z.B. Europabarometer Nr. 34, Dezember 1990) nicht überein, wonach sich im Herbst 1990 50% der befragten Deutschen für eine gemeinsame Währung und lediglich 27% dagegen aussprachen. Solche Diskrepanzen bei Meinungsumfragen ergeben sich vor allem aus der jeweiligen Fragestellung. Ist diese, wie bei der Allensbacher Umfrage, so formuliert, daß der Verzicht auf die D-Mark im Vordergrund steht, wird das Ergebnis negativer ausfallen, als wenn lediglich nach der persönlichen Einstellung zu einer gemeinsamen Europa-Währung gefragt wird. Die europäische Umfrage erbrachte im übrigen deutlich höhere Zustimmung (über 60%) bei Italienern, Griechen, Franzosen und Belgiern und deutlichere Ablehnung bei Briten und Dänen.

Die Bundesbank zur Errichtung einer Währungsunion in Europa

„Die wirtschaftliche und wirtschaftspolitische Entwicklung in der Europäischen Gemeinschaft ist noch immer durch große Unterschiede zwischen den Mitgliedstaaten gekennzeichnet ... Die Ursachen hierfür liegen in den meisten Fällen nicht so sehr in vorübergehend wirksamen Faktoren, sondern vor allem in beträchtlichen Unterschieden in den institutionellen Strukturen, den wirtschaftlichen Grundorientierungen sowie den Verhaltensweisen der Tarifpartner.

Bei dieser wirtschaftlichen und wirtschaftspolitischen Situation in der Gemeinschaft wäre eine baldige Fixierung der Wechselkurse sowie die Übertragung geldpolitischer Kompetenzen auf die Gemeinschaftsebene insbesondere für die Bundesrepublik mit beträchtlichen Stabilitätsrisiken verbunden.

Aus der Sicht der Bundesbank ist ... die vertragliche Absicherung folgender Punkte für die Gestaltung der Endstufe unverzichtbar:

1. ... eine Wirtschaftsunion ... sowie eine hinreichende und dauerhafte stabilitätspolitische Konvergenz. ... Geldwertstabilität kann auf Dauer ... nur erreicht und gesichert werden, wenn insbesondere auch die staatliche Finanzpolitik in allen Mitgliedsländern stabilitätsorientiert geführt wird.
2. ... eine gemeinschaftliche Währungsbehörde in Form eines Europäischen Zentralbanksystems (EZBS) ..., das folgenden Ansprüchen genügen muß:
   - Das EZBS muß in der Lage und verpflichtet sein, bei seinen Entscheidungen vorrangig das Ziel der Geldwertstabilität zu verfolgen.
   - Das EZBS muß mit einer in institutioneller, funktioneller und personeller Hinsicht dauerhaft gesicherten Unabhängigkeit ausgestattet sein.
   - Die Geldpolitik des EZBS darf nicht durch Entscheidungen im Bereich der äußeren Währungspolitik behindert werden. Deswegen muß das EZBS die alleinige Zuständigkeit für Devisenmarktinterventionen erhalten.
   - Das EZBS darf keinerlei Verpflichtungen unterliegen, den öffentlichen Haushalten ... Kredite zu gewähren.

Besonders wichtig aus der Sicht der Bundesbank ist, daß der Übergang in eine weitere Stufe ... nicht von bestimmten Zeitplänen, sondern ausschließlich von der Erfüllung vorher festgelegter wirtschaftlicher und wirtschaftspolitischer Voraussetzungen abhängig gemacht wird.

Aus der Sicht der Bundesbank stellen die vorstehend genannten Eckwerte unabdingbare und damit nicht disponible Anforderungen dar ... Die Tragfähigkeit des vorgesehenen Konzepts für die Wirtschafts- und Währungsunion darf in den dargelegten zentralen Punkten nicht durch Verhandlungskompromisse gefährdet werden.“

Aus der Stellungnahme der Deutschen Bundesbank zur Errichtung einer Wirtschafts- und Währungsunion in Europa. September 1990

Befürchtungen, daß die Einführung der ECU anstelle bisheriger nationaler Währungen eine Art „Währungsschnitt“ darstellen würde, wie dies z.B. bei der Währungsreform 1948 der Fall war, sind dagegen unbegründet, denn alle Bargeldbestände, Guthaben (und Schulden) bleiben ungeschmälert erhalten. Sie werden lediglich auf ECU umgerechnet. Auch zur deutschen Währungsunion vom Juli 1990 besteht keine Parallele. Dort wurde mit der D-Mark eine harte Währung in einer bisher vom Weltmarkt abgeschotteten Zentralverwaltungswirtschaft an die Stelle eines reinen „Binnengeldes“ gesetzt, so daß ein großer Teil der Wirtschaft dem plötzlich einsetzenden Wettbewerb mit dem Weltmarkt nicht gewachsen war. In den Ländern der EG, die alle weltmarktorientierte Marktwirtschaften mit voll konvertiblen Währungen[10] sind, ist solch ein Effekt ausgeschlossen.

Keine Parallelen zu 1948 oder 1990

Wirtschaftswoche, Nr. 13 v. 20.3.1992.

[10] Währungen, die unbegrenzt in andere Währungen umtauschbar sind.

Dennoch sind die Bedenken der Warner gerade aus deutscher Sicht ernst zu nehmen, denn die Bundesbürger besitzen (noch) eine sehr begehrte und stabile Währung, deren Aufgabe zugunsten der ECU nur dann mit Zustimmung rechnen kann, wenn die ECU von den Bürgern als vollwertiges, stabiles Geld und nicht als ein verordnetes Zahlungsmittel betrachtet wird, für das man die D-Mark im Interesse Europas „opfern“ muß. Eine „schwache“, d.h. inflationsgefährdete ECU würde dann nicht nur der Europa-Idee schaden, weil sich die Menschen betrogen fühlen. Es bestünde auch die Gefahr eines Kursverfalls der neuen Währung, wenn die Geldanleger versuchen, ihre Ersparnisse durch „Kapitalflucht“ in andere Währungen oder eine „Flucht in die Sachwerte“ zu retten.

Literaturhinweise

Norbert Berthold, Das Europäische Währungssystem (EWS). Konzeption und bisherige Erfahrungen, Köln 1981.

Herbert Ehrenberg, Abstieg vom Währungsolymp. Zur Zukunft der Deutschen Bundesbank, Frankfurt/M 1991.

Otmar Franz (Hrsg.), Die Europäische Zentralbank, Bonn 1990.

Rolf H. Hasse, Europäische Zentralbank. Europäische Währungsunion ante portas? In: Aus Politik und Zeitgeschichte. Beilage zur Wochenzeitung Das Parlament B 7-8/92 v. 7.2.1992, S. 23–32.

Rolf H. Hasse, Werner Weidenfeld, Reinhold Biskup, Die Europäische Zentralbank. Perspektiven für eine Weiterentwicklung des Europäischen Währungssystems, Gütersloh 1989.

Rainer Hellmann, Das Europäische Währungssystem, Baden-Baden 1979.

Otmar Issing, Die Europäische Währungsintegration. = Schriften des Vereins für Socialpolitik, Bd. 199, Berlin 1990.

Hans-Eckhart Scharrer, Wolfgang Wessels (Hrsg.), Stabilität durch das EWS?, Bonn 1987.

Helmut Steinel, Das Europäische Währungssystem. In: Aus Politik und Zeitgeschichte. Beilage zur Wochenzeitung Das Parlament B 20–21/89 v. 12.5.1989, S. 3–13.

Elke Thiel, Europäische Wirtschafts- und Währungsunion. Von der Marktintegration zur politischen Integration. In: Aus Politik und Zeitgeschichte. Beilage zur Wochenzeitung Das Parlament B 7-8/92 v. 7.2.1992, S. 3–11.

Peter Czada

4.3. Binnenmarkt Europa – Chancen und Risiken regionalwirtschaftlicher Integration

Die Europäische Gemeinschaft (EG) entstand 1965 durch Verschmelzung der 1957 durch die sog. „Römischen Verträge“ gegründeten **Europäischen Wirtschaftsgemeinschaft** (EWG) mit der **Europäischen Atomgemeinschaft** (Euratom) sowie der **Europäischen Gemeinschaft für Kohle und Stahl** (EGKS bzw. „Montanunion“). Sie ist schon vor der für den Jahreswechsel 1992/93 vorgesehenen Vollendung des einheitlichen Binnenmarktes aller zwölf Mitgliedsstaaten eines der erfolgreichsten Beispiele regionalwirtschaftlicher Integration, das die Wirtschaftsgeschichte kennt.

Arbeitsteilung steigert die Produktivität

Die Außenwirtschaftstheorie wandte sich schon mit dem Beginn der modernen Volkswirtschaftslehre im 18. Jahrhundert den Fragen der internationalen wirtschaftlichen Verflechtung durch den Außenhandel und die Wanderung von Kapital und Arbeit zu. Das bahnbrechende Werk Adam Smiths, „Untersuchung des Wesens und der Ursachen des Reichtums der Nationen“, 1776, weist bereits mit der Mehrzahl „Nationen“ auf den weltwirtschaftlichen Zusammenhang hin, der zum „Fortschritt in den produktiven Arbeitskräften“ (so in der Überschrift des ersten Buches) führen kann. Wesentliche Erkenntnisse werden bereits in den ersten Zeilen dieses Buches angesprochen, als die produktivitätssteigernde Wirkung der Arbeitsteilung herausgestellt und wenig später im 3. Kapitel festgestellt wird, daß „die

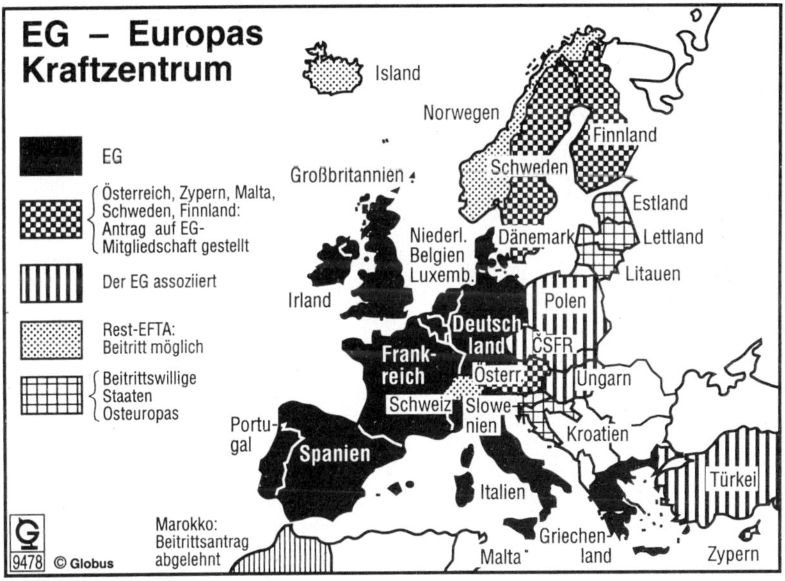

Stufen der wirtschaftlichen Integration
(schematische, vereinfachte Darstellung)

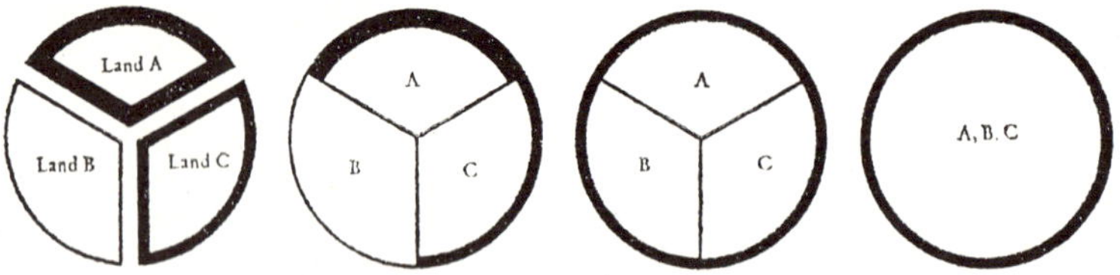

a) 3 Länder b) Freihandelszone c) Zollunion d) Gemeinsamer Markt e) Wirtschaftsunion

a) **Nationale Autonomie:** Jedes Land schützt seine Wirtschaft auf seine Weise mit unterschiedlichen Mitteln (Zölle, mengenmäßige Importbeschränkungen, Einfuhrverbote u. a.) vor der ausländischen Konkurrenz.
Beispiel: Zustand vor Gründung der EWG.

b) In der **Freihandelszone** verzichten die beteiligten Länder auf Zölle und mengenmäßige Handelsbeschränkungen **untereinander.** Jeder Staat schützt sich aber weiterhin in unterschiedlichem Ausmaß gegenüber dritten Staaten.
Beispiel: EFTA (European Free Trade Association = Europäische Freihandelszone), gegründet 1959 von acht europäischen Staaten, die sich der EWG (noch) nicht anschließen wollten.

c) In der **Zollunion** vereinbaren die Mitgliedstaaten zusätzlich zum gegenseitigen Zollabbau einen gemeinsamen Außenzoll gegenüber Drittländern. Sie verzichten also auf eine nationale zugunsten einer gemeinsamen Außenhandelspolitik; es entsteht ein Wirtschaftsgebiet mit einer einheitlichen Zollmauer nach außen.
Beispiel: EG seit 1968.

d) In einem **gemeinsamen Markt** werden nicht nur die Zölle, sondern auch andere Hemmnisse zwischen den Mitgliedstaaten aus dem Wege geräumt, um einen freien, ungehinderten Fluß von Kapital, Waren und Dienstleistungen zu gewähren und um Arbeitnehmern wie Selbständigen ein unbeschränktes Recht zur Arbeitsaufnahme bzw. Niederlassung in allen Mitgliedstaaten zu ermöglichen. Damit entsteht zwischen den Staaten ein großer Binnenmarkt, der eine stärkere wirtschaftliche und politische Zusammenarbeit in verschiedenen Bereichen erfordert, z. B. in der Wirtschafts-, Sozial-, Wettbewerbs- oder Steuerpolitik.
Beispiel: die EG versucht, einen gemeinsamen Markt zu errichten.

e) Eine **Wirtschaftsunion** (oder auch Wirtschafts- und Währungsunion) stellt darüber hinausgehend das Endziel einer wirtschaftlichen Integration dar. In einer Wirtschaftsunion sind wesentliche Bereiche der Wirtschaftspolitik auf gemeinsame politische Organe (z. B. eine gemeinsame Zentralbank für die Währungspolitik) übertragen. Ihre Verwirklichung setzt eine weitgehende politische Einheit zwischen den beteiligten Staaten voraus.

Henrik Uterwedde, Die Europäische Gemeinschaft, 5. Auflage, Berlin 1989, S. 28.

Teilung der Arbeit im Verhältnis zur Ausdehnung des Marktes steht". Damit war nicht nur die Vergrößerung nationaler, sondern auch die Entstehung internationaler Märkte gemeint.

Arbeitsteilung ermöglicht die Herausbildung arbeitszeitsparender Qualifikationen und die Entwicklung arbeitsbeschleunigender Techniken; beides steigert den in einer gewachsenen Warenfülle gemessenen Wohlstand (Wachstum des Sozialprodukts in moderner Terminologie). Dabei sind keine Tatbestände erkennbar, daß die Geltung dieser Aussage an den Grenzen einer nationalstaatlich verfaßten Volkswirtschaft aufhört. Im Gegenteil, angesichts der so unterschiedlich mit Menschen, Natur, Bodenschätzen und Klima ausgestatteten Wirtschaftsräume müßten die wirklichen Vorteile der Arbeitsteilung erst dann vollständig entfaltet werden können, wenn man alle Staaten – oder doch möglichst viele von ihnen – in den Prozeß der **Herausbildung einer internationalen Arbeitsteilung** einbezieht.

Mehr Wohlstand durch größeren Wirtschaftsraum

Diese sehr einfache wirtschaftliche Erkenntnis ist der Grundstein für die Erklärung der zahlreichen realen Schritte, die zur Bildung der EG geführt und danach zur Intensivierung der Zusammenarbeit beigetragen haben: Es sind die wohlstandssteigernden Wirkungen, die von der Bildung eines größeren Wirtschaftsraumes erwartet werden, weil dieser mehr sei als die Summe seiner Teile. Er soll diese Teile – sprich: Mitgliedsstaaten und deren Wirtschaftsstrukturen – verändern und leistungsfähiger machen. Er soll diesen die Chance geben, sich verstärkt auf die Tätigkeiten zu konzentrieren, für die diese Volkswirtschaften jeweils die besten Voraussetzungen mitbringen. Und er soll ihnen auf Dauer die Chance einräumen, daß diese Spezialisierung auch gesicherte Absatzchancen vorfindet.

Denn wer sich spezialisiert, produziert mehr, als sein eigener Wirtschaftsraum benötigt. Andererseits verzichtet die betreffende Volkswirtschaft auf Produktionen, bei denen der Nachbar einen Vorteil hat. Dessen Produktion tauscht man ein gegen die eigenen, günstig hergestellten Erzeugnisse. Damit werden in der Summe der Integrationspartner die jeweils **besten Produktionen ausgeweitet und die jeweils ungünstigsten eingestellt.** Die Wirkung ist insgesamt die bestmögliche Verwendung aller Ressourcen. „Der Reichtum der Nationen" (Adam Smith) wächst.

Der Logik dieser wirtschaftlichen Spezialisierung bei gleichzeitiger Koordinierung des marktgesteuerten Austauschs folgen zahlreiche Vertragsbestandteile und Verordnungen innerhalb der EG. So z.B. die Wettbewerbsgesetzgebung, mit der verhindert werden soll, daß der Handel zwischen den Staaten behindert wird. Letzteres hieße nämlich, daß die arbeitsteilige, wohlstandsmehrende Spezialisierung gefährdet wird, wenn man den Verkauf dieser Waren jenseits der Grenzen behindert. So können auch Verbraucherschutzgesetze wirken – wenn z.B. nur nach dem Reinheitsgebot gebraute Biere nach Deutschland importiert werden dürfen, dann behindert das gleichfalls den Handel und somit den Mechanismus von Spezialisierung und Koordinierung.

Formen der Integration

Die Wirtschaftstheorie unterscheidet verschiedene Formen der welt- oder regionalwirtschaftlichen Integration. Die wichtigste Unterscheidung ist, ob das Zusammenwirken allein funktionellen Charakter hat (sog. **„Koordinierungsintegration"** – die Staaten verabreden beispielsweise nur, untereinander auf handelshemmende Zölle zu verzichten; sie koordinieren die Tätigkeit der Zollerhebung); oder ob zur Durchsetzung des gemeinsamen Ziels eine über den beteiligten Nationen stehende („supranationale") Institution eingerichtet wird (sog. **„institutionalisierte Integration"**). Da diese gemeinsame Institution oder gar Regierung nur erfolgreich sein kann, wenn sie die Integrationspartnerstaaten anweisen darf, ist mit dieser Form der Koordinierung eine Übertragung von nationalstaatlicher Souveränität auf die gemeinsame Zentrale verbunden.

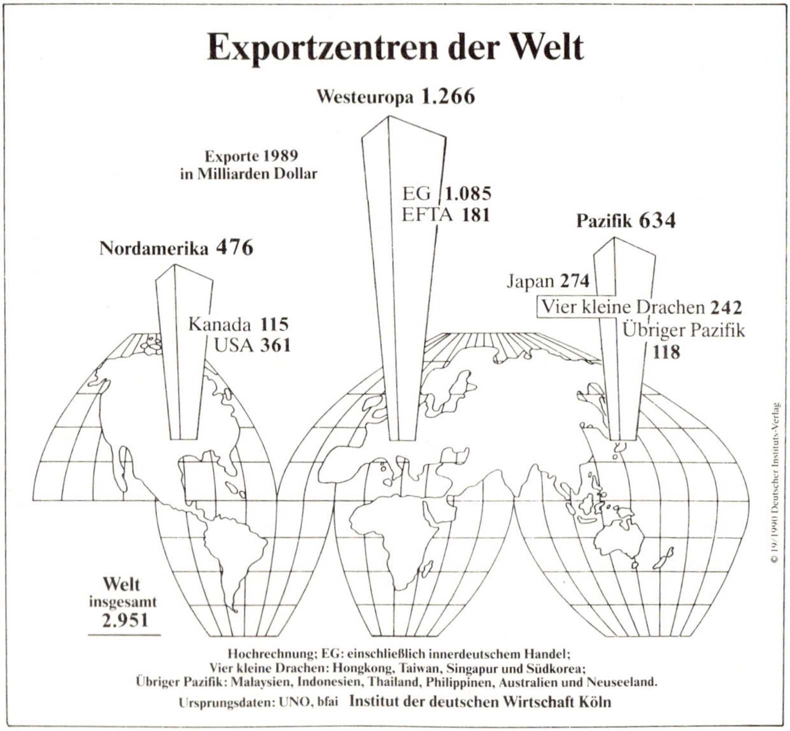

iwd 19/1990.

EG ist institutionalisierte Integration

Die EG ist den zweiten Weg gegangen – den Weg zu einer Wirtschaftsgemeinschaft mit einheitlichem Binnenmarkt und supranationalen Institutionen („Kommission der EG" als Quasi-Regierung in Brüssel). Dieser von den sechs Gründerstaaten Belgien, Deutschland, Frankreich, Italien, Luxemburg und Niederlande gewählte Weg erwies sich in der Praxis als so erfolgreich, daß bislang sechs weitere Länder als Vollmitglieder mitmachen und die gleichzeitig bestehenden oder eingerichteten Integrationsräume in Europa – die EFTA und der RGW – im Zustand der Auflösung stehen bzw. bereits aufgelöst sind. Der größte Teil ihrer Teilnehmerstaaten hat die Mitgliedschaft in der EG beantragt.

Schon jetzt umfaßt die EG eine Bevölkerungszahl, die über der der USA und der ehemaligen UdSSR liegt. Es spricht zudem für die Dynamik dieses west- und zentraleuropäischen Wirtschaftsraumes, daß er das wichtigste Exportzentrum der Welt darstellt.

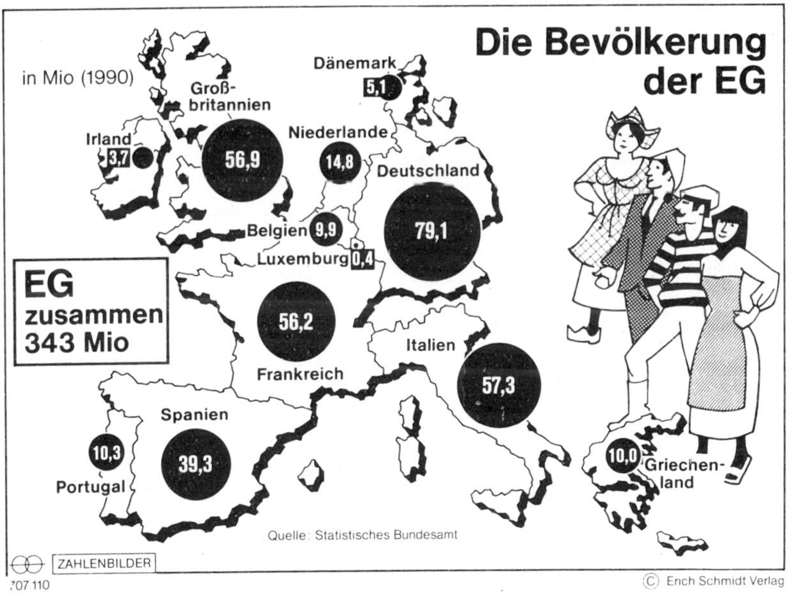

Stagnierende Integrationsbereitschaft

Die besondere Integrationsdynamik und wirtschaftspolitische Aktivität, die die EG seit Mitte der 80er Jahre wiedergewonnen hatte, beendete eine Zeit der Lethargie und Wachstumsschwäche, die unter dem Begriff der „Eurosklerose" Eingang in die Wirtschaftsgeschichte gefunden hat. Letztere Phase der Wirtschaftsintegration stand unter dem besonderen Einfluß der sog. Ölpreisschocks der Jahre 1973 und 1978/79 und der ihnen folgenden Perioden der weltweiten Abschwächung der wirtschaftlichen Aktivität (sog. Rückgang der Weltkonjunktur). Verbunden mit den Problemen, die die Süderweiterung der Gemeinschaft der sechs EG-Gründerstaaten auf insgesamt zwölf im Jahr 1986 verursachte, gab es eine längere Zeit der Beschäftigung der EG-Staaten mit sich selbst und den rechtlichen und institutionellen Problemen für die Aufnahme neuer Mitgliedsstaaten. Die Bereitschaft, weitere Integrationsschritte zu gehen, war gering. Denn wie oben dargestellt wurde, bedeuteten **zusätzliche gemeinschaftliche Regelungen den Abbau nationaler Souveränität.** Statt eigenen Rechts galt dann immer mehr das supranationale Gemeinschaftsrecht.

Bezeichnend war der praktische Verzicht auf einen einheitlichen Binnenmarkt, der schon 1957 als Fernziel der Gemeinschaft in die Verträge aufgenommen und somit für alle Mitglieder verbindlich geworden war. Nachdem letzte Versuche der Binnenmarktintegration Anfang der 70er Jahre gescheitert waren, gab es etwa eineinhalb Jahrzehnte lang keine erfolgreichen Schritte in Richtung auf dieses Ziel. Das war insofern überraschend, weil die Integrationserfolge insgesamt erst zu erwarten waren, wenn die vorherrschende nationalstaatliche Verfaßtheit der Märkte der Mitgliedsstaaten zugunsten eines einheitlichen Marktes – z.B. nach dem Vorbild der USA – verändert wurde. Nur in einem derart **vereinheitlichten Wirtschaftsraum könnten alle wohlstandssteigernden Formen der internationalen Arbeitsteilung gefunden werden.**

Integration vs. nationale Souveränität

Auch wenn diese These integrationspolitisch unstrittig war und in jeder EG-Festtagsrede verbreitet wurde, so waren doch die einleitend herausgestellten **Widersprüche** zwischen **Integrationsziel und nationalem Souveränitätsverlust** unüberwindbar. Die weiteren Schritte in Richtung auf einen einheitlichen Wirtschaftsraum brachten derart weitreichende Anpassungszwänge, daß sich die Mitglieder gegenseitig blockierten. Die Fülle der vor ihnen liegenden Aufgaben konnte aus damaliger Sicht alle Akteure verzweifeln lassen – als Beispiel sei nur auf das Lebensmittelrecht verwiesen: Es erschien hoffnungslos, in mehrjährigen Anpassungsschritten alle die mit großem nationalen Elan verteidigten Besonderheiten der Staaten vereinheitlichen zu wollen. Jedes Land war felsenfest von der unabdingbaren Sinnhaftigkeit gerade seiner Regelungen überzeugt, so daß allgemein verbindliche Kompromisse aussichtslos erschienen. In einem solchen Klima der eifersüchtigen Wahrung der eigenen Interessen konnte es Monate dauern, bis man sich beispielsweise auf das Randproblem einer einheitlichen Flaschengröße für die Abfüllung von Wein verständigen könnte. Ob 0,7 oder 0,75 Liter hineinpassen sollen, hätte beste Aussicht, Grund eines Glaubenskriegs zu werden.

Krise der EG

Der neue Ansatz zur Binnenmarktintegration war der EG-Kommission Mitte der 80er Jahre in einer weltwirtschaftlichen Situation gelungen, die durch die Wachstumsdynamik Japans und der US-Wirtschaft unter dem Präsidenten Reagan einerseits und die „eurosklerotische“ Stagnation der EG andererseits gekennzeichnet war. „Europa steht am Scheideweg“, schrieb die EG-Kommission in ihr Weißbuch ‚Vollendung des Binnenmarktes’, Brüssel 1985.

„Entweder gehen wir mutig und entschlossen weiter oder wir fallen in die Mittelmäßigkeit zurück. Wir haben die Wahl, entweder an der Vollendung der Wirtschaftsintegration Europas weiterzuarbeiten oder wegen politischer Mutlosigkeit angesichts der damit verbundenen Probleme Europa zu einer schlichten Freihandelszone abgleiten zu lassen.“

Einheitliche Europäische Akte (EEA)

Rechtlich wurde die neue Politik durch die 1986 vom EG-Ministerrat unterzeichnete sog. **Einheitliche Europäische Akte** abgesichert. Etwa 300 unabdingbare Harmonisierungen nationaler Bestimmungen zugunsten gemeinschaftlicher Regelungen wurden definiert und der EG-Kommission als „Hausaufgabe“ aufgegeben, dafür Harmonisierungsvorschläge vorzulegen. Es erscheint tatsächlich möglich, daß alle Verordnungen von der EG-Kommission rechtzeitig vor dem 31.12.1992 erlassen und von den nationalen Regierungen bzw. Parlamenten übernommen bzw. ratifiziert werden können.

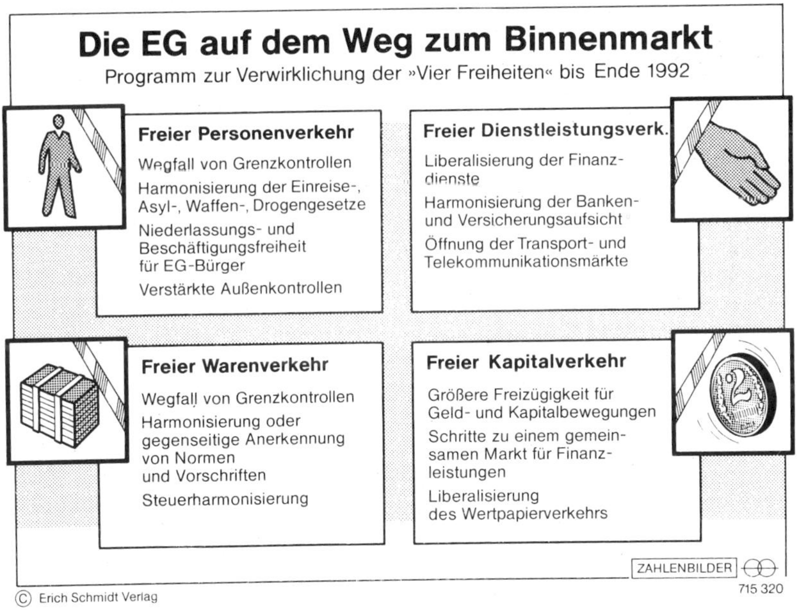

„Einheitliche Europäische Akte“ (EEA)
ist eine grundlegende Veränderung und Erweiterung der ursprünglichen Römischen Verträge von 1957. Die EEA wurde nach der Ratifizierung durch die nationalen Parlamente am 1.7.1987 geltendes supranationales Recht für alle Mitgliedsstaaten. Ausgestattet mit einer komfortablen Zeitvorgabe – nämlich 31.12.1992 –, die zwar entfernt schien, aber dennoch angesichts der Vorbereitungsaufgaben knapp bemessen war, wurde der gemeinsame Binnenmarkt ohne Grenzen rechtlich verbindlich festgeschrieben. Das galt auch für die sog. „vier Freiheiten“, den freien Verkehr von Waren, Personen, Dienstleistungen und Kapital.

Wettbewerbsverzerrungen

Ein Entscheidungszwang bestand tatsächlich. Die Integrationstheorie weist darauf hin, daß mit wachsender Intensität der Zusammenarbeit die Zwänge auf Vergleichbarkeit der Bedingungen, unter denen die Mitglieder nationalstaatlich wirtschaften, größer werden. Historisch gewachsene Unterschiede können unerwartet zu Wettbewerbsverzerrungen im innergemeinschaftlichen Handel werden und damit nationale Industrien fördern bzw. massiv behindern. Als Beispiel seien die unterschiedlichen Umweltschutzregelungen der Mitgliedsstaaten genannt: Das Land mit den strengsten Normen zugunsten des Umweltschutzes wird das Land mit den höchsten Produktionskosten sein. Derartige Kostenunterschiede führen zu gestiegenen Preisforderungen auf den Märkten; das kann zur Folge haben, daß die teuerste Produktion vom Markt verschwindet – das wäre die umweltfreundlichste Güterherstellung. Welcher Staat kann der Gefährdung seiner Betriebe und Arbeitsplätze tatenlos zuschauen? Die Konsequenz ist, daß derartige **Anpassungen Wettbewerbsgleichheit herstellen** sollen. Ohne sie ist die Schaffung eines einheitlichen Binnenmarktes – der keine nationalen Schutzrechte zugunsten der heimischen Produktion mehr gestattet – nicht vorstellbar.

Interessant sind die Wechselwirkungen zwischen dem Erfordernis, einheitliche Rahmenbedingungen zu schaffen, und dem politischen Interesse einzelner Staaten, eigenmächtig Regelungen einzuführen. Als Beispiel diene der Start des sog. „dualen Systems“ in der deutschen Abfallwirtschaft: Unternehmen, die ihre Verpackungsmaterialien wieder einsammeln und neu verwerten, erhalten als Mitglieder dieses Recyclingsystems einen grünen Punkt, den sie werbewirksam auf den Produkten anbringen können. Da das nur für deutsche Hersteller gilt, sieht die EG darin einen Wettbewerbsvorteil, der den Handel mit anderen Mitgliedsstaaten behindert. Da die EG jedoch **Umweltschutzbemühungen nicht behindern kann, muß sie versuchen, ein ähnliches System EG-weit einzuführen**, womit dem grünen Punkt deutscher Anbieter der Rang abgelaufen wird. Tatsächlich soll es ab 1992 ein „Öko-Label der EG“ geben, um dasselbe Ziel zu erreichen. Etwas Ähnliches war schon Jahre vorher mit dem „blauen Engel“, dem deutschen Gütesiegel für umweltfreundliche Produkte, geschehen: Auch hier hatten sich Nachahmer auf der europäischen Ebene gefunden.

Harmonisierungszwang bei der Mehrwertsteuer

Die Harmonisierungszwänge lassen sich am Beispiel einer der wichtigsten Steuern überhaupt, der Mehrwertsteuer, veranschaulichen. Zur Zeit sind die Mehrwertsteuersätze in der EG sehr unterschiedlich; wenn der einheitliche Binnenmarkt 1993 eingeführt ist und die Grenzkontrollen entfallen, würden unterschiedliche Steuersätze erhebliche Wettbewerbsverzerrungen hervorrufen: In einem Land müßte ein Produzent 15%, in einem anderen Land 25% an das Finanzamt überweisen. Letzterer wäre zehn Prozentpunkte teurer auf dem gemeinsamen Markt und hätte entsprechende Wettbewerbsnachteile. Auch wenn in einer Übergangszeit komplizierte Ausgleichsmechanismen greifen, die wiederum viel bürokratische Kosten verursachen, wird es irgendwann aus Gründen der Chancengleichheit einen absolut unabweisbaren Harmonisierungsbedarf geben. Ohne diesen müßten die Produktionen im Hochsteuerland zusammenbrechen.

Die Mehrwertsteuer

ist die im allgemeinen Sprachgebrauch und von der EG verwendete Bezeichnung für die seit dem 1.1.1968 in Deutschland eingeführte Umsatzsteuer mit Vorsteuerabzug. Steuerpflichtig ist der Umsatzwert, wobei der steuerpflichtige Unternehmer die im Vorprodukt steckende Steuer in Abzug bringen („Vorsteuerabzug") kann. Besteuert wird damit nur der Wertzuwachs („Mehrwert") bzw. die Wertschöpfung, die beim Steuerpflichtigen stattgefunden hat. Neben den Zöllen und Abschöpfungen – Preiserhöhungen für importierte landwirtschaftliche Produkte, die den Preisvorteil des Anbieters außerhalb der EG abschöpfen sollen – sind die Anteile der EG an den nationalen Mehrwertsteueraufkommen von derzeit 1,4% die wichtigste eigenständige Einnahme der supranationalen Gemeinschaft.

Wachsender Harmonisierungsbedarf

Diese Erkenntnis unterstreicht die These, daß der **Einstieg in welt- oder regionalwirtschaftliche Integration immer weitere Schritte der Vereinheitlichung verlangt.** Jedes ungeregelte Detail verursacht Verzerrungen, die von den Betroffenen als teilweise existenzgefährdende Behinderung erfahren werden. Dementsprechend groß ist der Druck auf die nationale Regierung, für eine EG-weite Harmonisierung und damit gleiche Chancen zu sorgen.

Das kann auch an dem aktuellen Beispiel einer deutschen „Bagatell"-Steuer, der zur Finanzierung der Reichskriegsflotte unter v. Tirpitz eingeführten „Leuchtmittelsteuer" (Jahresaufkommen 1990 0,16 Mrd. DM gegenüber 147,6 Mrd. DM bei der Mehrwertsteuer) veranschaulicht werden. Das Tochterunternehmen der Siemens AG, Osram, führte Mitte 1991 laute Klage über diese Steuer, die das Unternehmen mit 72 Mio. DM jährlich belasteten. Derzeit würde diese Steuer bei allen Herstellern von Lampen jeglicher Art in Deutschland erhoben. Bei importierten Lampen wurde diese Steuer beim Grenzübertritt kassiert, so daß gleiche steuerliche Rahmenbedingungen bei allen Anbietern existierten. In Deutschland hergestellte Lam-

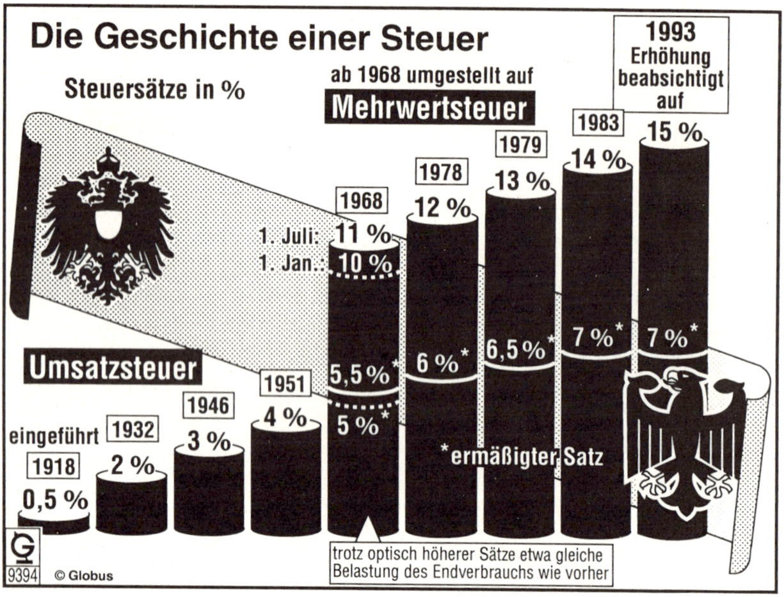

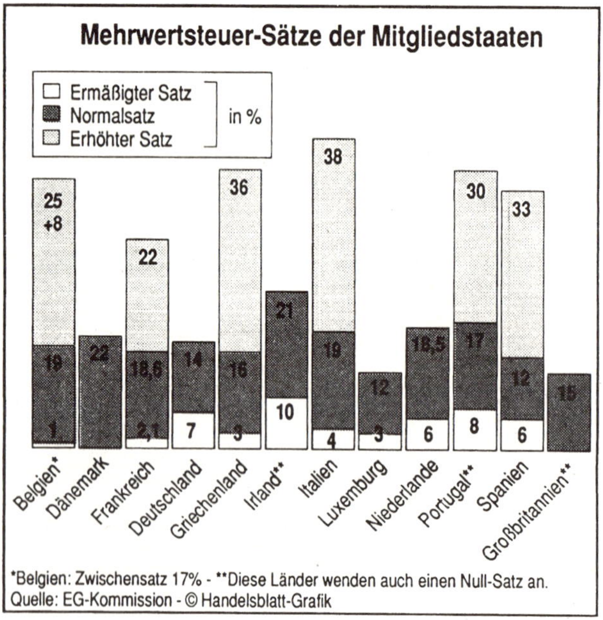

Handelsblatt v. 26.6.1991.

pen erhielten beim Export in andere Länder eine Erstattung dieser Steuer, so daß sie dort unter gleichen Wettbewerbsbedingungen konkurrieren konnten.

Wettbewerbsnachteil durch nationale Steuern

Diese Wettbewerbsneutralität staatlicher Steuererhebung würde 1993 nicht mehr bestehen: Deutsche Produzenten von Leuchtmitteln müßten die Steuern bezahlen; ausländische Anbieter bräuchten sie nicht zu entrichten, da es keine Grenzkontrollen mehr gebe. Letzteres hätte den zusätzlichen Wettbewerbsnachteil, daß deutsche Exporte die Steuererstattung mit Wegfall der Grenzstationen nicht mehr geltend machen könnten. Man fühlte sich daher doppelt in die Zange genommen, wobei eine Lösung dieses Problems nicht in Sicht war.

Sieht man von dem besonderen Problem der wegen ihrer geringen gesamtwirtschaftlichen Bedeutung nicht in der EG harmonisierten Steuern ab, so blieb **integrationspolitisch die Ausdehnung der Kompetenzen auf die zentrale Behörde ein entscheidendes Problem.** Die zunehmende Integration in ein übernationales Gebilde erforderte entsprechende Zuständigkeiten, die beispielsweise auch in einem Bundesstaat der zentralen Regierung zukommen. Die dadurch bedingten Souveränitätseinbußen der Mitgliedsstaaten wurden durch die von der EEA gleichfalls geänderten Abstimmungsverfahren weiter beschränkt. Die Einstimmigkeit im Ministerrat – der Vertretung der nationalstaatlichen Interessen – wurde in einer Reihe von Fällen zugunsten von Mehrheitsentscheidungen aufgegeben. Das nationale Veto als Zuflucht in höchster Not existiert nur noch zum Teil. Das macht deutlich, daß der Zug in Richtung auf ein supranationales Gebilde bereits abgefahren ist – entsprechend ist die Souveränität der nationalen Regierungen begrenzt.

Prinzip des gegenseitigen Vertrauens

Unerwartete Unterstützung erhielt die EG-Kommission im Einigungswerk durch den Europäischen Gerichtshof (EuGH). Der EuGH hatte 1979 in einer Grundsatzentscheidung festgelegt, daß mengenmäßige **Beschränkungen des Handels zwischen den Mitgliedsstaaten in jedem Fall unzulässig sind, auch wenn sich die Behörden auf geltendes nationales Recht berufen.** Die Bundesrepublik Deutschland war verklagt worden, den französischen Fruchtlikör „Cassis de Dijon" deshalb nicht zum Verkauf in Deutschland zuzulassen, weil dieser weniger Alkohol enthielt als deutsche Liköre nach deutschem Recht haben müssen. Diese Entscheidung wurde in umfassender Auslegung zur Grundlage eines allgemeinen Vertrauensprinzips der EG-Mitgliedsstaaten untereinander: Alle Waren, die „nach Landesrecht ehrlich hergestellt und verkauft" (so die EG-Kommission wörtlich) werden, haben freien Zugang im gesamten EG-Bereich. Es gilt das Vertrauen, daß jedes Land ausreichende Gesundheits- und Sicherheitsbestimmungen hat, so daß dieses Produkt gefahrlos in jedem Land verwendet werden kann. Hinzukommt das Prinzip der Verbrauchersouveränität: Diese sollen nämlich selbst – und keine Behörde in ihrem Namen – entscheiden, welche Produkte aus ganz Europa sie haben wollen.

Die unmittelbare Folge dieses Vertrauens- und Souveränitätsprinzips war der **Verzicht auf viele Tausende Detailregelungen über die Produktqualitäten**, die sonst einheitlich für die EG hätten erlassen werden müssen – und an denen eine schnelle Integrationspolitik zwangsläufig hätte scheitern müssen. Mit anderen Worten, die Kommission verzichtete von vornherein darauf, überhaupt eine Vereinheitlichung anzustreben – sie nahm die bestehende Vielfalt sogar bewußt als eine Bereicherung der gemeinschaftsweiten Güterversorgung hin. Die Folge war andererseits eine verbleibende große Produktvielfalt, von der niemand weiß, was mit ihr bei stärkerem Wettbewerb auf einem integrierten Binnenmarkt geschehen wird. Es ist somit nicht ausgeschlossen, daß sich bestimmte Qualitäten EG-weit durchsetzen und andere nationale Besonderheiten in diesem Wettbewerb keinen Bestand haben. Aber auch diesen darwinistisch anmutenden Ausleseprozeß akzeptierten Kommission und Ministerrat, sofern diese „Produktartenwahl" frei von der europäischen Verbraucherschaft vorgenommen wird – und nicht von nationalen Bürokratien.

Nach diesem Prinzip wurde auch mit dem **geplanten Bierimportverbot** Deutschlands verfahren: Der Einfuhrstopp für alle ausländischen Biere, die nicht nach dem Reinheitsgebot gebraut wurden, verletzte das EG-Recht und mußte aufgehoben werden. Die Verbraucher in Deutschland sollten selbst entscheiden, ob sie niederländisches oder elsässisches Bier trinken wollen. Sofern dieses Bier im Elsaß und in den Niederlanden den dortigen lebensmittelrechtlichen Bestimmungen entsprach, darf es auch in Deutschland angeboten werden. Die tatsächliche Folge dieser Marktöffnung war allerdings die Anpassung der Brauereitechnik im Ausland an die Wünsche des deutschen Marktes; die Nichtbeachtung der Reinheitsregeln war ein derartig massives Markthindernis, daß die ausländischen Brauereien nennenswerten Absatz in Deutschland nur erwarten konnten, wenn sie diese Gebote beachteten.

Cecchini-Report

Der Glaube an die abstrakten wohlstandssteigernden Wirkungen einer durch Marktintegration geförderten internationalen Arbeitsteilung war dennoch zu gering, als daß die EG-Kommission nicht versucht hätte, die erwarteten positiven Effekte zahlenmäßig zu benennen. Dazu wurde bei dem italienischen Bankier Paolo Cecchini ein Gutachten in Auftrag gegeben, das die **Wohlstandswirkungen berechnen** sollte. Das 1988 veröffentlichte, sogleich methodisch heftig umstrittene und als schönfärberisch abgelehnte Gutachten kam zu dem Ergebnis, daß Wohlstandsgewinne zu erwarten seien,

- weil Handelshemmnisse abgebaut werden und die Unternehmen damit gemeinsame Serien für einen einheitlichen Markt herstellen können. Beispielsweise müßten somit nicht mehr zahlreiche Kleinserien nach zwölf verschiedenen elektrotechnischen Sicherheitsstandards aufgelegt werden;
- weil Binnengrenzen und damit Zollformalitäten und Zeiteinbußen wegfallen;

- weil die Märkte insgesamt größer werden und damit größere Produktionsanlagen als die kleineren nationalen Märkte zulassen;
- weil die Wettbewerbsintensität zunimmt, da zahlreichere Unternehmen als vorher auf diesem einheitlichen Markt als Konkurrenten auftreten.

Alles in allem sollte sich der Wohlstand der EG-Europäer 1992 um 430 Mrd. DM erhöhen, sollte wegen des Wachstums des gemeinschaftlichen Sozialprodukts ein Beschäftigungsanstieg erfolgen und gleichzeitig wegen des erweiterten Warenangebots ein Druck auf die Preise (geringere Inflationsraten) erzielt werden. Untersuchungen der Prognos AG, Basel, Schweiz, die 1990 durchgeführt wurden, bestätigten die Angaben des Cecchini-Gutachtens im großen und ganzen.

EG Schub durch den Binnenmarkt

Wachstum im EG-Binnenmarkt (Zusätzliches Sozialprodukt im Zeitraum 1989 bis 2000)

	In Milliarden Dollar zu Preisen von 1980	In Prozent des Sozialprodukts von 1988
Spanien	104,1	40,1
Luxemburg	2,2	37,5
Bundesrepublik Deutschland	343,3	36,9
Frankreich	284,6	36,9
Belgien	48,9	36,1
Italien	187,6	34,8
Portugal	9,1	30,4
Irland	6,5	28,2
Großbritannien	180,2	27,7
Niederlande	51,8	27,3
Griechenland	8,3	19,1
Dänemark	13,7	17,8
EG insgesamt	1239,9	33,9

Quelle: Prognos, IAB, eigene Berechnungen

Wirtschaftswoche, Nr. 21 v. 18.5.1990.

Erfahrungen, die mit der wirtschaftlichen Entwicklung der drei Staaten der EG-Süderweiterung, Griechenland (Beitritt 1981), Spanien und Portugal (Beitritt 1986) gemacht wurden, zeigen, daß Wohlstandsgewinne aufgrund intensiverer internationaler Arbeitsteilung wegen der Integration der Wirtschaftsgebiete nicht automatisch als Ergebnis der Marktprozesse eintreten. So stellt das Institut der Deutschen Wirtschaft (in: iwd 20/1991) fest, „daß Zollsenkungen allein keine Garantie für eine grundlegende wirtschaftliche Besserung sind. Eine **Liberalisierung des Außenhandels verlangt auch ordnungspolitische, strukturpolitische und wirtschaftspolitische Reformen im Innern“.**

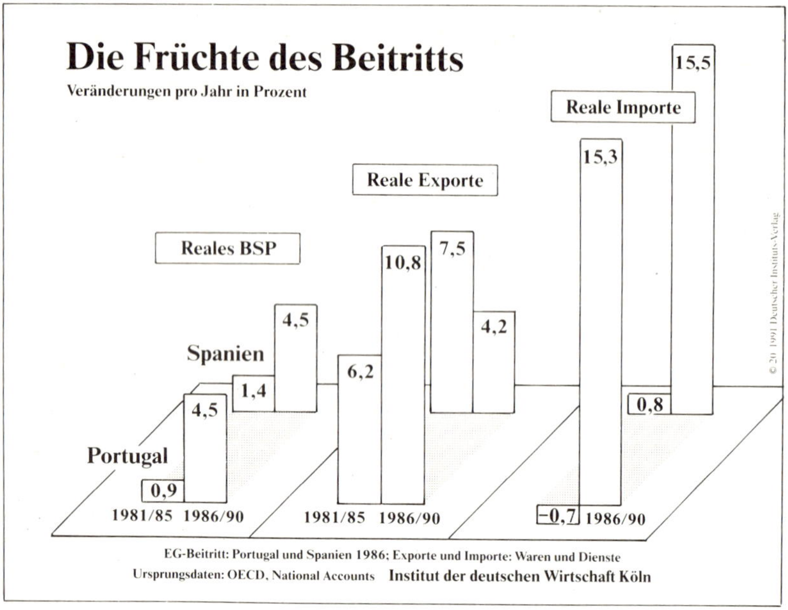
Die Früchte des Beitritts
Veränderungen pro Jahr in Prozent
Reales BSP
Reale Exporte
Reale Importe
Spanien
Portugal
0,9
4,5
1,4
4,5
6,2
10,8
7,5
4,2
-0,7
15,3
0,8
15,5
1981/85 1986/90
1981/85 1986/90
1986/90
EG-Beitritt: Portugal und Spanien 1986; Exporte und Importe: Waren und Dienste
Ursprungsdaten: OECD, National Accounts
Institut der deutschen Wirtschaft Köln

iwd 20/1991

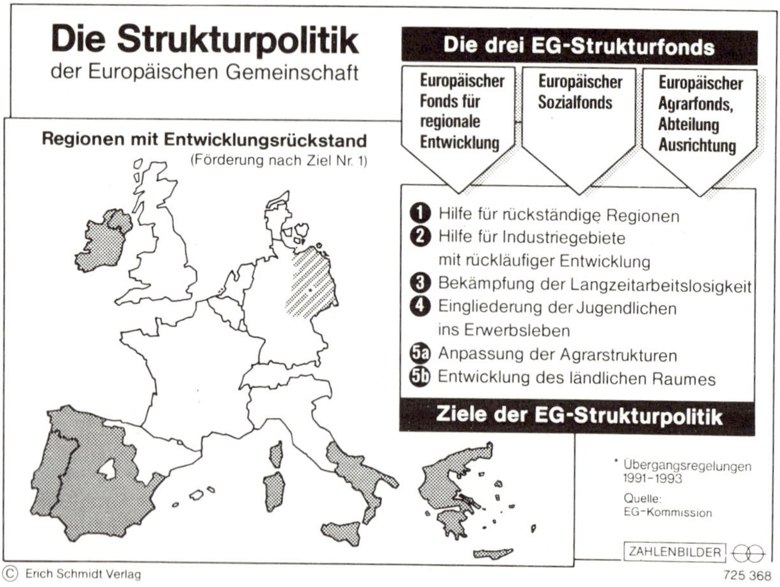
Die Strukturpolitik
der Europäischen Gemeinschaft
Regionen mit Entwicklungsrückstand
(Förderung nach Ziel Nr. 1)
Die drei EG-Strukturfonds
Europäischer Fonds für regionale Entwicklung
Europäischer Sozialfonds
Europäischer Agrarfonds, Abteilung Ausrichtung
1 Hilfe für rückständige Regionen
2 Hilfe für Industriegebiete mit rückläufiger Entwicklung
3 Bekämpfung der Langzeitarbeitslosigkeit
4 Eingliederung der Jugendlichen ins Erwerbsleben
5a Anpassung der Agrarstrukturen
5b Entwicklung des ländlichen Raumes
Ziele der EG-Strukturpolitik
* Übergangsregelungen 1991–1993
Quelle: EG-Kommission
ZAHLENBILDER
© Erich Schmidt Verlag
725 368

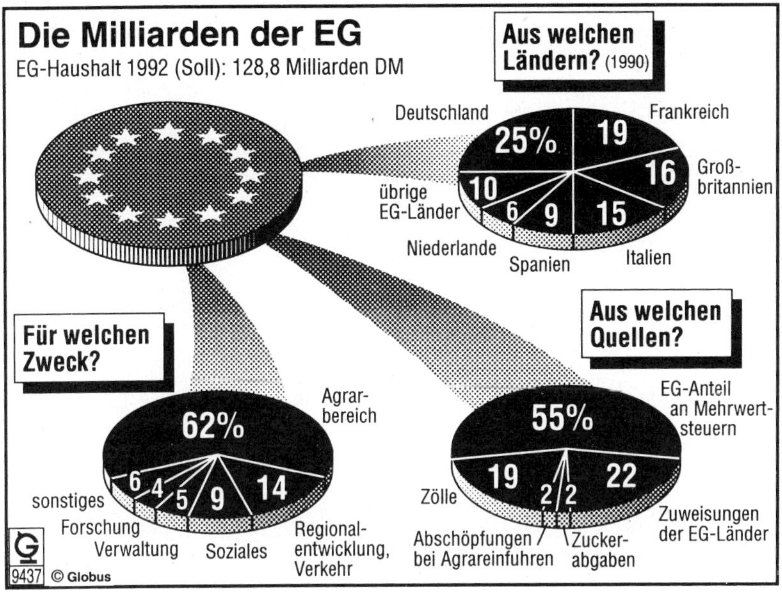

Marktwirtschaftliche Reformen

Wenn bisher Spanien und Portugal den größten Gewinn aus der EG-Integration hatten, so nach Auffassung des Instituts der Deutschen Wirtschaft wegen der konsequenten Marktwirtschaftspolitik dieser Länder. Diese hätten private, leistungsorientierte Unternehmer gefördert, sich ausländischen Investitionen geöffnet und sich selbst dem Qualitäts- und Preiswettbewerb gestellt. Griechenland dagegen hatte – zumal unter seinem sozialistischen Präsidenten – stärker Zuflucht zu Staatseingriffen, Subventionen und Regulierungen genommen hatte, „eine gewisse Animosität gegenüber Auslandskapital".

(Diese Argumentationskette ähnelt den Aussagen des Deutschen Instituts für Wirtschaftsforschung, Berlin, das den beginnenden wirtschaftlichen Aufschwung Mitte 1991 gerade in denjenigen neuen Bundesländern – Sachsen, Thüringen, Brandenburg – beobachtete, die mit der Privatisierung ehemaligen staatlichen Betriebsvermögens die meisten Fortschritte gemacht hatten. Auch hier waren Strukturwandel und produktive Rahmenbedingungen neben der Zugehörigkeit zu einem internationalen Wirtschaftsraum sehr bedeutsam.)

EG fördert Strukturwandel

Insgesamt war die **Strukturpolitik der EG Ausdruck eines Unbehagens über den marktwirtschaftlichen Selbstlauf** in einem durch Binnenmarktintegration erweiterten Wirtschaftsgebiet. Marktwirtschaftliche Lenkung allein würde politisch und gesellschaftlich unerwünschte räumliche Konzen-

Auslandsengagement: Direktinvestitionen der bundesdeutschen Wirtschaft (in Millionen Mark)

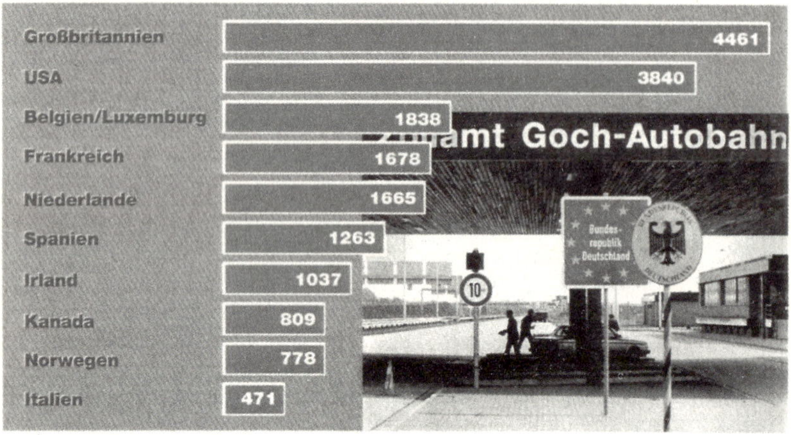

Quelle: Bundesministerium für Wirtschaft

Wirtschaftswoche, Nr. 28 v. 5.7.1990.

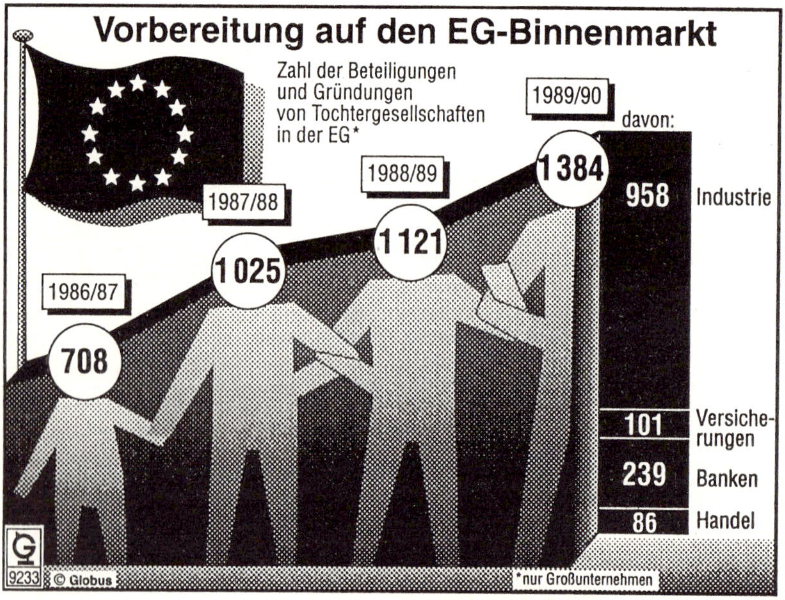

trationen in den Wohlstandszentren bringen und damit andere Regionen unterentwickelt lassen. Diese Erfahrungen sind verwandt mit denen, die das wiedervereinigte Deutschland im Beitrittsgebiet machte – einer Region, die auch nach EG-Standards Entwicklungsprobleme aufweist.

Wettbewerbsfunktionen

Die große Bedeutung politischer Regelungen, die sich als Rahmenbedingungen für die marktwirtschaftliche Integration der Unternehmen der Partnerstaaten darstellen, wird mit unumkehrbarer Binnenmarktvollendung im Bereich der Wettbewerbspolitik sichtbar. Wie oben bereits angedeutet wurde, setzen funktionierende Märkte gleiche Chancen für die Marktteilnehmer voraus. Ohne das, was gemeinhin „Wettbewerbsfreiheit" genannt wird, ist nicht zu erwarten, daß die **wohlstandssteigernden Wirkungen wettbewerblicher Marktprozesse** erreicht werden – nämlich eine Wirtschaft,

- die ihre Produktion an den Kundenwünschen orientiert,
- die den bestmöglichen Einsatz aller produktiven Faktoren gewährleistet,
- die die Einkommen leistungsgerecht verteilt nach dem produktiven Beitrag und nicht nach dem Einsatz von Macht,
- die schnell und flexibel auf Änderungen reagiert und sich diesen Herausforderungen anpaßt, und
- die innovativ neue Produkte und Herstellungsverfahren entwickelt.

Gesetzlicher Wettbewerbsschutz

Die Erfahrungen bisheriger rein national verfaßter Marktwirtschaften, daß ein sich selbst überlassener Wettbewerb ständig gefährdet ist – weil es sich für die Unternehmer lohnt, den Wettbewerb untereinander auszuschließen und die Märkte mit privater wirtschaftlicher Macht auszubeuten –, hatten in vielen Ländern zu Wettbewerbsschutzgesetzen geführt. In Deutschland gibt es aus diesen Gründen seit 1958 das Gesetz gegen Wettbewerbsbeschränkungen, das umgangssprachlich auch Kartellgesetz genannt wird. In ähnlicher Weise mußte auch die EG verfahren, wobei die bevorstehende Binnenmarktintegration Anlaß zum Ausbau der EG-Wettbewerbsgesetze gab.

Unternehmenskonzentration

Dafür war eine Erscheinung auf den Märkten maßgeblich: Die Unternehmen in allen Staaten, vornehmlich aber in den industriell entwickelteren, versuchten sich auf den künftigen größeren Markt dadurch einzustellen, daß sie Unternehmen in anderen Ländern aufkauften. Dieser Vorgang der Unternehmenskonzentration sollte die sofortige Anwesenheit auf dem Auslandsmarkt gewährleisten, denn mit dem Kauf des Betriebes erwarb man dessen Produktionsanlagen, Kundenstamm und Marktgeltung.

Als Folge der erwarteten Binnenmarktintegration stieg die Konzentrationsfähigkeit an und **erreichte in Deutschland 1990 den Nachkriegshöhepunkt mit 1.548 gemeldeten Fusionsvorgängen.** Von denen hatten 45% einen „Auslandsbezug", wie das Bundeskartellamt mitteilte, und davon betrafen die meisten andere EG-Staaten.

Wettbewerbs-gefährdung durch Markt-beherrschung

Dieser Vorgang der Unternehmenskonzentration kann nun dazu führen, daß die erhofften wettbewerbsbelebenden Wirkungen durch die Vergrößerung der Märkte beseitigt werden, weil sich marktbeherrschende Unternehmen bilden. Aus diesem Grund schuf sich die EG 1990 ein Fusionskontrollgesetz, das sich stark an den Erfahrungen der wenigen Mitgliedsstaaten orientierte, die bereits über derartige Regelungen verfügten. Dabei spielte das deutsche Kartellgesetz eine wichtige Rolle.

EG-Fusions-kontrolle

Interessengegensätze zwischen den Mitgliedsstaaten als Folge des Integrationsdrucks waren hierbei unverkennbar: **Fusionskontrolle heißt kritische Betrachtung des Firmenkaufs nach wettbewerblichen Gesichtspunkten mit dem möglichen Ziel, die Fusion zu verbieten.** Es gibt aber EG-Mitgliedsstaaten, die mit Blick auf den gemeinsamen Binnenmarkt einen Nachholbedarf an Konzentration zu haben glauben und daher fordern, daß sie ebenso große Unternehmen wie Deutschland, England und Frankreich haben. Fusionskontrolle hieße, die Unternehmen dieser Länder klein zu halten, womit die multinationalen Konzerne der großen EG-Partnerländer unangreifbar werden.

Dieser Konflikt fand eine Lösung in einer Ausweichklausel der EG-Fusionskontrolle: Unternehmenszusammenschlüsse, die der „Entwicklung des technischen und wirtschaftlichen Fortschritts“ dienen, können zugelassen werden. Die strukturelle Benachteiligung der Mitgliedsländer mit weniger entwickelter Industrie, die also die Konzentrationsvorgänge noch vor sich hat, die die anderen Länder bereits abgeschlossen haben, sollte damit kompensiert werden.

Mit Kugeln von den höchsten Zinnen will Frankreich erst mal Zeit gewinnen HANDELSBLATT: Bensch

Handelsblatt v. 29.7.1991.

„Festung Europa“ durch hohe Außenzölle?

An einer weiteren Stelle wird der Widerspruch zwischen den Integrationserfolgen zunehmender Binnenmarktvereinheitlichung einerseits und der empfundenen Wehrlosigkeit wegen beseitigter nationaler Eingriffsrechte andererseits deutlich sichtbar. Bei der Frage nämlich, die jede Wirtschaftsgemeinschaft zwingend gemeinsam lösen muß: Wie hoch sollen die Außenzölle der Gemeinschaft sein? Was nützte beispielsweise ein größerer Binnenmarkt, wenn der sich wie eine Festung gegenüber dem „Rest der Welt“ abschottet? Der **„Aufschließungswirkung“ der Integration würde die „Abschließungswirkung“ des Ausstiegs aus dem Welthandel gegenüberstehen.** Dabei wäre völlig unklar, ob sich beide Effekte soweit aufheben können, daß der gemeinsame Binnenmarkt keine meßbaren Wohlstandsgewinne mehr bringt.

Freihandel, US-Protektionismus

Dieser Konflikt wird besonders deutlich bei einer der wichtigsten Industrien überhaupt, der Automobilproduktion. Traditionell standen die eher freihändlerisch orientierten Länder wie England und Deutschland den eher protektionistisch, abwehrend reagierenden Staaten wie Frankreich, Italien, Spanien und Portugal gegenüber. Letztere ließen in Übereinstimmung mit dem EG-Vertrag zwar alle EG-Produktionen ohne Einschränkung in ihre Länder, machten dann aber nach außen um so härtere Eingriffe. Frankreich beispielsweise begrenzte die japanischen Autoimporte auf drei Prozent seiner nationalen Zulassungen – ohne derartige Einschränkungen wären die japanischen Lieferungen etwa zehnmal so groß: Eine dramatische Bedrohung für die unter Druck stehende französische Automobilindustrie!

„Maßvoller“ Protektionismus der EG

Was tun bei einem gemeinsamen Binnenmarkt ohne interne Grenzkontrollen? Wie will der französische Staat verhindern, daß japanische Autos in großen Mengen über Deutschland eingeführt werden? Das Bild von der Festung EG, die sich mit Kanonenkugeln gegen diese Importe wehrt, aber die Tore doch nicht ganz geschlossen hat, trifft durchaus den Kern des Kompromisses, den die EG-Staaten in Vorbereitung auf die Zeit ab 1993 gefunden haben: Zehn Jahre lang werden die japanischen Importe auf 16% des EG-Marktes beschränkt, dürfen aber in größeren Stückzahlen als bisher in Frankreich und Italien abgesetzt werden. Da sie dann nicht mehr so zahlreich in Deutschland angeboten werden, gibt das der italienischen und französischen Industrie eine Chance, diese Lücken zu füllen.

Die gewonnene Schutzzeit wollen die Länder für die Verbesserung ihrer Produktionsanlagen verwenden. **Tatsächliche Leistungsfähigkeit erreicht man erfahrungsgemäß erst unter Wettbewerbsbedingungen.** So war die deutsche Automobilindustrie ohne nennenswerten Außenschutz durchaus stolz, bei den Hochleistungsautos mit großem Wert im 4. Quartal 1990 so viel nach Japan geliefert zu haben, daß Deutschland erstmals einen Exportüberschuß gegenüber Japan erreichte. (Das galt nicht für die Stückzahlen, die bei den kleineren japanischen Autos größer waren, aber für die Wertsumme.)

Nationale Wirtschaftspolitik versagt

Zu den Chancen und Risiken des EG-Binnenmarktes gehört auch die qualitative Veränderung der bisherigen nationalen Wirtschaftspolitik, die sich – wie z.B. im deutschen Stabilitäts- und Wachstumsgesetz festgeschrieben – einem Bündel gesamtwirtschaftlicher Ziele zuzuwenden hatte. Zu diesen Zielen gehörte die Geldwertstabilität, ein angemessenes Wachstum, Vollbeschäftigung und außenwirtschaftliches Gleichgewicht.

Welche Durchsetzungschancen verbleiben einem Nationalstaat für diese Politik, wenn mit zunehmender Integration immer mehr Befugnisse an die supranationale Gemeinschaftsregierung verlagert werden? Und unabhängig davon: Wie groß kann der Erfolg einer nationalstaatlich angepackten Wirtschaftspolitik sein, wenn es praktisch keine nationalen Grenzen mehr gibt?

Beschäftigungswirkungen verteilen sich

Diese Frage stellt sich angesichts des feststehenden Integrationstermins mit aller Schärfe, war aber bereits in früheren Jahren angesichts der seit 1958 verstärkten Integration der EG-Staaten ein handfestes Problem; so z.B. 1981 nach der Wahl F. Mitterrands zum französischen Präsidenten angesichts großer Arbeitslosenzahlen in Frankreich (und auch sonst in der Gemeinschaft). Die von Mitterrand für Frankreich entwickelte und in Gang gesetzte Vollbeschäftigungspolitik durch Ausweitung der staatlichen Nachfrage blieb ohne hinreichenden Erfolg. Der Grund: Die Nachfragesteigerung des Staates auf dem Wege der Kreditschöpfung führte nur zum Teil in Frankreich zu mehr Produktion und Beschäftigung. Der größere Teil der Beschäftigungseffekte wurde bei den anderen EG-Ländern wirksam, weil diese angesichts der geringen Anpassungsfähigkeit der französischen Industrie sofort mit Exporten einsprangen, als die Nachfrage in Frankreich stieg. Das Ergebnis war, daß sich die **arbeitsschaffenden Wirkungen im gesamten EG-Gebiet verteilten**, die französische Regierung allein auf einen immer stärker wachsenden Schuldenberg für die Finanzierung hängenblieb. In weniger als einem Jahr hatte sie sich daher von diesen Programmen verabschiedet.

Wirtschaftspolitik gelingt nur noch EG-weit

Die Schlußfolgerung ist, daß bereits bei noch bestehenden Wirtschaftsgrenzen die volkswirtschaftlichen Auswirkungen von nationaler Wirtschaftspolitik so stark über die Grenzen gingen, daß regionalwirtschaftlich gewollte Effekte nicht mehr eintreten. Sollte Politik erfolgreich sein, mußte sie grundsätzlich auf den gesamten Bereich des erweiterten Wirtschaftsraumes angelegt sein. Das allerdings konnte nur gelingen, wenn alle Staaten und die Gemeinschaftsregierung mitziehen. Was bleibt, ist die gewaltige Herausforderung für jede demokratisch legitimierte Regierung eines Mitgliedsstaats zuzugestehen, daß sie allein Vollbeschäftigung im eigenen Land nicht mehr erreichen kann.

EG bekämpft nationale Subventionen

Aber auch an dieser Stelle ist eine differenzierte Sichtweise möglich, die die besonderen Chancen der Binnenmarktintegration beschreibt. Es gibt fast in jedem Land parasitäre Bereiche, denen es irgendwann mit plausibler Begründung gelungen war, Subventionsempfänger zu werden, und die jetzt auf Dauer von der Gesellschaft erwarten, alimentiert zu werden. Die EG war bisher in der Lage, recht massiv gegen nationale Subventionen – bzw. „Beihilfen“ in der Sprache der EG – vorzugehen, weil diese die Marktverhältnisse zwischen den Mitgliedsstaaten erheblich verfälschen: **Markterfolg hat, wer am meisten subventioniert wird.** Am Markt scheitert andererseits das Unternehmen, dessen Land derartige Zahlungen nicht vorsieht – und es kann das leistungsfähigere Unternehmen sein, das deshalb in Konkurs geht.

EG überwacht die „Treuhand“

Die Bundesregierung jedenfalls war gezwungen, alle Subventionen in Brüssel zu rechtfertigen. War die EG der Ansicht, daß diese Beihilfen den Handel zwischen den Staaten beschränkten oder verfälschten, mußten diese Subventionen abgebaut werden. Es versteht sich von selbst, daß das nur gegen den heftigen Widerstand der Nutznießer geschehen konnte. In Deutschland wurde beispielsweise kritisiert, daß sich die EG-Kommission die Firmenverkäufe durch die Treuhand ansehen will, um zu verhindern, daß durch Unterwertverkäufe verdeckte Wettbewerbshilfen geleistet werden. Das befürchtete die EG-Kommission in allen Fällen, in denen die Treuhand Betriebe in der ehemaligen DDR an westdeutsche Unternehmen unter dem Höchstgebot verkauft, also „halb verschenkt“.

Beim **Subventionsabbau** war allerdings der Hinweis auf eine entfernte Zentralregierung sehr hilfreich; was eine ihre Wiederwahl anstrebende nationale Regierung nie zu tun wagte, kann jetzt mit dem Hinweis auf den „Bösewicht“ in Brüssel in die Wege geleitet werden. Die Alternative, aus der EG auszusteigen, um damit das Recht auf eigene Subventionen zu behalten, gab es selbstverständlich nicht.

Das Problem der Subventionen ist damit allerdings nicht gelöst. Im Gegenteil: Mit zunehmender Marktintegration wird die Zentralregierung der Ansprechpartner der Subventionsempfänger, wie es der EG-Agrarmarkt im Umfang von mehr als 60 Mrd. DM nahelegt; und wenn diese erst in die Fußstapfen der nationalen Regierungen getreten ist, dann gibt es womöglich keine Instanz mehr, die Subventionsabbau erzwingen könnte.

Wirtschaftliche Entwicklung in der EG asynchron

Festzuhalten ist, daß eine **gemeinsame Wirtschaftspolitik ohne eine gestärkte EG-Kommission nicht durchsetzbar** ist. Daher wird die Binnenmarktintegration weitere Impulse auf Ausbau der Macht der Brüsseler Zentrale geben. Ob dieser Machterweiterung die ergänzende demokratische Kontrolle folgt, ist dabei ein offenes Problem. Es gibt dafür jedenfalls keinen Automatismus, so daß es nicht überrascht, daß die Bevölkerung mancher Mitgliedsstaaten skeptisch bis ablehnend (Dänemark) reagiert. Derzeit sind die gesamtwirtschaftlichen Entwicklungen noch keineswegs synchron, wie ein Blick auf die Wachstumsraten der Industrieproduktion in der EG zeigt. Erhebliche Unterschiede bestehen auch bei der gegenwärtigen und prognostizierten Arbeitslosigkeit.

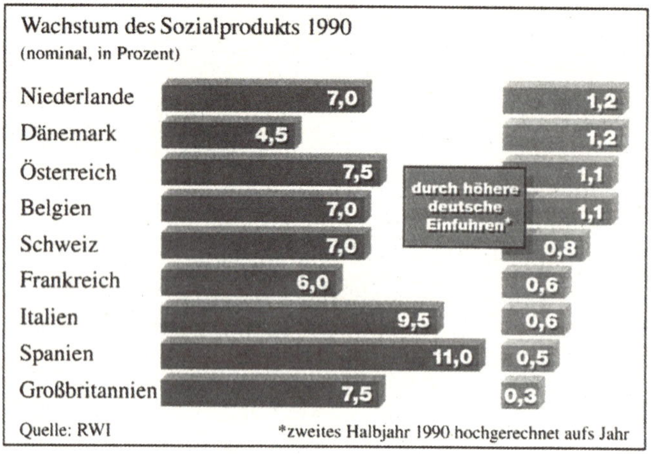

Wirtschaftswoche, Nr. 6 v. 1.2.1991.

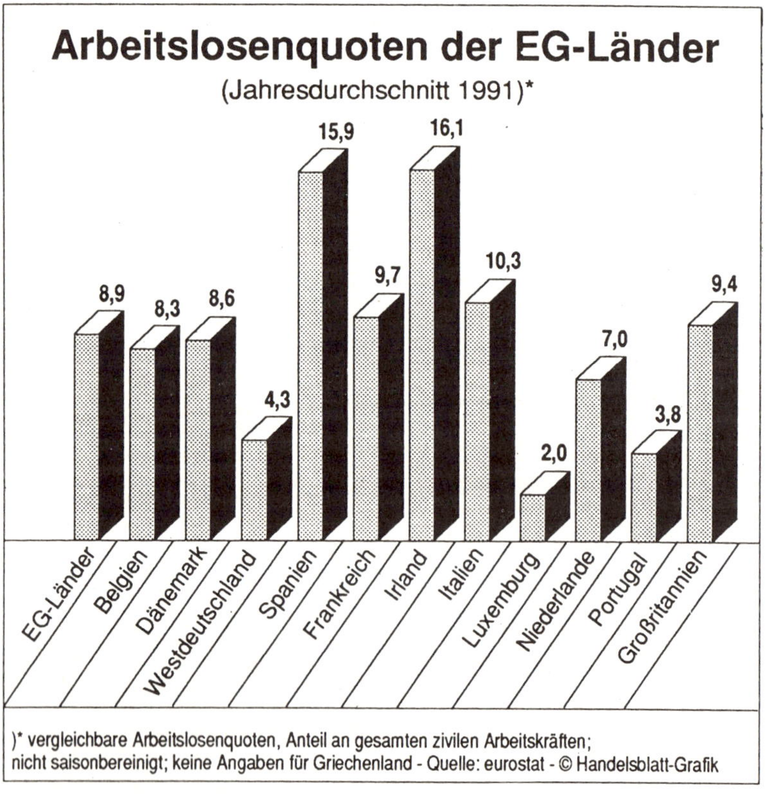

Handelsblatt v. 23.3.1992.

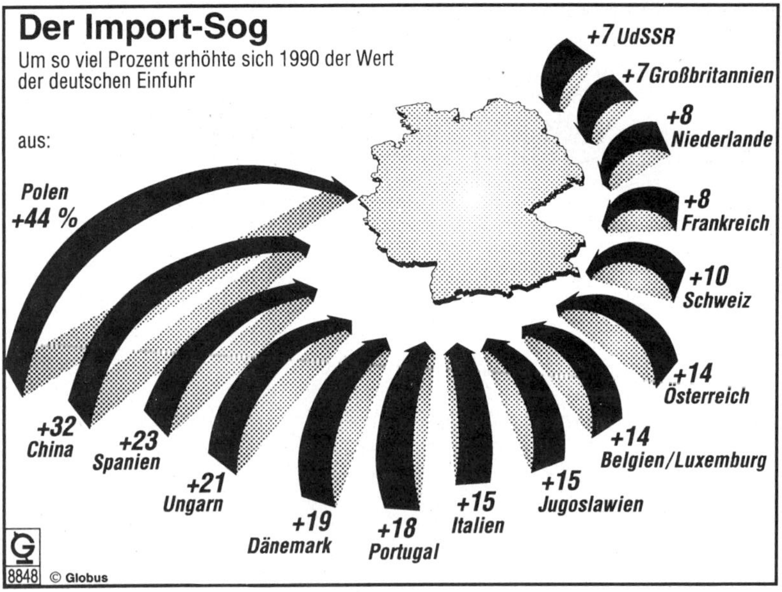

Das allerdings muß kein großes Problem darstellen, weil eine unkoordinierte Konjunkturentwicklung durchaus auch vorteilhaft sein kann: Das Land mit den hohen Wachstumsraten hilft mit seiner erhöhten Nachfrage den Ländern mit Wachstumsschwierigkeiten. Hierfür wird der Begriff „Konjunktur-Lokomotive" verwendet.

Deutscher Importsog hilft den Nachbarn

In den Monaten **nach der Wiedervereinigung spielte Deutschland die Rolle einer derartigen Lokomotive.** Der Nachholbedarf der Bewohner der neuen Bundesländer führte zu einem gewaltigen Import-Sog, der in absoluten Werten insbesondere die EG-Partner begünstigte. (Daß die anregende Wirkung, die selbstverständlich in erster Linie den Unternehmen der alten Bundesländer überquellende Auftragsbücher bescherte, Ländern wie Polen und China zweistellige Zuwachsraten brachte, liegt an den niedrigen absoluten Werten. Bei diesen reicht schon ein Großauftrag, um einen dramatischen prozentualen Anstieg auszuweisen.) Damit erhöhten sich auch für unsere Nachbarländer die Wachstumsraten, was ihren Kampf gegen den Anstieg der Arbeitslosigkeit kräftig unterstützte.

„Bezahlt" wurde dieser Importsog mit einem Abbau der traditionellen Überschüsse der deutschen Handelsbilanz gegenüber den EG-Partnern. Das war politisch nicht einmal unerwünscht, weil diese Überschüsse in der Vergangenheit immer wieder Ärger gemacht haben – wer viel exportiert, sichert seinen Arbeitsmarkt, wer dagegen viel in Deutschland einkauft, verringert die Produktion im eigenen Land. Zunehmender Ausgleich der Außenhandelszahlen müßte die Binnenmarktintegration daher eher erleichtern. Das galt aus deutscher Sicht auch für die Preisentwicklung: Die umfangreichen Lieferungen der EG-Partner erweiterten das Marktangebot so nachhaltig, daß der gefürchtete **besondere Preisauftrieb als Folge des Konsumanstiegs ausblieb.**

Monetäre Integration

Ein besonderes Problem stellt die geldwirtschaftliche Integration der EG dar. Auch hier hatte die EG externen Rat in Form eines Gutachtens eingeholt und im selben Jahr wie den Cecchini-Report erhalten. Dieser nach den Verfassern so genannte „Padoa-Schioppa"-Bericht stellte die Wertstabilität einer Währung als entscheidendes Qualitätsmerkmal heraus und forderte eine **Weiterentwicklung des Europäischen Währungssystems (EWS) durch supranationale währungspolitische Institutionalisierungen und engere geldpolitische Zusammenarbeit der Mitgliedsstaaten.** Mit anderen Worten, die einseitig von der D-Mark und der Bundesbank beherrschte Geldversorgung in der EG sollte „demokratisiert" werden, indem die anderen EG-Partner mitbestimmen können. Dieses allerdings nur unter der Voraussetzung, daß die europäische Einheitswährung – und dahin dürfte der Zug fahren – ähnlich wertstabil wie die D-Mark ist.

Der Bereich der Währungen und damit der nationalen Geldversorgung ist der zur Zeit sensibelste Komplex bei der Binnenmarktintegration. Das findet seinen Grund in den Interessengegensätzen der Partnerstaaten, die sich gerade dann, „wenn's ums Geld geht", am deutlichsten erkennen lassen. Denn wenn die Währungshoheit vergemeinschaftet wird, dann würde „eine weitgehende Angleichung der Fiskal-, Steuer-, Arbeits-, Sozial- und Umweltpolitik der ... Torso-Nationalstaaten die unvermeidliche Folge"[1] sein.

Literaturhinweise

Erich Dichtl (Hrsg.), Schritte zum Europäischen Binnenmarkt, München 1990.

FHW Forschung, EG '93, Berlin 1991.

Wolfgang Harbrecht, Die Europäische Gemeinschaft, 2. Aufl., Stuttgart 1974.

Michael Tolksdorf, Europäischer Binnenmarkt 1993, Landeszentrale für politische Bildungsarbeit, Reihe „Politik kurz und aktuell", Heft 48, Berlin 1991.

Henrik Uterwedde, Die Europäische Gemeinschaft, Landeszentrale für politische Bildungsarbeit, Reihe „Politik kurz und aktuell", Heft 25, 5. Aufl., Berlin 1989.

Michael Tolksdorf

[1] Hansjörg Herr, Andreas Westphal, Zum Verhältnis von realwirtschaftlicher und monetärer Integration Westeuropas, in: FHW-Forschung, Bd. 20, Berlin 1991, S. 51.

4.4. Deutschland in der Weltwirtschaft – Abhängig vom Welthandel?

Dieses Kapitel befaßt sich mit dem Außenhandel der Bundesrepublik nach dem Gebietsstand **vor** dem 3. Oktober 1990. Die Veränderungen im Warenverkehr mit dem Ausland nach der deutschen Vereinigung werden am Ende des Kapitels kurz dargestellt.

Die außenwirtschaftlichen Beziehungen der Bundesrepublik haben sich seit 1950 stark intensiviert. Der Außenhandel (Warenverkehr mit dem Ausland) nahm stetig zu und wurde zu einer wichtigen Stütze der Wirtschaft. Die Bundesrepublik ist seit 1986 vor den USA und Japan der größte Exporteur in der Welt (s. Abbildung). 1984 lag ihr Anteil am Weltwarenexport mit ca. 9% noch hinter den USA. Mit 11% im Jahre 1989 hatte sie einen höheren Anteil am Weltexport, als die gesamten Warenexporte des östlichen RGW (Rat für Gegenseitige Wirtschaftshilfe) am Weltexport ausmachten (7%). In den 50er Jahren hätte sich niemand eine so erfolgreiche Integration der Bundesrepublik in die Weltwirtschaft vorstellen können. Wie vollzog sich diese Entwicklung? Wie ist die Güterstruktur und regionale Orientierung des Außenhandels? Was sind die Erfolgsgründe? Ist die Wettbe-

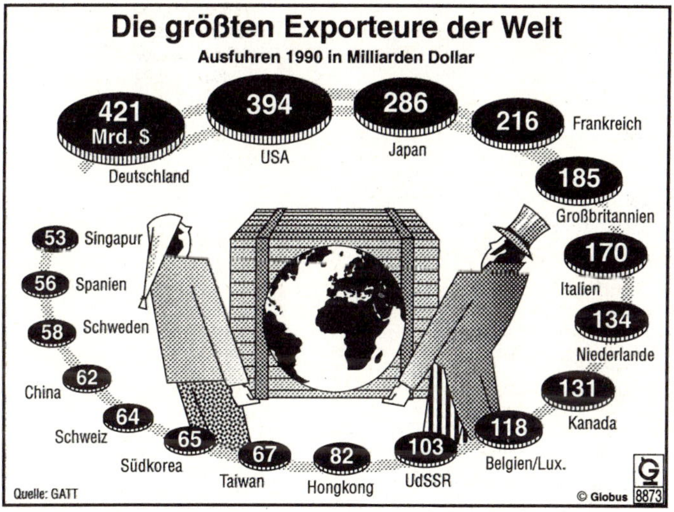

Die Rangordnung des Exportweltmeisters muß jedoch aus folgendem Grund relativiert werden: Die internationalen Handelsstatistiken werden in US-Dollar umgerechnet. Die Wechselkursentwicklung der DM gegenüber dem Dollar Anfang der 80er Jahre (Abwertung) ließ die Exporte der Bundesrepublik niedriger erscheinen. Umgekehrt überhöhte die DM-Aufwertung im Zeitraum 1985–1990 die Exportwerte, die in US-Dollar ausgewiesen wurden.

Zahlungsbilanz

Salden in Mrd. DM (Überschuß +, Defizit -)

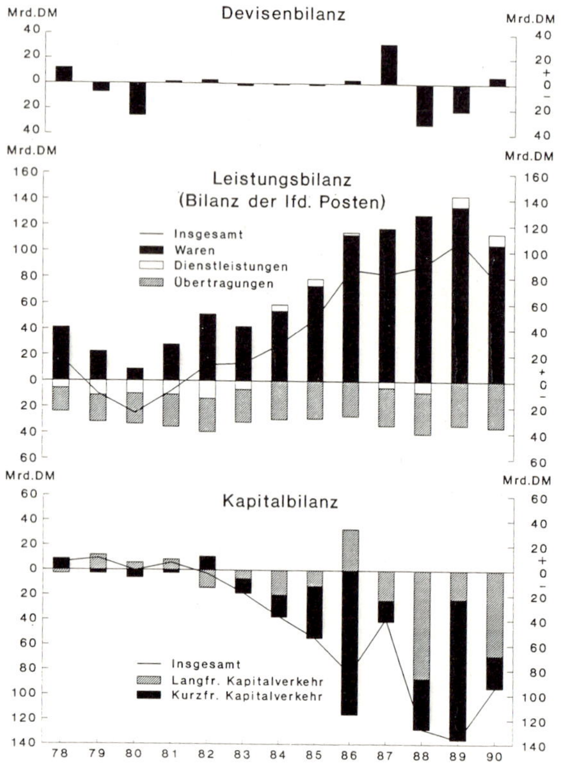

Ifo-Institut für Wirtschaftsforschung, Zahlenspiegel 1991/92.

Die wirtschaftlichen Beziehungen eines Landes mit dem Ausland (außenwirtschaftliche Beziehungen oder Transaktionen genannt), werden jährlich statistisch in seiner Zahlungsbilanz erfaßt. Die **Zahlungsbilanz** ist also eine zahlenmäßige Gesamtdarstellung des 1. Waren-, 2. Dienstleistungs-, 3. unentgeltlichen Zahlungs- und 4. Kapitalverkehrs zwischen einem Land und dem Ausland. Diese vier verschiedenen Ströme der außenwirtschaftlichen Transaktionen werden in getrennten Teilbilanzen der Zahlungsbilanz verbucht. Die **Teilbilanzen** sind: 1. Handelsbilanz (d.h. Gegenüberstellung der Warenausfuhren und -einfuhren), 2. Dienstleistungsbilanz (d.h. Gegenüberstellung der Einnahmen und Ausgaben für Dienstleistungen wie Transport-, Fremdenverkehrsleistungen, Versicherungen etc.), 3. Übertragungsbilanz (d.h. Gegenüberstellung der Zahlungen ohne direkte Gegenleistungen wie Schenkung, Wiedergutmachungszahlung, Gastarbeiterüberweisungen, Beiträge an internationale Organisationen). Wenn man diese drei Teilbilanzen zusammenfaßt, erhält man die **Leistungsbilanz** eines Landes. Der Saldo der Leistungsbilanz gibt Auskunft über den Abschluß der laufenden Transaktionen mit dem Ausland. Der Leistungsbilanz stehen die Kapitalbilanz (d.h. die Gegenüberstellung der langfristigen und kurzfristigen Kapitalaus- und -einfuhr) und die Devisenbilanz (d.h. Zu- oder Abnahme der ausländischen Mittel, Fremdwährungen, Gold) gegenüber. Die **Zahlungsbilanz** wird als aktiv bezeichnet, wenn die Devisenbilanz einen positiven Saldo aufweist.

werbsfähigkeit auf den Auslandsmärkten bedroht? Warum ist der Außenhandel für die Wirtschaft der Bundesrepublik wichtig? Diese Fragen stehen hier im Vordergrund.

Verflechtung der Bundesrepublik mit der Weltwirtschaft

Die wachsende Verflechtung der Wirtschaft der Bundesrepublik mit dem Ausland erkennen wir an der Entwicklung der vier Teilbereiche der Außenwirtschaft. Diese Teilbereiche sind Außenhandel, Dienstleistungsverkehr, Übertragungen und der Kapitalverkehr. Die jährlichen Ergebnisse der Außenwirtschaft eines Landes werden statistisch in der Zahlungsbilanz erfaßt (s. Kasten S. 546). Wir wollen zunächst einen Überblick über die **Außenwirtschaft** der Bundesrepublik gewinnen. Anschließend werden wir uns mit dem **Außenhandel** der Bundesrepublik näher befassen.

Die einzelnen Teilbereiche der Außenwirtschaftsbeziehungen haben sich wie folgt entwickelt:

Hohe Außenhandelsüberschüsse

- **Der Warenverkehr** mit dem Ausland (Außenhandel) nahm seit 1950 ständig zu. Die Bundesrepublik exportierte 1990 Waren im Werte von 643 Mrd. DM und importierte für 551 Mrd. DM. Daraus ergab sich ein Überschuß von 92 Mrd. DM. Der höchste Überschuß wurde 1989 mit ca. 135 Mrd. DM erreicht. Der Außenhandelssaldo war seit 1952 fast immer positiv, d.h. die Warenausfuhren der Bundesrepublik waren höher als ihre Wareneinfuhren. In den 80er Jahren erreichten die **Außenhandelsüberschüsse** Rekordhöhen. Die höchsten Überschüsse wurden im Handel mit den wichtigsten Partnern USA, Frankreich, Großbritannien verwirklicht.

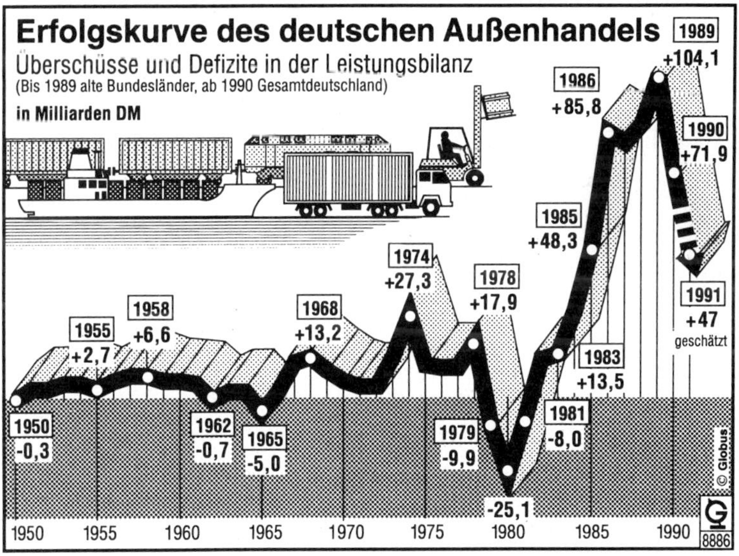

Die Außenhandelsüberschüsse sind ein typisches Merkmal der außenwirtschaftlichen Entwicklung der Bundesrepublik. Worin die Gründe dieses Außenhandelserfolges liegen, wird unten erklärt.

- Der **Dienstleistungsverkehr** mit dem Ausland zeigt ebenfalls ein stetiges Wachstum. Dieser umfaßt den Reiseverkehr, die Transportleistungen, Versicherungen, Kapitalerträge (Dividenden, Zinsen), Lizenzen, Patente und sonstige Dienstleistungen. Die Dienstleistungsbilanz der Bundesrepublik wies bis 1970 einen Überschuß (d.h. einen positiven Saldo) auf. Im Zeitraum von 1971–1983 hatte sie stets ein Defizit, seither (mit Ausnahme von 1987 und 1988) wieder einen Überschuß (1989 ca. 7 Mrd. DM). In der Dienstleistungsbilanz weist der Saldo des Fremdenverkehrs seit 1958 hohe Defizite auf. Mit einem Defizit von 29 Mrd. DM 1989 und mit ca. 31 Mrd. DM 1990 (einschließlich der neuen Bundesländer) wurden Rekorddefizite erreicht. Diese Fehlbeträge konnten aber durch die Überschüsse der anderen Dienstleistungsbereiche (darunter 26,2 Mrd. Kapitalerträge 1990) mehr als ausgeglichen werden.

- **Die Übertragungsbilanz** (Bilanz der unentgeltlichen Leistungen) hat seit 1953 ständig einen negativen Saldo, der steigt. Das Defizit betrug 1990 ca. 38 Mrd. DM, darunter 7,4 Mrd. DM Überweisungen der Gastarbeiter und 11,3 Mrd. DM Überweisungen an die Europäische Gemeinschaft. Die Übertragungen an das Ausland dürfen nicht so verstanden werden, daß diese DM-Summen als Kaufkraft der deutschen Wirtschaft verlorengingen. Der wirtschaftliche Zusammenhang ist vielmehr der, daß diese Summen dem Ausland zur Verfügung stehen und z.T. wieder für die Finanzierung der Nachfrage des Auslandes nach Gütern und Dienstleistungen der Bundesrepublik verwendet werden. Zwischen dem Überschuß im Außenhandel (s. Abbildung S. 546) und den Defiziten der Übertragungs- und Dienstleistungsbilanz besteht folgender Zusammenhang: ohne den Außenhandelsüberschuß könnte die Bundesrepublik die Fehlbeträge der Übertragungs- und Dienstleistungsbilanz nicht zahlen. Auf der anderen Seite könnte das Ausland in der Bundesrepublik nicht mehr Waren kaufen als es in der Bundesrepublik verkauft hat, wenn nicht die Bundesrepublik dem Ausland die Kaufkraft durch die Defizite ihrer Übertragungs- und Dienstleistungsbilanz übertragen würde.

Das wichtige Ergebnis: Leistungsbilanzüberschuß

Wenn man die drei oben dargestellten Bilanzen zusammenfaßt, erhält man die **Leistungsbilanz** der Bundesrepublik. Diese war seit 1949 mit Ausnahme von sieben Jahren stets positiv, d.h., die Leistungsbilanz schloß mit einem Überschuß ab. Einen negativen Saldo wies die Leistungsbilanz zuletzt in den Jahren 1979–1981 auf. Seither stiegen die Überschüsse der Leistungsbilanz stetig bis auf 105 Mrd. DM im Jahre 1989. Der Leistungsbilanzüberschuß betrug 1990 ca. 72 Mrd. DM (s. Abbildung S. 549). Im Jahr 1991 war die deutsche Leistungsbilanz wieder negativ.

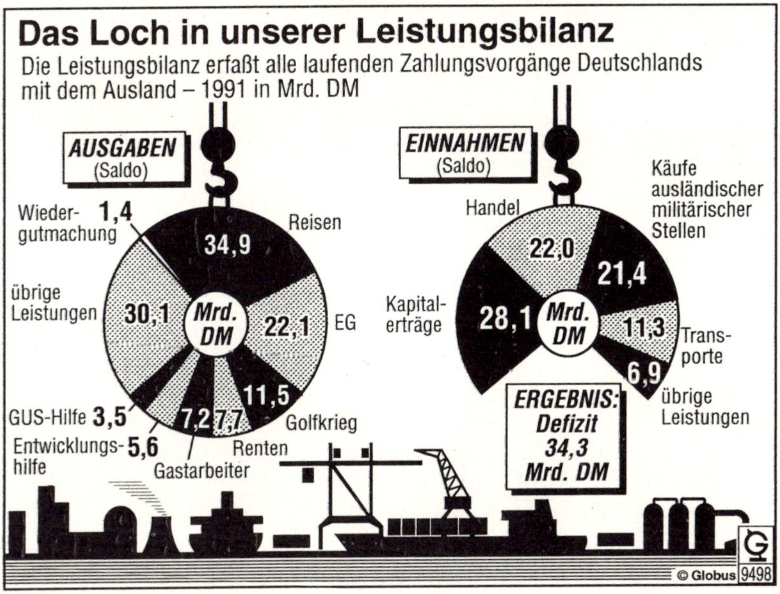

Was die Bundesrepublik in ihrer Leistungsbilanz als Überschuß erwirtschaftet, fehlt den ausländischen Handelspartnern. So stehen beispielsweise den höchsten Leistungsbilanzüberschüssen der Bundesrepublik und Japans die Leistungsbilanzdefizite der USA gegenüber.

Die Fehlbeträge in den Leistungsbilanzen der Partner können nur gedeckt werden, wenn die Partner Kapital importieren, d.h. hauptsächlich Kredite aufnehmen. Die Kehrseite dieses Vorgangs ist, daß die Bundesrepublik oder andere Überschußländer Kredite geben, d.h. Kapital exportieren müssen, um den ausländischen Partnern die Finanzierung ihrer Leistungsbilanzdefizite zu ermöglichen.

Der lang- und kurzfristige Kapitalverkehr der Bundesrepublik mit dem Ausland wuchs seit 1950 erheblich. Er nahm seit Beginn der 70er Jahre stark zu. Der Kapitalverkehr umfaßt die Direktinvestitionen (Beteiligung und Errichtung von Unternehmen im Ausland und umgekehrt durch ausländische Investoren im Inland), Wertpapieranlagen und Kredite. Der **langfristige Kapitalverkehr** zwischen der Bundesrepublik und dem Ausland wurde 1989 mit einem Nettokapitalexport (Saldo des langfristigen Kapitalverkehrs: Kapitalzufluß minus Kapitalabfluß) der Bundesrepublik von 22,6 Mrd. DM abgeschlossen. In den 80er Jahren wurde die Bundesrepublik ein wichtiges Nettokapitalexportland. Der Saldo des lang- und kurzfristigen

Deutsche Direktinvestitionen im Ausland

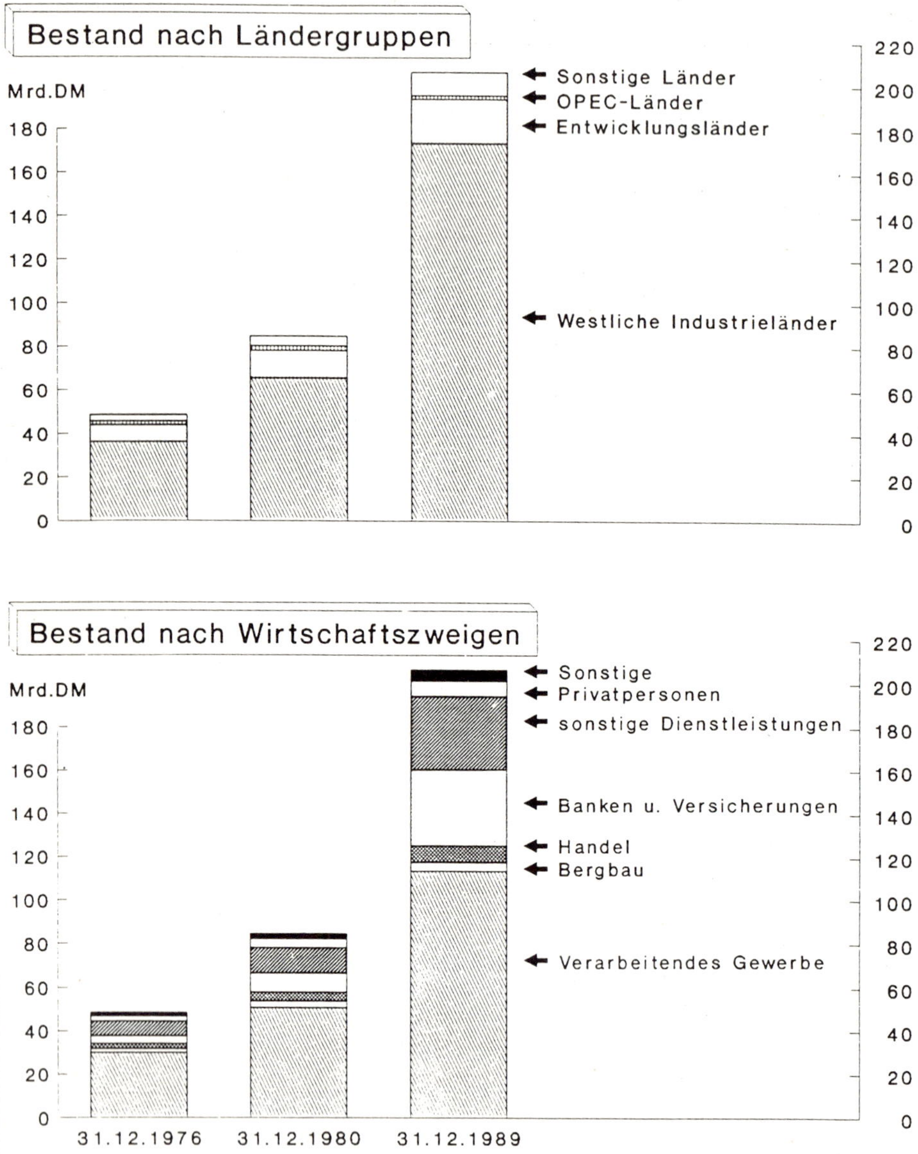

Quelle: Ifo-Zahlenspiegel, 1991/92.

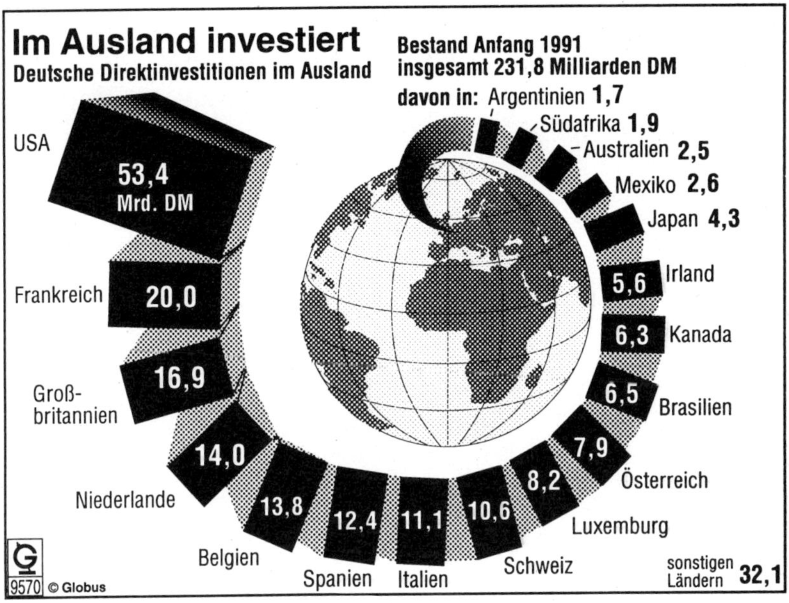

Kapitalverkehrs mit dem Ausland wies seit 1982 stetig steigende Kapitalexporte auf (in der Abbildung S. 546 mit Minuszeichen) und erreichte 1989 die Rekordhöhe von 128 Mrd. DM.

Steigende deutsche Direktinvestitionen im Ausland

Unter dem langfristigen Kapitalverkehr kommt den Direktinvestitionen eine große Bedeutung zu. **Die deutschen Investitionen im Ausland** haben bis Ende 1988 einen Gesamtbestand von 180 Mrd. DM erreicht. 1990 haben die deutschen Unternehmen im Ausland ca. 27 Mrd. DM mehr investiert als die ausländischen Unternehmen in der Bundesrepublik. Der größte Teil der deutschen Investitionen im Ausland entfällt auf die westlichen Industrieländer (80%) und auf den Wirtschaftszweig verarbeitendes Gewerbe (60%) (s. Abbildung S. 550.

Die Jahresabschlüsse der oben beschriebenen außenwirtschaftlichen Transaktionen finden ihren Niederschlag in der **Devisenbilanz.** Die Überschüsse der Devisenbilanzen seit 1950 haben bis Ende 1990 zu Währungsreserven von insgesamt 106 Mrd. DM (Nettoauslandsposition von 54 Mrd. DM) geführt. Dieses Ergebnis zeigt, daß die Bundesrepublik eine ausgezeichnete Position in der Weltwirtschaft erreicht hat.

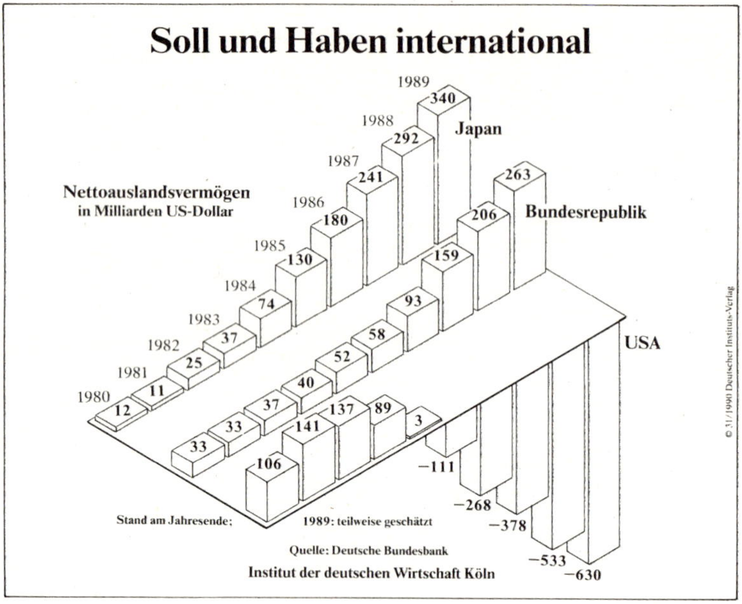

Dem Nettoexport von Waren und Diensten steht auf der anderen Seite der Außenbilanz ein entsprechender Nettoexport an Kapital gegenüber. Denn gesamtwirtschaftlich gesehen bedeuten alle Erlöse im Exportgeschäft, die nicht im gleichen Zeitraum wieder für den Kauf von Importgütern verwendet werden, einen Zuwachs an Forderungen oder einen Abbau von Verbindlichkeiten gegenüber dem Ausland.

Aus den Kapitalbewegungen im Laufe des Jahres ergibt sich der Auslands-Vermögensstatus am Ende des Jahres: Wie in der Bilanz eines Unternehmens werden hier für die gesamte Volkswirtschaft die Forderungen und Verbindlichkeiten gegenüber Außenstehenden festgehalten.

Das gesamte Netto-Auslandsvermögen der Bundesrepublik, also Forderungen abzüglich Verbindlichkeiten, bewegte sich seit den sechziger Jahren weitgehend konstant in einer Größenordnung von 60 bis 80 Milliarden DM. Ab 1983 kam es dann zu einer sehr dynamischen Entwicklung:

Ende 1989 war das deutsche Netto-Auslandsvermögen auf 443 Milliarden DM geklettert und dürfte 1990 die Grenze von 500 Milliarden überschritten haben.

Quelle: iwd v. 2. August 1990.

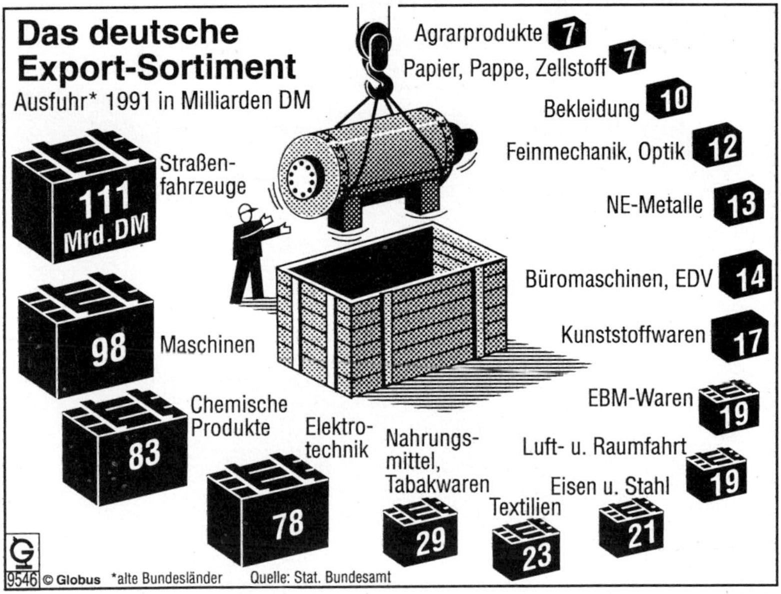

Schlußfolgerungen aus der außenwirtschaftlichen Entwicklung

Der Überblick über die außenwirtschaftliche Verflechtung macht deutlich, daß die Bundesrepublik

- wichtige ausländische Absatzmärkte erschließen und erhalten konnte,
- durch die Überschüsse der Handelsbilanz finanziell in der Lage ist, internationale Verpflichtungen wie Beiträge an internationale Organisationen und Entwicklungshilfeleistungen zu übernehmen,
- von der Entwicklung der Weltwirtschaft im hohen Maße abhängig ist,
- an dem Ausbau des freien Welthandels und am weiteren Ausbau der Europäischen Gemeinschaft, am Binnenmarkt 1993 interessiert sein muß,
- aus ihren Bindungen und Verpflichtungen, aufgrund der wachsenden ökonomischen und politischen Bedeutung der internationalen Wirtschaftsbeziehungen, nicht aussteigen kann.

Der Schlüssel des bisherigen außenwirtschaftlichen Erfolges der Bundesrepublik liegt in der Wettbewerbsfähigkeit der deutschen Produkte, die auf dem Weltmarkt abgesetzt werden. Um diesen Erfolg beurteilen zu können, betrachten wir zunächst die gütermäßige Zusammensetzung, d.h. die Warenstruktur und die regionale Struktur des Außenhandels.

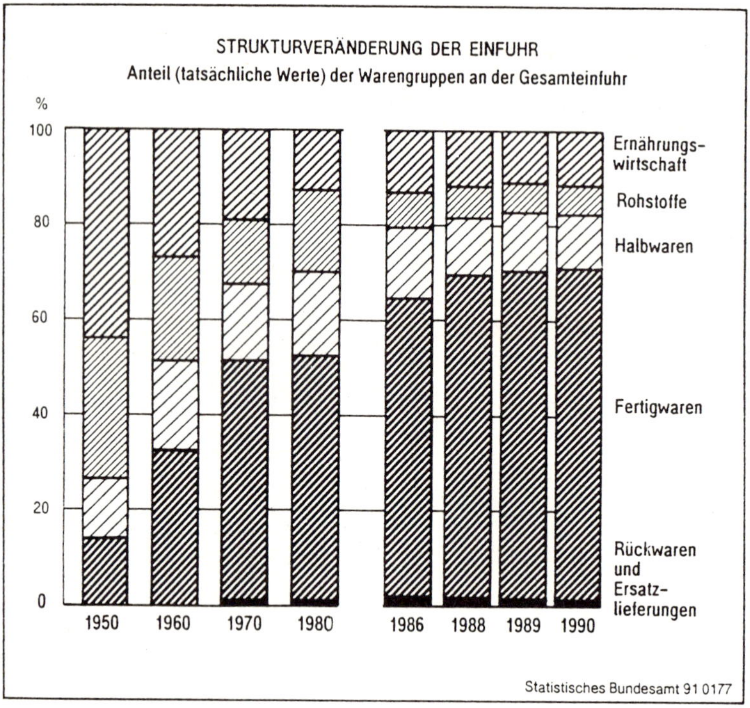
STRUKTURVERÄNDERUNG DER EINFUHR
Anteil (tatsächliche Werte) der Warengruppen an der Gesamteinfuhr
%
100
80
60
40
20
0
1950
1960
1970
1980
1986
1988
1989
1990
Ernährungs-wirtschaft
Rohstoffe
Halbwaren
Fertigwaren
Rückwaren und Ersatz-lieferungen
Statistisches Bundesamt 91 0177

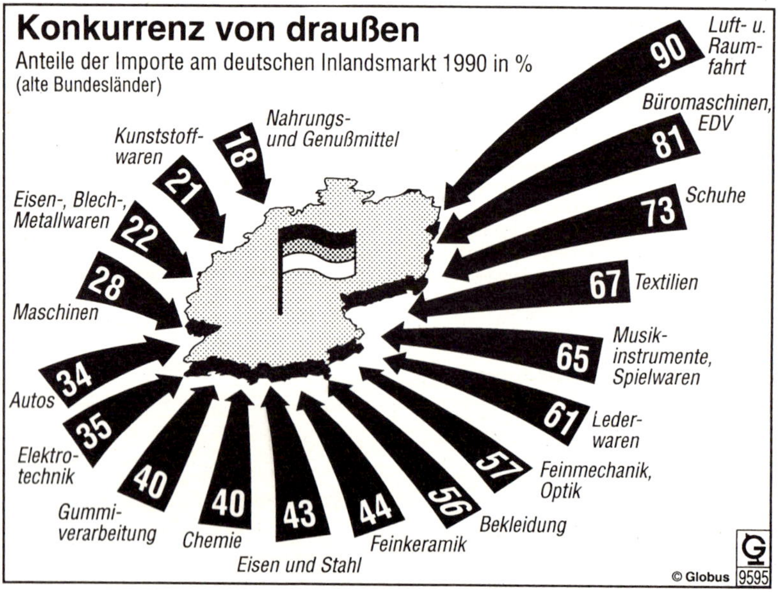
Konkurrenz von draußen
Anteile der Importe am deutschen Inlandsmarkt 1990 in %
(alte Bundesländer)
90 Luft- u. Raumfahrt
81 Büromaschinen, EDV
73 Schuhe
67 Textilien
65 Musikinstrumente, Spielwaren
61 Lederwaren
57 Feinmechanik, Optik
56 Bekleidung
44 Feinkeramik
43 Eisen und Stahl
40 Chemie
40 Gummiverarbeitung
35 Elektrotechnik
34 Autos
28 Maschinen
22 Eisen-, Blech-, Metallwaren
21 Kunststoffwaren
18 Nahrungs- und Genußmittel
© Globus 9595

Struktur des Außenhandels nach Waren

Die Warenstruktur der deutschen Exporte ist durch den sehr hohen Anteil an Industrieprodukten gekennzeichnet (s. Abbildung S. 553). Die Exportstruktur zeigt eine eindeutige Spezialisierung auf Industriegüter. Von den gesamten Warenexporten im Werte von 643 Mrd. DM 1990 sind ca. 92% industrielle Fertig- und Halbwaren. Darunter sind vier Branchen führend: Straßenfahrzeuge, Produkte des Maschinenbaus und chemische und elektrotechnische Erzeugnisse machten zusammen ca. 58% der Exporte aus. Nur der Anteil der Maschinenbauerzeugnisse am Gesamtexport ging in den letzten 15 Jahren um ca. 5% zurück. Im Bereich der Maschinen- und der chemischen Erzeugnisse haben die bundesdeutschen Exporteure eine führende Weltmarktposition (s. Abbildung). Deshalb hat die Bundesrepublik ein starkes Interesse am reibungslosen Funktionieren des Welthandels, denn sie profitiert vom wachsenden Welthandel. Es liegt nahe, daß die Bundesregierung stets für den freien Handel und für die Errichtung des Europäischen Binnenmarktes eintritt.

Wie sieht die **Warenstruktur der Importe** aus? Die Importe der Bundesrepublik sind wesentlich anders zusammengesetzt als ihre Exporte. Von den Importen im Werte von 551 Mrd. DM 1990 waren ca. 7% Rohstoffe, 12% Ernährungsgüter, 70% Fertigwaren und 11% Halbwaren (s. Abbildung).

Regionalstruktur

Wohin gehen die Exporte? Die EG ist der größte Absatzmarkt der Bundesrepublik: Fast 54% der bundesdeutschen Exporte gehen in die Länder der Europäischen Gemeinschaft. Auf die restlichen westlichen Industrieländer entfielen im Durchschnitt der Jahre 1987–1990 ca. 32%, auf die Entwicklungsländer 10% und auf die Ostblockländer nur 4,0% der Exporte. Aus der Abbildung auf S. 556 geht hervor, daß die Bundesrepublik

- ca. 85% ihres Außenhandels mit den westlichen Industrieländern abwickelt,
- ihre Absatzmärkte in den Entwicklungsländern, auch wegen der sehr hohen Auslandsverschuldung dieser Länder (s. Kap. 4.6.), nicht ausbauen konnte,
- in der Europäischen Gemeinschaft ihre größten Abnehmer und Lieferanten hat und im Binnenmarkt nach 1993 wettbewerbsfähig sein wird.

Die wichtigsten Exportmärkte der Bundesrepublik sind Frankreich, die USA, die Niederlande, Großbritannien und Italien. Auf diese fünf Märkte entfiel in den 80er Jahren fast die Hälfte der Gesamtausfuhr.

Woher kommen die Importe? Die westlichen Industrieländer sind die wichtigsten Lieferanten. Aus diesen Ländern kamen 1986 82% der Importe der Bundesrepublik, darunter 52% aus EG-Ländern. Die Entwicklungsländer hatten im Zeitraum 1987–1990 einen Anteil von ca. 12% (ohne OPEC nur 9,5%) am Gesamtimport der Bundesrepublik.

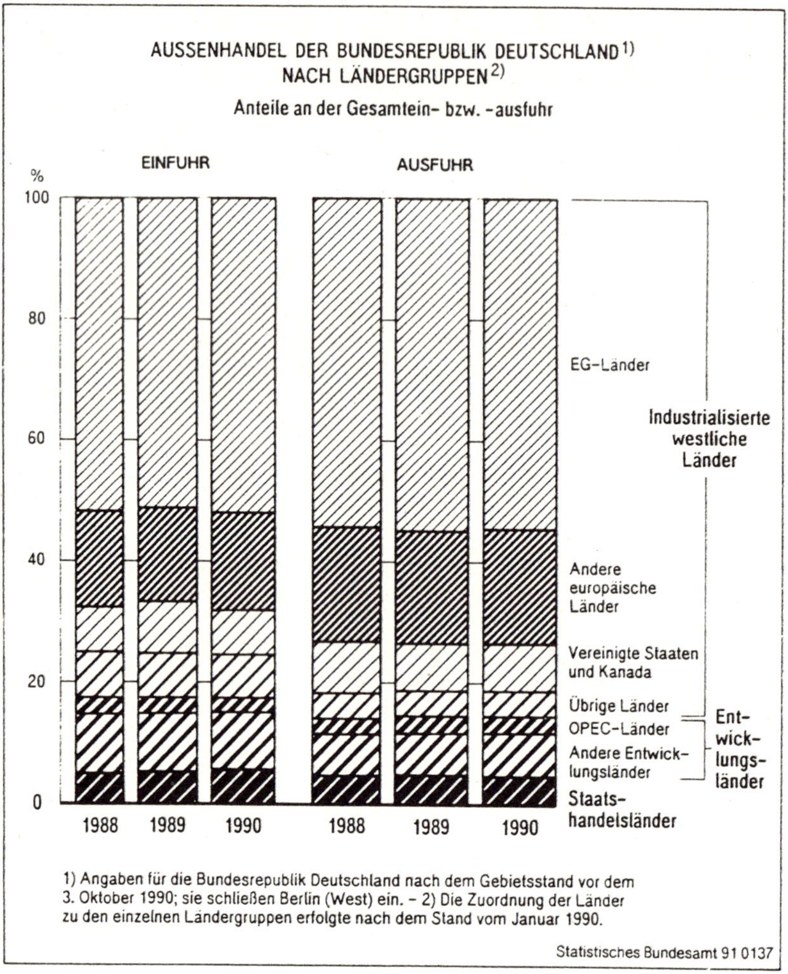

Quelle: Wirtschaft und Statistik, H. 3, 1991.

Gründe des Exporterfolgs

Der Exporterfolg der deutschen Industrie ist auf folgende Faktoren zurückzuführen:

- Das Exportgüterangebot der deutschen Industrie ist der Nachfrage auf den Auslandsmärkten gut angepaßt. Es enthält ein breit gestreutes und sich untereinander ergänzendes Sortiment. Wer eine Industrienähmaschine haben will, findet auch einen kompletten Maschinenpark für die Bekleidungsindustrie im deutschen Angebot vor.

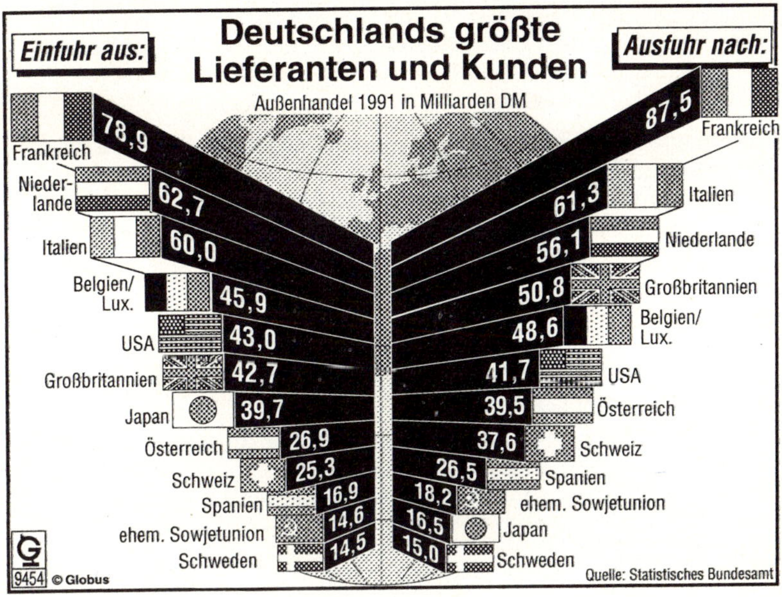

- Die Lieferbedingungen der deutschen Exporteure sind im internationalen Vergleich günstig, die Auftragserfüllung und die Folgeleistungen zuverlässig.
- Die im Vergleich niedrigen Inflationsraten und die höhere Produktivität ermöglichen, daß die deutschen Waren auf den Auslandsmärkten die Preiskonkurrenz bestehen können.
- Die Entwicklung der Wechselkurse begünstigte in der Regel die Bundesrepublik in der Preiskonkurrenz. Die DM war bis in die 70er Jahre niedrig bewertet, so daß die deutschen Produkte für die ausländischen Abnehmer billig waren. Die deutschen Exporteure konnten dadurch neue Auslandsmärkte erschließen, ihre Anteile auf dem Weltmarkt erhöhen. Der starke Dollar, d.h. der hohe Dollar-Wechselkurs, wirkte sich auf die Konkurrenzfähigkeit der deutschen Exporte sehr günstig aus. Auf der Importseite des deutschen Außenhandels bedeutete dies jedoch, daß beim hohen Dollar-Wechselkurs die in Dollar zu zahlenden Importe, z.B. die Erdölrechnung, teuer wurden. 1986, beim niedrigen Dollar-Wechselkurs, hat sich das Blatt gewendet. Wie sich das auf die Exporte und Importe auswirkte, wird im Kasten auf S. 558 erläutert.
- Im Exportgeschäft spielen die langjährigen Geschäftsverbindungen und der Ruf des Anbieters eine große Rolle. Das Label „Made in Germany“ trägt dazu bei, die Auslandsmärkte zu erhalten, auch wenn die Preise der angebotenen Güter teilweise höher als die der Konkurrenten sein sollten.

- Der technologische Vorsprung – bis auf die wenigen Ausnahmen im Bereich der Höchsttechnologiegüter der USA und Japans – und die hohe Qualität der Produkte sind die wichtigsten Faktoren des Exporterfolges der deutschen Industrie.
- Die steigenden Lohnstückkosten wurden weitgehend durch die Produktivitätserhöhung (insbesondere Rationalisierungsinvestitionen) aufgefangen. Daher haben sie die Weltmarktstellung der Exporte nicht gefährdet. Die Tabelle unten zeigt die insgesamt gute internationale Wettbewerbsfähigkeit der Bundesrepublik.

So wirkt der billige Dollar

Die Talfahrt des US-Dollars berührt unseren Außenhandel unmittelbar auf zweierlei Weise. Zum einen sind jene Exporteure betroffen, die ihre Exportrechnungen in Dollar auszustellen pflegen; das ist bei rund acht Prozent des gesamten Exportgeschäfts der Fall. Sie müssen nach jeder niedrigeren Dollar-Notierung einen Verlust hinnehmen; denn jeder Dollar bringt dann weniger DM ein, als bei Rechnungsstellung einkalkuliert war (viele werden dieses Risiko freilich durch ein sogenanntes Kurssicherungsgeschäft ausschließen). Ganz anders sieht die Sache für die Importeure aus: Soweit die Rechnungen für eingeführte Waren in Dollar ausgestellt sind, müssen sie weniger DM als zuvor aufwenden, um die nötigen Dollar aufzubringen. Knapp ein Viertel aller Einfuhrrechnungen lauten auf Dollar, darunter vor allem die Rechnungen der Öllieferanten. Eingeführtes Öl wird also nicht nur durch sinkende Weltmarktpreise, sondern auch durch den sinkenden Dollarkurs billiger.

Außenhandel und Beschäftigung

Ein oft diskutiertes Problem ist die **Beschäftigungswirkung der Importe.** Die Ansicht ist weit verbreitet, daß die Importe von Halb- und Fertigwaren (Industrieprodukte) aus den Entwicklungsländern (aus den „Billiglohnländern") Arbeitsplätze vernichten. Trifft diese Behauptung zu? Dies wollen wir klären. Hierzu zwei Vorbemerkungen:

Erstens: Die Industriewarenimporte, woher sie auch kommen, vernichten Arbeitsplätze nur dann, wenn sie die Inlandsproduktion ersetzen. Das tun aber nicht alle Importe. Ein Teil der Importe von Industriegütern ergänzt das inländische Angebot. Solche Importe bestehen aus den Gütern, die entweder im Inland nicht produziert werden oder bei denen die Produktionskapazität des Inlands nicht ausreicht, die Nachfrage zu decken. Diese Importe gefährden die Arbeitsplätze nicht.

Zweitens: Wer über die Arbeitsplatzverluste durch die Importe spricht, muß auch die Kehrseite bedenken, nämlich die **Arbeitsplatzgewinne durch die Exporte.** Die überaus positive Beschäftigungswirkung der Exporte in der

- Einzelne Unternehmen sind weit über dem Branchendurchschnitt exportabhängig. Beispielsweise betrug 1989 der Exportanteil am Umsatz der Unternehmen Bayer, Hoechst, Volkswagen, BMW, Mannesmann und Daimler über 60%. Ein Absatzrückgang auf dem Weltmarkt würde nicht nur diese Unternehmen treffen, sondern auch die Zulieferbetriebe, in der Regel die gesamte Volkswirtschaft.

- In den Konjunkturzyklen waren die Exporte stets ein wichtiger Faktor. Sie waren eine tragende Säule des Wirtschaftswachstums. Die Steigerungsraten der Exporte waren in den Tiefpunkten der Konjunktur immer hoch genug, um zur Konjunkturstabilisierung einen wesentlichen Beitrag zu leisten. Wenn die Exportflanke nicht funktioniert, dann hat dies Folgen wie geringes Wachstum, Beschäftigungsrückgang und Leistungsbilanzdefizite.

- Von den Waren- und Dienstleistungsexporten hängen Arbeitsplätze ab. Im Durchschnitt aller Wirtschaftszweige ist die Ausfuhrabhängigkeit der Beschäftigtenzahl in den 80er Jahren gestiegen. 1989 war jeder vierte Arbeitsplatz, insgesamt ca. 6,3 Mio. Arbeitsplätze, direkt oder mittelbar (z.B. in Zulieferfirmen) von der exportbestimmten Produktion abhängig. Von den insgesamt 6,3 Mio. exportabhängigen Beschäftigten waren 1,9 Mio. in den Wirtschaftszweigen Handel, Verkehr und in den Dienstleistungsunternehmen (Banken, Versicherungen, Gaststätten- und Hotelgewerbe, Wissenschaft und Bildung) beschäftigt.

- Die Außenwirtschaft trägt zum Sozialprodukt erheblich bei. Die ständigen Außenhandelsüberschüsse (mit Ausnahme von 1965 und 1980) sind ein wichtiger Bestandteil des Wirtschaftswachstums. Der Außenbeitrag (definiert als Export minus Import von Waren und Dienstleistungen) betrug 1990 fast 160 Mrd. DM. Dieser machte 6,5% des Bruttosozialproduktes aus. Seit 1965 lag der Außenbeitrag durchschnittlich um 4%. Die Bundesrepublik mit einem stetigen positiven Außenbeitrag produziert also im Inland mehr, als sie verbraucht. Die Steigerung des Außenbeitrages fördert das Wachstum und die Beschäftigung. Das bedeutet, daß ein Land durch seinen positiven Außenbeitrag Arbeitslosigkeit exportiert und Beschäftigung importiert. Die Handelspartner, die Handels- und Dienstleistungsbilanzdefizite haben, sehen zu, wie dieses stetige Ungleichgewicht beseitigt werden kann. Die Außenhandelsüberschüsse bedeuten eine starke Position auf dem Weltmarkt, und sie sind eine wesentliche Grundlage der ökonomischen und auch politischen Macht der Bundesrepublik.

- Wie hat sich das Verhältnis der Exportpreise der Bundesrepublik zu den Importpreisen entwickelt? Wenn dieses Verhältnis gegenüber dem eines Vergleichsjahres steigt, bedeutet dies, daß die Bundesrepublik für den Erlös der gleichen Warenmenge mehr Importwaren erhält. In diesem Fall spricht man von der Verbesserung des realen Austauschverhältnisses (oder Verbesserung der Terms of Trade). Die realen Aus-

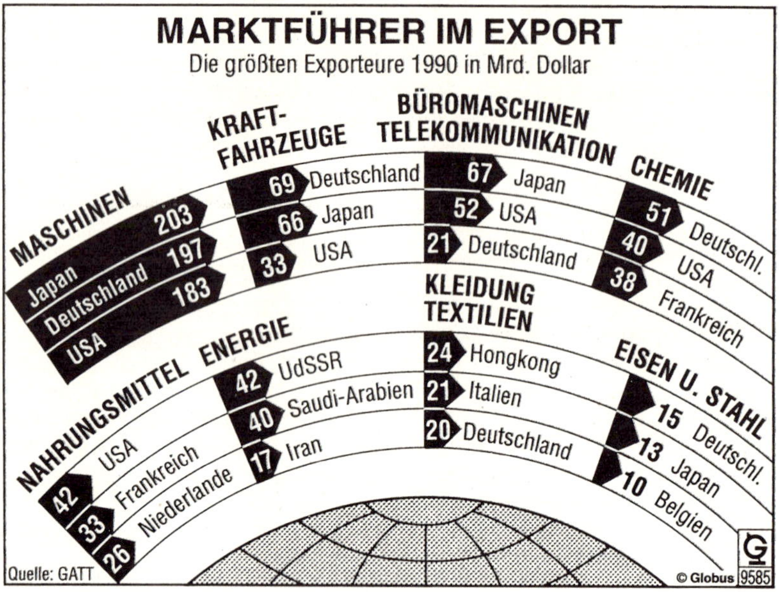

tauschverhältnisse der Bundesrepublik verbesserten sich in einem längeren Zeitraum. Daher war der Außenhandel auch unter diesem Gesichtspunkt volkswirtschaftlich wichtig und vorteilhaft.

Terms of Trade

Die sinkenden Ölpreise und die Abschwächung des Dollarkurses machten es möglich: Erstmals seit Jahren verbessert sich das reale Austauschverhältnis der Bundesrepublik mit dem Ausland. Steigen die sogenannten Terms of Trade, wie es zuletzt der Fall war, können für den Erlös einer bestimmten Menge von Exportgütern mehr Waren importiert und bezahlt werden als vorher. Der reale Gegenwert des Exports nimmt also zu.

Es kann also kein Zweifel an der Wichtigkeit der Exporte für die Volkswirtschaft der Bundesrepublik bestehen. Bei einem so hohen Grad der Verflechtung mit der Weltwirtschaft entstehen zwar Abhängigkeiten. Aber die Antwort auf die Exportabhängigkeit kann nicht die Abkoppelung von der Weltwirtschaft sein. Vielmehr besteht die Aufgabe der internationalen Wirtschaftspolitik darin, in einer funktionierenden Weltwirtschaft die gegenseitigen Interessen und Abhängigkeiten der Handelspartner auszugleichen. Darauf ist auch die nationale Wirtschaftspolitik zu verpflichten.

Binnenmarkt 1993

Die bundesrepublikanische Wirtschaft ist auf den Binnenmarkt 1993 sehr gut vorbereitet (s. Beitrag 4.3.). Die Standortvorteile der Bundesrepublik sind so beachtlich, daß die optimistischen Kommentare weit überwiegen. Auch die Wettbewerbsposition der Industriezweige, die durch den Binnenmarkt besonders betroffen sind, hat sich in den 80er Jahren verbessert. 60% der Beschäftigten in diesen Industrien sind in den Zweigen angesiedelt, die eine starke und verbesserte Wettbewerbssituation haben. Allerdings ist die Wettbewerbssituation der Datenverarbeitungsgeräte und -einrichtungen, Luft- und Raumfahrtindustrie, Informations- und Kommunikationstechnik schwach und hat sich noch verschlechtert.

Osteuropäische Märkte verloren

Der Außenhandel der ehemaligen DDR war auf den RGW-Raum konzentriert. 1990 entfielen 80% der Exporte und 67% der Importe auf diesen Wirtschaftsraum. Seit 1990 schrumpft der gesamte Außenhandel der neuen Bundesländer. Die osteuropäischen Absatzmärkte, darunter der Reformländer, sind nach der Währungsreform weitgehend verloren, wobei auch der Schuldenstand einiger osteuropäischer Handelspartner gegenüber der ehemaligen DDR ein noch ungeklärtes Problem ist.

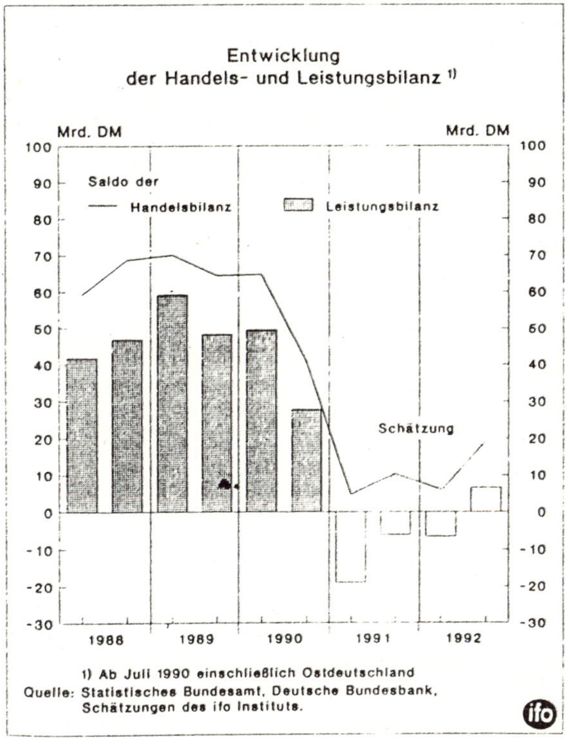

Quelle: Ifo, Wirtschaftskonjunktur, 7/1991.

Der Außenhandel der Bundesrepublik nach der Vereinigung ist dadurch gekennzeichnet, daß die Ausfuhr zurückging und die Einfuhr zunahm (s. Abbildung). Der Außenhandelsüberschuß (nach dem Gebietsstand ab 3.10.1990) ging von 134 Mrd. auf 107 Mrd. DM (1990) zurück. Der Rückgang des Exportüberschusses ist hauptsächlich im Warenverkehr mit den westlichen Industrieländern entstanden. Die Ausfuhr war 1988 und 1989 die Hauptstütze des gesamtwirtschaftlichen Wachstums. Seit der Währungsunion ist die Binnennachfrage der wichtigste Motor der Konjunktur.

Literaturhinweise

DIW-Wochenbericht 4/1992: Direkte und indirekte Exportabhängigkeit der Produktionsbereiche in der Bundesrepublik Deutschland.

Wolfgang Gerstenberger, Grenzen fallen – Märkte öffnen sich; Strukturberichterstattung 1990, Berlin 1990.

Werner Glastetter, Außenwirtschaftspolitik. 2. Aufl., Köln 1979.

Werner Glastetter/Rüdiger Paulert/Ulrich Spörel, Die wirtschaftliche Entwicklung in der Bundesrepublik Deutschland 1950–1980, 2. Aufl., Frankfurt/M. 1983.

Gilberto Granados/Erik Gurgsdies, Lern- und Arbeitsbuch Ökonomie, 3. Aufl., Bonn 1985.

Erhard Kantzenbach/Otto G. Mayer (Hrsg.), Perspektiven der weltwirtschaftlichen Entwicklung und ihre Konsequenzen für die Bundesrepublik Deutschland, Hamburg 1990.

Henning Klodt, Klaus-Dieter Schmidt, u.a., Weltwirtschaftlicher Strukturwandel und Standortwettbewerb, Tübingen 1989.

Siegfried Schultz/Dieter Schumacher/Herbert Wilkens, Wirtschaftliche Verflechtung der Bundesrepublik Deutschland mit den Entwicklungsländern, Baden-Baden 1980.

Alparslan Yenal

4.5. Neue Weltwirtschaftsordnung – Was kann sie ändern?

Seit der dritten Welthandels- und Entwicklungskonferenz der Vereinten Nationen (UNCTAD) 1972 fordern die Entwicklungsländer die Neugestaltung der Weltwirtschaftsordnung. Das Ziel der Forderungen ist die Beseitigung der Nachteile, die sich aus den gegenwärtigen Weltwirtschaftsbeziehungen für die Entwicklungsländer ergeben. Die Neue Weltwirtschaftsordnung soll die gleichberechtigte Integration der Entwicklungsländer in die Weltwirtschaft ermöglichen. Wir befassen uns hier mit folgenden Fragen:

- Wodurch sind die Welthandelsbeziehungen gekennzeichnet und was sind die Außenhandelsprobleme der Entwicklungsländer?
- Was sind die Grundlagen der bestehenden Weltwirtschaftsordnung, die die Entwicklungsländer geändert haben wollen?
- Was fordern die Entwicklungsländer, was soll anders werden?
- Wie verlief bisher die internationale Willensbildung über die Neue Weltwirtschaftsordnung?
- Welchen Beitrag kann die Neue Weltwirtschaftsordnung zur Lösung der Entwicklungsprobleme leisten?

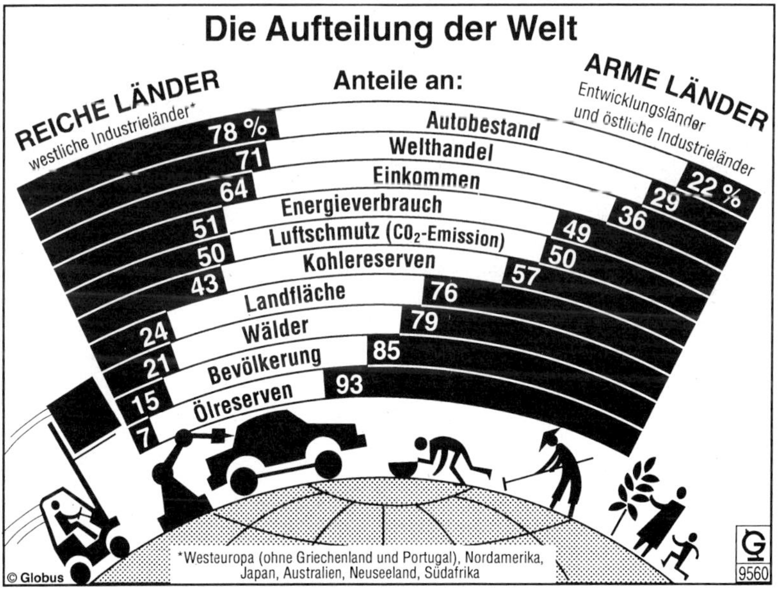

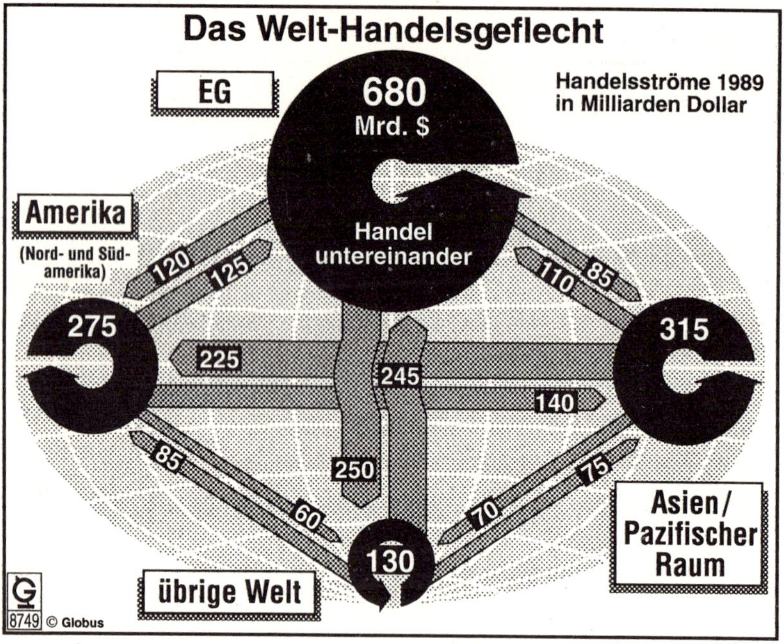

Entwicklung und Struktur des Welthandels

Der Welthandel hat sich seit dem Ende des Zweiten Weltkrieges außerordentlich gewandelt. Das Welthandelsvolumen (Exportwerte von Gütern zu Preisen von 1987 berechnet) hat sich im Zeitraum 1947–1990 von 207 Mrd. Dollar auf ca. 3.100 Mrd. Dollar erhöht. Die Trends und die besonderen Kennzeichen der Welthandelsbeziehungen zwischen den Industrie- und Entwicklungsländern können wie folgt zusammengefaßt werden:

- Die westlichen Industrieländer bilden das Zentrum des Welthandels, deren stetig wachsender Anteil am Weltexport 1989 ca. 71% betrug, darunter die Bundesrepublik mit 11%. Auf die drei größten Exportländer (USA, Bundesrepublik und Japan) entfiel 1989 fast ein Drittel des Weltexports. Die Entwicklungsländer (ohne OPEC) haben seit 1950 einen sinkenden Anteil am Weltexport (1989 ca. 17%). Die ärmsten Länder (LDC, s. Beitrag 4.7.) waren am Weltexport mit nur 0,5% beteiligt.

- Die Exporte der westlichen Industrieländer untereinander (Intra-Gruppenhandel) machen ca. 50% des Weltexports aus. Die Entwicklungsländer (ohne OPEC) untereinander haben einen geringen Güteraustausch, der 1989 nur 3% des Weltexports ausmachte.

- Die Hauptexportmärkte der nicht erdölexportierenden Entwicklungsländer sind die westlichen Industrieländer. Auf diese Märkte entfielen 1989 ca. 67% und auf die osteuropäischen Abnehmer nur 7% der Exporte der Entwicklungsländer.

- Der Welthandel zeigt eine beschleunigte Regionalisierung. Neben dem Europäischen Wirtschaftsraum (EWR = EG + EFTA) haben sich Nordamerika und Westpazifik (Japan, China, Südostasien, darunter vier Schwellenländer: Südkorea, Hongkong, Taiwan, Singapur) als Handelszentren herausgebildet. Die regionale Konzentration des Welthandels, insbesondere der Binnenmarkt '92 und die weiteren Integrationsschritte in Europa, haben negative Folgen für die Entwicklungsländer.

- **Der größte Teil des Welthandels besteht aus Industriegütern** (1989 ca. 70%). Je höher und vergleichbarer das Einkommens- und Entwicklungsniveau der Handelspartner ist, desto intensiver ist der Handel von Gütern der gleichen Industriezweige (z.B. Auto wird gegen Auto getauscht). Diese Art Güteraustausch (Intra-Industrie-Handel genannt) beruht auf Differenzierung des Industriegüterangebotes und ist heute der Wachstumsmotor des Welthandels. Die Industriegüterexporte haben sich im Zeitraum 1970–1990 mehr als verdreifacht. Der Entwicklungsländeranteil nahm zwar stärker zu, dies geht aber allein auf die schnell wachsenden Industriegüterexporte der 10 wichtigsten Schwellenländer (s. Definition im Beitrag 4.7.) zurück.

- **Die Primärgüter (Agrargüter, Erze und Brennstoffe) haben am Weltexport einen abnehmenden Anteil** (1989 ca. 30%). Diese Güter machten aber fast die Hälfte der Güterexporte von Entwicklungsländern im Jahre 1988 und nur 19% der Exportgüter von westlichen Industrieländern aus. Die Entwicklungsländer sind Netto-Primärgüterexporteure (sie exportieren diese Güter mehr als sie sie importieren) und die Industrieländer sind Netto-Primärgüter-Importeure. Zahlreiche Entwicklungsländer sind von Primärgüterexporten in sehr hohem Maße abhängig (s. Abbildung S. 570).

- Der **Güteraustausch zwischen den Industrie- und Entwicklungsländern** ist dadurch gekennzeichnet, daß die Entwicklungsländer

  – in der Regel Primärgüter gegen Industriegüter austauschen,

  – ihren Außenhandel auf die Industrieländer ausgerichtet haben,

  – in einigen Fällen (Schwellenländer) konkurrenzfähige Industriegüterexporteure geworden sind.

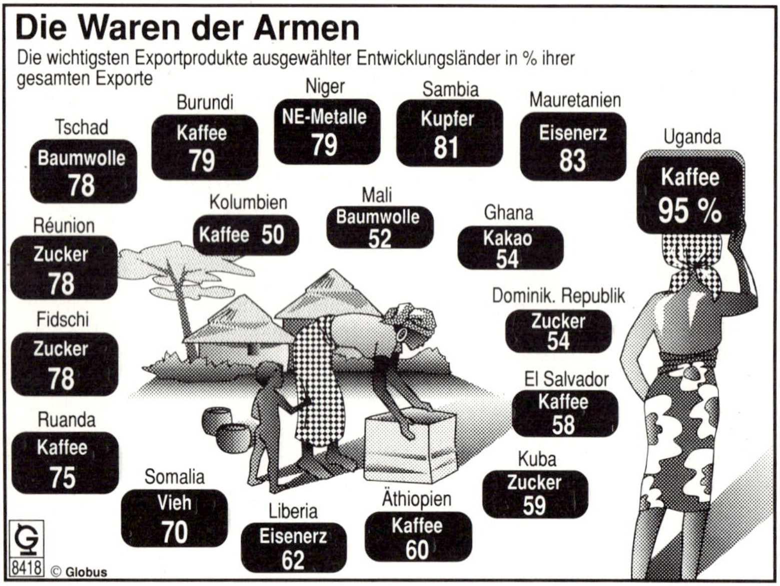
Die Waren der Armen
Die wichtigsten Exportprodukte ausgewählter Entwicklungsländer in % ihrer gesamten Exporte
Tschad
Baumwolle 78
Burundi
Kaffee 79
Niger
NE-Metalle 79
Sambia
Kupfer 81
Mauretanien
Eisenerz 83
Uganda
Kaffee 95 %
Réunion
Zucker 78
Kolumbien
Kaffee 50
Mali
Baumwolle 52
Ghana
Kakao 54
Fidschi
Zucker 78
Dominik. Republik
Zucker 54
El Salvador
Kaffee 58
Ruanda
Kaffee 75
Kuba
Zucker 59
Somalia
Vieh 70
Liberia
Eisenerz 62
Äthiopien
Kaffee 60
8418 © Globus

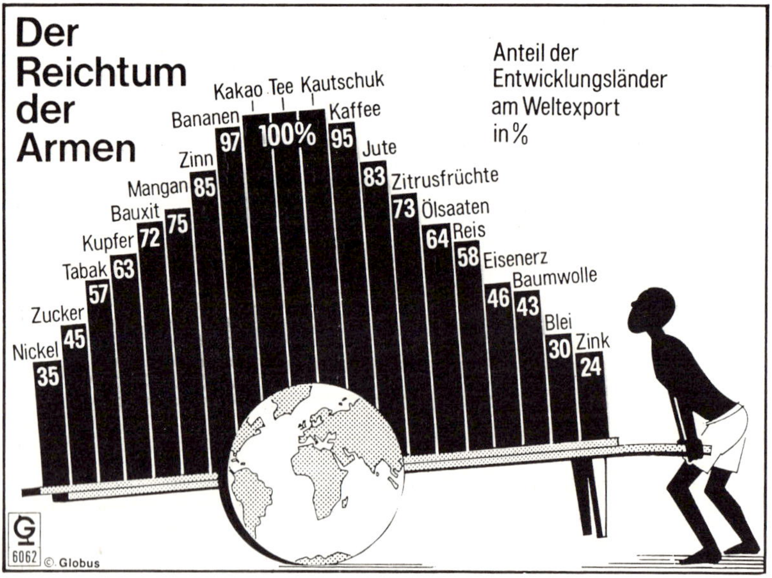
Der Reichtum der Armen
Anteil der Entwicklungsländer am Weltexport in %
Nickel 35
Zucker 45
Tabak 57
Kupfer 63
Bauxit 72
Mangan 75
Zinn 85
Bananen 97
Kakao Tee Kautschuk 100%
Kaffee 95
Jute 83
Zitrusfrüchte 73
Ölsaaten 64
Reis 58
Eisenerz 46
Baumwolle 43
Blei 30
Zink 24
6062 © Globus

Aus der regionalen Konzentration und der Güterzusammensetzung der Welthandelsströme ergeben sich **dringende Außenhandelsprobleme der Entwicklungsländer.** In der entwicklungspolitischen Debatte werden diese Probleme sehr verschieden beurteilt. So sind auch die Schlußfolgerungen für die Integration der Entwicklungsländer in den internationalen Güter- und Kapitalverkehr kontrovers. Der Entwicklungsprozeß und die Ressourcen der einzelnen Länder sind so vielfältig und die Differenzierung innerhalb der Entwicklungsländer in den letzten Jahrzehnten so fortgeschritten, daß jeder Versuch, eine allgemeingültige Erklärung der Problemursachen zu liefern und eine allumfassende Entwicklungsstrategie zu entwerfen, an der Wirklichkeit scheitern muß. Weil der entwicklungstheoretische Anspruch sehr hoch gesteckt war und die Distanz zur komplexen Wirklichkeit zu groß geriet, war die entwicklungspolitische Debatte bisher zwar ideenreich, wechselhaft und gutgemeint, aber nicht immer durchdacht und daher für Problemlösungen wenig hilfreich.

Wenn hier ein Überblick über die Außenhandelsprobleme der Entwicklungsländer vermittelt wird, kann dies nur eine Zusammenfassung sein (s. Abbildung S. 573), die für die Einzelfälle konkretisiert werden müßte.

- Die überwiegende Mehrzahl der Entwicklungsländer hat ein **chronisches Außenhandelsdefizit** (d.h. die Exporterlöse reichen zur Finanzierung der Importausgaben nicht aus: s. Zahlungsbilanz im Beitrag 4.4.), das in der Regel durch die Auslandskredite finanziert wird. Dies bedeutet Lösungsaufschub, bis die Auslandsverschuldungskrise eine Anpassungspolitik erzwingt. Die grundlegende Lösung erfordert wirtschaftspolitische Maßnahmen des Staates und die internationale Flankierung sowie Bekämpfung der weltwirtschaftlichen Ursachen (s. hierzu die Ursachenanalyse in Beitrag 4.6.).

  Das Außenhandelsdefizit entsteht, weil
  - die Exporterlöse aufgrund des Preisverfalls und/oder der Nachfrage- und Angebotsschwankungen der Primärgüter instabil sind,
  - die Importnachfrage der Entwicklungsländer nach Industriegütern (hauptsächlich Investitionsgütern, Vorprodukten) im Laufe der Wirtschaftsentwicklung zunimmt und nicht ohne weiteres reduziert werden kann, auch wenn die Importpreise steigen,
  - die Preise der importierten Industriegüter steigen oder höher steigen als die der Exportgüter.

  Wenn diese Fälle zusammen eintreten, ist das Außenhandelsdefizit, insbesondere für die überwiegend rohstoffexportierenden Länder, ein sehr schwieriges und nur langfristig lösbares Problem. Die Instabilität der Exporterlöse (Menge x Preis) der vornehmlich rohstoffexportierenden Entwicklungsländer verursacht unvorhergesehene Devisenknappheit und erschwert damit eine stabile Wirtschaftsentwicklung. Die **Exportererlöse schwanken,** weil
  - die fallenden Preise der Rohstoffe durch die Mengensteigerungen nicht immer aufgefangen werden können,

Rohstoffpreisschwankungen

Kann auch ein Land vom Außenhandel profitieren, wenn ein großer Teil seiner Exporte aus Rohstoffen besteht? In den fünfziger Jahren vertraten Raoul Prebisch und Hans Singer die These, daß die Außenhandelsgewinne der Entwicklungsländer sinken würden, da die Preise für Rohstoffexporte relativ zu den Preisen für Industriegüterimporte fallen. ...

Zwischen 1900 und 1986 sanken die Terms of Trade für Rohstoffe (ohne Brennstoffe) um durchschnittlich 0,6 Prozent pro Jahr. Wenn man jedoch eine andere Periode wählt, ist der Rückgang viel geringer. Zwischen 1920 und 1986 sanken die Terms of Trade um weniger als 0,3 Prozent pro Jahr. Außerdem dürften diese Zahlen den Rückgang vermutlich überzeichnen, weil sie Qualitätsverbesserungen bei Industriegütern vernachlässigen. ...

Rohstoffe (ohne Brennstoffe) versus Industrieprodukte: relativer Preisindex, 1900 bis 1990

Index (1977 bis 1979 = 100)

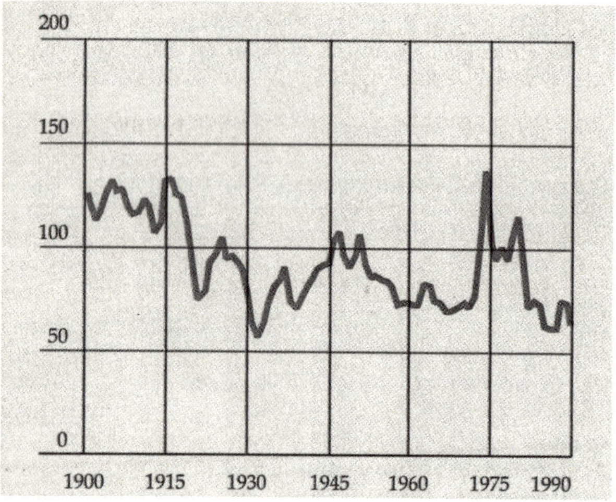

Anmerkung: Der verwendete Erzeugerpreisindex ist der Großhandelspreisindex der USA.

Quellen: Daten der Weltbank; Grilli und Yang 1988.

Trotz des deutlichen Rückgangs der relativen Preise für Rohstoffe (ohne Brennstoffe) seit 1973 blieben die Rohstofferlöse, in Relation zu den Erlösen aus Industriegüterexporten, relativ konstant. Die Exportmengen der Entwicklungsländer haben sich in diesem Zeitraum nahezu verdoppelt, womit sie die sinkenden Terms of Trade kompensierten. Wegen unterschiedlicher binnenwirtschaftlicher Maßnahmen hatten einige Länder sehr viel weniger Erfolg als andere: Die Erlöse aus dem Export von Rohstoffen (ohne Brennstoffe) sanken in Südasien um 50 Prozent und stiegen in Ostasien um fast den gleichen Prozentsatz.

- die Nachfrage von der Wirtschaftslage in den Industrieländern abhängig ist, z.B. ein Konjunkturtief einen Mengen- und Preisrückgang bewirkt,
- bei Agrargütern die Produktionsmengen instabil sind,
- die Rohstoffe durch neue Technologien weniger verbraucht und ersetzt werden,
- die Rohstoffproduzenten in der Dritten Welt die Weltmarktpreisentwicklung kaum beeinflussen können. Sie sind machtlos gegen marktbeherrschende multinationale Konzerne, und die internationalen Warenbörsen werden von den Industrieländern beherrscht.

Außenhandelsprobleme der Entwicklungsländer

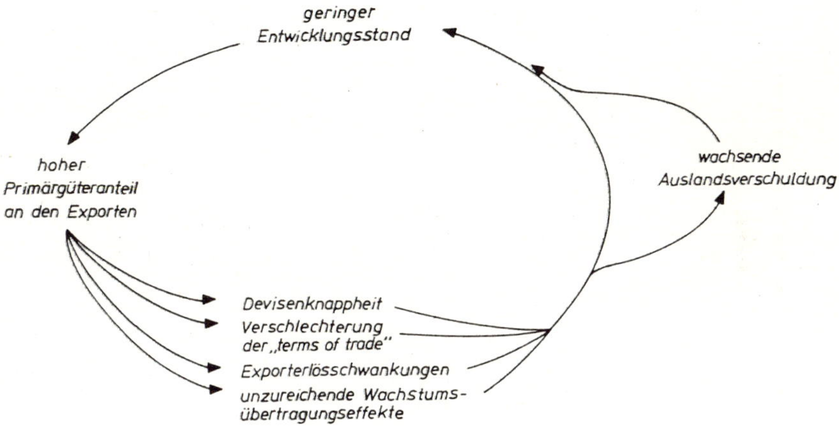

Quelle: Helmut Hesse, Hermann Sautter, Entwicklungstheorie und -politik, Bd. 1, Tübingen 1977.

- **Die Preisentwicklung der Rohstoffe** ist ein akutes Problem der Mehrzahl der Entwicklungsländer. Eine aussagekräftige Kennziffer für Rohstoffpreise ist der relative Preisindex der Rohstoffe (ohne Brennstoffe). Dieser Preisindex drückt aus, wie sich die Rohstoffpreise im Verhältnis zu Industriegüterpreisen in einem langen Zeitabschnitt entwickelt haben (s. Kasten S. 572 und Abbildung S. 576 – Beitrag 4.6.). Demnach zeigt der relative Preisindex der Rohstoffe seit 1900 einen fallenden Trend. Allerdings muß diese Aussage aufgrund der unzulänglichen Preisindexberechnung relativiert werden. Einzelne Rohstoff- und Länderfälle weichen sicherlich vom Trend erheblich ab. Viel wichtiger ist daher die Aussage von Waren-Terms of Trade, die anzeigen wie sich die Rohstoff-

Terms of Trade ausgewählter Ländergruppen 1980–89 (1980 = 100)

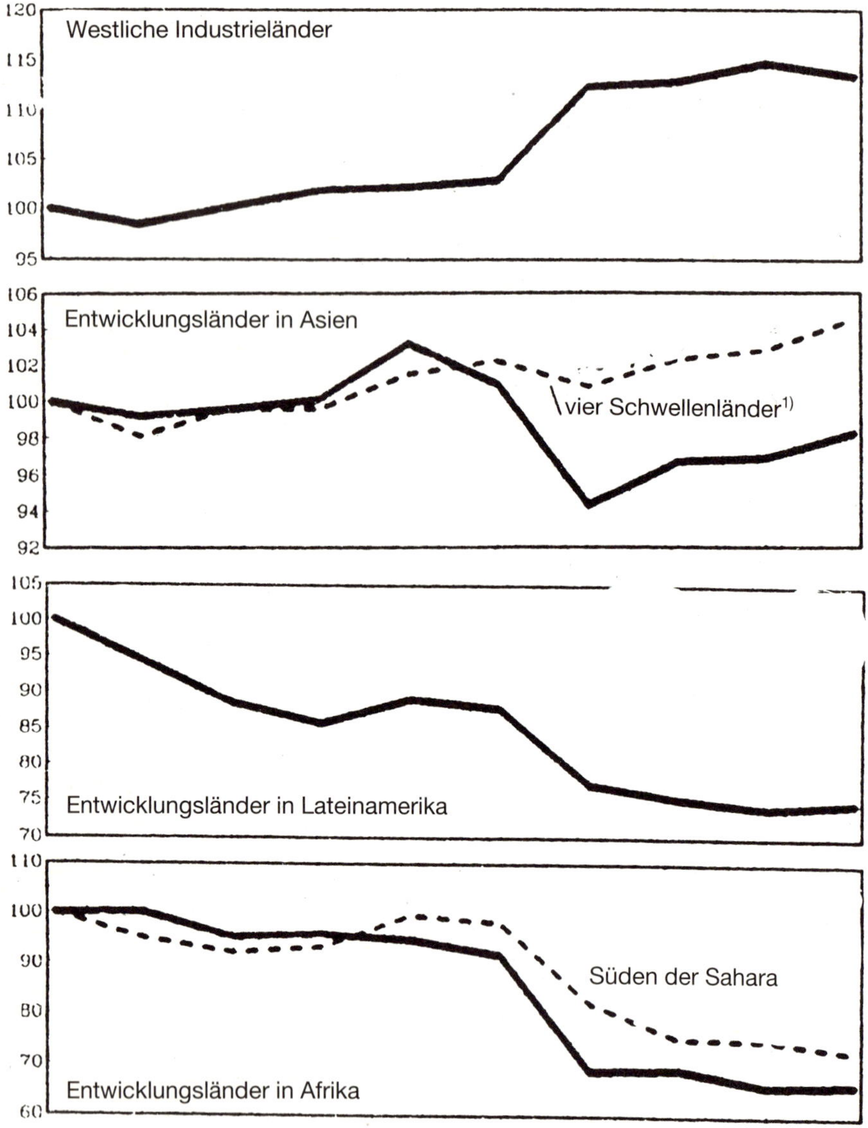

[1] Hongkong, Südkorea, Singapur, Taiwan
Quelle: IWF, aus: UN, World Economic Survey 1990. New York 1990.

exportpreise (ohne Brennstoffe) im Verhältnis zu Importpreisen der Länder entwickelt haben. Die Abbildung im Kasten auf S. 576 zeigt den beträchtlich fallenden Trend von Waren-Terms of Trade. Das bedeutet, daß die von Rohstoffexporten abhängigen Entwicklungsländer seit Ende der 70er Jahre ihre Rohstoffe in einem Verhältnis gegen Importgüter ausgetauscht haben, das sich beträchtlich verschlechtert hat. Seit Ende der 70er Jahre fand demnach ein Realeinkommenstransfer aus diesen Entwicklungsländern in die westlichen Industrieländer statt. Durch eine Erhöhung der Exportmengen konnte es diesen Ländern nur gelingen, den Rückgang der Kaufkraft der Exporterlöse, d.h. der Einkommens-Terms of Trade, zu reduzieren.

- Von den Preisbewegungen der Export- und Importgüter hängt es ab, wie die Handelsgewinne auf die Handelspartner verteilt werden. **Das Verhältnis zwischen den Export- und Importpreisen** (als **Terms of Trade** oder reale Austauschverhältnisse definiert, s. Kasten) der nicht erdölexportierenden Entwicklungsländer verschlechterte sich – von einigen Ausnahmen abgesehen – im längeren Zeitraum. Das bedeutet, daß diese Länder im betrachteten Zeitraum für ihre Exportgüter weniger Importgüter ausgetauscht haben. Die Abbildung auf S. 574 zeigt die Verlierer und Gewinner der ToT-Veränderungen. Danach hatten die lateinamerikanischen und afrikanischen Länder seit 1980 eine eindeutige Verschlechterung ihrer realen Austauschverhältnisse.

TERMS OF TRADE (ToT): Man muß zwischen verschiedenen ToT unterscheiden

a) Die am häufigsten ausgewiesene ... Berechnungsgröße sind die **Commodity ToT:** Sie bezeichnen das Verhältnis zwischen Exportpreisen und Importpreisen (genauer: zwischen Exportpreisindex und Importpreisindex); ... sie geben mit anderen Worten an, in welchem Maß die Menge von Importgütern, die gegen eine bestimmte Menge von Exportgütern ausgetauscht wird, in einem bestimmten Zeitraum zu- oder abgenommen hat.
b) Diese **Commodity ToT** geben keine Auskunft darüber, ob sich die Importkapazität (Kaufkraft) eines Landes verändert hat, das heißt, ob die Gütermenge, die ein Land mit seinen Exporterlösen kaufen kann, zu- oder abgenommen hat. Diese Veränderung der Importkapazität zeigen die **Income ToT,** die durch die Multiplizierung der **Commodity ToT** mit dem Exportmengenindex errechnet werden.
c) Die **Commodity ToT** beziehen sich ausschließlich auf den Warenaustausch und berücksichtigen nicht Produktivitätsveränderungen im Exportsektor, ... das heißt die Frage, welche Menge von Importgütern mit einer im Exportsektor geleisteten Arbeitsstunde erworben werden kann. Diese Veränderung zeigen die **Single Factor ToT** an, die sich aber nur auf Produktivitätsveränderungen im inländischen Exportsektor beziehen.
d) Die **Double Factoral ToT** berücksichtigen zusätzlich auch die Produktivitätsveränderungen im ausländischen Exportsektor, aus dem Importgüter stammen; sie bilden einen ... Indikator für die Veränderung der relativen Einkommensposition eines Landes im Vergleich der Länder.

Quelle: Franz Nuscheler, Lern- und Arbeitsbuch Entwicklungspolitik, Bonn, 1991, S. 96 (gekürzt)

Entwicklung der Exporte und der Terms of Trade der Entwicklungsländer, 1965 bis 1988

Index (1965 = 100)

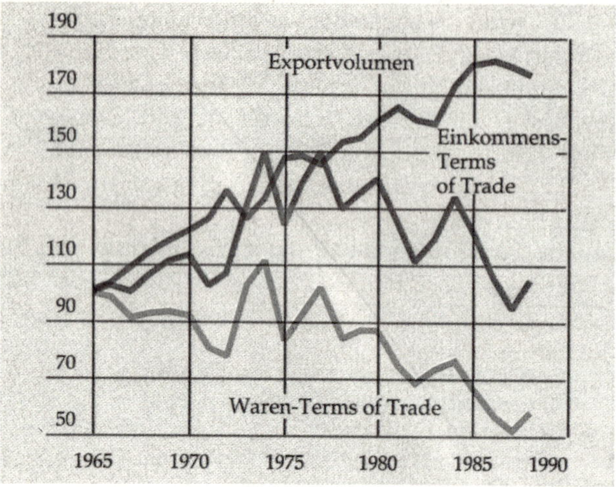

Anmerkung: Die Waren-Terms of Trade sind die gewogenen Durchschnittswerte des Exports für Rohstoffe, deflationiert mit den gewogenen Durchschnittswerten des Imports jeder Region. Die Waren-Terms of Trade, multipliziert mit den aktuellen Exportvolumina, ergeben die Einkommens-Terms of Trade. Die Angaben basieren auf einer Auswahl von neunzig Entwicklungsländern.

Quelle: Daten der Weltbank.

Auszug aus: Weltbank, Weltentwicklungsbericht 1991, Washington 1991.

- Der zunehmende **Protektionismus der Industrieländer** gegenüber konkurrenzfähigen Produkten aus Entwicklungsländern ist ein dringendes Problem. Nicht nur diskriminierende Zollsätze, sondern u.a. auch die sogenannten nicht-tarifären Handelshemmnisse sind wichtige Einfuhrbeschränkungen, darunter Mengenbeschränkungen (37% der EG-Einfuhren unterliegen Mengenkontrollen), Selbstbeschränkungsabkommen, die Anbieter verpflichten, nur bestimmte Mengen von Gütern (Stahl, Autos, Textilien, Bekleidung u.a.) auf den Märkten der Industrieländer abzusetzen (es gibt 1990 ca. 280 solche Abkommen), Subventionen zur Erhaltung der Konkurrenzfähigkeit oder Exportsubventionen, technische Normen sowie der Agrarprotektionismus insbesondere der EG sind nur ein Ausschnitt aus dem Arsenal der nicht-tarifären Handelshemmnisse (s. Kasten S. 577). Es macht keinen Sinn, den Entwicklungsländern einerseits Zollpräferenzen zu gewähren und andererseits ihre wettbewerbsfähigen Güter den viel wirksameren Einfuhrbeschränkungen zu unterwerfen.

Neo-Protektionismus der Industrieländer

Anteil der insgesamt von nichttarifären Maßnahmen betroffenen Importe, 1966 bis 1986
Prozentsatz des von nichttariflichen Maßnahmen betroffenen Außenhandels

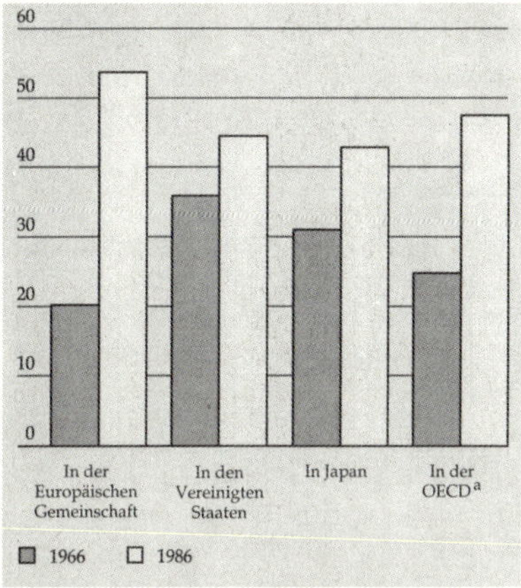

a. ohne Daten für Australien, Island, Kanada, Neuseeland, Österreich und Schweden.

Quellen: Laird und Yeats 1990b; Walter 1972

Der Kernbereich der nichttarifären Maßnahmen gegenüber Industrie- und Entwicklungsländern, 1986
Prozentsatz des von nichttarifären Maßnahmen betroffenen Außenhandels[a]

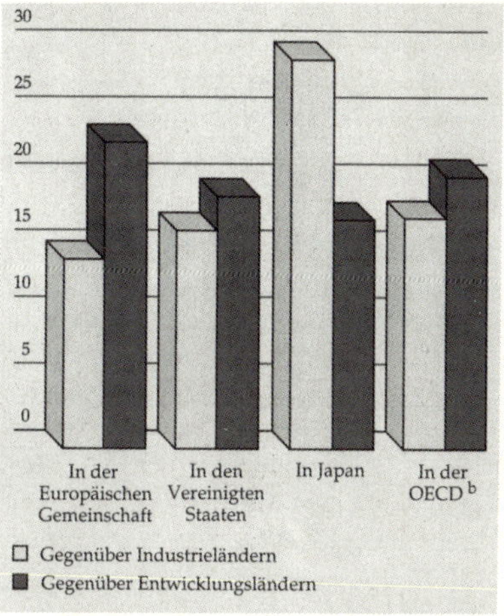

a. Berechnet mit Handelsgewichten von 1981. Der Kernbereich der nichttarifären Maßnahmen umfaßt Kontingente, freiwillige Exportbeschränkungen, das Welttextilabkommen und sonstige hochrestriktive Maßnahmen.
b. Ohne Daten für Australien, Island, Kanada, Neuseeland, Österreich und Schweden.
Quellen: Laird und Yeats 1990a.

Quelle: Weltbank, Weltentwicklungsbericht 1991, New York, S. 125.

Die negativen Auswirkungen der Außenhandelsprobleme auf die wirtschaftliche Entwicklung sind heute allgemein erkannt. Umstritten sind ihre Ursachen und die Schlußfolgerungen für die Entwicklungspolitik.

Einfache Erklärungen nicht möglich

Die **Abhängigkeitstheorien** (Dependenztheorien) in zahlreichen Varianten lateinamerikanischer Herkunft haben in den 60er Jahren nachdrücklich die weltwirtschaftliche Verursachung der Unterentwicklung vertreten. Die bis dahin die Entwicklungspolitik beherrschenden **Modernisierungstheorien** führten die Unterentwicklung hauptsächlich auf interne Ursachen, wie sozio-kulturelle und politische Faktoren, zurück. Die entwicklungspolitische Auseinandersetzung zwischen den beiden „Theorielagern" wurde eine Zeitlang dogmatisch geführt, diente mehr zur Profilierung der Autoren und viel weniger der entwicklungspolitischen Sache.

Eine ausschließlich monokausale Erklärung ist einer so komplexen Problemlage aber nicht angemessen. Vielmehr ist das Naheliegende richtig, daß nämlich **sowohl** die hausgemachten (internen) Faktoren (z.B. eine falsche Wirtschaftspolitik) **als auch** die weltwirtschaftlichen Rahmenbedingungen und Bestimmungsfaktoren (z.B. einseitige Ausrichtung der Kolonien auf die Bedürfnisse der Kolonialmächte, Protektionismus der Industrieländer und weltmarktbeherrschende Unternehmen) dafür verantwortlich sind, welches Außenhandelsproblem welches Land mit welchen Folgen trifft. Welche von diesen Faktoren bestimmend sind, läßt sich nur anhand der konkreten Fälle feststellen.

Die weltwirtschaftlichen Ursachen der Außenhandelsprobleme haben die Entwicklungsländer mit einem umfangreichen Forderungskatalog beantwortet. Die Neugestaltung der bestehenden Weltwirtschaftsordnung soll die weltwirtschaftlichen Abläufe und Rahmenbedingungen so verändern, daß die akuten außenwirtschaftlichen Probleme der Entwicklungsländer gelöst oder zumindest reduziert werden können. Mit der Neuen Weltwirtschaftsordnung befassen wir uns im nächsten Abschnitt.

Verantwortung der Entwicklungsländer

Zunächst sollen die Voraussetzungen und Lösungsansätze zusammengefaßt werden, die jedes Entwicklungsland selbst verwirklichen muß:

- Im Rahmen einer klar definierten Entwicklungspolitik ist jeweils zu bestimmen, welches Gewicht der Außenhandel hat. Die Außenwirtschaft erfüllt keinen übergeordneten Zweck, sondern muß der Erreichung von nationalen entwicklungspolitischen Zielen dienen. **Das Grundproblem ist die politische Willensbildung** in bezug auf die Entwicklungsziele und deren Verwirklichung. Ungleiche politische und ökonomische Machtverteilung, politisch rechtlose Bevölkerungsmehrheiten, diktatorische und/oder korrumpierte politische Eliten, fehlende oder mangelhafte öffentliche Verwaltung und Fehlplanung sind die wesentlichen internen Ursachen der gescheiterten Entwicklungspolitik. Damit bleibt auch die Lösung der Außenhandelsprobleme auf der Strecke. Aufgrund der innenpolitisch zu verantwortenden Tatsachen kann die Forderung nach einer Neuen Weltwirtschaftsordnung vordergründig sein und als ein Instrument der Machterhaltung der politischen Eliten verstanden werden.
- Die Ausgangslage und die sozio-ökonomischen Ressourcen der Länder sind sehr verschieden, so daß es kein allgemeingültiges Konzept für die außenwirtschaftliche Verflechtung geben kann. Die Importsubstitution (Inlandsproduktion bisher importierter Güter) als ein industriepolitischer Ansatz ist allerdings nicht umstritten. Wie erfolgreich **die Importsubstitution betrieben und mit der Exportförderung kombiniert wird,** liegt in der politischen Kompetenz des einzelnen Entwicklungslandes.
- Ob und vor allem wie die erfolgreiche Außenhandelsspezialisierung zur **Erfüllung binnenwirtschaftlicher Ziele,** darunter verteilungspolitischer Ziele, beiträgt, hängt von wirtschaftspolitischen Maßnahmen ab, die der wirtschaftspolitische Entscheidungsträger im Entwicklungsland ergreifen muß.

- **Die regionale Kooperation und Integration** zwischen den Entwicklungsländern ist zur Lösung der Außenhandelsprobleme unausweichlich. Die Erweiterung des Süd-Süd-Handels gehört hierzu. Wenn dies bisher gescheitert ist, tragen dafür in erster Linie die inkompetenten oder an ihrer Machtvollkommenheit interessierten Regierungen und politischen Eliten die Verantwortung. Auch das klägliche Scheitern der Rohstoffabkommen geht nicht zuletzt auf die politische Unfähigkeit einzelner Regierungen zurück, die einen gemeinsamen Interessennenner nicht finden oder erhalten konnten.
- Ohne grundlegende **Reformen der politischen Systeme der Entwicklungsländer** lassen sich die gesellschaftlichen und wirtschaftlichen Probleme nicht lösen. Diese Erkenntnis ist freilich nicht neu. Aber es scheint, daß sie heute auch in die politische Praxis der Industrieländer Eingang findet. Ein erfreulicher Vorgang, denn an der Erhaltung von korrumpierten Machthabern in der Dritten Welt hatten die Industriestaaten nicht selten vielfältiges Interesse. Im übrigen sind die politischen Eliten der Entwicklungsländer allzu oft nur gelehrsame Schüler ihrer Meister in manchen Ländern ihrer Studienorte.

Auch wenn es gelingen sollte, diese innerstaatlichen Bedingungen in den Entwicklungsländern zu verbessern, bleiben noch die weltwirtschaftlichen Ursachen der außenwirtschaftlichen Probleme, die nicht die Entwicklungsländer zu verantworten haben. Diese Ursachen sind **Gegenstand der Debatte über die Neue Weltwirtschaftsordnung.**

Zwei wackelige Säulen der Weltwirtschaftsordnung

Die Entwicklungsländer beurteilen die gegenwärtige Welthandels- und Weltwährungsordnung als ungeeignet und nachteilig für ihre Belange. Die internationalen Wirtschaftsbeziehungen waren durch die Weltwirtschaftskrise der dreißiger Jahre und vollends durch den Zweiten Weltkrieg zerrüttet. Weder der freie Handel noch der Kapitalverkehr funktionierten. Die Westmächte hatten ein großes ökonomisches und politisches Interesse, die Weltwirtschaft nach Kriegsende in geordnete Bahnen zu lenken. Die grundsätzliche Neugestaltung oder Wiederherstellung der internationalen Wirtschaftsbeziehungen wurde daher eine der vordringlichen poli tischen Aufgaben.

Die bestehende Weltwirtschaftsordnung ist das Ergebnis der Bemühungen, unter der Führung der USA, die zerrütteten Welthandels- und Währungsbeziehungen nach dem Zweiten Weltkrieg auf neue Grundlagen zu stellen. Die Grundsätze des internationalen Handels- und Kapitalverkehrs wurden in der Atlantikcharta 1941, im Bretton-Woods-Abkommen 1944 über die Weltwährungsordnung und im Allgemeinen Zoll- und Handelsabkommen (GATT: General Agreement on Tariffs and Trade) 1947 niedergelegt. Diese Abkommen schufen auch die Organisationen, z.B. den Internationalen Währungsfonds (IWF) und die Weltbank, die heute zu den wichtigsten Entscheidungsträgern der internationalen Wirtschaftspolitik gehören.

Die 1948 verabschiedete Havanna-Charta sah umfassende Regeln über den Welthandel und die Errichtung einer Welthandelsorganisation vor.

Sie wurde nicht errichtet. Auf dem inhaltlich und institutionell unzulänglichen Abkommen des GATT basiert die bestehende Welthandelsordnung.

Grundsätze der Welthandelsordnung

GATT – General Agreement on Tariffs and Trade – Allgemeines Zoll- und Handelsabkommen:

Das GATT, das 1947 von 23 Staaten abgeschlossen wurde, wurde inzwischen von 105 Staaten unterzeichnet, auf die etwa 80% des Welthandels entfallen. Sein grundlegendes Ziel liegt in der Förderung eines fairen und liberalen Welthandels unter Nutzung komparativer Kostenvorteile.
Die GATT-Regeln verlangen a) die Meistbegünstigung gegenüber allen Vertragspartnern; b) die rechtliche Gleichbehandlung von in- und ausländischen Gütern; c) das Verbot von Mengenbeschränkungen, Dumping und Exportsubventionen sowie das Gebot von Zollsenkungen; d) das Prinzip der Gegenseitigkeit beim Abbau von Handelshemmnissen, Regionalen Wirtschaftszusammenschlüssen (wie der EG, dem Ankenpakt u.a.) und den Entwicklungsländern wurden Ausnahmeregeln eingeräumt, die inzwischen von vielen Staaten beansprucht werden.
Es gab bisher sieben „Zoll-Runden", die zu einer deutlichen Senkung der Importzölle auf seiten der Industrieländer führten. Die wichtigsten Runden waren die **Kennedy-Runde** (1964–67), auf der eine lineare Senkung der Zölle um die Hälfte vereinbart wurde, und die **Tokio-Runde** (1973–79), die eine weitere Zollsenkung um ein Drittel sowie die Beseitigung nicht-tarifärer Handelshemmnisse beschloß.
Die im Herbst 1986 eingeleitete **Uruguay-Runde** konzentrierte sich auf drei Verhandlungsbereiche: Agrarhandel, Dienstleistungen und Schutz des „geistigen Eigentums" (Patentenu.ä.). Vor der Abschlußrunde im Dezember 1990 zeichneten sich erst vage Kompromißlösungen ab, weil die Industrieländer untereinander um Vorteile feilschten und sich gemeinsam den Forderungen der Entwicklungsländer widersetzten. Während manche Agrarexporteure große Hoffnungen auf eine Liberalisierung des internationalen Aagrarhandels setzten, warfen Kritiker kem GATT schon vor dem Abschluß der **Uruguay-Runde** eine „Rekolonialisierung" der internationalen Wirtschaftsbeziehungen vor.

Quelle: Franz Nuscheler, Lern- und Arbeitsbuch Entwicklungspolitik, Bonn 1991, S. 106.

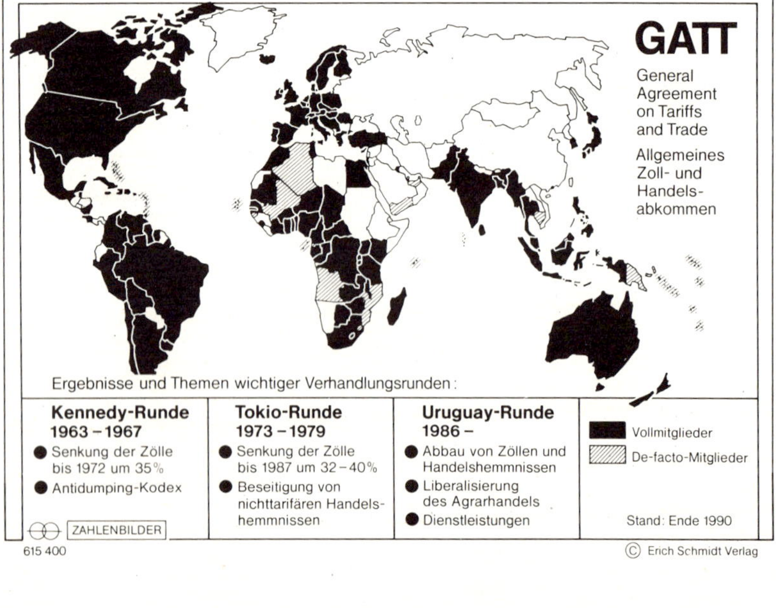

Im GATT sind folgende Grundsätze verankert:

Grundsätze der Welthandelsordnung

- Kein Land darf als Handelspartner diskriminiert und schlechter gestellt werden. Aus dem **Grundsatz der Nichtdiskriminierung** folgt, daß die einem Handelspartner gewährte Vergünstigung, z.B. ein niedriger Zollsatz für bestimmte Industrieprodukte, auch allen anderen Mitgliedsländern (Vertragsparteien) unverzüglich und uneingeschränkt einzuräumen ist. Wenn also zwei oder mehrere Länder sich über bessere Handelsbedingungen einigen, dürfen die anderen Vertragsparteien von erreichten Handelsvorteilen nicht ausgeschlossen werden. Durch diese Verfahrensregel **(Meistbegünstigungsregel)** wird die automatische Erweiterung der Handelserleichterungen möglich. So soll ein freier Welthandel erreicht werden.
- Der freie Welthandel ist das Oberziel des GATT. Deshalb ist die Beseitigung von Handelshemmnissen eine wichtige Aufgabe der internationalen Handelspolitik. Die Beseitigung der Handelserschwernisse soll auf der Basis der gegenseitigen Zugeständnisse erreicht werden **(Reziprozitätsgrundsatz).**
- **Der Grundsatz der Liberalisierung** des Welthandels soll durch folgende Bestimmungen des GATT realisiert werden:
  - Ausländische Waren sind wie die inländischen Waren zu behandeln;
  - mengenmäßige Einschränkungen, Export- und Importgenehmigungsverfahren sowie Einfuhrabgaben sind verboten;
  - eine Ware darf im Ausland nicht unter ihrem Inlandspreis verkauft werden, d.h. Dumping ist nicht gestattet. Wenn ein solcher Fall vorliegt, darf das Importland Anti-Dumpingzölle anwenden.
- Um schrittweise die Handelshemmnisse zu beseitigen, führen die Mitgliedsländer des GATT Verhandlungen, **Zollrunden** genannt, durch. Im Rahmen des GATT werden die Entscheidungen über den Abbau der Handelsschranken durch Übereinstimmung aller Vertragsparteien getroffen. Der Verzicht auf rechtlich bestimmte Strafen bei Vertragsverletzungen ist ein wichtiges Merkmal des GATT.
- Das GATT ist ein politischer Kompromiß auf dem kleinsten Nenner. Es kann nur durch **zahlreiche Ausnahmeregeln** bestehen. Als Ausnahmen sind Freihandelszonen (z.B. EFTA), Zollunion (z.B. EG), mengenmäßige Einfuhrbeschränkungen bei Zahlungsbilanzproblemen eines Mitgliedslandes und bei Agrarprodukten zugelassen. Auch eine besondere Ausnahmeregelung für die Entwicklungsländer existiert seit 1966: **Der Grundsatz der Gegenseitigkeit gilt für die Entwicklungsländer nicht.** Diese Länder müssen den anderen Vertragsparteien keine Vergünstigungen als Gegenleistung einräumen. Auch die Zollpräferenzen seit 1970, die den Entwicklungsländern den Zugang zu den Märkten der Industrieländer erleichtern sollen, gelten als Ausnahmeregelung.

Kritik an der bestehenden Welthandelsordnung

Diese Grundsätze des freien Welthandels hören sich gut an. Die interessante Frage ist aber, ob sie wirklich den Welthandel von heute kennzeichnen, oder ob nicht die Ausnahmeregelungen eher den wirklichen Zustand des Welthandels ausmachen. Aus der Interessenlage der Entwicklungsländer gesehen, ist auch die Frage wichtig, ob die im GATT verankerten Grundsätze des Freihandels nur für die mächtigen Industrieländer vorteilhaft sind und für die ungleichen „Partner" des Welthandels, also für die Länder der Dritten Welt, leerlaufen oder sich sogar nachteilig auswirken. Dies sind die Fragen, die in den Nord-Süd-Wirtschaftsbeziehungen den Zündstoff liefern. Um sie geht es in der Auseinandersetzung über die gegenwärtige Weltwirtschaftsordnung. Es handelt sich dabei nicht nur um ökonomische Sachfragen, sondern vielmehr um politische und vor allem internationale Machtfragen. Die Weltwirtschaft wurde stets unter der Führung einer Weltmacht, die den internationalen Handel und Kapitalverkehr beherrschte, „geordnet" oder „neu gestaltet": So im 19. Jahrhundert unter der Führung Englands und nach 1945 unter der Führung der USA.

Die Entwicklungsländer lehnen die gegenwärtige Welthandelsordnung ab. Sie führen für ihre Ablehnung folgende Tatbestände an:

- Die heutigen Entwicklungsländer sind an die Weltwirtschaft als Kolonien im Dienste der Kolonialmächte angebunden worden. Die Abhängigkeiten, die daraus erwachsen sind, bestehen heute noch und erschweren oder verhindern eine eigenständige Entwicklung.
- Die ökonomischen Interessen der Entwicklungsländer konnten bei den Entscheidungen 1944/45 über die Nachkriegsordnung nicht vertreten werden. Es gab sie als unabhängige Staaten damals noch nicht.
- Die Außenhandelsprobleme, darunter die Rohstoffexportprobleme, sind von den Entwicklungsländern allein nicht zu lösen. Die bestehende Welthandelsordnung berücksichtigt die besondere Problemlage der Entwicklungsländer nicht oder nur unzulänglich.
- Der „Freihandel" wird zum Lippenbekenntnis, wenn die Entwicklungsländer mit konkurrenzfähigen Ernährungsgütern und Industrieprodukten auf die Märkte der Industrieländer drängen. Die Industrieländer ergreifen in solchen Fällen Maßnahmen gegen die Importe aus den Entwicklungsländern zum Schutze ihrer Inlandsprodukte. Das GATT konnte daher für die Entwicklungsländer bisher kaum zur Lösung der Probleme beitragen.
- Das GATT hat seit seinem Bestehen in fünf Zollrunden (Konferenzen über die Aufhebung der Handelsbeschränkungen) die Senkung der Zollsätze für Industriewaren erreicht. Das brachte aber für die Entwicklungsländer praktisch nichts, weil ihre Exporte, abgesehen von halbindustrialisierten Ländern (Schwellenländern), überwiegend aus Rohstoffen und Agrarprodukten bestehen, und diese den Ausnahmeregelungen unterworfen wurden. Folglich sehen die Entwicklungsländer das GATT nicht als ihren „Club" an, sondern lehnen ihn als „Verein der Begüterten" ab.
- Die Probleme des Außenhandels sind für die Entwicklungsländer schwerwiegend, weil ohne ihre Lösung keine Entwicklungsfortschritte

möglich sind. Daher sind die Nachteile der bestehenden Welthandelsordnung für die Dritte Welt der Kern des Nord-Süd-Konfliktes.

Dies alles ist bekannt und umstritten. Die Schlußfolgerung der Entwicklungsländer daraus ist die Forderung nach einer neuen Weltwirtschaftsordnung. Da die Entwicklungsländer das GATT für ihre Belange als nutzlos betrachten, schufen sie mit der Errichtung der Welthandels- und Entwicklungskonferenz der Vereinten Nationen (UNCTAD) 1962 eine Organisation, die ihre weltwirtschaftlichen Interessen wahrnimmt. Ohne die UNCTAD wäre es 1966 auch nicht möglich gewesen, im GATT die wenigen, wenn auch unzureichenden, Ausnahmeregelungen für die Entwicklungsländer durchzusetzen.

Der internationale Währungsfonds

Wie steht es mit dem Weltwährungssystem, das die zweite tragende Säule der heutigen Weltwirtschaftsordnung ist? Dieses beruht auf dem Bretton-Woods-Abkommen von 1944, das durch Reformen 1968 und 1976 weiterentwickelt wurde. Der Internationale Währungsfonds (IWF) bildet die institutionelle Grundlage des Weltwährungssystems. Aufgaben und Organisation des IWF sind in den folgenden Erläuterungen und Abbildungen dargestellt.

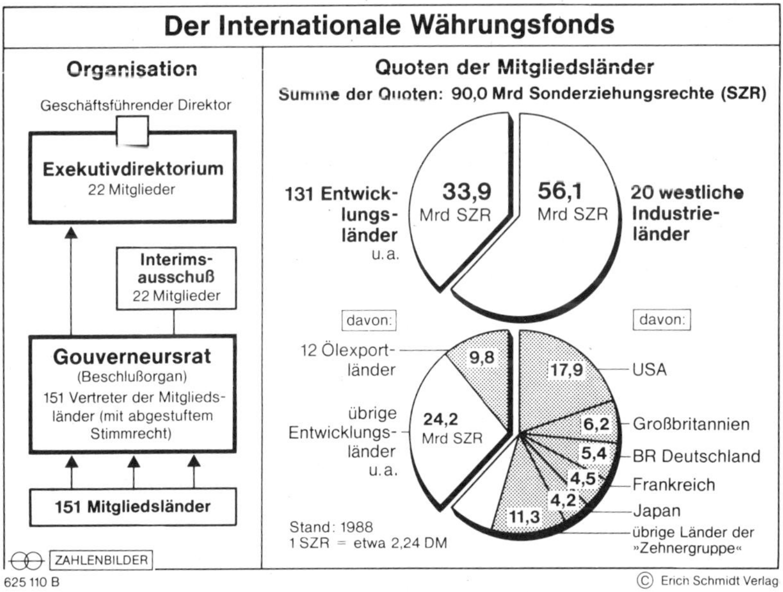

Der Internationale Währungsfonds – IWF

Der Internationale Währungsfonds hat die Aufgabe, die internationale Zusammenarbeit auf dem Gebiet der Währungspolitik zu fördern, ein ausgeglichenes Wachstum des Welthandels zu erleichtern, die Stabilität der Währungen zu sichern und Ländern mit kurzfristigen Zahlungsbilanzschwierigkeiten Kredite zu gewähren. Die Staaten, die dem IWF angehören, sind verpflichtet, die Regeln des Fonds zur Wechselkursstabilisierung einzuhalten, Beschränkungen im zwischenstaatlichen Zahlungsverkehr zu vermeiden und sich zur Überwindung außenwirtschaftlicher Ungleichgewichte gegenseitig beizustehen. Der Internationale Währungsfonds zählt 151 Mitglieder, darunter alle westlichen Industrieländer mit Ausnahme der Schweiz, die aber auf einigen Gebieten eng mit dem IWF zusammenarbeitet, und fast alle Entwicklungsländer. Von den osteuropäischen Ländern sind Rumänien (seit 1972), Ungarn (1982), Polen (1986), Tschechoslowakei, Bulgarien (UdSSR assoziiert 1991) Mitglieder des IWF.

Eine bedeutende Funktion erfüllt der Internationale Währungsfonds dadurch, daß er mit Kredithilfen zur Überwindung von Zahlungsbilanzproblemen beiträgt. Die finanziellen Mittel, auf die er dabei im Normalfall zurückgreift, stammen aus Beiträgen der Mitgliedsländer. Darin kommt der kooperative Charakter des IWF zum Ausdruck. Die Höhe des Beitrags, aber auch der Umfang der Kredite, die von einem Land bei Bedarf in Anspruch genommen werden können, richtet sich nach einer Quote, die jedem Mitglied unter Berücksichtigung seiner wirtschaftlichen und finanziellen Leistungsfähigkeit zugewiesen wird. In Höhe der Quote sind Einzahlungen an den Fonds zu leisten, und zwar im allgemeinen zu einem Viertel in „Sonderziehungsrechten" (SZR), der Reservewährung des IWF, und zu drei Vierteln in Landeswährung. Von Zeit zu Zeit werden die Quoten an den wachsenden Kreditbedarf angepaßt; so wurde ihre Gesamtsumme Ende 1983 von rund 61 Mrd. SZR auf 90 Mrd. SZR angehoben (1990 eine Erhöhung um 50% beschlossen).

Zum Ausgleich von Zahlungsbilanzdefiziten können die Mitglieder im Rahmen ihrer Quote beim IWF Devisen gegen Hergabe eigener Währung kaufen. Seit Mitte der siebziger Jahre traten jedoch so starke Zahlungsbilanzungleichgewichte auf, daß sie mit den vom IWF normalerweise gewährten Überbrückungshilfen nicht mehr zu bewältigen waren. Daher wurden zusätzliche Kreditmöglichkeiten geschaffen, die in erster Linie den Entwicklungsländern zugute kamen. Vor allem mit seiner 1981 beschlossenen „Politik des erweiterten Zugangs zu den Fondsmitteln" leistete der IWF einen Beitrag zur Entschärfung der internationalen Verschuldungskrise. Seit 1986 existieren auch Strukturanpassungsdarlehen (s. Abbildung S. 586). Daß die Kreditvergabe durch den Fonds unter strengen wirtschaftspolitischen Auflagen erfolgt, trug ihm aber vielfach den Vorwurf ungerechtfertigter Einmischung in die Politik der Defizitländer ein.

Sonderziehungsrechte als internationaler Wertmaßstab (Korbwährung)

Eine Korbwährung – wie beispielsweise auch die europäische Währungseinheit „ECU“ – wird durch bestimmte Mengen von nationalen Währungen gebildet. Die Bezeichnung „Korb“ erinnert bildlich daran, daß die verschiedenen Beträge der beteiligten nationalen Geldmengen wie in einem Korb zusammengefaßt sind.

Der Währungskorb „SZR“ ist wie folgt zusammengesetzt:

US-Dollar	0,452	$	
Deutsche Mark	0,527	DM	
Japanischer Yen	33,4	Y	= 1 SZR
Französischer Franc	1,02	FF	
Pfund Sterling	0,0893	£	

Maßstab für die Beiträge der jeweiligen nationalen Währungen zu diesem Korb sind der Anteil des Landes am Welthandel und die Bedeutung der Währung als internationale Reservewährung.
Den Tageswert der Korbwährung, also eines SZR, bestimmt man, indem man die europäischen Geldanteile und die 33,4 Yen zum Marktkurs in US-$ umrechnet und zu den 45,2 Dollarcents addiert. Der so ermittelte Dollargesamtbetrag wird dann zum Tageskurs in DM umgerechnet und ergibt dann den DM-Wert eines SZR.

Der Wert einer Korbwährung unterliegt auch Kursschwankungen; diese sind jedoch tendenziell geringer als die Wechselkursschwankungen der einzelnen Währungen, weil sich hier Auf- und Abwertungen teilweise ausgleichen. Das Wechselkursrisiko wird auf diese Weise verringert.

Sonderziehungsrechte (SZR) als Kreditinstrument

Im Gegensatz zu den „normalen“ Ziehungsrechten, d.h. den Kreditansprüchen an den IWF, die sich für die einzelnen Mitgliedsländer aus den in Gold und eigener Währung vorgenommenen Einlagen (Quoten) und ihrem jeweiligen Kontostand im IWF ergeben, sind die Sonderziehungsrechte **zusätzliche** Ansprüche auf einen Devisenkredit.

Sie wurden erstmals für den Zeitraum 1970 bis 1973 im Wert von 9,5 Mrd. $ den Mitgliedsländern nach Maßgabe ihrer Quote vom IWF „zugeteilt“, d.h. ohne Gegenleistung gutgeschrieben. Kommt ein Defizitland in Zahlungsschwierigkeiten, so kann es seine SZR bei den vom IWF benannten Überschußländern in Devisen seiner Wahl umtauschen, d.h. praktisch mit den SZR zahlen, die vom empfangenen Land im Bedarfsfall ebenso verwandt werden können. Da die SZR in der Folgezeit von dem Land, das sie zur Zahlung benutzte, nur zu einem Teil gegen Devisen zurückgekauft werden müssen, sind sie zugleich zusätzliches internationales Geld, das allerdings nur im Verrechnungswege auf Konten des IWF zwischen den Zentralbanken der Mitgliedsländer übertragen wird.

Quelle: Peter Czada, Michael Tolksdorf, Alparslan Yenal, Internationale Währungsprobleme, Opladen 1988.

Kreditmöglichkeiten des Internationalen Währungsfonds

IWF-Kredite 1980–1991
in Mrd. Sonderziehungsrechte (SZR)

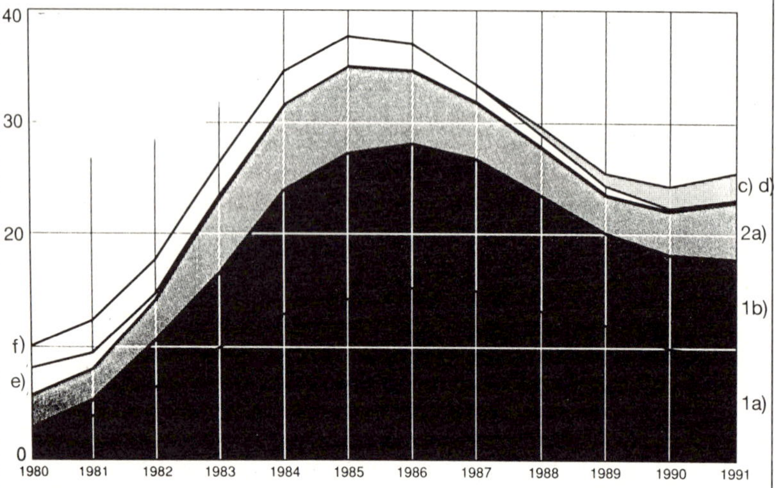

Kreditvereinbarungen des IWF

1. a) **Bereitschafts- und**
   b) **Erweiterte Kreditvereinbarungen (EFF)**

2. **Sonderfazilitäten**
   a) Fazilität zur Kompensierung von Exporterlösausfällen und unerwarteten externen Störungen
      - Kompensierung bei Exporterlösausfällen
      - Kompensierung bei externen Notfällen
      - Kompensierung bei Mehrkosten für Getreideimporte
   b) Fazilität zur Finanzierung von Rohstoff-Ausgleichslagern
   c) Strukturanpassungsfazilität (SAF, seit 1986)
   d) Erweiterte Strukturanpassungsfazilität (ESAF)
   e) Erdölfazilität
   f) Treuhandfonds (aus Verkäufen von Reservegold des IWF 1976–1990)

IWF-Kredite 1980–1991: Auszahlungen und Rückzahlungen in Mrd. Sonderziehungsrechten (SZR)

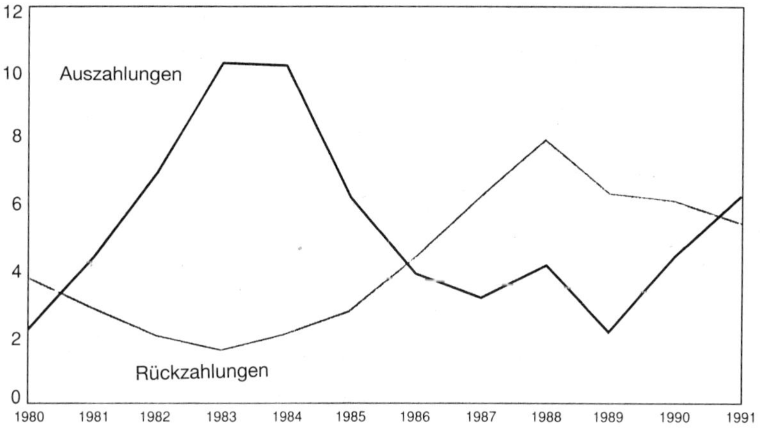

Quelle: IWF, Annual Report 1991, Washington 1991

Kritik der Entwicklungsländer am IWF

Die Entwicklungsländer beurteilen die Organisation und Politik des IWF negativ. Ihre Kritik läßt sich in folgenden Punkten zusammenfassen:

- Die Politik des IWF zur Lösung der außenwirtschaftlichen Probleme, z.B. der Auslandsverschuldung der Entwicklungsländer, ist unzureichend. Sie verfolgt kurzfristige Problemlösungen. Aber die Probleme der Entwicklungsländer lassen sich nur durch eine langfristige Strategie lösen (s. hierzu den Beitrag 4.6.).
- Die finanziellen Mittel, die der IWF zur Überbrückung der Zahlungsschwierigkeiten der Entwicklungsländer bereitstellt, sind, gemessen am Bedarf, sehr gering und mit wirtschaftspolitischen Auflagen verbunden, die besonders die Ärmsten in Schuldnerländern treffen (s. Abbildung S. 587).
- Die bisherigen Reformversuche des IWF haben die Interessenlage der Entwicklungsländer nicht ernsthaft berücksichtigt. Ihre Forderungen hinsichtlich der entwicklungspolitischen Ausrichtung der Entscheidungen und Maßnahmen des IWF wurden mit vordergründigen Argumenten abgelehnt.

Verteilung der Stimmrechte im IWF (Stand: 1990)

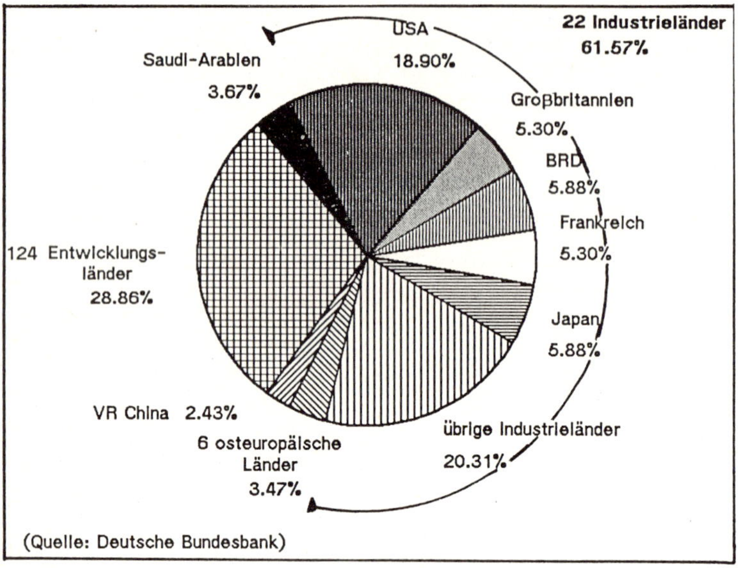

(Quelle: Deutsche Bundesbank)

Bedingungen des Internationalen Währungsfonds (IWF) für die Schuldnerländer

Löhne blockieren
senkt Kaufkraft

Sozialausgaben senken
trifft Spitäler, Schulen, Soziales

Nahrungsmittel-Subventionen streichen
erhöht Preise der Grundnahrungsmittel

Währung abwerten
Exportpreise sinken – Importpreise steigen
exportieren statt konsumieren

Gewinne abziehen lassen
Konzerne profitieren

Quelle: IWF

© Strahm; Hammer Verlag

Vom IWF verordnete Gesundungskur trifft die Ärmsten

»Komm, Junge, trink noch einen – das vertreibt die Gedanken an die Zeche!«
aus: der Überblick 4/85

Zeichnung: DAS/Mester

2. Die Entwicklungsländer fordern weitgehende Änderungen der heutigen Weltwährungsordnung. Die Reform der Weltwährungsordnung soll folgende Punkte umfassen:

Forderungen bez. Internationale Währungsordnung

- Die Mitbestimmung der Entwicklungsländer im Internationalen Währungsfonds und bei der Weltbank ist dadurch zu erweitern, daß die Stimmrechte in diesen Organisationen neu geregelt werden.
- Die Kredite des Internationalen Währungsfonds sind an den entwicklungspolitischen Zielen zu orientieren. Das Kreditvolumen soll steigen und die Vergabebedingungen (wirtschaftspolitische Auflagen) entschärft werden.
- Die flexiblen Wechselkurse, die seit 1973 existieren, sind durch ein System von festen Wechselkursen zu ersetzen. Die stabilen Wechselkurse sollen dazu beitragen, den Außenhandel der Entwicklungsländer zu erleichtern.

3. Die technologische Rückständigkeit macht die Entwicklungsländer von den Technologieimporten aus den Industrieländern (Technologietransfer) abhängig. Daher sind folgende Maßnahmen ein wichtiger Bestandteil der Neuen Weltwirtschaftsordnung:

Technologietransfer

- Der Technologietransfer soll zu Vorzugsbedingungen erfolgen. Ein internationales Patentrecht und niedrige Lizenzgebühren werden als die geeigneten Mittel angesehen, um den Entwicklungsländern den Zugang zu Technologien zu erleichtern.
- Die multinationalen Konzerne sind die wichtigen Träger des Technologietransfers. Die Unternehmenspolitik dieser Konzerne muß international kontrolliert werden, damit ihre negativen Auswirkungen auf die Wirtschaft der Entwicklungsländer vermieden werden. Ein international geltender Verhaltenskodex für die multinationalen Konzerne ist Kern der Forderungen (s. Beitrag 1.5.).
- Die Industrieländer sollen dabei helfen, daß die hochqualifizierten Fachkräfte aus den Entwicklungsländern nicht in die Industrieländer abwandern („brain-drain"). Der Dauerverbleib dieses „Humankapitals" in den Industrieländern ist zu verhindern. Damit soll diese wichtige Basis der Technologieentwicklung den Entwicklungsländern erhalten bleiben.

4. Die Krise der Auslandsverschuldung (s. Beitrag 4.6.) in den 80er Jahren hat deutlich gemacht, wie wichtig die Forderungen der Entwicklungsländer im Bereich des internationalen Kapitalverkehrs sind. Um den Kapitaltransfer in die Entwicklungsländer zu erhöhen, sollen

Kapitaltransfer

- die öffentliche Entwicklungshilfe aufgestockt und von wechselnden politischen Zielen der Geberländer unabhängig gezahlt,
- die kommerziellen Kreditbedingungen erleichtert (zinsgünstig, langfristig) werden und
- die multilaterale Entwicklungshilfe die Hauptform der Hilfeleistung sein.

Stabilisierung der Exporterlöse nach den Lomé-Abkommen

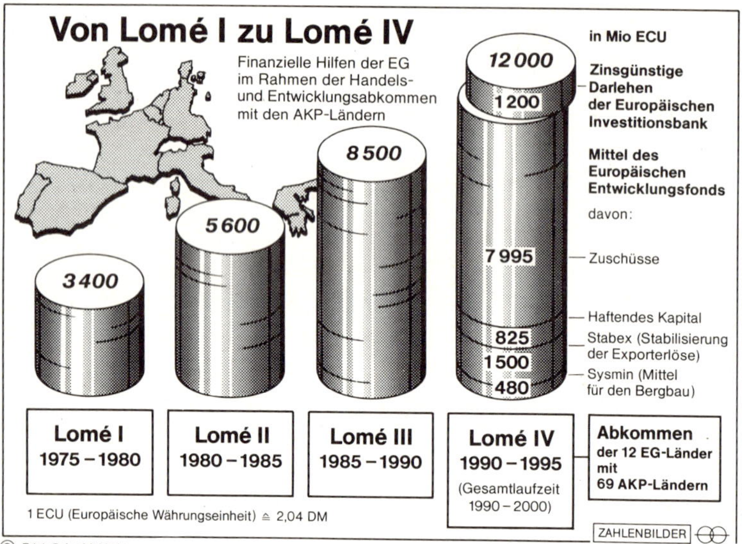

AKP-Länder sind 69 afrikanische, karibische und pazifische Länder, die mit der EG durch Handels- und Entwicklungsabkommen (Lomé-Konvention) assoziiert sind.

STABEX (System zur Stabilisierung von Exporterlösen) gilt für agrarische Rohstoffe und **MINEX** für 7 mineralische Rohstoffe (Bauxit, Eisenerz, Kobalt, Kupfer, Mangan, Phosphat und Zinn).

STABEX funktioniert folgendermaßen:

Ein AKP-Land kann STABEX-Mittel nur in Anspruch nehmen, wenn es vom Export eines Rohstoffes über 6% seiner gesamten Exporterlöse abhängig ist und der Exportrückgang über 6% liegt. Zum Beispiel:

„Die Elfenbeinküste führte im Jahr 1981 Waren im Wert von rund 2.535 Millionen US-$ aus, davon für rund 858 Millionen US-$ Kakao. Der Anteil der Kakaoexporte an den Gesamtexporten lag bei 34 Prozent und damit weit über der Abhängigkeitsschwelle von 6 Prozent. Es sei nun angenommen, von den gesamten Kakaoexporten würde Kakao im Wert von 500 Millionen US-$ in die EG exportiert. Auch in den Jahren 1982 bis 1984 liege der Kakaoexport in die EG bei 500 Millionen US-$. Der Durchschnittserlös dieser vier Jahre (Bezugsniveau) beträgt demnach 500 Millionen US-$. Im Jahr 1985 gehe nun infolge von Ernteausfällen oder Preiseinbrüchen auf dem Weltmarkt der Erlös auf 450 Millionen US-$ zurück. Der Erlösrückgang ist größer als 6 Prozent. Die Elfenbeinküste kann demnach eine Stabilisierungszahlung von 50 Millionen US-$ von der EG (auf Antrag) erhalten.“

(s. Martin Kaiser, Norbert Wagner, Entwicklungspolitik, Bonn 1986)

Zur Lösung der Verschuldungsprobleme werden

- für die am wenigsten entwickelten Länder ein vollständiger Schuldenerlaß,
- Regeln für automatische Umschuldung und
- Zinsverbilligung gefordert.

Eine Reihe von Konferenzen befaßten sich mit den wichtigen Einzelproblemen (s. Kasten S. 592).

Viele Internationale Konferenzen und zu wenig Ergebnisse

Was konnte bisher von diesem Forderungskatalog zur Neuen Weltwirtschaftsordnung realisiert werden? Die zahlreichen internationalen Konferenzen und Resolutionen in der zweiten Hälfte der 70er Jahre erweckten bei den Entwicklungsländern die Hoffnung, daß es ihnen gelingen würde, eine Neue Weltwirtschaftsordnung durchzusetzen. Zwei Resolutionen der Vereinten Nationen 1974 waren der Auftakt der Bestrebungen der Entwicklungsländer:

- „Erklärung ..." und „Aktionsprogramm über die Errichtung einer Neuen Weltwirtschaftsordnung" (verabschiedet von der 6. Sondergeneralversammlung der UN im Mai 1974),
- „Charta der wirtschaftlichen Rechte und Pflichten der Staaten" (verabschiedet von der 29. Generalversammlung der UN am 12. Dezember 1974).

Die Weltwirtschafts- und Verschuldungskrise in den 80er Jahren hat die Chancen für eine Neue Weltwirtschaftsordnung jedoch praktisch zunichte gemacht. Die Taktik der großen Industrieländer (in der vordersten Reihe USA, Großbritannien, die Bundesrepublik und Japan) war erfolgreich, die Maximalforderungen der Entwicklungsländer abzuwehren. Auch die alljährlichen Gipfeltreffen der sieben großen Industriestaaten (G7) haben seit 1975 keine wesentlichen Beiträge zur Problemlösung gebracht, obwohl die Lage der Entwicklungsländer stets ein Tagesordnungspunkt war. Die starre Verhandlungsführung und die unterschiedliche Interessenlage der Entwicklungsländer verhinderten Teil- und Alternativlösungen. Heute stellt sich die Lage so dar, daß der Süden frustriert an den verbliebenen Illusionen und der Norden als Nutznießer an der bestehenden Weltwirtschaftsordnung festhält.

Auch die Forderung nach einem integrierten Rohstoffabkommen, auf dessen Verwirklichung die Entwicklungsländer seit 1976 beharrten, gilt, wegen der beträchtlichen Schwierigkeiten mit den einzelnen Rohstoffabkommen (Zinn- und Kakaoabkommen sind funktionsunfähig), praktisch als gescheitert. Heute sind lediglich die Instrumente der Exporterlösstabilisierung des IWF und der EG im Rahmen der Lomé-Abkommen (STABEX; s. Abbildung) als internationale Rohstoffpolitik in Kraft. Die vorgesehenen Finanzmittel sind jedoch so gering und die Bedingungen der Inanspruchnahme der Mittel so restriktiv, daß die Exporterlösausfälle durch diese Instrumente nur sehr gering aufgefangen werden können.

Kontroversen

Was könnte die neue Weltwirtschaftsordnung bewirken? Welchen Beitrag kann sie zur Lösung von ökonomischen Problemen der Entwicklungsländer leisten? Die Antworten auf diese Fragen reichen von gänzlicher Ablehnung bis zur uneingeschränkten Befürwortung.

Die westlichen Industrieländer lehnen die Neue Weltwirtschaftsordnung ab, weil sie die geforderten Maßnahmen

- als dirigistische Eingriffe in den freien Welthandel ansehen und ihre Folgen für alle Beteiligten als nachteilig beurteilen,
- für die Lösung der Wirtschaftsprobleme in der Dritten Welt überhaupt als ungeeignet einschätzen,
- als zu undifferenziert für die unterschiedlichen Probleme der einzelnen Länder und als zu kostspielig beurteilen.

Die Strategie des Westens gegen die Neugestaltung der Weltwirtschaftsordnung besteht in der Ablehnung von Globalverhandlungen und in Teilzugeständnissen, die keine Machtverschiebung verursachen.

Die damaligen Ostblockländer fühlten sich nicht angesprochen. Sie zogen sich auf das simple Argument zurück, daß für die bestehende Weltwirtschaftsordnung der Westen verantwortlich sei. Daher müsse der Westen dafür sorgen, die negativen Folgen zu beseitigen.

In der wissenschaftlichen Debatte über den entwicklungspolitischen Nutzen der Neuen Weltwirtschaftsordnung lassen sich folgende Bewertungen unterscheiden:

Was bringt die Neue Weltwirtschaftsordnung entwicklungspolitisch?

- **Die Neue Weltwirtschaftsordnung hat entwicklungspolitisch einen hohen Wert,** weil sie die Ursachen der Abhängigkeit weitgehend beseitigt. Aus der Sicht derjenigen Entwicklungstheoretiker, die die Unterentwicklung auf die von außen (von den Kolonialmächten und heute von „kapitalistischen Metropolen“) geschaffenen und gesteuerten Abhängigkeiten zurückführen, ermöglicht die Neugestaltung der Weltwirtschaftsordnung eine eigenständige Entwicklungspolitik. Diese Einschätzung des entwicklungspolitischen Nutzens der Neuen Weltwirtschaftsordnung ist aus zweierlei Gründen zu kritisieren. *Erstens* ist es nicht richtig, daß die Unterentwicklung allein durch die äußeren Abhängigkeitsfaktoren verursacht ist. *Zweitens* bietet die Abschaffung der einseitigen außenwirtschaftlichen Abhängigkeiten durch die Neue Weltwirtschaftsordnung noch keine Gewähr dafür, daß eine nationale Entwicklungspolitik im Interesse der breiten Schichten des Volkes verwirklicht wird. Es könnte vielmehr so sein, daß die ökonomisch-politischen Vorteile der Neuen Weltwirtschaftsordnung nur den Interessen der herrschenden Klassen in den Entwicklungsländern nutzbar gemacht werden. Damit wäre der entwicklungspolitische Sinn völlig verloren.

- Im Gegensatz zur erstgenannten Einschätzung lehnen andere Entwicklungstheoretiker die Neue Weltwirtschaftsordnung ab. Sie argumentieren, daß dies alles **nur „der alte Wein in neuen Schläuchen“** sei. Sie sehen einen eigenständigen Entwicklungsweg der Dritten Welt nur dann als realisierbar an, wenn sich die Länder der Dritten Welt von der Weltwirtschaft so weit wie möglich abkoppeln. Die Begründung dieser ablehnenden Haltung lautet: Da die Neue Weltwirtschaftsordnung nichts anderes als nur kosmetische Änderungen enthält und die einseitige Abhängigkeit der Entwicklungsländer nicht beseitigt, kann sie zur Lösung der entwicklungspolitischen Probleme nicht beitragen. Die wenigen Vorteile kommen den herrschenden Schichten zu, nicht aber der armen Bevölkerung in den Entwicklungsländern.

Die beiden gegensätzlichen Urteile über den Nutzen der Neuen Weltwirtschaftsordnung sind jeweils einseitig. Die Neue Weltwirtschaftsordnung ist weder ein Allheilmittel noch ein völlig sinnloses Konzept. Sie enthält Ansätze zur Lösung von weltwirtschaftlichen Problemen der Entwicklungsländer. Sie würde einige Nachteile der bestehenden Weltwirtschaftsordnung beseitigen und dadurch die außenwirtschaftlichen Probleme der Entwicklungsländer teilweise lösen. Die Entlastung der Problemlage an der außenwirtschaftlichen Flanke ist allerdings noch kein Ersatz für eine zukunftssichernde Entwicklungsstrategie. Deshalb ist die Neugestaltung der Weltwirtschaft zwar im Interesse der Entwicklungsländer erforderlich, aber sie bewirkt keine Wunder: Der Großteil der sozialen und ökonomischen Probleme bleibt davon unberührt.

Hat die Neue Weltwirtschaftsordnung noch eine Chance? Die politische Wirklichkeit sowie die Wirtschafts- und Verschuldungskrise der 80er Jahre haben die Durchsetzungschancen minimiert. Die Industrieländer sind derzeit ganz überwiegend mit ihren eigenen Problemen und mit den Konsequenzen des Reformprozesses in Osteuropa befaßt. Die zeitweilige Zerstrittenheit der OPEC hat das Druckpotential der Entwicklungsländer beseitigt. Die ökonomische Durchsetzungsmacht der OPEC in den 70er Jahren fehlt der Dritten Welt heute gänzlich. Hier liegt denn auch ein wichtiger Grund für die flexible Haltung der Entwicklungsländer bei ihren Forderungen nach den Problemlösungen, z.B. hinsichtlich der internationalen Rohstoffpolitik. Die heiße Debatte über die Neugestaltung der Weltwirtschaftsordnung hat im Nord-Süd-Konflikt deutlich gemacht, daß der soziale Ausgleich ein unbestreitbarer Bestandteil der Reformen im Weltmaßstab sein muß.

Literaturhinweise

Günter Esters (Hrsg.), Nord-Süd-Politik, Bonn – Bad Godesberg 1977.
Klaus Glaubitt/Wilfried Lütkenhorst, Elemente einer neuen Weltwirtschaftsordnung, Tübingen 1979.
Rainer Jonas/Manfred Tietzel, Die Neuordnung der Weltwirtschaft, Bonn – Bad Godesberg 1976.
Dietrich Kebschull u.a. (Hrsg.), Die neue Weltwirtschaftsordnung, Hamburg 1977.
Wolfgang Ochel, Entwicklungsländer in der Weltwirtschaft, Köln 1982.
Peter J. Opitz, (Hrsg.), Weltprobleme, Bundeszentrale für politische Bildung, Bonn 1990.
Dieter Senghaas, Weltwirtschaftsordnung und Entwicklungspolitik, Frankfurt/M. 1977.
Manfred Tietzel, Internationale Rohstoffpolitik, Bonn – Bad Godesberg 1977.

Alparslan Yenal

4.6. Internationale Verschuldungskrise – Entwicklungsländer in der Schuldenfalle?

Seit dem Ausbruch der internationalen Verschuldungskrise der Entwicklungsländer, die mit der Zahlungseinstellung Mexikos im August 1982 eingeleitet wurde, hat sich die Auslandsverschuldung von 110 Entwicklungsländern auf insgesamt 1340 Mrd. Dollar erhöht (1982 ca. 850 Mrd.). Die Kennziffern der Verschuldungslage zeigten Ende der 80er Jahre zwar eine leichte Entspannung an, aber eine grundlegende Problemlösung ist nicht erkennbar.

Das Krisenmanagement seit Beginn der Krise hat den befürchteten Zusammenbruch des internationalen Finanzsystems verhindern können. Was aber die ursächliche Bekämpfung der Schuldenprobleme, insbesondere der hochverschuldeten und der ärmsten Länder südlich der Sahara betrifft, wurde ein Jahrzehnt verloren. Die wachsende Erkenntnis in den letzten Jahren, daß die Schuldenkrise nicht auf die zeitweiligen Zahlungsschwierigkeiten zurückzuführen ist, veranlaßte die Gläubiger, ihre herkömmlichen Umschuldungsverfahren zu ergänzen. Es hat u.a. den Baker-Plan und die Brady-Initiative (s. unten Lösungsansätze) gegeben. Diese blieben jedoch bisher ohne einen nachhaltigen Erfolg oder hatten nur einen geringen Entlastungseffekt.

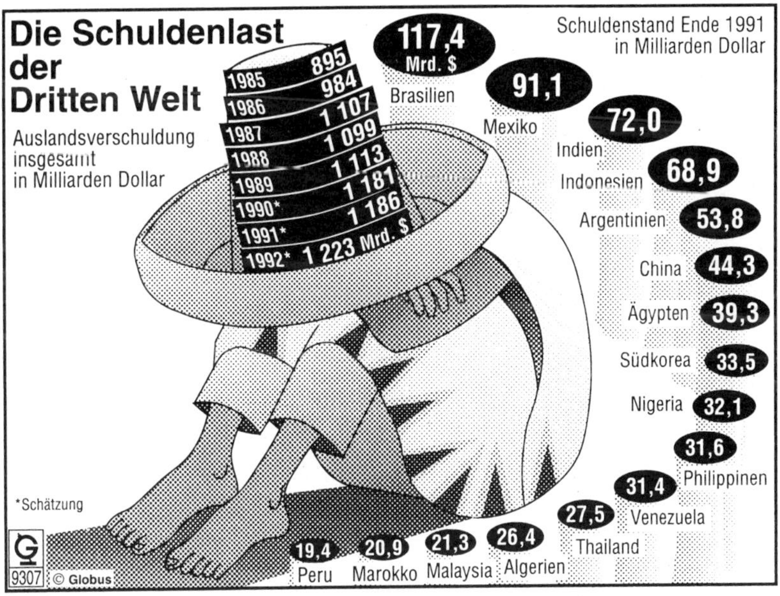

Regionale Verteilung der Schulden 1989

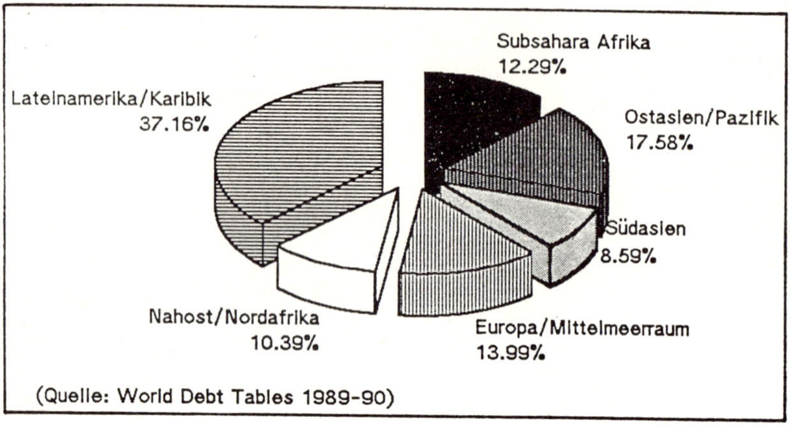

Franz Nuscheler, Lern- und Arbeitsbuch Entwicklungspolitik, 3. Aufl., Bonn 1991.

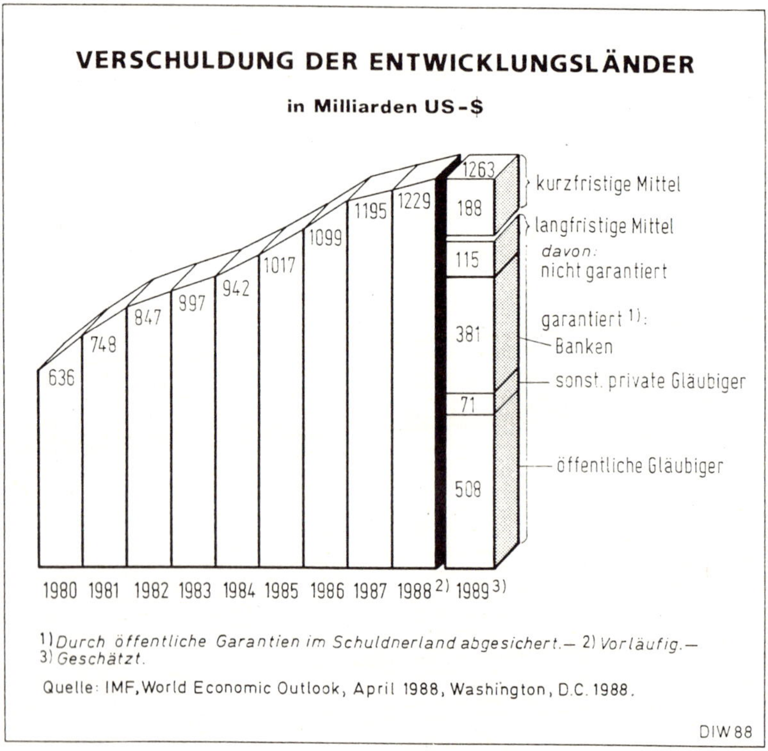

Klärung wichtiger Begriffe

Bevor die Größenordnung der Auslandsschulden[1] und die Ursachen der Schuldenkrise dargestellt werden, müssen wir einige Begriffe klären. Wenn wir von der **Auslandsverschuldung** sprechen, meinen wir die Kreditaufnahme eines Landes bei ausländischen Geldgebern. Diese Geldgeber können ausländische Regierungen und Geschäftsbanken, ausländische private Unternehmen und Personen sowie internationale Organisationen wie die Weltbank und der Internationale Währungsfonds sein. Dies sind dann die ausländischen Gläubiger des Schuldnerlandes. Wenn eine Regierung oder eine nachgeordnete staatliche Institution im Ausland einen Kredit aufnehmen, heißt es **öffentliche Auslandsverschuldung** (öffentliche Auslandsschulden). Hingegen handelt es sich um **private Auslandsschulden**, wenn Privatunternehmen, Geschäftsbanken und Privatpersonen im Ausland Kredit aufnehmen. Der Großteil der privaten Auslandsschulden der Entwicklungsländer wird von den Regierungen gegenüber den ausländischen Gläubigern garantiert. In diesem Fall sprechen wir von **öffentlich garantierten Schulden** (s. Zusammensetzung der Schulden, Abbildung S. 298).

Die Abbildung auf S. 602 enthält einen Überblick über die wichtigen Begriffe des Kapitalzuflusses und Netto-Transfers.

Probleme des Schuldendienstes

Unter dem Schuldendienst versteht man die Tilgung der Kredite und die Zinszahlungen. Im Vorgang der Schuldendienstzahlung für die **Auslandsschulden** ist zweierlei zu unterscheiden:

Erstens muß der Schuldendienst (Tilgung und Zinsen) in Inlandswährung aufgebracht werden. Beispielsweise muß der Schuldendienst für die öffentlichen Schulden Brasiliens von der brasilianischen Regierung im Staatshaushalt in Inlandswährung bereitgestellt, d.h. in Inlandswährung aufgebracht werden. Damit ist aber der Schuldendienst noch nicht bezahlt. Bezahlt ist er nämlich erst dann, wenn **zweitens die so aufgebrachte Schuldendienstsumme in Devisen (d.h. in Auslandswährungen), z.B. in Dollar, transferiert wurde**. Denn die ausländischen Gläubiger wollen die Rückzahlung in der Währung erhalten, auf die der Kredit lautet, z.B. in Dollar. Die Aufbringung und der Transfer des Schuldendienstes sind zwei unterschiedliche Vorgänge. Der Transfer, d.h. der Zahlungsvorgang in Devisen, ist das wichtigere Problem. Er schafft den Entwicklungsländern Schwierigkeiten, weil die Devisen erst einmal durch Exporte verdient werden müssen. Haben aber die Schuldnerländer nicht höhere Exporterlöse als Importausgaben, können sie ihren Schuldendienst nicht transferieren. Es sei denn, sie verschulden sich erneut im Ausland, um ihren Schuldendienst zu leisten. Dieser Weg verlängert die Durststrecke der Auslandsverschuldung, führt jedoch nicht zur Problemlösung.

[1] Die Angaben der Tabellen und Schaubilder differieren z.T. geringfügig wegen unterschiedlicher Quellen, Definitionen oder Erhebungszeitpunkte.

Langfristige Kredite an Entwicklungsländer, 1981 und 1987
(Mrd. $, sofern nicht anders angegeben)

	Entwicklungsländer insgesamt		Afrika südlich der Sahara		Ostasiatische Länder mit mittlerem Einkommen		Asiatische Länder mit niedrigem Einkommen		Europa, Naher Osten und Nordafrika		Lateinamerika und Karibik	
	1981	1987	1981	1987	1981	1987	1981	1987	1981	1987	1981	1987
Gesamte ausstehende und ausgezahlte langfristige Schulden	503	996	50	109	50	102	60	142	134	260	209	384
In Prozent des BSP	23	42	26	85	28	40	8	16	30	47	27	52
Bruttoauszahlungen langfristiger Kredite	124	87	11	9	14	11	11	21	28	27	61	20
Private Quellen	92	49	6	3	10	8	5	10	17	18	53	10
In Prozent des Gesamtbetrags	74	56	58	32	75	73	45	48	62	68	88	49
Multilaterale Quellen	12	22	2	4	2	2	3	6	2	5	3	6
Nettozuflüsse[a)]	77	16	8	5	10	–9	6	11	14	3	39	5
Private Quellen	53	–2	4	1	7	–8	2	4	7	7	34	1
Multilaterale Quellen	10	12	2	3	1	0	2	5	2	2	2	3
Nettotransferleistungen[b)]	35	–38	6	2	6	–16	4	5	4	–12	16	–19

Anmerkung: Die Angaben basieren auf einer Auswahl von 111 Ländern, die am Schuldenberichtssystem teilnehmen.

[a)] Bruttoauszahlungen abzüglich Kapitalrückzahlungen.

[b)] Bruttoauszahlungen abzüglich der Summe von Zins- und Tilgungszahlungen. Negative Netto-Transfers bedeuten, daß die gesamten Schuldendienstzahlungen die Bruttozuflüsse übersteigen, daß die Volkswirtschaft reale Ressourcen per saldo ins Ausland transferiert und daher ein Handelsbilanzüberschuß erforderlich ist.

Quelle: Weltbank, Weltentwicklungsbericht 1989.

Die **Inlandsverschuldung** oder was man verkürzt als „Staatsverschuldung" bezeichnet, ist die Verschuldung des Staates bei inländischen Geldgebern, z.B. bei inländischen Geschäftsbanken, Unternehmen und Privatpersonen. Alle Entwicklungsländer haben neben ihren Auslandsschulden auch Inlandsschulden. Der wichtige Unterschied zwischen der Auslands- und der Inlandsverschuldung besteht darin, daß der Schuldendienst für die Inlandsschulden in Landeswährung bezahlt werden muß. **Das Transferproblem**, das die Schuldner bei der Auslandsverschuldung haben (s. oben), **entfällt**.

Schuldenstruktur

- **Die Zusammensetzung des Schuldenpakets** (Schuldenstruktur) hat sich sehr nachteilig gewandelt. Die Entwicklungsländer haben ihren langfristigen Finanzierungsbedarf zunehmend durch Kredite aus privaten Finanzquellen (Geschäftsbanken, Unternehmen) gedeckt. Der Anteil der Kredite aus öffentlichen Finanzquellen (Regierungen und internationalen Organisationen, z.B. Weltbank) an den öffentlichen und öffentlich garantierten Schulden der Entwicklungsländer nahm seit 1975 ab und betrug 1985 nur noch knapp 53%. Die lateinamerikanischen Großschuldner (Brasilien, Mexiko, Argentinien, Venezuela) haben ihren Finanzbedarf nach 1977 sogar überwiegend durch Privatkredite (Kredite der Geschäftsbanken und Privatunternehmen) gedeckt. Die Privatkredite hatten 1985 einen Anteil an den Gesamtschulden dieser Länder von ca. 85%. Diese Veränderung der Finanzierungsquellen ist deshalb wichtig, weil die Kreditkonditionen der privaten Geldgeber härter, d.h. die Zinssätze höher und die Laufzeiten kürzer sind. Die Zunahme des Privatkreditanteils am Gesamtschuldenpaket führte dazu, daß Schuldendienstzahlungen schwerer wurden. So begann die Schuldenkrise. Der rückläufige Anteil der privaten Kredite an der Gesamtverschuldung (1990 ca. 40%) seit 1985 ist darauf zurückzuführen, daß die Bankkredite nicht mehr fließen, aber die Schuldendienstlast weiterhin kritisch blieb.
- **Die kurzfristigen Schulden** mit einer Laufzeit unter einem Jahr stiegen seit Ende der 70er Jahre bis zum Krisenjahr 1982 auf ca. 200 Mrd. Dollar.
- **Die Schuldenmasse ist auf wenige Großschuldner konzentriert**. Die 15 Hauptschuldnerländer hatten 1985 bereits insgesamt 417 Mrd. Dollar Auslandsschulden. 41% der Auslandsverschuldung aller Entwicklungsländer entfiel auf diese Hauptschuldnerländer. Die lateinamerikanischen Länder zusammen sind am Schuldenberg mit ca. 36% beteiligt. Nur drei der größten Schuldner (Brasilien, Mexiko und Argentinien) haben fast ein Drittel der Gesamtschulden.
- **Die Entwicklungsländer haben sich überwiegend in US-Dollar verschuldet**. Ca. 75% der langfristigen öffentlichen Schulden lauteten 1985 auf US-Dollar und 5% auf DM. Die instabile Wechselkursentwicklung des Dollars seit 1980 hat sich auf die Schuldenlast unterschiedlich ausgewirkt. Ein steigender Dollarkurs erhöhte, ein fallender verringerte sie.

Auslandsverschuldung der Entwicklungsländer (in Mrd. US-$)						
Position	1986	1987	1988	1989	1990p)	Veränderung 1990 gegenüber 1989 p)
Auslandsverschuldung aller Entwicklungsländer						
Langfristig	867	980	960	959	1 015	+ 56
Öffentliche Gläubiger	357	433	437	454	521	+ 67
Private Gläubiger	511	547	523	505	494	− 11
Kurzfristig	118	128	142	156	169	+ 13
Insgesamt[1)]	1 127	1 268	1 265	1 261	1 341	+ 80
darunter:						
Hochverschuldete Mitteleinkommensländer[2)]	531	587	568	566	588	+ 22
Hochverschuldete Niedrigeinkommensländer	86	104	106	108	116	+ 8
Nachrichtlich:						
Schuldendienstzahlungen aus langfristiger Verschuldung	110	119	130	115	120	+ 5
Zinsen	51	52	59	52	52	0
Tilgung	59	67	71	63	67	+ 4
Schuldendienst in % der Einnahmen aus dem Export von Waren und Dienstleistungen						
Alle Entwicklungsländer	30,4	28,2	26,8	22,1	21,1	− 1,0
darunter:						
Hochverschuldete Mitteleinkommensländer	41,5	35,7	36,2	28,6	26,1	− 2,5
Hochverschuldete Niedrigeinkommensländer	31,0	21,6	26,9	22,8	28,4	+ 5,6

1) Einschl. oben nicht enthaltener Verschuldung gegenüber dem IWF und nicht aufgliederbarer Schulden.
2) s. Definition der Ländergruppen im Kasten.
p) Vorläufig.
Quelle: Weltbank.

Quelle: Deutsche Bundesbank, Geschäftsbericht 1990.

- 27 besonders arme Länder unter den hochverschuldeten Entwicklungsländern (s. Kasten S. 608: Niedrigeinkommensländer mit gravierenden Schuldenproblemen) haben seit einiger Zeit fällige Schuldendienstzahlungen, die sie nicht transferieren konnten. 1990 hatten diese Länder eine Schuldendienstquote (einschließlich rückständiger Zinsen) von 60,5%. Ihre Gesamtschulden betrugen 466% ihrer Exporterlöse. Die beiden Kennziffern liegen weit über den kritischen Schwellenwerten.
- Mitteleinkommensländer mit gravierenden Schuldenproblemen (s. Kasten S. 608) gehören zur Gruppe der hochverschuldeten Länder, an die sich der Baker-Plan 1985 richtete. Diese sind wegen ihrer hohen Schuldenbeträge für die Gläubiger, vor allem für die amerikanischen Großbanken, wichtig. Ihre Schuldendienstquote (einschließlich rückständiger Zinsen) betrug 1990 knapp 46%.
- Die Rückstände der Zinszahlungen der beiden Ländergruppen mit gravierenden Schuldenproblemen betrugen 1990 ca. 5% der gesamten Auslandsverschuldung. Die Tabellen auf S.604 und S. 606 enthalten einen Überblick über die Schulden und die Schuldendienstkennziffer der Ländergruppen.

Was sind die Ursachen der internationalen Schuldenkrise?

Innere (hausgemachte) und äußere (weltwirtschaftliche) Ursachen der Verschuldungskrise

Zwei Ursachenbündel sind zu unterscheiden: **Erstens** gibt es **„innere Ursachen“**. Diese sind von den Schuldnerländern selbst zu verantworten. Die wirtschaftlichen Probleme und die Wirtschaftspolitik in den Schuldnerländern verursachten die Krise; aber nicht sie allein. Es gibt **zweitens** eine Reihe von **„äußeren Ursachen“** der Schuldenkrise. Dies sind die weltwirtschaftlichen Ereignisse und Bedingungen, die nicht von den verschuldeten Entwicklungsländern zu verantworten sind. Diese weltwirtschaftlichen Ursachen können die Schuldnerländer gar nicht oder nur mit den Industrieländern gemeinsam bekämpfen. Die Entwicklungsländer betonen die besondere Bedeutung der äußeren (weltwirtschaftlichen) Ursachen ihrer kritischen Verschuldungssituation. Das ist nicht falsch, aber auch nicht die ganze Erklärung der aktuellen Verschuldungsprobleme. Zutreffend ist, daß die inneren **und** äußeren Ursachen zur Schuldenkrise der 80er Jahre geführt haben.

Innere Ursachen

Welches sind die **inneren Ursachen der Schuldenkrise?** Diese „hausgemachten Ursachen“ lassen sich wie folgt zusammenfassen:

- **Viele Entwicklungsländer begingen zwei Kardinalfehler**, die ein Schuldner vermeiden muß: **Zum ersten** haben sie die Auslandskredite nicht oder nur zum Teil für Investitionszwecke verwendet. Wenn aber die Auslandskredite zur Finanzierung von unrentablen und volkswirtschaftlich unproduktiven Projekten, von Rüstungsausgaben oder von Haushaltsdefiziten verwendet werden sowie der privaten Verschwendung durch die Oberschichten dienen, dann kann es nicht überraschen, daß man den Schuldendienst nicht leisten kann. Tatsächlich haben die

Untergruppen der Schuldnerländer

Weltbanktypologie verschuldeter Entwicklungsländer nach Schuldenlast und Entwicklungsstand

SILICs = Severely Indebted Low-Income Countries: Hochverschuldete Niedrigeinkommensländer (BSP pro Kopf in 1988 545 Dollar oder weniger): „Länder mit gravierenden Schuldenproblemen" Äquatorial-Guinea, Benin, Burundi, Ghana, Guinea, Guinea-Bissau, Guayana, Kenia, Komoren, Liberia, Madagaskar, Malawi, Mali, Mauretanien, Mozambique, Myanmar (Burma), Niger, Nigeria, Sambia, Sao Tomé u. Principe, Sierra Leone, Somalia, Sudan, Tansania, Togo, Vietnam, Zaire.

SIMICs = Severely Indebted Middle-Income Countries: Hochverschuldete Mitteleinkommensländer (BSP pro Kopf in 1988 mehr als 545 Dollar, aber weniger als 6 000 Dollar): „Länder mit gravierenden Schuldenproblemen". Diese Länder und Jamaika, Jugoslawien, Kolumbien, Nigeria waren 1985 in der Gruppe der Hochverschuldeten Länder (Highly Indebted Countries = HIC) erfaßt, an die sich der Baker-Plan (s. unten Lösungsansätze) richtete. HICs wurden auch „Hauptschuldnerländer" bezeichnet. Ägypten, Argentinien, Bolivien, Brasilien, Chile, Costa Rica, Côte d'Ivoire, Ecuador, Honduras, Kongo, Marokko, Mexiko, Nicaragua, Peru, Philippinen, Polen, Senegal, Ungarn, Uruguay, Venezuela.

MILICs = Moderately Indebted Low-Income Countries: Moderat verschuldete Niedrigeinkommensländer: Äthiopien, Bangladesch, Gambia, Indonesien, V.R. Jemen, Pakistan, Sri Lanka, Uganda, Zentralafrikanische Republik.

MIMICs = Moderately Indebted Middle-Income Countries: Moderat verschuldete Mitteleinkommensländer: Algerien, Dominikanische Republik, Gabun, Griechenland, Guatemala, Israel, Jamaika, Jugoslawien, Kamerun, Kapverden, Kolumbien, Paraguay, Simbabwe, Syrien, Türkei.

Als „gravierend" bzw. „mäßig" verschuldete Länder gelten solche, bei denen drei von vier Schlüsselindikatoren folgende Schwellenwerte überschreiten:

	„severely indebted countries"	„moderately indebted countries"
Schulden/BSP	> 50 vH	30– 50 vH
Schulden/Export (Güter und Dienste)	> 275 vH	165–275 vH
fälliger Schuldendienst/ Export (dto.)	> 30 vH	18– 30 vH
fällige Zinsen/ Export (dto.)	> 20 vH	12– 20 vH

Quelle: Weltbank, World Debt Tables 1989–90, Vol. 1, S. 51; DIW-Wochenbericht 48/1990.

Schuldnerländer die Bankkredite, die ohne wirtschaftspolitische Auflagen zu haben sind, zu 10–20% für Rüstungsimporte, zu 20% für die Finanzierung von Haushaltsdefiziten und zu ca. 30% für die Energieversorgung verwendet.[2]

Zum zweiten haben die Entwicklungsländer die kurzfristigen Auslandskredite zur Finanzierung von langfristigen Projekten eingesetzt. Dieser Fehler führte dazu, daß sie den kurzfristig fälligen Schuldendienst nicht aufbringen konnten.

Diese zweckentfremdete Verwendung der Auslandskredite geht auf eine falsche Wirtschaftspolitik zurück. Wer macht aber die Wirtschaftspolitik, welche Interessen werden dabei verfolgt? Muß nicht eine Entwicklungspolitik, die diese Bezeichnung nicht verdient, aufgegeben werden? Dies sind Fragen, die das politische System der Schuldnerländer berühren. Die Herrschaftsstruktur stellt sich dabei als das Kernproblem heraus.

- **Die Länder mit den Schuldendienstschwierigkeiten** haben ihren **Außenhandel** (Exporte und Importe von Gütern) **nicht ausgleichen können.** Die falsche Wechselkurspolitik (überhöhte Wechselkurse), die unkontrollierte Inflation und die hohen Produktionskosten in der Industrie sind die wesentlichen Ursachen dafür, daß die inländische Produktion nicht konkurrenzfähig ist. Deshalb ist eine Exportsteigerung nicht möglich. Die Folge davon ist, daß die Exporterlöse nicht ausreichen, den wachsenden Importbedarf zu finanzieren. Damit ist und bleibt das Außenhandelsdefizit ein akutes Problem. Das bedeutet aber, daß weiterhin Auslandskredite aufgenommen werden müssen, um das Außenhandelsdefizit zu finanzieren.

Auch hier ist die Wirtschaftspolitik gefragt. Die staatliche Wirtschaftspolitik muß in der Lage sein, die hausgemachten Ursachen des Außenhandelsdefizits erfolgreich zu bekämpfen. So einfach ist es aber nicht. Denn die äußeren, weltwirtschaftlichen Ursachen der chronischen Außenhandelsdefizite der Entwicklungsländer sind genauso wichtig, wenn nicht sogar wichtiger (s. unten).

Kapitalflucht ist kein Kavaliersdelikt

Die Kapitalflucht aus den Schuldnerländern ist ein wesentlicher Faktor der Schuldenkrise. Der Vorgang, daß Kapital aus wirtschaftlicher und politischer Unsicherheit oder zu Spekulationszwecken aus den Entwicklungsländern ins Ausland „flieht", wird als Kapitalflucht bezeichnet. Die Inländer schaffen ihr Vermögen ins Ausland und verfügen dort über Bankkonten in ausländischen Währungen sowie über sonstige Anlagevermögen (Immobilien, Aktien, Unternehmensbeteiligungen). Die Kapitalflucht verringert das im Inland verfügbare Kapital. Damit wird die Finanzierungsbasis der Investitionen schmaler. Im Zusammenhang mit der Auslandsschuldenlage ist die Kapitalflucht aus zweierlei Gründen wichtig: **Erstens** stehen die Kapital-

[2] OECD, External Debt of Developing Countries, Paris 1984.

fluchtgelder, die in Fremdwährungen im Ausland gehalten werden, nicht zur Verfügung, um den Schuldendienst zu zahlen. **Zweitens** werden noch mehr Auslandskredite notwendig, um das durch die Kapitalflucht entgangene Kapital zu ersetzen. Die Kapitalflucht hat also eine höhere Auslandsverschuldung zur Folge.

Kapitalflucht aus Entwicklungsländern
Neuverschuldung (NV) und Kapitalflucht (KF) 1970–1983
(in Mrd. US-$)

	Neuverschuldung	Kapitalflucht	KF/NV (%)
Argentinien	43,1	33,2	77,0
Brasilien	85,7	8,6	10,0
Kolumbien	9,5	1,9	20,0
Mexiko	86,6	24,4	28,2
Peru	11,7	3,4	29,1
Venezuela	34,5	30,7	89,0
Lateinamerika	271,1	102,2	35,2
Indien	11,7	4,7	40,2
Indonesien	27,9	7,3	26,2
Korea	37,5	3,6	9,6
Malaysia	15,6	8,4	53,8
Philippinen	23,5	7,3	31,1
Thailand	14,0	0,7	5,0
Asien	130,2	32,0	21,9

Quelle: Dieter Duwendag, Kapitalflucht aus Entwicklungsländern, in: Armin Gutowski (Hrsg.), Die internationale Schuldenkrise, Berlin 1986.

Kapitalverkehrskontrollen sind gegen die Kapitalflucht aus den Entwicklungsländern unwirksam, weil sie umgangen werden können. In einigen Ländern gibt es sie gar nicht. Die Tabelle auf S. 610 zeigt die beachtlichen Summen der Kapitalflucht aus den Schuldnerländern. Wenn es den Regierungen dieser Länder gelingen würde, das Auslandsvermögen der Inländer (die Kapitalfluchtgelder) für das Land verfügbar zu machen, könnten die Schuldendienstprobleme entschärft, vielleicht sogar gelöst werden. Die Regierungen der Schuldnerländer können diesbezüglich nur erfolgreich sein, wenn sie eine langfristige und ausgewogene Entwicklungsstrategie verwirklichen.

Die Kapitalflucht aus den 13 hochverschuldeten Ländern (s. Tabelle) betrug im Zeitraum 1978–88 ca. 184 Mrd. Dollar gegenüber einem Schuldenstand von 360 Mrd. Dollar. Die Kapitalflucht machte demnach fast die Hälfte der Schuldensumme aus. Der Rücktransfer des Fluchtkapitals in die Herkunftsländer würde eine wesentliche Schuldenentlastung bringen.

Kapitalflucht aus 13 Entwicklungsländern[1] 1978–88 (in Mrd. US-$			
	Kapitalflucht (1)	Auslands-schulden (2)	Kapitalflucht zu Auslands-schulden (1) + (2)
1978	47,30	113,70	0,42
1979	64,14	141,76	0,45
1980	75,41	179,06	0,42
1981	85,16	224,26	0,38
1982	99,95	261,30	0,38
1983	123,77	285,70	0,43
1984	136,43	301,05	0,45
1985	147,54	311,60	0,47
1986	152,67	326,39	0,47
1987	180,62	349,75	0,52
1988	184,01	360,43	0,51

[1] Kapitalfluchtländer: Argentinien, Bolivien, Kolumbien, Ekuador, Gabun, Jamaika, Mexiko, Nigeria, Peru, Philippinen, Venezuela und Jugoslawien.

Quelle: Liliana Rojas-Suárez, Risk and Capital flight in Developing Countries, Washington 1990.

Weltwirtschaftliche Ursachen

Die **äußeren, weltwirtschaftlichen Ursachen** der Schuldenkrise sind folgende:

- **Die Erdölpreisexplosion 1973/74** hat die Importausgaben der ölabhängigen Entwicklungsländer vervielfacht. Die stark gestiegenen Außenhandelsdefizite dieser Länder konnten nur durch die Auslandskredite finanziert werden. Die großen internationalen Banken waren durch die Zurückschleusung der OPEC-Währungs-Überschüsse in der Lage, den Finanzierungsbedarf der ölimportierenden Entwicklungsländer zu decken. Die Kreditfinanzierung der Defizite war damals vorteilhaft, weil die Zinssätze zeitweise unter dem Preisanstieg für die Exportgüter auch der ölimportierenden Entwicklungsländer lagen, d.h. die Realzinsen negativ waren. Was Mitte der 70er Jahre noch vorteilhaft erschien, kehrte sich später ins Gegenteil um. Die Geld- und Finanzpolitik gegen die Inflation in den USA und anderen Industrieländern ließ die realen Zinssätze (nominaler Zinssatz minus Inflationsrate) nach dem Herbst 1979 rasch steigen. So begann die **Periode der Hochzinspolitik**, die für die Schuldner folgenschwer wurde.

- **Die zweite Ölpreissteigerung 1979** verursachte erneut wachsende Handelsbilanzdefizite und damit höhere Verschuldung. Die ölimportierenden Entwicklungsländer finanzierten ihre Defizite wiederum überwiegend durch die **Kredite der internationalen Banken**. Die Kredite der Banken an die 15 Hauptschuldnerländer erreichten im Zeitraum 1980 bis 1982 im Jahresdurchschnitt die Rekordhöhe von ca. 40 Mrd. Dollar.

Reale Zinssätze, 1963 bis 1989

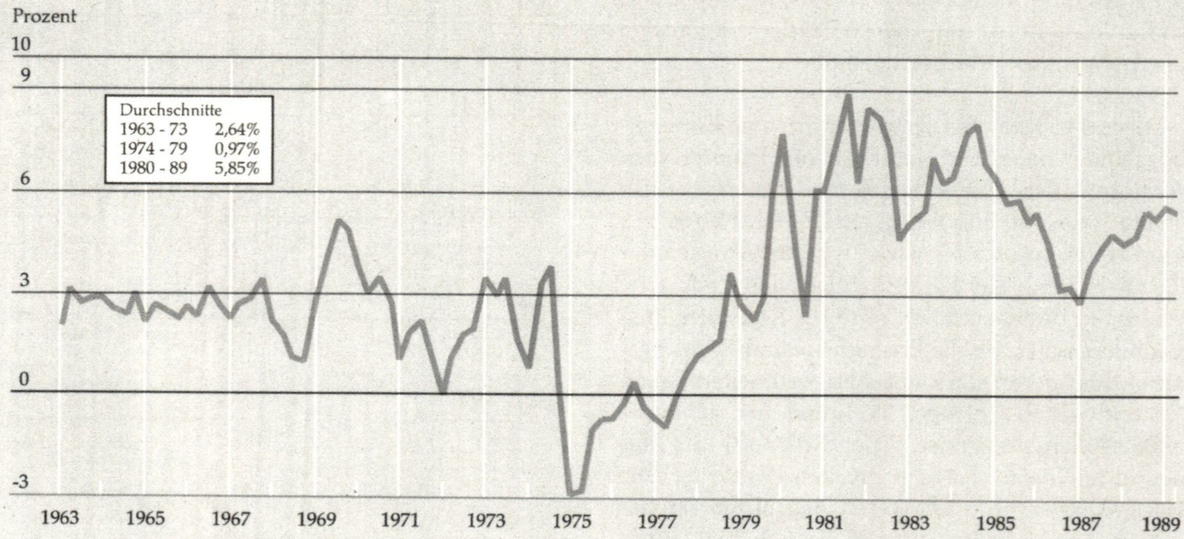

Anmerkung: Der reale Zinssatz ist berechnet als Londoner Interbanken-Angebotssatz (LIBOR) abzüglich des BIP-Deflators der USA.

Quelle: Weltbank, Weltentwicklungsbericht, 1990, Washington, 1990, S. 152 f.

Die Banken waren an diesen Kreditgeschäften mit den Entwicklungsländern bis zum ersten Anzeichen der Schuldenkrise 1981/82 stark interessiert, weil sie

- über hohe Liquidität verfügten (d.h. „viel Geld zum Verleihen hatten"),
- Kredite mit variablen Zinssätzen gewährten oder
- durch die hohen Zinssätze (für 6-Monats-Geld 1981 ca. 17%) das Kreditrisiko einkalkulieren konnten.

Für die Banken war dieses Geschäft auch deshalb gewinnträchtig, weil die Kreditnachfrage in den Industrieländern wegen der weltweiten Wirtschaftskrise sehr schwach war. Im übrigen wußten die Banken über die Zahlungsfähigkeit der Entwicklungsländer wenig: Ein Informationszentrum für die Schuldenstatistiken einzelner Kreditnehmer wurde erst 1983 eingerichtet.

Zinslast

- **Die variablen Zinsen** belasteten die Schuldner zunehmend. Eine variable Verzinsung der Schulden bedeutet, daß der zu zahlende Zinssatz an das jeweils aktuelle Zinsniveau angepaßt wird. Damit wurde die Last der steigenden Zinssätze automatisch auf die Schuldnerländer abgewälzt. Die variabel verzinslichen Schulden machten 1984 80–90% (1989: ca. 75%) der Gesamtschulden der größten lateinamerikanischen Schuldnerländer aus. Diese Länder wurden von den steigenden Zinsen zu Beginn der Verschuldungskrise voll getroffen (s. Abbildung S. 612).

- Die hohen realen Zinssätze – zwischen 1980–1989 um 6% –, die variable Verzinsung der Schulden und die kurzfristigen Kredite führten dazu, daß **der Schuldendienst schnell zunahm und untragbar wurde**. Die gesamten Schuldendienstzahlungen der Entwicklungsländer stiegen von 57 Mrd. Dollar 1978 auf ca. 140 Mrd. Dollar nur bis 1986 an. Die Zinszahlungen allein betrugen 72 Mrd. Dollar. Wie schwer der Schuldendienst wurde, ist an der Höhe der Schuldendienstquote zu erkennen. **Die Schuldendienstquote** ist der Anteil der fälligen Schuldendienstzahlung am gesamten Exporterlös (Exporteinnahmen in Devisen). Die Schuldendienstquote zeigt, wieviel vom Exporterlös eines Jahres für den fälligen Schuldendienst ausgegeben werden muß. Die durchschnittliche Schuldendienstquote der Entwicklungsländer kletterte im Zeitraum 1978–1985 von 18,7% auf 24,0%. Die Schuldendienstquoten der lateinamerikanischen Länder waren besonders 1982/83 alarmierend hoch: z.B. Brasilien 103%, Argentinien 79%, Mexiko 63% und Venezuela 43%. Bei Brasilien bedeutete es, daß die Exporterlöse 1982 nicht ausreichten, den fälligen Schuldendienst für die Gesamtschulden zu zahlen, selbst wenn Brasilien auf alle Importe verzichtet hätte. Das hatte zur Folge, daß Brasilien neue Schulden machen mußte, um seine laufenden Verpflichtungen gegenüber dem Ausland zu finanzieren.

In den letzten Jahren konnten die Schuldendienstquoten einiger Großschuldner hauptsächlich durch die Exporterlössteigerung reduziert werden. Aber eine nachhaltige Entlastung wurde nicht erreicht (s. Tabelle S. 614).

Hochzins-Politik verschärft die Zahlungskrise

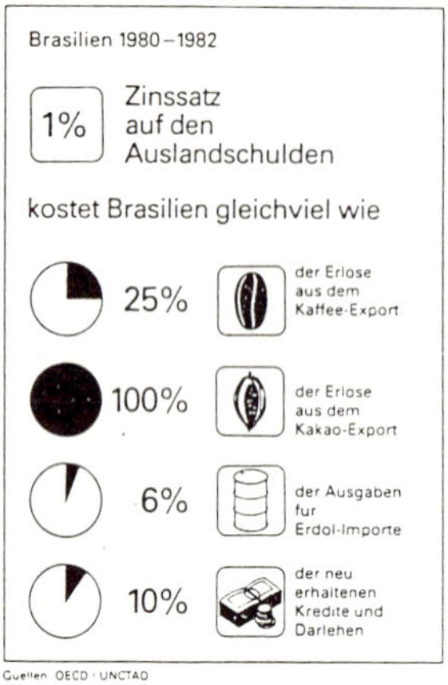

Schulden- und Schuldendienstquoten der Ländergruppen

Regionen/ Ländergruppen	Schulden-quoten (in %) 1980	Schulden-quoten (in %) 1989	Schuldendienst-quoten (in%) 1980	Schuldendienst-quoten (in%) 1989
Afrika (Subsahara)	98,3	369,4	11,0	27,6
Ostasien	89,9	94,2	13,6	16,7
– China	22,2	102,0[a]	4,6	10,6[a]
Südkorea	130,6	52,4[a]	19,7	13,5[a]
Südasien	159,6	269,5	11,6	27,5
– Indien	136,9	262,6[a]	9,2	29,2[a]
Nahost/Nordafrika	136,7	259,0	20,3	38,4
Lateinamerika/Karibik	194,5	297,0	36,9	39,7
– Brasilien	304,3	313,4[a]	63,1	50,1[a]
– Mexiko	259,2	316,5[a]	49,5	48,5[a]
– Argentinien	242,4	512,0[a]	37,2	43,6[a]
Entwicklungsländer[b]	132,2	196,7	21,4	27,5
SILIC[c]	96,9	498,3	9,6	28,6
SIMIC	194,8	316,8	37,1	40,9

[a] = 1988; [b] Berichtsländer an die Weltbank; [c] s. Kasten S. 608
(Quelle: World Debt Tables 1989–90).

Sinkende Export-Erlöse

- **Der wachsende Schuldendienst** wurde Anfang der 80er Jahre von **sinkenden Exporterlösen** begleitet. Das heißt, daß die Schuldnerländer höhere Ausgaben (Schuldendienstzahlungen) bei sinkenden Einnahmen (Exporterlöse) finanzieren mußten. Sie gerieten so in die Klemme. Die Exporterlöse der Schuldnerländer sanken, weil
  - die Absatzmengen aufgrund der verringerten Nachfrage der Industrieländer in der Wirtschaftskrise zurückgingen,
  - die Exportpreise, vor allem die Rohstoffpreise (außer Erdöl) beträchtlich fielen,
  - die Industrieländer die konkurrenzfähigen Industriegüterimporte bekämpften (protektionistische Maßnahmen).

Reale Rohstoffpreise, 1970 bis 1988

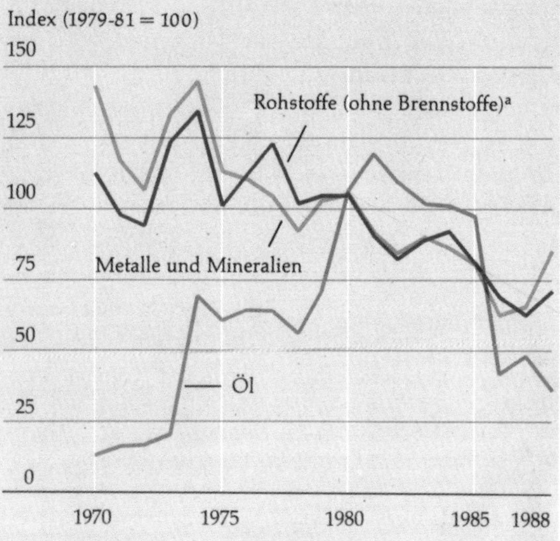

Anmerkung: Reale Preise sind Jahresdurchschnittspreise in Dollar, deflationiert mit den jährlichen Veränderungen des Index der Durchschnittswerte für Industrieprodukte; dies ist ein Preisindikator für die Exporte der Industrieländer in die Entwicklungsländer.
a. Basiert auf einem Korb von dreiunddreißig Rohstoffen

Quelle: Weltbank, Weltentwicklungsbericht 1990

- **Der Preisverfall der Exportgüter** der ölabhängigen Entwicklungsländer war besonders schmerzlich, weil zugleich die Preise der Importe (Erdöl, Industrieprodukte aus Industrieländern) gestiegen waren. So öffnete sich die Preisschere zwischen den Exporten und Importen zum Nachteil der verschuldeten Entwicklungsländer. Abbildung S. 615 zeigt diese Preisentwicklung. Das heißt, daß die Entwicklungsländer für die gleiche Menge ihrer Exportgüter immer weniger Importgüter bekamen.

  Die letztgenannten weltwirtschaftlichen Vorgänge machten das Dilemma der Schuldnerländer vollkommen. Statt mehr Deviseneinnahmen, die man brauchte, um die Schulden zurückzahlen zu können, brachten die Exporte den Schuldnerländern immer weniger.

Gewicht der weltwirtschaftlichen Ursachen

Die äußeren (weltwirtschaftlichen) Ursachen der Schuldenkrise sind Zündstoff des Nord-Süd-Konfliktes. Die Entwicklungsländer vertreten die Ansicht, daß ihre kritische Verschuldungslage **hauptsächlich** auf die oben dargestellten weltwirtschaftlichen Ursachen zurückzuführen sei. Sie leugnen ihre Mitverantwortung für die Verschuldungsprobleme nicht, betonen aber, daß sie auf die weltwirtschaftlichen Verschuldungsursachen keinen Einfluß nehmen können. Wie wichtig sind die äußeren (weltwirtschaftlichen) Ursachen der Schuldenkrise? In der Tat kommt ihnen große Bedeutung zu. Nach Schätzungen sind vier Fünftel der Auslandsschulden der Nicht-OPEC-Entwicklungsländer im Zeitraum 1973–1982 in Höhe von ca. 500 Mrd. Dollar auf die weltwirtschaftlichen Ursachen zurückzuführen. Im einzelnen sieht das so aus[3]:

- Die Erdölpreissteigerung verursachte einen Schuldenbetrag der ölimportierenden Entwicklungsländer von 260 Mrd. Dollar.
- Die weltweite Wirtschaftskrise 1981/82 führte zum Rückgang von Exporterlösen und zum Kaufkraftverlust der Exporteinnahmen (s. oben) der Entwicklungsländer. Diese verursachten eine Auslandsverschuldung von 100 Mrd. Dollar.
- Die erhebliche Erhöhung der realen Zinsen kostete die Entwicklungsländer weitere 40 Mrd. Dollar.

Wenn man diese Größenordnung der weltwirtschaftlichen (nicht hausgemachten) Ursachen der Schuldenkrise bedenkt, ist eine voreilige, einseitige Zuweisung der Verantwortung an die Schuldnerländer falsch.

Fazit

Die drei Grundbedingungen, die ein Schuldnerland erfüllen muß, wenn es eine Auslandsschuldenkrise vermeiden will, sind folgende:

- Auslandskredite müssen für die Investitionen verwendet werden (Transformationsbedingung).

[3] Angaben nach: William R. Cline in: The American Review, Vol. 75, 1985.

- Welche wirtschaftliche Entwicklung könnte die Schuldenkrise abmildern?
- Was ist zur Lösung der seit 1981/82 anwachsenden Schuldenkrise geschehen?
- Welche Lösungsvorschläge stehen heute zur Diskussion?

Eine gewisse Erleichterung würden die Schuldnerländer erfahren, wenn **eine weltwirtschaftliche „Schönwetterlage"** herrschte. Die Schönwetterlage könnte zur Milderung der Schuldenprobleme folgendes beitragen:

- Wenn die westlichen Industrieländer als die wichtigsten Handelspartner der Schuldnerländer wieder ein ansehnliches Wirtschaftswachstum realisieren, bringt dies mehr Nachfrage nach Importgütern und möglicherweise auch eine Preiserholung für die Exportgüter der Schuldnerländer. Davon würden die Hauptschuldnerländer besonders profitieren. Die steigenden Exporterlöse dieser Länder würden die Schuldendienstzahlung erleichtern. Ein Hauch weltwirtschaftlicher Schönwetterlage herrschte 1983–85 mit einem durchschnittlichen Wirtschaftswachstum der Industrieländer von 3%. Die Abflachung des Wirtschaftswachstums in den Industrieländern seit Mitte 1985 machte die Aussichten für die Schuldnerländer jedoch wieder trübe.
- **Der Abbau des Protektionismus** (Schutz der heimischen Produktion gegen Auslandskonkurrenz s. Abbildung) in den Industrieländern erhöht die Chancen der Schuldnerländer, ihre Exporte zu steigern. In den letzten Jahren nahmen die protektionistischen Maßnahmen gegen die Importe aus den Entwicklungsländern nicht ab, sondern vielfach zu. Damit hat sich die Marktlage für die Exporte der Entwicklungsländer eher verschlechtert.

Die Verhandlungen im Rahmen des Internationalen Zoll- und Handelsabkommens seit 1986 (Uruguay-Runde des GATT: s. Beitrag 4.5.) sollten einen Durchbruch bezüglich des Agrarprotektionismus der EG erreichen. Bis Ende 1991 war das nicht möglich. Von dem erfolgreichen Abschluß und von der Konkurrenzfähigkeit der osteuropäischen Länder wird es abhängen, ob eine Exporterlössteigerung der Schuldnerländer zu realisieren ist. Andernfalls werden die Schuldendienstzahlungen weiterhin unsicher bleiben.

- Der tendenzielle Rückgang der Rohstoffpreise seit über 10 Jahren (mit kurzen Unterbrechungen) schien Mitte 1985 aufzuhören. Ein Aufwärtstrend der Preise war zu erkennen, der jedoch inzwischen abgeflacht ist. **Die steigenden Rohstoffpreise** hätten die Entwicklungsländer auf höhere Exporterlöse hoffen lassen. Die wachsenden Exporterlöse blieben aber aus.
- Nur **die tendenziell rückläufigen Zinssätze**, führten zur Entlastung der Schuldnerländer. So waren die Zinszahlungen der Entwicklungsländer

insgesamt 1986 rd. 14 Mrd. Dollar niedriger als 1984. Das war der bemerkenswerte Beitrag der Schönwetterlage in der Weltwirtschaft zur Erleichterung der Schuldendienstleistungen der Schuldnerländer. Seither steigen die Realzinsen wieder (s. Abbildung S. 612).

Diese hier genannten weltwirtschaftlichen Faktoren können die akute Schuldenkrise aber nicht lösen. Im übrigen traten sie nicht so ein wie erhofft und die Aussichten für die 90er Jahre sind auch nicht vielversprechend.

Was bisher passierte, diente nur dem Zeitgewinn

Was ist bisher konkret zur Lösung der Schuldenkrise unternommen worden? Die Gläubiger haben seit 1982 mit den Schuldnerländern **Umschuldungsverhandlungen** geführt und die ausstehenden Schulden vertraglich neu geregelt (umgeschuldet). Die Schuldnerländer haben als Bedingung der Umschuldungsabkommen mit den Gläubigern eine Wirtschaftssanierungspolitik betrieben. Welche Bedeutung hat eine Umschuldung? **Die Umschuldung** ist eine Vereinbarung zwischen dem Schuldner und den Gläubigern über die Neuregelung der Tilgung und Zinszahlung. Gegenstand der Umschuldungsverhandlungen sind Verlängerung der Laufzeiten, Aufschub der Fälligkeiten und Neukredite. Die Zinszahlungen sind kein Verhandlungsgegenstand. Die Zinsen müssen bezahlt werden. Andernfalls gelten diese Kredite als gefährdet und müssen von den Gläubigerbanken abgeschrieben werden (s. oben). Weil die Banken interessiert sind, ihre Gewinne durch die Abschreibungen nicht zu verringern, gewähren sie notfalls Neukredite, um dem Schuldnerland die fälligen Zinszahlungen zu ermöglichen. Die Banken gewähren also neue Kredite, aber im eigenen Interesse, um die gefährdeten alten Kredite nicht abzuschreiben. **Die Umschuldungen lösen das Verschuldungsproblem nicht,** sondern schaffen nur eine Atempause. Die Schuldenkrise wird dadurch aufgeschoben, nicht aufgehoben. Allein 1984 fanden 34 Umschuldungen mit 22 Entwicklungsländern statt. Dabei wurden insgesamt 20% der Schulden neu geregelt.

Eine Umschuldung ohne Bedingungen gibt es nicht. Die Umschuldung mit den öffentlichen und/oder privaten Gläubigern (Banken) kommt nur zustande, wenn das Schuldnerland mit dem Internationalen Währungsfonds ein Bereitschaftskreditabkommen abgeschlossen hat (s. Funktionen des Internationalen Währungsfonds, Beitrag 4.5.).

Rolle des Internationalen Währungsfonds

Ein Kreditabkommen mit dem Internationalen Währungsfonds setzt also voraus, daß das Schuldnerland ein Wirtschaftssanierungsprogramm (ein stabilitätspolitisches Maßnahmenpaket) durchführt. Im Zeitraum 1982 bis 1989 haben 78 verschuldete Entwicklungsländer Wirtschaftssanierungsprogramme durchgeführt, die sie mit dem Internationalen Währungsfonds ausgehandelt hatten. Das heißt: Wer Schuldendienstprobleme hat und durch eine Umschuldung über die Runden kommen will, muß schon mit dem Internationalen Währungsfonds ein Kreditabkommen abgeschlossen haben und als Voraussetzung dafür ein Sanierungsprogramm durchführen.

Ohne grünes Licht des Internationalen Währungsfonds geht also gar nichts. Der Weg zur Umschuldung läuft demnach über den Internationalen Währungsfonds und wird erst freigegeben, wenn das Schuldnerland bereit ist, seine Wirtschaft zu sanieren.

Was aber heißt Wirtschaftssanierung, was hat sie für Folgen im Schuldnerland? Im Rahmen eines Sanierungsprogramms muß ein Schuldnerland in der Regel folgende wirtschaftspolitische Maßnahmen ergreifen:

- Sparprogramm, um das Haushaltsdefizit abzubauen (Steuererhöhung, Kürzung der Sozialausgaben und Subventionen),
- Sanierung, Privatisierung der öffentlichen Unternehmen,
- Geldpolitische Maßnahmen zur Inflationsbekämpfung,
- Reallohnsenkung,
- Verringerung des Außenhandelsdefizits, die durch Währungsabwertung und Exportförderung erreicht werden soll.

Viele Schuldnerländer sind in der Falle der Verschuldung

Die Schuldnerländer, die ein solches Wirtschaftsprogramm durchführen mußten, haben nur Teilerfolge erzielen können. Sie konnten ihre Exporte erhöhen und ihre Importe beträchtlich reduzieren. So gelang es ihnen zunächst, ihr Außenhandelsdefizit zu verringern, sogar in einigen Fällen Außenhandelsüberschüsse zu erwirtschaften. Die massive Drosselung der Importe hatte aber zur Folge, daß die dringend notwendigen Investitionsgüter und Vorprodukte nicht importiert werden konnten. Dies wiederum führte zum Investitions- und Produktionsrückgang, d.h. zum Wachstumsrückgang. Die Schuldnerländer stehen heute vor einem wirtschaftlichen **Scherbenhaufen:** Wachstum, Beschäftigung und Einkommensverteilung sind heute noch dringlichere Probleme. Diese Wirtschaftslage ist das typische Ergebnis der Verschuldungsfalle. Denn seit 1985 fließt aus den Schuldnerländern mehr Kapital ab, als zufließt (s. Tabelle und Abbildung).

Der Kapital-Rückfluß

Finanzströme zwischen den hochverschuldeten Entwicklungsländern und ihren ausländischen Geldgebern

Jahr	Neuausleihungen	Netto-Kreditaufnahme	Netto-Zahlungen
	– in Milliarden US-Dollar –		
1982	67,7	41,6	– 2,1
1983	49,6	29,2	–11,1
1984	43,9	21,8	–19,9
1985	35,9	7,5	–33,9
1986	38,4	9,0	–26,3
1987	40,6	13,9	–19,7
1988	38,1	8,6	–31,1
1989	41,4	11,1	–31,7

Netto-Kapitaltransfers aus den Schuldnerländern

Weil diese Länder weniger Kredite und Direktinvestitionen ins Land bekommen, aber Schuldendienst für alte Kredite zahlen und hohe Gewinne der multinationalen Unternehmen ins Ausland transferieren müssen, fehlt ihnen heute noch mehr Kapital für die Investitionen. Der Teilerfolg an der außenwirtschaftlichen Flanke (Verringerung des Außenhandelsdefizits) war also ein volkswirtschaftlicher Scheinerfolg. Denn der Wachstumsverlust entzieht dem Schuldnerland die Möglichkeit, den Schuldendienst zu erwirtschaften. Die Sanierungsprogramme hatten zum Ziel, die Schuldendienstprobleme zu lösen; sie haben das Gegenteil bewirkt, nämlich die Schuldendienstfähigkeit verringert. Seit Mitte 1985 ist auch der außenwirtschaftliche Teilerfolg dahin. Die Handelsbilanzdefizite der Schuldnerländer wurden wieder größer. Die Schuldnerländer haben durch die Stabilisierungspolitik keine nachhaltigen Lösungen ihrer Probleme erreichen können. Sie sitzen heute ebenso in der Schuldenfalle wie im bisherigen Krisenhöhepunkt 1982.

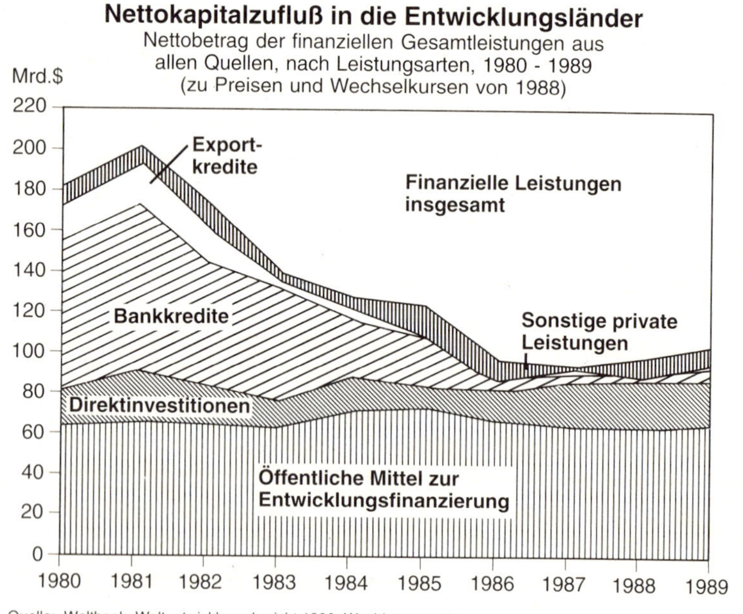

Quelle: Weltbank, Weltentwicklungsbericht 1990, Washington 1990
Weltbank, World Debt Tables 1990-91, Washington 1990

Pariser Club: Interessen- und Verhandlungsgemeinschaft der öffentlichen Gläubiger, die erstmals 1956 zusammentrat, nach wie vor keine Satzung hat, sondern aus der Praxis heraus ein standardisiertes Verfahren der Umschuldungsverhandlungen entwickelte. Seine Verhandlungen beziehen sich auf alle bilateralen öffentlichen Darlehen sowie öffentlich verbürgte Exportkredite. Zum Verfahren (laut Weltentwicklungsbericht 1985): „Schuldenerleichterungen sind in der Regel auf die laufenden Fälligkeiten beschränkt, wobei in der Regel zwischen 80 und 100 Prozent der Fälligkeiten umgeschuldet werden. Dieser konsolidierte Anteil ist nach einer tilgungsfreien Zeit von vier bis fünf Jahren innerhalb von acht bis zehn Jahren zu tilgen. Für Länder mit schwerwiegenden Zahlungsbilanzproblemen kann der nicht konsolidierte Teil der Fälligkeiten in der tilgungsfreien Zeit amortisiert werden; in diesen Fällen erstreckt sich die Umschuldung auf 100 Prozent der in Frage kommenden Fälligkeiten. Zahlungsrückstände werden gelegentlich umgeschuldet, in der Regel sind sie aber rascher zurückzuzahlen."
Londoner Club: Interessen- und Verhandlungsgemeinschaft der rund 1000 Gläubigerbanken, die sich in den Verhandlungen mit den Regierungen der Schuldnerländer durch einen **Lenkungsausschuß** vertreten lassen. Dieser Ausschuß verhandelt über die Umschuldung von privaten und nicht-verbürgten Krediten an öffentliche Schuldner. Zum Verfahren: „Zinsen werden nicht umgeschuldet; die Zinsrückstände müssen beglichen sein, bevor Umschuldungsvereinbarungen in Kraft treten können ... Bei vielen Umschuldungen sind in jüngerer Zeit neue langfristige Kredite ... als Teil eines Umschuldungspakets eingeräumt worden, womit im Endergebnis die Zinszahlungen kompensiert wurden ... Die Tilgung konsolidierter Schulden erstreckt sich in der Regel über sechs bis neun Jahre, wovon zwei bis vier tilgungsfrei sind. Der Zinsaufschlag gegenüber LIBOR liegt zwischen $1^7/_8$ und 2,5 Prozentpunkten. Die Umschuldung der Kredite kostet in der Regel eine Gebühr von 1,25 bis 1,5 Prozent."

und Wirtschaftswachstum realisiert werden. Also nicht nur eine außenwirtschaftliche Kurskorrektur, sondern eine gesamtwirtschaftliche Wachstumsstrategie ist die wirtschaftspolitische Aufgabe.

- Die Weltbank erhöht ihr Kreditvolumen um 50%. Sie soll verstärkt Kredite für die Investitionen zum Strukturwandel in den Schuldnerländern vergeben.
- Auch die Banken müssen mit neuen Krediten dazu beitragen. Von ihnen wird erwartet, daß sie in den folgenden 3 Jahren insgesamt 20 Mrd. Dollar projektgebundener Kredite vergeben und die Kapitalflucht aus den Schuldnerländern verhindern.

Der Baker-Plan konzentrierte sich auf 15 hochverschuldete Länder. Er ist bereits an den Banken gescheitert. Der Baker-Plan unterstreicht die Mitverantwortung der Gläubiger für die internationale Schuldenkrise.

Das Schuldenabkommen mit Mexiko von 1990

Im März 1990 schlossen Mexiko und seine kommerziellen Gläubiger eine Vereinbarung über die Umstrukturierung der Schulden ab. Die Banken konnten zwischen einer Auswahl von Optionen wählen, nämlich zwischen der Gewährung neuer Mittel und zwei Möglichkeiten für eine Reduzierung der Schulden und des Schuldendienstes: Einem Tausch abdiskontierter Anleihen gegen ausstehende Schulden oder einem Tausch von Anleihen ohne jeglichen Abschlag (Nennwert-Anleihen), aber zu einem festen Zinssatz gegen ausstehende Schulden. Etwa 13 Prozent der Gläubiger wählten die Option der Zuführung neuer Mittel, 40 Prozent wählten die abdiskontierten Anleihen (auf 65 Prozent des Nennwertes) und 47 Prozent wählten die Nennwert-Anleihen mit einem Zins von 6,25 Prozent. Die Anleihen sollen in einer einzigen Rate Ende des Jahres 2019 getilgt werden. Ihre Kapitalsumme ist durch die Verpfändung von Null-Koupon-Anleihen des amerikanischen Schatzamtes gesichert, und die Zinszahlungen sind für achtzehn Monate gesichert. Die Deckungsmittel stammten aus den Reserven des Landes und Krediten des IWF, der Weltbank und Japans. Die betroffenen Banken waren berechtigt, an einem neuen Programm für den Tausch von Schulden gegen Eigenkapital teilzunehmen, das mit der Privatisierung staatlicher Unternehmen verknüpft war.

Das Abkommen über die Umstrukturierung der Schulden soll Mexikos Netto-Transferzahlungen ins Ausland im Zeitraum 1989 bis 1994 um etwa 4 Mrd. Dollar jährlich reduzieren. Rund die Hälfte der Verringerung ergibt sich aus der Umstrukturierung der Tilgungszahlungen. Diese Reduzierungen werden Mexikos finanzwirtschaftliche Lage verbessern und sollten einen günstigen Effekt auf das Wachstum haben. Das Abkommen hat auch die Erwartungen geändert, indem es die Unsicherheit über den zukünftigen Wechselkurs und die Steuerpolitik verringerte. Nach der Ankündigung des Abkommens im Juli 1989 sind die Realzinsen beträchtlich gesunken, und die Kapitalimporte nahmen wieder zu.

Quelle: Weltbank, Weltentwicklungsbericht 1991, Washington 1991.

Die Erfolglosigkeit der Umschuldungsinstrumente für die Vermeidung der wiederholten Zahlungskrisen hat bei allen Gläubigern die Einsicht verfestigt, daß das Festhalten an den bisherigen Verfahren, ohne einen nennenswerten Schuldenerlaß, die Verschuldungslage unweigerlich und folgenschwer in die Sackgasse führt. Damit würden auch die Strukturanpassungsprogramme des IWF und der Weltbank wirkungslos und endgültig zum Scheitern verurteilt.

Der Nachfolger von J. Baker im US-Finanzministerium, N. Brady, stellte auf der Frühjahrstagung des IWF 1989 einen neuen Plan für die Schuldenerleichterung vor, der sich an die 19 hochverschuldeten Länder mit mittleren Einkommen (s. Kasten S. 608) richtete. Der Kerngehalt der **Brady-Initiative** ist der Schuldenabbau gegenüber den privaten Banken. Ein Erlaß der kommerziellen Schulden und ein Aufschub der Zinszahlungen wurden bisher grundsätzlich abgelehnt. Auch die öffentlichen Gläubiger haben diese Hal-

Handlungsbedarf?

Wird aber die Süd-Nord-Wanderung in den nächsten Jahren die westeuropäischen Länder dazu veranlassen, ihre bisherige Entwicklungspolitik zu überdenken? In der Bundesrepublik wird heute die Erhöhung der Entwicklungshilfeleistungen damit befürwortet, daß die Probleme der armen Menschen des Südens nicht hier, sondern in ihren Ländern gelöst werden können. Diese Erkenntnis ist weder neu noch originell. Das nachdrückliche öffentliche Verlangen nach verstärkten entwicklungspolitischen Anstrengungen, das nun unter dem Problemlösungsdruck des befürchteten Flüchtlingsstroms geschieht, ist allerdings neu und bemerkenswert.

Die politischen Entscheidungsträger hier und anderswo in der EG haben Gründe und Zeit gehabt, auf die dringenden Probleme der Dritten Welt engagierter und konstruktiver zu reagieren. Die Entwicklungspolitik war stets nur ein Teil der politischen Interessen der Geberländer (s. unten). Das ist nicht überraschend, auch anderes schwer vorstellbar. Die Frage ist aber, wo bleibt dann der Eigenwert der Entwicklungspolitik? Wie wichtig ist die Entwicklungspolitik unter anderen Politikfeldern? Sie muß unseres Erachtens endlich mehr an Gewicht und Inhalt gewinnen, wenn die **eine Welt** nicht durch die Süd-Nord-Konflikte im Chaos versinken soll.

Politische und ökonomische Probleme

Der überwiegende Teil der Entwicklungsländer steht, nach einem verlorenen Jahrzehnt, zu Beginn der 90er Jahre vor einem langen Katalog von dringenden **politischen, ökonomischen und sozialen Problemen:**

- Immer mehr Menschen leben unter der **absoluten Armutsgrenze.** Dies waren im Jahre 1990 ca. 1,2 Milliarden Menschen, darunter die Bevölkerung von zehn schwarzafrikanischen Ländern. Ein Fünftel der Bevölkerung in den Entwicklungsländern leidet ständig an Hunger. Obwohl der größte Teil dieser Menschen in ländlichen Gebieten lebt, wurde die Nahrungsmittellücke z.B. in Afrika und Mittelamerika immer größer. Dieser Tatsache steht die Überschußproduktion in den westlichen Industriestaaten, in Nordamerika und in der EG gegenüber.
- Auch bei absolut steigender Nahrungsmittelproduktion und Wirtschaftswachstum ist die Pro-Kopf-Versorgung und das -Einkommen in zahlreichen Ländern, darunter wiederum in Afrika und Lateinamerika, nicht zuletzt wegen des stetigen Bevölkerungswachstums in den 80er Jahren, relativ gesunken. Insgesamt 18 Entwicklungsländer haben heute ein niedrigeres Pro-Kopf-Einkommen als 1950. Nur 41 von 87 untersuchten Entwicklungsländern realisierten im Zeitraum 1950–1987 ein höheres Pro-Kopf-Einkommen.[1)] Der Einkommensabstand Nord-Süd ist ständig größer geworden. Unter Berücksichtigung der Kaufkraftunterschiede berechnet, betrug im Jahre 1987 das Pro-Kopf-Einkommen der am wenigsten entwickelten Länder nur 5% des Niveaus der westlichen Industrieländer (1960 waren es noch 9%).

[1)] s. Weltbank, Weltentwicklungsbericht 1991, Washington 1991; IWF, Weltbank (Hrsg.), Finanzierung und Entwicklung, September 1991.

Die Entwicklung der durchschnittlichen realen Pro-Kopf-Einkommen, 1965–2000 (in v.H. je Jahr)

Region	Realer Zuwachs des Bruttoinlandsprodukts (BIP) je Einwohner		
	1965–1980	1980–1989	1989–2000[a]
Industrieländer	2,8	2,5	2,6
Entwicklungsländer	3,4	2,3	3,2
Sub-Sahara-Afrika	2,0	–2,2	0,5
Ostasien	4,8	6,7	5,1
Südasien	1,2	3,2	3,2
Mittlerer Osten[b]	3,9	0,8	2,1
Lateinamerika[c]	3,4	–0,6	2,3

[a] Projektion.
[b] Einschließlich Nordafrika und europäischer Entwicklungsländer.
[c] Einschließlich Karibik.

Quelle: s. Anm. 1)

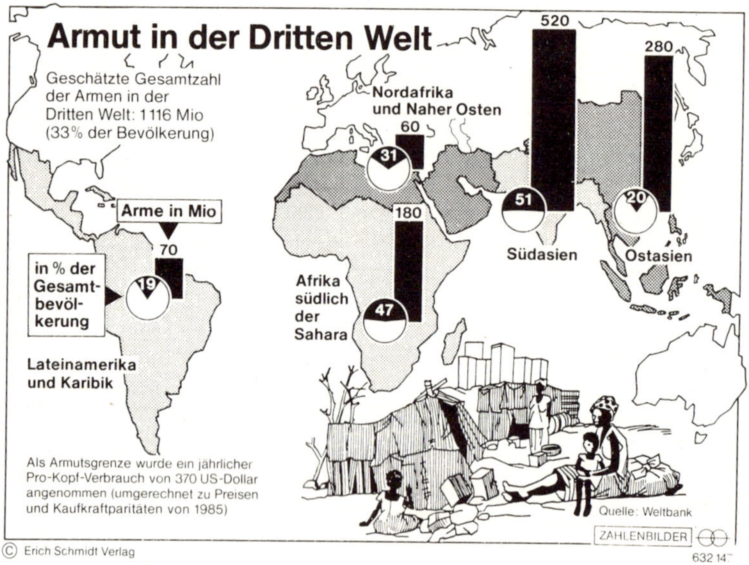

Armut herrscht überall dort, wo es an den Mitteln zur Sicherung des notwendigsten Lebensbedarfs (Nahrung, Kleidung usw.) und zur Teilnahme am sozialen Alltagsleben fehlt.
Die Weltbank unternimmt in ihrem „Weltentwicklungsbericht 1990“ den Versuch, das Ausmaß der Armut in der Dritten Welt wenigstens näherungsweise zu bestimmen. Die Armutsgrenze, von der sie dabei ausgeht, liegt bei einem jährlichen Pro-Kopf-Verbrauch von 370 US-Dollar (berechnet zu Preisen und Kaufkraftverhältnissen von 1985). Das Ergebnis: Mitte der achtziger Jahre lebten in den Entwicklungsländern rund 1,12 Mrd. Menschen – das heißt etwa ein Drittel der Gesamtbevölkerung – in Armut.

- Das niedrige Einkommensniveau mit durchschnittlich 750 $ pro Kopf im Jahre 1988 ist nur eine Seite des Problems. Hinzu kommt die höchst ungleiche Einkommensverteilung. Das untere Fünftel der Privathaushalte z.B. in Brasilien hat am Volkseinkommen einen Anteil von nur 2% gegenüber dem Anteil von 67% des oberen Fünftels der Einkommensbezieher.
- Die elementaren Bedürfnisse – Ernährung, Unterkunft, Bekleidung, Gesundheit und intakte Umwelt –, die für das physische Wohlergehen erfüllt sein müssen, sowie die sozialen Bedürfnisse – Arbeit, Freiheit, Bildung und politische Mitbestimmung u.a. –, deren Befriedigung für ein menschenwürdiges Leben unverzichtbar ist, sind in vielen Entwicklungsländern nicht annähernd verwirklicht. Die Erfüllung dieser Grundbedürfnisse ist nur möglich, wenn sich die ökonomischen und politischen Machtverhältnisse in den betreffenden Ländern ändern. Die Realisierung von grundlegenden inneren Reformen ist also das Kernproblem, auch in den 90er Jahren. Die Strukturanpassungsprogramme der Weltbank, die in den letzten Jahren auch Finanz-, Verwaltungsreformen u.a. unterstützen, sind erfolgversprechende Ansätze der Entwicklungspolitik.

Ärmer geworden

- Die Probleme der weltwirtschaftlichen Verflechtung der Entwicklungsländer sind in den 80er Jahren schwieriger geworden (s. Beiträge 4.5. und 4.6.). Die internationale Verschuldungskrise, der Protektionismus der Industrieländer und Preisverfall der Rohstoffe haben die Wirtschaftslage der Entwicklungsländer nachhaltig verschlechtert. Die wirtschaftlichen Aussichten für die kommenden Jahre sind angesichts der europäischen Integrationsschritte (Binnenmarkt '93) und wegen der wachsenden Kapitalzuflüsse in den osteuropäischen Raum sowie der wachsenden Konkurrenz der osteuropäischen Anbieter keineswegs hoffnungsvoll.
- Die Bankkredite fließen praktisch nur noch in die asiatischen Entwicklungsländer. Aus Lateinamerika findet seit 1984 ein Nettokapitaltransfer in die Gläubigerländer statt (s. Beitrag 4.6.). Ausländische Direktinvestitionen in den Entwicklungsländern gehen zurück (1989 knapp 20 Mrd. Dollar, davon 50% in Ostasien) und konzentrieren sich verstärkt auf die Industrieländer (1989 ca. 138 Mrd. Dollar).
- Insbesondere die ärmsten Länder (s. Abbildung S. 640, „Vierte Welt") sind nicht vorangekommen. Ihre Probleme müssen vordringlich angepackt werden. Nur wenige Entwicklungsländer in Ostasien und im Mittelmeerraum (Schwellenländer) haben eine Wirtschaftsstruktur erreichen können, die eine sich selbst tragende Entwicklung ermöglicht. Sie haben allerdings noch ungelöste wichtige Probleme wie soziale Sicherheit, Menschenrechte und Demokratie.
- Nicht zuletzt sind die Umweltschäden und die Vernichtung der natürlichen Lebensgrundlagen (Abholzung, extensive Landwirtschaft, Wasserverschmutzung u.a.) in den Entwicklungsländern besorgniserregend. Alltägliche Not, weltwirtschaftliche Zwänge wie die Verschuldungskrise lassen jedoch vielfach keine Chance für Umweltschutz.

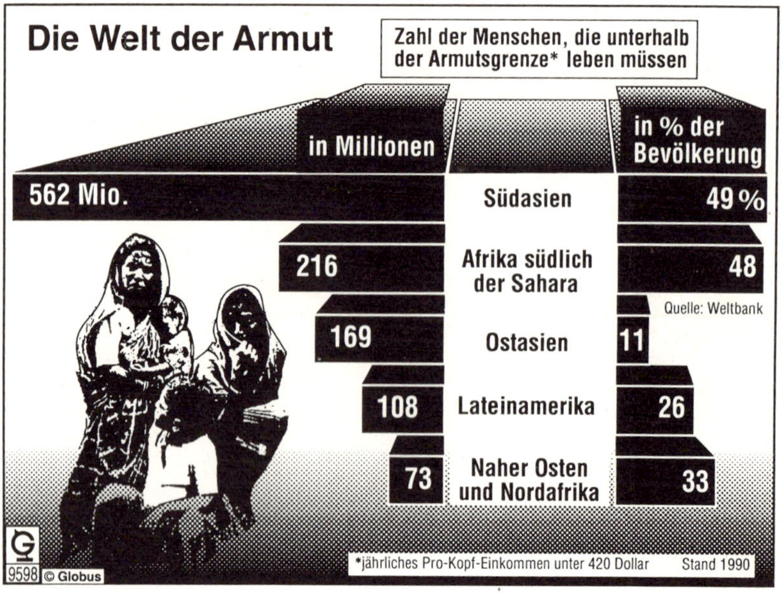

Das Zuschußelement

Als öffentliche Entwicklungszusammenarbeit gelten nach den Richtlinien des DAC nur solche Leistungen, die ein Zuschußelement von mindestens 25 Prozent enthalten.
Zuschußelement bedeutet den Unterschied gegenüber Leistungen zu Marktbedingungen (unter der Annahme eines Marktzinssatzes von 10 Prozent).
Im Falle eines nicht rückzahlbaren Zuschusses beträgt das Zuschußelement 100 Prozent; ein Kredit zu den sogenannten IDA-Konditionen (0,75 Prozent Zinsen, 50 Jahre Laufzeit, 10 tilgungsfreie Jahre) hat ein Zuschußelement von 83,4 Prozent.
Ein Kredit zu „Standard-Konditionen" (2 Prozent Zinsen, 30 Jahre Laufzeit, 10 Freijahre) enthält ein Zuschußelement von 66,1 Prozent. Ein Kredit zu „Schwellenländer-Konditionen" (4,5 Prozent Zinsen, 20 Jahre Laufzeit, 5 Freijahre) hat ein Zuschußelement von 36,5 Prozent.
1984 betrug das Zuschußelement für die Zusagen der deutschen Entwicklungszusammenarbeit 84,6 Prozent; 1981 hatte es bei 85,9 Prozent gelegen.

Dieser Problemkatalog kann nicht vollständig sein. Er macht nur deutlich, wie sehr **neues Denken und Handeln** in der Entwicklungspolitik gefordert sind. Die Entwicklungspolitik der Zukunft kann sich nicht auf die schmalspurige Wirtschaftsentwicklung beschränken. Sie muß vielmehr die komplexen, gesamtgesellschaftlichen und politischen Probleme in den Vordergrund rücken. Diese dringenden und grundlegenden Probleme können aber gelöst werden, wenn die politischen Voraussetzungen in den Entwicklungsländern geschaffen werden und das entwicklungspolitische Interesse der Industrieländer einen höheren Eigenwert erhält.

Ein wichtiges Instrument der internationalen Entwicklungspolitik ist die **Entwicklungshilfe.** Ihre seit den 50er Jahren mit wechselnder Zielsetzung und Begründung erreichten Ergebnisse sind umstritten. Ist das Urteil wirklich berechtigt, daß die Entwicklungshilfe „rausgeschmissenes Geld“ ist und den Empfängerländern eher schadet als nützt? Worauf beruht dieses Urteil? Kann es sein, daß die Informationen über die Entwicklungshilfeleistungen unvollständig und falsch sind? Einige kritische Gesichtspunkte werden hier erläutert. Dies soll dazu dienen,

- begriffliche Klarheit zu schaffen,
- über die Größenordnung, die Schwerpunkte und Bedingungen der Entwicklungshilfeleistungen zu informieren,
- die Bedeutung der Entwicklungshilfe als Instrument der wirtschaftlichen und außenpolitischen Interessen zu klären,
- die Grundzüge der Entwicklungspolitik der Geberländer, darunter der Bundesrepublik, zu beurteilen.

Die Begriffsinhalte der Entwicklungshilfe und Entwicklungspolitik sind umstritten. Eine allgemeingültige Begriffsbestimmung der Entwicklungshilfe gibt es deshalb nicht, weil die Definition von „Entwicklung“, Entwicklungsland (s. Kasten, S. 641) und „Hilfeleistungen“ schwierig ist. Wir verwenden die offizielle Definition des **Entwicklungsausschusses (DAC: Development Assistance Committee)** der **Organisation für wirtschaftliche Zusammenarbeit und Entwicklung (OECD).** Sie ist eine praxisbezogene Begriffsbestimmung und genügt unserem Erklärungszweck.

Definition der Entwicklungshilfe

Als **Entwicklungshilfe** werden vom DAC folgende Leistungen anerkannt:

- sämtliche Leistungen an Entwicklungsländer und internationale entwicklungspolitische Organisationen (z.B. an IDA: International Development Association = Tochtergesellschaft der Weltbank), deren Hauptziel die Förderung der wirtschaftlichen Entwicklung und die Verbesserung der Lebensverhältnisse in den Entwicklungsländern ist,
- finanzielle Mittel, die zu vergünstigten Bedingungen vergeben werden und ein rechnerisches **Zuschußelement** (s. Kasten) von mindestens 35% (bei Krediten an LDC mindestens 50%) enthalten.

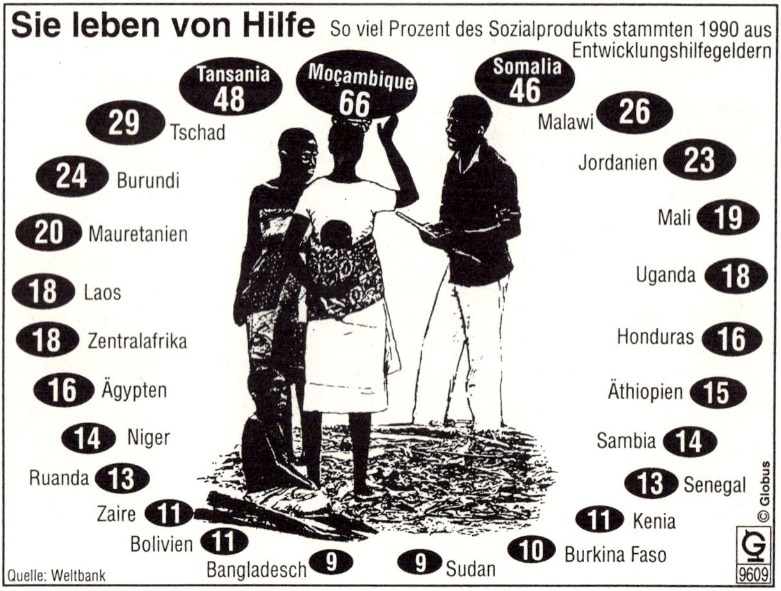
Sie leben von Hilfe
So viel Prozent des Sozialprodukts stammten 1990 aus Entwicklungshilfegeldern
Tansania 48
Moçambique 66
Somalia 46
29 Tschad
Malawi 26
24 Burundi
Jordanien 23
20 Mauretanien
Mali 19
18 Laos
Uganda 18
18 Zentralafrika
Honduras 16
16 Ägypten
Äthiopien 15
14 Niger
Sambia 14
Ruanda 13
13 Senegal
Zaire 11
11 Kenia
Bolivien 11
10 Burkina Faso
Bangladesch 9
9 Sudan
Quelle: Weltbank
© Globus
9609

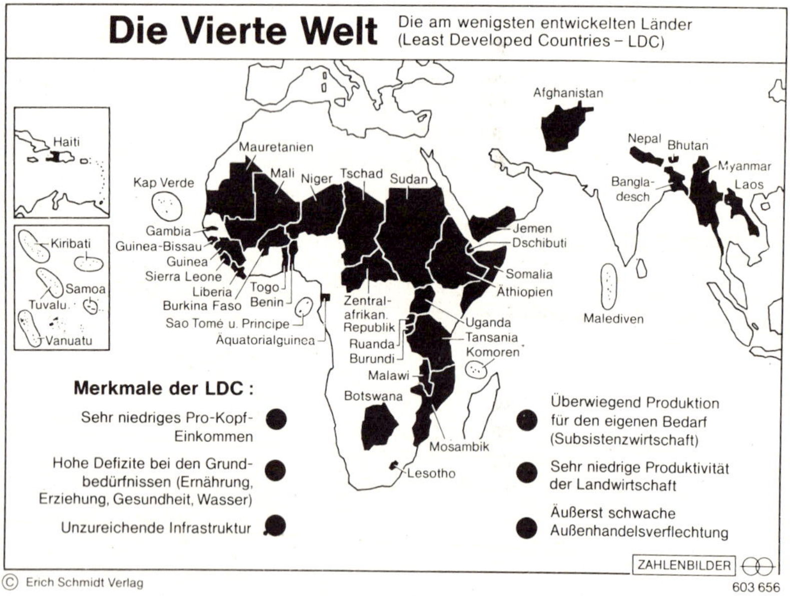
Die Vierte Welt
Die am wenigsten entwickelten Länder (Least Developed Countries – LDC)
Afghanistan
Haiti
Mauretanien
Nepal
Bhutan
Myanmar
Laos
Bangla-desch
Kap Verde
Mali
Niger
Tschad
Sudan
Gambia
Guinea-Bissau
Guinea
Sierra Leone
Liberia
Burkina Faso
Togo
Benin
Sao Tomé u. Principe
Äquatorialguinea
Kiribati
Samoa
Tuvalu
Vanuatu
Jemen
Dschibuti
Somalia
Äthiopien
Zentral-afrikan. Republik
Ruanda
Burundi
Uganda
Tansania
Komoren
Malawi
Malediven
Botswana
Mosambik
Lesotho
Merkmale der LDC :
Sehr niedriges Pro-Kopf-Einkommen
Hohe Defizite bei den Grundbedürfnissen (Ernährung, Erziehung, Gesundheit, Wasser)
Unzureichende Infrastruktur
Überwiegend Produktion für den eigenen Bedarf (Subsistenzwirtschaft)
Sehr niedrige Produktivität der Landwirtschaft
Äußerst schwache Außenhandelsverflechtung
ZAHLENBILDER
© Erich Schmidt Verlag
603 656

- Kredite der internationalen Geschäftsbanken an staatliche Stellen oder private Kreditnehmer,
- Kredite der internationalen Organisationen, die nicht vergünstigt sind,
- sonstige öffentliche Mittel, die die Bedingungen der öffentlichen Entwicklungshilfe nicht erfüllen.

Nettozuflüsse und Nettotransfer

Diese Arten von finanziellen Leistungen an Entwicklungsländer heißen **nicht vergünstigte Kapitalzuflüsse.**

Wie hoch sind die gesamten von allen Geberländern aufgebrachten Entwicklungshilfeleistungen und die nicht vergünstigten Kapitalzuflüsse?

Die Tabelle auf S. 644 enthält einen Überblick. Der Nettobetrag (d.h. finanzielle Zuflüsse abzüglich der Tilgung; s. Definitionen im Beitrag 4.6.) der finanziellen Gesamtleistungen aus allen Quellen an die Entwicklungsländer (kurz- und langfristige **Nettokapitalzuflüsse** insgesamt) war 1989 mit

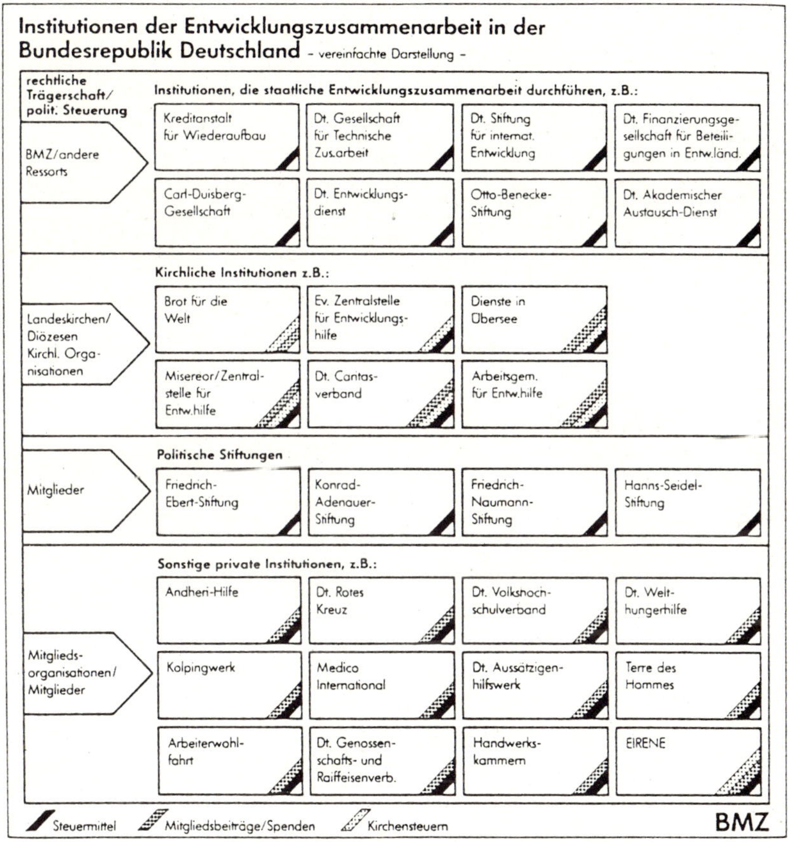

Entscheidungsweg eines Entwicklungsprojekts (nach dem Wegfall des Antragsprinzips)

Entwicklungsland und Bundesregierung vereinbaren das Projekt.

↓

BMZ prüft das Vorhaben und holt Vorabstellungnahme der GTZ oder KfW zu finanziellen, personellen und sachlichen Möglichkeiten ein und trifft die entwicklungspolitische Vorentscheidung.

↓

BMZ holt von GTZ oder KfW Angebot zur Projektprüfung ein und erteilt nach Abstimmung mit dem Auswärtigen Amt (AA) Auftrag zur Projektprüfung.

↓

Detailprüfung des geplanten Projekts durch die GTZ oder KfW und Vorlage des Prüfberichts an das BMZ.

↓

BMZ entscheidet über die Förderungswürdigkeit und holt bei positivem Ergebnis Angebot zur Projektdurchführung ein.

↓

BMZ erteilt nach Prüfung des Angebots und Abstimmung mit dem AA den Auftrag zur Projektdurchführung an die GTZ oder KfW.

↓

Abschluß einer Regierungsvereinbarung mit dem Empfängerland, in der die Konzeption des Projekts, die Leistungen der beiden Seiten, die Aufgaben, Rechte und Pflichten der entsandten Fachkräfte und der einheimischen Projektpartner sowie der zeitliche Projektablauf geregelt werden.

↓

In bestimmten Fällen (z. B. bei Technischer Hilfe gegen Entgelt) schließt die GTZ auf der Grundlage der Regierungsvereinbarung privatrechtliche Verträge ab.

↓

GTZ oder KfW führen den Projektauftrag in eigener Verantwortung durch, steuern und überwachen die Projektdurchführung.

↓

Das BMZ kontrolliert aufgrund regelmäßiger Berichte der Durchführungsorganisationen Vollzug des Auftrages.

↓

GTZ oder KfW erstatten dem BMZ Schlußbericht über die Projektdurchführung. Das BMZ überprüft anhand des Schlußberichts die Durchführung des Projektauftrages, die Mittelverwendung und Zielverwirklichung.

↓

Ggf. Evaluierung des Projekts durch Evaluierungsabteilung des BMZ oder durch von ihm bestellte Gutachter.

↓

Möglicherweise Überprüfung der ordnungs- und auftragsgemäßen Mittelverwendung durch den Bundesrechnungshof.

Zeichenerklärung
AA = Auswärtiges Amt
GTZ = Deutsche Gesellschaft für Technische Zusammenarbeit
KfW = Kreditanstalt für Wiederaufbau

Quelle: Franz Nuscheler, a.a.O.

110,4 Mrd. Dollar um 27 Mrd. Dollar geringer als 1981. Der Tiefstand der Gesamtleistungen wurde in den 80er Jahren mit 83,8 Mrd. Dollar 1986 erreicht, danach stiegen sie wieder. Die öffentlichen Entwicklungshilfeleistungen (ODA: Official Development Assistance) aus allen Quellen (DAC-Mitglieder, osteuropäische, arabische und sonstige Geberländer) erreichten 1989 mit 53,1 Mrd. Dollar die bisherige Höchstsumme, darunter 46,7 Mrd. Dollar von westlichen Industrieländern. Die nicht vergünstigten Nettokapitalzuflüsse betrugen 1989 insgesamt 56,8 Mrd. Dollar, darunter 1,2 Mrd. Dollar Exportkredite und 22 Mrd. Dollar Direktinvestitionen. Wenn die Zins- und Dividendenzahlungen für die Kredite und ausländischen Direktinvestitionen, die von den Entwicklungsländern in die Kapitalursprungsländer transferiert werden (im Jahre 1989 einschließlich der IWF-Rückzahlungen insgesamt 110,9 Mrd. Dollar) mit dem Nettobetrag der finanziellen Gesamtleistungen (110,4 Mrd. Dollar 1989) verrechnet werden, so fand 1989 aus den Entwicklungsländern ein gesamter **Nettokapitaltransfer** von 0,5 Mrd. Dollar statt. Die lateinamerikanischen Länder hatten allerdings seit 1985 im Jahresdurchschnitt einen gesamten Nettokapitaltransfer von 20 Mrd. Dollar. Betrachtet man nur die langfristigen Kapitalzuflüsse und die Schuldendienstzahlungen (Tilgung und Zinsen), dann betrug 1989 der Nettotransfer aus den Entwicklungsländern in die Gläubigerländer 32 Mrd. Dollar (vorläufiges Ergebnis für 1989).

Projekt- und Programmhilfe

Die Kapitalhilfe (auch finanzielle Zusammenarbeit genannt) wird stets entweder an ein **Projekt oder Programm gebunden** gewährt. Wenn also ein Entwicklungsland keinen genauen Verwendungszweck vorweisen kann, erhält es keine Kapitalhilfe. Die **Projekthilfe** wird nur gewährt, wenn ein konkretisierter, überprüfbarer Antrag eines Entwicklungslandes gestellt ist (Antragsprinzip). In den entwicklungspolitischen Grundlinien der Bundesregierung von 1986 wurde das Antragsprinzip durch den Politikdialog ersetzt. Das Ziel des Politikdialogs ist es, eine Übereinstimmung mit dem Entwicklungsland über die Entwicklungs- und Strukturanpassungspolitik und über die entsprechenden Programme zu erreichen. Das Kernproblem des Politikdialogs bleibt jedoch das Übergewicht der Verhandlungsmacht des Geberlandes.

Öffentliche Projekthilfe erhalten überwiegend die staatlichen Träger. Nach positivem Ergebnis der Projektprüfung werden Vereinbarungen zwischen dem Projektträger und der Entwicklungshilfeorganisation über die Zeitpläne, Finanzierungsraten, Abrechnungs- und Kontrollverfahren getroffen. Die Entwicklungshilfemittel werden nach verwirklichten Projektabschnitten ausgezahlt, nicht aber als pauschale Haushaltsunterstützung des Entwicklungslandes. Das Schema auf S. 646 zeigt den Ablauf der Projektdurchführung nach dem Bewilligungsverfahren in der Bundesrepublik Deutschland.

Wenn irgendwo ein Projekt, das durch Entwicklungshilfeleistungen finanziert wurde, privatwirtschaftlich unrentabel oder volkswirtschaftlich unsinnig ist, dann hat dieses Ergebnis auch der Entwicklungshilfegeber zu ver-

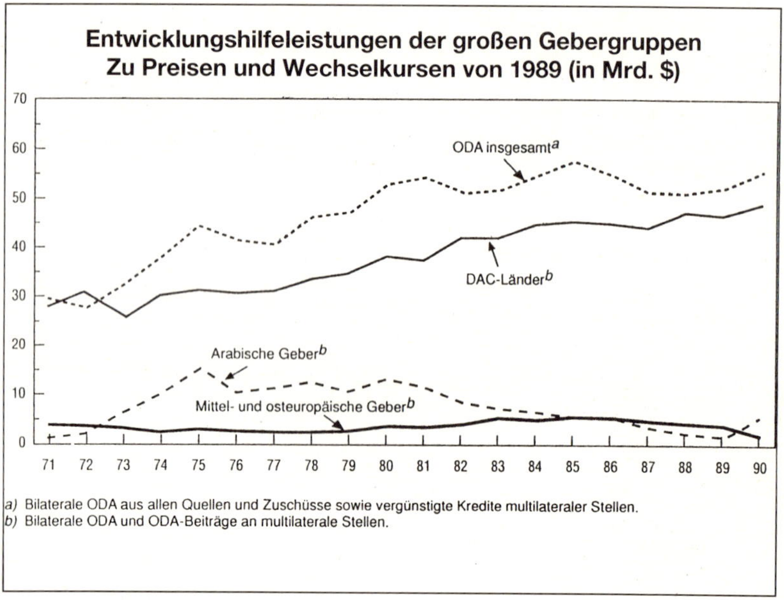
Entwicklungshilfeleistungen der großen Gebergruppen
Zu Preisen und Wechselkursen von 1989 (in Mrd. $)
ODA insgesamt[a]
DAC-Länder[b]
Arabische Geber[b]
Mittel- und osteuropäische Geber[b]
a) Bilaterale ODA aus allen Quellen und Zuschüsse sowie vergünstigte Kredite multilateraler Stellen.
b) Bilaterale ODA und ODA-Beiträge an multilaterale Stellen.

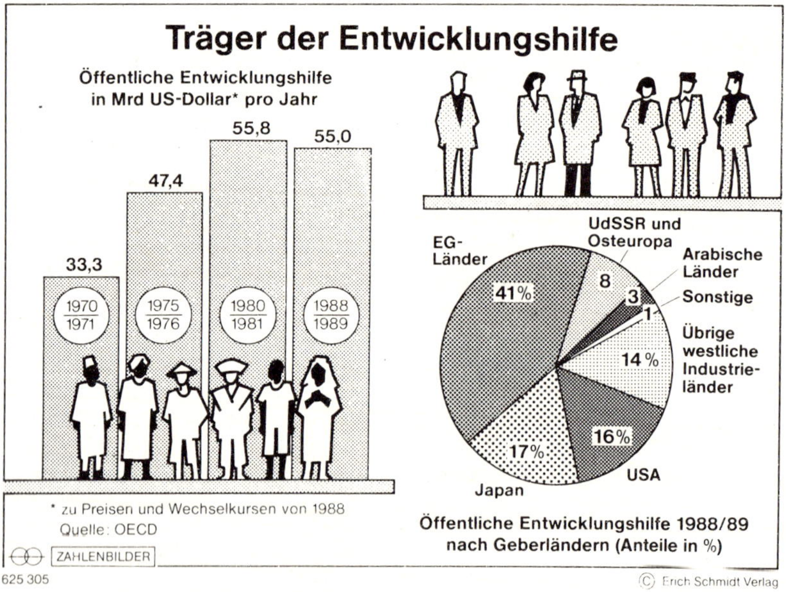
Träger der Entwicklungshilfe
Öffentliche Entwicklungshilfe in Mrd US-Dollar* pro Jahr
33,3
1970/1971
47,4
1975/1976
55,8
1980/1981
55,0
1988/1989
EG-Länder
41%
UdSSR und Osteuropa
8
Arabische Länder
3
Sonstige
1
Übrige westliche Industrieländer
14 %
16%
USA
17%
Japan
Öffentliche Entwicklungshilfe 1988/89 nach Geberländern (Anteile in %)
* zu Preisen und Wechselkursen von 1988
Quelle: OECD
ZAHLENBILDER
625 305
© Erich Schmidt Verlag

- Die Entwicklungsländer, die von der Weltwirtschaftskrise am härtesten betroffen wurden (MSAC), erhalten Kredite zu einer Bearbeitungsgebühr von 0,75% mit 10 tilgungsfreien Jahren und zu einer Laufzeit von 40 Jahren.

- Die halbindustrialisierten Länder (Schwellenländer) erhalten Kredite zu härteren Konditionen: 4,5% Zinssatz, 5 tilgungsfreie Jahre und 20 Jahre Laufzeit.

- Die restlichen Empfänger der deutschen Entwicklungshilfe erhalten Kredite mit 2% Zinssatz, 10 Freijahren und 30 Jahren Laufzeit.

Was wird durch öffentliche Entwicklungshilfe gefördert?

Die bilaterale Hilfe der DAC-Länder wurde 1989 zu 45% für die Finanzierung von sozialen und wirtschaftlichen Infrastrukturprojekten, wie Bildungs-, Gesundheits- und verkehrspolitischen Projekten, und zu ca. 19% für die Projekte in den Wirtschaftssektoren, z.B. für landwirtschaftliche Produktionsförderung, verwendet. Die nicht projektgebundene Hilfe macht ca. 35% der Gesamtleistungen aus.

Die Entwicklungshilfe der COMECON-Länder wurde bilateral geleistet und hauptsächlich zur Förderung der Schwer- und Grundindustrien, der Infrastrukturbereiche, der Staatsunternehmen und in den 80er Jahren zunehmend zur Finanzierung von landwirtschaftlichen Projekten verwendet.

Die multilateralen Leistungen der arabischen und OPEC-Länder (Islamische Entwicklungsbank, OPEC-Fonds für internationale Entwicklung, Arabische Bank für Wirtschafts- und Sozialentwicklung, Arabische Bank für Wirtschaftsentwicklung in Afrika) und bilaterale Hilfe insbesondere des Saudiarabischen und Kuwaitischen Entwicklungsfonds bestehen überwiegend aus der nicht projektgebundenen Kapitalhilfe. Die Projekthilfe der OPEC-Länder konzentriert sich auf den Verkehrs-, Energie- und Agrarsektor.

Welche Länder sind Hauptempfänger der öffentlichen Entwicklungshilfe?

Wer erhält Entwicklungshilfe? Betrachten wir die geographische Verteilung der DAC-Leistungen[3]. Die Geberländer haben sich auf bestimmte Empfängerländer konzentriert. Seit den 60er Jahren hat es zwar Verlagerungen unter den regionalen Schwerpunktländern gegeben, aber auch heute ist die Konzentration der bilateralen Gesamtleistungen auf wenige Länder beachtlich. Die Massenarmutsgebiete der 80er Jahre (afrikanische Länder südlich der Sahara) erhielten 36%, südasiatische Länder 25% der öffentlichen Entwicklungshilfe der DAC-Länder im Jahre 1988/89 (s. Abbildungen S. 654). Der Nahe und Mittlere Osten, darunter der größte Empfänger Ägypten, erhielt 1988/89 ca. 24% der Hilfeleistungen der USA, ca. 18% der arabischen Länder und 12% der bilateralen DAC-Entwicklungshilfe. Nur 10 Entwicklungsländer (Ägypten, Israel, Indien, Indonesien, Bangladesch, Türkei, China, Tansania, Pakistan, Sudan) erhielten seit 1980 ca. 25% der gesamten öffentlichen Entwicklungshilfeauszahlungen der DAC-

Empfänger der öffentlichen Entwicklungshilfe 1980–89

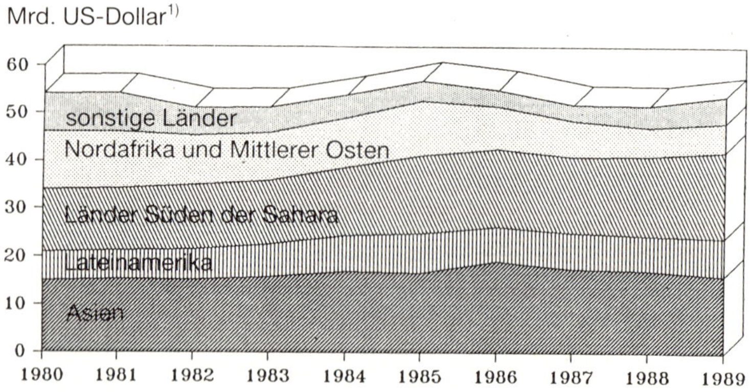

[1] zu Preisen und Wechselkursen von 1988.
Quelle: UN, World Economic Survey 1991, New York 1991.

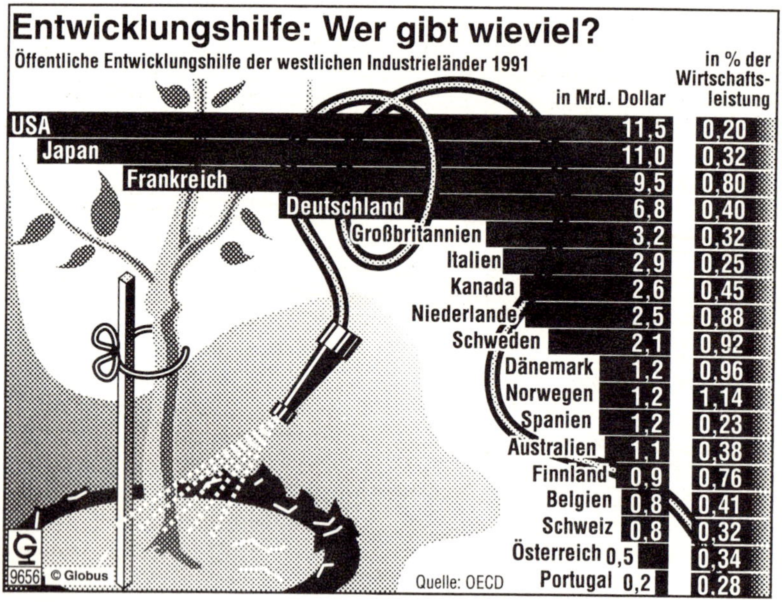

Länder. Gegenüber den 60er und 70er Jahren sind Algerien, Brasilien, Jugoslawien, Südkorea und seit einiger Zeit die Türkei nicht mehr unter den wichtigsten 10 Empfängerländern. Diese Länder erhalten keine oder nur geringfügige Entwicklungshilfebeträge.

Für einige Länder ist die Entwicklungshilfe von größter Bedeutung. Die empfangene Nettoentwicklungshilfe machte 1988/89 bei 12 Ländern (darunter 10 am wenigsten entwickelten Ländern) zwischen 10 bis 76% ihres Bruttosozialproduktes aus. Die große Abhängigkeit dieser Länder von der Entwicklungshilfe macht sie ökonomisch und politisch verwundbar (s. Abbildung S. 640).

Die Bundesrepublik hat ihre bilaterale öffentliche Entwicklungshilfe in den 80er Jahren stark zugunsten der afrikanischen und asiatischen Länder verlagert. Der Anteil dieser Länder lag 1990 um 25%. Die Leistungen an die europäischen Entwicklungsländer (Griechenland, Spanien, Jugoslawien, Portugal, Türkei) ging im Zeitraum 1980–1989 von ca. 9% der Gesamtleistungen auf ca. 6% zurück, wobei der Anteil der afrikanischen Länder um 4% auf ca. 41% stieg. Von der zwischen 1970 und 1989 bilateral geleisteten Entwicklungshilfe der Bundesrepublik in Höhe von 126,9 Mrd. DM entfielen auf die 10 größten Empfängerländer (Indien, Türkei, Ägypten, Indonesien, Israel, Pakistan, Bangladesch, Brasilien, Marokko, Sudan) 37%.

Warum wird Entwicklungshilfe geleistet?

Welche Interessen verfolgen die Geberländer? Die öffentliche Entwicklungshilfe ist ein Thema der internationalen Politik. Sie ist zumeist auch ein Instrument strategisch-militärischer, außenpolitischer, wirtschaftlicher und ideologischer Interessen. Es ist unbestritten, daß die Geberländer mit Entwicklungshilfe konkrete **Eigen**interessen verfolgen. Die „entwicklungspolitische" Zielsetzung steht nicht immer im Vordergrund. Das Motiv, den Armen und Ärmsten dieser Welt „solidarisch" beizustehen, ist das deklarierte Ziel der Entwicklungspolitik. Die humanitären Motive sind jedoch immer begleitet von vielfältigen Beweggründen wie der außenpolitischen Einflußnahme, der Rohstoffsicherung etc. Die Verfolgung eigener Interessen ist legitim. Das Problem ist, ob das erklärte Ziel der Entwicklungshilfe, den Empfängern zur Selbsthilfe zu verhelfen, nicht zu kurz kommt und ein Interessenausgleich zwischen den Geber- und Empfängerländern unmöglich gemacht wird. In den entwicklungspolitischen Grundlinien der Bundesregierung 1986 heißt es, daß die Bundesregierung der Entwicklungspolitik im Rahmen ihrer Gesamtpolitik große Bedeutung zumißt und die internationale Entwicklungszusammenarbeit die Respektierung der gegenseitigen Interessen voraussetzt (s. Kasten S. 661). Genau das aber ist die Frage, nämlich ob es den Entwicklungsländern gelingen kann, die Respektierung ihrer Interessen sicherzustellen.

Tabelle 1
Durchschnittliche Militärausgaben in der Welt: Aufbereitete SIPRI-Daten 1972-1988

	In Prozent von[1]		
	BIP	Welt-Militär-ausgaben	Ausgaben der Zentralregierungen[2]
	1972-88	1972-88	1972-88
Industrieländer[3]	3,8	52,7	14,3
Osteuropa	9,2	25,4	20,7
Entwicklungsländer	5,9	22,0	20,0
Asiatische Entwicklungsländer	6,3	8,1	27,2
Naher Osten	11,6	8,0	23,1
Nordafrika	9,6	1,8	17,1
Afrika südlich der Sahara	3,7	1,5	12,8
Lateinamerika und Karibik	2,3	2,5	8,6
Insgesamt	4,9	100,0	16,5
Gruppen von Entwicklungsländern			
Netto-Gläubigerländer	9,4	5,4	25,0
Hochverschuldete	2,8	3,5	10,9
Kleine Volkswirtschaften mit niedrigem Einkommen	3,6	0,6	12,2

Quelle: Finanzierung & Entwicklung / September 1991.

1) Dieses sind gewichtete Durchschnitte, abgeleitet aus Jahresangaben, die unter Verwendung offizieller Wechselkurse in US-Dollar umgerechnet sind und aus denen dann die jährlichen Relationen gebildet wurden.

2) Diese Zeile zeigt Militärausgaben nach SIPRI in Prozent der Ausgaben der Zentralregierungen; aufbereitete Angaben von SIPRI über Militärausgaben im Verhältnis zur Zentralregierung wären höher.

3) Die Länderkategorien sind nach dem IWF *World Economic Outlook* abgeleitet; um den gesamten Zeitraum in dieser Untersuchung abzudecken, wurden geringfügige Modifikationen vorgenommen.

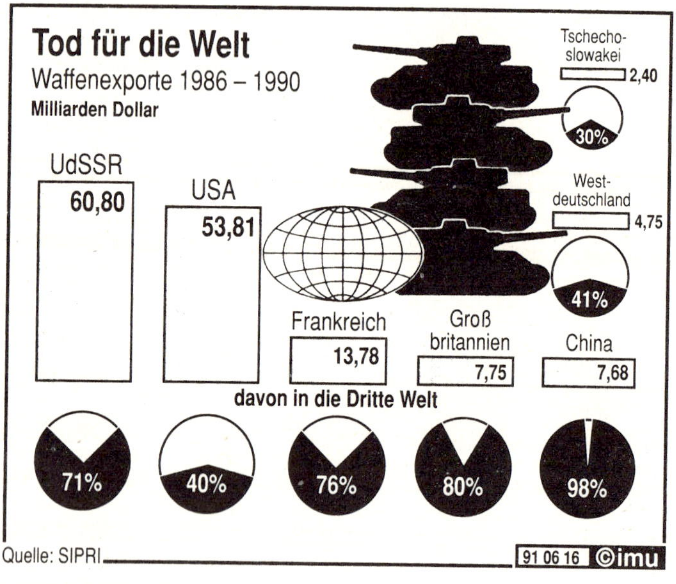

Die Entwicklungshilfe wird zur Durchsetzung folgender Interessen eingesetzt:

Entwicklungshilfe und Interessen der Geberländer

(a) Die Entwicklungshilfe ist seit ihren Anfängen in der Phase des Kalten Krieges ein wirksames **Instrument der Sicherheitspolitik.** Sie wurde als „Wirtschafts- und Militärhilfe" in den 50er Jahren erfolgreich eingesetzt und diente zur Sicherung der Einflußzonen der Großmächte. Die USA stellten ihre Entwicklungshilfeleistungen in den Dienst ihrer Eindämmungspolitik insbesondere in Mittel- und Südamerika sowie in Südostasien. Die Entspannungsphase des Ost-West-Konfliktes führte dann dazu, sich auf das eigentliche Ziel der Entwicklungshilfepolitik zu besinnen. In den 80er Jahren wurde Entwicklungshilfe wieder immer mehr zu dem, was sie in ihrer Geburtsstunde gewesen war: zu einem Mittel der strategisch-militärischen Interessendurchsetzung der Großmächte.

Rüstungshilfe

Militärhilfe und Rüstungsexporte der Supermächte und anderer Industrieländer in die Entwicklungsländer erreichten ein Maß, das den Sinn und möglichen Erfolg der Entwicklungshilfe zunichte machte. Die weltweite öffentliche Entwicklungshilfe in den 80er Jahren war etwa so hoch wie die Rüstungsexporte der Industrieländer in die Entwicklungsländer (s. Abbildung S. 656). Der Brandt-Bericht, der im Auftrage der Weltbank von einer unabhängigen Nord-Süd-Kommission verfaßt wurde (1980, 1983) prangerte das Mißverhältnis zwischen den Entwicklungshilfeleistungen und Militärausgaben (984 Mrd. Dollar weltweite Verteidigungsausgaben 1987) an.

Entwicklungshilfe als Außenpolitik

(b) Die Entwicklungshilfepolitik ist eine **Funktion der Außenpolitik.** Schon die letztinstanzliche Zuständigkeit der Außenministerien (wie in den USA, Großbritannien) oder die weitgehenden Mitentscheidungsrechte der Außenministerien bei der Formulierung der Entwicklungshilfepolitik in den anderen Geberländern sind ein deutliches Zeichen für die Wertschätzung der Entwicklungshilfe als außenpolitisches Instrument. Daran ändert sich grundsätzlich auch nichts, wenn eigenständige Fachministerien für Entwicklungspolitik existieren wie in der Bundesrepublik, Holland und Frankreich. Die alten Kolonialmächte instrumentalisieren ihre Entwicklungshilfe nicht selten für den Versuch, traditionelle Einflußzonen zu erhalten, etwa die Briten mit Hilfe des Commonwealth. Die Bundesrepublik setzte ihre Entwicklungshilfe bis in die 60er Jahre für die Nichtanerkennungspolitik (Hallstein-Doktrin) gegenüber der DDR ein.

Entwicklungshilfe und Wirtschaftsinteressen

(c) Wirtschaftliche Interessen sind eng mit den Entwicklungshilfeleistungen verflochten. Das bedeutet im einzelnen:

Im Laufe der ökonomischen Entwicklung steigt die Importnachfrage der Entwicklungsländer. Von dieser Nachfragesteigerung profitieren die Industrieländer (Entwicklungshilfegeber). Die Entwicklungsländer werden zu **Absatzmärkten** dadurch, daß

- sie ökonomisch kaufkraftkräftige Abnehmer werden,
- die Projekthilfen (Finanzhilfen für Projekte) Markterschließungschancen für die deutschen Unternehmen bieten, weil diese Finanzmittel größtenteils in die Bundesrepublik zurückfließen,
- die Warenlieferungen im Rahmen der Projekt- oder Programmhilfe weitere Aufträge (Erweiterungs- und Ersatzinvestitionen) nach sich ziehen.

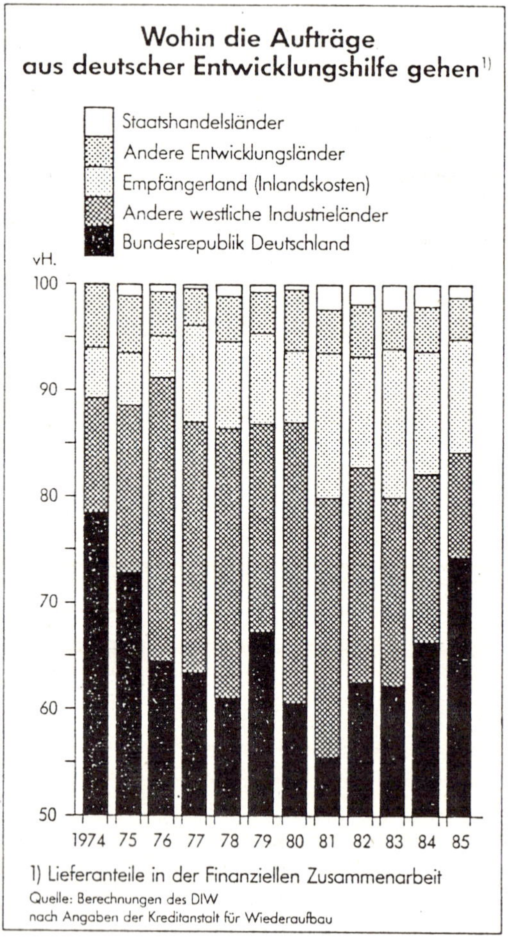

aus: Handelsblatt vom 11.3.1987.

- Durch **Mischfinanzierung** (öffentliche Entwicklungshilfemittel werden mit kommerziellen Exportkrediten, z.B. der Kreditanstalt für Wiederaufbau, kombiniert) werden in der Bundesrepublik seit 1983 verstärkt Exporte gefördert, weil die Exportkredite an die Entwicklungsländer, die von der Hermes-Versicherung abgesichert werden, auf die Käufe in der Bundesrepublik beschränkt sind.

Die Geberländer sichern ihre Absatzchancen, indem sie ihre Entwicklungshilfeleistungen mit einer **Lieferbindungsklausel** koppeln („liefergebundene Hilfe"). Es wird dem Empfänger gesagt, daß er das Geld für den Kauf von Gütern und Dienstleistungen im Geberland zu verwenden habe. Von der Lieferbindung machen diejenigen Geberländer uneingeschränkt Gebrauch, deren Güter auf dem Weltmarkt weniger konkurrenzfähig sind (s. Lieferbindungsgrad in Tabelle S. 652). In solchen Fällen entsteht für das Entwicklungsland der Nachteil, daß es höhere Preise für die Güter des Geberlandes zahlen muß, als wenn es entsprechende Güter auf dem freien Markt gekauft hätte.

Die Bundesrepublik Deutschland verzichtet weitgehend auf die Lieferbindung ihrer Entwicklungshilfe. Der Verzicht fällt nicht schwer, weil ca. 70% der deutschen Entwicklungshilfe als Aufträge an die deutsche Industrie automatisch zurückfließen. Die Wettbewerbsfähigkeit der deutschen Industrie macht diesen Rückfluß möglich (s. Abbildung S. 658).

Die Entwicklungshilfe hat ferner einen beachtlichen **Beschäftigungseffekt.** In der Bundesrepublik wurden in den 80er Jahren ca. 125 000 Arbeitsplätze durch die Entwicklungshilfe gesichert.

Die Finanzierung von Infrastrukturprojekten und -programmen (Energieerzeugung, Verkehrssystem, Hafenanlagen etc.) in den Entwicklungsländern durch die öffentliche Entwicklungshilfe schafft die **Grundlage für Direktinvestitionen** der multinationalen Unternehmen aus den Industrieländern. Die öffentliche Entwicklungshilfe ist hier also Wegbereiter zur Erschließung der Dritten Welt auch für das Privatkapital des Geberlandes. Nicht selten dienen die Infrastrukturprojekte zur Gewinnung von Rohstoffen, die in die Industrieländer im Norden exportiert werden.

Übertragung von Konzeptionen

(d) Mit der Gewährung von Entwicklungshilfe werden zugleich wirtschaftspolitische Konzeptionen und **Wirtschaftssysteme exportiert.** Freilich ist mit dem Scheitern des Sozialismus auch das planwirtschaftliche „Entwicklungsmodell", auf das recht zahlreiche Länder der Dritten Welt setzten, diskreditiert.

Die politischen und wirtschaftlichen Interessen lassen sich nicht nur bei der bilateralen Entwicklungshilfegewährung (öffentliche Entwicklungshilfeleistung von Regierung zu Regierung) feststellen, sondern auch bei Leistungen der internationalen Organisationen, wie der Weltbankgruppe.

Vor diesen Hintergründen fragt es sich, wie das Interesse an der sozialökonomischen Entwicklung und der politischen Souveränität der Staaten der

Dritten Welt zur Geltung gelangen soll. Die politischen und wirtschaftlichen Eigeninteressen der Geberländer machen die Leitmotive „Solidarität mit der Dritten Welt“ und „Wiedergutmachung der Schäden der Kolonialzeit“ zu Leerformeln oder bestenfalls nur zum Beiwerk der Entwicklungshilfe. Die Verfolgung von Eigeninteressen ist legitim, aber die Unausgewogenheit der verfolgten Interessen und die Übermacht der Geberländer sind kritische Probleme. Daher ist die Frage naheliegend, ob die Entwicklungshilfe nur „eine neue Aufmachung für den alten Kolonialgeist“ ist. Es ist ungerechtfertigt, 35 Jahre internationale Entwicklungspolitik einseitig zu verurteilen, andererseits ist es aber auch falsch, vor der unangenehmen Wirklichkeit die Augen zu verschließen.

Wie berechtigt ist die Kritik an der bisherigen Entwicklungspolitik?

Nach drei Jahrzehnten Entwicklungspolitik ist die Erfolgsbilanz ernüchternd. Der Abstand der ärmsten Länder zu den Industrieländern ist größer, das Massenelend nicht kleiner geworden. Einige wenige Länder (Schwellenländer) haben Teilerfolge erzielt. Es gibt aber insgesamt mehr Mißerfolge als befriedigende Ergebnisse. Über die Gründe des Mißerfolges muß nachgedacht werden. Die harte Kritik an der bisherigen Entwicklungspolitik hat Zweifel am Nutzen der Entwicklungshilfe überhaupt aufkommen lassen. Was sind die Gründe des Mißerfolges der Entwicklungshilfe, was muß anders werden? Wir fassen die wichtigsten Antworten zusammen:

- Das Geld und die Investitionen in Großprojekte **allein** bewirken noch keine Entwicklung. Entweder nutzen sie nur wenigen oder sie versickern, ohne weitere wirtschaftliche Impulse hervorzurufen. Auf die sozialen, kulturellen und politischen Wertvorstellungen kommt es an, die die Inhalte und Perspektiven der gesellschaftlichen Entwicklungen bestimmen. Die wirtschaftliche Entwicklung ist nur ein Ausschnitt. Die Entwicklungspolitik und die praktizierte Entwicklungshilfe haben die wirtschaftliche Entwicklung überbewertet und vom Gesamtzusammenhang losgelöst behandelt.

- Die entwicklungspolitische Zielsetzung, Wahl der Mittel und die Umsetzung der gesamtgesellschaftlich wichtigen Entscheidungen sind politische Prozesse. Wofür und wie die Entwicklungshilfe verwendet wird, ist ein solcher politischer Vorgang. Daher ist von grundsätzlicher Bedeutung, wer in den Entwicklungsländern über politische Macht verfügt. Wer sind die politischen Eliten? Wie werden sie herangebildet? Welche Wertvorstellungen übernehmen und welche Interessen vertreten sie? Die Entwicklungshilfeleistungen können in der Verfügungsmacht einer korrupten politischen Führungsschicht zweckentfremdet und zur Verfestigung bestehender Machtverhältnisse verwendet werden. Die Geberländer akzeptieren noch zu oft die Machthaber, die zwar korrupt, aber treue Gefolgsleute sind.

- Ist das gesamtwirtschaftlich richtige Projekt oder Programm durch die Entwicklungshilfe finanziert worden? Nicht selten sind Projekte verwirklicht worden, die nicht durchdacht waren. Die Mittel wurden nicht optimal eingesetzt. Ohne einen sozialökonomischen Entwicklungsplan konnten Entwicklungshilfemittel für Projekte verwendet werden, die regional und wirtschaftssektoral nicht koordiniert waren.

Grundsätze der deutschen Entwicklungspolitik

Das Bundeskabinett hat am 19. März 1986 neue „Grundlinien der Entwicklungspolitik der Bundesregierung" beschlossen. ...

Die Ziele der Entwicklung und des damit verbundenen kulturellen Wandels können nicht von außen vorgegeben werden. Entwicklung kann nur durch die Entfaltung der schöpferischen Kräfte der Menschen in den Entwicklungsländern erfolgen. Entwicklungshilfe ist deshalb Hilfe zur Selbsthilfe. Diese Hilfe wird auf drei Feldern geleistet:

- bei der Sicherung der elementaren Lebensvoraussetzungen, also Kampf gegen Hunger und Armut; diese Hilfe geht an die ärmsten Bevölkerungsschichten;
- beim Aufbau leistungsfähiger Wirtschaften und gesellschaftlicher Vielfalt als Voraussetzung für eine Entwicklung aus eigener Kraft;
- bei der regionalen Zusammenarbeit von Entwicklungsländern und bei ihrer Integration in die Weltwirtschaft.

Derartige Hilfe kann nur wirksam werden, wenn die Entwicklungsländer als Rahmenbedingungen Wirtschafts- und Gesellschaftsordnungen schaffen, die den Menschen die Möglichkeit geben, ihre Fähigkeiten zu entfalten. Die Erfahrung zeigt, daß Voraussetzungen dafür am ehesten in einer stabilen rechtlichen und institutionellen Ordnung mit marktwirtschaftlichen Elementen und Leistungsanreizen gegeben sind.

Die Verantwortung für solche Rahmenbedingungen liegt bei den Entwicklungsländern. Ihre Anstrengungen können und sollen nicht von den Geberländern ersetzt werden. Die Bundesregierung unterstützt die Politik jener Entwicklungsländer besonders, die sich um eine wirtschaftlich leistungsfähige und sozial ausgeglichene Gesellschaftsordnung bemühen. ...

Deutsche Entwicklungspolitik ist eingeordnet unter dem Oberziel aller deutschen Politik, den Frieden zu erhalten. Sie fördert die Kräfte des Ausgleichs und widersetzt sich gewaltsamen Lösungen.

Das vorrangige Ziel, zur Entwicklung der Länder der Dritten Welt beizutragen, steht nicht im Widerspruch zur Außenpolitik und zur Wirtschaftspolitik. Die Wahrung eigener Interessen braucht keineswegs im Gegensatz zu den Interessen der Entwicklungsländer zu stehen. Unter Berücksichtigung der Grundsätze des internationalen Wettbewerbs achtet die Bundesregierung bei Vorhaben, in denen Lieferungen aus Industrieländern entwicklungspolitisch sinnvoll und erforderlich sind, darauf, daß die Interessen der deutschen Wirtschaft gewahrt werden.

Textauszug: Bundesministerium für wirtschaftliche Zusammenarbeit, Journalisten-Handbuch Entwicklungspolitik 1990/1991, Bonn 1990, S. 11 f.

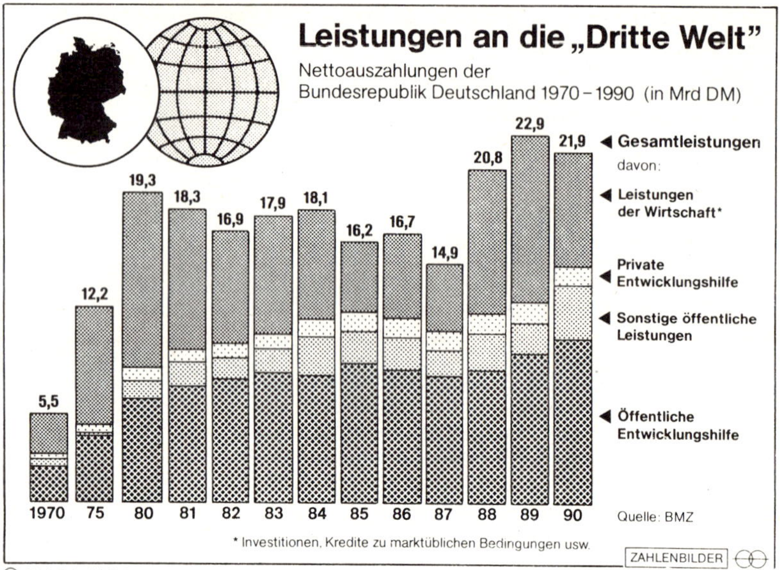

 110 010

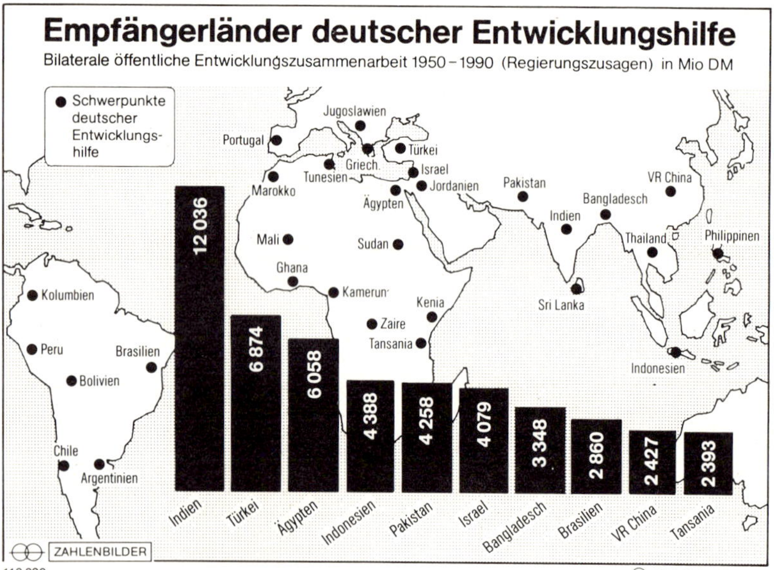

110 030

Der ökonomische und gesellschaftliche Nutzen der Entwicklungshilfe hätte größer sein können, wenn

- die Geberländer ihre Interessen nicht in den Vordergrund gestellt und ihre Leistungen koordiniert
- und die Empfängerländer politische und gesellschaftliche Reformen durchgesetzt und einen eigenen Entwicklungsweg gefunden, den Grundbedürfnissen sowie der Bildungs- und Gesundheitsversorgung eindeutige Priorität zuerkannt hätten, und
- die weltweit steigenden Rüstungsausgaben für die Lösung der Armutsprobleme hätten umgeschichtet werden können,
- ein Politikdialog zwischen den Geber- und Empfängerländern ohne Dogmen und Tabus geführt worden wäre.

Die wichtigsten Schlußfolgerungen aus den bisherigen entwicklungspolitischen Erfahrungen sind im Kasten zusammengefaßt.

Sieben Reformregeln für alle politisch Verantwortlichen

Erfolge sagen uns, was zu tun, Mißerfolge, was zu unterlassen ist.

Mangelnde Eigenbeteiligung schwächt die Programme: Um erfolgreich zu sein, muß ein Programm im jeweiligen Land als eigenes Programm angesehen werden. Einheimische müssen an seiner Ausarbeitung und Entwicklung beteiligt sein.

Ein Hin und Her bei der Reform beeinträchtigt die Glaubwürdigkeit. Flexibilität ist wichtig, dennoch erzeugen mutige, offenkundig irreversible Schritte der Regierung Vertrauen, besonders in Ländern, in denen politische Kehrtwendungen schon Tradition haben.

Institutionelle Anforderungen dürfen nicht beschönigt werden. Politiker sollten von Anfang an die Notwendigkeit der Entwicklung institutioneller Kapazitäten betonen, da der Aufbau von Institutionen zeitaufwendig ist.

Aufmerksamkeit gegenüber makroökonomischer Instabilität ist wesentlich. In sehr instabilen und inflationären Situationen ist die frühzeitige und substantielle Verringerung des öffentlichen Defizits das Wichtigste.

Schwache Bevölkerungsgruppen dürfen nicht vergessen werden. Spezielle Hilfsprogramme zur Unterstützung der Armen müssen eingerichtet werden, und Programme zur Entschädigung und Umschulung entlassener öffentlich Bediensteter werden oft benötigt, wenn der öffentliche Sektor verkleinert wird.

Partielle Ansätze schlagen häufig fehl. Es lohnt sich, komplementäre Maßnahmen, wie z.B. Liberalisierung der Außenwirtschaft und innere Deregulierung, gleichzeitig durchzuführen.

Es zahlt sich aus, realistisch zu sein. Politiker und Hilfsorganisationen müssen bei der Erstellung des Finanzierungsplans zur Unterstützung der Reformen realistisch sein. Es zahlt sich ebenfalls aus, nicht zu früh zu viel zu versprechen, aber sich dennoch klar und deutlich über die Wichtigkeit von Reformen zu äußern.

Quelle: Vinod Thomas, Lehren aus der Wirtschaftsentwicklung. In: Finanzierung und Entwicklung, Sept. 1991, s. auch Weltbank, Weltentwicklungsbericht 1991.

Fazit

Ist auf der anderen Seite eine vernichtende und total ablehnende Kritik an der Entwicklungshilfepolitik gerechtfertigt? Nein, denn sie ist einseitig und überzogen. Die ausgebliebenen Erfolge, die falschen Projekte und die aufgestülpte Entwicklungskonzeption sind Tatbestände, die niemand bestreitet. Aber die Schlußfolgerung, die ganze Entwicklungshilfe als eher schädlich abzulehnen, ist unangebracht, denn es gab ökonomisch sinnvolle Projekte, die einen wesentlichen entwicklungspolitischen Beitrag leisteten. Humanitäre Hilfe in der Not ist ferner stets unbestrittene Entwicklungspolitik. Eine ersatzlose Streichung der Entwicklungshilfe wäre verhängnisvoll. Wir müssen aber auch folgendes bedenken:

- Alle Beteiligten der Entwicklungshilfe haben lernen müssen, was die Entwicklungspolitik leisten kann und muß.
- Die Entwicklungstheorie ist nicht ausgereift, enthält vielfältige Ansätze, die teilweise nicht durchdacht, unzulässig vereinfacht, einseitig und widersprüchlich sind.
- Die jungen Staaten in der Dritten Welt sind auf ihre Unabhängigkeit verständlicherweise sehr bedacht. Daher sind sie nicht bereit, sinnvolle regionale Integration im politisch-ökonomischen Bereich uneingeschränkt zu akzeptieren und zu fördern.
- Die Erkenntnis, daß die Entwicklungshilfepolitik Schwerpunkte setzen und die ärmsten Länder (LDC) besonders berücksichtigen muß, ist verhältnismäßig neu.

Was heute nottut, ist, aus den Fehlern zu lernen und umzudenken. Entwicklungspolitik ist Weltinnenpolitik. Ohne entwicklungspolitische Fortschritte gibt es keine sichere Zukunft, weder im Norden noch im Süden. Das Ende des Ost-West-Konflikts bringt eine Chance, die Nord-Süd-Probleme gründlich und gemeinsam zu lösen. Oder wird diese Chance vergeben, weil der Norden nur mit sich beschäftigt ist?

Literaturhinweise

Gerald Braun, Nord-Süd-Konflikt und Entwicklungspolitik, Opladen 1983.

Martin Kaiser/Norbert Wagner, Entwicklungspolitik, Grundlagen – Probleme – Aufgaben, Bonn 1986.

Dietrich Kebschull u.a., Handels- und Entwicklungspolitik im Nord-Süd-Dialog, Hamburg 1985.

Bruno Knall/Norbert Wagner, Entwicklungsländer und Weltwirtschaft, Darmstadt 1986.

Franz Nuscheler, Lern- und Arbeitsbuch Entwicklungspolitik, 3. erweiterte Aufl., Bonn 1991.

OECD, Zusammenarbeit im Dienst der Entwicklung, Paris 1990.

Joachim von Stockhausen, Theorie und Politik der Entwicklungshilfe, München 1986.

Rudolf H. Strahm, Warum sie so arm sind, Wuppertal 1985.

Weltbank, Weltentwicklungsbericht, jährlich, Washington.

Alparslan Yenal

SCHLAGWORT-REGISTER

(Die fett gedruckten Seitenangaben verweisen auf ein eigenes Kapitel zu diesem Schlagwort)

Abschöpfungen 70, 77 f.
Abwasserabgaben 185.
Abwasserreinigung 172.
Abwertung 491 f.
Administrierte Preise 425 ff.
Agrarleitlinien 85 ff.
Agrarmarkt s. Landwirtschaft
Agrarreform 84 f., 86 ff.
Airbus 103, 159 f.
Alternativökonomie **229 ff.**
- Einkommen 238 f.
- Umfang 231 ff.
u. Arbeitslosigkeit 230, 234.
u. Schattenwirtschaft 353.
Altersquotient 238, 275 f.
Altersstruktur
u. Nachfrage 263.
u. Rentenlast 275 ff., 283 ff.
Amt für Wettbewerbsschutz (DDR) 115.
Angebotspolitik 456.
Anpassungsbeihilfen 151 f.
Anti-Dumpingzölle 581.
Anwerbestopp 1973 397, 402 f., 409 f.
Arbeitsbeschaffungsmaßnahmen 377.
Arbeitslosenstruktur 363.
Arbeitslosigkeit 39 f., 92 f., 230, 306, **321 ff.,** 363 ff., 412 f.
- Entwicklung 324 f., 326, 329.
- Kosten 334 f.
- verdeckte 333 f.
in der EG 542.
u. Bevölkerungsentwicklung 261 f.
u. Löhne 359 f., **363 ff.**
u. Qualifikation 344.
u. Schattenwirtschaft 349, 355 f., 358,361 f.
u. technischer Fortschritt 338 ff.
Arbeitsmarkt 366.
- Deregulierung 382 ff.
u. Umweltschutz 191 f.
Arbeitsplatzwechsel 217 f.
Arbeitsproduktivität s. Produktivität
Arbeitsteilung 229, 313, 338.
Arbeitsteilung, internationale 521 ff., 526.
Arbeitszeit 385 f.
u. Renten 292.
Arbeitszeitverkürzung 205 f., 384 ff., 389 ff.
Asylbewerber 398, 414.
Ausländer **395 ff.**
- Anwerbung 397, 402 f., 407 ff.
- Beschäftigungsstruktur 408 ff.
in Ballungszentren 404 f.
u. Arbeitsmarkt 400 f., 406 ff., 410 ff.
Auslandsanleihen 482.
Auslandsinvestitionen 119 ff., 125 f., 128 f., 536, 550 ff.
- Motive 125 f.
Auslandsvermögen 552.
in Deutschland 130.
Auslandsverschuldung 462, 593 f.
Aussiedler 39, 330.
Außenhandel
- Bedeutung 561 ff.
- Entwicklung 546 ff.
- Struktur 554 ff.
u. Beschäftigung 558 ff., 561.
u. Unterentwicklung 577.
u. Wechselkurse 557 ff.
Außenwirtschaft **545 ff.**
Autarkie 75.

Baker-Plan 628 f.
Bananen-Zoll 89.
Banken u. Wirtschaftsmacht 107.
Basisinnovationen 214, 336 f.
Bergbau 75, 149.
- Beschäftigte 154 f.
- Förderung 154 f., 158.
- Subventionen 155 ff.
Berlin
- Wirtschaftsprobleme 167 f.
Berlinförderung 149, 166 ff.
Beschäftigung
u. Außenhandel 558 ff., 561.
u. Entwicklungshilfe 659.
u. Lohnsenkungen 378 ff.
u. öffentlicher Dienst 224.
Beschäftigungsstruktur, 216 ff., 219 ff.
Bevölkerung **245 ff.**
- Altersstruktur 245, 248 ff, 263, 406.
- Ost-/Westdeutschland 253 ff.
u. Arbeitsmarkt 261 f.
u. Bildungswesen 263 f.
u. Wachstum 263.
u. Wohnungsbedarf 265.
u. Zuwanderung 259 f.
Bevölkerungsentwicklung **245 ff.**
- DDR 252 f.
u. Renten 283 ff.
Bevölkerungsprognose 258 ff.
Bevölkerungspyramide 245, 247 ff.
Bevölkerungsrückgang
- Ursachen 256 ff.
Bevölkerungswachstum 635.
Bevölkerungswellen 257 f.
Brady-Initiative 630 f.
Bundesbahn-Subventionen 147, 150.
Bundesbank 434 ff., 463, 503 f., 507, 512 f., 517 f.
als „Nebenregierung" 507.
Bundesbankgesetz 417, 512.
Bundeskartellamt 95, 97 f., 115 f., 136, 142.
Butterberg 65 f., 81.

Cecchini-Report 532 f.

D-Mark
als „Stabilitätsanker“ 483, 503.
als Reservewährung 481 f.
Daimler Benz – MBB 103 f.
Dänemark (Referendum) 508
Deckungsgrundsätze 444 f.
Delors-Plan 506.
Deregulierung d. Arbeitsmarkts 382 ff.
Dienstleistungen 43.
Dienstleistungs-Proletariat 224.
Dienstleistungsbilanz 546, 548.
Dienstleistungssektor 218, 220 f.
u. Beschäftigung, 221 ff.
Dirigismus 82.
Diversifikation 134.
Do-it-yourself-Aktivitäten 350 ff., 354.
Dollarkurs 466 ff., 492, 558, 605.
Drei-Sektoren-Modell 219 f.
Duales System 185 f., 528.
Dumping 581.
Dynamische Rente 269, 289, 291, 310.

EAGFL 78 f., 82.
Echo-Effekt 257, 263.
ECU 121, 487, 491, 494ff., 500f.
EFTA 499, 508, 522, 525, 581.
Eigentumsordnung 9, 15, 25.
u. Umwelt 174 ff.
Einheitliche Europäische Akte 527 f.
Einkommensentwicklung 45 ff., 300 f.
Einkommensumverteilung 298 f., 302 f., 314.
Einkommensverteilung 10, **295 ff.**, 304 ff., 314.
– internationale 633 ff., 638 ff.
u. Inflation 428 f.
u. Marktmacht 112 f.
Einwanderung 260 f., 290 f., 313, 395 ff., 400 ff.
Energieverbrauch 195, 209.
Energiewirtschaft 157 f.
Entfremdung 229 f.
Entwicklungshilfe **633 ff.**
– Definitionen 639 ff.
– Institutionen 645.
– Konditionen 652.
– Kritik 660 f.
– Motive 655 ff., 658 f.
– Umfang 644, 648, 650 f., 654, 662.
u. Absatzmärkte 658 f.
u. Beschäftigung 659.
u. Rüstungsausgaben 657.
Entwicklungsländer 143 f., 431, 560, **567 ff.**
– Exporterlöse 615 f.
– Handelsdefizit 571 ff.
– Kapitalflucht 609 ff.
– Kapitaltransfer 593 f., 624, 645 f.
– Probleme 635 ff.
– Technologietransfer 593.
– Typologie 641 f.
– Verschuldung **599 ff.**
– Weltmarktanteile 570 ff.
u. Außenhandel 573 ff., 577 ff.
u. Protektionismus 576 f.
u. Welthandel 209 f.
Erhaltungssubventionen 149 f.
Erstattungen 77 f.
Europa-Währung 506 ff., 509 f.
Europäische Gemeinschaft **489 ff., 521 ff.,**
– Agrarpolitik s. Landwirtschaft
– Fusionskontrolle 114, 142 f., 538.
– Handelsbeschränkungen, Abbau 531.
– Haushalt 67 ff., 80 f., 85 f., 88, 535.
– Industriepolitik 159.
– Notenbanken, Unabhängigkeit 514 f.
– Strukturfonds 534 f.
u. Konjunkturpolitik 540.
u. Subventionen 540 f.
u. Wirtschaftspolitik 540.
Europäische Integration 74 f.
Europäische Rechnungseinheit 77, 494 f.
Europäische Zentralbank 505 ff., 509 ff., 516 ff.
Europäischer Binnenmarkt 128, 130, 135, 311, 493, 505, **521 ff.**, 565.
u. nationales Recht 531 f.
u. Steuern 529 ff.
u. Umwelt 528.
u. Wachstum, 532 ff.
Europäisches Währungssystem 77, 467, 469, 483, **489 ff.**, 495 ff., 544.
Exportbürgschaften 461.
Externe Effekte 11, 175.

„Festung Europa“ 539.
Flexibilisierung d. Arbeitszeit 393 f.
Fruchtbarkeitsziffer 250.
Fusionen
– Deutschland 104 f.
– EG 100, 536.
– USA 131 ff.
Fusionskontrolle 99 f., 114, 126, 142 f., 538.

GATT 69 f., 89 f., 159 f., 579 ff., 582 f., 621.
Geburtendefizit 247.
Geburtenrate 246 f.
Geldfunktionen 483.
Geldmenge 436 f.
Geldpolitik 138, 435 f.
Geldvermögen 312.
Geldvermögensbildung, 313 f., 440 f.
Geldwertstabilität als Ziel 418 f.
Gemeinsamer Markt (s.a. EG) 74, 489, **521 ff.**
Generationenvertrag 273 ff.
Gesamtwirtschaftliches Gleichgewicht 449.
Gewinne u. Investitionen 341, 370.
Gewinnquote 301.
„Glockenpolitik“ 189 ff.
Goldwährung 489.
Grenzausgleich 77.
Grenzen der Wirtschaftspolitik 21 f.
Großbritannien 75, 506.
Grundrente 286 ff., 361.
„Grüner Punkt“ 186.

Haushaltskonsolidierung 457, 465.
Havanna-Charta 579.
„Hüttenvertrag" 157.

Importsubstitution 578.
Industriepolitik 63, 159, 162.
Inflation 138, **417 ff.**, 446, 465, 470 f., 491, 503, 507, 509, 557
- Arten 421 f.
- Folgen 423, 428 f.
- Ursachen 433 ff.
- Zyklen 419.
u. Löhne 365.
u. Steuern 427.
u. Wechselkurse 432, 470 f.
Inflationsimport 431 f., 501.
Inflationsraten, 420 f., 424 f.
Innerdeutscher Handel 35.
Innovationen 211, 214, 336 ff.
Integration, wirtschaftspolitische 74, 501 f., 522, 524 f., 532.
Internationaler Währungsfonds 484 ff., 488, 579, 583 ff., 586 ff., 622 f.
- Auflagen 587 f., 622 f.
- Kreditlinien 584, 586 f.
- Kritik 587 f.
Internationales Geld 479 ff.
Intervention am Agrarmarkt 500.
Intervention am Devisenmarkt 497 f., 500 ff.
Invention 211.
Investieren u. Sparen 429.
Investitionen 50 f., 211, 323 f., 429, 448, 463.
- Arten 339.
u. Gewinne 341, 370.
Investitionshemmnisse 51 ff.
Investivlohn 375.

Jahrhundertvertrag 157 f.
Japan 89, 135, 159, 484.
Jugendarbeitslosigkeit 328.
Jugendquotient 275 f., 281, 283, 291.

Kapitalbewegungen, internationale 471, 493.
Kapitalexport 120 f.
Kapitalflucht 492, 520, 609 ff.
Kapitaltransfer 601 f., 645 f.
Kapitalverkehr 549 f.
Kartelle 96 f., 141 f., 591.
Kartellverbot, 96 f.
Kaufkraftparitätentheorie 469, 491.
Kinderzahl 257.
Kohle, s. Bergbau
Kohlepfennig 157 f.
Kondratieff-Zyklen 214.
Konglomerate 103 ff.
Konjunkturen 13, 324.
Konjunkturpolitik 449.
Konkurrenzsozialismus 15 f.
Konvertibilität 37, 519.
Konzentration 99 ff., 537.
Konzentrationsgrad 108 f.
Konzentrationsmaß 109 f.
Konzerne (s.a. Multinationale Konzerne) 99 f.
Koordinationsmechanismus 8, 23 f.
Kosten eines Arbeitsplatzes 340 f.
Kreditwürdigkeit, internationale 601.
Kriegsfinanzierung 446.
Krisenkartelle 112.
Kursstützung, s. Intervention

Landwirtschaft **65 ff.**, 220 f.
- Beschäftigte 72 f., 91.
- Betriebe 70, 72, 91 f.
- Einkommen 66, 68 f., 69, 77, 82, 87, 150.
- Einkommenshilfen 84, 88 f.
- Erzeugerquoten 85.
- Flächenstillegung 84 f.
- Grenzausgleich 77.
- Lagerkosten 65 f., 68, 78, 80, 88.
- Nebenerwerb 73.
- Neue Bundesländer 66, 71, 85.
- Preisbildung 76 f., 87 f.
- Preisreform 84 f.
- Produktivität 69, 73, 81, 91.
- Selbstversorgungsgrad 66.
- Strukturdaten 72, 91.
- Strukturwandel, 87 f., 217.
- Subventionen 65 ff., 68, 70 f, 78 ff., 88, 150 ff., 166.
- Überschüsse 65 f., 75,79 ff., 82.
u. Entwicklungsländer 69 ff., 89.
u. Umwelt 82, 84, 86 f.
u. Weltmarktpreise 82.
Lange Wellen 214.
Lebensarbeitszeit 387.
Lebenserwartung 284.
Leistungsbilanz 462,474 f., 492,503,546,548, 565,609.
u. Kapitalbilanz 552.
u. Wechselkurse 471 ff., 475,492.
Leitkurse 497 f., 501.
Leitsätzegesetz 18.
Leitzinsen 437.
Löhne als Einkommen, 369 f.
als Kostenfaktor 369 f.
u. Arbeitslosigkeit 359 f.
u. Inflation 433.
u. Produktivität 48 f., 239 f., 319, 339, 368,375, 391, 429 ff.
u. Rationalisierung 339.
Lohnausgleich 390 f.
Lohndifferenzierung 366 f.
Lohnentwickung u. Arbeitslosigkeit **363 ff.**
Lohnflexibilisierung 382 f.
Lohnkosten, international 380.
Lohnnebenkosten 315, 359 f., 367 f.
u. Schattenwirtschaft 315, 359 f.
Lohnpolitik u. Arbeitslosigkeit 374 f.
Lohnquote 301.
Lohnsenkungen u. Beschäftigung 378 ff.
Lohnsubventionen 375 f.
Lohnverzicht 239.
Lomé 594 f.
Londoner Club 629.

Londoner Schuldenabkommen 626.
Luftfahrzeugbau 103, 159 f.
Luftverschmutzung 172.

Maastricht-Konferenz 506 ff., 509 f., 515 f.
Magisches Viereck 418 f., 540.
Markt für Umweltnutzungen 183, 185, 188 ff.
Marktfunktionen 8, 23 f.
Marktkonformität 18.
Marktmechanismus 76 f.
Marktpreisbildung 11, 76.
Marktsättigung 336.
Marktversagen 10 f., 14, 112.
Marktwirtschaft **7 ff.**
- Merkmale 8.
u. Einkommensverteilung, 297 f.
u. Grundgesetz,19 ff.
u. Privateigentum 9 f., 15.
u. Staat 12 f., 14 ff., 17, 21 f.
u. Umwelt 11, 177f., 183 f.
u. Wettbewerb 12, 15, **94 ff.**
Mehrwertsteuer 529 f.
Meistbegünstigung 581.
Mexiko – Schuldenabkommen 630.
Militärausgaben, internationale 656 f.
Mindestpreise 77 ff.
Minister-Fusion 103.
Mitverantwortungsabgabe 82, 85.
Monopolkommission 106 ff.
Montanunion 75.
Multinationale Konzerne **117 ff.**, 593.
- Definition 118.
- Entstehung 125.
- Pro u. Contra 140 f.
u. Dritte Welt 143 f.
u. Regierungen 137 ff., 143.

Nachfragepolitik 449, 456.
Neoliberalismus 15 f.
Netto-Kreditaufnahme 443,451, 509.
Nettoreproduktionsrate 250 f., 253.
Neue Bundesländer **23 ff.**
- Arbeitslosigkeit, 36,39 f., 92 f., 227 f., 326, 332 ff.
- Ausländer 399.
- Außenwirtschaft 565 f.
- Einkommen 32, 45 ff., 371 f.
- Finanzbedarf 457,459.
- Importsog 543 f.
- Investitionen 50 ff.
- Landwirtschaft 91 ff.
- Lohnentwicklung 372 f.
- Lohnsubventionen 375 f.
- Preisentwicklung 424 f.
- Produktionsentwicklung 36, 38.
- Produktivität 28,60,333,375,379.
- Renten,279, 292, 318 f.
- Rentenfinanzierung 277 ff., 304 f.
- Schiffbau 153f.
- Strukturwandel 39,226 ff., 332,376.
- Subventionen 163 f.
- Systemwandel 33 ff.
- Transferleistungen 56 ff., 63.
- Umweltinvestitionen 182.
- Vorruhestand, 387 f.
- Wettbewerb 115 ff.
- Wirtschaftsförderung 55 f.
Neue Weltwirtschaftsordnung **567 ff.**
- Beurteilung 596 f.
- Forderungen 590 f.
- Kritik 582 f.
Neutralisiertes Kapital 239.
Niedriglohn-Jobs 223.
Nord-Süd-Gefälle 197, 582 f., 633.

Öffentliche Güter 11 f.
Öffentlicher Dienst 224 f.
Ökobank 236.
Ökologischer Landbau 84, 86 f.
Ökosozialprodukt 176, 199 f.
Ölpreiskrise 322 f., 421, 526, 592, 611 f., 616.
Okun-Kurve 326 ff.
Osteuropa
- Systemwandel 29 ff.
- Transferleistungen 32.

Parallelwirtschaft, s. Schattenwirtschaft
Pariser Club 629.
Paritätengitter 498 f.
Pensionsbelastungen, künftige 291.
Pflegeversicherung 307 f.
Pillenknick 247, 256.
Planversagen 25 f.
Planwirtschaft **23 ff.,** 346.
- Mängel 25 ff., 27 ff.
Polen 348.
Preisanstieg, internationaler 420.
Preisbildung 76 f.
Preiselastizität 76 f.
Preisentwicklung (s. a. Inflation) 502.
Preisindex 422 f.
Pressefusionen 116.
Privatisierung 52 ff.
Produktinnovationen 336 f.
Produktivität 28, 60, 69, 73, 81, 91, 155, 203, 239, 321 ff., 333, 339 f., 379.
u. Beschäftigung 203,321 f., 341.
u. Löhne 26, 48 f., 319, 339, 368, 375, 391, 429 ff.
Programmhilfe 647 f.
Projekthilfe 647 f.
„Property Rights" 174 ff.
Protektionismus 69 ff., 74 f., 89 f., 127, 209 f., 493, 539, 561, 576, 621.

Rationalisierung 339 f.
Recheneinheiten 494.
Reinheitsgebot 523, 531 f.
Renten **267 ff.**
Rente, dynamische 269, 289, 291, 310.
Rentenentwicklung 268 ff.
Rentenfinanzierung 267 ff., 270 ff., 305.
- Bundeszuschuß 270 f., 291.

– Prognose 292.
u. Altersstruktur 275 ff.
u. Einwanderung 290 f., 401.
u. Kinderzahl 283 ff.
u. Lebensarbeitszeit, 292 f.
u. Wirtschaftswachstum 293.
Rentenhöhe 268 f., 271, 318 f.
Rentenprognosen 276 ff., 280.
Rentenreform 1957 269.
Rentenreform 1992 292 f., 281 f.
Rentenversicherung
– Beitragssätze 274,279,304
– Finanzen 270
Rentnerquotient 275 f.
Reservewährungen 478 ff.
Reziprozitätsgrundsatz 581.
Rohstoffabkommen 589, 594 f.
Rohstoffkartelle 591.
Rohstoffpreise 431, 572 f., 589 ff., 594 f., 615 f., 621.

Sachverständigenrat 364 f.
Sättigungskurven 213, 215.
Schattenhaushalte 461.
Schattenwirtschaft 223, 315, **346 ff.**, 377.
– Arten 347, 349.
– Einkommen 352.
– Umfang 352,354 f.
– Ursachen 350, 353 ff., 359 f.
u. Lohnnebenkosten 315, 359 f.
u. Planwirtschaft 346,349.
„Scherentheorie“ 321 f.
Schiffbau 217
– Subventionen 149 f., 153 f.
Schuldendienst (s. Verschuldung)
– Aufbringung 603.
– Transfer 603.
Schuldendienstquote 613 f.
Schuldenmoratorium 626.
Schuldnerländer – Typologie 608.
Schwankungsreserve 271.
Schwarzarbeit (s. Schattenwirtschaft)
– Nachteile 356,362.
Schweden 88.
Schwellenländer 642.
Selbsthilfegruppen 241 ff.
Selbstverwaltung 234 f.
Sockellöhne 366.
Sonderziehungsrechte 485 f., 585.
Sozialausgaben (s. Soziales Netz) 274 f.
– Prognosen 280
Sozialbudget 310
Soziale Marktwirtschaft 14 ff., 17 ff., 316 f.
Soziales Netz 210, 229, 274 f., 305 f., 308 ff.
Sozialhilfe 306, 316.
Sozialleistungsquote 310 f.
Sozialprodukt 48, 60, 198 ff., 202, 296, 299, 321 f., 542, 633, 634.
als Wachstumsmaß 198 ff., 202.
als Wohlstandsmaß 296.
u. Schattenwirtschaft 347 f.
Spekulation 492 f.
Staatsversagen 22.
Staatsverschuldung **439 ff.**, 509.
– Entwicklung 439, 442, 454 f., 458.
– Gläubiger 440, 443.
– Grenzen 449 ff., 462 f.
– Modellrechnung 450 ff.
– Prognos, 439, 460, 464.
– Tilgung 451 f., 455.
– Zinslast 452 f., 455, 460 ff., 463.
u. Inflation 435, 446.
u. Investitionen 444 f., 448 f., 463.
u. Kameralismus 444.
u. Konjunktur 327,449.
u. Lastverteilung 446 f.
u. Liberalismus 444.
u. Verfassung 444.
STABEX 594 f.
Stabilisatoren 85.
Stabilitätsgesetz 201, 417, 540.
Stabilitätsimport 431 f.
Stahlindustrie 75, 111, 217.
– Subventionen 111, 149 f., 152 ff., 156.
Stahlkartell 111, 155.
Stahlquoten 111, 155.
Sterberate 246 f.
Steuerharmonisierung 529 ff.
Steuern 529 f.
u. Inflation 427.
Steuervergünstigungen (s.a. Subventionen) 147 f.
„Stille Reserve“ 330 f.
Strukturpolitik 534 f.
Strukturwandel 39, 73, 87 f., **197 ff.**, 211 ff., 344.
– Ursachen 212 ff.
u. Beschäftigung 216 ff., 219 ff., 222, 332.
u. Subventionen 161 f., 149 f.
Subsidiaritätsprinzip 316.
Subventionen 26, 55 ff., 65 ff., 68 f., 70 f., 78 ff., 88, 103, 111 f., **145 ff.**, 375 f., 437, 540 f.
– Beurteilung 160 ff.
– Entwicklung 145 ff.
– Umfang 145 ff., 148 ff.
Subventionsabbau 164 ff., 437, 541.
Subventionsberichte 145 f.
Subventionswettlauf 153, 155 f., 159, 162.
Süd-Nord-Wanderung 635.

Technischer Fortschritt
u. Arbeitslosigkeit, 338 f.
u. Wettbewerb 342 f.
Technologietransfer 593.
Teilzeitarbeit 331.
Telekommunikation 137.
Terms of Trade 431, 564, 573 ff., 576.
Textilindustrie 217.
Transaktionskosten 493.
Transferzahlungen 56 ff., 63, 302 f.
Treuhandanstalt 51 ff., 54, 461, 541.

Übersiedler 330, 401.
Übertragungsbilanz 546, 548.
Umverteilung durch Inflation 428.
u. Steuern 464 f.

Umwelt 82, 87, **169 ff.**
als „freies Gut" 173 f.
als Kostenfaktor 175 f., 181 f.
als öffentliches Gut 178.
u. EG-Binnenmarkt 528.
u. technischer Fortschritt 179 f., 183, 187.
u. Wirtschaftssystem 171 f.
Umweltabgaben 183 ff.
Umwelthaftungsgesetz 194.
Umweltlizenzen 183, 186 ff., 188
Umweltökonomische Gesamtrechnung 176, 199 ff.
Umweltpolitik 178 ff.
Umweltschutz
auf EG-Ebene 528.
u. Arbeitsmarkt191 f., 201.
u. Wettbewerb 174, 193.
Umweltschutzausgaben 180 f.
Umweltzertifikate 183, 188.
UNCTAD 589, 592.
Uruguay-Runde 160, 580,621.
USA 69 f., 89, 131 ff., 159, 173.

Vereinte Nationen 592, 595.
Vermögenseinkommen 311 ff.
Verschuldung, internationale **599 ff.**
- Begriffe 603 f.
- Gläubiger 617 f.
- Lösungswege 621 ff., 625 ff.
- Nettokapitaltransfer 624.
- Struktur 605 ff.
- Umfang 599 ff., 604.
- Ursachen 607 ff., 611 ff.
- Zinsen 612 ff.
u. US-Banken 617 f.
„Verschuldungsfalle" 623 f.
Verschuldungsgrundsätze 444 f.
Verteilungskampf 464 f.
Vorruhestand 387 f.
VW-Konzern 124 f.

Wachstumsstopp 206 f.
Wachstumszyklen (s.a. Konjunktur) 213 ff.
Währung, **489 ff.**
Währungskorb 494 f.
Währungsreform 1948, 37, 519.
Währungsreserven 481 f., 486 f.
Währungsschlange 505.
Währungssystem **466 ff.**
Währungsunion
- Kriterien 509 f.
- Pro u. contra 515 ff.
Währungsunion 1990 33 ff., 92, 227 f., 435, 519.
Warenkorb 422 f.
Wechselkursbildung **466 ff., 490 f.**
- Ursachen 469 ff., 476,490 f.
Wechselkurse 77, 121, 432,466 ff., 489 ff., 609.
- Ausgleichsfunktion 492.
- Destabilisierung 493.
- Wirkungen 477 f.
u. Agrarmarkt 77.
u. Außenhandel 557 f.
u. Inflation 470 f.
u. Kapitalbewegungen 471 f.
u. Leistungsbilanz 471 ff., 475,492.
u. Transaktionskosten 493.
u. Wirtschaftspolitik 501, 503 f.
u. Zinsen 473, 492.
Wechselkursentwicklung 468, 503.
„Weiche Pläne" 25.
Weltgeld 479 ff.
Welthandelsstruktur 568 ff.
Welthandelsverflechtung 568.
Weltwährungssystem **466 ff.**, 583 ff.
Weltwirtschaftskonferenzen 592.
Weltwirtschaftsordnung s. Neue Weltwirtschaftsordnung 210, **567 ff.**
Werner-Plan 504 f.
Wertewandel 229 f.
Wettbewerb 27, **94 ff.**
u. Umweltschutz 174, 193.
Wettbewerbsbeschränkungen **94 ff.**
- staatliche 110 ff.
Wettbewerbsfähigkeit 342 f.
- internationale 557.
Wettbewerbsfunktionen 95 f., 538.
Wettbewerbsordnung 17.
Wettbewerbsverzerrung 161.
durch Steuern 528 f.
Wirtschaftliche Macht 12, **94 ff.,117 ff.**
Wirtschafts- u. Währungsunion 505 ff., 509 ff., 522.
Wirtschaftskriminalität 83, 346, 349, 352.
Wirtschaftsordnung u. Grundgesetz 19 ff.
Wirtschaftssystem 23 f., 659.
u. Umwelt 171 f.
Wirtschaftswachstum 17, **197ff.**
u. Beschäftigung 201 ff., 321 f., 324.
u. Bevölkerung 263.
u. Energie 207 ff.
u. Entwicklungsländer 207, 209 f.
u. Renten 211, 293
u. Umwelt 179 f., 191 f., 197, 199 ff., 206 ff., 325.
u. Verteilung 210 f.
Wohlfahrtsstaat 316 f.

Yen 484.

Zahlungsbilanz 119, 546 f.
Zementkartell 97 f.
Zinsen 341, 437,452 f., 460 ff., 492, 507, 509, 612 ff., 621.
u. Investitionen 463.
u. Wechselkurse 473, 492.
Zinssätze 502.
Zollabbau 75.
Zölle 539.
Zollunion 522.
Zuschußelement 638.
„Zwei-Drittel-Gesellschaft" 313.